라틴아메리카
신좌파

La Nueva Izquierda En América Latina
by Daniel Chávez, César Rodríguez Garavito y Patrick Barrett (eds.)
Copyright © 2008 by Daniel Chávez, César Rodríguez Garavito y Patrick Barrett
Originally published by Los Libros de la CATARATA
Korean translation copyright © 2018 by Greenbee Publishing Co. All rights reserved.
This Korean edition published by arrangement with Los Libros de la CATARATA through Shinwon
Agency Co., Seoul.

트랜스라틴 총서 21
라틴아메리카 신좌파 좌파의 새로운 도전과 비전

발행일 초판 1쇄 2018년 6월 15일
엮은이 다니엘 차베스·세사르 로드리게스 가라비토·패트릭 배럿
옮긴이 김세건·김윤경·김은중·김항섭·조경진·최금좌
펴낸이 유재건 | **펴낸곳** (주)그린비출판사 | **신고번호** 제2017-000094호
주소 서울시 마포구 와우산로 180, 4층 | **전화** 02-702-2717 | **이메일** editor@greenbee.co.kr

ISBN 978-89-7682-294-9   03340
이 도서의 국립중앙도서관 출판시도서목록(CIP)은 서지정보유통지원시스템 홈페이지(http://seoji.nl.go.kr)와
국가자료 공동목록시스템(http://www.nl.go.kr/kolisnet)에서 이용하실 수 있습니다.(CIP제어번호: CIP2018017672)

이 저서는 2008년도 정부(교육부)의 재원으로 한국연구재단의 지원을 받아 수행된 연구임(NRF-2008-362-B00015).

좌파의 새로운 도전과 비전

라틴아메리카
신좌파

다니엘 차베스·
세사르 로드리게스 가라비토·
패트릭 배럿 엮음
김은중 외 옮김

ㅎB
그린비

| 일러두기 |

1 이 책은 Daniel Chavez·César Rodríguez Garavito·Patrick Barrett eds., *LA NUEVA IZQUIERDA EN AMÉRICA* (LOS LIBROS DE LA CATARATA, 2008)를 완역한 것이다.

2 주석은 지은이 주와 옮긴이 주가 있는데 모두 각주로 배치했으며, 옮긴이 주의 경우 주석 앞에 [옮긴이]라고 표시하여 지은이 주와 구분했다.

3 인용이나 참조한 문헌의 경우 해당 부분에 저자명과 출간연도, 인용쪽수만을 표기했으며, 자세한 서지사항은 권말의 참고문헌에 정리했다.

4 본문에서 옮긴이가 독자의 이해를 돕기 위해 추가한 내용은 대괄호([ ])로 묶어 표시했다.

5 단행본과 정기간행물 등은 겹낫표(『 』)를, 단편과 논문, 선언문 등은 낫표(「 」)를 써서 표기했다. 정당이나 사회운동단체 등의 단체명은 작은따옴표(' ')로 구분했으며, 처음 등장하는 곳에 약어를 병기했다. 약어로 병기한 단체의 원어명은 권말의 약어표에 정리하였다.

6 외국 인명이나 지명은 2002년에 국립국어원에서 펴낸 '외래어 표기법'을 따라 표기했다.

서문과 감사의 글

다니엘 차베스
세사르 로드리게스 가라비토
패트릭 배럿

지난 몇 년 동안 라틴아메리카에서 사회운동(movimientos sociales)과 좌파 정당(partidos de izquierda)이 과거와는 비교할 수 없는 세력으로 되살아나고 있다. 다양한 역사적 경험과 이데올로기적 색채를 가진 좌파 또는 '진보주의자'(progresistas)들은 많은 국가들에서 정권을 획득했다. 동시에, 볼리비아·에콰도르·멕시코의 원주민·농민 운동으로부터 아르헨티나의 피케테로(piquetero) 운동에 이르는 사회운동은 이들 국가들의 정체성, 변화 속도, 미래 전망을 결정할 수 있는 핵심 정치세력으로 성장했다.

좌파의 진전을 보여 주는 최근의 사례는 페르난도 루고(Fernando Lugo)가 매우 오랜 기간 동안 우파와 극우파가 통치했던 파라과이의 대통령으로 선출된 것이다. 가톨릭 주교이자 '변화를 위한 애국동맹'(APC)의 지도자인 그가 일구어 낸 승리는, 알프레도 스트로에스네르(Alfredo Stroessner)의 야만적인 독재를 지탱했던, 권위적이고 부패한 '콜로라도당'(PC)의 61년에 걸친 지배를 종식했다. 마드리드에서 발간되는 일간지 『엘 파이스』(El país)에 실린 성명에서, 루고는 2008년 4월

20일 선거의 결과는 "라틴아메리카 **신좌파**의 승리"이고, 자신의 정부는 "가난한 사람들을 위한 사목적 선택"에 바탕을 둘 것이라고 밝혔다.

이것과 함께 또 다른 유사한 사건들은 이러한 일련의 과정들을 체계적이고 명확하게 설명할 수 없었던 정치·사회 전문가를 놀라게 하였다. 이 주제에 관하여 출간된 몇몇 연구들은, 이 책의 서론에서 상세하게 검토하고 있는 것처럼, 두 가지 기본적인 한계를 드러냈다. 첫째, 이들은 극단적으로 단순화하거나 이데올로기화된 유형론에 빠져 비교 관점을 제공하지 못함으로써 다양한 국가들의 경험을 고립된 방식으로 분석하였다. 둘째, 그들은 정당정치 또는 사회운동에 집중하는 경향이 있었다. 이 때문에 이들의 연구 결과들은 정당과 정부뿐만 아니라 사회운동을 포함하고 나아가 이들 세 정치주체들 사이의 관계를 탐구할 수 있는 라틴아메리카 좌파의 총체적 시각을 제공하지 못하였다.

따라서 이 책은 라틴아메리카에서 실제 진행되고 있는 대항헤게모니적(contrahegemónicos) 정치과정과 이에 대한 사회과학적 지식들 사이에 존재하는 커다란 간극을 확인하는 것으로부터 출발하였다. 그 간극을 극복하는 데 기여하고자, 이 책의 편집자들은 라틴아메리카 신좌파(nuvea izquierda latinoamericana)라고 불리는 세력의 등장과 동맹에 관한 연구 프로젝트와 열린 토론회를 갖기로 하였다. 2004년 우리는 이 프로젝트가 광범위하고 서로 뚜렷하게 비교되는 특성을 가지고 있다는 점을 고려하여, 출신 국가와 전체 지역에서 '신좌파'의 과거, 현재 그리고 미래를 검토하는 데 뛰어난 학술적 정치적 업적을 지닌 정치사회 전문가들을 초청하였다. 공동연구의 의제와 초고에 대한 구성원 간의 비판적 토론을 바탕으로 각 지역의 저자들은 아르헨티나, 볼리비아, 브라질, 콜롬비아, 에콰도르, 엘살바도르, 멕시코, 니카라과, 우루과이, 베네수엘라 등 10개국의 정당, 정부, 사회운동을 분석하였다. 순전히 편집상의 이유로 에콰도르, 엘살바도르, 니카라과를 제외하고, 나머지 7개 국가들에 대한 연구는 한 번의 검토와 논평을 거쳐 이 책의 각 장을 구성하게 되었다. 그리고 연구 프로젝트를 관통하는 질문들과 예비 결론을 광범위하게 담고 있는 서론과 라틴아메리카 '신좌파'의 총체적 시각 속에서 각 국가의 특정한 전망들을 보완해 줄 수 있는 이론적 관점을 제시하는 세 장을 추가하였다.

우리는 매디슨 위스콘신 대학의 '헤븐스 사회구조와 사회변동 연구센터'(A. E. Havens Center for the Study of Social Structure and Social Change, 이하 헤븐스 센터)와 '초국가연구소'(Transnational Institute)의 제도적 지원으로 '라틴아메리카 신좌파 : 기원과 전망'(La Nueva Izquierda Latinoamericana: Orígenes y Perspectivas)이란 국제세미나를 조직하고자 하는 프로젝트를 시작하였다. 국제세미나는 2004년 4월 29일에서 5월 2일까지 매디슨에서 열렸다. 이와 함께 각 국가를 연구한 저자들 대부분은 프로젝트에 포함된 10개국의 좌파 정치·사회 지도자들과의 모임에 참여하였다. 이런 방식으로 이 지역에서 선례가 없었던 학술연구자와 사회운동가 사이의 대화공간이 만들어졌다. 모임에 참여했던 정치·사회 지도자들은 아셀 안드레스 카스테야노스(Axel Andrés Castellanos, '라누스실업노동자운동', 아르헨티나), 로드리고 차베스(Rodrigo Chávez, '제5공화국운동', 베네수엘라), 다니엘 가르시아-페냐(Daniel García-Peña, '독립민주당', 콜롬비아), 카를로스 가비리아 디아스(Carlos Gaviria Díaz, '사회·정치전선', 콜롬비아), 훌리오 마르틴(Julio Martín, '노동자당', 브라질), 로레나 마르티네스(Lorena Martínez, '엘살바도르 발전을 위한 농촌공동체 연합', 엘살바도르), 알레한드로 마르티네스

쿠엔카(Alejandro Martínez Cuenca, '글로벌 경제 도전을 위한 국제재단', 니카라과), 헤르만 로다스 차베스(Germán Rodas Chávez, '사회주의당', 에콰도르), 오스카르 올리베라(Óscar Olivera, '코차밤바 물과 생명 수호 전국 위원회', 볼리비아), 모니카 하비에르(Mónica Xavier, '확대전선', 우루과이) 등이다.

이 책의 첫 판본은 2004년에 보고타의 노르마 출판사(Grupo Editorial Norma)에서 출간되었다. 그때로부터 세계의 다른 지역들보다 훨씬 빠른 속도로 앞으로 나아가고 있는 라틴아메리카의 정치 변화 때문에 저자들은 2007년 5월에 첫 판본의 모든 내용을 검토하고 현재화하였고, 후에 일부를 추가하였다.

모든 대규모 학술·출판 프로젝트처럼, 이 작업은 다양한 단계에서 함께했던 단체와 사람들의 매우 귀중한 지원 없이는 불가능했을 것이다. 그들 가운데 우선적으로 '헤븐스 센터'와 '초국가연구소'의 지원에 감사드린다. 이 프로젝트는 두 연구소의 합작품이었다. 라틴아메리카 현실에 대한 엄밀하고 비판적이며 정치적으로 참여적인 연구를 수행해 온 이들 연구소의 오랜 경력은 매디슨에서의 만남과 이 책의 발간이 성공을 거둘 수 있게 된 주요 이유 가운데 하나였다.

이 프로젝트를 함께 시작하고 지원한 사람들 가운데 다음의 분들께 우리의 깊은 감사를 드리고자 한다. '니카라과를 위한 위스콘신 협력 위원회'(Wisconsin Coordinating Council for Nicaragua)의 루이스 카를로스 아레나스(Luis Carlos Arenas) 위원장은 이 프로젝트의 초기 단계에서 큰 역할을 해주었다. '초국가연구소'의 피오나 도베(Fiona Dove) 소장과 오스카르 레예스(Oscar Reyes) 집행위원장은 출판의 기나긴 과정에서 공동 작업의 지원과 협력을 가능하게 하였다. 리사 피게로아-클라크(Liza Figueroa-Clark), 케이트 윌슨(Kate Wilson), 베아트리스 마르티네스(Beatriz Martínez)는 촉박한 출판 일정으로 말미암아 잠을 설치고 다른 개인적·직업적 활동을 희생하며 어려운 번역과 편집을 마무리해 주었다. 후안 카를로스 모네데로(Juan Carlos Monedero)와 카타라타(Catarata) 출판사는 스페인어로 출간하기 위해 기존 원고를 검토하고 현재화하는 제안을 열정적으로 수행해 주었다. 이 책의 성공은 그들과 많은 다른 친구들 그리고 동료들의 노력 덕분이다. 오기(誤記)와 누락은 전적으로 우리들에게 책임이 있다.

2008년 4월

차례

프롤로그_지식의 식민성을 넘어

후안 카를로스 모네데로

스페인에 퍼져 있는 라틴아메리카에 대한 지배적 사고(reflexión hege-mónica)는 1990년대 초반부터 아메리카 대륙에서 일어나고 있는 변화를 이해하는 것을 어렵게 하였다. 이 사고는 출판물, 교육기관, 연구기관 또는 국가로부터 재정지원을 받은 프로젝트 등에서 연관되어 나타난다. 사회민주주의 또는 기독교민주주의의 환원주의적 틀로 정당 관계와 이데올로기를 이해하고 해결하는 데 익숙해 있던 스페인 학계는 새로운 무대, 배우 그리고 담론의 등장에 대하여 여행자들이나 하는 천진난만한 분석을 내놓았다. 이들은 부패한 정부를 무너뜨리고, 좌파 담론으로 국가를 마비시키고, 오늘날 선거로 대통령궁을 차지하고 있는 좌파 정치세력의 확산을 전혀 이해하지 못하고 있다. 라틴아메리카를 이해하기 위한 새로운 범주가 요구되고 있다. 그럼에도 이들은 10년 동안, 리오그란데의 남쪽에서 일어나고 있는 일에 대하여 자기만족만 하고 있었다. 정작 변화가 일어났을 때, 이들은 자신들의 침묵 또는 부족한 예측 능력을 정당화하려는 논리를 찾았다.

이렇게 엉덩이가 무겁고 뒤떨어진 사회과학계는 자신들 지배의 평온함을 뒤흔드는 것들을 깎아내리는 데에 초점을 맞춘 **설명틀**을 재구성하고자 시도했다. 결국 이를 위해 사회과학계는 대표 깃발로 **포퓰리즘**과 같은 옛 개념들을 다시 끄집어냈다. 맑스주의자 안토니오 그람시(Antonio Gramsci)와 자유주의자 막스 베버(Max Weber)가 잘 간파한 것처럼 사회과학은 지배적 상식(sentido común dominante)을 위해 봉사하는 것으로부터 자유롭지 않았다. 그러나 오늘날 베네수엘라, 볼리비아, 에콰도르, 아르헨티나, 우루과이, 브라질, 칠레, 니카라과, 페루, 엘살바도르, 파라과이에서 선거결과를 넘어 일어나고 있는 일들을 마주하고 있는 사람들이 대단한 관심을 끌고 있다. 아마 이는 국제 정치세계에서 유럽 국가들을 외톨이로 방치할 정도로 힘이 약해진 미국의 쇠퇴와 다른 지도력을 찾지 못하고 있는 유럽의 무능력에 따른 것인지 모른다. 궁극적으로 **싱크탱크**, **대중매체**, 공공여론 사이의 익히 알려진 결탁은 변화를 해석할 수 있는 열쇠 ──새로운 시각(nuevo sentido común)──를 찾는 일을 가로막고 있다.

상처 입은 동물에게 채찍질을 하는 것처럼, 미 국무부는 많은 경우에 '자주'(自主, soberano)라는 용어가 더 적합한데도 불구하고 '테러리스트'라고 규정하고, 그 규정을 확산하려고 노력한다. 세계자본주의에서 국민국가라는 제도적 장치의 대체물인 **초국가**를 구성하는 틀이라고 할 수 있는 세계금융기구는, 대륙의 성장수치가 그들의 아전인수적인 힐난이 얼마나 의미가 없는지를 보여 주고 있음에도, 잘못된 국가의 개입으로 인하여 대안경제는 급속하게 쇠락할 것이라고 힘주어 주장한다. 결과적으로 새롭게 변화하는 라틴아메리카에 대한 정보를 단순하게 다시 헤아리는 것은 지속되어 온 흠집내기를 두드러지게 할 뿐이다. 이는 고명한 대기자 리사드 카푸신스키(Ryszard Kapuscinski)가 아프리카에 대한 긍정적인 기사가 어디에 있었는가를 자문하면서 내쉬는 한숨을 생각나게 한다. 아메리카의 비판적 전통의 가장 중요한 지점에서 "지식의 식민성"(colonialidad de saber, 아니발 키하노)을 벗어던지고자 도전하고, 새로운 장소에서 새로운 세기를 보는 데 적합한 시선으로 변화를 과감하게 바라보는 신세대의 관점에서 생각한다면, 이런 점들은 스페인에서의 라틴아메리카 좌파에 대한 사고를 아는 것이 얼마나 중요한가를 이해하게 하는 데 충분하다.

정치적 상상력에 도움을 청한다면, 21세기 라틴아메리카에 관한 일반적 분석에서 놀라운 점은 대륙을 누비고 다니는 전통적 **유령**이 없다는 것이다. 지난 세기의 마지막 50년 동안 다른 체제를 평가절하하는 어떤 특정의 유령을 찾는 것은 어렵지 않았다. 냉전시대에 '착각의 장소'로 추락하였던 정치체제를 역사의 쓰레기라고 비난하기 위해서는 '맑스-레닌주의 통치'라는 마술적 공식만으로도 충분했다.

모든 유령들 가운데 쿠바 유령은, 단지 10년 동안 쿠바와 달리 외부 압력과 내부의 모순을 견뎌내지 못했던 아우구스토 세사르 산디노(Augusto César Sandino)의 주장을 쫓는 상속자들의 그림자를 따라다녔던 악을 지칭하는 본보기였다. 원칙적으로 주체를 이데올로기적으로 지정하는 것을 믿을 수 없기 때문에, 비난 목록들 가운데 '모스크바의 자객들'이라는 비난이 항상 적절한 것이 아니라는 점은 확실하다. 그러나 지나친 간섭과 '민주주의', 즉 미국, 유럽 사회 그리고 국제화된 라틴아메리카의 새로운 엘리트의 이익을 위한 정치조직과 경제규제 기능의 복원을 정당화하고자 버려진 세기의 이데올로기적 비난 목록 가운데에서 어떤 유형을 끄집어내는 일을 멈추지는 않았다. 이는 파나마의 마누엘 노리에가(Manuel Noriega)의 경우를 생각하면 충분하다.

그럼에도 불구하고, 1990년대에 관습적인 범주로는 설명할 수 없는 다른 현실이 벌어졌다. 사파티스타의 경우가 가장 상징적이었다. 특히 그들은 나무총과 울림이 있는 수식어로 가득 찬 문장을 가지고 생각지도 않은 방향으로 전통적인 게릴라 전략을 바꾸었다. 미국, 캐나다 그리고 멕시코가 체결한 자유무역협정이 발효되는 시점에 멕시코에서 그들은 냉전의 엄밀한 범주로는 설명할 수 없는 봉기를 일으켰다. 그뿐 아니라 봉기의 핵심주체들이 급진적 정치변화와 변형에 관한 사회이론과는 상당히 거리가 먼 원주민이었다. 이에 옥타비오 파스(Octavio Paz)조차도 절망하였던 '강한' 땅딸보 반군(escarabajo rebelde "Durito")의 모습에 사로잡힌 억압에 대한 사회적 상상력의 잘못으로 말미암아 프랜시스 후쿠야마(Francis Fukuyama)의 '역사 종말'의 멕시코 버전인 호르헤 카스타녜다(Jorge Castañeda)의 '비무장의 유토피아'는 즉각 의미가 없어졌다.

한편으로 1989년 베를린 장벽의 붕괴는 한 세기의 종말을 나타냈다. 2년 후에는 소비에트 연방이 해체되었고, 좌파 담론은 매우 크게 붕괴되었다. 이런 역사의 현실에서 좌파에 대한 유럽중심주의적 시각은 유효성을 많이 상실하였고, 나아가 하나의 잡소리가 되었다. 결국 현실 사회주의의 종말과 유럽에서 자본주의에 대한 비판의 포기는 베네수엘라에서 카를로스 안드레스 페레스(Carlos Andrés Pérez) 대통령의 신자유주의적 정책에서 직면하였던 모든 이론에 대한 즉각적이고 이질적인 대답이었던 카라카소 사태와 때를 같이하였다. 나아가 다양한 국제적 좌파들의 쇠락은 세계사회포럼(FSM)의 등장과 대조가 되었다. 좌파 전선에서 온갖 해석이 초기 구성의 적전 분열을 야기하였던 지점을 넘어, 지금 가장 중요한 점은 함께하는 것이다. 보아벤투라 데 소우자 산투스(Boaventura de Sousa Santos)가 말한 것처럼, 맑스주의자가 자본주의자가 되기 위해서는,──사회적이고 유기적으로 되는 것을 그만두기 위해서는──소비에트 연방은 붕괴되어야만 했고, 다보스 세계경제포럼에 대한 대안으로 2000년 포르투 알레그리에서 열린 세계사회포럼을 대표하는 신좌파가 등장하기 위해서는 국제공산주의자들은 허물어져야 했다.

이런 일반화로 말미암아 신좌파는 동일하다는 오류에 빠져서는 안 된다. 그 이상도 이하도 아니다. 새로운 세기에서 반론할 수 있는 이론적이고 실천적인 모델이 없다는 것을 이해한다면, 21세기 라틴아메리카 사회주의는 '사회주의(운동)들'과 같은 개념 없이는 이해될 수 없다는 점을 알게 된다. 이 개념은 모든 좌파를 통일하는 데 도움이 되는 것은 아닐지라도, 최소한 첫 단계에서는 의미가 있다. 좌파가 되기 위해서는 '억압받는 사람들'(oprimidos)과의 약속을 지켜야 하고, 다른 한편으로 기본적으로 자본주의로 대표되는 불평등을 극복하는 순간을 향한 갖가지 길을 찾는 데 심사숙고해야 한다. 그들은 특수한 역사, 축적된 역량, 부의 수준, 시민사회의 단결, 정당 조직의 장단점, 구성되는 지도 유형, 미국의 영향, 연구수준, 사회조직, 중간계급의 존재유무, 사회동질성 또는 소수그룹의 존재, 원주민 정체성 등을 고려해야 한다. 그리하여 각 국가의 경험은 필연적으로 공유된 최저점으로부터 특정한 또 다른 세계들을 말하는 하나의 특정 세계가 될 것이다.

라틴아메리카 신좌파의 공통점은 학술적 성과와 매스컴의 독점으로 신뢰를 상실한, 이른바 우리가 '포퓰리즘'이라고 일컫는 민중지도력을 회복하는 것이다. 산산조각이 난 행정·노동·노동조합·시민·정당조직, '부르주아국제이익조정위원회'와 같은 국가의 자산 운용에서의 무능력, 바닥으로 떨어진 국민의 자존심과 더불어 밀려온 신자유주의 폭풍에 의해 경제적으로 황폐화된 국가들에서, 누적된 사회적 채무를 지불할 수 있는 유일한 수단은 부족한 사회통합을 이룰 수 있는 지도자와 함께 강력한 정체성을 형성하는 것이다. 변화를 향한 길이 선거라면 더욱 그러하다. 지도자는 희망을 가지고 좌파의 오래된 분열, 신자유주의적 매스컴의 헤게모니, 기존 정당들의 지지표 바꿔치기와 매입과 파벌주의로 말미암는 일반선거의 약점을 극복하고 하나로 통일할 수 있는 능력이 있어야 한다. 우리가 '희망의 힘'을 말하는 것을 주목해야 한다. 이 희망의 힘은 돈, 이 문제에 전문적으로 헌신하는 미국인들의 요구에서 유래한 라틴아메리카 우파의 선거 유착 그리고 정부로부터 거듭된 승리를 제외하고는 신좌파의 힘을 즐기지 못하는 것으로부터 비롯되지 않는다.

미디어와 유럽 및 미국의 우파는 라틴아메리카 신좌파의 정부들—바티칸의 경우, 특히 주교이자 파라과이 대통령인 페르난도 루고에 반대하여—을 넘어뜨리고자 지도자들이 지녀야 할 능력의 이런 측면들을 잘 이용했다. 우고 차베스(Hugo Chávez), 에보 모랄레스(Evo Morales), 룰라 다 실바(Lula da Silva), 네스토르 키르치네르(Néstor Kirchner)와 크리스티나 페르난데스 데 키르치네르(Cristina Fernández de Kirchner), 라파엘 코레아(Rafael Correa), 다니엘 오르테가(Daniel Ortega), 미첼 바첼레트(Michelle Bachelet), 타바레 바스케스(Tabaré Vázquez), 페르난도 루고, 카를로스 가비리아(Carlos Gaviria), 안드레스 마누엘 로페스 오브라도르(Andrés Manuel López Obrador)같은 이들에게 쏟아진 비난은 알바로 우리베(Álvaro Uribe), 비센테 폭스(Vicente Fox), 펠리페 칼데론(Felipe Calderón)에게 내린 찬사와는 대조된다. 사실 우리베, 폭스 그리고 칼데론은 정치가, 사회운동가, 언론인, 노조 조합원, (권력의 어떤 유형이든) 반대자들이 가장 많이 암살당하고, 정부가 민병대와 마약업자들과 연계되어 있는 두 나라의 대통령이다. 이는 정확하게 변화 과정에서 주요한 장점이 되는 신좌파의 강력한 지도력이 주요 결점 가운데 하나가 될 수 있다는 사실을 보여 준다. 몰염치도, 독재정치도 오래 지속되지 못한다. 지도력이 좀 더 조직화되고 덜 복종적이자마자, 이는 어떤 유형의 권력에게 내재적인 위험이 될 것이다. 볼리비아 원주민들이 정부는 '복종하면서 통치해야' 한다는 점을 지속적으로 상기할 때, 이들은 참여와 효율성 그리고 민주주의와 사회정의 사이에서 20세기 사회주의의 딜레마를 반복하는 어떤 권위주의 권력이 생성되는 것을 피할 수 있는 방책을 보여 주고 있다.

'테러리스트'는 '공산주의자'라는 손가락질이 효력을 상실하자, 이를 해결하고자 재빠르게 내세운 구실이다. 2001년 9월 사건 이후 미국이 반포한 '애국법'에서 탄생한 이 새로운 오명은 차이와 자세한 내용을 은폐하고, 종종 민중폭력의 이면에 있는 역사적·정치적 문제를 핵심으로부터 빗겨나가도록 한다. 냉전이 역사에서 점점 멀어짐에 따라 더욱 또렷해졌던 갈등을 폭력적으로 해결하려는 방식에 대한 거부는 민주좌파(izquierda democrática)의 문화적 자산이다. 그러나 이는 '테러리즘'과 같은 현상(statu quo)에 대항하는 어떠한 투쟁도 무시하려고 시도하는 것과는 명백하게 다르다. 궁극적으로 무질서 가운데에서는, 시민들을 무차별적으로 공격하는 조직인 '알카에다'(Al Qaeda), '바스크 조국과 자유'(ETA) 또는 '콜롬비아 무장혁명군'(FARC)과, 국가 폭력으로부터 고통을 당하고 있는 사람들인 사파티스타 사이에는 차이가 없어 보인다. '테러리스트'는 멕시코 오아하카와 칠레 마푸체에서 권리를 주장하는 교사들이고, 볼리비아의 코카잎 재배자들이고, 콜롬비아계획 (Plana Colombia)에 반대하는 사람들이고, 미국 마약단속국(DEA)의 권위에 의문을 제기하는 사람들이고, 자신의 영토에서 외국군 기지를 추출하기 원하는 사람들이고, 자연자원의 주권을 요구하는 사람들이다. 갈등을 제대로 이해하는 것을 방해하고 일반적으로 깎아내리는 물타기는 보수주의자들이 공공여론을 형성하는 무기이다. '테러리스트들의 공범자'는 2004년 이라크에서 군대를 철수하려는 자주적 결정을 했던 스페인을 고발할 때 쓰였다는 점을 잊지 말자.

대륙에서 널리 퍼지고 있는 변화의 바람을 분산시키고자 유명한 페루 작가에 의해 일반화된, 체제를 문제 삼지 않는 채식성 좌파(izquierda vegetariana)와 권력구조를 건드리는 육식성 좌파(izquierda carnívola)라는 구별도 권모술수의 동일한 선상에 있다. 좀더 심화된 위기에서 변화를 경험하고 있는 유럽에서는 '좋은 좌파'와 '나쁜 좌파'를 서로 구별하고자 한다. 이는 (사실은, 신자유주의 세계화에 대한 방어책으로 '나쁜 좌파'에 의해 추진된) 공동 행동과 지역적 통합을 약화시키고, 무엇보다 국제사회주의자 또는 변화하는 국제기독교민주주의자, 중도주의자 또는 자유주의자와 연결되어 있는 전통 조직들이 잃어버린 영향력을 회복하기 위한 것이다. 이 차이는 색깔혁명과 무정부의 문제 또는 자치 요구와 주어진 경계에 대한 존중 요구 사이에 있는 학술적 차이와 같은 수준에 있다. 이것 또는 다른 것의 사용은 중간과 상층 계급 또는 민중 영역에서 비롯된 항의인지, 넥타이와 양복의 갈등 또는 외투와 스웨터 또는 내의의 요구를 다루고 있는 것인지에 따라 좌우된다.

'색깔의' 시민저항과 같은 가면을 쓰고 있고, 코소보의 독립을 표적삼아 유고슬라비아에서 주요하게 실험되었던 이런 분열전략은 권력

투쟁에서 라틴아메리카 신좌파에 대한 반대자들의 주요한 무기가 되었다. 이 전략은 베네수엘라에서는 술리아 주, 볼리비아에서는 산타크루스 주에 의해 지도된 메디아루나(la media luna)[1]와 에콰도르에서는 과야킬의 분리주의자들의 제안과 결합되었다. 게다가 이 전략은 1차 자원이 매우 풍부하고 지정학적·경제적으로 매우 중요한 모든 지역에서 이뤄졌다. 따라서 보스니아와 세르비아의 분리전쟁 동안 코소보에서 미국의 미션을 책임졌던 필립 골드버그(Philip Goldberg)가 분리주의자들과의 긴장이 고조되고 있던 볼리비아의 미국 대사관 대사에 임명한 것을 굳이 주목할 필요는 없다. 오히려 비판적 사고는, 게으르고 조금은 우아한 단순주의자들에 의한 음모이론을 거부하고, 이런 분석들을 퇴출시킬 밀짚과 함께 싹이 트는 밀(trigo que arrojó con la paja)을 회복할 필요가 있다. 너무 잘 알려진 마법사 갈리시아 사람들(archiconocidas meigas gallegas)에게서 일어난 것처럼, '비록 존재하지 않는다는 점이 명백하지만, '있으라 하면 있다'는 것이다. 자신을 정당화하고자 30여 년에 걸쳐 좌파의 범죄화와 세계자본주의 확산을 설계하였던 신보수주의 사고틀도 마찬가지라고 말할 수 있다. 신좌파는 자신이 방어하는 이익으로서 세계화된 새로운 반-좌파와 필연적으로 상응한다는 점을 이해할 수 있도록 하는 21세기를 통합적으로 해석할 때이다.

미국은 이라크에게 미치도록 무서운 상처를 안겨 준 사태의 비용에 질질 끌려가고(이는 미국 대사관이, 계속적으로 독립변수가 되고자 할지

---

1) [옮긴이] 메디아루나는 볼리비아 동쪽에 위치한 산타크루스 주, 베니 주, 판도 주, 타리하 주 지역의 비공식적 정치적 종파로, 인구는 주로 토착민이 아니라는 공통점이 있다. 메디아루나는 2005년 에보 모랄레스가 대통령으로 선출된 이후에 자치 운동으로 국내 정치에 큰 영향을 미쳤다.

라도, 저항 없이 라틴아메리카 지역의 방향을 결정하였던 독립변수가 되는 것을 그만두었다는 의미이다), 유럽연합은 민주주의 구체화의 실패로 혼란스럽고, 중국은 경제력 성장으로 발전하고, 아메리카 대륙은 독재의 소멸과 경제성장과 더불어 정치프로그램의 중대한 변화를 경험하고 있다. 이러한 국제관계의 재구성기와 환경파괴에 대한 긴급한 대응이 요구되는 상황에서 남쪽으로부터 남쪽을 다시 생각할 때이다. 우리는 바라건대, 이 작업이 스페인에서 라틴아메리카에의 새로운 비전이 식민주의자의 향수와 지적 무기력과는 거리가 먼 길을 열기 시작하고, 주류는 아닐지라도 늘 지금 이 순간의 새로운 대륙을 이해하려는 열정을 유지해 온 라틴아메리카 신세대의 노력에 원기를 불어넣는 데 도움이 되기를 바란다.

1장 _ 유토피아의 재탄생?

라틴아메리카 신좌파 연구를 위한 서론

다니엘 차베스
세사르 로드리게스 가라비토
패트릭 배릿

1993년 멕시코의 정치학자 호르헤 카스타녜다는 유명세를 탄 자신의 책 서문에서 라틴아메리카 좌파에 대해 확고한 어조로 다음과 같이 말했다.

> 냉전은 끝났고 공산주의와 사회주의 블록은 붕괴했다. 미국과 자본주의는 승리했으며 이러한 승리가 라틴아메리카에서처럼 확실하고, 달콤하며, 극적인 경우는 지구상에서 거의 찾아보기 어렵다. 얼마 전까지만 해도 좌-우 대립이 극심하고 사회혁명과 진보적 개혁을 위한 기운이 확산되었던 이 지역의 풍경이 민주주의, 자유시장경제, 친미 성향의 정책으로 순식간에 탈바꿈되고 있다. 지금 라틴아메리카는 보수적이고, 친기업적이며, 민주적으로 선출된 친미 기술관료들이 요직을 차지하고 있다. 지난 30년 동안 미국은 지금은 궁지에 몰렸지만 과거에는 매우 활동적이고 영향력을 행사했던, 이 때문에 통제하기가 쉽지 않았던 라틴아메리카 좌파와 싸워 왔다(Castañeda, 1993: 9).

첫 문장의 과감한 판단은 카스타녜다의 책의 결론에 해당하는 진단과 처방이며 이를 통해 좌파에게 "공식적이고 진정으로 시장의 논리를 받아들이고, 유럽과 일본의 시장경제가 오랜 시간에 걸쳐 통합시킨 변화들, 규제들, 예외들, 변형들에 동조할 것"(Castañeda, 1993: 514)을 권고했다.

15년이 지난 지금 카스타녜다의 언급에서 주목해야 할 것은 그 당시의 진단과 미래에 대한 예측은 틀렸지만, 좌파의 역사적 주기가 종말을 고했다는 그의 선언은 옳았다는 점이다. 우리는 이제 현실사회주의의 종말과 더불어 라틴아메리카 좌파 시대——1959년 1월의 쿠바 혁명, 칠레의 살바도르 아옌데(Salvador Allende)의 인민연합 정부(1970~73), 1979년 니카라과 산디니스타의 승리와 1990년 다니엘 오르테가의 선거 패배——도 종말을 고했다는 사실을 알고 있다(Sader, 2001). 21세기에도 쿠바 혁명과 콜롬비아 게릴라 운동은 살아남았지만 산디니스타가 몰락하고 과테말라와 엘살바도르의 게릴라가 해체되면서 라틴아메리카의 지배적 추세는 무장혁명에서 선거와 민중 저항을 통한 개혁으로 선회했다.

1994년 1월 사파티스타 봉기로부터 촉발된 사건들은 신자유주의와 자유민주주의가 승리했고, 미국과 라틴아메리카는 밀접한 동반 관계를 유지할 것이라는 섣부른 진단은 잘못된 것이었으며, 수세에 몰린 좌파는 기껏해야 시장경제와 대의민주주의의 변주를 탐색할 것이라는 예측도 잘못된 것임을 일찌감치 보여 주었다. 이 책의 각 장에서 볼 수 있는 것처럼 이러한 진단과 예측이 잘못된 것임을 보여 주는 좌파운동들, 정당들, 자치정부와 중앙정부들이 라틴아메리카 전역에서 증가하고 있으며 세력도 강화되고 있다. 오늘날 자칭 좌파 혹은 '진보' 성향의 정당들과 정치인들이 아르헨티나, 볼리비아, 브라질, 쿠바, 칠레, 에콰도르, 니카라과, 우루과이, 베네수엘라를 통치하고 있을 뿐만 아니라, 보고타와 멕시코 시부터 몬테비데오, 카라카스, 로사리오, 산살바도르, 벨루 오리존치 같은 중요한 도시를 통치하고 있다. 이와 동시에 다양한 좌파 사회운동이 여러 나라에서 핵심적인 정치세력이 되었는데, 가장 두드러진 경우가 볼리비아, 에콰도르, 멕시코의 원주민운동, 브라질의 무토지농민운동, 아르헨티나의 실직노동자와 피케테로스(piqueteros) 활동이다.

위의 경우와 유사하게, 새로운 형태의 사회운동과 진보적 정부의 정책적 제안들과 실험들은 시장경제와 대의민주주의에 대한 고전적 좌파가 보여 주었던 혁신의 협소함을 넘어선다. 한 가지 예를 든다면, 1990년 포르투 알레그리에서 '노동자당'(PT)이 도입한 참여예산제도는 시민들의 직접참여를 통해 혁신적인 재분배 정책을 급진적 민주주의와 결합시켰다. 다른 많은 좌파 지방자치단체가 참여의 정도와 방식은 다르지만 참여예산제도를 실시하고 있다(Goldfrank, 2006).

이런 식으로 '신'좌파가 제시하는 프로그램은 경제적 평등과 민주주의의 특정한 이슈를 뛰어넘는다. 많은 분석가들이 보여 준 것처럼, 라틴아메리카 신좌파의 독창성은 좌파의 전통적 관심사를 확장시켜 종족성, 젠더, 인종, 기타 다른 불평등의 근원들을 포함한다는 점이다 (Lechner, 1988; Dagnino, 1998; Sader, 2001 and 2002; Wallerstein, 2003; Santos, 2005). 가장 뚜렷한 예를 인용하자면, 지난 20년 동안 에콰도르, 볼리비아, 멕시코 원주민운동은 문화적 차이에 대한 권리와 자결권에 대한 요구를 좌파의 핵심적인 의제(agenda)로 변화시켰다.

이 책은 다양한 신좌파 출현의 기원, 특징, 딜레마와 미래의 가능한 궤적에 대한 체계적이고 명쾌한 비교분석을 제공한다. 이러한 목적에 부합하고 이 글에서 서술한 방법론과 논의와 모임의 과정에 적용하기 위해서, 7개의 사례연구는 해당국가에서 가장 두드러진 좌파——혹은 진보적——정당, 운동, 정부에 대한 세밀한 분석을 토대로 공통된 주제를 다룬다. 따라서 서론인 1장의 주된 목적은 사례연구에 포함된 실증분석의 틀을 구성하는 일반 주제를 제시하고 그것들 사이의 연결점, 유사성, 차이를 강조하는 것이다. 이런 맥락에서 각 장의 경험적 연구가 나무(운동들, 정당들, 정부들)에 대한 세밀한 분석이라면, 이 장은 숲(라틴아메리카 좌파)에 대한 개관을 제시한다. 이러한 비교를 통한 일반적인 개관은 '새로운' 것은 무엇이고 '좌파'는 무엇인지에 대한 보다 정확한 정의를 제시할 수 있을 뿐만 아니라, 이와 관련된 핵심적 이슈들, 행위자들, 딜레마들을 부각시켜 줄 수 있을 것이다.

　　이 책이 라틴아메리카 신좌파에 대한 포괄적인 분석을 시도하는 첫 번째 책이기는 하지만, 최근에는 라틴아메리카 좌파[1]와 국제적 좌파[2]의 이론과 정치적 전략의 혁신을 목표로 하는 예리한 논쟁들이 포함된 매우 흥미롭고 두툼한 분량의 책들이 출판되었다. 이런 점에서 이 글의 추가적인 목표는 증가하는 연구들과 급증하는 지역적·국제적 논의들 속에 이 책에서 제시된 사례연구들과 중심 문제들을 위치시키는 것이

---

1) 라틴아메리카 좌파에 대해서는 다음을 참조할 것. Álvarez et al.(1998); Boron(2001); Holloway(2001, 2004); Tischler(2001); Sader(2001, 2002); Munck(2003); Chavez and Goldfrank(2004); Rodríguez-Garavito et al.(2005); Elías(2006); Laclau(2006); Touraine(2006). 국제좌파에 대해서는 다음을 참조할 것. Bobbio(1995, 1996); Bosetti(1996); Kagalitsky(2000); Hardt and Negri(2002, 2004); Wallerstein(2003); Sen et al.(2004); Wainwright(2005); Santos(2005).

2) 국제적 좌파에 대해서는 다음을 참조할 것. Bobbio(1995 y 1996); Bosetti(1996); Kagarlitsky(2000); Hardt y Negri(2002 y 2004); Wallerstein(2003); Sen et al.(2004); Wainwright(2005); Santos(2005).

다. 이런 목적을 충족시키기 위해서 9장에서 11장까지는 아틸리오 보론 (Atilio Boron)과 후안 카를로스 모네데로, 보아벤투라 데 소우자 산투스가 총 논평을 제시한다.

이 책의 특징을 이해하기 위해서는 이 책이 목표로 하지 않는 것을 명확히 할 필요가 있다. 첫째, 이 책은 신좌파의 형성에 대해 결론적이고 최종적인 평가를 내리지 않는다. 여러 저자들이 강조하듯이, 기껏해야 몇 년, 혹은 어떤 경우에는 몇 달밖에 안 된 좌파세력의 윤곽, 한계, 가능한 미래의 결과를 확실하게 제시하는 것은 시기상조이다. 그렇다고 해서, 신좌파의 전례와 역사적 뿌리를 추적하는 것, 신좌파의 구성, 가능성, 한계와 딜레마를 살펴보는 것, 개별 사례 국가 내부의 좌파 간 연관성과 라틴아메리카 국가와 국제적 좌파 간 연관성을 확립하는 것이 불가능한 것은 아니다. 이러한 작업이 이 책의 주된 과제이며 신좌파에 대한 최근의 학문적이고 정치적인 논쟁에 대한 기여가 될 것이다. 이런 의미에서, 이 책은 아직 대답되지 않은 신좌파의 미래에 대해서는 질문으로 남겨 놓을 것이다. 서론의 제목에 물음표를 붙인 것은 이 때문이다.

둘째, 이 책은 신좌파에 대한 통일되고 포괄적인 이론적 종합이나 제안을 제시하지 않는다. 이것이 이 책이 세상에 나올 수 있었던 개방적이고 다원적인 대화 프로젝트의 특성일 뿐만 아니라, 신좌파 그 자체의 특성이다. 라틴아메리카의 이러한 문제들을 연구했던 정치이론가들이 강조했듯이(Dagnino, 1998; Holloway, 2001 and 2004), 그리고 바르트라(Armando Bartra), 슈스테르(Federico Schuster), 산투스, 보론이 이 책에서 설득력 있게 주장했듯이, 현대 라틴아메리카 좌파를 구성하는 다양한 행위자와 주제는 과거의 정통 맑스주의의 독해, 혹은 보다 엄밀히 말하면 맑스-레닌주의 독해에 기초하는 지배적인 일원론적 좌파 이론에 쉽게 들어맞지 않는다. 그렇다고 저자들이 신중한 실증적 사례연구만을 수행하고 그들이 분석한 국가와 지역 전반에서 관찰한 것에 토대를 둔 이론적 분석에 개입하지 않는다는 것을 의미하는 것은 아니다. 사실상 여러 사례연구들은 좌파에 대한 이론적 논쟁에 대한 독창적이고 예리한 기여이며 마지막 세 개의 장은 이런 구체적인 목적을 가지고 쓴 것이다. 그럼에도 불구하고, 이 장뿐만 아니라 다른 장들도 최종적인 이론적 종합을 위한 것이 아니다.

마지막으로, 앞의 사항들과 연관되어서 이 책은 과거 수십 년 동안 이 주제에 대한 학문적 연구에서 증가했던, 그리고 오늘날에도 일부 분석가들(예를 들어, Petras, 1999; Petras and Velmeyer, 2006)이 이 주제에 대해서 노력을 쏟는 것 같은 규범적이고 전략적인 좌파 지침서는 아니지만, 그렇다고 해서 라틴아메리카 신좌파 세력의 정치적 행위자와 전략에 대한 일반적인 결론을 유보하는 것도 아니다. 그러나 이러한 결론에 도달하기 위해서 사용된 방법론은 연역적이라기보다는 귀납적이다. 즉 서로 다른 좌파운동, 정당, 정부들의 현실에 대해 단일한 이론적 혹은 정치적 모델을 적용하기보다는 각 나라들의 경험들에 대해 세밀하고 실증적인 설명과 엄밀한 분석에 토대를 두고 있다.

이 글은 다섯 개의 항목으로 나뉜다. 첫번째 항목에서는 현대 라틴아메리카 좌파의 의미와 기원을 살펴본다. 두번째 항목에서는 사례연구와 이 주제에 대한 기존의 참고문헌의 검토를 바탕으로 우리가 보기에 신좌파의 핵심적인 사항을 부각시킨다. 세번째 항목에서는 책 전체를 통해 분석된 모든 정치세력에 공통되고 그러한 세력들의 입장과 딜레마, 전망을 보여 준다는 점에서 라틴아메리카 신좌파를 특징지을 수 있는 매우 유익한 두 가지 주제 —① 경제적 신자유주의에 대한 반대와 대안 모색, ② 민주주의의 심화──에 초점을 맞춘다. 네번째 항목에서는 신좌파의 세 가지 유형의 중심 행위자──사회운동, 정당, 지역정부와 연방정부──와 그들 사이의 관계와 긴장을 간략히 검토한다. 마지막으로, 이 책의 순서와 내용을 간략히 소개한다.

1. '신'좌파의 의미와 기원

구좌파의 소멸과 새로운 것의 의미

이 책의 제목과 책에 포함된 여러 장에서 '신좌파'라는 용어를 사용했기 때문에 이 표현이 무슨 뜻인지 밝히는 것은 중요하다. 콜롬비아에 대한 사례연구에서 세사르 로드리게스 가라비토(César Rodríguez-Garavito)가 설명하듯이 '새로운'이라는 형용사는 평가적인 의미보다 서술적인 의미로 사용된다. 따라서 여기서 고찰하는 좌파의 형성은 기원상 최근의 일이라는 것, 혹은 좌파의 형성이 최근 몇 년 동안 동원(운동의 경우), 선거 영역에서의 경합(정당정치의 경우), 통치(중앙정부와 지방정부의 경우) 능력을 강화했다는 사실을 가리킨다.

비록 각 정치적 세력이 자신만의 스케줄을 따랐지만 일반적으로 이 책이 분석한 발전들은 1990년대와 2000년대의 전반부, 즉 1989년 베를린 장벽의 붕괴, 1990년 산디니스타 혁명의 몰락과 같은 좌파 시대의 종말과 새로운 것의 시작으로 널리 인정되었던 특정한 세계적·지역적 사건들 이후에 발생했다. 그러므로 이 책의 목적에 부합하는 신좌파는 새롭다고 할 수 있다. 왜냐하면 그것은 최근의 것이기 때문이지 앞선 것들보다 더 좋거나 나쁘기 때문이 아니다. 물론 새로운 것을 묘사하는 것은 시간적으로 앞선 것과의 관계에서만 의미를 갖는다. 그러므로 신좌파를 특징짓기 위해서는 구좌파와의 연속적인 요소들(즉 둘 모두를 좌파로 묘사하는 것을 가능하게 하는 요소들)뿐만 아니라, 구좌파와 신좌파를 구별하는 특징들을 구체화하는 것이 필수적이다. 첫번째 과제와 관련해서, 이 글의 명확한 목적을 위해서 우리는 노르베르토 보비오(Norberto Bobbio)의 우파와 좌파에 대한 고전적 구별에 의존한다. 보비오의 구별에 따르면, 좌파가 수평적 사회관을 토대로 (계급, 젠더, 인종/종족 집단 등) 개인과 집단 사이의 평등을 촉구한다면, 우파는 경제적·정치적 불평등을 방어하기 위해서 사회적 위계질서를 긍정한다.[3]

보비오와 다른 많은 논평가들이 지적했듯이, 광의의 의미로 이해했을 때조차도 평등이라는 기준은 우파 혹은 좌파의 미묘함과 역사적 경향성을 구별하기 위해서는 충분하지 않으며, 우파와 좌파의 의제 전부를 포괄하지도 못한다. 예를 들어, 좌파의 경우에 평등을 지키는 것만큼 급진적 민주주의, 국제적 연대, 반제국주의, 그리고 또 다른 목적을 위한 다양한 요구를 지키는 것도 중요하다. 현대 라틴아메리카 좌파 내부에서 평등, 차이, 민주주의의 가치에 대한 논쟁에 대해 언급할 때 이 문제로 다시 돌아갈 것이다. 지금은 좌파와 우파를 구분하고 '구'좌파와 '신'좌파의 연속성을 강조하기 위한 예비적 기준으로 보비오의 구분을 이용할 것이다. 구좌파와 신좌파는 전략, 이론적 틀, 프로그램에서 상당히 다를지라도 평등을 촉진한다는 점에서는 동일한 입장을 취한다.

새로운 것에 대한 언급은 자연스럽게 오래된 것과의 대조를 강조한다. 이러한 이유 때문에, 그리고 라틴아메리카 신좌파의 개념을 기술적

---

3) 보비오가 보기에 자유의 옹호는 우파와 좌파를 구분하는 기준이 아니라 극단주의와 중도주의를 구분하는 기준이다.

이고 분석적인 측면에서 유용하게 사용하기 위해서는 간략하게나마 구좌파와 신좌파 사이의 역사적 변곡점과 차이를 검토할 필요가 있다. 오늘날 분석가들과 정치적 행위자들이 신좌파에 대해 언급할 경우 그들이 염두에 두는 역사적 좌파는 (쿠바 혁명이 성공했던) 1959년과 (두번째 혁명의 물결이 소멸되었던) 1990년 사이의 좌파 스펙트럼을 구성하는 정치정당, 사회운동, 게릴라 조직이다. 두번째 혁명 물결의 정점은 1970~80년대의 엘살바도르, 과테말라, 그리고 무엇보다 니카라과의 게릴라 세력의 발전이었고, 앞에서 언급했던 것처럼 1990년 산디니스타의 선거 패배로 소멸되었다(Pearce, 1999).

이 시기에 좌파를 구성했던 조직들은 다음과 같은 다섯 개의 집단으로 구분될 수 있다. ① 공산당: 대부분 20세기의 처음 20년 동안 만들어져서 '권력을 쟁취하기 위한 평화적인 방법'을 지지했고 소련과 밀접한 유대 관계를 유지했다. ② 민족주의적 혹은 민중적(popular) 좌파: 후안 도밍고 페론(아르헨티나), 제툴리우 바르가스(브라질), 라사로 카르데나스(멕시코) 같은 인물들이 포함된다.[4] ③ 다양한 이데올로기, 전략적 지향성, 사회적 출신 성분으로 구성된 게릴라 조직들: 쿠바와 니카라과 혁명이 이끈 두 번의 혁명 물결 동안 수적으로 증가했다. ④ 개혁주의 정당들: 선거 경쟁과 '체제 내' 변화 추구에 초점을 맞추고 소련과 쿠바와는 거리를 두었다. ⑤ 사회적 좌파: 노동조합, 농민(campesino) 동

---

4) 민족주의적 혹은 민중적 좌파는 좌파에 대한 일반적 규정에 포함된다. 그러나 민족 지도자로서의 역할, 야당과 야당의 사회적 지지 기반과의 관계, 정부와 여당의 권력 구조의 관점에서 보면 페론, 바르가스, 카르데나스 정권은 오늘날 네오파시즘으로 규정되는 권위주의적 측면을 내포하고 있었다. 그럼에도 불구하고, 그들의 사회적 의제가 진보적이었다는 것은 부정할 수 없다.

맹, 기독교 기초공동체, 인권 조직, 그 밖의 도시운동과 농촌운동들이 여기에 속한다.

에미르 사데르(Emir Sader)가 설명했듯이(Sader, 2001), 1980년대 말~1990년대 초 각 집단들은 쇠퇴기로 접어들었거나 혹은 그보다 앞선 30년 동안 이미 쇠퇴를 경험한 구좌파가 신좌파로 돌아서는 변화의 시기를 통과하고 있었다. 소련과 소위 사회주의 진영에서 '현실사회주의' 가 붕괴된 이후에 공산당들이 위기에 처함에 따라 쿠바 혁명은 '방어 국면'에 들어섰고, 산디니스타의 패배, 잔존 게릴라운동의 해체, 콜롬비아와 페루에 살아남았던 게릴라운동들의 정치적 고립이 심해지면서 무장투쟁은 사실상 라틴아메리카 모든 지역에서 소멸되었다.

개혁주의 정당들과 민족-민중 정당들 역시 심대한 변화를 경험했다. 1980년대 라틴아메리카를 휩쓴 신자유주의 물결에 사회적이고 이데올로기적 토대가 약화된 민족-민중 정당들은 급속도로 중도로 기울었고 얼마간 변형된 '제3의 길'을 채택했다. 이러한 이동은 멕시코 살리나스(Carlos Salinas) 정부의 '제도혁명당'(PRI)에서부터 아르헨티나 메넴(Carlos Menem) 정부의 페론주의와 칠레의 콘세르타시온(Concertación) 정부에 이르기까지 사회민주적이고 민족-민중적인 정당들이 채택한 신자유주의 정책에서 명백하게 나타났다. 소위 '부에노스아이레스 컨센서스'는 시대정신의 증거이다. 1997년에 로베르토 운헤르(Roberto Unger)와 호르헤 카스타녜다가 중도파와 좌파 출신의 라틴아메리카 정치인들과 토론을 거쳐 작성한 이 유명한 문서는 높아가는 신자유주의의 파고에 직면하여 (사데르가 '열대 블레어주의'tropical Blairism라고 부른) 크리오요 판본의 '제3의 길'을 제시했다.

마지막으로 사회적 좌파에 미친 신자유주의 효과도 매우 심각했는데, 신자유주의는 지난 세기의 지배적인 사회적 동원 형태였던 노동조합을 약화시켰다. 페데리코 슈스테르가 아르헨티나 사례연구에서 증명하듯이 실업 증가, 민영화, 노동규제의 '유연화', 지역 파산과 대규모 도시 이주, 비공식 경제 부문의 성장, 그리고 금융 위기의 영향이 결합하여 노동조합의 사회적 기반을 잠식했다. 공적이고 사적인 부문에서 사라진 정규직 일자리 대신에 엄청난 수의 만성적 실업자, 비정규직 노동자, 이주 노동자가 출현했고(Portes, 2003), 몇 십 년 동안 노동조합을 지탱했던 조직된 프롤레타리아트와는 매우 다른 파편화된 빈민집단(pobretariado)이 형성되었다.

라틴아메리카 좌파에게서 다양하게 드러나고 있는 사회적 기반·이데올로기·전략의 불안정함은 소위 국제적인 구좌파가 경험했던 위기와 같았다. 라틴아메리카라는 특정한 지역을 넘어 국제 좌파가 경험한 이러한 위기는, 이매뉴얼 월러스틴(Immanuel Wallerstein)이 보여 주었듯이(Wallerstein, 2003), 두 가지 요소로 이루어졌고, 두 개의 위대한 근대적 혁명의 진보적 전통이 퇴조하고 있음을 상징적으로 보여 주었다. 이러한 위기를 상징적으로 보여 준 것은 프랑스 혁명이 남긴 유산의 소멸이었으며, 이와 더불어 직선적 역사관, ('해피엔딩'을 보장하는) 진보, 인간의 기본적인 합리성에 대한 믿음의 소멸이었다. 이러한 전통의 좌파적 판본인 사적 유물론은 포괄적인 사회이론과 역사이론을 제공했을 뿐만 아니라, 좌파운동과 정당들에게 역사는 억압받는 자의 편에 선다는 확신을 제공했다. (정통 맑스 독해에 대한 그람시의 비판으로부터 심대한 영향을 받은) 좌파 지식인 서클 내부의 이러한 사회적·역사적 전망에 대한 비판의 증가는 좌파의 이론적 전통에 대한 새로운 해석과 새로운 이론 형성을 향한 점진적 이해를 보여 주었는데, 이에 대해서는 아래에서 더 자세히 다룰 것이다.

또 다른 구좌파의 위기는 정치적 전략과 관련된 것인데, 러시아 혁명에서 출현한 레닌주의 정전의 쇠퇴이다. 레닌주의가 맑스주의 역사이론에 기여한 것은 프롤레타리아트의 혁명적 잠재력을 인도하고 실현하는 책임이 있는 특권적인 역사적 주체 ─정당 혹은 정당-국가─를 강조했다는 점이다. 러시아 혁명이 보여 준 정치적 전략과 그로부터 출현한 중앙집권적 국가는 국제 좌파 내의 대부분의 정파들이 가지고 있던 믿음, 즉 가장 효과적인 정치적 행동은 위계적이고 집중적인 구조에 기초하여 국가권력을 쟁취하는 것이라는 생각을 강화했다. 그럼에도 불구하고, 수십 년 동안의 소비에트 권위주의는 국제 좌파 내 많은 정파들 사이에서 국가주의와 중앙집권주의에 대한 깊은 실망을 불러일으켰고 이와 함께 소련의 몰락으로 레닌주의적 전위당 모델은 결정타를 맞았다. 곧 보게 되겠지만 이러한 '레닌주의적 주체의 위기'(Tischler, 2001)는 라틴아메리카 신좌파를 형성하는 핵심적인 정당들과 운동들의 전략과 이론적 구도에 큰 변화를 가져왔다.

신좌파의 출현

앞에서 짧게 개괄한 역사적 궤적을 따라가 보면 20세기 마지막 10년 동안 라틴아메리카 좌파와 국제 좌파는 20세기 내내 좌파를 이끌었던 전략과 사상에 대한 심각한 내부적 비판에 매몰된 채 명백히 수세적인 위치에 놓여 있었음을 알 수 있다. 정치적 스펙트럼의 또 다른 극단에서는 19세기 후반과 20세기 초반의 몇 십 년 동안 지배적 위치에 있었던 '자유주의 경제 신념'(Polanyi, 1995)이 신자유주의 형태로 다시 등장했다(Sader and Gentili, 1999; Blyth, 2002). 아우구스토 피노체트(Augusto

Pinochet), 로널드 레이건(Ronald Reagan), 마거릿 대처(Margaret Thatcher) 정부를 통해 모습을 드러낸 신자유주의는 빠른 속도로 확산되었고, 우파 정치인들과 지식인들은 신속하게 이데올로기의 종말과 더불어 다른 대안은 불가능하다고 선언했다.

좌파가 퇴각하고 우파의 유일사상(pensée unique)이 강화되는 분위기 속에서 라틴아메리카에서 새로운 좌파가 잇따라 등장할 수 있었던 이유가 무엇일까? 아틸리오 보론은 9장에서 이 질문에 대해 예리하고 상세한 대답을 제시한다. 여기서는 보론의 진단 중 핵심적인 네 가지 사항만 이 책에 포함된 사례연구와 연관시켜 보도록 하자.

첫째, 1990년대 초반이 되자 물밀듯 쏟아져 들어오는 상품, 서비스, 자본을 통해 라틴아메리카 경제의 무조건적 개방이 가져온 결과를 확실하게 체감할 수 있게 되었다. 수많은 자료들을 통해 알 수 있는 것처럼, 경제성장, 불평등, 빈곤에 미친 신자유주의의 부정적 결과들은, 1982년 외채위기가 불러온 심각한 타격 때문에 다국적 금융기관들이 제시한 구조조정 프로그램의 일환으로 쇼크요법을 채택했던 나라들에서 특히 두드러졌다(Hubert and Solt, 2004). 따라서 라틴아메리카 신좌파의 출현을 알리는 상징적 사건이었던 치아파스의 사파티스타 봉기가 북미자유무역협정(NAFTA)이 발효되는 1994년 1월 1일 멕시코에서 일어난 것은 우연이 아니다.

7장에서 아르만도 바르트라가 언급하는 것처럼, 북미자유무역협정이 멕시코에 요구한 무조건적인 개방은 신자유주의를 강화했고 구조조정정책에 대한 대중의 불만을 증가시켰다. 바르트라가 '동전의 앞면이 나오면 내가 이기고, 뒷면이 나오면 네가 진다'는 표현을 통해 재치있게 묘사했듯이, 북미자유무역협정은 멕시코가 이길 수 없는 게임이었다. 농촌의 파산과, 그로 인한 수백만의 농민과 실직자의 미국으로의 대량 이주 사태에서 볼 수 있듯이 멕시코는 파산한 농부들을 (값싼 노동력으로) 미국에 수출하고, 그 대신 미국의 농산물을 수입했기 때문이다. 이것이 사파티스타가 봉기를 일으켰고, 1996년 '신자유주의 반대와 인류를 위한 회의'(Conference for Humanity and Against Neo-liberalism)를 소집하여 세계적인 반향을 불러일으켰던 직접적인 이유였다.

구조조정 개혁과 연관된 경제위기와 부패 스캔들이 라틴아메리카 지역 전체에서 증가하면서 신자유주의에 반대하는 좌파운동과 정당들이 출현하거나 힘을 얻기 시작했다. 페르난두 엔히키 카르도주(Fernando Enrique Cardoso) 대통령의 브라질 공공 서비스와 국영기업에 대한 민영화 결정은 신자유주의에 대한 전반적인 불만을 발생시켰고, 그 결과 '노동자당'은 선거에서 승리했고 룰라는 2002년 대선에서 대통령에 당선되었다(2장 참조).

2001년 아르헨티나 경제의 붕괴는 1990년대 라틴아메리카에서 실행된 가장 과격한 신자유주의 실험의 예고된 죽음이었고 네스토르 키르치네르 정부를 등장시켰다(6장 참조). 1980~90년대 볼리비아와 에콰도르의 극단적인 신자유주의 개혁이 낳은 억압적인 결과는 농민, 원주민, 도시노동자의 사회적 저항과 강력한 사회운동, 좌파 정당의 부활을 촉발시켰다(8장 참조). 구조조정정책이 가져온 베네수엘라의 '이중 사회'(dual society)는 국가의 부(富)를 분배받지 못한 대다수 사람들의 저항을 증가시켰다. 국민들의 저항은 우고 차베스(Hugo Chávez)의 '제5공화국운동'(MVR)을 탄생시켰고, 민중들의 확고한 지지를 바탕으로 차베스 정부는 열 번의 지방선거와 총선에서 연속적으로 승리했다(이 책 3장 참조).

콜롬비아는 라틴아메리카 대부분의 국가보다 더 점진적으로 신자유주의로 이행했음에도 불구하고, 1999년에 갑자기 경제위기가 발생했다. 그러나 신자유주의 경제개혁 이후에 경제지표의 악화가 뚜렷하게 드러났다는 점에서 경제위기는 갑작스런 일이 아니었다. 경제위기는 좌파에게 '사회적인 것'(the social)을 방어해야 한다는 명분을 회복시켜주는 계기가 되었고, 보고타 시장 선거를 비롯한 중요한 지자체 선거에서 승리를 거두었다. 게다가 2006년 5월 대통령 선거에서 좌파는 전체 유권자의 22%에 해당하는 260만 표를 얻었는데, 이는 콜롬비아 역사에서 진보정당이 얻은 득표 중 가장 많은 것이었다(5장 참조).

우루과이의 진보정당인 '확대전선'(FA)이 2004년 대통령 선거에서 승리할 수 있었던 것도 신자유주의 구조개혁이 가져온 우려할 만한 수준의 경제적·사회적 지표의 악화 때문이었다. 이뿐만이 아니라 '확대전선'은 국제적으로 유례가 없는 두 번의 국민투표에서 승리를 거뒀는데, 첫번째 국민투표(1992)에서는 국영기업의 민영화를 막았고, 두번째 국민투표(2004)에서는 물 민영화를 금지하는 법률을 헌법에 포함시켰다(4장 참조).

신좌파의 출현을 가능하게 만든 두번째 요소는 노동조합의 쇠퇴를 상쇄하는 새로운 정치적 행위자들의 등장이다. 중앙정부와 지자체 선거에서 승리한 브라질의 '노동자당'과 콜롬비아의 '대안민주당'(PDA)의 경우에서 볼 수 있는 것처럼, 노동조합은 여전히 좌파의 중심세력이기는 하지만 새로운 좌파 조직과 이데올로기는 대부분 최근의 원주민운동들, 농민조직들, 실업자 운동들, 무토지 도시노동자 운동들, 아프리카계 후손 조직들, 페미니즘 운동들, 그리고 또 다른 형태의 사회운동들에서 유래되었다(Álvarez et al., 1998). 사실상, 다양한 복수의 행위자가 라틴아메리카 신좌파의 핵심적 특징 중 하나이다. 이것은 볼리비아, 멕시코, 에콰도르의 원주민과 농민연합에서부터 우루과이, 브라질, 콜롬비아에서 볼 수 있는 사회운동의 확대전선에 이르기까지 이 책에서 다루는 모든 사례연구에서 확실히 알 수 있다.

셋째, 최근까지 라틴아메리카 전역의 정치체제에 굳건하게 뿌리를 내리고 있던 전통적 정당들의 정당성 상실과 국내적 위기는 신좌파가 성공적으로 등장할 수 있는 정치적 기회를 제공했다. 즉 라틴아메리카의 거의 전 지역에서 민주주의로의 이행이 가능했던 것은 거의 모든 전통적 정당 혹은 정파가 국민의 뜻을 정책으로 반영할 수 있는 능력이나 정치적 결심이 부족했기 때문이다. 라틴아메리카 여론조사기관이 실시한 국민여론조사에서 정당이 연거푸 가장 신뢰할 수 없는 기관으로 조사되고, 응답자의 58%만이 민주주의가 다른 정부 형태보다 바람직하다고 응답한 것도 이런 이유 때문이었다(Corporación Latinobarómetro, 2006).

2001년의 아르헨티나 사태나 최근 에콰도르 사태에서처럼, 새로운 정당이든 과거의 정당이든 간에 모든 정당이 불만족스러운 시민의 공격 대상이 되었다. 아르헨티나 대통령 페르난도 데 라 루아(Fernando de la Rúa)를 권좌에서 끌어내렸던 시위대는 "한 명도 남지 말고 모두 꺼져 버려!"(Que se vayan todos, que no quede ni uno solo)라고 외쳤다. 베네수엘라의 '민주행동당'(AD)과 '독립선거정치조직당'(COPEI), 콜롬비아의 '자유당'과 '보수당', 우루과이의 '블랑코당'(Partido Blanco)과 '콜로라도당'의 경우처럼 20세기의 상당 기간 동안 폐쇄된 정치체제의 토대가 되었던 엄격한 양당체제도 시민들을 절망시키는 결과를 가져왔다. 이런 상황에서 사회운동들과 진보적 정당들은, 때로는 독립적으로 때로는 연대를 이루어, 전통적 정당들의 쇠퇴가 남겨 놓은 빈 공간의 일부를 채웠다.

마지막으로, 라틴아메리카 신좌파는 1999년 시애틀 시위, 신자유주의와 전쟁에 반대하는 전지구적 운동의 출현을 계기로 국제 좌파가 재활성화되면서 더욱 힘을 얻었다. 보아벤투라 데 소우자 산투스가 10장에서 주장하는 것처럼, 다양하고 탈중심적인 국제 좌파는 수적으로 증가한 국가적·대륙적 회합들, 전세계의 도시에서 벌어진 시위들, 진보적인 정치적·경제적 프로그램을 촉구하는 운동들과 조직들로 가시화되었고, 이들은 세계사회포럼을 통해 결합되었다. 세계사회포럼이 2001년에 브라질 '노동자당'의 정치적 성공을 상징하는 도시인 포르투 알레그리에서 시작되었다는 사실은 라틴아메리카 좌파가 지역별 운동들과 비정부기구들(그리고 이보다는 적지만 정당들)의 접촉 공간이자 지원의 중심이었던 국제 좌파운동에 상당한 정치적·상징적 영향력을 행사했다는 것을 보여 준다.

2. 라틴아메리카 신좌파의 특징

사례연구에서 확실하게 드러나겠지만 신좌파의 스펙트럼은 매우 다채롭다. 신좌파의 스펙트럼에는 농민, 원주민, 여성, 학생, 환경 운동가, 아프리카계 후손, 실직자, 그리고 무토지 농업노동자로 구성된 급진적인 풀뿌리조직들이 포함된다. 그들은 직접행동에 중점을 두기 때문에 좌파 정당조직과 항상 연대하는 것은 아니며 이따금씩 정면으로 대립되기도 한다. 신좌파 스펙트럼에는 중앙정부와 지자체의 권력을 잡은 중도좌파도 포함된다. 또한 노조와 공산당 같은 구좌파도 포함되는데, 그들은 여전히 새로운 시위에 참여하거나 그것을 조직하고 최근에는 다양한 색깔의 정당연합에도 참여한다. 신좌파의 스펙트럼이 매우 다채롭다고 해서 신좌파를 하나로 묶는 공통된 특징이 없는 것은 아니다. 사례연구를 기반으로 대부분의 사례에서 공통적으로 발견되고 구좌파와 대조되는 다섯 가지 특징만 부각시킬 것이다.

전략의 다원성과 분권화된 조직 형태의 절속(articulación)

이론적 통일과 전략적 집중화를 강조하는 구좌파와 대조해 볼 때, 신좌파의 특징은 복수성이다. 조직을 구성하는 전략의 측면에서 보면, 레닌주의의 통일적인 정치적 주체——전위적 당 혹은 정당-국가——대신에 신좌파의 지배적 형태는 정당과 운동단체가 연대한 확대전선, 사회운동들의 네트워크(coordinador), 활동가 조직들 간의 회합이다.

어떤 경우든 연합과 네트워크가 주를 이루며, 조직의 구성원들은 조직의 자율성을 잃지 않으면서 공통의 정치적 목적——예를 들어, 선거, 캠페인, 저항시위 등——에 기여한다.[5] 우루과이의 '확대전선'과 브라질의 '노동자당'은 정당과 좌파 운동 사이의 연합의 전형적인 사례로서, 콜롬비아 좌파도 '사회·정치전선'(FSP)과 '독립민주당'(PDI)의 연합을 통해 같은 시도를 한 바 있다. 물 민영화를 좌절시켜서 국제적으로 유명해진 볼리비아 코차밤바의 '물과 생명 수호 위원회'(la Coordinadora por el Agua y por la Vida)는 사회운동 간의 연합을 보여 주는 대표적인 예이다(Olivera, 2004). 활동가들과 비정부기구(NGO)들이 좌파 정

---

5) 프랑스의 '복수좌파' 운동, 미국의 '무지개 연합' 운동에서 볼 수 있는 것처럼, 다른 지역에서도 연합과 네트워크가 좌파의 주된 조직방식이다(Wallerstein 2003).

당과 연합하는 경우는 헤아릴 수 없이 많은데 그 중에서 눈에 띄는 것은 페미니즘 운동(Álvarez, 1998; Vargas, 2003)과 원주민운동(Ceceña, 1999; Brysk, 2000; Bartra, 2004; Rodríguez-Garavito and Arenas, 2005; Escárzaga and Gutiérrez, 2005)이다.

라틴아메리카 신좌파의 전략적인 정치적 목표도 하나가 아니고 여러 개다. 정권을 획득하고 국가를 민주적으로 개혁하는 것은 새로운 정치세력에게도 여전히 핵심적 목표이다. 그러나 이러한 목표와 더불어 중요한 위치를 차지하는 일단의 사회운동은 시민의 저항과 자치를 기반으로 반(反)정당, 반(反)국가의 입장을 추구한다. 멕시코의 사파티스타(Holloway, 2001)와 아르헨티나의 피케테로스운동(Zibechi, 2003)이 대표적인 경우이다. 이 장의 마지막 부분에서 보게 되겠지만, 이러한 전략적 입장에 대해서 분석가들은 다양한 해석을 했고 학계와 정치권에서도 이 문제를 놓고 열띤 논쟁을 벌였다. 그러나 지금 우리가 강조하고 싶은 것은 전체적으로 보았을 때 신좌파 세력의 전략은 국가권력에 집착했던 과거의 레닌주의와도 거리가 멀고, 하트(Michael Hardt)와 네그리(Antonio Negri)의 극단적 비전과도 거리가 멀다는 것이다. 하트와 네그리에 따르면, 신좌파는 국가권력의 쟁취나 국가개혁 대신에 지역조직들의 초-탈집중화된(hyper-decentralized) 네트워크를 통해 전지구적 연합을 이루려고 시도한다.

국가권력의 쟁취와 반국가주의의 양극 사이에 광범위한 전략적 스펙트럼이 펼쳐지는데 여기에는 대통령 선거와 지자체 선거의 승리 외에도 낸시 프레이저(Nancy Fraser)가 '복합적 공적 영역'(multiple public spheres)이라고 부른 것도 포함된다. 복합적 공적 영역은 하버마스(Jürgen Habermas)가 국가의 견제 세력으로 제시한 '일원화된 공적 영역'(unitary public sphere)과 대조를 이룬다. 복합적 공적 영역은 브라질과 우루과이의 참여예산의회(2장과 4장 참조)와 베네수엘라의 풀뿌리위원회(3장 참조) 같이 민주적 심의를 위한 민관(民官)포럼뿐만 아니라, 볼리비아의 농민회의와 관개(灌漑)위원회(8장 참조), 사파티스타의 '좋은 정부 위원회'와 자율적 지방자치(7장 참조), 아르헨티나의 주민의회(6장 참조) 같은 자치공동체 공간도 포함한다.

사회적 기반과 정치적 의제의 다양성

첫번째 특징과 직접적으로 관련된 두번째 특징은 신좌파의 사회적 기반과 정치적 의제의 확대이다. 사회학자들의 광범위한 분석에 의하면, 경제적·정치적·사회적 변화는 계급불평등에 대한 투쟁을 최우선시하고 노동조합에 정치적 우월성을 부여했던 좌파의 전략에 균열을 일으켰고, 그 결과 '신사회운동'이 출현하게 되었다(Melucci, 1996).

라틴아메리카 좌파에도 똑같은 변화가 일어났다. 가장 효율적인 민중동원의 형태는 사회적 평등이라는 고전적 의제와 차이에 대한 존중이라는 의제에 근거를 둔다. 이런 종류의 동원의 가장 전형적인 예는 라틴아메리카 대륙의 새로운 원주민주의(indianismo)이다. 멕시코와 콜롬비아에서 사회정치적 세력으로 부상한 원주민주의는 1990년 '에콰도르 원주민연맹'(CONAIE)을 중심으로 조직된 에콰도르 원주민 봉기를 기점으로 대륙 전체로 확산되어 오늘날 볼리비아의 '사회주의운동당'(MAS)과 그보다는 덜하지만 에콰도르의 라파엘 코레아 정부의 중요한 사회적 지지 기반이 되었다.

신좌파가 평등에 대한 권리와 나란히 차이에 대한 권리를 의제에 포함한 것 ——이는 평등의 장려라는 고전적 목적을 확장하여 출신

종족, 젠더, 인종, 섹슈얼리티 등에 따른 차별과 투쟁하는 것과 동일하다——은 지난 세기 구좌파의 역사적 궤적과 대조된다. 루이스 타피아(Luis Tapia)가 볼리비아 사례연구에서 보여 주는 것처럼, 1980년대 산디니스타 정부가 미스키토(misquitos) 원주민의 자율운동을 억압한 것에서 볼 수 있듯이, 역사적 좌파가 다문화주의(multiculturalism)에 보여 준 반응은 잘해 봐야 무관심이었고, 그렇지 않은 경우에는 공개적으로 적대적인 태도를 보였다.

에콰도르의 역사적 좌파와 '에콰도르 원주민연맹'의 관계에서처럼(Davalos, 2005), 라틴아메리카 좌파의 역사는 이 주제와 관련하여 좌파 내부에 심각한 내적 긴장이 지속되었음을 보여 줌에도 불구하고, 지배적인 경향은 '정치 논리'(lógica de la política)로 향하고 있다. 좌파를 구성하는 상이한 주체들에게 상호인정을 요구하는 '정치 논리'는 노르베르트 레츠네르(Norbert Lechner)가 배타적 '전쟁 논리'(lógica de la guerra)와 상반되는 개념으로 지칭한 것이다(Lechner, 1998).

신좌파 세력의 의제와 전략, 사회적 지지기반의 복수성을 구체적으로 표현하기 위해서 슈스테르와 바르트라는 '좌파들'이라고 복수로 부를 것을 제안한다. 산투스는 11장에서 이러한 제안을 설득력 있게 설명한다. 산투스에 따르면, 신좌파의 응집력은 '소극(消極)화된 다원성'(depolarised pluralities)의 창출에 달려 있다. 즉 서로 다른 각도에서 신자유주의와 제국주의, 또 다른 지배와 불평등의 기원에 반대하는 정당들과 운동들, 조직들 간의 해석과 이해가능성에 달려 있다. 대안세계화를 위해 세계사회포럼을 통해 네트워크를 형성한 전지구적 좌파운동도 이와 동일한 형태의 복수성의 조정을 지향하고 있다(Seoane and Taddei, 2001; Sader, 2002; Sen et al., 2004; Santos, 2005).

시민사회의 부상(浮上)

신좌파 세력들에게 공통적으로 반복되는 주제는 정치적 행동을 위한 공간인 시민사회를 회복하는 일이다. 신좌파의 이념과 프로그램에 이러한 혁신적 변화가 생긴 것은 시민사회가, 한편으로는 라틴아메리카 우익 군사독재에 반대하는 저항의 핵심 지점이었고, 다른 한편으로는 위에서 언급한 전통적인 레닌주의적 국가주의를 거부했기 때문이다.

프란시스코 베포트(Francisco Weffort)에 따르면, 라틴아메리카 좌파는 군부독재와 권위주의 정부하에서 가톨릭교회와 인권단체, 시민사회 활동가들과 연대를 경험하면서 "정치에는 국가보다 더 많은 것이 있다는 것을 발견"(Weffort, 1984: 93)하게 되었고, 이러한 경험은 1990년대 멕시코와 브라질의 주민단체 같은 진보적인 비정부기구와 시민들의 자율적인 토론 공간이 생겨나면서 지난 20년 동안 지속되어 왔다(Avritzer, 2002). 세계사회포럼에서 시민사회단체가 주도적인 역할을 담당하고 시민사회에 대한 이론적·경험적 분석들이 쏟아져 나오는 것에서 볼 수 있는 것처럼, 국제적 좌파도 같은 경로를 걷고 있다.

시민사회의 중요성은 좌파 내에 강렬한 내적 긴장과 논쟁을 불러일으켰다. 아틸리오 보론과 후안 카를로스 모네데로는 9장과 10장에서 시민사회를 국가에 반대하는 정치적 덕목의 응축이라는 모호한 개념으로 이해할 때 좌파에게 미칠 위험성을 지적한다. 같은 의미에서, 에미르 사데르는 국제적 좌파가 시민사회에 집중함으로써 국가를 변화시킬 임무를 포기하고, 그 결과 국가 개혁의 과제가 신자유주의 개혁가들의 수중에 들어가 버렸음을 비판해 왔다(Sader, 2002). 이미 거의 10년 전에 소니아 알바레스(Sonia Álvarez)는 사회운동이 비정부기구화(oenegeización)되는 것(Álvarez, 1998), 즉 정치적이고 사회적인 활동의 맥락에서 비정부기구의 의제와 행동방식이 사회운동을 지배하고 있다는 사실을 깨달았다(Pearce y Howell, 2001).

몇몇 사례연구들이 이들이 지적한 위험성 ──예를 들어, 슈스테르가 분석한 아르헨티나 주민의회는 국가와의 연결점이 없었기 때문에 그들을 결집시킨 다양한 이해관계가 상충되자 소멸되어 버렸다──을 확인시켜 줄지라도, 또 다른 사례연구들은 시민사회의 활력이 좌파의 활동을 가능하게 한다──예를 들면, 볼리비아의 '원주민-농민 자치협의회'──는 사실을 보여 준다. 그런가 하면, 세번째 종류의 경험은 사회와 국가의 절속 관계──예를 들어, 브라질과 우루과이의 지역참여예산제──와, 이러한 절속을 통해 국가와 시민사회 모두의 민주주의를 심화시킬 수 있었음을 분명하게 보여 주었다. 우리는 이 글의 마지막 부분에서 이 문제로 돌아갈 것이다.

개혁주의

앞에서 지적한 이유들 때문에 지난 세기 좌파를 구분했던 근본적인 이분법, 즉 '혁명(revolución)이냐 개혁(reforma)이냐'는 1990년 니카라과 무장혁명의 두번째 물결의 쇠퇴와 더불어 개혁 쪽으로 선회했다. 제도를 통해서건 제도 바깥의 비폭력적인 동원을 통해서건 개혁은 신좌파의 지배적 노선이 되었다. 그럼에도 불구하고, 신좌파가 '개혁적'이라는 사실은 지난 수십 년의 좌파의 이데올로기적·정치적 스펙트럼에 속하는 다양한 정치적 행위자와 분석가들에게는 다른 의미와 효과를 갖는다.

사회민주주의 정당이나 개혁주의에 속하는 또 다른 분파의 입장에서 볼 때, 혁명적 수단의 마감은 개혁의 역사적 승리이며 역사의 중심에서 개혁을 쫓아냈던 혁명의 소멸을 의미했다. 이미 앞에서 언급한 것처

럼, 아르헨티나의 페론주의자들로부터 멕시코의 제도혁명주의자들에
이르기까지 많은 개혁주의자들이 급속히 중도로 쏠리고 '열대 블레어주
의'의 형태로 발전한 것은 이런 맥락이다. 많은 분석가들이 군사독재가
끝난 이후에도 콘세르타시온 정부가 신자유주의 정책을 지속시키고 심
화시킨 칠레 사회주의들의 사례처럼 극단적인 경우에 '좌파' 개념을 분
석적 범주로 사용할 수 있는지 의문을 가졌다(Taylor, 2006). 이와는 반
대로, 1990년 이전에 보다 급진적인 경제적·사회적 단절을 모색했던 사
람들 사이에서, 개혁주의의 승리는 고르(André Gorz)가 "비개혁주의적
개혁"(reforma no reformista)이라고 불렀던 것을 어떻게 추진할 것인가
라는 딜레마를 발생시켰다(Gorz, 1964). 명백하게 좌파 노선에 남아 있
거나 유지하는 많은 사회운동과 정당이 비개혁주의적 개혁에 속한다.

　개혁주의의 승리가 경험한 열광의 수준이 어느 정도이든, 그것
은 라틴아메리카 좌파에게 적어도 두 가지의 함의를 지녔다. 정치적
인 의미에서 개혁주의의 승리는 무장투쟁이 사회변혁과 정치권력의
획득의 수단에서 멀어졌다는 것을 의미했다. 예를 들어, 콜롬비아 좌
파 정당──'사회·정치전선', '독립민주당', 가장 최근에는 '대안민주
당'──의 전례 없는 집권은 게릴라 집단과의 분명한 단절이며 콜롬비
아 좌파가 보여 주었던 '모든 투쟁 형식이 조합'된 전략과의 명백한 단
절이었다(5장 참조). 세계사회포럼의 기본 원칙 중 하나가 비폭력이며,
무장단체들이 세계사회포럼에서 배제되었다는 사실이 보여 주는 것처
럼, 지역적이고 지구적인 차원에서도 똑같은 태도를 발견할 수 있다.

　다른 한편으로, 경제적 측면에서 개혁주의는 사회주의에 대한 모든
호소를 포기한 것은 아니었을지라도 중앙집권적 사회주의 모델의 포기
를 의미했다. 그 대신에 신좌파가 제안하는 경제적 프로그램은 시장경

제와 다소간 심화된 국가 개입, 수입의 재분배, 민주적 정책입안을 결합한다. 경제적 개혁주의가 신좌파의 중심 문제 중 하나인 신자유주의에 대한 대안의 구축과 관련되어 있다는 전제하에 다음 항목에서 이 문제를 더 자세하게 다룰 것이다.

민주주의의 심화

이 책에서 연구되는 정치세력들의 마지막 공통적인 특징은 민주주의가 중심을 차지한다는 것이다. 이미 보았듯이, 라틴아메리카에서 좌파가 새롭게 등장할 수 있었던 이유 중 하나는 '현실 민주주의'에 대한 불만이 일반화되었기 때문이다. 이런 맥락에서, 이 항목에서 대의민주주의와 급진화된 참여민주주의를 결합하는 제안과 실천을 통해 민주주의의 심화와 확대를 강조한 것은 놀라운 일이 아니다. 신좌파 정당과 운동의 의제에서 민주주의가 차지하는 중요성, 그리고 신좌파의 의제와 역사적 좌파의 의제와의 대조를 다음 항목에서 더 면밀히 검토할 것이다.

3. 신자유주의와 민주주의 사이

신좌파의 기원과 특징에 대한 일반적인 개관을 배경으로 이제 신좌파의 진보와 약속뿐만 아니라 신좌파가 처한 딜레마와 긴장을 명확하게 보여주는 두 가지 주제에 초점을 맞출 수 있다. 첫번째 주제는 신자유주의와 자본주의에 대한 대안 탐색이고, 두번째 주제는 좌파 세력 자체의 민주화를 포함한 라틴아메리카 정치와 사회의 민주화에 관한 것이다.

다음 장들에서 보게 되겠지만 이러한 두 가지 주제는 모든 국가의 사례연구에서 나타날 뿐만 아니라 좌파 내부의 가장 강렬한 논쟁을 유발시켰다. 이러한 논쟁은 특별히 좌파 지역정부와 중앙정부의 약속과 한계에 관련되어 첨예하게 진행되었고, 특히 브라질 룰라 정부와 베네수엘라 우고 차베스 정부에서 그랬다. 룰라 정부는 전임자의 신자유주의 정책을 계승했다고 좌파 비판가들의 비난을 받았고(Oliveira, 2004), 차베스 정부는 '실용주의적 좌파'로 규정된 룰라 정부와 대조적으로 '권위주의적이고 포퓰리스트' 정부라는 딱지가 붙었다(Villalobos, 2004).[6] 똑같은 딜레마를 보여 주는 신좌파의 또 다른 두드러진 예는 아르헨티나의 네스토르 키르치네르 정부와 우루과이의 타바레 바스케스 정부의 사회경제정책의 방향성이다.

　'두 개(혹은 그 이상)의 좌파' 테제를 이분법적으로 분리시켜 부르는 것은 라틴아메리카의 보수적 학계와 정치계에서 흔한 일이 되었다. 예를 들어, 호르헤 카스타녜다(Castañeda, 2006)는 (브라질의 '노동자당', 칠레 '사회주의당', 우루과이 '확대전선'의 경우처럼) "실용주의적·감각적·현실적 경로"를 추구하는 정부와 정당을 (베네수엘라의 차베스, 아르헨티나의 키르치네르, 멕시코의 로페스 오브라도르의 경우처럼) "박약한 이데올로기를 토대로 순전히 민족주의적이고 포퓰리스트적인 과거로부터 출현한" 정부와 정당에 대비시킨다. 이와 유사하게 과거 공산당 지도자이자 현재는 차베스 반대 세력의 이데올로그인 테오도로 페트코프(Teodoro Petkoff)는 "발전된 개혁주의"와 (유럽의 권위주의적 군주제 전통을 암시하는) "부르봉 좌파"를 구별한다(Petkoff, 2005). 이보다는 이분법적 사유의 정도가 덜 하지만 여전히 양극적 관점을 제공하는 카를로

---

6) 프란시스코 파니사(2005)는 브라질 '노동자당', 우루과이 '확대전선', 칠레의 '사회주의당'을 "라틴아메리카 좌파의 사민주의화"의 뚜렷한 예로 지적한다.

스 빌라스(Carlos Vilas)는 '구'좌파와 '신'좌파 사이의 차이를 강조한다 (Vilas, 2005). 그는 "유아적 좌파주의"를 포기하고, 민주주의의 가치를 내면화시켰으며, "책임 있는" 거시경제정책의 운용의 필요성을 인정한 정당과 사회운동을 신좌파로 지칭했다.

가장 자의적이면서 이론적 엄격성과 경험적 토대가 부족한 양극화의 경우로는 플리니오 멘도사(Plinio Mendoza), 카를로스 몬타네르(Carlos Montaner), 알바로 바르가스 요사(Alvaro Vargas Llosa)를 들 수 있다(Mendoza·Montaner·Llosa, 2007). 그들은 신좌파를 "육식 좌파"(izquierda carnívora)와 "채식 좌파"(izquierda vegetariana)로 구분했는데, 칠레의 리카르도 라고스(Ricardo Lagos)와 미첼 바첼레트(Michelle Bachelet), 브라질의 룰라 다 실바, 우루과이의 타바레 바스케스, 페루의 알란 가르시아(Alan García)와 니카라과의 다니엘 오르테가가 채식 좌파를 대표한다. '야만스러운' 육식 좌파는 쿠바의 피델 카스트로, 베네수엘라의 우고 차베스, 볼리비아의 에보 모랄레스이다.

'두 개의 좌파' 테제 지지자들과 대조적으로 우리는 이 책에서 좌파 일반에 대해서 말하는데 그것은 이러한 두 극 사이의 경계가 명확하지 않아서 계속해서 논쟁의 대상이 되기 때문이며, 카스타녜다와 다른 분석가들과는 대조적으로 좌파 행위자의 틀 안에 정당과 정부뿐만 아니라 사회운동들도 포함시키기 때문이다. 좌파의 범위와 다양성을 이런 식으로 이해하면 좌파를 이분법적으로 구별하는 것은 불가능하며 좋은 좌파와 나쁜 좌파를 구별하기 위해 가치 판단을 적용하는 것은 더욱 불가능하다.[7)]

---

7) 라미레스 가예고스(Ramirez Gallegos)도 이에 동의한다. 그는 각국의 좌파는 신자유주의의

신자유주의를 넘어: 대안의 문제

최근 몇 년 동안 라틴아메리카의 정부와 사회운동이 경험한 것처럼, 신자유주의가 촉발한 불만을 결집시키고 조절하는 것과 그러한 불만에 대해 지역의 경험과 국가 정책을 통해 단기적으로 평등을 촉진하고, 중장기적으로 지속가능한 대안을 세우는 것은 다른 문제이다. 이러한 어려움은 정권을 잡은 모든 좌파 정당에 공통적인 갈등을 통해 나타난다. 이 딜레마는 정치적인 만큼 경제적이다. 한편에서는 경제운용에 정통성을 강요하는 전지구적 시장과 국제금융기관의 압력에 얽매이고, 다른 한편에서는 경제정책의 변화를 요구하며 자신들에게 투표한 유권자들에게 얽매인 좌파 정부들은 전임자의 신자유주의 프로그램을 계승했고, 심지어는 전임자가 현재 권력을 장악한 좌파 정당의 반대 때문에 추진할 수 없었던 개혁까지 도입했다. 2004년 10월 대선에서 타바레 바스케스가 승리를 거둔 이후에 우루과이 재정경제부 장관으로 임명된 다닐로 아스토리(Danilo Astori)가 언명한 것처럼, '확대전선' 정부는 "우리 스스로 비판해 왔던 것을 수행해야 할 것이다. 분명 브라질에서 벌어진 것과 똑같은 일이 우루과이에서도 벌어질 것이다"(Rother, 2004: A8).

이러한 변화를 위한 정치적 비용은 잠재적으로 매우 높다. 에두아르도 갈레아노(Eduardo Galeano)가 타바레 바스케스의 선거 승리를 축하하면서 환기시켰듯이, "희망을 거스르는 죄는 용서도 구원도 받을 수 없는 유일한 죄"(2004, 6)라고 한다면, 좌파가 정권을 위임받아 생존할

유산, 사회운동의 역할과 위치, 진보 정당의 역사적 변화에 따라 형태가 다르다고 말한다. 따라서 좌파는 여러 개이며 진보 세력의 공통점은 국가의 역할을 강화하고, 신자유주의가 제시하는 정치적이고 제도적인 의제를 뛰어넘어 사회적 지표를 양호하게 만들려는 의지이다(Gallegos, 2006).

수 있는 가능성의 대부분은 신자유주의를 심화할 것인가, 아니면 실현 가능한 대안을 수행할 것인가의 선택에 달려 있다. 2004년 지방 선거에서 브라질 '노동자당'이 정치적·상징적으로 매우 중요한 두 개의 도시(상파울루와 포르투 알레그리)에서 패배했던 것은 룰라 정부 집권 전반기에 경제를 시장경제원리에 따라 운용한 정치적 비용이 나타난 결과였다(Sader, 2005).

이런 딜레마가 발생하는 부문은 좌파 정부가 직면한 국내적·국제적 제약에 따라 달라진다. 좌파 정부들의 아이러니는 선거에서 자신들의 승리에 우호적이었던 환경들이 자신들의 운신의 폭을 상당히 제약한다는 사실이다. 실제로 브라질, 베네수엘라, 우루과이 같은 나라의 유권자들을 좌측으로 쏠리게 만들었던 경제적 위기가 재정정책, 화폐정책, 사회정책의 방향을 바꾸는 데 엄청난 장애물——높은 재정적자와 국제수지 적자, 투기 자본의 공격에 대한 취약성, 국제가격에 과도하게 의존하는 원자재 등——을 남겨 놓았다.

전형적인 예로 브라질을 보면, 2002년 선거에서 룰라가 승리할 것이라는 전망만으로 국제금융거래인들이 자신들의 단기 자본을 브라질에서 철수시킴으로써 브라질의 외채위기 지수를 끌어올리기에 충분했다. 구조조정의 일환으로 단기 자본에 대한 통제가 해체되자 선거가 끝난 몇 개월 뒤에 브라질은 아르헨티나가 몇 개월 전에 겪었던 것과 같은 방식으로 경제 붕괴의 가능성에 직면했다. 룰라의 전임자였던 페르난두 엔히키 카르도주가 긴급자금을 요청하자 국제통화기금(IMF)은 브라질 국내 정책 결정에 국제통화기금의 개입을 확실히 인정한다는 조건으로 자금을 빌려주었다. 요청한 자금의 일부만이 선거 전에 전달되었고, 나머지는 룰라를 포함한 모든 대선 후보자가 대통령으로 선출되면 신자유주의 정책을 충실하게 이행할 것을 약속한 이후에 전달될 예정이었는데, 이러한 약속 중에는 미래의 정부의 사회적 지출 능력을 심각하게 제약할 재정 흑자를 우선적으로 증가시킨다는 약속도 포함되었다. 이런 상황에서 '노동자당'은 국제통화기금의 조건을 수락하는 내용을 담은 「브라질 민중에게 보내는 편지」를 발표했다. 이러한 조치는 투자자들을 안심시켰지만 전통적 지지기반 계층은 실망했고 최종적으로 룰라에게 표를 던졌던 중산계급 유권자들은 만족했다(2장 참조). 이 에피소드는 투표권은 없지만 세계경제 게임의 규칙을 유지하기 위해 비토권을 행사할 수 있는 국제금융자본의 권력을 여실히 보여 주었다.

경제정책의 전환을 방해하는 국내적 장애물도 마찬가지로 중요하다. 신자유주의가 좌파의 부상과 대중의 불만에 저항할 수 있었던 근본적 이유 중의 하나는 신자유주의 시기에 만들어진 제도와 경제적 핵심집단의 관성이다. 산셰스(Félix Sanchez), 마차두 보르헤스 네투(Machado Borges Neto), 마르케스(Rosa Maria Marquez)가 2장에서 보여 주는 것처럼, 통화주의 경제학자들과 그 밖의 신자유주의 개혁가들은 브라질 중앙은행, 경제부처, 재무부처 내부에 확고하게 자리를 잡았다. 룰라 정부가 포스트신자유주의 정책으로 단호하게 선회하기를 희망하는 '노동자당'의 정치팀의 구성원들과 대립하는 경제팀의 구성원들이 통화·재정 정책을 유지했던 것은 이런 이유 때문이었다.

이런 상황을 피에르 부르디외(Pierre Bourdieu)의 용어(Bourdieu, 1999)를 빌려 설명하자면, 신자유주의가 라틴아메리카에 물려준 유산은 '오른손'과 '왼손' 간의 긴장에서 느낄 수 있다. 정통 경제학을 고수하려는 국가가 '오른손'이라면, '왼손'은 포스트-신자유주의적 정책 방향을 모색하는 교육, 보건, 노동, 사회복지 부처들이다.

에드가르도 란데르(Edgardo Lander)는 3장에서 베네수엘라 사례를 통해 오른손과 왼손 사이의 긴장을 생생하게 보여 주는데, 한편에는 국내적이고 국제적으로 포스트-신자유주의 정책을 제한하려는 권력이 존재하고, 다른 한편에는 이러한 권력에 저항하는 환경이 조성되고 있다. 란데르는 차베스 정부가 전례를 찾을 수 없을 만큼 사회적 지출을 늘렸고, 지출의 대부분은 소위 미션들(misiones)——빈곤계층에게 제공되는 기본적인 사회적 서비스(의료, 교육, 유아 영양 등)의 질을 향상시키고 확대하는 프로그램——에 사용되었다는 점을 지적한다. 이러한 사회정책은 최근 유례없이 가격이 상승한 석유지대(地代)를 사회적 지출에 배정했기 때문에 가능했으며 이러한 경우는 라틴아메리카 다른 나라에서 찾아보기 어렵다. 이 때문에 빈곤계층의 사람들은 대통령 소환투표를 포함하여 여러 번의 투표에서 차베스를 지지했다(López Maya, 2004). 석유지대로 확보한 외환보유고 덕분에 베네수엘라는 외국자본에 종속된 다른 좌파 정부를 짓누르는 규제와 국제금융기구의 영향력을 줄일 수 있었다. 이와 동시에 베네수엘라는 경제정책의 변화에 반대하는 국내 기득권 세력의 엄청난 저항도 경험했다. 베네수엘라 기업인들이 국영석유회사의 직원들과 동조하여 일으킨 장기 파업을 겪은 이후에야 비로소 석유지대를 사회적 지출에 사용할 수 있었던 것도 국내 기득권 세력의 저항 때문이었다.

신좌파에 속하는 정당과 정부, 사회운동들이 이러저러한 장애들을 알고 있다고 할지라도, 주어진 여건 속에서 이들의 운신의 폭이 어디까지이며 정부는, 자신의 힘에 의해서건 사회운동의 지원에 의해서건 간에, 그러한 장애들을 뛰어넘어 어디까지 경제정책을 밀어붙일 수 있는지에 관한 논쟁이 심각하게 진행되고 있으며 의견도 분분하다. 다니엘 차베스(Daniel Chaves)가 우루과이에 대한 사례연구에서 질문하듯이, 협소한 운신의 폭은 어디까지 정부 스스로 자초한 것인가? 협소한 운신의 폭을 스스로 자초한 정부들은 어느 정도까지 국제통화기금보다 더 국제통화기금적으로 행동할 것인가? 브라질 '노동자당'의 외부뿐만 아니라 (2003년 12월 정부를 비판한 '노동자당' 의원을 출당시킬 정도로) 내부에서조차 룰라 정부를 둘러싸고 벌어진 격렬한 논쟁을 통해 판단해 보건대, 이러한 질문들은 신좌파가 내부적으로 심각하게 분열되어 있음을 보여 준다.[8] 룰라 정부와 '노동자당' 지도부는 포스트-신자유주의 정책으로 나아가기 위해서는 신중함과 정통적 신념(orthodoxy)이 필수적인 조건이라고 주장하는 반면에, 비판자들은 거시경제 안정성을 위한 강행규정들은 영구적으로 신자유주의를 선택하는 것과 동일하다고 주장하면서 정책의 방향 전환을 요구한다.

사태가 이렇다 보면 마거릿 대처가 20여 년 전에 선언했듯이 사실상 신자유주의에 대한 '대안은 없다'는 결론에 이르게 될 것이다. 그럼에도 불구하고, 이 책의 사례연구들은, 중요한 것은 대안에 대한 즉답이 아니라 질문이라는 사실을 보여 준다. 만일 라틴아메리카 신좌파가 신자유주의 모델을 대체하는 100% 완벽한 대안을 가지고 있는지 묻는다면, 슬프지만 대답은 '아니다'이다. 다행스럽게도 사례연구들을 통해서 우리가 발견한 것은 완벽한 대안이 아니라 다양한 독창성과 효과를 보여 주는 지역적이고 국가적인, 많은 이니셔티브이다.

---

8) 이 주제에 대한 브라질 내의 수많은 연구문헌들은 이 문제가 얼마나 중요한 논쟁거리인지를 보여 준다. Knop(2003), Carvalho(2003), Tavares(2003), Dowbor(2003), Costa(2003), Gonzaga(2003), Baiocchi(2004), Sader(2004), Oliveira(2004, 2006)를 참조할 것.

여러 '진보적' 정부들이 선택했던 경로가 시사하는 바는 라틴아메리카 신좌파를 규정하는 것은 더 이상 제도 정치와 거시경제정책의 급진적 변화가 아니라 사회 개혁의 실행이라는 것이다. 신좌파의 의제는 시장경제 원리를 당연한 것으로 받아들이면서 (브라질의 '기아 제로'Fome Zero 프로그램이나 우루과이의 '극빈퇴치계획'PANES 같은) 사회 최빈곤층을 위한 복지 프로그램의 실행, 공공안전에 대한 새로운 관심, 노사 간 조정과 중재에 있어 국가의 보다 적극적인 역할, 공공 서비스의 확대와 증진, 보다 진보적인 조세정책의 도입과 같은 개혁을 추진하는 것이다.[9] 이러한 정책들이 시민의 삶에 긍정적인 변화를 가져왔지만 신자유주의에 대한 포괄적인 대안은 되지 못한다. 더구나 신좌파들은 이런저런 포스트-신자유주의적 경험을 통해 스스로를 강화시키지 못한 채 구좌파가 자신들의 이데올로기와 정책을 실천하면서 보여 주었던 것 같은 확신을 갖지 못하고 있다.

사실상, 좌파가 집권한 모든 나라의 진보 여당에는 스스로를 좌파로 자처하는 반신자유주의적이고 반자본주의적 사람들이 있다. 이것은 정치적 스펙트럼의 양극단으로부터 압력이 커지고 있고 라틴아메리카의 모든 나라에서 헤게모니적 좌-우 대립보다 훨씬 복잡한 균형이 존재한다는 것을 암시한다. 이런 맥락에서, 정부 내부에도 좌파가 존재하고 정부에 반대하는 좌파도 존재하지만 이들을 가르는 경계가 늘 분명한

---

9) 이런 의미에서 차베스 정부가 시도하는 '사회주의를 향한 볼리바르 이행 정책'(Bolivarian transition to socialism)이라는 예외를 인정하면, 라틴아메리카 신좌파는 조지프 스티글리츠 (Stiglitz, 2002: 2006) 같은 학자들이 제안했던 포스트-신자유주의를 수용하는 것처럼 보인다. 스티글리츠가 제안하는 포스트-신자유주의는 자본주의 사회의 기본적인 경제적·정치적 구조를 바꾸지 않고 인간화된 자본주의를 의미한다.

것은 아니다.

룰라와 차베스가 재선에 성공한 브라질과 베네수엘라에서 볼 수 있듯이, 빈민들은 정부를 지지하는 경향이 있는 반면에 더 높은 수준의 정규 교육을 받은 사람들은 비판적 입장을 취한다. 또한 이 책에서 분석한 몇몇 진보 정부가 채택한 경제정책은 얼마 전까지만 해도 좌파에 대한 저항의 최전선에 있었던 사회적·경제적 부문의 지지를 받았다. 요약하자면, 똑같은 정부가 누군가에게는 '시장권력에 팔리고' 신자본주의적인 것으로 보이는 반면에, 다른 이들에게는 충분히 시장친화적이지 않다고 생각된다. 이런 이유들 때문에 오늘날 라틴아메리카는 대륙 안팎에서 좌파와 진보적 좌파 정치의 정체성과 미래의 진화를 분석할 수 있는 특권적 실험실이다.

어떤 의미에서 라틴아메리카 신좌파의 특징인 불확실성은 아마도 구좌파보다 진일보한 것인지도 모른다. 9장에서 아틸리오 보론이 주장하는 것처럼, 경제적이고 사회적 대안들은 결코 설명서나 미리 계획된 모델에 맞춰 만들어지지 않는다. 그보다는 다양한 가능한 결과를 지닌 역사적이고 변증법적이며 궁극적으로 예측불가능한 과정이다.[10] 미리 계획된 모델을 고집하는 것은 대안을 세우는 데 도움이 되기는커녕 장애가 될 뿐이다. 사회주의로의 이행의 문제를 고찰한 시론에서 에릭 올린 라이트(Erik Olin Wright)는 이러한 이행은 특정한 제도적 목표(destination)를 향해 간다기보다는 일반적인 방향(direction)으로 움직

---

10) 마크 블리스(Mark Blyth)가 작성한 신자유주의 계보학(Blyth, 2002)에서 볼 수 있는 것처럼, 사실상 신자유주의는 1980년대에 지배적인 경제모델이 되기 이전 30년 전부터 다양한 이론과 정치적 강령이 수렴되는 과정을 통해 점차적으로 모습을 드러냈다.

인다고 주장한다. 그는 사회주의로의 이행을 다음과 같이 표현한다.

여행지도도 없이, 혹은 목적지에 대한 설명도 없이, 그저 우리가 올바른 방향으로 가고 있는지, 그리고 얼마나 멀리 여행했는지를 말해 주는 항해 규칙만을 가지고 여행을 떠나는 것. 이것은 분명히 상세한 로드맵보다는 덜 만족스럽지만 우리의 희망사항을 목적지로 착각하게 하고 우리가 향하고 있는 곳에 대한 잘못된 확실성을 심어 주는 지도보다는 낫다(Wright, 2004: 17).

이런 보다 넓은 관점을 통해서 광범위한 제안들과 프로그램들, 경험들이 가시적인 것이 되고 오늘날 신좌파가 제시하는 신자유주의에 대한 대안들을 분석하고 평가할 수 있다. 따라서 고정된 목표보다 더 유용한 분석의 기준은 신좌파의 경제적 이니셔티브가 어느 정도까지 신좌파 스스로 인정할 수 있는 가치 ─계급간·국가간 불평등의 완화, 경제적 민주주의, 지속가능한 환경 등─의 방향으로 향하고 있는지 결정하는 것이다. 달리 말하면, 이러한 가치들은 신좌파의 항해 규칙에 중요한 준거점이 된다.

그러나 라이트의 비유를 좀 더 밀고 나가기 위해서는 좌파의 출발점과 그러한 열망을 추구하면서 부딪힐 법한 특정한 일련의 장애물을 파악하는 것이 필수적이다. 충족되지 못하는 주민들의 많은 요구, 서반구 경제와 세계 경제에서 라틴아메리카가 처해 있는 구조적인 불리함, 그리고 무엇보다도 진보적인 사회적·경제적 변화에 대한 국내외 엘리트들의 거센 저항을 고려하면, 이러한 논의에서 비롯되는 모든 것은 라틴아메리카에 특히 중요하다. 이것은 신좌파가 추진하는 정책들을 평가하기 위해서는 주민들의 삶을 실질적으로 향상시키는 것뿐만 아니라, 권력구조를 변화시키는 능력을 고려하는 것이 필수적이라는 것을 암시한다. 오랜 기간 혁명과 개혁을 둘러싼 논쟁의 핵심은 이러한 두 가지 목표 사이의 관계이다. 아틸리오 보론이 지적하듯이, 20세기 초에 로자 룩셈부르크(Rosa Luxemburg)는 진정한 개혁일지라도 지배적인 사회적·정치적 질서를 바꾸지 못하면 종국에는 사회적·정치적 진보세력이 해체되고 기존 질서를 강화시키게 될 것이라고 경고한 바 있다. 따라서 룩셈부르크에게 현실적으로 가능한 유일한 선택은 엘리트 권력에 대한 직접적인 공격, 한마디로 말하면 '혁명적인 정치권력의 획득'이었다. 이러한 관점은 분명히 라틴아메리카 신좌파의 헤게모니와는 아무런 관련이 없다.[11]

여러 가지 역사적 이유 때문에 라틴아메리카 신좌파의 의제에서 중심적 위치를 상실하게 된 혁명은 자연스럽게 개혁주의로 선회했다. 이런 맥락에서 오늘날 룩셈부르크의 경고는 어느 때보다도 더 유효하다. 그렇다면 이러한 상황은 좌파가 해결불가능한 딜레마에 부딪혔다는 것을 의미하는가? 아니면 개혁과 혁명 사이의 명백한 모순을 해결할 대안이 존재하는가? 앞에서 언급한 것처럼 앙드레 고르가 제안한 '비개혁주의적 개혁'(non-reformist reform) 혹은 7장에서 아르만도 바르트라가 '혁명적 개혁'(revolutionary reform)이라고 지칭한 것에서 가능한 대답을 찾을 수 있다. 그러한 개혁들은 민중들의 삶을 즉각적이고 실질적으

---

11) 룩셈부르크에 따르면, 정치권력의 획득을 통한 사회변화 '대신에/에 반대해서' 개혁주의적 행로를 결정하는 사람은 사실상 개혁 그 자체를 향한 차분하고, 안정적이며, 완만한 행로를 선택한 것이 아니고, 새로운 사회질서를 정착시키는 대신에 구질서 내에서 현실성 없는 변화의 행로를 선택한 것이다.

로 향상시킬 뿐만 아니라, 민중들의 정치적 역량을 강화시킴으로써 정치적 투쟁의 단계를 격상시켜 나갈 수 있다. 다시 말해, 민중의 정치권력은 단지 단기적인 물질적 변화를 위한 것만이 아니라, 민중의 정치권력을 증가시키려는 전략적 목표를 위한 것이다. 따라서 비개혁주의적 개혁은 개혁 그 자체를 목표로 하지 않고 목표에 도달하기 위한 수단, 즉 지배집단과 종속집단 사이의 사회정치적 권력 관계를 연속적이고 지속적으로 변화시키는 과정의 첫걸음이다.

앞에서 언급한 브라질의 경험이 보여 주듯이, 그러한 개혁을 고안하고 적용하는 것은 매우 신중한 제안이다. 엘리트들은 아주 사소한 변화조차도 종국에는 자신들의 권력을 통째로 삼켜 버릴 모래늪으로 첫발을 들여놓는 것이라고 생각하고 모든 변화에 단호하게 반대하기 때문이다. 그럼에도 불구하고, 사회적이고 정치적인 투쟁의 역사를 통해 엘리트들이 매우 중대한 변화들을 받아들일 수밖에 없었음을 알 수 있다. 그들은 변화를 억압하는 것이 변화를 받아들이는 것보다 자신들의 권력과 특권을 더 크게 위협한다는 사실을 깨달았기 때문이다. 다시 말하지만 대부분의 경우에 이러한 투쟁의 결과는 미리 예측할 수 없고 투쟁의 참여자들의 본래의 의도대로 끝나는 경우는 거의 없다. 나중에 더 면밀히 살펴보겠지만 이것은 좌파 본연의 긴장과 갈등, 특히 사회운동, 정당, 정부 간의 긴장과 갈등의 결과이다.

차베스가 공개적으로 "21세기 사회주의" 건설을 요청한 이후에 혁명 대신에 개혁을 선택하는 것이 얼마 전까지 그랬던 것처럼 만장일치의 결정이 아니라는 점을 강조할 가치가 없다. 2006년 12월 재선 직후에 차베스는 자신의 지지자들에게 기존의 정당을 해산하고 "밑으로부터 사회주의를 건설"할 수단으로 새롭게 혁명적인 '베네수엘라 통합사회주의당'(PSUV) 창당을 요청했다. 자신들의 사례연구에서 에드가르도 란데르와 후안 카를로스 모네데로는 차베스의 요청이 라틴아메리카에서 사회주의와 혁명의 의미 ──혹은 의미들── 에 대한 토론과 논쟁을 새롭게 시작할 수 있는 좋은 기회를 제공하는 역할을 했다고 주장한다. 이러한 주장과 더불어 란데르는 국제 좌파의 역사에 비추어 무시할 수 없는 경고를 덧붙인다. 즉 실패한 '현실사회주의'의 경험에 대한 깊이 있는 토론 없이 자본주의 질서에 대한 민주적인 대안을 건설하거나 혁명적인 기획을 추진할 수 있는 가능성은 베네수엘라뿐만 아니라 세계 어디에도 존재하지 않는다는 것이다.[12]

그러므로 오늘날 라틴아메리카에서 시행되고 있는 정책 중 얼마나 많은 것들이 '비개혁주의적' 혹은 '혁명적' 개혁인지 판단하는 것은 불가능하다. 각 장의 사례연구들은 다양한 유형의 대안을 제시하는 많은 정책과 이니셔티브의 예들을 부각시키고 있는데, 이러한 정책과 이니셔티브의 깊이와 급진성은 경제적·사회적 맥락에 따라 상당히 다르다. 어떤 정책들은 신자유주의 프로그램으로 빚어진 기본적인 욕구의 불만족스러운 충족을 보완하려고 한다. 이 때문에 많은 경우 이 정책들은 신자유주의의 후속조치로 실행된다. 예를 들어, 기아 퇴치 프로그램 같은 최빈곤층을 겨냥한 사회정책이 이 경우에 해당한다. 또 다른 정책, 예를 들어 아르헨티나 키르치네르 정부가 추진한 외채 재협상은 신자유주의를 떠받치던 정책들 중 하나와 결별한 것이다. 세번째 대안적 정책으로는 신자유주의의 민영화 정책에 대한 대안으로서 노동자와 시민이 공기업

---

12) 현재까지 베네수엘라의 '혁명'의 경로는 개혁주의의 급격한 단절을 의미하지 않는다. 2007년 1월 차베스 스스로 "혁명을 마법처럼 어느 날 갑자기 도달할 수 있는 상태로 상상해서는 안 된다"고 말하고 "혁명은 매일 매일 건설해 가는 과정이다"라고 덧붙였다.

을 직접 경영한 경우를 들 수 있다. 이러한 대안은 공동체가 생산을 통제하고 생산단위를 관리한다는 점에서 포스트-자본주의적 특성을 보여준다(Olivera, 2004; García Linera, 2004; Chavez, 2007).

좌파 정부들은 보고타, 포르투 알레그리, 몬테비데오, 멕시코 시, 로사리오, 카라카스 같은 도시 지역에서 신자유주의 시기에 주변으로 밀려나 있던 '사회적인 것'(the social)을 논쟁의 주제로 되살려냈고, 그 결과 도시 지역의 재정정책과 사회정책에 중요한 변화를 가져왔다. 좌파 지방정부의 아이콘이 된 참여예산제(orçamento participativo)가 국제정치 이론과 실천에 큰 관심을 불러일으킨 것은 사회적 지출의 확대, 세수(稅收)의 증가, 효율적 행정, 시민, 특히 빈곤층의 정치적 참여를 결합시킴으로써 좌파 정부가 민주적이고 효율적이면서 지역적 차원을 넘어서는 실질적 대안을 창출해 냈기 때문이다. 아마도 참여예산제는 좌파 행정부가 시작한 '비개혁주의적 개혁'의 가장 확실하게 성공한 예증일 것이다(Fung and Wright, 2003; Baiocchi, 2003). 포르투 알레그리의 참여예산제의 정착 과정이 보여 주듯이, 참여예산제의 성공 여부는 정부 주도 기구의 지도와 조정을 받는 민중조직과 조직된 시민사회에 결정권을 돌려주느냐에 달려 있기 때문에 이런 종류의 개혁은 정치적·경제적 엘리트 집단의 거센 저항에 직면하게 된다(Baierle, 1998).

마찬가지로, 지역적 차원에서 사회운동을 통해 촉진된 경험들이 눈에 띄는데, 앞에서 이미 언급한 코차밤바의 물 관리 공동체, 2001년 아르헨티나의 대량 기업 도산에 이어진 노동자들과 '피케테로스'들의 공장 복구와 협동관리, 원주민 거주 지역의 천연자원에 대한 지속가능한 관리, 그리고 지역의 소규모 농민 공동체와 노동조합과 국제적 활동가와 소비자 네트워크가 참여하는 국제적 '공정무역'(fair trade) 등이 여기에 해당한다.

국가적 차원에서 포스트-신자유주의의 초기 징후들이 감지된 것은 브라질 '노동자당'의 몇몇 사회정책 — 룰라 정부의 교육, 농업, 도시 개혁 — 이었다. 그럼에도 불구하고, 2장에서 볼 수 있듯이 그러한 정책들이 언제나 신자유주의에 대한 대안인 것은 아니다. 신자유주의와 가장 공개적인 단절을 보여 준 것은 심각한 위기 상황에 처해 있었던 네스토르 키르치네르 중도좌파 정부였다. 키르치네르 정부는 외국 채권자들에게 지불을 유예하고, 그 대신 사회적 지출과 내수 경제의 활성화에 우선권을 부여하는 결정을 내림으로써 위기 해결책으로 국제금융기구가 제시한 권고안을 정면으로 반박했다.[13] 베네수엘라가 석유지대의 사용처를 재조정하고 사회적 프로그램을 괄목할 만큼 확대한 것도 워싱턴 컨센서스와 (경제가 탄화수소의 수출에 의존하는 지대국가의 특성이 근본적으로 바꾸지 않았음을 여전히 인정하는) 이전 정부의 정책을 거스르는 것이었다.

라틴아메리카 좌파 정부의 최종적 결과가 무엇이든지 간에, 초기 징후들을 통해 자본주의나 신자유주의가 유일한 것은 아니며 다양한 대안이 출현하고 있음을 알 수 있다. 출발점과 경제발전 지표, 세계경제에서의 위치와 제도적 구조가 다르기 때문에 왼쪽으로 선회한 국가들은 서로 다른 경로를 걷고 있으며 그 결과를 미리 예단할 수 없다. 최근의

---

13) 2006년 아르헨티나 정부가 국제통화기금에 국가 채무 96억 달러를 선결제하기로 결정하면서 이런 정책 노선은 모순적이 되었다. 몇몇 정치 분석가와 활동가는 이러한 결정이 국제금융기구로부터 아르헨티나가 '독립'한 것이라고 평가했지만, 급진 좌파와 사회운동단체, 노벨상 수상자인 아돌포 페레스 에스키벨(Adolfo Pérez Esquivel)은 채무변제를 비도덕적이고 정당하지 못한 것이라고 비판했다(Calloni 2006).

브라질과 아르헨티나의 경제정책은 마지막 사항에 매우 시사적이다. 정통 노선을 걷는 룰라는 성공할 것이며 이단적 노선을 선택한 키르치네르는 필패할 것이라는 국제금융 관련 언론의 예언에도 불구하고, 룰라 정부의 브라질과 키르치네르 정부의 아르헨티나 모두 긍정적인 성장을 이룩했고, 특히 3년 연속 8%를 상회하는 성장을 발판 삼아 위기 이전의 상태를 회복한 아르헨티나가 더 두드러진 결과를 보여 주었다.

마지막으로, 대륙적이고 전지구적 차원에서 눈에 띄는 대안은 세계경제의 게임의 규칙을 바꾸기 위해 대륙적이고 전지구적인 남-남 (Sur-Sur) 블록을 추진하는 룰라, 키르치네르, 모랄레스, 그리고 특히 차베스 정부의 주도적인 국제정치이다. 대륙적 차원의 이니셔티브에는 라틴아메리카 국가들에게 불리한 조항을 포함하는 미주자유무역지대 (ALCA)를 창설하자는 미국의 제안에 대한 브라질의 반대, 남미공동시장(MERCOSUR)을 강화하자는 제안, 워싱턴 컨센서스의 무역자유화에 대한 다양한 종류의 대안 모색, (베네수엘라, 아르헨티나, 볼리비아, 브라질, 에콰도르, 파라과이, 우루과이가 회원으로, 그리고 칠레가 옵서버로 참여하는) 남미은행(Banco del Sur)의 창설이 포함된다. 더 최근에는 '아메리카를 위한 볼리바르 대안'(ALBA) 같은 국가 간 연대, 정의, 상보성에 토대를 둔 제안들이 등장하고 있다. 끝으로, 2003년 칸쿤과 2005년 홍콩에서 열린 세계무역기구 정상회의에서 시도된 것처럼 연합을 통해 세계무역기구에서 전지구적 남부(Global South) 국가들의 협상력을 강화하기 위한 노력들이 전지구적 수준에서 이미 진행 중이다.

신좌파와 민주주의

지난 20년 동안 라틴아메리카 전역에서 발생한 경제적·사회적 상황의 악화와 부패 스캔들은 라틴아메리카 민주주의의 정당성 위기를 초래했다. 그 결과, 1960년대까지 선거체제를 지배했던 오래된 정당들——멕시코의 '제도혁명당', 베네수엘라의 '민주행동당'과 '독립선거정치조직당', 콜롬비아의 '자유당'과 '보수당'——의 세력이 약화되었다.

그로 인해 신좌파 운동과 정당들에게 새로운 정치적 공간이 열렸고, 이 정치적 공간을 통해 구좌파 내부에 심각한 분열을 발생시켰던 문제, 즉 민주주의가 또 다시 진보세력의 화두로 등장했다. 구좌파의 민주주의 문제를 돌이켜보면, 한편으로는 맑스주의에 그람시와 룩셈부르크의 사상이 합류하면서 정치와 경제의 양 영역에서 자유롭고 평등한 참여를 고무했던 라틴아메리카의 급진적 민주주의의 전통이 형성되었다. 다른 한편으로는, 레닌주의적 전위주의가 전파되면서 구좌파의 핵심세력은 소위 '부르주아지 민주주의' 혹은 '형식적 민주주의'를 거부했다. 8장에서 루이스 타피아가 1970년대까지 볼리비아 좌파의 지배적 태도를 평가하면서 지적했듯이, 구좌파의 핵심세력들에게 자유민주주의는 자본가 계급의 정치조직 형태이거나 사회주의를 향해 가는 간이역, 둘 중 하나였다.

지난 세기 말에 두 개의 역사적 사건이 좌파 내부의 힘의 균형을 급진적 민주주의 전통 쪽으로 옮겨놓았다. 첫번째 사건은 '현실사회주의'의 종말과 혁명적 노선의 쇠퇴였다. 신좌파로의 선회는 이미 80년대에 시작되었지만 첫번째 사건을 통해 좌파의 정치적 이상의 중심을 차지했던 혁명사상이 민주주의로 대체되었다(Weffort, 1984; Lechner, 1988). 두번째 사건은 라틴아메리카의 많은 나라들에서 일어난 우익 군사독재에 대한 저항이었고, 이 저항에서 좌파 정당과 전투적 활동가들은 핵심적 역할을 담당했다. 사실상 브라질의 '노동자당'과 우루과이의 '확대전선' 같은 신좌파 정당이 강화될 수 있었던 것은 망명지의 전투적 활동가들이나 인권단체, 노동조합, 게릴라 운동, 지식인 단체의 활동가들이 수행했던 권위주의 정권에 대한 투쟁 때문이었다(2장과 4장 참조).

민주주의가 좌파를 정치적이고 이데올로기적으로 응집시키는 요인이 되면서 신좌파 운동들과 정당들은 자신들의 이론과 프로그램을 우익 권위주의에 대한 비판에서 권위주의 일반에 대한 비판으로 확대했다. 좌파의 민주주의로의 선회는 라틴아메리카 대륙의 거의 모든 나라가 자유민주주의로 이행한 이후에도 계속되었는데, 가장 뚜렷한 예는 권위주의적 성향을 가진 정부에 대항하여 시민권을 방어한 것이다. 예를 들어, 1991년 헌법에서 정식으로 인정된 개인의 권리를 정지하거나 약화시키려는 알바로 우리베 정부의 거듭된 시도에 맞서서 저항했던 비판세력의 지도부가 콜롬비아 신좌파였다(5장 참조).

이론상으로는, 좌파가 민주주의를 수용한 것은 두 가지로 해석될 수 있다. 첫째, 민주주의는 정해진 목적을 달성하기 위한 수단을 제공한다. 즉 민주주의는 좌파의 핵심적 열망을 실현하기 위해서 반드시 필요한 정치-제도적 공간을 제공한다. 물론 이 생각은 전혀 새로울 것이 없다. 왜냐하면 민주주의를 위해서 확고한 의지를 가지고 싸웠던 사람들은 민주주의로부터 얻을 게 가장 많은 사람들(즉 종속계급과 노동자)이었기 때문이다(Rueschemeyer et al., 1992). 둘째, 민주주의가 목적 그 자체로 이해될 수도 있는데, 한편으로는 기본적인 시민의 자유의 중요성을 절실하게 깨닫게 만든 권위주의에 대한 트라우마적 경험으로 인해서, 다른 한편으로는 민주주의 자체가 변화의 대상일 수 있기 때문이다. 즉 민주주의를 가능하게 하는 변화 중의 하나는 민주주의를 심화시키는 것이다. 달리 말하면, 민주주의는 비개혁주의적 개혁을 모색하기 위한 가장 확실한 정치적 공간으로, 민주주의의 개방성을 이용해서 민주적 제도와 절차를 심화시키고 확장시키며, 공적인 정치제도 밖으로 밀려난 사람들을 포함시키는 개혁을 제도화하는 것이다. 이런 의미에서, 민주주의를 최종적 상태로 이야기하는 것보다 지속적이고 역동적으로 변화해 가는 과정, 즉 민주(주의)화(democratization)로 이야기하는 것이 더 적절하다.

실천적인 측면에서 보면, 민주주의를 심화하기 위한 좌파의 선회는 두 가지 전선에서 진전되었다. 첫번째 전선은 대의민주주의와 관련된 것인데, 다양한 정당이 부상(浮上)한 것은 그들의 등장이 민주주의의 심화와 확대를 촉진하고 보증하는 역할을 했기 때문이다. 예를 들어, 브라질의 '노동자당'이 소규모 지역 정당에서 수권 정당이 될 수 있었던 것은 상당 부분 90년대 초에 부패에 연루된 페르난두 콜로르 지 멜루(Fernando Collor de Mello) 대통령을 국회에서 탄핵하는 과정에서 주도적인 역할을 했기 때문이다. 멕시코의 '민주혁명당'(PRD)이 멕시코 선거제도를 개혁할 수 있었던 것도 '민주혁명당'의 후보였던 콰우테목 카르데나스(Cuahutémoc Cárdenas)가 승리했던 1988년 대통령 선거에서 '제도혁명당'이 저지른 선거부정행위 때문이었다. 오늘날 (2008년 '베네수엘라 통합사회주의당'이 창당되면서 사라진) 우고 차베스의 '제5공화국운동'이나 에보 모랄레스의 '사회주의운동당'처럼 반민주적이라고 비난받는 정당까지도 의례적으로 선거에 참여하면서 행정부를 이끌고 있다. 란데르와 타피아가 사례연구에서 보여 주듯이, 차베스와 모랄레스가 선거 제도를 무시했다면 과거 정당들이 저질렀던 위신 추락으로 인해서 선거 제도는 다른 방식으로 붕괴되었을 것이다.

두번째 전선은 좌파 운동과 정당의 이념과 프로그램에서 핵심적인 주제가 된 참여민주주의와 관련된 것이다(Santos, 1999, 2003a). 참여민주주의의 이론과 제도에서 민주주의의 심화가 의미하는 것은 (시민사회의 의미에 대한 이론적 논쟁을 넘어서서) 시민사회를 재활성화하고 국가와 절속하는 것인데, 이것이 신좌파를 구좌파와 구별 짓는 특징 중 하나이다.

우리는 앞에서 이미 시민들이 참여예산제와 지방행정에 참여하는 방식에서 이러한 특징이 잘 드러나고 있음을 지적했다. 이 밖의 다른 경험들과 제안들에서도 이런 경향은 마찬가지이다. 예를 들어, 사파티스타 거주지역의 '좋은 정부 위원회'와 볼리비아 코차밤바 지역의 공동체협의회처럼 확고하게 확립된 경우도 있고, 정치적 대의체제에 대한 시민들의 불만이 표출되었던 아르헨티나 민중의회(asambleas populares)처럼 잠정적이거나 유동적인 경우도 있다. 양자 모두 시민의 직접 참여가 제한된 상황에서 지역적 차원에서 발생한 경험이다. 그러므로 급진적 민주주의의 촉진과 병행하여 좌파의 의제로 출현한 전선은 지역적 참여민주주의와 국가적 대의민주주의의 절속이다(8장 참조).

그럼에도 불구하고, 좌파의 프로그램에 민주주의가 포함되는 과정이 만장일치로 평화롭게 이루어지는 것은 아니다. 사례연구를 통해 세 가지의 긴장과 논쟁이 부각되었다. 첫째, 몇몇 가장 활발한 사회운동은 대의민주주의 제도가 변화할 수 있다는 가능성에 대해 대단히 신중한 태도를 보인다. 예를 들어, 에콰도르의 원주민운동은 여러 가지 사건, 특히 1998년의 제헌의회와 2002년 루시오 구티에레스(Lucio Gutiérrez) 대통령의 '배신'을 통해 정치적·종족적·경제적으로 엘리트의 지배가 강화되는 것을 경험했고, 이 때문에 현존하는 대의체제에 대해 뿌리 깊은 불신을 표출한다. 대의정치제도를 개혁하는 것보다 행동을 통한 직접민주주의가 훨씬 더 효율적이라는 사실을 경험한 볼리비아의 원주민-농민 운동도 에콰도르 원주민운동과 유사한 태도를 보인다.[14]

둘째, 좌파 정당과 조직이 공평한 민주주의의 원칙을 적용하지 않았다. 우루과이의 '확대전선'의 경우처럼, 소수의 정당들은 민주적인 예비 선거를 통해 후보를 선출하지만, 대부분의 정당은 구좌파를 연상시키는 전위적 인물에 의해 지배되고 있다. 예를 들어, 라틴아메리카 좌파의 또 다른 아이콘인 니카라과의 '산디니스타민족해방전선'(FSLN)이 (2006년 선거에서 승리하기 이전까지) 세력이 약화되고 선거에서 거듭 패배한 것은 당이 다니엘 오르테가라는 역사적 인물에게 의존한 채 내적인 혁신과 민주주의를 실천하지 못했기 때문이다(Rocha, 2004; Torres Rivas, 2007).[15] 사회운동과 관련해서 말하자면, 앞에서 몇몇 사회운동의 비정부기구화(NGO-isation)되는 위험에 대해 언급했던 것처럼, 기본적인 전략 결정에 있어서 여전히 전문화된 집단이 기층 집단을 지배하고 있다.

---

14) 그렇다고 해서 우파 비판자들이 주장하듯이, 일반적인 사회운동, 특히 원주민운동이 반민주적이라는 의미는 아니다. 다그니노(Evelina Dagnino)가 지적하듯이, 우파 비판자들의 주장과는 반대로 신사회운동과 대의민주주의가 갈등을 빚는 것은 신사회운동이 "전통적인 정치제도와 '현실 민주주의'의 한계를 뛰어넘기 때문이다. 즉 신사회운동의 지향점은 정치체제를 민주화하는 것이 아니라 사회를 총체적으로 민주화하는 것이기 때문이다"(Dagnino, 1998: 47). 이것을 확실하게 보여 주는 예가 에콰도르 원주민운동이다. 에콰도르 원주민운동은 정치적 대의 시스템을 요구하는 것이 아니라 대의민주주의보다 훨씬 더 확장된 정치적 참여를 요구한다(9장 참조).
15) 혁명적이고 신사회주의적 운동으로 출발했던 산디니스타민족해방군은 점차 보수적이고 신자유주의적인 정당으로 이행했고 다니엘 오르테가가 2006년 11월 다시 권력을 잡으면서 그 이행이 최종적으로 완료—이념적이고 정치적인 퇴행의 예를 두 가지만 언급하면, 과거의 콘트라스(contras) 세력과 동맹을 맺은 것과 모든 형태의 낙태를 법으로 금지한 것이다—되었다. 최근 5년 동안 오르테가는 여러 차례에 걸쳐 자신이 좌파가 아니라고 선언한 바 있다.

마지막으로, 베네수엘라의 '볼리바르 혁명'은 민주적 제도에 대한 존중의 문제와 관련하여 좌파의 내부와 외부에서 열띤 논쟁을 불러일으키고 있다. 페르난도 코로닐(Fernando Coronil)이 지적했듯이, 이 문제에 대해서 베네수엘라 내부에 두 개의 관점이 존재한다(Coronil, 2004). 정부를 지지하는 사람들은 수십 년 동안 기존의 정당들에 의해 조정되었던 베네수엘라 민주주의가 차베스의 '혁명'으로 새롭게 시작되었다고 보는 반면에, 정부를 비방하는 사람들은 권위주의 정부와 더불어 민주주의의 견제와 균형이 무너졌다고 본다. 3장에서 에드가르도 란데르는 양 진영의 '인식론적 단절'에 대한 분석을 통해, 차베스 정부 내의 군부의 역할과 수직적 행정체계를 비판하는 동시에 볼리바르 혁명을 민주적 제도의 단절로 보는 시각을 비판한다(Lopez Maya, 2004).

4. 좌파 행위자들: 사회운동, 정당, 그리고 정부

지금까지 신좌파의 의미, 기원, 특징과 핵심적 갈등에 대해 살펴보았고, 지금부터는 사례연구에 등장하는 세 가지 유형의 행위자——사회운동, 정당, 정부——에 대해 간략하게 언급하고 이 글을 마무리하려고 한다.[16] 앞에서 이들 각각에 대해 길게 언급했고 예로 든 사례연구에서 그들이 제안하는 이니셔티브와 프로그램을 예를 들어 설명했으므로 여기서는 좌파 내부에서 복합적이고 때로는 모순적인 역할 분담을 통해 차별적이

---

16) 물론 이 세 종류의 행위자가 라틴아메리카 신좌파의 전부는 아니다. 예를 들어 진보적 NGO나 좌파 지식인처럼 어떤 정당에도 소속되어 있지 않지만 좌파에 속하는 또 다른 행위자들도 존재한다. 그러나 사례연구에서 등장하는 역사적 주인공은 사회운동, 정당, 정부이기 때문에 여기서는 이들을 집중적으로 언급한다.

고 중요한 역할을 담당하는 각각의 행위자 간의 관계에 대해 집중적으로 살펴보겠다. 일반적으로 신좌파로 통칭되는 범주를 그것의 구성요소로 분해함으로써 상이한 정치논리와 국가 상황에 따라 구성요소들 간에 때로는 상보적이고 때로는 모순적인 관계를 형성함을 알 수 있고, 이를 통해 각 국가의 신좌파의 특성과 전망을 이해할 수 있다.

세 가지 구성요소 중에서 핵심적인 요소는 사회운동이다. 사회운동은 (계급, 인종, 종족, 성 등에 대한) 억압과 착취에 맞서 싸우는 가장 중요한 저항세력일 뿐만 아니라, 사회적·정치적 변화를 위한 주요한 추동력을 제공하기 때문이다. 사실상 사회운동은 사례연구의 대상이 된 여러 나라 신좌파의 가장 두드러진 특징이다. 페데리코 슈스테르가 사례연구에서 언급하는 것처럼, 메넴 정권하에서 페론주의가 신자유주의로 방향을 선회한 이후에 아르헨티나 좌파가 새롭게 탈바꿈한 것은 피케테로스, 민중의회 참여자, 노동조합원, 예금을 동결당한 사람들, 그리고 일반 시민들 덕분이었다. 그들은 거리로 나와 시위하고, 토론하고, 모든 정치인들에게 '꺼져 버릴 것'을 요구했다. 아르만도 바르트라의 말을 빌리면, 멕시코에서도 "좌파의 미래는 거리 ──빚을 진 농장 노동자, 파산한 농부, 만성적 실직자, 살아남은 노동조합원의 시위 ──에 있다". 활동적이고 조직이 잘 된 볼리비아의 사회운동은 정부 정책에 직접적으로 영향력을 행사할 수 있고, 에콰도르에서는 두 명의 대통령이 원주민운동의 실력 행사에 밀려나 중도 퇴진했다. '노동자당'이 부상하는 데 결정적 역할을 했던 브라질 노동조합, 그리고 '노동자당'과 브라질 무토지농민운동(MST)의 역사적 관계에서 볼 수 있듯이 정당이 좌파를 지배하고 있는 경우조차도 풀뿌리 사회운동의 압력은 매우 중요하다.

세세한 국가별 경험은 접어두고 여기서는 사례연구에서 공통적으로 발견되는 네 가지 사항만 강조하려고 한다. 첫째, 9장에서 아틸리오 보론이 지적하듯이, 극단적으로 비타협적인 라틴아메리카의 정치적·경제적 기득권 세력은 민중동원이 대규모로 일어나거나 일어날 조짐이 보일 때에만 잠시 권력을 넘겨주었다. 1990년대 말에 대부분의 분석가가 볼리비아나 브라질처럼 사회운동이 활발한 나라의 좌파의 미래는 밝고, 콜롬비아처럼 사회운동이 약한 나라의 좌파의 미래는 불확실하다고 주장한 것은 이 때문이다. 이러한 예측은, '노동자당'과 브라질 좌파 전반의 위기가 보여 주듯이, 다소 과녁을 벗어났다. 그럼에도 불구하고, 브라질 정부에 대한 엘리트들의 입증된 영향력은 아틸리오 보론의 주장이 맞았음을 확인해 준다. 또한 브라질의 경험은 강력한 사회운동이 지속적인 변화의 필요조건이지만 유일한 조건은 아니라는 점을 시사한다. 이에 대해서는 밑에서 다시 언급할 것이다.

둘째, 각기 다른 상황에서 발생한 사회운동의 요구 사항들이 점차 합치되고 있는 점을 주목해야 한다. 일반적으로 말하자면 사회운동이 요구하는 것은 (산업노동자, 농부, 트럭운전사 같은) 특정한 집단의 특권의 요구에서 시민권이나 기본적인 권리를 옹호하는 보다 보편적인 요구로 바뀌고 있다. 슈스테르의 사례연구에서 알 수 있는 것처럼, 노조의 저항에서 시민의 저항으로 이행하고 있는 아르헨티나, 사회운동의 시민의 요구로 이행하고 있는 브라질(Dagnino, 1998), 사회운동에 대한 폭력에도 불구하고 유례를 찾아볼 수 없을 만큼 뚜렷한 성과를 거두고 있는 콜롬비아에서 이러한 사회운동의 특성을 발견할 수 있다(이 책 5장 가라비토의 사례연구; Archila, 2004).

셋째, 라틴아메리카 사회운동은 긴 순환 사이클을 경험했다. 1990년대 초반 민영화에 반대하는 항의로부터 시작된 사회운동은 21세기 초반 두번째 구조조정 프로그램의 타격을 받은 저축생활자, 실직자, 중산층의 시위로 이어졌다. 최근 10년 동안 아르헨티나의 폭발적인 시위가 확실하게 보여 주었듯이, 신자유주의 개혁에 대한 항의로 시작된 시위는 신자유주의 개혁에 책임이 있는 과거의 정치인들에 대한 시위로 확산되었다.

마지막으로, 구사회운동과 신사회운동의 사회적 기반이 다양화되었다. 원주민운동, 아프리카계 주민 운동, 무토지 농촌노동자 운동 같은 사회운동이 강화되었을 뿐만 아니라, 계급운동에 노동조합에 속하지 않는 실직자와 비정규직 노동자가 참여했다는 점이 사회운동의 새로움이다(6장 참조).

각국의 사회운동, 정당, 정부 간의 상관관계를 더 자세히 언급할 수는 없지만 신좌파 내부의 정치적이고 이론적인 논쟁의 핵심 축 가운데 하나는, 한편으로는 사회운동들 간의 관계이고, 다른 한편으로는 정당들과 정부들 간의 관계이다. 사파티스타의 경험으로부터 영감을 얻은 몇몇 운동과 정치이론가는 국가권력의 장악을 목표로 하지 않고 반정치적인 지역 자치에 중점을 두는 민중의 입장을 이론으로 발전시켰다.

존 홀러웨이(John Holloway)가 단언하듯이, 이러한 관점에서 보면 신좌파의 혁신성은 "권력을 잡지 않고 세상을 바꾸는 것"이다(Holloway, 2001: 174). 이는 "국가에 대한 환상…… 한 세기 이상 좌파 사상을 지배해 왔던, (그리고) 국가를 급진적 변화의 중심에 놓는 패러다임을 넘어서는" 전략을 암시한다(Holloway, 2000: 46). 신좌파의 이런 측면의 정치적·이론적 초점은 정당정치나 국가권력 장악이 아니라, 선거정치와 연관이 없는 기층 민중의 끊임없이 지속적인 사회운동에 맞춰져 있다. 따라서 이러한 특징을 갖는 좌파의 특권적 행위자는 아래로부터 압력을 행사함으로써 변화를 일으키는 자율적이고 반역적인 사회운동이다. 게다가 이러한 운동들은 국민국가를 통하지 않고 지구적 저항 네트워크를 구성하는 국제적 운동들과 직접 절속한다(Hardt and Negri, 2004).

물론 신좌파 진영에는 국가주의에 대한 신좌파의 비판에 동조하면서도 신좌파 프로그램의 진전을 위해서 국가권력의 중요성을 강조하는 사람들도 있다(Bartra, 2003; Boron, 2001). 그들의 관점에는 지역적 차원의 자주관리와 사회적 동원을 선호하는 반(反)정치와 국가 기능을 최소화하는 신자유주의적 제안이 평행선을 이루고 있다. 그 결과, 그들은 선거를 중도와 우파의 의제에 넘겨 버리게 된다. 이러한 관점에서 볼 때, 정당과 정부는 여전히 매우 중요하고 적어도 신좌파 형성에 있어서 사회운동과 동등한 관계를 이룬다.

국가의 핵심적 속성은 사회적이고 경제적인 관계에 개입할 수 있는 능력이다. 국가권력이 사회적이고 경제적인 불평등을 재생산하거나 심화시키는 데 자주 사용되곤 하지만 사회운동의 잠재력을 최대로 살려 줌으로써 불평등을 완화하는 것도 국가의 기본적 능력이다. 11장에서 산투스가 주장하는 것처럼, 결정적인 역사적 순간에 국가는 사회운동의 적이 될 수도 있지만 또 다른 역사적 순간에, 특히 주변부 국가나 반주변부 국가에서 사회운동의 중요한 동맹이 될 수도 있다. 이러한 사실이 국가가 사회적·정치적 권력의 수동적 도구라는 것을 뜻하는 것은 아니다 (또한 국가는 명백히 중립적 대리인이나 자율적 주체도 아니다). 오히려 국가는 개입과 대의 형식의 제도적 복합체로 이해될 수 있는데, 제도적 경계가 변화하면 사회적·정치적 권력의 성격의 본성도 비대칭적인 효과를 가지게 되고 자신의 이해를 충족시킬 수 있는 능력도 달라진다(Jessop, 1990). 2장에서 분석되는 브라질 국가 내부의 긴장이나 11장에서 산투스가 국가를 모순적인 사회적 관계로 묘사하는 것처럼, 국가라는 제도적 공간은 적대적인 사회적·정치적 세력들이 다기(多岐)화된 개인적이고 집단적인 행위들을 특정한 전략적 방향으로 몰고 가기 위해 투쟁하는 '전략적 영토'이다.

　　따라서 사회운동은 단순히 국가적 행위를 방해하거나 '아래로부터 압력을 행사하는 것'에 그치는 것이 아니다. 사회운동은 (사회적·경제적 불평등을 완화함으로써 사회적 세력의 균형을 회복하기 위해) 국가의 개입 양상에 새로운 방향성을 제시하고 (이를 더 용이하게 하고 밑으로부터의 압력을 민감하게 반영할 수 있도록) 대의 형식을 변화시킴으로써 국가를 변화시킬 수 있다. 이와 같이 앞에서 이미 언급한 비개혁적 개혁의 개념과 변화의 대상으로서의 민주주의의 개념에서 바라보면 사회운동과 국가의 관계는 변증법적 관계이다. 이 때문에 사회운동과 국가의 상호작용 방식은 국가의 제도적 역량과 그것의 전략적 방향성을 결정하는 데 중요할 뿐만 아니라, 대안적 사회를 건설하기 위한 사회운동의 힘과 능력을 결정하는 데도 중요하다.

　　정당도 좌파의 대안이 실현가능한 주장이 될 수 있도록 비판적 역할을 수행할 수 있다. 더 구체적으로 말하면, 정당은 이러한 목적을 위해 세 가지 기본적인 역할을 담당한다. 첫째, 좌파 정당은 사회운동이 정치 무대에 압력을 행사하고 자신들의 요구를 전달하며 정부와 접촉할 수 있는 필요한 수단을 제공하는 정치 단체의 역할을 수행한다. 둘째, 정당은 특권적 위치에서 다양한 사회적 행위자와 사회운동을 통합하는 광범위한 사회정치적 프로젝트를 추진함으로써 서로 다른 '부문별' 고민거리를 안고 있는 사회운동들의 접점을 마련하는 핵심적 역할을 담당한다.[17] 마지막으로, 정당은 국가를 구성하는 서로 다른 조직의 다양한 활동에 구체적인 방향성을 제시하고 그러한 방향성을 유지하는 데 필요한 정치적 지원을 제공하는 중요한 정치 조직이다(Boix, 1998).

정당이 이러한 과제를 수행하기 위한 특권적 위치에 있다고 할지라도 본질적으로 선거중심적인 정당의 논리는 사회운동의 논리와 마찰을 빚어 왔다. 이 주제에 대한 아담 쉐보르스키(Adam Przeworski)의 고전적 저작(Przeworski, 1985)에 따르면, 좌파 정당들은 선거에서 승리하기 위해 민중의 표뿐만이 아니라 중간계급과 상층계급에 속하는 중도와 중도우파의 표를 얻기 위한 정치적 프로그램을 제시할 수밖에 없게 된다.[18] 그 결과, 사회운동들의 요구가 무시될 위험에 처하게 될 뿐만 아니라, 정당의 중요한 권력 기반(사회운동)을 포기하라는 압력을 받게 되는데, 특히 사회운동이 분열되는 상황이 벌어지면 이러한 압력은 더욱 커지게 된다.[19] 좌파 정당이 승리하고 정권을 잡게 되면 이러한 긴장은 더

---

17) 이러한 역할이 단지 조합주의(corporativismo) 제도에만 달려 있는 것은 아니다. 조합주의 정책이 정당을 통한 의회 정부의 중요성을 최소화하는 '자유주의적 조합주의' 시스템에서조차도 정당 시스템은 다른 것으로 대체되지 않았다. 왜냐하면 정당 시스템은 조합주의적 제도의 합의를 넘어서는 적대적인 문제들을 계속해서 만들어 내기 때문이다(Lehmbruch 1979, 1984). 보크(Bourke)의 말을 빌리면, "정당은 총체적인 사회적 공간이다. 정당은 이질적이고, 다양하며, 특정한 이해들을 촉진할 뿐만 아니라 사회를 총체적으로 재생산하기 때문이다. 정당은 헤게모니, 동맹, 타협이 전개되는 장소이다"(Leys 1989: 179에서 인용).

18) 최근에 치러진 여러 번의 선거에서 새로운 정치적 인물을 선호하는 '여론 투표'가 증가한 것은 낡은 정치에 대한 항의를 의미한다. 이러한 여론 투표를 통해 좌파와 중도파 간의 어려운 균형을 맞추는 일이 훨씬 수월해졌다. 2003년 보고타 시장 선거에서 루이스 에두아르도 가르손(Luis Eduardo Garzón)이 유례를 찾기 힘든 승리를 거둔 것이 좋은 예이다.

19) 칠레의 경우에서 볼 수 있는 것처럼, 이러한 과정은 군부 정권에서 민간 정부로의 이행에서 뚜렷하다. 중도–좌파 정당은 피노체트의 군부 정권에 맞서 1983년 저항으로부터 시작된 사회적 동원 전략을 포기하고 선거 전략을 선택했다. 그 결과, 사회적 동원에서 민중운동, 특히 노동운동이 차지했던 중요한 역할을 축소시켰다(Barret, 2000; 2001; 2002를 참조).

욱 격화된다. 6장에서 분석되고 있는 아르헨티나의 경우가 이러한 긴장을 보여 주는 확실한 예인데, 네스토르 키르치네르 정부는 선거에서 승리하자 자신을 지지해 준 사회운동을 해산하려고 시도했고, 이러한 시도는 나중에도 마찬가지였다. 슈스테르가 예견했듯이 키르치네르의 시도가 성공했을 때 모든 정부가 열망하는 어느 정도의 정치적 안정을 이루었다(그리고 2007년 10월 선거에서 크리스티나 페르난데스 데 키르치네르가 아르헨티나의 새 대통령으로 선출될 것이다). 그럼에도 불구하고, 이러한 성취는 아르헨티나 지배 계급에 대한 정부의 권한과 운신의 폭을 축소시키고, 그 결과 중요한 개혁을 수행할 수 있는 가능성을 축소시키는 대가를 치러야 할 것이다.

모든 정당을 중도로 몰고 가는 국내외의 경제적·정치적 제약 안에서 좌파 정당은 자신들의 정책이 중도와 우파의 정책과는 다르다는 것을 보여 주기 위해 아슬아슬한 곡예를 한다. 다양한 사례연구들이 보여 주는 것처럼, 좌파 정당들은 자신들의 정치적 역량을 구축하고 자신들이 직면한 딜레마를 헤쳐 나가기 위해 공통된 경로를 따르고 있다. 그 공통된 경로란 지역과 지방에서 거점을 마련하고 그 다음에는 대선에서 승리하는 단계적 전략이다. 지역의 좌파 정부에 대한 연구에서 볼 수 있는 것처럼, 지역에서의 거점 마련은 대선의 후보자와 정강을 마련하기 위한 도약대였다(Stolowicz, 1999; Chavez y Goldfrank, 2004). 가장 두드러진 예는 우루과이의 '확대전선'과 브라질의 '노동자당'이다. '확대전선'은 15년간의 몬테비데오 지역 정부의 경험을 바탕으로 2005년 대선에서 승리했고, '노동자당'은 포르투 알레그리, 벨루 오리존치, 포르탈레자, 상파울로 같은 도시에서 10년 이상 성공적인 지방정부를 이끈 후에 정권을 잡는 데 성공했다.

사회운동, 정당 그리고 정부를 움직이는 서로 다른 논리는 다양한 협동관계나 대립관계를 발생시킬 수 있다. 좌파에게 이상적인 시나리오는 역동적인 사회운동, 안정적인 정당과 정부가 존재하고 이들 간의 절속을 통해 실현가능한 대안을 구축하고 유지하기 위해 좌파의 능력을 극대화하는 것이다. 이러한 시나리오를 전제로 사회운동은 필요한 기본적인 요구와 압력을 행사함으로써 정당이 중도로 쏠리지 않고 정책을 실행하도록 하고, 정부는 정당과 사회운동이 요구하는 프로그램을 이행하고 사회운동의 강화와 민주주의의 심화를 포함한 더 야심적인 변화를 위한 가능성을 창조하는 (비개혁주의적) 개혁을 밀고 나갈 수 있도록 하는 것이다.

10장에서 모네데로가 지적하는 것처럼, 2007년 12월 헌법 개정을 위한 국민투표 이후에 베네수엘라에서 위와 같은 상황이 발생했다. 국민투표에서의 패배는 차베스로 하여금 투표 패배 이전과는 다른 길을 가도록 만들었으며, 그 당시 막 창당되었던 '베네수엘라 통합사회주의당'만의 독점적인 개혁 드라이브에 제동이 걸렸다. 그 결과, '베네수엘라 통합사회주의당'의 활동이 다시 활성화되었고, 주민평의회의 강화를 요구하는 목소리가 커졌으며, 상향식 공직 선거, 선거를 위한 광범위한 동맹의 회복에 대한 요구가 등장했다.

룰라 집권 초기의 브라질 좌파는 이러한 복잡한 모델에 가장 가까웠다. 그럼에도 불구하고 실제로는 룰라 정부 처음 2년 간 사회운동은 약화되었고 '노동자당'은 정책 실행에 소극적이었다. 사회운동이 강화되고 '사회주의운동당'과의 결속이 증가하면서 정권을 잡기에 이른 볼리비아가 가까운 장래에 이러한 모델에 더 근접하게 될 것이다. 이와 반대되는 시나리오는 허약한 사회운동, 통치 능력이 없는 허약한 정당이다. 물론, 대부분의 좌파는 두 가지 시나리오의 중간에 (콜롬비아처럼) 정당에 의해 지배되는 경우부터 (에콰도르처럼) 사회운동에 의해 지배되는 경우에 이르기까지 다양한 조합으로 존재한다.

사회운동, 정당, 정부의 상대적인 중요성에 대한 논쟁은 라틴아메리카와 전지구적 신좌파를 관통하고 있으며 (피케테로스에 대한 시베치의 중요한 저술Zibechi, 2003같이) 사회운동 중심의 이론과, 조직과 정당 중심 혹은 국가 중심의 비전과 조직(Mertes, 2002) 사이의 대조적인 관점이 공존한다. 바르트라, 산투스, 보론 그리고 모네데로의 글은 이러한 논쟁에 대한 다양한 견해를 보여 준다. 우리의 관점으로는 각국의 사례연구에 토대를 둔 경험적 증거들은 대부분의 좌파 활동가들과 분석가들이 사회운동, 정당, 정부 사이의 관계를 각 국가의 정치적 맥락과 좌파의 역사의 종속 변수로 보는 실용적인 입장을 취하고 있음을 보여 준다. 이런 의미에서, 11장에서 산투스가 주장하듯이, 제도적 행동과 제도 외적 행동, 정당과 사회운동, 혹은 사회적 투쟁의 목표로서 국가권력과 공동체 권력을 양자택일적 선택으로 규정하는 것은 많은 경우 사이비 논쟁이다. 각 장에서 정부, 정당, 사회운동에 비슷한 중요성을 부여하는 것은 이 때문이다.

5. 책의 구조

각 장에서 서술되는 목적, 주제, 중심 행위자에 따라 이 책은 세 부분으로 나뉜다. 서론격인 1장에 이어지는 1부(2장~5장)의 중심은 정당이며 라틴아메리카 좌파 정당에 대한 가장 두드러진 네 개의 현대적 경험을 살펴본다. 2장에서 펠리스 산셰스, 조앙 마차두 보르헤스 네투, 호자 마리아 마르케스는 브라질 좌파가 연방정부의 권력으로 올라가는 과정을 복기하고 '노동자당'이 주도한 정부의 사회적·경제적 정책을 분석한다.

3장에서 에드가르도 란데르는 베네수엘라 양당제도 위기의 역사적 뿌리와 '제5공화국운동'의 정권 획득 과정을 열거하고 이러한 정치적· 사회적 과정을 통해 민중들이 우고 차베스 정부를 지지하게 되었음을 보여 준다. 차베스 정부의 정책과 제도적 변화에 대한 검토를 통해 란데르는 사회적·정치적 양극화가 심화되고 가속화되는 양상과 신자유주의에 대한 대안 제시의 대책을 분석한다. 란데르는 '베네수엘라 통합사회주의당'의 형성 과정과 전망에 대한 비판적 성찰로 3장을 마무리한다.

4장에서 다니엘 차베스는 우루과이 '확대전선'의 기원인 1970년대 초로 거슬러 올라가 독재 시기(1973~1984) '확대전선'의 저항과 공고화 과정을 거쳐 1989년 몬테비데오 지방정부 선거에서 승리하는 과정을 살펴본다. '확대전선'의 몬테비데오 지방정부 경영에 대해 종합적인 분석을 제시한 이후에 차베스는 2005년 대선에서 승리할 때까지 좌파가 걸어온 길과 '확대전선'과 정부 사이의 딜레마와 긴장 관계를 살펴본다.

5장에서 세사르 로드리게스 가라비토는 1990년대 말 이후 콜롬비아 신좌파의 등장과 대선 승리를 설명해 주는 정치적·경제적·사회적 요인을 분석한다. 로드리게스 가라비토는 특히 신좌파의 형성, 전망, 제안에 주목한다. 또한 콜롬비아의 특이성, 즉 내전으로 치달은 내적 갈등이 어떻게 정치를 양극화시켰고, 전통적 정당체제를 위기에 빠뜨렸으며, 이데올로기적 스펙트럼의 좌파와 우파에 성공적으로 정치 블록이 등장했는지 분석한다.

2부(6장~8장)는 사회운동에 초점이 맞추어졌고, 1990년대 이후 사회운동이 지속적이고 역동적으로 발생한 3개국을 언급한다. 6장에서 페데리코 슈스테르는 20세기 아르헨티나 좌파의 역사를 검토하고 2001년 말 경제위기를 둘러싸고 발생한 사회적 투쟁을 집중 조명한다. 슈스테르는 아르헨티나 사회운동의 형성과 의제를 살펴보고 네스트로 키르체네르 정부에 미친 영향력을 분석한다.

7장에서 아르만도 바르트라는 1910년 멕시코 혁명 이후 멕시코 좌파가 제도화되는 특이한 역사를 추적하고 20세기의 변화를 간략하게 정리한다. 이를 배경으로 바르트라는 사파티스타 운동과 원주민-농민운동에 초점을 맞추고 동시에 '민주혁명당'으로 구체화된 멕시코 신좌파의 정치적 형성을 검토한다.

8장에서 루이스 타피아는 볼리비아 좌파 형성의 연구를 통해 1970년대 이후 어떻게 민주주의와 원주민의 문화적·정치적 자율성의 보호가 신좌파 의제의 중요한 부분이 되었는지를 보여 준다. 타피아는 농민과 코카재배 노동조합이 사회운동의 선도적 역할로 성장하는 과정을 부각시키고, 나아가 그들이 코차밤바의 '물 전쟁'과 좌파 정당(특히 '사회주의운동당')을 빠르게 정치권으로 부상시키고 2005년 대선에서 에보 모랄레스의 승리를 가져온 선거운동에 합류하는 과정을 분석한다.

마지막으로 3부(9장~11장)는 라틴아메리카 신좌파에 대한 이론적 조명과 종합적인 시각을 제시하는 세 개의 글을 통해 1부와 2부의 국가별 분석과 경험적 조명을 보충한다. 9장에서 아틸리오 보론은 대륙 전체에 좌파가 등장한 이유에 대해 논의하고 신좌파의 두 가지 중심 문제 ─ 신자유주의에 대한 대안 모색과 좌파와 민주주의의 관계 ─ 를 집중적으로 살펴본다. 10장에서 후안 카를로스 모네데로는 정치적 주체와 라틴아메리카 좌파가 주도하는 (정치적) 변화에 대한 정통 정치학을 자처하는 학자들의 해석을 새롭게 검토하고 베네수엘라에서 일어나고 있는 변화를 분석한다.

11장에서 보아벤투라 데 소우자 산투스는 라틴아메리카와 전지구적 신좌파에 대한 일반적인 성찰을 제시한다. 산투스는 신좌파의 이론과 실천 사이의 새로운 관계의 필요성, 이에 대한 생산적이고 비생산적인 논쟁들, 다양한 사회운동과 정당의 접속 지점들, 전지구적 좌파의 접합 공간인 세계사회포럼의 역할 등을 검토한다.

2장 _ 브라질
룰라 정부—비판적 평가(2007)[1]

펠리스 산셰스
주앙 마샤두 보르지스 네투
호자 마리아 마르케스

1. 서문: 환희에서 환멸로

21세기 초 라틴아메리카를 잠시 들여다보기만 해도, 1990년대에 신자
유주의가 초래한 사회적 폐해가 얼마만큼 광범위하게 그리고 깊게 만연
되어 있는지 그리고 그것의 결과 이 대륙에서 얼마나 심각한 변화들이
일어나고 있는지를 한눈에 알 수 있다. 라틴아메리카와 브라질은 신자
유주의를 추구하던 정부 정책들이 야기한 심각한 폐해와 그리고 그것이
라틴아메리카의 정치적 지형을 새롭게 재편하는 데 끼친 영향 때문에
크게 바뀌었다. 이러한 관점에서 볼 때, 브라질의 '노동자당'과 루이스
이나시오 룰라 다 실바 정부가 위기에 처해 있다고 할 수 있는데, 그것은
한편으로는 금융시장과 국제조직에 만연되어 있는 지배적 사고[2]가 라

---

1) [옮긴이] 이 장의 번역은 원문인 포르투갈어판을 저본으로 하였으나, 필자들이 외국 독자들
   의 이해를 돕기 위해서 나중에 스페인어 번역본이나 영어 번역본에 삽입한 내용들도 모두
   포함시켰음을 밝혀 둔다.
2) [옮긴이] 이 글에서 '지배적 사고'란 신자유주의적 사고를 뜻한다.

틴아메리카에서 지속적으로 자신의 존재를 유지하며 영향력을 발휘할 가능성을 보이고 있고, 다른 한편으로는 [또 다른 사회 건설을 주장하던] 한 정당(즉, '노동자당')과 그 정당의 신자유주의에 대한 사회 및 대안적 발전 모델이 실패했음이 드러나고 있기 때문이다.

브라질에서 사회, 경제 및 정치적 재화와 용역에 대한 권리와 보편적 접근 확대를 위한 투쟁으로부터 보인 룰라 정부의 궤적은, 브라질 정치의 전통적 부문들과의 중재를 통해, 가난하고 소외된 사회 부문들에 손을 뻗는 것은 물론이고, 동시에 금융 부문의 특권 유지에 우선순위를 두고 있음을 입증해 왔다. 이것은, 예컨대 이전 '노동자당'의 중심 프로그램이었던 참여예산제, 참여민주주의 제도 및 공공정책 수립과정에서의 시민의 참여라는 제도적 장치 도입에 대한 관심사를 룰라 정부가 실질적으로 포기했음을 설명해 준다고 할 것이다(Baiocchi, 2003; Gaspar et al., 2006 참조). 우리가 목격하고 있는 것은 권리 문화의 확대보다는 브라질 사회에서 역사적으로 지배계급의 정치적 행동으로 특징지어지는 종속 문화에 바탕을 둔 사회 내의 가장 가난한 부문들과의 관계이다.

환경존중 및 지속가능성 개념을 바탕으로 한 발전에 대한 공약은 아주 자주 농산업의 헤게모니와 충돌했는데, 정부는 언제나 농산업 부문, 공격적이고 환경파괴적인 부문들에 투자하는 국내 및 다국적 기업들의 이익을 편들었다. 이 과정에서 가장 획기적인 사건은, 의심의 여지 없이, 룰라 정부가 유전자 변형 농산물을 승인하는 법률을 통과시킨 것이다. 이에 토지개혁에 찬성하는 무토지농민운동과 그 밖의 농촌사회운동들의 수많은 투쟁들은 룰라 정부의 소극적인 시각 앞에서 이 농산업 부문에, 특히 농업에 투자된 거대농업자본의 이익과 직접적으로 충돌하게 되었다.[3]

이러한 의미에서, '노동자당'이 집권정당으로서 변화를 추구하는 도전과정에서 보인 어려움은, 사회변혁 프로젝트를 효과적으로 적용하기 위해서 일관되게 자신의 정부를 이끌어나갈 능력이 없는 것으로 판단되었다. 같은 맥락에서, 정부의 핵심 멤버들 역시 대안적 프로젝트를 이미 포기하고, 대신 핵심적인 신자유주의 사상에 집착하고 있다는 징후가 증폭되었는데, 특히 정치 행위를 상업적 논리에 종속시키고 또한 대안적 프로젝트의 추동력으로서 국가와 사회동원을 복구하려는 노력을 포기한 데서 두드러졌다(Oliveira, 2006 참조).

룰라의 제2기 정부 초기, 몇 가지 분석 포인트들을 살려, 이 정부의 향방에 대한 몇 가지 잠정적 결론을 내리는 것이 가능하다. 브라질 좌파가 걸어온 길을 평가하기에 가장 좋은 이 순간 그러한 노력은 필요한 일이다. 따라서 본 글에서는 1990년대 라틴아메리카를 지배했던 보수적인 정책과 민영화 정책에 반대하는 투쟁 속에서 형성된 반-신자유주의적 좌파진영이 끼친 충격과 효과, 그리고 특히 상태를 살펴보고자 한다.

2. 좌파의 집권

브라질 정치는 1964년 군사쿠데타 이후 1980년대 중반 군정이 종식될 때까지 거의 발전하지 못했다. 소위 '구 공화국'(República Velha)이라 불리던 시기 ——1891년 (제국에서 공화국으로 전환된 이후) 헌법이 제정된 이후부터 1930년 제툴리우 바르가스(Getúlio Vargas)가 쿠데타를 일

---

3) 무토지농민운동의 탄생배경과 발전과정을 총체적으로 살펴보려면 스테딜의 책(Stedile, 2002)을 참고할 것.

으키기까지의 시기 — 역시 진정한 '공화국'이라고 인정받지 못했는데, 그것은 '공공정책에서 국민이 빠져 있었기 때문'이다. 브라질의 유권자 수는 1930년 이전에는 총 인구의 4% 이하였고, 민주국가의 초기라고 할 수 있는 1945년에는 단지 15% 정도에 불과했다(Schwartzman, 1988).

1945년에서 1963년 사이 브라질 국민들이 알고 있었던 제한적 민주주의는 1964년 일어난 군사쿠데타에 의해서 갑자기 그 맥이 끊어졌다. 이것은 이후 라틴아메리카 대부분의 국가에서 나타난 일련의 군사쿠데타를 선도한, 최초의 군사쿠데타였다. 이렇게 들어선 군정은 21년 후인 1985년 브라질 국민들의 진정한 민주국가에 대한 열망으로 물러났다. 역사적으로 브라질이란 국가가 국민들의 정치적 참여를 허락할 가능성은 아주 제한적이었다. 따라서 아주 극소수의 특권 그룹에게만 정치적 참여를 허락했는데, 그들은 공공의 영역과 개인의 사적인 영역이 명확히 구별되지 못하는, 권위주의적이고 위계적인 하나의 완벽한 구조를 형성해 내었다. 그리고 이러한 구조는 노예제도가 있었던 식민시대부터 제국시대를 거치는 동안에도, 그리고 오늘날에도 브라질 사회의 특징으로 자리잡게 되었다(Carmo Carvalho, 1988).[4]

1989년 대선은 브라질과 라틴아메리카의 기준에서 크게 벗어난 예외적 사건으로, 군정종식 이후 들어선 민정이 처음 실시한 직접선거였다. 국민의 심판을 받는 첫 대선에서, '노동자당'은 자신의 정체성을 공공연히 노동조합을 옹호하는 좌파 정당으로 정의하고, 룰라 — 그는 자

---

4) [옮긴이] 이 절의 첫 두 문단은 포르투갈어 원문과 영어 번역본에는 없고, 스페인어 번역본에만 존재함을 밝혀 둔다.

신이 단지 노동자 계급을 대표한다고 주장하지 않고, 과거 자신이 노동자였음을 밝힘——를 후보로 내세워 유권자의 16%, 즉 1천 1백만 표 이상을 획득하였다. '노동자당'의 브라질 정치 참여는 1990년대 더욱 성장·발전하여, 20세기가 끝날 무렵 '노동자당'은 3명의 주지사와 187명의 시장을 배출했다. 그리고 '노동자당'은 세 번의 대권 도전 실패 이후 (1989, 1994, 1998), 마침내 2002년 대선에서 브라질 정치 역사상 가장 많은 득표율로 승리했다.

　우루과이가 10년 전 '확대전선'을 창설했던 것과 마찬가지로 (이 책의 다니엘 차베스가 쓴 글을 참조할 것), 브라질에서 '노동자당'이 창설된 배경은 권위주의에 대한 민중의 항거가 증가한 것이었다. 그런데 '노동자당'이 창설된 배경을 이해하기 위해서는 1970년대 브라질 사회에서 광범위하게 조직되기 시작한 대중조직과 행동주의가 확산된 과정에 대한 이해가 우선되어야 한다. '노동자당'은, 제도적 영역 속에서 브라질 노동자들의 이익을 자율적으로 지키기 위한, 새로운 정치적 행위자로서 잉태되었다.

　처음부터 '노동자당'의 이데올로기적 정체성은 브라질의 다른 좌파 정당과는 달랐다. '노동자당'은 원래 내부적으로 다원적 성격을 띤 정당으로 출발하였기 때문에, (좌파적) 이론사상을 기반으로 한 기존의 모델이나 유토피아적 모델을 추구하기보다는, 오히려 브라질 풀뿌리(특히 노조 노동자들)의 구체적인 요구와 제안을 기반으로 한 대중적-사회주의 이데올로기를 발전시켜 왔다. 이러한 의미에서, 브라질과 라틴아메리카의 기타 여러 좌파 정당들과는 다른 '노동자당'은 (브라질에 존재했던 두 개의 전통 공산주의 정당들 중 하나처럼) 결코 소련이나 중국, 혹은 알바니아의 좌파사상 등을 숭상하지 않았을 뿐만 아니라, 제툴리우

바르가스 시대 이후 브라질에 깊게 뿌리를 내린 강력한 민중적인 전통도 따르지 않았다.

창당 직후부터 '노동자당'은 공동체를 기반으로 한 광범위한 도시 사회운동은 물론, 브라질의 '노조총연맹'(CUT)과도 밀접한 관계를 맺어왔다. 그들의 '아래로부터 새로운 시민' 건설을 위한 정책제안은, 풀뿌리 운동가들의 비전과 브라질 정치의 역사적 엘리트주의에 대한 건전한 분석적 비판에 그 근원을 두고 있다.

브라질에서는 새로운 '노동자당'이 창당되기 이전부터, 상파울루 시를 비롯한 기타 주요 도시에서 자율적인 노동운동이 출현했다. 1970 년대 후반부터 1980년대 초반까지 일어난 이 새로운 조합주의는 ① 국가, ② 전통적인 '하향식' 공천, ③ '브라질 공산당'(PCB)과 상관없이 자율적으로 운영되었다. 1983년 이 새로운 노동자 연맹인 '노조총연맹'이 창설되었을 때, 회원의 대부분이 '노동자당'의 당원을 겸하고 있었다. '노조총연맹'은 노동계급 중 좀 더 투쟁적인 투사들을 영입하여 파업을 전략으로 사용하며 자신을 차별화시켰다. 그리고 또한 자신보다 덜 급진적인 전략과 전술을 사용하던 (과거의) '노동총연맹'(CGT)과는 명확하게 다른 입장을 취하며, (좌파) 이데올로기적 정의를 따랐다(Moreira, 1998).

'브라질 공산당'(PCB)——군정기간 동안 군부로부터 심한 탄압을 받았지만, 전통적으로 정치적 투쟁을 협상으로 해결하려는 강한 성향을 갖고 있었음——은 '노조총연맹'의 창설에 의심을 품고, 그것이 상파울루 주의 자동차 및 금속 노동자들 같은 노동귀족의 이익만을 대표하는 것이라고 선포했다. '브라질 공산당'(PCB)이 몇 년 전 '노동자당'의 창설을 거부한 것도 전혀 놀라운 일이 아니다.[5] 1980년 '노동자당'이 창설된 것은 제2차 세계대전 이후 브라질의 산업화, 도시화, 문맹률 감소현상이 서로 얽혀 나타난 과정의 결과로서, 브라질 노동세력이 사회적·문화적 측면에서 겪은 광범위한 변화들과 상관이 있다. 특히 1960년대 후반 군정에 의해 실시된 산업성장을 위한 개발정책들은 도시 노동자 계급의 상당한 신장이라는 결과를 가져왔다. 1980년대 초반, '노동자당'의 창설을 이끌어 낸 노동자들의 운동이 급진적으로 성장한 것은 1960년대 시작된 경제 신장 사이클의 종말이라는 맥락에서 이해되어야 한다.

브라질에서 이 좌파 정당은 어느 '전통적' 정당을 대체할 필요가 없었다. 우루과이와는 달리(이 책의 다니엘 차베스의 글 참조) 브라질은 전통적으로 연약하고 깨지기 쉬운 정당들을 갖고 있었는데, 그것들은 끊임없이 자신의 정치적 스펙트럼을 개선하는 특징을 보였다. 1930년, 제툴리우 바르가스는 자유주의적이며 엘리트적 성격을 띤 정당들의 탄생의 싹을 미리 잘라 버렸다. 정치적 정체성을 재정립시키려던 두번째 시도는 1964년 군사쿠데타에 의해 종식되어, 브라질에는 군정이 승인한 단지 두 개의 정당만이 존재할 수 있었다. 군사독재정권의 정치적 [오른]팔인 '전국혁신동맹'(ARENA)과 군사독재체제에 반대하는 야당, '브

---

5) 기타 라틴아메리카 국가들에서처럼, 브라질에는 아주 오랜 기간 동안 두 개의 공산당이 존재했다. 하나는 소련을 추종한 '브라질 공산당'(PCB)이고, 또 다른 하나는 처음엔 중국을 추종하다가 나중에 알바니아를 숭상한 '브라질 공산당'(Partido Comunista do Brasil, PCdoB)이다. 그런데 오늘날 '노동자당'과 '노조총연맹'의 활동가들이 습관적으로 '펠레기즈무'(peleguismo, 제툴리우 바르가스 시대 나타난 용어로 '노동운동을 진정한 노동자 입장에서 벌이지 않고 있다'는 경멸적인 표현)라는 표현을 사용하는데, 그것은 위의 두 공산주의 정당들이 전통적으로 정의해 놓은 상황——노동자들의 요구들을 포퓰리스트적으로 조작하거나, 정부나 기업 부문과 협상할 때, 노동운동에 대한 관료주의적 통제라는 특징을 보일 때——을 가리킬 때이다. [옮긴이] 이 책에서는 PCdoB와 PCB 모두 '브라질 공산당'으로 옮기되, 약어를 병기하여 구분하고자 한다.

라질 민주운동당'(MDB)이었다.

지난 세기 브라질 정당 개편을 위한 세번째 시도는 1970년대 말 민주적 전환기에 시작되어 이후 20년 동안 지속되었다. 그 결과 1982~2000년 사이 전국 단위의 선거에 참가한 정당의 수는 총 78개가 되었다. (1982년 5개 정당에 불과했던 것이 1998년 30개 정당으로 증가했음. Marconi Nicolau, 2001). 하지만 이들 대부분의 정당들은 전국단위의 선거에서 그리 큰 영향력을 행사하지 못했다.

1994년 대선에서 룰라는 페르난두 엔히키 카르도주의 최대 적수였다. 카르도주가 자신의 정당인 '브라질 사회민주당'(PSDB)과 그 밖의 기타 중도-우파 및 우파 정당들의 지원을 받아 선거에서 승리하자, '노동자당'은 좌파 정당 간의 연합을 광범위하게 형성했다. 이때 '브라질 사회당'(PSB), '브라질 공산당'(PcdoB), 소련의 노선을 따르는 '브라질 공산당'(PCB)의 전 멤버들이 새로이 창당한 '사회주의민중당'(PPS), '녹색당'(PV), '통합노동자사회주의당'(PSTU)과 연대했다. 그리고 1998년 대선에서 룰라는 또 다시 카르도주(그는 브라질에서 영문 약자인 FHC로 더 잘 알려져 있음)와 경합했는데, 이때 '노동자당'은 과거의 옛 파트너였던 '브라질 공산당'(PCdoB)과 '브라질 사회당'(PSB)은 물론, 대형 정당인 '민주노동당'(PDT)과 연대했다.[6] 그리고 2002년 대선에서 룰라는 결선투표에서 신보수정당이었던 '자유당'(PL)과 같은 소규모 정당들은 물론, 실질적으로 모든 스펙트럼의 좌파 정당들로부터 지지를 받아 승리했다.

---

6) [옮긴이] '민주노동당'은 제툴리우 바르가스가 주창한 전통 노동주의에 뿌리를 둔 신사회주의 정당이다.

1990년대 내내, '노동자당' 후보들이 경제적으로 역동성을 보이는 브라질 남동부 및 남부에서 가장 높은 득표를 했다. 이러한 사실은 산업화와 도시화가 된 지역에서 '노동자당'이 높은 지지를 받았다는 상관관계를 보여 준다. 그러나 2002년 선거에서 '노동자당'은, 다른 정당들이 '노동자당' 후보를 반대하는 선거연합전선을 실제적으로 형성한 이후, 자신의 정치적 상징인 히우그란지두술 주——주도인 포르투 알레그리에서 참여예산제를 탄생시켰기 때문——의 주지사 선거에서 패배했다. 그리고 2004년 소위 참여예산제의 세계적 중심으로 불렸던 포르투 알레그리 시 시장선거에서 패배함으로써 보다 상징적 패배의 고통을 당했는데, 그것은 중도우파 정당들이 이 좌파 정당에 대항하여 연합했기 때문이다(Chavez, 2004를 참고할 것).[7]

2002년 대선에서 룰라가 '노동자당' 후보로 승리했다는 것은, 의심의 여지없이 라틴아메리카에서 좌파 정권들이 합법적으로 들어서는 데에 있어서 가장 중요한 이정표 중의 하나가 되었다. '노동자당'이 아주 오랫동안 라틴아메리카에서 주요 좌파 정당들 중의 하나(심지어 가장 중요한 좌파 정당)로 간주되었다는 사실 외에도, 대통령 당선자 자신의 특이한 경력들——그는 브라질에서 가장 척박한 북동부 출신으로 금속노동자와 노동조합의 지도자를 역임했음——은 브라질 국민의 합법적인 대표자가 권력을 획득했거나, 혹은 브라질 정부의 최고 통치권자가 되었다는 것을 시사했다. 따라서 새 정부는 여러 가지 이유로 진정한 민중의 정부라고 생각되었다.

그러나 1990년대 초부터 '노동자당'은 자신의 급진적인 특성들을

---

7) [옮긴이] 여기까지는 스페인어본과 영어본에 삽입된 내용들임.

상당히 완화시키는 변화의 과정을 겪었다. 룰라는 기업 부문으로부터 좀 더 인정받기 위해 엄청난 노력을 했다. 그 중 가장 강력했던 선택은 2002년 대선 유세에서 사업가이자 상원의원이었던 주제 알렌카르(José Alencar)를 부통령 후보로 내세운 '자유당'과 연대한 것이었다. 하지만 이러한 모든 노력들에도 불구하고 기업 부문이 룰라를 대통령 후보로 받아들이기에는 충분치 않았다. 그가 선거에서 승리할 수 있다는 가능성이 높아지자, 자본의 유출과 브라질 화폐에 대한 투기가 대대적으로 일어나기 시작했다. 시장은 동요하기 시작했다.

이러한 상황에서, 룰라 후보는 그해 7월, 「브라질 국민에게 보내는 편지」(Carta ao Povo Brasileiro)를 언론에 발표했다. 룰라는 이 편지에서 국민들이 요구하는 변화들에 대한 약속들을 재확인하고, 또한 [전 정부가 맺은] '협약 준수'를 선언했으며, 그리고 [집권할 경우] 어떠한 정책변화도 "광범위한 국가적 협상의 산물"이 될 것이라는 것을 보장했다. 그런데 이 편지는 룰라 후보가 구상한 일종의 종합 정부프로그램이기 때문에, 그 내용 전체를 압축하고 있는 중요한 몇 문장들을 인용하는 게 좋을 것 같다.

'노동자당'과 그 파트너 정당들은, 현재의 [국가발전] 모델을 초월하고자 하는 의식에 충만해 있습니다. 그것은 브라질 사회가 지칠 줄 모르고 요구하는 것이지만, 하룻밤 사이에 이루거나 마술처럼 이룰 수 있는 것은 아닙니다. […] 따라서 오늘날 우리가 처한 현실과 브라질 사회가 요구하고 있는 사회 사이에서 일어날 이행(transition)은 투명하고 사려 깊게 이루어져야 할 것입니다. [카르도주 정부가] 지난 8년 동안 하지 않은 일들이나 혹은 미루어 놓은 일들을 [우리 정부가] 단지 8일 만에 해낼 수는 없습니다. 이 새로운 [국가발전] 모델은, 오늘날 일어나고 있는 것처럼 정부의 일방적인 결정들이 되어서는 안 될 것입니다. 법령에 의해 시행되는 것이 아니라, 자발적인 방식으로 이루어져야 할 것입니다. 그것은 광범위한 국가적 협상의 산물이고, 안정을 동반한 성장을 보증하는, 국가를 위한 진정한 동맹, 새로운 사회적 계약으로 이끌 것입니다. 이러한 이행을 위한 전제는 자연스럽게 [국제] 계약들에 대한 존중과 브라질의 의무들이 될 것입니다. 최근 금융시장에서 보인 혼란들은 현재 모델의 취약성과 그것을 극복하기 위한 대중적 요구라는 맥락으로 이해되어야 합니다.

이 편지에서, 룰라는 의도적으로 '좌파'를 주장하거나, 지배계급과 대립하는 국민 또는 노동자들의 대표라는 점을 주장하지 않았다. 오히려 반대로, 그는 브라질 사회 전체를 향해서 광범위한 국가적 협상이 '새로운 사회 계약'으로 이어질 것이라고 명확하게 공표했다. 그는 특히 시장의 동요에 대해 말했다. 따라서 이 편지의 중심 테마는, 그가 만일 대통령에 당선된다면, [그동안 이루어진] 모든 계약들을 존중할 것임을 보장하는 것이었다.

그렇다면 대통령 후보의 의지를 집약하는 이 편지에는 '좌파' 사상이 얼마나 포함되어 있었는지를 질문하게 된다. 이 편지에는 두 가지 측면이 두드러진다. 변화("사회가 요구하는 변화")에 대한 필요성을 강조하고, 페르난두 엔히키 카르도주 정부를 지속적으로 비판한 것이다. 이 두 가지 중 어느 것도 그 자체로 '좌파' 사상을 내포하고 있지 않았다. 하지만 그것들이 언급된 맥락에서 볼 때, 그리고 룰라와 노동자들이 그때까지의 정부를 비판한 내용을 고려할 때, '변화'는 신자유주의적 모델을 버리고 국가발전을 다시 모색하는 것임을 의미한다는 것으로 보인다. 만일 그 편지나 혹은 2002 선거 캠페인에서 룰라와 '노동자당'이 했던 모든 말에 [좌파적인 내용이] 들어 있지 않았다는 것은 (전통적으로 좌파의 제안이 갖는) 사회주의를 건설하기 위해 노력할 것임을 가리키고, 다른 한편으로 '발전주의' 모델을 추구할 것임을 암시한 것이었다.

게다가 이 편지에서 룰라는 부자들과 대립하는 가난한 사람들을 위한 정부라는 아이디어를 조금이라도 내세우지 않았다. 이와 달리 룰라 후보는 대선 캠페인에서 자신을 언제나 '평화와 사랑의 룰라'(Lulinha Paz e Amor)로 소개하며, 어떠한 사회적 갈등도 지지하지 않을 것이라는 것을 명확히 하면서, 브라질 사회 전체를 위해 통치할 것이라고 시사했다. 이것은 [그의 정부가] 부자들을 위한 정부로 간주된 페르난두 엔히키 카르도주 정부의 입장과는 정반대로, 가난한 사람들과 사회적 소외를 당한 사람들에 대한 특별한 관심을 가질 것이며 사회적 불평등을 줄이기 위해 노력할 것임을 암시하는 것이었다.

따라서 룰라 선거 캠페인의 기본 개념은 다음과 같이 요약될 수 있다.

① 페르난두 엔히키 카르도주 정부의 신자유주의 경제 모델 폐기
② 발전주의적 모델 실시
③ 모든 사람들을 위한 정부 수립(극빈층에 대한 특별한 관심으로, 사회적 불평등 감소)

이외에도, 공식적인 선거프로그램 문서들은, 특히 룰라를 대통령으로 추대하기 위한 정당 간의 연합 프로그램인 '모든 사람들을 위한 하나의 브라질'(Um Brasil Para Todos)은 이러한 해석을 강화했다. 당시 세

계적 분위기 속에서 많은 사람들이 '사회적 발전주의'(desenvolvimento social)를 충분히 좌파(온건좌파)적인, 또는 적어도 '진보적인' 특징을 가진 제안이라고 생각하였다. 「브라질 국민에게 보내는 편지」는 룰라 정부의 전략과 일반 프로그램을 선언한 것으로 간주되었고, 앞서 말한 변화들이 현존하는 모델과 국민이 원하는 새로운 모델 사이의 '이행' 과정 속에서, 점차적으로, 그리고 협상을 통해서 실행될 것이라는 생각을 담고 있었다. 룰라 정부에 대한 평가——특히 경제정책에 대한 평가——를 하기 위해서, 룰라 정부의 정책적 목적과 그 목적들을 달성하기 위한 전략이 담겨 있는 이 편지를 분석의 시발점으로 삼는 것은 [어느 정도] 타당성이 있을 것이다.

3. 룰라 정부의 경제정책

제1기 룰라 정부의 경제팀 구성은 향후 이 좌파 정부가 어떠한 노선을 걸을 것인지에 대한 예측을 가능케 했다. 선거 캠페인에서 대선 후보인 룰라가 변화들이 점진적인 과정을 통해 일어날 것이라는 아이디어를 홍보했지만 일단 공식 내각이 구성되자 이러한 전망이 시들해지기 시작했다. 룰라의 새로운 경제팀이 페르난두 엔히키 카르도주 정부, 혹은 그의 정당('브라질 사회민주당')과 관련된 인물들로 포진되었다는 사실은 변화——비록 그것이 점진적으로 이루어진다 하더라도——보다는, 실질적으로 [카르도주 정부 정책의] 지속성을 의미했다.

　　브라질 중앙은행의 총재로, 보스턴 은행의 해외지점장을 역임하고 당시 막 '브라질 사회민주당'[카르도주의 정당] 하원의원에 당선된 엔히키 메이렐레스(Henrique Meirelles)가 임명되었다. 그는 브라질 중앙은행의 이전 운영방식에 대해 찬사를 보낸 것 외에도, 이 기관의 임원들을 모두 유임시켰다. 이와 비슷한 상황이 새 재무부 구성에서도 일어났다. 이전 정부와 강력한 관계를 갖고 있는 인물들이나, 혹은 이전 정부의 정책입안자들이 지명되었다. 이로써 중앙은행과 재무부가 브라질 경제정책을 광범위하게 지배하게 되었다. 이 외에도, 경제 영역에서 중요한 역할을 하는 정부의 다른 두 부처들——개발부와 농업부——의 장관으로 '사회민주당'과 관련이 있는 큰 기업체를 가진 기업인들이 임명되었다.

다른 한편으로, 재무부 장관인 안토니우 팔로치(Antônio Palocci)는——비록 전통적인 '노동자당' 당원이었지만—— 집무 초기부터 자신의 경제정책이 가장 정통적인 경제원칙을 고수하고 있다는 것을 보여주었다. 게다가 그는 장관 취임연설에서 [브라질이] 새로운 경제모델을 위한 이행과정을 갖게 될 것이라는 생각조차 명확하게 허물어 버렸다. 그가 취임연설에서 확언한 내용은 다음과 같다.

> 이행(transição)에 대한 주제는 이행 국면 다음에 무엇이 올 것인지에 대한 갈망을 일깨워, 재정흑자의 종식, 타겟 인플레이션 및 유동환율체제의 종식, 거시경제정책 운용에 있어서 틀에 얽매이지 않은 기발한 정책들을 채택할 것인지에 대한 추측을 불러일으키고 있습니다. 하지만 우리는 이러한 정당한 질문에 잘못된 방식으로 응답하고 있습니다. 새 정부체제는 이미 시작되었습니다. 좋은 정부는 재정적 책임과 경제적 안정을 필요로 합니다. 어제 임기를 마친 [카르도주] 정부는 바로 이 주제에서 장점을 갖고 있는데, 우리는 그것을 인정하는 데 주저하지 않습니다. 그러나 그것은 그들만의 배타적인 유산도 아니고 우리 정부만의 유산도 아닐 것입니다. […] 이처럼 우리가 가지고 있는 모델의 이행,

그리고 브라질이 요구하는 것은 단기간에 어려움들을 극복하는 것입니다.

즉 팔로치 장관은 '경제정책의 기본원칙들'의 이행이 없을 것임을 선언한 것이었다. 대선후보였던 룰라가 언급했던 (그리고 선거 캠페인의 공식문서에 명시되었던) "이행의 기간"(período de transição)은 단기간에 어려움들을 초월하는 데 필요한 시간일 뿐이었다. 따라서 새 정부가 행한 것을 보면 팔로치 장관의 이러한 해석이 옳았다는 것을 알 수 있다.

비록 룰라 정부는 집권 초기부터 경제정책 방향에 대해서 내부적으로 비판받았지만(이러한 비판은 특히 중앙은행과 팔로치 장관을 향한 것으로, 좌파인 '노동자당'과 그 연합정당들 — '브라질 공산당'PCdoB과 '브라질 사회당' —의 일부에서 나온 것이었지만), 룰라 정부의 지지자들 중 상당수가 불만을 명확하게 표현한 때는 공무원연금 개혁 프로그램에 대한 논의가 있을 때였다. 이때 '민주노동당'과 '사회주의민중당' —이 두 정당은 처음에는 '노동자당'과 연합하지 않았지만, 결선투표에서 룰라를 지지했다 — 은 룰라 정부의 경제정책에 동의할 수 없다고 주장하며 룰라 정부와의 관계를 청산하려 했다.

('노동자당'과 관련된 정치평론가들을 포함한) 많은 부문은 룰라 정부의 연금개혁안을 신자유주의 원칙에 따르는 것으로 간주했다. 따라서 일부 적극적이고도 급진적인 노조운동이 이 개혁안을 반대했고 '노동자당' 활동가들이 주도하는 '노조총연맹'의 지도부 역시 좀 더 공식적으로 그리고 제한적으로 반대했다. '노조총연맹' 지도부는 하원의원들이 하원에서 [룰라 정부의 연금] 개혁안에 반대표를 던지는 것이 좋겠다고 제안했다. 하지만 그것은 실제로 하나의 형식에 불과했다. 왜냐하면, '노조

총연맹'의 지도부 대부분은 노조운동과 관련된 하원의원들이 이 제안을 따르지 않을 것임을 명확히 알고 있었기 때문이다. 그 충돌 결과, '노동자당'은 공무원들의 지지를 잃고 분열했다. [그 결과] 한 명의 여자 상원의원과 세 명의 하원의원들이 정당에서 축출되고, 수백 명의 활동가들이 정당을 떠났다. 이러한 분열은 비록 숫자적인 측면에서 하찮게 여겨질 수도 있겠지만, 이것은 룰라 정부를 지지하던 광범위한 한 세력의 불만이 극단적으로 표출된 것이었다.

룰라 정부의 경제정책은 정권 초기부터 지지자들에게 실망을 안겨다 주었다. 초기 2년 동안, 즉 2003~2004년 사이, 브라질의 주요 사회운동들은 물론, '노동자당'과 '브라질 공산당'(PCdoB)에서 좀 더 좌파적인 사람들은 룰라 정부의 경제정책이 이전 카르도주 행정부의 신자유주의적 요소를 유지하고 있음을 지적하며, 그것을 바꿀 필요성이 있다고 자주 주장했다. '브라질 사회당', '민주노동당' 그리고 '사회주의민중당'의 일부 당원들은 같은 노선을 취하며 정부에 항의했다. '노동자당'의 지도부조차 정부정책에 대한 불만을 드러냈다. '노동자당' 지지자들 중 좀 더 좌파적인 많은 이들은 '정부 내 분쟁이 있고' 따라서 정부 내 신자유주의적 세력들을 우선적으로 척결해야 한다고 생각했다.

이후 2년 동안, 룰라 정부를 지지하던 세력들 내에서 경제정책에 대한 논쟁이나 비판이 비록 완전히 사라지지는 않았으나, 급속히 감소했다. 그럼에도 불구하고, 2005년 '노동자당' 내 새로운 분열이 내부 투표과정에서 발생했는데, 그것은 특히 정부의 경제정책이 나아가야 할 방향에 대한 의견 차이 때문이었다. 그리고 '노동자당'의 분열을 가져온 또 다른 사건이 일어났는데, 그것은 소위 [큰 월급'이란 뜻의] '멘살렁'(mensalão)이라는 재정 스캔들이었다.[8] 이 사건으로 '노동자당'은

2006년 6월부터 활동이 마비되었다(Wainwright e Branford, 2006 참조).
그러나 '노동자당' 집권 첫 두 해 동안, '노동자당' 내 대부분의 세력과
사회운동들은 정부의 정책에 대한 비난의 강도를 점차 낮추어 갔다.

이러한 태도 변화의 근본 이유는, 경제정책을 그 목표에 비추어 평
가했을 때 비교적 성공했다는 결론을 내렸기 때문이다. 2003년 이후부
터 인플레이션이 진정되었고(이후 자세히 설명할 것이다), 또한 브라질
화폐에 대한 투기도 통제되었다. 2003년 경제성장률은 단지 0.54%였고,
이 수치는 인구성장률보다 더 낮았기 때문에 1인당 소득이 감소했지만,
2003년 하반기부터 경제가 다시 성장하기 시작하였다. 이러한 사실은
2004년 국내총생산(GDP)이 4.9% 성장한 것에서 증명된다. 이 기간 동
안 고용률도 다시 회복되기 시작했다.

그러나 2005년 국내총생산의 성장률은 좀 더 낮은 2.28%를 기록했
다. 따라서 2006년 경제성장률 역시 절망스러운 3%가 될 것으로 예측되
었다. 그러나 수출의 증가, 무역수지와 경상수지의 흑자 증가, 그리고 일
부 고용회복과 관련된 결과들이 낮은 국민총생산 성장률에 대한 보상으
로서 기능했다. 특히 경상수지에서 흑자를 획득함에 따라 일부 경제학
자들과 정부 관계자들은 브라질이 대외적 취약성이 감소했다고 말하기
시작했고, 그들 중 일부는 브라질이 대외적 취약성을 이미 극복했거나,
아니면 극복 중이라고 말하기 시작했다.

게다가 인플레이션 억제, 경제성장, 그리고 소득분배 개선에 유리
한 경제지표들에 상이한 해석의 여지가 있음에도 불구하고, 정부의 경

---

8) [옮긴이] '노동자당'이 정부 법안들을 의회에서 통과시키기 위해 야당의원들에게 매달 상당
한 액수의 돈을 월급처럼 지불해 매수했기 때문에 이러한 이름이 붙었다.

제정책이 불평등 감소에 성공적이었다는 주장이 신뢰를 얻기 시작했다. 따라서 이전에는 룰라 정부의 정책에 있어서 한계가 존재한다고 인정했던 '노동자당' 내의 주요 부문들과 친정부 정당들은 룰라 정부가 매우 성공적인 정부라고 하는 주장을 받아들이기 시작했다. 룰라 정부와 카르도주 정부의 경제정책 결과들을 비교했을 때, 룰라 정부가 보인 상대적인 성공은, 2006년 룰라의 재선을 위한 대선 캠페인으로 사용되었다.

또 다른 한편으로, 룰라 정부가 이러한 경제정책의 결과들을 옹호하는 입장을 취했다는 것은, 이전에 선거 캠페인에서 한 연설을 거의 완벽하게 포기했다는 것을 의미했다. 경제모델 변화에 대한 토론은 거의 사라졌고, 새로운 모델로의 이행에 대한 생각은 완전히 없던 일이 되었다. 단지 이전 정부들이 성취한 경제 성과들과 비교할 뿐이었다(그런데 가끔 이행을 모색해야 한다는 주장이 언급되기는 했다). 룰라 정부는 이전부터 실시되어 오던 같은 경제정책을 자신의 정부가——보다 더 "사회적 감수성"을 가지고 접근하고 있기 때문에—— 훨씬 더 잘 수행하고 있다고 함축적으로 소개하기 시작했다. 이러한 관점을 가장 명확히 드러내는 것이 룰라 정부하에서 상원위원장을 역임한 알로이지우 메르카단치(Aloízio Mercadante)의 저서, 『브라질의 첫번째 시기: 룰라 정부의 비교분석』(Brasil Primeiro Tempo: Análise Comparativa do Governo Lula)이다. 그는 경제문제에 있어서 룰라 정부의 대변인으로 간주되는 인물인데, 그것을 증명이라도 하듯이 룰라 대통령이 그의 책 머리말을 장식했다(Mercadante, 2006).

그러나 룰라 정부가 [2002년] 선거 캠페인에서 경제모델 변경 약속을 한쪽으로 미루어 놓았음에도 불구하고, 정부의 경제정책이 '성공'했다고 하는 것은 의문의 여지가 있다. 왜냐하면 그것은 룰라 정부와 이전 정부들의 경제적 성과들을 비교할 때, 보다 정확하게 비교하려면 국제 정세 및 다른 국가들이 성취한 경제적 결과들을 반드시 고려해야 하기 때문이다. 이러한 측면을 고려해 보면, 룰라 정부는 경제성장의 측면에서 최악의 성과를 보인 정부들 중의 하나였음이 드러나게 된다. 그것은 대부분의 국가들이 훨씬 더 좋은 경제적 성과들을 올렸기 때문이다.

이 논쟁을 발전시키기 위해서 룰라 정부의 경제적 성과를 국제 환경과 연결시켜 분석해 보면, 그 성과는 정부가 추진한 정책의 결과라기보다는 경제성장에 유리한 국제적 환경 때문으로 보인다. 여러 경제학자들이 이러한 맥락에서 주장을 폈다. '노동자당'과 관련된 경제학자들도 포함되었는데, 그 중 대표적 인물은, 상파울루 시의 마르타 수플리시(Martha Suplicy)와 시 정부에서 노동부 장관을 역임한 마르시우 포쉬만(Márcio Pochmann) 교수이다. 그는 2006년 10월 17일 [좌파 언론 매체인] 『카르타 마요르』(Carta Maior)와의 인터뷰에서, "룰라 정부는 고용증대를 위한 어떠한 명백한 공공정책을 갖고 있지 않았지만" 브라질이 최근 3년 동안 호황을 누린 것은 "[여러 가지] 행운이 겹쳤기 때문"이라고 말했다.

공기업과 관련 서비스에 대해서 보면, 룰라 정부는 이전에 민영화된 기업들에 대해서도 아무런 조치를 취하지 않았다. 비록 룰라의 정당은 과거 민영화에 대한 의문을 제기했음에도 불구하고, 그리고 민영화가 진행된 과정을 정식으로 검토하자는 제안을 했음에도 불구하고, [집권 이후] 아무런 조치를 취하지 않았다. 다시 말하면 심층적 분석조차 하지 않았고, 이미 집행된 민영화를 되돌리는 노력은 더더욱 하지 않았다. 룰라 정부는 이처럼 민영화가 이미 진행된 기업들을 비록 그대로 유지시켰지만, 더 이상의 민영화 프로그램을 실행하지는 않았다. 따라서 페트로브라스(Petrobrás)와 같은, 국가에 속한 대기업들이 국영기업으로 남아 있게 되었는데, 브라질 정부는 이러한 기업들에 대해 향후 민영화 의도가 없다고 밝혔다. 룰라 정부는 민간 기업들의 투자를 장려하기 위한 방법으로, 새로운 민·관 협력사업(Parcerias Público-Privado, PPPs)에 대한 법안을 발의했는데, 이 법안은 2004년 후반에서야 의회에서 통과되었다. 그리고 2006년 9월에서야, 바이아 주에 있는 두 개의 도로, BR-116과 BR-324의 일부 구간 보수사업이 민·관 협력사업으로 삽을 뜨게 되었다.

종합하자면, 정부의 관점에서 '재정적 취약성 감소'가 있었는데, 그것은 '공공부채의 증가 억제와 안정화', '공공적자의 감소', '조세부담의 증대 둔화'가 있었기 때문이라는 것이다. 그리고 '인플레이션의 억제와 감소'의 존재를 보여 주기 위해서, 인플레이션 목표가 달성되었다는 것을 가리켰다. [룰라 정부의 이러한 주장에 대해서] 다음의 네 가지 논평이 가능하다. 첫째, 룰라 정부의 주장은 모두 사실이다. 둘째, 룰라 정부는 거시경제정책의 방향에 있어서 어떠한 변경도 하지 않았다. 오히려 반대로, 그들이 이룩한 성과는 목표와 수단(예를 들면, 인플레이션 목표 시스템과 재정흑자 증가)이 긴밀하게 대응해서 만들어진 결과라는 것이 명확한데, 사실 이러한 정책은 이전 정부인 카르도주의 제2기 정부에서 입안된 것이었다. 셋째, 이러한 성과는, 근본적으로 룰라 정부의 경제정책의 결과에서 나온 것이 아니다. 부분적으로 이전 정부에서 시작된 경제적 상승 추세가 재개되었기 때문이다. 2002년의 경제위기는 사실 야당의 후보 룰라가 대통령에 당선될 가능성을 두려워한 [해외 금융자본가들의] 브라질 화폐 헤알(real)에 대한 투기현상 때문에 나타난 것으로, 그 극복은 부분적이긴 하지만 극도로 유리한 국제정세에 힘입은 것이다.

넷째, 아마도 이 논평이 가장 중요한 것일 수 있다. 즉 이러한 결과들을 경제성장이나 소득분배와 같이 정부의 주요 목표를 구성하는(혹은 반드시 구성해야 하는) 다른 영역들에 끼친 부정적인 재정 및 통화 정책 결과들과 견주어 볼 필요가 있다.

이미 언급한 것처럼, 룰라 정부가 (국제통화기금과 세계은행과 같은) 다국적 국제기관의 관계자들과 (미국 정부를 포함한) 주요 국가들의 정부들로부터 지지를 받은 것 외에도, 이전 (카르도주) 정부의 대표적 정치가들뿐만 아니라, 금융 부문의 관계자들로부터 지지를 받았다는 사실은 전혀 놀랍지 않다. 사실 안토니우 팔로치 재무부 장관이 자신의 직분과는 전혀 상관없는 일[멘살렁]로 사직할 때까지, 그는 언제나 모든 부문에서 칭송받는 장관이었다. 이미 주요 생산 부문의 지도자들——즉, 산업 및 농업 부문의 큰 자본가들——이 그의 진지한 경제정책 일반에 대한 칭찬과 보수적 정책(특히 '보수적인' 통화정책)에 대한 비판을 번갈아 했는데, 그들이 여러 번 요구한 것은 가급적 빨리 금리를 인하하는 것이었다.

또 다른 한편으로, 사회운동의 관계자들——룰라 대통령과 '노동자당'의 전통적인 기반을 이루는 사람들——은 일반적으로 룰라 정부의 거시경제정책 방향에 대한 비판자들로 여러 번에 걸쳐 변화를 요구했다. 그들 대부분은 룰라 대통령의 재선을 위한 선거 캠페인을 지지했지만, 룰라의 제2기 정부에서는 변화를 요구했다.

4. 토지개혁과 사회정책

농업문제와 관련해서 무토지농민운동을 비롯한 농촌사회운동들은 룰라 정부가 대농장주들과 다국적 기업들——농산물의 국제무역, 종자, 농약생산 그리고 농산업(agroindústria) 통제——과의 종속적 동맹을 통해, 농업정책을 실행했다는 것을 알고 있다. 이것은 룰라 정부가 대규모 토지를 가진 대농장들에게 우선적인 혜택을 준다는 뜻이다. 이 대농장들은 농약과 살충제를 집중적으로 사용하고, 수출을 위한 단일작물을 대대적으로 재배한다. 그리고 이 대농장들은 경작 가능한 총 3억 6천만 헥타르의 농토 중 단지 6천만 헥타르만을 경작하고 있다(Stedile, 2007).

이러한 현실과는 반대로, 농촌사회운동들, 교회사목단체들, 환경보호주의자들, 그리고 전국토지개혁포럼(Fórum Nacional de Reforma Agrária)에 참여하는 45개 단체들은, 무엇보다도, 농민과 가족농을 기반으로 한 모델을 정착시키려고 노력했다. 이 모델은 중소규모 토지의 조직과 점거, 소규모 토지를 갖고 있는 5백만 가족농의 생존 보장과 4백만 가구의 무토지농민들에게 토지를 보장하는 농지개혁의 실현을 옹호한다. 그리고 그들은 다음의 다섯 가지 사항을 주장하고 있다.

① 다양한 식물 재배를 통해 토양, 기후, 그리고 생물다양성을 보전함은 물론, 토지의 잠재력을 보다 더 잘 활용할 것.
② 농약을 일체 사용하지 않고 식량을 생산할 것.
③ 농촌 노동력을 흡수할 수 있는 농업으로 일자리를 만들어 내어 농촌 노동자들에게 소득을 보장할 것.
④ 환경을 존중하는 농업기술을 사용할 것.
⑤ 이미 자연에 적응한 기존의 종자들을 채택함으로써, 유전자변형식물(GMO)를 퇴치할 것.

사회정책은 세 가지 축을 중심으로 이뤄졌다. 그것은 (조건부 소득 이전 프로그램인) 볼사파밀리아(Bolsa Família), 공무원 연금개혁, 그리고 사회보장기금에 대한 지속적인 맹공격이다. 볼사파밀리아는 빈곤과 사회적 배제를 해소하고 극빈층 가정들의 해방을 촉진하기 위한 것으로 수입이 일정 기준보다 낮은 가정에게 주는 기존의 프로그램들—학자금보조금(Bolsa Escola), 식량보조금(Bolsa Alimentação), 식권카드(Cartão Alimentação), 가스보조금(Auxílio Gás)—을 통합한 것이며, 혜택의 범위나 수혜자들의 수에 있어서 이전의 프로그램들을 훨씬 능가한다. 이 프로그램은 2006년 10월 브라질의 모든 도시에 실시되어, 111만 8,000가구의 4,704만 2,537명에게 혜택을 주었는데, 이것은 브라질 총인구의 25%에 해당된다. 이 프로그램의 수혜가정에 만일 0~15세 사이의 자녀가 있다면, 그것의 대가로 자녀들을 반드시 학교에 등록시켜 등교시켜야 하고, 예방접종을 일정에 따라 반드시 맞혀야 하며, 미숙아일 경우 반드시 병원에 데려가서 적절한 조치를 받게 해야 하고, 또한 모유수유 방법과 건강한 식생활에 대한 교육도 받아야 한다.

볼사파밀리아는 모든 국민이 혜택을 받을 수 있는 권리는 아니다. 그 명칭이 의미하는 것처럼 연방정부의 결정으로 만들어진 프로그램이다. 평균적으로 볼사파밀리아 프로그램이 한 가정에 주는 혜택은 [초기에는] 생활비의 21% 정도였으나, 2006년 10월에는 39.58%까지 증가했다. 브라질의 여러 도시의 주요 수입원은 바로 연방정부가 볼사파밀리아 프로그램을 통해 나누어 주는 보조금이다. 이 금액은 시정부가 자체적으로 걷는 지방세를 초월한 액수일 뿐만 아니라, 중앙정부가 헌법에 의해 지자체에 나누어주는 여러 예산 중, 공공보건예산을 훨씬 웃도는 액수이다. 특히 브라질 북동부 도시에서는 인구의 거의 절반이 이 프로그램의 수혜자들이다. 이 프로그램에 대한 모든 연구들은 수혜가정들이 생활비 보조금을 식량 구입에 사용함으로써 지역경제 활성화에 기여하고 있다고 밝히고 있다.

볼사파밀리아 프로그램은, 룰라 정부 스스로가 사회정책 분야에서 이룩한 가장 큰 업적으로 꼽고 있는 것으로, 룰라 정부에게 새롭고 견고한 사회적 지지기반을 보장해 주었다. 이것은 2006년 대선 전에 실시했던 모든 여론조사나 대선결과 자체에 의해 확인되었다. 2004년 이 프로그램의 영향력을 평가하는 첫번째 설문조사 결과는, 그것이 브라질 사회에서 가장 불안정하고 덜 조직적인 부문에서 룰라 정부의 지지기반을 확대시킬 것임을 가리켰다(Marques, 2005 참조).

이 소득 이전 프로그램을 통해 국민은 국가의 수장인 룰라와 특별한 관계를 형성하였다. 따라서 많은 정치평론가들이 이것을 "신자유주의적 의제 적용기에 나타난 새로운 형태의 포퓰리즘"이라고 정의한 바 있다(Marques & Mendes, 2006). 이 혜택이 한 가구의 수입을 40%까지 끌어올려 수혜자들을 절대 빈곤에서 벗어나게 했지만, 이것은 권리가 아니라 제한된 사회구호였기 때문에 언제든지 종료될 수 있는 것이었다. 게다가 이 프로그램의 문제점은 이 프로그램이 브라질의 빈곤을 결정짓는 요인들에 영향을 끼쳐 왔던 정책들——예를 들면, 토지 문제, 부를 소유하거나 점유하고 있는 계층의 세제 혜택 등——과 동반되어 실시되지 않은 것이다. 따라서 브라질은 여전히 세계에서 가장 불평등한 사회 중의 하나로 남아 있게 되었다.

(볼사파밀리아와 같은) 사회복지 프로그램의 결과는 2005년부터 발표되기 시작했다. 볼사파밀리아 프로그램은 룰라 정부의 대표적인 사회정책으로 그것의 중요성은 부분적으로 2006년 대선결과를 결정지었다.

개인소득의 분배라는 측면에서 브라질지리통계청(IBGE)이 전국가구표본조사(PNDA)를 통해 계산한 결과, 룰라 정부의 첫 2년 동안 가장 부유한 1% 인구의 수입과 가장 가난한 20~50% 인구의 수입이 상대적으로 증가한 것으로 나타났다. 그런데 이것은 브라질의 가장 부유한 10% 인구의 수입이 감소했음을 나타낸다. 그리고 가장 가난한 사람들의 삶의 질이 개선되었다는 것을 의미하는데, 그것은 2001년과 2004년 사이의 지니계수와 타일지수가 각각 0.596에서 0.576으로, 그리고 0.727에서 0.665로 떨어진 것과도 일치하고 있다. 극빈층의 인구비율 역시 15.2%에서 13.1%로 감소했다. 볼사파밀리아 프로그램은 비록 룰라 정부의 대표적인 주력 사회정책임에도 불구하고, 2004년 브라질에서 시행될 때만해도 불안정한 정책이었다. 룰라 정부 첫 해[2003년]에는 GDP가 0.5%밖에 증가하지 못함에 따라 전체 인구에서 빈곤선 이하의 인구비율이 증가했으나, 2004년에는 크게 감소했다. 빈곤선 이하의 인구비율이 2001년 총인구의 35.1%에서 2004년 33.6%로 떨어졌지만, 같은 기간 빈곤선 이하의 인구의 수는 5,810만 명에서 5,940만 명으로 증가해, 브라질의 경제 및 사회적 동력이 얼마나 정도를 벗어났는지를 드러냈다.

다른 한편으로, 최저임금이 2005년부터 상당히 많이 회복되었는데, 그것은 룰라 정부의 자본과 노동의 관계에 관한 세 가지 정책에 힘입은 것이었다. 그 중 첫번째는 최저임금에 관한 것이고, 두번째는 '전국노동포럼'(FNT) 설립 제안이고, 그리고 세번째는 노동법과 관련된 것이다.

최저임금에 관해서 말하자면, 비록 룰라 정부가 선거 캠페인 기간 동안 그 실질적 가치를 두 배 이상 인상시키겠다고 한 공약을 지키지는 못했지만, 2002년 12월과 2006년 9월의 구매력을 비교해 보았을 때 40% 증가했다. 하지만 최저임금의 실질적 가치 회복은 이미 카르도주

정부 때 시작되었다는 것을 언급할 필요가 있다. 이런 방식으로 1995년과 2004년의 최저임금을 비교해 보면, 실질적으로 97% 증가했다. 룰라 정부의 첫 2년 동안, 최저임금의 실질적 가치 회복과정은 둔화되었으나, 2005~2006년 사이 다시 회복되었다.

룰라는 정부 프로그램의 가이드라인을 제시했던, 앞서 말한 편지에서 삼자(정부, 고용주, 노동자)가 브라질의 노조구조 개혁과 노동법 개혁을 논의하고 실행하기 위해 '전국노동포럼'을 개최하겠다고 공약하였다. 따라서 2003년 8월 '전국노동포럼'을 처음으로 개최했다. 그러나 그것의 분명한 목표가 "자유와 자율에 기초를 둔 노조조직모델을 채택함으로써 노동관계의 민주화를 이룩하고, 노동입법을 현실화하여 새로운 국가 발전 요구와 보다 더 잘 양립할 수 있게 함으로써 일자리와 소득 창출에 알맞은 환경을 조성하는 것"이었음에도 불구하고, 결과는 실질적으로 노조 부문의 개혁안 논의와 작성에 한정되었다.

사회보장제도 부문에서, 룰라 정부는 임기 첫 해에 공무원 연금제도를 개혁했다. 이 개혁은 연금혜택의 상한선을 제정함으로써 공무원들의 권리를 박탈한 것이었다(과거에는 연금이 월급과 연계되어 금액의 감소로 고통받지 않았다). 이 외에도 룰라 정부는, 일반사회보장제도(Regime Geral da Previdência Social)가 보장하는, 공무원과 민간기업의 노동자들이 더 많은 연금을 받기 원한다면 돈을 더 낼 수 있는 제도를 도입했다. 그런데 이것은 사회보장제도의 기본원칙인 상호성을 위반한다. 왜냐하면 연금액이 일정 수준에 도달하면 과세의 대상이 되기 때문이다. 공무원들의 연금에 대해 최대 상한금액을 도입한 것은 연기금의 창설과 관련이 있다. 이것은 민간 부문의 노동자들처럼, 노조들과 노총들에 의해 조직되고 운영될 수 있다. 그러나 그때까지 그것들은 법으로 규정되지 않았는데, 필요한 법안들이 아직도 논의 및 승인의 대상이기 때문이다.

공공보건과 관련해서, 룰라 정부의 주요 성과는 예산안 작성에서 일어났다. 그동안 룰라 정부는 해마다 보건부의 예산에서 보건과 관계없이 지출되는 경비 목록을 만들려는 시도를 했다. 이 경비 목록 중에, 전직 보사부 공무원들에게 주는 연금지출과 이자비용이 있었다. 비록 이러한 시도들은 정부의 모든 경제관련 부문으로부터 지지를 받았으나 성과를 내지 못했다. 왜냐하면 보건관련 단체들과 '보건의원단'(FPS)이 재빠르게 움직여 정부안에 반대했기 때문이다.

일반적으로 사회보장제도는 연금, 사회보조금, 건강보험으로 구성되어 있는데, 룰라 정부는 사회보장제도 관련 자원은 오직 사회보장에만 사용하도록 규정한 헌법조항을 개정하려는 확고한 의지를 보였다. 이러한 의지가 처음으로 드러난 것은, 2003년 5월 28일 안토니우 팔로치 재무장관이 국제통화기금의 호르스트 쾰러(Horst Köhler) 총재에게 보낸 서한에서였다. 오늘날 브라질 정부는 이 자금의 20%를 관리하고 있다. 그런데 헌법 조항의 이러한 '유연성'은 사실 페르난두 엔히키 카르도주 정부에서 도입되었다. 그러나 기대했던 것과 달리, 룰라 정부가 이 유연성을 적극적으로 활용하고 있다. 2007년 그것에 대한 재평가가 예정되어 있는데, 시간이 가까이 다가옴에 따라, 이 비율을 40%로 인상해야 한다는 논의가 일고 있다.

5. 글로벌 경제에 편입된 브라질

룰라 정부 이전의 브라질 외교정책은 세계를 지배하는 강대국에 완전히 복종적이었다. 따라서 구조적으로 경제가 더 탄탄한 미국을 비롯한 북미 국가들과 자유무역협정을 맺기도 하고, 또한 그렇게 효과적이지는 않았지만, 때때로 러시아나 인도와 같은 '중간 크기의 파워'를 갖고 있는 국가들과 상호협정을 맺으려는 노력을 경주해 왔다. 룰라는 자신의 공식연설에서 브라질이 기본적으로 추구하는 [외교정책] 방향은 민주주의 국가로서 브라질의 신용을 회복하고, 인권을 존중하며, 국제무대에서 주변화된 브라질의 위치를 재인식하며, 군대를 핵무장화하는 것이라고 천명했다. 신자유주의 및 워싱턴 컨센서스의 정책들이 부상하는 환경 속에서, 브라질의 종속적인 외교정책이 이미 제한된 브라질의 역할을 축소시키고, 또한 외부에 대한 취약성을 심화시켰기 때문이다.

미주자유무역지대의 창설에 대해서, 룰라는 미국 주도의 제안을 '완화시킬 목적'으로 규정들을 재조정할 필요가 있다고 기회가 있을 때마다 강조하는 연설을 했다. 그럼에도 불구하고, 룰라 정부는 [내심] 미국의 제안에 매우 흡족해했다. 이 협정을 옹호하는 가장 주된 논리는, 모든 국가들이 어떠한 의심도 품지 않고 자본의 국제화에 편승해야 하는 국제환경 속에서, 미주자유무역지대는 '새로운 시장의 개방'을 의미했기 때문이다. 이와는 대조적으로, 브라질 국내에서는 이 협정에 대한 반대가 매우 심했기 때문에, 룰라 정부는 그것과 관련된 협상들을 가능한 한 최대로 연기시키려 했다. 하지만 이러한 비판들은 미국과의 관계를 '이상화'하는 유치한 것으로 치부되었다.

남미공동시장 역시, 해외투자에 개방하지 않는 나라들은 국제무대에서 고립될 것이라는 똑같은 논리에 근거하여, 시장의 완전개방을 채택했다. 브라질의 정부 관료들과 재계 지도자들은 무역 정책에 관한 한 미국과 유럽연합(EU) 사이에 별다른 차이가 없음을 알고 있었지만(그것은 이들 대국의 과두 정치의 구조적 불균형과 태도가 매우 유사하기 때문임), 미국 자본이 주요 회원국들(아르헨티나 및 브라질) 안으로 강하게 밀고 들어오는 데 따른 무역 블록의 증가하는 취약성을 뛰어넘기 위해 1999년부터 남미공동시장과 유럽연합 간에 자유무역지대를 설립하려는 시도를 여러 번 했다.

룰라 정부의 외교정책은, 소위 현실적인 외교정책을 채택했기 때문에, 가장 성공한 정책들 중의 하나로 평가되고 있다. 브라질은 '주체적으로 글로벌 경제에 편입한다'는 논리를 근거로, 국제협상에서 그동안 채택해 왔던 종속적인 역할에 불편해하며, 미주 대륙에서 '중진국'의 지위를 전략적으로 활용하고자 했다. 룰라 정부는, 이전 [카르도주] 정부와 비교해 볼 때, 사실, 다른 개발도상국들과 함께 진행하는 프로젝트나 협동과제에서 더욱더 날카롭고 적극적인 태도를 보이며 임하고 있다. 그러나 국제적인 맥락 속에서 실용주의를 추구해야 하는 룰라 정부의 행보는, 다자간의 강력하고도 영향력 있는 네트워크 부족으로, 지속적으로 소극적인 태도를 취할 수밖에 없을 것이다. 따라서 룰라는 한편으로는 강대국들의 보호주의를 비판함과 동시에 남미공동시장을 옹호하고 있고, 또 다른 한편으로는 미국과 보다 더 '매력적인' 미주자유무역지대 구축을 위한 협상을 하는 등 오락가락하고 있다.

[룰라 정부하에서] 브라질의 외교관계는 의심의 여지없이 보다 더 다원적이 되었다. 선진국들과의 전통적인 협력관계 외에도, 룰라 정부는 특히 개발도상국인 아르헨티나, 중국, 인도, 러시아와 협정을 맺어 그것을 강화하는 방법을 모색했다. 그리고 아프리카 국가들——주로 남아프리카공화국 및 포르투갈어를 쓰는 나라들——이나 중동 국가들과도 가까워지려는 시도를 했다. 그 결과, 2005년에는 브라질리아에서 아랍

국가 정상회의를 개최했다. 하지만 이미 위에서 언급했던 것처럼, 이러한 이니셔티브들의 한계는 그것들이 치밀하지 못하다는 데에 있다. 달리 말하면, 그것들이 국제시스템 내에서 특정 문제들과 관련된 정치적 입장의 조율이나, 혹은 일부 경제 부문의 무역자유화에 제한되어 있기 때문이다.

다자간 영역에서 브라질은——중심국가들과 주변국가들 사이의 적극적인 중재자로서 자처하면서——유엔에서의 정치적 행보로 자신의 입지를 굳혔다. 이러한 정책의 목적은, 비록 거부권은 갖지 않더라도 유엔 안전보장이사회의 상임이사국 자리를 획득하는 데 있다. 따라서 다음과 같은 브라질의 태도——기아 및 빈곤 퇴치와 관련된 주제들을 글로벌 의제에 편입시켜야 한다고 호소하는 것은 물론, 예상된 기간 내에 유엔의 '밀레니엄 개발목표들'(Metas de Desenvolvimento do Milênio)이 달성되어야 한다고 요구하는 것——는 충분히 이해될 수 있다. 브라질의 이러한 '주도적인 행보'는 사회적 의제 수립에 이상주의적인 수사학을 채택함과 동시에, 역시 자신들의 입장을 난처하게 하는 단점도 갖고 있다. 왜냐하면 강대국들이 존재하는 공간에 반드시 참여해야 할 의무가 있기 때문이다.

이런 맥락에서 브라질은 유엔아이티안정화미션(MINUSTAH)의 군사지도자로서, [지진으로] 참혹하게 된 아이티에 대한 유엔의 지원에 주도적으로 참여했다. 이러한 참여는 외교적으로 어떠한 구체적인 보상 없이 상당히 많은 경제 및 군사 비용을 감당해야 하기 때문에, 국민의 주권을 존중하고 남남관계를 우선시하는 브라질의 대외정책에 애매모호한 특성을 드러냈다.

세계무역기구에서, 브라질은 면화와 설탕의 경우에서처럼, 농업보조금과 관련해서 중요한 승리를 거두었다. 그럼에도 불구하고 이 다자 기구 내에서 브라질의 정책은 20개 이상의 개도국으로 구성된 정치그룹 을 대표하는 핵심 행위국의 하나로서, 그리고 G-20국가——이들 국가 들은 2003년 9월 [멕시코의] 칸쿤에서 개최된 세계무역기구의 농업무역 회의에서 미국과 유럽연합이 합의한 제한적 양보에 반대했음——의 수 석 주최국의 하나로서 역할을 하겠다는 것이었다. 칸쿤 회의 이후 비록 라틴아메리카의 몇 나라들이 미국의 압력을 견디지 못하고 이 그룹에서 탈퇴했지만, 핵심국가들——남아프리카 공화국, 아르헨티나, 브라질, 중 국, 인도——은 아직도 이 그룹에 남아 있다. 다자간 무역협상의 경우, 좀 더 자세히 말하자면, 도하 라운드(rodada de Doha)에서 맺은 이러한 동 맹관계는 매우 시의적절하다고 생각되는데, 그것은 국제무대에서 같은 조건 속에서 국가들 간의 공동이익을 조직적이고도 효율적으로 방어하 기 위해 필요한 정치적·외교적 조건들을 발전시킬 수 있기 때문이다.

미주자유무역지대와 관련해서, 룰라 정부는 그것의 형성과 관련된 일부 기본적인 측면에 대해 의심을 품었다. 남미공동시장의 회원국인 브라질이 제안한 것은, (좀 더 '전략적인' 주제들——정부의 구매, 투자, 서 비스 및 지적 재산권 등——을 다루지 않은 채), 유치산업들을 보호하기 위 한 긴급수입제한 조항과 함께, 농산물과 공산품에 대한 관세를 줄이자 는 것이었다. (농업이나 반덤핑과 같은 문제들에 관심이 있는) 브라질 과 점업체들에게 직접적인 영향을 끼치는 주제들을 세계무역기구 내에서 협상하겠다는 미국의 결정이, 브라질로 하여금 (언제나 남미공동시장과 함께 결합하여) 다자제도 내에서 미국의 특별한 이해 분야에 대해 기꺼 이 협상을 하도록 했다.

비록 미국은 2003년 11월에 열린 마이애미 회의에서 잠시 퇴각하고, 좀 더 '가벼운' 자유무역지대를 설립하기 위해 외견상 남미공동시장의 약관들을 수용했을지라도, [2005년 8월에 열린] 푸에블라 회의에서, 다른 13개국의 지지와 함께 발의된 제안들을 또 다시 적극적으로 반대하는 정책을 채택했다. 이에 남미공동시장 회원국들이 화해를 위한 또 다른 시도들을 했지만, 미국과 G-14 국가들 ─ 멕시코, 캐나다, 칠레, 코스타리카 등 ─ 은 어떠한 부문에서도 양보하지 않으려 했다. 미주자유무역지대와 관련된 협상들이 침체된 것은 [2005년 12월에 열린] 마르 델 플라타(Mar del Plata) 회의에서였는데, 그것은 베네수엘라와 남미공동시장 회원국들이 이 협정의 시행에 최종적으로 관심이 없다고 표명했기 때문이다.

여기서 눈여겨봐야 할 점은, '노동자당'이 역사적으로 반대했던 조약을 맺기 위한 협상들을 정당화하기 위해, 룰라의 주요 경제보좌관이었던 알로이지우 메르카단치(Aloízio Mercadante)는 2002년 '사회민주당'이 사용했던 낡은 구실들 ─ 남반구의 통합 필요성과 그 부당한 이데올로기화 ─ 을 다시 들고 나와 다음과 같이 말했다는 것이다. "이 남반구 통합 문제는, 이데올로기적 문제나 미국을 반대하거나 찬성하는 문제가 아니라, 오히려 브라질에 전략적인 이익을 제공할 것인지 혹은 그렇지 않을 것인지를 가늠하는 하나의 도구로서 취급해야 한다"(*Valor Econômico*, 2002. 7. 15).

미주자유무역지대가 실패함에 따라서, 오늘날 미국의 정치·경제적 계획은 대부분의 경우, 라틴아메리카 국가들과 양자 간의 협정으로 자유무역협정을 체결하는 것으로 선회하고 있다. 이에 룰라 정부는, 미국의 이 새로운 프로젝트에 좀 더 적극적으로 반대하는 자세를 취하는 대신, 방법이나 기간이 아직 미정인, 아주 한정된 국가들만이 참여하는 남아메리카국가 공동체(Comunidade Sul-Americana de Nações)에 투자하고 있다. 오늘날 브라질이 남미 국가들과의 협력에서 가장 중요시하는 협력 프로젝트들은 인프라 개발과 관계가 있다.

　남미공동시장은, 브라질이 최대 강대국인 미국이나 유럽연합과의 협상을 하기 위한 하나의 방어요새로서 기능하는 프로젝트와 입장들을 만들어 낸 공간이었다. 브라질 정부는 1990년대 약화된 남미공동시장 협정에 실제로 다시 활력을 불어넣으려는 의도를 가진 프로젝트들을 제안했다. 그것들은 관세연합(união aduaneira)을 보완하는 것 (그리고 공동시장 창설을 위한 기본 토대까지 발전시키는 것), 생산적 토대의 기술적 발전과 통합 관련 새로운 의제를 시행하는 것, 그리고 협약을 제도화하는 것이다. 그런데 이 시점에서 잊지 말아야 할 것은, '메르코수르 구조 융합기금'(FOCEM)처럼 남미 국가들 사이에 맺어진 보상조치, 국민주택협약(Acordo de Residência de Nacionais)처럼 사회적 차원과 관련 있는 몇몇 제안, 그리고 사회복지제도(Previdência Social)와 관련 있는 제안이다.

　남미공동시장의 가장 큰 문제는, 이 지역에서의 효과적인 통합을 공고하게 하기 위해서 자신의 주요 장애물을 아직까지 극복하지 못했다는 것인데, 그것은 계급적 특성 자체를 깨뜨리는 것이다. 남미공동시장은 회원국 내의 과두정치집단의 정치적·경제적 이익을 대변하고 있기 때문에, 남미공동시장이 할 수 있는 가장 큰 공헌이라 한다면, 그것은 이미 언급한 것처럼 미국 및 유럽연합과 협상을 맺는 것이다. 이러한 의미에서 남미공동시장이, 특히 현재의 신자유주의적 환경에서 점차 강화되고 있는 것은 축하할 일이다. 하지만 이 지역의 과두집단들이 자기들끼리 벌이는 충돌로 인해서, 더 큰 통합체를 만들어 낼 능력이 제한되어 있다는 사실을 인식해야 한다. 만일 베네수엘라가 이 경제블록에 가입하게 된다면, 남미공동시장은 좀 더 사회적인 특성을 얻게 될 것이다.

이러한 맥락을 놓고 볼 때, 룰라 정부가 대외무역에서 달성한 상당한 무역흑자는, 기술적으로 강한 발전을 이룩한 부문에서의 실망스러운 생산성 외에도, [매우 제한된 수출상품들의] 고도로 집중된 수출전략에 바탕을 둔 결과였다.

6. 2006년 대선[룰라의 재집권 성공] 결과

2006년 10월 29일 실시된 결선투표에서 룰라는 그의 상대자인, 제랄두 알키민(Geraldo Alckmin) '브라질 사회민주당'(그의 전임자인 페르난두 엔히키 카르도주가 속한 정당) 후보를 물리치고, 5,830만 표를 얻어 (유효투표의 60.8%) 재선에 성공했다. 윤리의식이 강조된 대선 캠페인 기간 동안, 야당 진영 ——우익부터 좌익에 이르기까지—— 은 '노동자당'과 룰라 정부의 부정부패를 폭로했다. 그리고 브라질 방송과 언론은 브라질 역사상 처음으로 야당 후보자(알키민)의 당선을 위해 집중적으로 지원했다. 하지만 룰라는 또 다시 4년을 통치할 수 있는 공화국의 대통령으로 재선되었다.

득표율에 있어서, 룰라는 처음 대통령에 당선되었던 2002년 결선투표 때(61.27%)보다 약간 적은 표를 얻었다. 그러나 그의 정부가 지난 4년 내내 언제나 부패에 대한 폭로로 위협받고, 또한 그의 최측근들이 [바로 이러한 이유로] 직위를 해제당한 사실들을 생각해 볼 때, 그가 재선에 성공한 것은 놀라운 것이었다. 룰라가 득표한 지역을 주들의 지리적인 위치, 유권자의 수입 수준, 도시의 규모 등의 기준으로 살펴보면,

이 선거가 브라질을 두 개의 지역으로 나눈 것을 알 수 있다. 룰라는 브라질의 총 27개의 주들 중에서 20개의 주에서 승리했다. 그런데 그가 승리한 주들은 브라질에서 가장 가난하고 척박한 북동부와 북부에 위치한다. 하지만 브라질에서 두번째로 가난한, 북부의 한 개 주에서 예외적으로 패배했다. 그리고 남동부의 3개의 주와 [브라질의 수도가 위치한, 브라질리아 연방자치구를 포함한] 중서부의 두 곳의 주에서 승리했다. 그러나 남부에 속한 모든 주들에서 패배했다. 이 외에도 모든 여론조사 결과는 도시가 작으면 작을수록, 그리고 가난하면 가난할수록 룰라에게 더 많은 표를 준 것으로 나타났다. 그리고 유권자의 수입을 기준으로 보았을 때도 마찬가지로, 수입이 적으면 적을수록 룰라를 지지한 것으로 나타났다. 그 선거 결과는 브라질의 현실 속의 또 다른 새로운 사실을 공개했는데, 그것은 브라질의 C와 D계급에 속하는, 가장 가난한 부문에 속한 사람들이 특히 언론 및 TV방송이 발표하는 소위 여론 지도층의 의견에 민감하게 반응하지 않았다는 것이다.

2006년 결선투표에서 룰라를 지지한 사람들 중에는, 무토지농민운동에 속한 무토지농민들, 브라질 좌파 정당에 속한 대부분의 사람들, 그리고 대다수의 지식인들이었다. 그런데 이들은 룰라의 재선 성공을 위해 1차 투표에서부터 선거운동에 가세하였다. 그런데 여기서 주목할 만한 사실은, 브라질 좌파의 일부분이 룰라의 재선을 지지하지 않았을 뿐만 아니라, 결선투표에서조차 지지하지 않았다는 점이다. 이들은 '좌파전선'(Frente de Esquerda)에 속한 사람들로, 대선후보였던 상원의원 엘로이자 엘레나(Heloísa Helena)를 지지했다. 이 '좌파전선'에 참여한 정당들은 '자유사회주의당'(PSOL. '노동자당'을 탈당한 사람들이 나중에 만든 당), '통합노동자사회주의당', '브라질 공산당'(PCB), '민주노동당'(일

부 사람들은 이 당을 온건좌파로 평가하고 있다)이다.[9]

브라질 국민들은, 룰라 정부의 경제정책과 부패 폭로에도 불구하고, 그를 왜 다시 대통령으로 선출한 것일까? 이 질문에 대한 대답으로 [무토지농민운동의 지도자인] 주엉 페드루 스테딜리(João Pedro Stedile)와 주간지 『브라질 지 파토』(Brasil de Fato)가 지적한 것들 외에도, 룰라를 지지한 유권자들의 인구학적 특성을 살펴볼 필요가 있다. 그는 임기 4년 동안 최저임금의 구매력을 40% 증가시켰다. 또한 볼사파밀리아 정책을 통해 1,110만 가구의 4,700만 명(총인구의 25%로 추정됨)에게 생활비를 지원했는데, 그것은 수혜가정의 수입을 39.58%까지 증대시켰다. 매달 지급되는 정부보조금은 수혜가정으로 하여금 계획적인 소비를 할 수 있게 했다. 그리고 20만 명 이상의 사립대학 대학생들에게 지급하는 장학제도를 신설했다. 생필품과 국민주택 건설에 필요한 물품에 세금을 낮추어 주었다. 이 외에도 2006년 9월, 즉 (두 번의 선거를 치르는) 대선이 있기 한 달 전, 실업률은 여전히 높았지만, 그것은 페르난두 엔히키 카르도주 대통령이 집권하던 2002년 9월보다 2% 낮은 것이었다.

따라서 룰라에게 투표한 국민의 거대 대다수에게 가장 결정적인 요인은 의심의 여지 없이, 자신의 생활 형편이 얼마 전보다 더 향상되었다는 것이다. 하지만 그들은 그러한 상황을 만들어 낸 정책들이 [앞으로도] 지속될 수 있을 것인지 혹은 아닌지에 대한 고려는 전혀 하지 않았다. 그들은 룰라가 두번째 임기에서 노동 및 노조 개혁을 촉진하고(이에

---

9) 엘로이자 엘레나는 1차 투표에서 전국에서 6.8% 득표했다. '자유사회주의당'은 '좌파전선'의 주요 멤버로, 3명의 국회의원을 당선시켰다. 따라서 이전에 '노동자당'을 떠난 의원들로 형성된 대표성을 감소시켰다.

대해서는 나중에 다룰 것이다), 연금제도를 또 다시 개혁할 것인가에 대해 관심을 갖지 못했다. 그 이유의 일부분은 (룰라의 이러한 정책에) 브라질의 사실상 모든 미디어들은 물론, 대부분의 노조들이 찬성할 것이라는 사실이다.

노조와 관련해서는, 다음해인 2007년 정부가 건의한 헌법수정안 (PEC 369/05)에 대한 논의가 기대되었다. 그런데 이 수정안에는, 다른 무엇보다도, 국가의 개입과 노동자들의 연맹과 의무적으로 가입해야 한다는 사항들이 포함되어 있었다.

노동과 관련된 부문에서는, 아직 의회에 상정되지 않은 그 수정안에 다음과 같은 내용이 포함되어 있었다.

① 법이 노동자에게 보다 유리한 경우에는 언제든지 협상을 통해 수립된 법의 우선순위 조항들이 현행법 내의 조항들보다 우선함.
② 기층 단위의 총회와 상의 없이 상급 단체들이 협상하고 합의 도출. 이 합의를 기층 단위의 노조가 수정할 수 없고 노동자들이 노조의 지속적인 조건에 반대할지라도 수정할 수 없음.
③ 파업기간 동안 노조가 어느 노동자가 일을 계속해서 해야 하는지 지정하기를 거부하면, 대체노동자들을 고용할 수 있는 고용주들의 권리 보장.

연금제도의 범위와 관련해서는, 연금 혜택에 대한 한층 더 제한적인 조항 도입, 수령연금의 최저 금액과 최고 금액의 격차 축소, 연금 층위를 최저임금과 분리 등이 예상되었다. 일반적인 사회보장제도와 관련해서는, 재무부가 걷는 비율(1994년 페르난두 엔히키 카르도주에 의해 도입된 비율은 20%이다)을 늘리거나 혹은 다른 목적으로 사용할 수 없다는 조항 철폐가 논의되었다.

경제정책과 관련해서는, 비록 최근 몇 달 동안, 중앙은행이 기본 금리를 점차적으로 줄이고 있지만 (2006년 11월 기준금리는 13.25%였다), 이 정책에 어떠한 변화가 일어날 징후는 없다. 따라서 재정자본과 농산업의 발전에 대한 (정부의) 약속들은 향후에도 지속될 것이다.

7. 룰라 정부는 과연 좌파 정부인가?

결론을 내리기 위해서, 룰라 제1기 정부가 '좌파적' 성격의 정부였는지 혹은 적어도 진보적 성격의 정부였는지에 대한 논의를 재개하는 것이 흥미로울 것이다. 룰라 정부의 특징을 '변혁의 정부'로 정의하는 것은, 다음의 세 분야에서 실행한 활동 때문이다. 외교정책은 진보적인 것으로 평가되었고, 소득이전정책들은 불평등을 감소시킬 목적으로 입안된 것이었으며, 최저임금의 [실질적] 가치회복정책은 룰라 정부의 '사회적 감수성'을 보다 더 많이 보여 주었다. 이 외에도, 룰라 정부가 좌파정부라고 생각하는 사람들은, 그의 정부가 사회운동들을 범죄시하지 않았고, 또한 이러한 운동들과 대화하려 했다는 것을 지적하고 있다.

그런데 이러한 이유들은 근본적으로, 룰라 정부를 비난했던 좌파진영의 일부 비평가들이 2006년 대선의 결선투표에서 룰라에 대한 지지를 정당화하기 위해 사용한 것이었다. 그 중 대표적인 예는, 가장 중요한 무토지농민운동이었다. 이 운동의 주요 지도자이자, 또한 경제학자인 주엉 페드루 스테딜리는 다음과 같이 말했다.

알키민은 아마도 라틴아메리카에서 미국 정부의 헤게모니의 귀환이 될 것이다. 이제 이 대륙은 이행의 과정 속에 있다. 그리고 모든 선거에서 브라질 국민들은 실질적으로 신자유주의를 반대하는 후보자들에게 투표해 왔다. 이것은 다음의 세 종류의 정부 그룹을 탄생시켰다. 좌익 정부 그룹(베네수엘라, 볼리비아, 쿠바), 온건한 특징을 가졌지만, 신자유주의로부터의 이행 과정에서 미국과 첨예하게 대치하고 있는 정부 그룹(브라질, 아르헨티나, 우루과이, 페루, 에콰도르), 그리고 미국의 충실한 동맹국으로 자처하는 정부 그룹(칠레, 파라과이, 콜롬비아)이다. 따라서 알키민이 승리한다면, 브라질은 미국에 굴종적인 동맹 그룹에 합류하여, 친미적인 불균형국가가 될 것이다.

무토지농민운동이 큰 영향력을 행사하는 주간지 『브라질 지 파투』는 2006년 11월 10일자 사설에서, 자신들이 룰라를 지지하는 가장 큰 이유는 룰라 정부가 그동안 민주제도들을 존중했기 때문이라고 강조했다.[10] 비록 룰라의 제1기 정부가 "노동계급에게 실망을 주었음"에도 불구하고, 그리고 제2기 정부가 "더욱더 신자유주의적 의제에 경도될지라도" 룰라에게 표를 주어야 한다고 강조했다.

룰라 대통령의 4년 동안의 통치를 평가하자면, 그것은 노동자 계급에 실망을 안겨주었는데, 무엇보다도 우선 경제와 관련해서 그렇다. 게다가 의회의 새로운 구성과 룰라의 제1기 정부 때부터 형성된 정당 간의

---

10) 그런데 이 잡지와 무토지농민운동은, 1차 투표에서 어떠한 대통령 후보에 대한 지지선언도 하지 않았다.

연합을 고려할 때, 룰라의 제2기 정부의 성향은 신자유주의적 의제를 더욱더 많이 실행할 것으로 보이기 때문에, 민중 및 대중의 투쟁은 지속되거나 혹은 더 심화될 것으로 보인다. 우리는 모두 이 사실을 알고 있다. 그럼에도 불구하고, 명백하게 해야 할 점은, 어느 한 순간도 그를 지지한 세력들이 공공연하게 나서거나 혹은 심지어 무력의 사용을 암시하며 현재의 민주적 제도들을 파괴하려 한 적이 없다는 것이다. (아직도 연약하고 제한적인) 민주제도들은 성과를 심화시키기 위해 힘들을 조직하고 축적할 수 있게 하고, 노동계급과 국민들이 필요로 하는 구조 변혁을 실현할 수 있도록 한다.

위의 신문사설의 논조와는 달리, 브라질 노동자들, 국민들과 브라질의 좌파는 그러한 민주제도들을 가장 신봉하는 사람들이었다.[11] 개방과 민주주의로의 이행은 독재시대 말기 엘리트들 사이에서 준비되어 아주 협소한 긴 터널을 지나 이룩된 것도 아니고, 또한 기업 및 공장위원회의 (맑스주의적, 그리스도교적) 좌파, 지역 프롤레타리아 주민조직, 대중운동들, 그리고 1964년 쿠데타 이후 체제가 개입하거나 중재하는 (노조나 협회와 같은) 노동단체들이 지속적이고 은밀하게 준비한 대파업과 시위에 의해 이룩된 것이 아니다. 그것은 길거리로 뛰쳐나와 시위한 브라질 국민들에 의해 이룩된 것이다. 그들은 조직이나 운동으로 연계된 거리의 사람들로, 오늘날 우리가 누리고 있는 1988년 헌법에 반영된 가장 진보적인 승리를 결정지었다. 우리는 어느 엘리트들이나 천

---

11) [옮긴이] 이 책의 영어판에서는 이 부분이 "신문사설은 독자들로 하여금 그들이 오늘날 누리는 정치적 자유를 획득하는 데 필요한 희생을 포함한, 브라질 노동자 계급의 역사를 상기시켰다"라고 바뀌었다.

재에게 빚을 진 것이 아니라, 가난한 사람들의 여느 아버지에게 빚을 지고 있는 것이다.

우리는 역사를, 우리의 역사를 기억할 필요가 있다. 우리가 자유를 정복하기 위해, 그리고 우리가 오늘날 향유하는 자유를 쟁취하고 보장받기 위해, 수많은 사람들이 살해당했음을 기억할 필요가 있다. 그것은 아직까지 보잘 것 없지만, 이 사설을 쓸 수 있는 것을 포함한 권리를 보장하고 있다. 우리는 무엇보다도, 현재 상황에 대한 경제주의적 논의를 그만두어야 한다. 그리고 누가 주적이며, 누가 반대세력이며, 그리고 누가 우리의 동맹인지를 잘 구별해 낼 필요가 있다. 우리가 이와 관련해서 혼란을 겪을 때마다, 우리는 언제나 패배했다.

오늘날 주적은 대통령 후보 제랄두 알키민 주위에 들러붙는 세력이다. 바로 이러한 이유 때문에, 그들은 현재의 선거에서 반드시 패배해야 한다. 그래서 룰라 정부의 경제정책에 대한 어떠한 환상도 없이 룰라에게 투표하는 것은, 노동자 계급과 브라질 국민을 구성하는 우리 모두의 의무이다.

우선 룰라 정부가 불평등 감소를 목적으로 시행한 정책들을 살펴보면 다음과 같다. 룰라 정부의 소득분배 결과는, 최소한 애매하다고 할 수 있다. 극빈층에게 혜택을 주기는 했어도, 동시에 소득이 가장 낮은 계층의 사람들의 비율이 지속적으로 늘었고, 또한 금융이자가 상당히 증가할 수 있도록 했다(이것에 대해서는 다음에 설명할 것이다). 게다가 룰라 정부를 비판하는 자들은 [정부가] 볼사파밀리아와 같은 프로그램에 지출한 금액과 공공 부문의 이자로 지출한 금액(소득 집중의 한 요인이 되는 지출액)을 아주 그럴듯하게 비교했다. 전체 공공 부문이 지불한 이자는 국내총생산(GDP)의 약 8%를 차지했는데, 이것은 페르난두 엔히키 카르도주의 제2기 정부의 마지막 3년의 수치와 비슷했다. 그리고 반드시 명심해야 할 것은 '신자유주의적 의제 적용기의 새로운 포퓰리즘'이라는 특징이 볼사파밀리아 프로그램에 부여되었다는 것이다.

외교정책의 경우, 그 논의는 더욱 복잡하다. 룰라 정부는 사실 차베스 정부와 같은 좌파정부와 가깝게 지내거나 혹은 가깝게 지내려고 노력했다. 그리고 역시 라틴아메리카와 제3세계 국가들과의 관계에 더 많은 비중을 두는, 국제관계정책을 발전시키려 노력했다. 게다가 미주자유무역지대 협상 기간 동안, 룰라 정부는 이전 정부보다 좀 더 비판적인 입장을 취해서, 당시 협상 교착 원인의 일부를 제공했다. 또 다른 한편으로, 세계무역기구 협상에서 한동안 가장 비판적인 입장을 취한 이후, 인도, 중국 그리고 그 밖의 다른 국가들과 동맹을 맺었던 브라질은 이후 정책을 바꾸어 강대국들과 더 많은 협정을 맺고 있다. 룰라 정부에 대한 주엉 페드루 스테딜리의 분류는 좌파도 아니고, 미국에 충성하는 그룹은 더욱더 아닌, '온건 그룹'이다. 즉 미국의 정책에 날카롭게 맞서는 국가 그룹으로 보는 것이 적합한 것 같다. 그러나 이 온건 그룹에 속한 국가들 —특히, 룰라 정부의 브라질 —이 '신자유주의로의 이행' 과정에 있다고 단언하는 것은 그리 타당성이 있어 보이지 않는다.

룰라 정부의 민주적 특성과 관련해서, 사회운동을 범죄시하지 않는다는 것은, 고유한 의미에서 좌파의 입장이 아니라, 좌파에 우호적인 입장이라는 것에는 아무런 의심이 없다. 하지만 룰라 정부가 실제로 사회운동과 대화를 했는지 가늠해 보기 위해서는, 룰라 정부가 대화를 통해서 사회운동들이 요구하는 것들 중 최소한 일부분을 받아들였음을 보여줄 필요가 있다. 그런데 룰라 정부는, 이와는 정반대의 입장에서 지배계급과 금융시장의 기본적인 요구들을 들어주는 데에도 아무런 어려움을 느끼지 않았다는 것을 보여 주고 있다.

총체적으로, 룰라 정부를 '좌파'로 규정하는 것을 정당화하기 위해 지적된 이유들은 (룰라 정부의 한계에도 불구하고, 그리고 룰라 정부가 자신의 결과들을 성취한 방법에 대해 다르게 해석할 가능성이 있음에도 불구하고) 반드시 다음의 사실들——거시경제정책과 사회보장제도 개혁과 같은 경제개혁이 아무도 부정할 수 없는 자유주의 성격을 띠었다는 것, 그리고 금융 부문에서 자유화 정책을 지속적으로 추진했다는 것——과 견주어보아야 한다.

룰라 정부는 멘살렁 사건을 전후로 자신의 사회적 기반과 거리를 두면서, 브라질 정치에서 가장 정치 생리학적이고 금권정치적인 부문과 '노동자당'의 콘소시엄이 형성되었고, 이런 식으로 '노동자당'은 돈에 부패한 권력이 모든 힘을 행사하는 영역으로 옮아갔다. 룰라 정부는 당시 진행되고 있던 위기에 대한 책임을 모두 '노동자당'에 넘기려고 노력했으나, 위기에 대한 책임범위——합법적으로나 불법적으로——는, 대통령궁에 의해 지속적으로 관리되고 있었다. 조사에 의해 노출된 인물들이 일부 제거되었지만, 룰라 정부의 특성을 전혀 변화시키지는 못했다. 룰라 정부의 정당 연합, 현재의 계급적 투신과 마찬가지로 자본과 지속적으로 맺고 있는 난잡한 관계는, 정부가 이 변질 과정 속에서 단지 수동적인 요소인 것처럼, 부패 문제를 정당에 국한시키는 것이 옳지 못하다는 것을 여실히 증명해 보였다.

[룰라 정부의] 이러한 프로젝트는 신자유주의 모델이 고갈되는 시기에 지배적 사고의 영향력과 통제력을 수립하기 위한 시도로 국가장치의 일부를 장악하려는 사고에 뿌리를 둔 것이었다. 사용된 방법들은 중

양정부를 장악하면서 발전하여, 룰라가 대통령궁에 도착함으로써 구체화되었다. 이러한 선택으로 정부와 정당은 역사적인 깃발과는 점차 거리를 두게 되었다. 그동안 정당이 걸어온 길과 신자유주의를 타파하기 위한 과거의 역사가 서로 갈라선 것이다. 그것은 사회——룰라 정부의 '멘살렁' 폭로를 전후로 우세하게 된, '기회도 목소리도 없는 사람들의' 참여를 결코 경험한 적이 없는 사회——의 전통 기준에 정치 행위를 맞추는 것에 바탕을 둔 권력 프로젝트 건설을 위한 선택이었다.

오늘날 '노동자당'은 무정형의 정당체제로서, 마치 또 다른 '브라질 민주운동당'처럼 존재하고 있다. '브라질 민주운동당'은 정권 장악을 위해 실용적인 노선을 추구하려 노력하고 있지만, [자신이] 사회주의로의 변화를 추구하고자 하는, 사회주의 국가를 건설하고자 하는, 정치적·사회적 변화를 갈망하는 대중들과의 소통 채널로 기능하는 것에 등을 돌렸다. 정부를 이끄는 일부 좌파주의자들이 '노동자당'을 '재창당'하겠다는 제안은 실패한 것으로 판명 났는데, 그것은 룰라 정부가 고유한 특성을 잃고, 또한 정당, 정부, 좌파사회주의자들 사이에 이미 틈이 생겼기 때문이다.

룰라 정부가 가는 길은 진보적인 변화의 도구로서 '노동자당'의 심각한 위신 추락과 함께, 좌파——특히 사회주의적 좌파——의 심각한 정치적 재편 가능성을 제기한다. 이 과정은 반드시 불균등할 것이고, 아마도 시간이 걸릴 것이다. 왜냐하면 정치적·사회적 기관들을 재구성하고, 국가 청사진을 재건하고, 정치가 나아가야 할 대안적인 정치적 방향 만들어야 하고, 노동자들이 주도권을 복원하고 자신의 힘에 대한 신뢰를 회복해야 하기 때문이다. 사회주의자들이 향후 해야 할 임무는 노동자들이 독립적인 조직을 만드는 과정을 다시 시작하는 것이다. 이것은 현재의 위기뿐만 아니라, 지난 15년간의 신자유주의적 세계화 그리고 사회주의 투쟁을 위한 국내 및 국제 환경의 변화에 의해 만들어진 정치투쟁과 계급구조 속에서 나타나는 변화를 직시해야 하는 정치·사회적 과정의 실현을 필요로 한다는 것을 의미한다. 바로 이 틀 안에서, 좌파들은 우리 시대의 도전들을 직시할 수 있는 사회주의적 프로젝트를 만들어내는 것이 가능할 것이다.

3장 _ 베네수엘라
포퓰리즘과 좌파—신자유주의에 대한 대안

에드가르도 란데르

1. 푼토피호 협정과 좌파

베네수엘라에서 푼토피히스모(puntofijismo)로 알려져 있는 민주화의
시대는 1958년 마르코스 페레스 히메네스(Marcos Pérez Jiménez) 독재
정권이 전복되면서 시작되었다. 베네수엘라를 대표하는 두 개의 정당이
었던 '민주행동당'(AD)과 '독립선거정치조직당'(COPEI)이 주도했던 푼
토피호 협정(el Pacto Punto Fijo)은 군대, 가톨릭 교회의 고위직 성직자
층, 주요 노동조합(예를 들어 '베네수엘라 노조총연맹'CTV), 주요 기업 부
문('상공회의소 연합'FEDECÁMARAS)의 지지를 받고 있었다(López Maya
and Gómez Calcaño, 1989). 하지만 조만간 극도로 양극화된 사회적 갈
등 분위기 속에서, 반대를 용인하지 않는 배제적 정권과 점점 과격화되
어 가는 좌파 간의 대립은 더욱더 첨예해졌다. 1960년에는 헌법에 보장
된 권리들이 박탈되고, 좌파 언론은 강제로 폐쇄당했으며 좌파 노동조
합 지도자들은 '베네수엘라 노조총연맹'의 징계위원회에 회부되었다.
그러자 쿠바 혁명의 영향으로 무장투쟁이 시작되었는데, '베네수엘라

공산당'(PCV)과 '혁명좌파운동'(MIR)은 독자적 노선을 밟으면서 최초로 '민주행동당'으로부터 분리되었다.

좌파는 카루파나소(Carupanazo) 봉기와 포르테냐소(Porteñazo) 봉기로 알려진 무장 봉기를 포함하여, 수년 동안 농촌과 도시 지역에서 투쟁했지만, 결국 1962년에 패배하였다. 그리고 많은 사람들이 체포·고문당하고, 실종되거나 살해되었다. 그동안 경제는 회복되었고, 석유수익은 크게 증가하였다. 산업화, 고용, 기간시설에 대한 공공 정책이 추진되었고, 사회 영역, 특히 보건과 교육 영역에서 상당수 국민들의 삶의 조건이 개선되었다. 이것은 주요한 사회 지표, 즉 취학률 증가, 공공 서비스의 확장, 평균수명의 연장, 영유아 사망률의 감소, 고용률 증대, 비공식 고용 등의 변수들을 통해서 나타났다. 계층상승을 위한 조건들도 향상되었다. 따라서 정치적 반대세력에 대한 탄압이 지속되는 가운데 사회적 권리를 위한 투쟁에도 불구하고, 다시 말해 뿌리깊은 불평등이 여실히 집요하게 남아 있음에도 불구하고, 보다 더 밝은 미래에 대한 기대는 나날이 증가하고 있었고, 민주정권의 정당성과 양당체제는 보다 더 굳건히 뿌리를 내리는 듯했다. 좌파의 정치적 소외는 무장투쟁의 패배에서 그 원인을 찾아야 한다. 무장투쟁을 감행하겠다는 좌파의 결정은 학생집단을 제외하고 민중 부문의 대다수로부터 환영 받지 못했다.

'베네수엘라 공산당'은 1968년에 무장투쟁을 중지하기로 하고 같은 해에 선거에 참여한다는 결정을 내렸다. 그 결과로 집권한 라파엘 칼데라(Rafael Caldera) 정권의 '평화정책'에 힘입어, 많은 좌파 조직들은 합법적 활동을 재개하기 시작했다.[1] 무장투쟁의 패배로—특히 '현실사회주의'를 둘러싼 진지한 토론이 전세계적으로 일고 있는 맥락에서— 비판적인 자아성찰과 새로운 좌파 정치조직이 등장하였다. 이들 중 가장 비중이 있는 새로운 좌파 조직들은 '베네수엘라 공산당'의 내부 분열로 탄생하게 된다. '사회주의운동당'(MAS)과 '급진대의당'(Causa R)은 이 분열로부터 탄생하였다. 유럽 사회주의로부터 영감을 받은 '사회주의운동당'은, 소비에트 사회주의와 레닌주의 정당 모델에 대하여 매우 비판적인 입장을 취했으며, 특히 지식인과 학생 집단으로부터 많은 기대를 안고 탄생했다. '사회주의운동당'의 지도자이자 가장 중요한 이론가는 테오도로 페트코프(Teodoro Petkoff)였다(Petkoff, 1969, 1970). '급진대의당'은, 그 지도자였던 알프레도 마네이로(Alfredo Maneiro)의 급진적 민주주의 사상과 열린 정치조직을 핵심적인 교리로 채택하였는데, 이는 스탈린주의와 레닌주의의 정당 개념을 모두 반대하는 것이었다(Maneiro y otros, 1971). '급진대의당'의 가장 성공적인 정치적 활동은 기초산업에 종사하는 시우다드 과야나의 노동조합, 특히 오리노코 주변의 아연과 철강산업 노동조합에서 이루어졌다(López Maya, 1995를 볼 것).

그럼에도 불구하고 1970년대는 베네수엘라 좌파에게 순조로운 시기는 아니었다. 1973년, 카를로스 안드레스 페레스 정권의 첫 임기 중에 석유가격의 급등으로 재정수입이 4배로 증가하자 '위대한 베네수엘라'(la Gran Venezuela)가 탄생했다는 집단적 착각에 빠졌고, 베네수엘라는 큰 노력 없이 '부자 나라'라는 이미지를 얻게 되었다. 베네수엘라가 풍요로운 사회로 발전해 나갈 것이라는 망상이 사회 전체를 지배했

---

1) 이 기간 동안 기존 정치세력의 분열은 새로운 좌파조직들을 양성했다. 무장투쟁에 참여했던 당파로 가장 중요한 세력은 공산당에서 분리된 '베네수엘라 혁명당'(PRV)이다. '베네수엘라 혁명당'의 지도자는 더글라스 브라보(Douglas Bravo)였다.

다. 석유 붐으로 온 나라가 축제 분위기를 만끽하고 있는 가운데 비판적인 목소리는 축제 소음 속으로 사라졌다.[2]

훗날 '제5공화국운동'으로 성장할 동력은 우고 차베스와 군부 권력자들이 1982년 12월에 맺은 사만 데 구에레 서약(Juramento del Samán de Güere)에서, 그리고 '볼리바르 혁명군200'(EBR200)의 창설에서 태동하였다(Blanco Muñoz, 1998: 124). 이 운동은 10년에 걸쳐 전국적으로 군 내부에서 정치 조직을 다진 후, 1989년에 '볼리바르 혁명운동200'으로 개명되었다. '볼리바르 혁명운동200'은 1992년 2월 4일 일어난 쿠데타의 주동자로 주목을 받게 되었다(Blanco Muñoz, 1998: 58). 군사적인 관점에서 봤을 때 쿠데타는 실패했지만, 정치적인 관점에서 '볼리바르 혁명운동200'은 중요한 승리로 봐야 한다. 그 이유는 쿠데타의 실패로 군 내부의 결정적인 분열과 점점 더 심각해지는 정부의 취약함을 또한 드러냈기 때문이다. 더 중요한 것은 이 사건으로 우고 차베스가 하루만에 정치적으로 중요한 인물이 되었다는 사실이다. '볼리바르 혁명운동200'의 지도자들이 구속된 가운데 또 다른 쿠데타가 같은 해 11월 27일에 일어났지만, 이것도 역시 실패로 끝났다. 차베스는 수감되었던 2년 동안 공부에 몰두하며 훗날 정치적 동지가 될 시민사회 부문과의 관계를 다졌다. 1994년 당시 대통령이었던 라파엘 칼데라의 뜻에 따라 사면되어 석방된 차베스는 자신의 정치적 운동을 조직하기 위해 전국을 누비기 시작했다.

---

2) 이런 비판적인 목소리로 그나마 약간의 영향력을 행사한 것은 페레스 알폰소(Pérez Alfonso, 1977)와 '정치적 과정 군단'(Equipo Proceso Político, 1978)이다.

2. 푼토피히스모의 지속적 위기

베네수엘라에서 20세기의 마지막 20년은 경제적·정치적 쇠락의 연속이었다. 40년 동안 지속되어 온 경제성장은 국민들의 삶의 질을 확연하게 개선하였고 민주정권의 정당성도 강화하였지만, 1983년 2월, '사우디 베네수엘라'(Venezuela Saudita)라고 회자되었던 석유 붐의 종말을 상징적으로 예고하는 사건이 터졌다. 당시의 루이스 에레라 캄핀스(Luis Herrera Campins) 정권은 오랜 기간 동안 지켜 왔던 미국 달러화(貨)와의 고정환율제를 폐지하고 볼리바르화(貨)를 평가절하하기로 결정했다.

베네수엘라의 위기는 다른 라틴아메리카 국가에 비해 조금 늦게 발생했다. 그럼에도 불구하고, 지속적인 성장에 대한 기대와 삶의 질의 개선은 베네수엘라가 자처했던 국가적 이미지였던 만큼, 이 위기가 가져다준 정치적·문화적 충격은 매우 컸다. 이 위기는 오랫동안 지속되었으며, 대다수의 국민들은 20년 동안 현저한 삶의 질의 하락을 감수해야만 했다. 1997년 베네수엘라의 1인당 소득은 1970년에 비해 8% 하락했다(Rodríguez, 연도 미상). 같은 기간 동안, 임금은 약 절반으로 줄었다. 1984년과 1991년 사이에 빈곤율은 36%에서 68%로 거의 두 배 증가했다는 보고도 있다(Martel, 1993).

모든 부문에서 격리정책이 심화되고, 사회현실은 점점 더 분열되어 갔다. 라틴아메리카 대륙의 다른 국가들과 마찬가지로, 분열과 분리는 대도시에서 더 극명하게 나타난다. 중산층과 상류층 거주지역의 거리들은 외부인 출입금지 지역이 되고 사유화되었으며, 이들의 집과 아파트를 감싸는 담벼락은 날로 높아지고 많아졌다. 동시에 사설경비업체들은 번성하였으며, 실업과 더불어 치안이 가장 심각한 사회문제로 공론화되기에 이르렀다. 언론매체들은 '위험한 계층'이 주는 사회적 위협을 가장 큰 화젯거리로 내세우며, 사실상 인종차별주의적인 뉘앙스를 풍기는 기사들을 통해 경찰에게 '범죄자들'을 응징하는 극단적인 결정(사형집행 또는 현장사살)을 내리라고 촉구했다.

이러한 배제·분리·분열의 과정들은 사회경제적인 붕괴로 이어졌다. 이는 특히 대도시에서 더 심각하게 일어났다. 사회적 통합과 사회화의 전통적인 장치와 형태들(특히 가족, 학교, 직업현장)도 붕괴되었고, 이런 식으로 새로운 사회화 모델이 나타났다. 이 '대안적인 사회화'는 무엇보다도 극단적인 역경 속에서 생존해야만 하는 필요성에 바탕을 둔 것이다(Pedrazzini y Sánchez, 1992). 민주정권 초기에는 경제성장이 가져다준 혜택(보건, 교육, 주거, 충분한 보수의 일자리와 계층이동)을 민중부문도 충분히 누리면서 찬란한 미래를 설계할 수 있을 것이라는 기대가 있었지만, 지금 이 상황에서는 도저히 근접할 수 없는 것이 되어 버렸다. 빈곤과 배제는 '개발도상국' 사회에서 흔히 그렇듯 지나가는 일시적인 현상이 아닌 것으로, 개인의 역량으로 도저히 극복될 수 없는 것으로 고착화되었다. 즉, 빈곤과 배제는 사회에 영구적인 것으로 점점 인식되어 갔다. 이것은 전체 사회와의 관계 속에서 소외된 계층이라 할 수 있는 소수자의 배제를 의미하는 것이 아니라 국민 대부분의 생활조건과 문화적 재생산을 두고 하는 얘기가 되었다.

1980년대 초반부터, 정치권의 정당성이 급속도로 추락하는 가운데 엘리트들은 중앙집권적인 대통령제로 운영되는 국가에 대대적인 수술이 필요하다는 것을 깨달았다. 베네수엘라 국가는 다원적이며 복합적인 사회의 증가하는 요구들에 대응할 능력이 없을 뿐더러 비효율적이고 부패한 조직으로 점차 변해 왔다. 근대화와 민주화라는 목표, 특히 민주화라는 목표는 주로 국가의 탈중앙화로 규정되어, 1984년에 발족된 '국가개혁 대통령위원회'(COPRE)의 주요 과제로 선정되고 정치권 내에서도 많은 지지를 받았다(COPRE, 1988). 사회가 점점 분열되어 가고 있었지만 정치적 쟁점은 베네수엘라 정치체제를 보다 더 탈중앙화시키고 더 민주적이고 참여적인 체제로 바꾸는 제도변화에만 초점이 맞추어져 있었다.

그럼에도 불구하고, 문화적 분리와 더불어 심각한 경제적 배제로 개인과 집단의 정체성을 양극화시키는 인종분리주의, 즉 아파르트헤이트(apartheid)가 암묵적으로 존재하는 사회에서 정치제도적 개혁이란, 민주 문화의 발전과 정치체제의 진정한 통합적 실천들에 제한적이고 부분적인 기여만 할 수 있을 뿐이었다. 사법적·제도적 관점에서 보면, 이 개혁으로 새로운 통합과 참여 장치들이 만들어지고, 탈중앙화를 위한 발걸음을 떼었다. 시장과 도지사의 직선제가 마련되고, 정치체제를 다양화하고 활성화할, 지역과 지방의 지도력이 등장할 수 있는 조건이 형성되었다(López Maya y Lander, 1996: 174). 하지만 경제적·문화적 배제의 과정들은 정치적 개혁이 가져오는 민주화의 잠재적 효과들보다 훨씬 더 강력했다.

극심한 사회적 분열을 앓고 있는 사회에서 민주화에 집중된 정치 토론이 보여 주는 명백한 역설은, 그 밑에 깔려 있는 '민주화', '시민권', 그리고 '참여'의 개념으로 설명할 수 있다. 헤게모니를 쥐고 있는 세력은 이미 그들만의 담론과 해석으로 민주주의의 의미를 왜곡시켰다. '국가', '평등', '시민권', '정치'에 대한 사회민주적인, 그리고 기독교 민주적인 개념들은 수십 년 동안 정치권 전반에 걸쳐 공유되었지만 이 시점에서 심각하게 재검토되었고, 신자유주의 그리고 신보수주의의 이데올로 기적 입장에 따라 새로운 의미를 갖게 되었다. 언론매체들에서는 반정 치적이면서 반정당 성향의 목소리가 지배적이었는데, 언론은 국가(부 패하고 비효율적이면서 보스정치적인 색채를 특징으로 하는)와 모든 미덕 (창조성, 주도성, 효율성, 정직함과 참여)을 갖춘 가상의 '시민사회(언론매 체를 포함)' 간의 이분법적 대립을 확립시켰다.

'정당 민주주의'를 대체할 '시민 민주주의' 패러다임의 새로운 주체 는 '주민으로서의 시민'(ciudadano-vecino)이었는데, 이 개념은 중산층 과 중상류층의 도시주민협의회(organizaciones vecinales urbanas)의 경 험에서 파생되었다(Lander, 1996a: 55~56). 이 주민협의회의 가장 중요 한 걱정거리는 사유재산의 보호와 '외부인'의 위협으로부터 자신들을 보호하는 것이었다(Santana, 1989: 85). 보수적 민주주의 이념의 규범적 이상은 이데올로기적 논쟁이 없는 탈정치화된 사회였다. 정부의 주된 과업은 관리의 효율성과 정직함을 보장하는 것이며, 집단생활을 둘러싼 참여와 민주적인 의사결정은 거주지역으로만 엄밀하게 국한되어야 한 다. 경제는, 민주주의라는 이름으로 표방되는 '선동적이면서 무책임한' 요구로부터 필사적으로 보호되어야만 한다. 국가가 수행하는 모든 사회 정책 또는 재분배 정책들을 포퓰리즘으로 의심한다.

이전에 민중들의 요구를 담아냈던 주요 경로였던 사회적·정치적 조직들(정당과 노조들)은 위기상황에 내몰리고, 새로운 정치담론에서 는 정당성이 없는 것으로 치부된다. 시민권을 재규정한 이 새로운 패러 다임에서 전형적인 시민은 전문적 지식을 갖추고 언론매체를 이용할 수 있고, 개인적으로 정치적 연줄도 있으면서 조직적인 도구로서 인터넷을 활용할 수 있는 중산층 또는 중상층의 이웃이다. 재분배에 대한 모든 공공정책과 국가가 수행하고 있는 대부분의 사회정책을 정당성 없는 것으로 치부하는 상황에서, 국민의 대다수를 이루고 있는 빈자의 이해관계를 주장하고 표현하는 공간이 있을 리 만무했다. 본필 바타야(Bonfil Batalla)의 말을 빌리자면, 이 정치적 모델은 **"상상의 베네수엘라"**(la Venezuela imaginaria)라고 할 수 있다(Batalla, 1990). 이 "상상의 베네수엘라"는 **"깊은 베네수엘라"**(la Venezuela profunda), 즉 국민 대다수의 '생활세계'로부터 단절된 베네수엘라였던 것이다.

푼토피호의 정치적 모델이 회복될 수 없을 정도의 위기에 직면한 것은 카를로스 안드레스 페레스의 두번째 정권 때였다. 베네수엘라 사회의 깊은 분열은 1989년 2월에 발생한 민중 부문의 폭발, 즉 카라카스 사태(el Caracazo)에서 가장 극명하게 나타났다. 역사상 전례 없는 대규모 약탈이 당시 베네수엘라 수도 카라카스를 비롯하여, 전국 대도시들에서 벌어졌다. 초기의 혼란이 진정되자 정부는 헌법에 보장된 권리들을 부분적으로 제한하는 것으로 대응했다. 통행금지령이 내려지고 500명, 또는 그 이상의 사상자를 낸 폭력적인 군사적 탄압이 있었다. 이 사태로 정부도 놀랐지만 마찬가지로 좌파 정당과 조직들 역시 당황했다.[3] 1992년 두 번의 쿠데타가 일어났을 때, 민중 부문에서 이를 거부하고 민주주의 체제를 수호하자는 분위기가 형성되지 않았다. 이는 라틴아메리카에서 유일하게 모범적으로 민주주의를 탄생시킨 정치체제가 붕괴하고 그 정당성이 추락했음을 보여 주는 것이었다.

---

3) 우고 차베스는 훗날 많은 군인들이 진압과정에 참여하면서 도리어 상황에 대한 판단을 다시 하게 되고 보다 더 민감하게 민중들의 요구에 부응하게 되었다고 진술했다. 군인들의 이 같은 반응은 1992년 쿠데타를 성사시킨 음모의 움직임을 가속화시켰던 것이다.

카라카스 사태는 국제 금융기관들이 라틴아메리카 전역에 강요하기 시작한 엄격한 조건들을 베네수엘라에 적용했던 시점과 일치한다. 외화보유고의 급격한 감소, 심각한 재정적자와 국제수지적자, 그리고 당시 상황에서는 도저히 상환할 수 없는 외채 때문에 카를로스 안드레스 페레스 정부는 국제통화기금의 '의향서'에 서명했다. 이 합의서는 정부로 하여금 정통적인 구조조정정책을 실행하도록 했는데(Lander, 1996b: 52~53), 역설적으로 페레스는 당선되기 전 선거운동에서 자신의 첫 정부는 풍요로움을 제공할 것이라고 강조하곤 했었다.[4] 이 합의서의 내용은 국회에서 의제로 토론되지도 않았고, 서명된 후에 비로소 일반인들에게 공포되었다.

구조조정정책의 적용은 베네수엘라 민주주의가 라틴아메리카의 여타 국가들과 공유하는 두 가지 상호 연관되는 특징들을 부각시켰다. 이 특징들은 이전에 베네수엘라의 석유수입으로 부분적으로 숨겨지거나 희석되었다. 먼저, 뼛속까지 국민 대다수의 요구를 배제하고 이에 무감각한 정치체제의 엘리트주의적 속성이 그대로 드러났다. 두번째, 이 정치체제가 글로벌 경제와 지정학적 조건들의 구속을 받고 있기 때문에 자주적 의사결정권이 심각할 정도로 제한되어 있다는 특징이 드러났다. 차베스의 담론은 근본적으로 바로 이 두 가지 사안, 즉 **'민중적인 것'**(lo *popular*)과 **'국가적 자주성'**(la *autonomía nacional*)을 중심으로 형성된

---

4) 다른 라틴아메리카 국가들과 달리, 지난 10년간 베네수엘라 국민은 신자유주의에 저항하는 공약을 내세우는 후보들을 지지하는 경향이 있었다. 1983년 대선에서 하이메 루신치(Jaime Lusinchi)가 당선되었을 때, 1988년 대선에서 카를로스 안드레스 페레스, 1993년 대선에서 라파엘 칼데라, 1998년 우고 차베스가 당선되었을 때, 이들이 내세웠던 공약은 모두 반신자유주의적 기조였다.

다. 차베스에 대한 민중 부문의 절대적 지지와 차베스의 인물과 그 정부에 대한 다른 사회 부문의 강력한 저항은 어쩌면 바로 이런 특징에서 연유하는 것인지도 모른다.

베네수엘라가 당시에 겪었던 정치적 위기는, 카를로스 안드레스 페레스가 두번째 임기를 미처 마치지 못하고 부정부패 혐의로 탄핵을 받아 대통령직에서 물러날 때 그 양상을 다시 한 번 드러냈다. 양당체제의 붕괴는 이어지는 선거에서 더욱 명백해졌다. 라파엘 칼데라는 본인이 설립해서 반세기 동안 자신이 이데올로그 역할을 했던 '독립선거정치조직당'에서 물러났다. 칼데라는 대통령 선거 출마를 결정하면서 '국민통합당'(Convergencia Nacional)을 결성하고 '사회주의운동당', '국민선거인단운동'(MEP), '베네수엘라 공산당'과 그 외 군소정당을 포괄하는 16개의 정치적 세력을 집결시킨 정치적 연대를 발족시켰다. 칼데라는 신자유주의적 구조조정을 거부하는 정책을 내세우며 '국민의 뜻을 담은 의향서'(Carta de Intención con el pueblo)[5]를 대안으로 제안했다. 칼데라의 대선 승리는 1958년 이후 최초로 '민주행동당' 또는 '독립선거정치조직당' 출신이 아닌 후보가 당선된 유일무이한 사례였다. 지난 네 번의 대선에서 '민주행동당'과 '독립선거정치조직당' 소속 후보의 득표율이 90% 이상을 상회했던 것과 대조적으로, 1993년에는 이 득표율이 46.33%로 떨어졌다(Consejo Nacional Electoral, 2004). 이번 선거에서 '급진대의당'은 베네수엘라 좌파 정당으로서 역사상 가장 높은 투표율을 얻었다. '급진대의당'에 대한 지지는 21.95%로, 투표율 순위에서 네

---

5) "소위 경제적 조정이라고 하는 것의 부정적 결과들은 자명하고 민주정권이 들어선 이후 우리 국민에게 가장 깊고도 기나긴 고통을 안겨주었다"(Caldera, 1993: 쪽수 미상).

번째를 기록하게 되었다.[6]

칼데라는 정권 초기에 베네수엘라 역사상 최악의 경제위기를 넘겼다. 칼데라는 또한 오랫동안 결정을 내리지 못한 채 미루기만 했던 국제통화기금의 '의향서'에 서명을 하게 된다. 이 의향서의 결과로 '베네수엘라 의제'(Agenda Venezuela)가 발효되는데, 칼데라는 그간 본인이 오랫동안 공격해 왔던 신자유주의 정책의 기본 기조를 따르게 된다. 노동자들의 연금을 엄청나게 축소시킨 노동법 개정은 특히 그 충격이 매우 컸고, 석유산업의 해외투자자에 대한 개방과 국제화 역시 엄청난 파급효과를 가져왔다(Lander, 2003). 일반 국민의 생활조건이 지속적으로 악화되면서 정치체제와 정당, 그리고 그 지도자들에 대한 불신은 깊어졌고 이들의 정당성은 심각하게 도전받았다.

1997년에 '제5공화국운동'은 1998년 대선에 참여할 것을 선언하면서 선거관리위원회에 정당으로 등록했다.[7] 투표일이 다가오자 1998년 선거는 좌파에 대한 국민 심판이라는 양상을 띠었다. 좌파의 주요 조직들, 즉 '사회주의운동당', '만인애국당'(PPT), '공산당', '국민선거인단운동'과 그 외 소규모 조직들은 '애국당'(PP)을 결성하여 제5공화국을 지지하기로 결정했다.[8] '민주행동당'과 '독립선거정치조직당'이 최후의

---

6) 좌파 정당의 득표율이 실질적으로 낮게 집계되었다는 의혹, 또는 직접적으로 엄청난 부정선거가 대선에 개입했다는 의혹은 여전히 밝혀지지 않고 있다.

7) 선거에 참여할 것인가, 말 것인가에 대한 긴장은 다음과 같이 정리되어 마무리되었다. 아구스틴 블랑코 무뇨스(Agustín Blanco Muñoz)와의 인터뷰에서 차베스는 다음과 같이 말했다. "우리에게 이미 죽은 것이나 마찬가지인 이 자유주의적 민주주의 모델을 극복할 수 있는 그 어떤 것도 선거를 통해서 이루어질 수 없다"(Blanco Muñoz, 1998: 168). 그러나 그 같은 발언을 한 지 얼마 되지 않아서 차베스는 "현재라는 이 역사적 순간에는 그 어떤 방법도 배제할 수 없다"고 했다(Blanco Muñoz, 1998: 177).

순간에 각각의 후보(이레네 사에즈Irene Sáez와 루이스 알파로 우세로Luis Alfaro Ucero)에 대한 지지를 철회하고, 차베스의 집권을 방지하기 위해 마지막 방편으로 엔리케 살라스 뢰메르(Henrique Salas Römer)를 지지했다. 그러나 차베스는 56.20%의 지지율로 베네수엘라 대통령으로 당선된다.

3. 차베스 프로젝트에서의 포퓰리즘과 좌파

차베스는 자신의 정치적 운동을 혁명적이라고 누누이 강조했다.

혁명적인 것은 삶의 방식이다. 혁명이라는 용어가 의미하는 바를 설명하자면 다음과 같다. 정치적 차원, 경제적 차원, 사회적 차원 등에 있어서 한 모델, 한 사회의 급진적이고도 총체적인 변화이다. 혁명이란 총체적인 변화를 통해서 베네수엘라에 필요한 새로운 길을 모색하는 것이다. 그 어느 하나도 놓치지 않고 모든 것을 직면해야만 하는 그런 비전을 의미하기도 한다. 바로 여기에 혁명적인 것의 또다른 특징이 있다. 그 어떤 문제, 그 어떤 모순도 피해가서는 안 된다. 문화적 혁명, 도

---

8) '사회주의운동당'의 설립자 중 테오도로 페트코프와 폼페이오 마르케스(Pompeyo Márquez)는 차베스에 대한 지지를 반대하며 정당에서 탈퇴한다. 좌파 조직들 중 차베스에 대한 지지를 철회한 조직들은 '급진대의당'과 '붉은 깃발당'(Bandera Roja)이었다. '급진대의당'은 '만인애국당'(PPT)이 결성되면서 분열되자 점차적으로 우파적 성향으로 기울기 시작했고, '붉은 깃발당'은 절제하는 정치적 전통을 이어받아 선거에 불참했다. '붉은 깃발당'은 2000년 대선에 최초로 참여했는데, 차베스에 맞설 후보로 프란시스코 아리아스 카르데나스(Francisco Arias Cárdenas)를 내세워 16,582표를 얻었다(Consejo Nacional Electoral, 2004).

덕적 혁명 없이는 정치적 혁명이 일어날 수 없다. 진정한 혁명을 이루기 위해서는 이는 필수불가결한 개념이다(Blanco Muñoz, 1998: 115).[9]

"혁명적이기 위해서는 [착취를] 전면적으로 대적해야 한다. 이 운동은 반착취적이어야 하며, 반제국주의적이어야만 한다"(Chávez, Blanco Muñoz, 1998: 81에서 재인용). 선거 이전, 그리고 당선 직후 집권 초기의 차베스 담론은 사회주의 프로젝트, 즉 기존의 라틴아메리카 좌파가 그간 이해해 왔던 혁명이라는 개념과 거리가 먼 혁명의 개념을 내세우고 있었다. 차베스에 따르면, 현재 요구되는 변화의 속성을 정의하는 데 좌파와 우파라는 항목은 더 이상 유효하지 않다. 차베스는 계급 없는 공산주의 사회의 패러다임은 자유주의 자본주의에 근거한 민주주의 못지 않게 실패한 것으로 치부한다.

혁명이라는 개념은 일종의 프리즘이어야 한다. 즉, 이 개념을 통과하는 빛줄기 또는 빛의 원천은 프리즘을 뚫고 나올 때 특정한 결과로, 즉 혁명적인 것으로 나와야 한다. 모든 혁명적인 사유들은 환영받을 것이다. 물론 서로간의 모순이 있을 수는 있다. 그러나 오늘날, 지금의 베네수엘라가 필요한 혁명을 지향하는 사유들은 환영을 받을 것이다. [⋯] 관건은 실물을 해체하는 것이 아니라, 그 기능들을 해체하는 것이다. 좌

---

9) 역사학자 아구스틴 블랑코 무뇨스는 『사령관은 말한다』(*Habla el comandante*)라는 책에서 1995년부터 우고 차베스와 가졌던 대화들을 모아 정리하였다. 1995년은 차베스가 석방되었던 해인데, 블랑코 무뇨스와의 대화는 차베스가 대통령으로 당선되었던 해인 1998년까지 이어졌다. 약 600쪽에 달하는 이 대화들은 우고 차베스가 베네수엘라의 대통령이 되기 전까지의 사상을 가장 폭넓게 담고 있다. 본문에 나오는 이 부분에 대한 분석은 모두 이 책에서 발췌했다. 발췌한 내용은 모두 우고 차베스의 말 그대로를 인용한 것이다.

파와 우파의 경계는 어디에 있는가? 우리가 혁명, 근본 변혁에 대해 이야기한다면, 혁명적 사유는 현실을 직시하고 거짓말이 어디에 있든 간에 그 정체를 드러내야 하며, 또한 모순을 인지하고 결과를 내기 위해 노력한다는 관점에서 이야기한다면, 그것이 바로 좌우를 가르는 경계이다(Blanco Muñoz, 1998: 85~86).

이 시대의 이데올로기적 사유들, 즉 자본주의의, 자유주의적 부르주아 민주주의의, 그리고 똑같이 무너져 내린 현실사회주의의 붕괴를 앞에 두고 우리는 스스로 열린 사유를 해야만 한다. […] 우리는 서구자본주의 세계, 부르주아 민주주의의 패러다임을 믿지 않는다. 우리는 구소련의 실패한 패러다임, 즉 공산주의, 무계급 사회, 국가 없는 사회와 절대적 평등이 존재하는 사회도 믿지 않는다. 그런 것은 존재하지 않는다. 따라서 이와 같은 현실을 앞에 두고, 수많은 생각과 분석을 한 결과, 우리는 우리의 것을 되찾아야겠다는 필요성을 제기하게 되었다(Blanco Muñoz, 1998: 294~95).

프랑스 혁명 후에 탄생한 사회민주주의 또는 기독교사회주의, 자유주의 민주주의, 계몽주의, 서구민주주의는 더 이상 쓸모가 없다. 또한 과학적 공산주의의 이데올로기적 토대 역시 쓸모 없음이 드러났다(Blanco Muñoz, 1998: 294~95).

차베스는 맑스의 공헌을 인정하기는 했으나 스스로 맑스주의자도 아니요, 맑스주의 반대자도 아니라는 주장을 편다(cf. Blanco Muñoz, 1998: 116). 현재의 상황을 변화시킬 수 있는 이론과 이데올로기의 부재 때문에 베네수엘라와 라틴아메리카의 혁명가들은 자신들의 역사, 자신들의 뿌리와 문화 전통에서 사회변혁의 가능성을 찾는 어려운 도전에 직면해 있다는 것이다.

차베스 정권은 베네수엘라 고유의 역사적 경험에 근거한 국가적 프로젝트를 모색하는 과정에서 '삼근목'(三根木, el árbol de las tres raíces)이라는 사상을 내세웠는데, 삼근목은 해방영웅인 시몬 볼리바르(Símon Bolivar)을 중심에 두고, 그의 스승이었던 시몬 로드리게스(Símon Rodríguez)와 연방전쟁의 영웅인 에세키엘 사모라(Ezequiel Zamora)의 역할을 더하여 보완한 것이다. 초기에 변화를 지향하는 이 프로젝트를 볼리바르 혁명이라 하고, 삼근목을 반복적으로 언급하면서 주요 준거로 삼았지만, 이 삼근목은 국가의 정치적·경제적 프로젝트라기보다는 국가적 차원의 프로젝트이자 라틴아메리카 대륙의 재건을 위한 통합의 상징이었다.[10]

---

10) "이 운동의 영감이 되었던 '볼리바르주의'(el bolivarianismo)는 사회가 직면하고 있는 실질적인 문제들을 해결하는 데 활용될 수 있는 실천지침이나 이론적 체계를 갖추고 있지 않다. 볼리바르주의는 오히려 베네수엘라 사회를 비유적으로 논의할 수 있는 공간을 제공할 뿐이다"(Müller Rojas, 2001: 90). "상징을 이처럼 구성하는 과정에서 우리를 국가적으로 규정하는 가치들을 강화하게 된다. 독립영웅 시몬 볼리바르를 중심에 두고, 에세키엘 사모라와 시몬 로드리게스라는 상징적인 인물들이 볼리바르를 보완할 수 있게 했다. 이 두 인물은 전통적으로 베네수엘라의 정치적·경제적 엘리트의 헤게모니를 지탱하기 위해 표방되었던 볼리바르주의와 차별화하기 위해 선택되었는데, 이들은 우리 운동에 평등주의적이고 혁명적인 성격을 부여한다. 에세키엘 사모라는 볼리바르주의 담론에 전략적으로 활용되는데, 그가 사회적으로 격리되어 있던 혹인과 인디오 공동체에서 보여 주었던 리더십과, 정치적 차원에서는 백인 크리오요에 대항하여 평등을 위한 투쟁을 벌였던 행적을 적극적으로 차용하면서 가능했다. 교육자 시몬 로드리게스는 해방자의 스승으로서 과학적 탐구의 상징이자 교육과 경제적 생산과 관련되는 상징으로, 공화국과 시민사회라는 사상과 보편적인 가치들을 고유한 국가의 특성에 따라 원용하는 정치적 프로젝트의 중요성 때문에 혁명적인 성격을 부여하게 된다"(Müller Rojas, 2001: 90~98). 삼근목이라는 상(象)은 새로운 역사적 서사를 구성하려고 하는 노력의 일환이다. 이 서사에서 국민, 즉 베네수

우리가 살고 있는 이 세상은, 이데올로기의 입장에서 보자면, 축 (parámetros)을 잃어버린 세상이다. 나는 이데올로기의 종말이라는 주장을 거부한다. 어쩌면 이 때문에, 우리에겐 좌파나 우파의 준거가 될 만한 인물이 없어서 독창적이고 자생적인 준거점을 담대하게 찾고 자 한 것인지도 모른다. 우리가 제안하는 이데올로기적 모델은 볼리 바르와 사모라, 로드리게스의 주장들을 통합시켰다. 이 시대를 대변하 는 이 모델은 여기서 탄생했으며 좌파도 아니고 우파도 아니다(Blanco Muñoz, 1998: 355).

과업은 '완전히 새로운' 자기완결적인 교리를 구성하는 것이 아니 라 실질적인 차원에서 민중적인 것(lo popular)을 회복하면서 국가적인 프로젝트를 건설하는 것이다.

사람들은 "이 프로젝트는 너무 광범위하다"라고 한다. 그러나 사실 들 여다보면, 민중은 광범위하지 않은가? 민중은 사방에 퍼져 있기 때문 에 많은 사람들의 노력과 많은 시간을 투입하여 이들을 결집시켜야 하 는 것이다. 민중적인 사유를 되살리고 이에 형체를 부여해야만 한다. "완벽한 이데올로기적 프로젝트를 내놓아라"라는 말에 나는 전혀 동

엘라라는 '국민국가'에서 베네수엘라 '국민'은 시몬 볼리바르가 이끌었던 해방을 위한 영 웅적인 투쟁과 동일한 시점에서 탄생한다. 이 서사에서 과두제는 볼리바르를 배신한 것 처럼 국민도 배신한 것으로 묘사된다. 이 국민은 지금 주인공 역할을 하게 되기까지 억압 을 받아왔다. 오늘날의 정치적 투쟁은 과거의 의미를 재구성하려는 의도를 기본적 차원으 로 가지고 있다. 그간 공식적 역사, 즉 상식으로 자리잡아 왔던 것들의 진위를 따지고 새로 운 공식적인 역사로 이를 대체하려고 한다. 특히 군대의 역할을 다른 방식으로 서술하고, 1958~1998년 사이의 민주주의 경험을 근본적으로 부정적으로 규정한다.

요되지도 않고, 절대로 그 함정에 빠지지도 않을 것이다.

그것은 사실 함정인 게 분명하다. 하지만 나는 속지 않는다. 나는 알리 프리메라(Alí Primera)[11]가 노래했던 대로 할 것이다. 역사를 만들자. 역사를 만들 수 있다면 다음에 누군가가 그 역사를 쓰게 될 것이다. 다시 말해서, 나는 고유한, 새로운, 완전한 교리를 탄생시킬 사상가는 아니라는 얘기다. 그렇다. 나는 '하는 것', 즉 실행을 더 중시한다. 물론 나는 우리가 어디를 향해 가야 하는지에 대한 방향은 분명하게 잡고 있다. 그 길잡이는 우리가 매우 실용적인 형태로 제안했던 '시몬 볼리바르 프로젝트'(Proyecto Nacional Simón Bolívar)에 있다. 이 프로젝트에는 우리를 이데올로기적·교리적·철학적 함정에 빠뜨리는 미끼가 없다. 시몬 볼리바르 프로젝트를 진행시키기 위해서 우리는 석유산업 전문가들과 함께 21세기의 베네수엘라에 걸맞은 대안적인 경제적·사회적·정치적 계획을 세우고 있다. 이 작업은 더 실용적이다. 이것은 단지 한 정부 차원이 아니라 국가적 차원의 프로젝트이며, 이행을 위한 베네수엘라의 중기 프로젝트이다(Blanco Muñoz, 1998: 79).

이는 현재 진행 중인 프로젝트이기 때문에, 다양한 유파의 영향과 공헌에 열려 있는 프로젝트로 간주되고 있다.

우리 세대에게, 그리고 우리 동족에게 [아직 완결되지 않은 사상들을]

---

11) [옮긴이] '민중의 가수'(el cantor del pueblo)로 널리 알려졌던 알리 프리메라(1942~1985)는 베네수엘라의 음악가·작곡가·시인·정치운동가로, 베네수엘라의 '새로운 노래운동'(Nueva Canción)을 대표하는 인물이다. 프리메라는 2005년 베네수엘라의 인간문화재로 지정되었다.

선사하고자 한다. 이 사상들은 장기 프로젝트의 설계에 필수적이다. 이 사상들은 이데올로기를 꼭 필요로 하겠지만, 그 어떤 국가나 경향, 그 역사적 시대의 경험도 모두 포용하는 시몬 볼리바르 프로젝트에 부가적인 맥락이나 차원들로서 발전시켜야 한다. 삼근목의 테두리는 충분히 커야 한다. 좌파나 우파, 퇴색한 자본주의 또는 공산주의의 이데올로기적 폐허 등, 모든 종류의 사상들을 수용할 수 있어야 한다. 그 폐허에는 매우 중요한 내용들도 묻혀 있기 마련인데, 우리는 이런 것들을 찾아 우리의 것으로 만들 수 있어야만 한다(Blanco Muñoz, 1998: 295).

차베스가 대선에서 승리하고 대통령이 되었을 때, 차베스 정권은 그럴 듯한 정부의 모양새를 갖추고 있지 않았다. 즉, 체계적인 교리나 이데올로기를 지니고 있었던 것도 아니고, 나라를 위해 어떤 프로젝트를 수행해야 하는가에 대한 뚜렷한 지침도 없었을 뿐만 아니라, 이런 약점에 민첩하게 대응할 만한 정치적 조직이 있었던 것도 아니다. 초기 단계의 '볼리바르 프로젝트'는 좌파와 우파를 구분하는 고전적인 정의의 관점에서 보자면 이질적이었으며, 심지어 전통적-보수적-군사적 민족주의라 할 수 있는 입장을 포함하고 있었다.

바로 이처럼 다양하고 심지어 서로 모순되는 영향을 받을 수밖에 없는 열린 속성 때문에, 기본적으로 민중적이고 민족적인 것에 뿌리를 두면서 이 지역 고유의 자생적 프로젝트를 모색하는 속성 때문에, 더불어 뛰어난 카리스마적 리더십과 군대의 비중 있는 역할[12] 때문에, 정치

---

12) 군부는 차베스주의의 구성과정을 전반적으로 지탱해 주었다. 이 역할은 육해공군 내부에서 시작되었다. 이는 차베스 담론에서도 항상 등장하는 요소로, 차베스 프로젝트를 시민과

분석가들은 차베스 프로젝트를 포퓰리즘 프로젝트로, 또는 급진적인 포퓰리즘 프로젝트로 분류한다(Parker, 2001, 2003; Ellner, 2004).

포퓰리즘이라는 개념으로 베네수엘라가 겪고 있는 변화의 과정을 분석하기 위해서는, 정치학에서 흔히 통용되는 포퓰리즘에 대한 부정적인 함의들을 먼저 제거할 필요가 있다. (유럽중심주의가 기본적으로 전제된) 자유주의적 전통뿐만 아니라 맑스주의 전통에서도 라틴아메리카 포퓰리즘의 역사적 의의를 과소평가하는 경향이 있다. 이들 관점이 간과하는 것은, 라틴아메리카 포퓰리즘이 엄청난 이질성, 위계질서, 그리고 민중 부문의 배제라는 특성을 갖는 구조적 맥락에서 수행한 역할이다. 포퓰리즘의 개념을 단지 선동적인, 교활한 카우디요주의(caudillismo)[13]로 인식하는 것은 과두제 정권과 자유주의적 민주주의의 경험에서 배제되었던 민중 부문 통합에 포퓰리즘이 어떤 역할을 수행했는가를 보지 못하게 한다.[14] 라틴아메리카에서의 포퓰리즘의 역사적 경험과 현재의 포퓰리즘을 둘러싼 이론적-개념적인 논쟁은 차베스 프로젝트를 분석하는 데 용이한 도구들을 제공해 준다. 그러기 위해서

군대의 공동작업으로 보고 있으며, 군부는 국민의 품안에서 물고기가 물에서 헤엄을 치는 듯한 모습으로 묘사된다. 차베스 집권 직후 행정부의 고위직책과 지방과 지역의 모든 선거 후보들은 아주 높은 비율로 군부 출신으로 포진된다. 육군은 새 정부의 공공 사업에 아주 강력한 영향력을 행사하는데, 특히 '볼리바르 계획 2000'(Plan Bolívar 2000)과 같은 사회정책에 크게 관여한다. 바로 이처럼 비대한 군사적 비중 때문에 많은 베네수엘라 지식인들은 (좌파 성향을 가진 지식인들을 포함해서) 차베스의 프로젝트를 권위주의적인 위협으로 보고 있는 것이다. 군부의 영향력이 막강하게 작용하고 있는 차베스의 프로젝트는 라틴아메리카 대륙이 그간 겪어 온 수많은 권위주의적 군사정권과 유사하다는 것이다.
13) [옮긴이] 카우디요(caudillo)는 라틴아메리카에서 사설군대를 진두지휘하면서 지방에서 상당한 세력을 행사했던 카리스마적인 지방유지를 일컫는 용어이다. 카우디요들은 광활한 영토에 중앙정부의 권위와 통제가 닿지 않은 곳에서 직접 지방유지로 등극하기도 하고 때로는 군사적 봉기를 일으켜 중앙정부를 위협하는 중요한 세력이기도 했다.

는 '포퓰리즘'이라는 용어의 일반적인 사용에 대한 비판적인 검토가 선행되어야 한다. 딕 파커(Dick Parker)는 포퓰리즘에 대해 다음과 같이 언급하고 있다.

> [⋯] 우리는 [포퓰리즘을] 전통적인 좌파와 현재의 신자유주의에서처럼 선동적인 것으로 규정하지 않는다(그러나 포퓰리즘은 물론 선동적일 수도 있다). 그렇다고 해서 포퓰리즘을 라틴아메리카 대륙이 겪은 근대화 과정의 '일탈'(desviación)로 보는 기능주의적인 해석을 지지하는 것도 아니다(Germani, 1965). 그렇다고 해서 수입대체산업화 정책들이 한창일 때의 역사적 시점에 국한된 분석으로도 인정할 수 없다(Parker, 2001: 14).

포퓰리즘에 대한 '때묻지 않은' 분석을 내리기 위해서, 파커는 에르네스토 라클라우(Ernesto Laclau)가 제안했고 데이비드 래비(David Raby)가 다시 취한 성찰적 비판이 적절하다고 제안한다.

래비의 출발점은 라클라우 초기(1978)의 주장이다. 라클라우는 포퓰리스트 담론을 '민주-민중적 질의'(interpelación democrático-popular)의 작동방식으로 봐야 한다고 했다. 이 질의방식은 헤게모니의 위기상

---

14) 데이비드 래비의 말에 의하면, "차베스의 '포퓰리즘'이 부정적인 뉘앙스로 활발하게 논의되고 있지만, 최초의 포퓰리즘은 진정 무엇이었는지에 대한 인정과 인식이 없다. 즉, 페론, 바르가스, 그리고 카르데나스의 포퓰리즘이 각각 아르헨티나, 브라질, 그리고 멕시코의 실질적인 발전과 민중들의 상상계(el imaginario)에 끼친 영향을 인정해야만 한다는 것이다"(Raby, 2003: 쪽수 미상).

황에서 부상한다. 그리고 지배당하는 계급의 반과두제적인, 반제국주의적인, 반국가적인 잠재적 민심의 포착과 동원을 통해 위기를 어떻게 해서든 해결하고자 하는 의도의 표현이다. […] 래비는 라클라우와 마찬가지로 이 같은 담론이 파시즘에서 혁명적 사회주의에 이르는 스펙트럼에 해당되는 아주 폭넓은 범위의 정치적 대안과 양립할 수 있다고 보고 있다(Parker, 2001: 14).

포퓰리즘을 헤게모니의 위기라는 상황에서의 반과두제적이면서도 반제국주의적인 민주-민중적인 질의로 보고, 또 '조직적인 유연함과 함께 대중적 동원의 동력과 방향성'을 그 고유의 방식으로 삼는 이 논의는 현재 베네수엘라 상황을 분석하기에 좋은 출발점이다.[15] 정강의 바로 이 같은 열린 성격 때문에, 차베스 본인의 개인적인 리더십의 엄청난 비중 때문에, 일관된 정치적-조직적 수단들을 확보하는 데 드러난 역량의 부족, 그리고 가장 든든한 지지기반을 구성하고 있는 사회 부문의 속성(가장 배제된 부문, 전통적으로 조직력이 가장 취약한 집단) 때문에 이 나라가 앞으로 나아갈 미래의 방향과 그 변화과정을 예측하기 어렵다.

구체적인 정강 프로젝트의 부재는 차베스주의로부터 기인하는 것

---

15) 오늘날 헤게모니를 누리고 있는 '근대적' 자유주의의 상상계에서는 이 각각의 개념(민중적인 것, 반과두제적이고 반제국주의적인 것)은 시대착오적인 개념으로 지금의 현실과는 아무 상관이 없는 것으로 보일 것이다. 차베스 본인도 드러내놓고 자신의 운동을 포퓰리즘으로 규정하는 것을 거부했다. 『사령관은 말한다』에서 차베스는 포퓰리스트란 "민중의 의식을, 관습을, 전통과 종교를 지배하려고 하는 운동으로, 이를 심지어 민중에 대항해서 이용하려고 하는 것"이라고 규정했다. "내게 포퓰리즘이라는 것은 바로 그런 것이다. 혹자는 민중을 거론하는 것을 두고 포퓰리즘이라고 하는데, 포퓰리즘은 별개의 것이다. 포퓰리즘은 민중의 무기를 이용하는 현상, 같은 민중을 사살하고 배신하기 위해 민중적인 깃발을 쓰는 그런 현상이다"(Blanco Muñoz, 1998: 119).

은 아니다. 지난 몇 년간 좌파 운동과 조직들이 겪은 패배, 구소련의 붕괴와 미국이 평정한 새로운 제국주의적 세력, 그리고 신자유주의적 이념의 헤게모니는 과거의 사회안전망들을 영원히 사라지게 했고("미래는 우리의 것이다"), 그리고 위안이 될 만한 역사철학이 사라지면서 미래로 나아가는 길마저 차단되었다. 이론적으로 가장 일관된 조직들에서나 (세계사회포럼 또는 지역사회포럼 등으로 표현되는) 다양한 유형의 신자유주의적 세계화 반대 투쟁에서도 대안적인 사회가 갖춰야 할 구성요소들을 규정하는 명확한 모델이 존재하지 않는다. 결과적으로 개혁인가 또는 혁명인가를 두고 끝없는 논쟁을 가능케 했던, 과거의 (상상된) 사회안전망이 존재하는 것도 아니요, 자본주의에 의해 재흡수될 수 있는 제안과 프로젝트에 대한 비판을 고정시켜 놓을 만한 기준점도 존재하지 않는다. 군사적 신자유주의의 결과로 권력이 오늘날과 같이 이례적으로 집중되어 있는 상황 속에서, 아주 소극적인 개혁(사회민주적인 성향 또는 케인스주의적 색채의 개혁을 포함한)도 아주 사나운 저항에 부딪치게 된다(Raby, 2003).

차베스 프로젝트가 권력관계의 변화를 촉구하는 방향으로 나아갈 것인가, 나아가지 않을 것인가의 문제, 이 프로젝트가 더 민주적이고 참여적인 사회를 향해서 나아갈 것인가, 나아가지 않을 것인가의 문제는 더 이상 원래 교의적 내용에 좌우되지 않는다. 원래 교의적 내용보다 더 결정적인 변수들은 지금 현재 진행되고 있는 사회 투쟁과 정치 투쟁들이며, 변화를 촉구하는 세력과 이를 반대하는 진영 간의 상호관계, 민중 부문의 집합적 학습과 자체적으로 조직화할 수 있는 수단을 만들어 낼 수 있는 역량, 공적 행정의 심각한 비효율성을 극복할 수 있는 방법, 차베스 리더십이 장차 보여 줄 특성, 변화를 지향하는 세력들의 정치적—

조직적인 경계 획정, 보다 더 안정적인 정치 조직의 구성, 이와 더불어 라틴아메리카와 세계적 상황이다. 이와 같은 투쟁의 과정에서 집합운동의 주체 당사자들과 그들의 프로젝트, 그들의 정치적 주장들은 아주 역동적인 방식으로 다시 규정되고 절속된다.

4. 대의민주주의와 참여민주주의

차베스주의라는 정치적 입장의 주된 축은 참여민주주의 사상이다. 이제 소진된 자유주의적 민주주의와 대조되는 또 다른 개념의 민주주의를 요구하는 것이다. 차베스는 이를 단순히 양당체제의 위기나 베네수엘라 민주주의의 특수한 양태의 문제로 보지 않는다.

> 지난 몇 년간 그들이 민주주의라고 주장했던 체제는, 마르코스 페레스의 독재정권이라고 하는 것과 근본적으로 다르지 않다. [⋯] 민주주의가 고메스(Gómez) 장군이라는 작자의 얼굴을 하고 있건, 라파엘 칼데라라는 어떤 박사의 얼굴을 하고 있건 이것은 근본적으로 똑같은 지배의 책략일 뿐이다. 그러나 그 인물, 그 카우디요 배후에는, 그가 군모를 썼건, 쓰지 않았건, [⋯] 경제에서, 정치에서 똑같은 지배의 책략이다. 똑같이 인권에 대한 부정, 민중이 자신의 운명을 개척할 수 있는 권리에 대한 부정이 있을 뿐이다(Blanco Muñoz, 1998: 120).

> 자유주의적 민주주의에 대한 나의 생각은 이 민주주의는 이제 한물갔다는 것이다. 자유주의적 민주주의는 우리보다 높은 산봉우리가 있는 스위스와 같은 나라에서는 가끔 발견할 수 있다.[16] 그러나 또한 지금

은 자유주의적 민주주의와 그 시대, 즉 한 패러다임의 종말이기도 하다 (Blanco Muñoz, 1998: 121).

선거 전과 선거 중에 차베스주의에서 가장 일관성 있게 반복되었던 주장은 '국가를 재탄생시키기 위한' 제헌의회를 소집할 것의 필요성이었다. 즉, 제4공화국을 제5공화국으로 대체하고, 자유주의적 대의민주주의의 모델을 민중이 그 주인공이 되는 참여민주주의의 정치 모델로 대체하는 것이었다. 1999년 1월, 차베스가 대통령으로 취임하자마자 취한 첫 행동은 제헌의회를 소집할 것인가 말 것인가를 묻는 국민투표에 대한 시행령이었다. 구 정치집단의 강력한 반대에도 불구하고 대법원은 이 국민투표의 합헌성을 보증하였다. 결국 국민투표는 1999년 4월에 실시되었다. 차베스는 유효표의 87.75%의 지지로 자신의 뜻을 이룬다. 그러나 기권표가 62.35%에 달했다(Consejo Nacional Electoral, 2004). 같은 선거에서 친차베스 후보들이 대거 제헌의회의 의원으로 당선되면서 차베스파는 제헌의회에서 압도적으로 과반수를 차지하게 되었다. 이로써 정부는 야당과 큰 협상을 벌일 필요 없이 새로운 헌법을 설계할 수 있는 가능성을 얻게 되었다. 새로운 헌법의 서문에서 이 법령이 이루고자 하는 내용을 확인할 수 있다.

[…] 이 헌법의 최고목표는 민주적인 사회, 참여적이고 주인이 되는 사회, 다민족적이며 다문화적인 사회의 설립을 위해 공화국을 재탄생시키는 것이다. 이 공화국은 현 세대와 다음 세대를 위해 자유, 독립, 평

---

16) [옮긴이] "높은 산봉우리가 있는 나라"는 스위스와 같은 선진국을 비유하는 내용이다.

화, 연대, 공공선, 영토의 자주성, 공존, 법치를 강화한다. 또한 생명, 노동, 문화, 교육, 사회정의, 어떤 차별도 종속도 없는 평등에 대한 권리를 보장한다. 나아가 국가간 평화적 협력을 촉진하고, 내정불간섭과 국민들의 자주적 결정, 인권의 보편적이고도 상호불가분적인 보장, 국제사회의 민주화, 비핵화, 인류의 거스를 수 없는 공공의 유산으로서의 생태계 균형과 환경 자원의 원칙에 따라 라틴아메리카의 통합을 촉구하고 강화한다.

자유주의적 대의민주주의에 대한 급진적인 비판과 이를 참여적 민주주의, 그리고 국민이 주인되는 민주주의로 교체해야 한다는 필요성을 역설했음에도 불구하고, 그리고 이 주제를 거론했던 제헌의회 논쟁의 여파로, 새로운 정치모델은 대의민주주의를 완전히 대체하지 않고 다양한 참여방법을 제시함으로써 이를 보완하게 되었다. 선거의 작동기제들, 그리고 대부분의 공직에 대한 선발조건은 대의제의 성격을 그대로 유지했다. 자유주의적 민주주의 전통에서 강조하는 3권 분립도 역시 유지되지만 집행부, 입법부, 사법부 외에 두 개의 새로운 권력주체를 더하게 되는데, 시민권력(Poder Ciudadano, 민중의 수호자, 재정관리자, 그리고 공화국의 감사원장으로 구성)과 선거인단 권력(Poder Electoral)이 바로 그것이다. 또한 군대에 대한 인사권과 승진 등과 같은 주요 사안에 대한 대통령의 권한이 강화된다. 대통령의 임기는 6년으로 연장되고 선거를 통한 재임이 가능해진다.

새 헌법에 새로 명시된 참여의 기제들은 중요하고도 다양하다. 다양한 참여 기제와 국민의 정치적·경제적 주도권 관련 내용은 제70조에 명시되어 있다.

[다음은] 민중이 자주권을 행사하는 데 필요한 참여와 주인됨의 기제들이다. 정치적 차원에서는, 공직자 선거, 국민투표, 국민의견 수렴, 탄핵소추, 입법, 헌법, 제헌에 대한 발의, 상호 연관된 결정을 하는 공청회와 시민총회 등이 있다. 사회적·경제적인 차원에서는, 시민의 안녕에 초점을 맞춘 사안들, 노동자들의 자주적 관리(la autogestión), 노사 공동관리(la cogestión), 금융을 포함한 모든 영역에서의 협동조합, 저축은행, 사회적 기업, 그리고 상호협력과 연대의 가치를 근간으로 두고 있는 기타 협의회들이 있다.

한 지방행정 단위에서부터 국토 전역에 이르는 모든 정치적 조직에서 자문의 성격을 가진 국민투표와 의견수렴 절차가 마련된다(제71조). 국민투표로 당선된 모든 공직자들은 탄핵을 받을 수 있다(제72조). 또한 국회에서 논의 중인 법안과 국제협약과 조약 등도 똑같이 국민투표에 붙일 수 있다(제73조). 마찬가지로 국민투표를 통해서 법이나 대통령의 법령도 전적으로 또는 부분적으로 폐기할 수 있다(제74조).

새로 조직된 공동체들은 각 시 단위에서 지역공공기획자문위원회, 각 주 단위에서 공공정책기획조율자문위원회, 그리고 국가적 단위에서는 연방정부위원회에 소속되어 있다(제185조).

제118조에 따라, 국가는 노동자의 권리를 인정하고, 모든 공동체들이 협동조합과 같은 사회적·참여적 성격의 조합들을 발전시킬 수 있는 권리를 인정한다. "국가는 민중의 경제, 대안적인 경제를 개선시킬 조합들을 장려하고 보호할 것이다." 원주민 공동체들의 정치적·문화적·언어적·경제적·영토적 권리는 보다 더 확대된 범위에서 보호된다(제9조, 제119~125조).

변혁 초기부터, 인권은 절대적인 것으로, 상호불가분적이고 상호의
존적인 것으로 규정된다(제19조). 시민적·정치적 권리 외에도 경제적·
사회적·문화적 권리에 대한 인정이 확대된다. 국가는 무상 교육과 보건,
그리고 국민연금을 보장해야만 한다.

참여민주주의와 공공 행정 통제의 차원에서 보자면, 이 기간에 통
과된 가장 중요한 법적 사안은 2000년에 통과된 지역공공기획자문위원
회법(Ley de Consejos Locales de Planificación Pública)이다. 이 법은 공
공 사업에서의 기획, 집행, 그리고 통제에 시민들이 참여하는 것을 보장
하는데, 국가-주-시-기본행정단위-마을을 모두 통합시키는 국가적 차
원의 참여적 시스템으로서 고안되었기 때문이다.

여타 라틴아메리카에서의 지역참여 경험들과 다른 것은, 예를 들어
포르투 알레그리의 참여예산제는 축적된 경험을 체계화해 가면서 입법
화를 시킨 사례라면, 베네수엘라에서는 나라의 모든 시 단위에서 의무
적으로 이행해야 하는 이 법이 경험에 앞서 입법화되었다. 왜냐하면 이
법은 헌법에 의한 명령이고, 그것을 의무화시키고자 하는 정치적 의지
를 표현하고 있기 때문이다. 그러나 이 법의 실행은 지역에 따라 매우 상
반된 결과를 낳는데, 단 몇 개의 시에서만 성공을 거두게 된다. 수자원기
술관리단(Mesas Técnicas de Agua)과 수자원지역자문위원회(Consejos
Comunitarios de Agua)는 가장 모범적이고도 체계적인 참여적 공공 행
정 사례를 보여 준다. 나라의 수자원공사들이 지역사회에서의 사업을
통해서 각 지역공동체에서의 조직화 과정을 자극하고, 이들을 완전한
공공기업으로 탈바꿈시키기 위한 목적으로 그 수자원이 제공되는 공동
체, 즉 그 주인들에 의해서 통제되고 감독을 받게 된다(Hidroven, 2003).

다른 경우에서와 마찬가지로, 참여민주주의의 추진, 그리고 보다

더 민주적인 사회로 나아갈 수 있게 하는, 권력과 경제적 자원들이 보다 더 평등하게 분배되는 그런 성숙한 민주주의는 단번에 달성될 수는 없다. 베네수엘라처럼 헌법을 다시 제정하는 방법으로도 역시 이루어질 리 만무하다. 이 입법적인 수단들은 분명히 정치적 대치(對峙)에 따라 그 잠재력이 실현될 수도 있고 실현되지 않을 수도 있다. 그 성공 여부는 이 투쟁의 과정에서 생성되는 이 입법적 수단들을 점유하고 강화시키는 역량에 달려 있다.[17]

지난 몇 년간 베네수엘라에서 일어난 가장 중요한 사건은 참여를 제도적으로 안착시키는 기제들의 구현이 아니라, 정치문화와 통합(배제가 아닌) 과정들의 괄목할 만한 변화이다. 예를 들어, 역사적으로, 그리고 특히 지난 20여 년간 더욱더 배제되었던, 국민의 대다수를 이루는 빈민들이 정치 행위와 조직행동의 주체로 부상한 것이다. 정치무대에서 '위험한 계층'이 활발한 존재감을 보여 주었다는 점, 이들이 더 많은 정보로 무장하고 동원력과 조직력도 향상되었다는 점, 그리고 이전의 수동적 상태로 되돌아갈 의지가 없어 보인다는 점은 차베스주의에 대한 반대파의 거부감을 많은 부분 설명한다. 차베스 반대파는 이와 같은 '타자'를 인종차별적으로 "차베스의 군중과 폭도 무리"로 지칭하면서 그 존재를 자신들의 특권에 대한 위협으로 받아들이고 있다. 나아가서 이 반대파에 의하면, 베네수엘라 사회의 현존하는 깊은 분열은 바로 차베스 담론의 산물인 것이다.

---

17) 베네수엘라에서의 참여민주주의를 급진적으로 심화시켜야 하는지, 그 필요성에 대한 논쟁은 롤란드 데니스(Roland Denis, 2001)와 윌리암 이자라(William Izarra, 2004)의 책에 잘 정리되어 있다.

사회의 경제적·정치적·상징적 자원에 대한 집단통제의 증가로 굳건해진 참여적 실천, 그리고 그런 실천을 탄생시킨 정치문화의 변화는 완전히 보장된 것이 아니다. 막강한 내적·외적 저항을 극복해야 할 뿐만 아니라, 이 방향으로 가기 위해서는 공공 사업의 운영과 참여는 더욱더 제도화된 방식으로 투명하게 이루어져야 하며, 보다 더 효율적으로 운영하면서 부패를 척결할 필요가 있다. 또한 민중 기반의 조직들이 습득할 수 있는 자율성, 그리고 차베스의 리더십이 시간이 지남에 따라 어떻게 진화할 것인가 등의 사안도 변화의 길을 모색하는 데 중요한 변수가 될 것이다.

차베스 고유의 소통과 설득능력이 없었더라면 소외집단의 동원과 이들의 사회적 통합은 불가능했을 것이다. 하지만 그가 보여 준 리더십은 민주화 과정을 저해하는 장애물로 전락할 수도 있다. 특히 이 과정에서 크고 작은 결정들을 모두 본인이 장악하려 한다면, 공공 사업들의 제도화와 민중운동의 조직화와 자율성에 요구되는 발전을 막게 되는 결과가 발생할 것이다.[18] 엄청난 변혁의 과정이 단 한 사람에 그처럼 의존적인 것은 그 과정 자체를 매우 취약하게 한다. 나아가, 제도화된 공공관리 능력과 자율적 사회 조직을 (의도와 무관하게 불가피하게 수직적인 권위 체제를 가질 수밖에 없는) 군사적 상명하달 방식으로 지속적으로 대체하는 것은, 보다 더 민주적인 사회를 건설하는 데 큰 장애물이 될 수 있다.

---

18) 이 같은 종류의 리더십은 새로운 정치체제의 근간을 이루는 구조의 제도화와 국가 기능의 정상적인 채널의 설립을 극히 어렵게 하고, 무엇보다도 차이들을 민주적으로 직면하고 해소할 수 있는 유기적 협상에 큰 걸림돌이 된다. 이 과정을 주도하는 어떤 지도자들은 이처럼 사회적 민초와 지도자들 간의 중재가 적은 것을 걱정거리가 아닌 순기능적인 것으로 보기도 한다.

민중의 사회적 조직화는 이전에도 존재했던 경험들의 재활성화와 새로운 경험들의 탄생으로 엄청난 방식으로 확산되었다(예컨대, 보건위원회, 문화단체, 볼리바르주의 단체, 수자원/수질관리위원회, 미션misiones에 참여하거나 그것을 추진하는 위원회와 단체, 선거투쟁 조직, 도시토지위원회, 지역공공기획위원회 등이 있다). 이러한 사회조직들과 국가, 그리고 차베스주의를 따르는 정치적 조직들 간의 관계는 지난 몇 년간 일관성이 없었고, 때로는 엄청난 긴장감이 감돌기도 했다. 대부분의 긴장상황은 정치적·제도적 변화의 맥락에서, 공공정책의 집행 과정에서 발생한 것으로 미루어 보아, 그 기준점은 국가일 수밖에 없다. 이 사회적 조직들은 국가와의 관계에서 매우 폭넓고도 다양한 경험을 한 것으로 미루어 보아 저마다 기복이 심한 자율성을 가지고 발전되어 왔다.

변화를 지향하는 정치적 세력들의 조직적 결함과 민주적 취약함은 2004년의 주지사-시장 선거에 출마한 차베스파 후보들의 선정에서 잘 드러났다. 이 과정을 간소화할 목적으로, 그리고 무엇보다도 갈등상황을 피하기 위해서, 현직에 있는 모든 차베스파 주지사와 시장들을 다시 후보로 내세워 재선을 지지하자는 결정이 내려졌다. 문제는 이들 후보자들 각각의 치적과 무관하게 일괄적인 지지가 이루어졌다는 점이다. 가장 중요한 주와 시를 이끌 후보들은 차베스 본인의 결정을 통해서 이루어졌다. 지역에서 특정한 후보에 대한 의견수렴이라는 민주적 절차가 지켜지지 않은 상황에서 차베스파는 다양한 후보들을 내세웠다. 2004년 8월 대통령 탄핵 국민투표 후에, 많은 사회조직들은 정부의 강화라는 정치적 호기를 이용하여 민주화를 심화시키고자 했다("혁명 안에 또 다른 혁명"). 이들 사회조직들은 공공 부문에 민중의 참여와 감사를 강화하는 조직들을 준비하고, 주지사와 시장 후보들은 "시민당원들의 총회에서 예비선거를 거치도록" 촉구했다(Conexión Social, 2004).

현재 베네수엘라 사회의 양극화를 규정하는 경계들로 봐서는 정부와 그 반대파 간의 충돌이 어느 한 쪽의 완전한 정치적 패배로 귀결될 것이라는 예상은 사실 비현실적이다. 이 같은 심각한 사회 분열은 지속될 것이며 중장기화될 전망이다. 결과적으로 변화 과정을 강화하려면 새로운 **헤게모니**를 구성해야만 한다. 새로운 헤게모니의 구성은 지금의 정부 지지기반을 구성하는 사회 부문을 뛰어넘는 정책과 담론을 요구한다. 새로운 헤게모니를 향한 가능성은 정부의 담론과 야당의 담론 모두에서 발견되는, **타자**에 대한 완전한 부정과 **타자**와의 대적이라는 동학에서 심각한 장애물에 부딪친다. 이 두 집단 간의 만남의 지점이나 대화의 지점이 없다는 것도 사실이다. 이 양극화는 사회의 한 부문과 다른 부문 간의 근본적인 **인식론적 단절**이 발생할 때 극대화된다. 이런 조건에서 **사실들의 의미에 대한 해석**에 대한 토론도 불가능하다. 왜냐하면 어떤 것들이 사실을 구성하는지에 대한 합의조차 불가능하기 때문이다. 차베스파에서 가장 파벌적인 성향을 가진 자들은, 주요 전문가 집단과 현재 나라에서 벌어지고 있는 프로젝트에서 정치·문화·경제적으로 배제되었다고 느끼는 중산층의 참여를 차단하면 할수록, 이들이 분열로 치달을 가능성이 더 높고, 그 때문에 변화 과정의 공고화도 더욱더 요원해질 수 있음을 인식하고 있지 못하다.

이 지점에서 언론의 역할은 결정적이다. 민영 언론사들은 정보제공자로서의 역할을 저버리고 정부에 대한 체계적인 비판 도구로 전락함으로써 실질적인 야당의 기능을 수행하고 있다. 나아가서 언론은 국민들 사이에서 마치 불안이 영구적일 것 같은 분위기를 조성하고 있다. 국영 언론매체들은 이에 대응하여 더욱더 국가의 언론매체가 아닌 현 정부의 매체로 변해 가고 있다. 언론 민주화를 향한 가장 진정성 있는 사례는 지역사회의 라디오와 텔레비전 매체들에서 발견된다. 이들 매체들은 지난 몇 년 동안 중요한 역할을 하면서 성장하였다. 지역 언론의 역량은 2002년 4월 쿠데타 직후, 혼란한 틈 사이에서 유일하게 정보를 제공하는 원천이었다는 점에서 확인된다. 당시에 국영 언론사는 폐쇄되었고, 민영 언론사는 차베스의 대통령직으로의 복귀와 헌법질서의 복원을 촉구했던 폭넓은 민중의 지지와 동원을 은폐하려고 '블랙아웃'(blackout), 즉 보도의 철저한 차단으로 일관했다.

5. 신자유주의에 대한 대안: 경제적 모델

차베스는 후보 시절, 그리고 대통령 당선 초기의 연설들에서 민중적인 것, 국가적인 것, 자주권, 평등, 참여적 민주주의를 반복적으로 강조하고, 약육강식의 자본주의와 신자유주의를 일관되게 비판하였다. 그는 또 단일한 축으로 재편되는 세계를 거부하고 남반구의 국가들(Naciones del Sur)[19], 특히 라틴아메리카 국가들과의 관계를 우선시한다는 점을 역설하였다. 그럼에도 불구하고 다음과 같은 기본적인 질문은 여전히 남아 있다. 현재 지구적 차원의 군사적 신자유주의의 맥락에서 이에 대한 대안은 어떤 양상을 띨 것인가? 대안은 국가의 자주성을 증진시키기

---

19) [옮긴이] '남반구'(el Sur)라는 용어는 종속이론에서 중심부와 주변부를 지정학적으로 지구의 북반구와 남반구로 지칭하는 것의 연속선상에 있다. 북반구는 구미와 구소련, 일본을 위시한 동아시아 세력이 자본과 기술력을 보유한 지역이며, 남반구는 라틴아메리카와 아프리카 대륙의 국가들로 자본과 기술력을 보유하지 않은 대신 자원이 많은 지역이라는 개념화와 맥을 같이한다.

위한 모색이어야 하는가? 발전주의의 복귀, 즉 또 다시 수입대체화의 길을 가자는 것인가? 내적 발전의 모델인가? 사회보장제도가 잘 다져진 국가의 건설인가? 자본주의를 보존하되 그 안에서 반신자유주의적 노선을 만드는 것, 즉 **인간적인 자본주의**를 모색하자는 것인가? 아니면 반자본주의적인 노선을 가자는 것인가?[20]

대안적 생산 모델에 대한 더 체계적인 초기 제안은 소위 「대안적 볼리바르주의 의제」(Agenda alternativa bolivariana)에 명시되어 있다(Chávez Frías, 1996). 이 문서는 차베스 정권이 추진하고자 하는 혼합된 경제적 모델(공공 부문과 사기업 부문의 공존)을 결정짓는 다섯 개의 생산 부문으로 구성된다. 이처럼 국가와 기업 부문을 혼합시킨 경제는 1999년 발효된 헌법이 명시하는 사회경제적 제도의 개념에서도 재확인된다.

베네수엘라 볼리바르주의 공화국의 사회경제 제도는 사회정의, 민주화, 효율성, 자유경쟁, 환경 보호, 생산성과 유대감이라는 원칙에 그 근본을 두고 있다. 이 사회경제적 제도의 목적은 총체적이고도 인간중심적인 발전과 사회집단들의 당당하고도 유익한 존엄성을 달성하는 것이다. 국가는 기업 부문과 함께 국가경제의 조화로운 발전을 장려할 것이다. 국가와 기업 부문은 함께 일자리를 창출하고, 나라의 부가가치를 증대하며, 국민의 생활수준을 향상시키고 나라의 경제적 자주성을 강

---

20) 이 프로젝트는 사회주의 프로젝트도 아니요, 근본적으로 국가적인 프로젝트도 아니다. 볼리바르주의 운동 초기 단계의 선언문들에서 국가는 사회변혁의 핵심적인 집행자로 등장하지만, 헌법에서는 국가의 역할을 사기업 활동에 무게를 둔 시장경제 안에 자리매김하고 있다(Camejo, 2002).

화하며, 법적인 보장과 경제의 안정성, 역동성, 지속가능성, 경제성장의 지속성과 균등한 분배를 약속할 수 있어야 한다. 그 궁극적 목적은 참여적 민주주의와 열린 자문으로 전략적인 계획을 세워서 부의 균등한 분배를 보장하는 것이다(제299조).

헌법은 경제의 자유를 보장하고(제112조), 사유재산도 보장한다(제115조). 그런 한편 국가의 명백하고도 핵심적인 책임은 통상정책과 국가산업의 수호에 있다고 규정하고 있다(제301조). 국가는 석유산업과 그 외의 전략적인 산업 등을 전담하고(제302조), 지속가능한 농업의 발전과 식품조달의 보장에 관해서도 최고책임자의 역할을 맡고 있다(제305조).

유독 적극적으로 추진된 석유정책을 제외하면, 정권 초기에는 발전 모델에 대한 그 어떤 통합적인 제안도 없었고, 급진적인 정치적 담론과 이에 상응하는 그 어떤 경제적 정책 제안도 없었다. 차베스가 집권하자마자 가시적으로 방향 선회를 했던 정책 영역은 석유산업이다. 먼저, 생산증대 정책은 단숨에 철회되었다. 그간 석유의 생산증대 정책은 시장 참여의 증대라는 명목으로 추진되었지만, 사실상 국제 석유가격의 하락을 초래한 주된 원인이었다. 차베스 정권은 '석유수출국기구'(OPEC) 회원 석유수출국과 비회원 석유수출국 모두와 국제적인 협상을 벌이면서 즉각적이고도 효율적인 방법으로 '석유수출국기구'를 강화시키는 데 성공한다. 그 결과로 공급을 규제하는 정책을 통해서 석유가격이 회복세를 탔다. 동시에 '베네수엘라 석유공사'(PDVSA)의 민영화를 비롯하여 석유 부문을 개방하는 정책도 모두 중단된다. 한편, 석유정책과 '베네수엘라 석유공사'의 기본적인 방향성에 대한 대통령의 결정권을 회복시키는 초기 조치들이 추진되었다. '베네수엘라 석유공사'는 그간 국가로부터의 상당한 자율성을 누려 왔었는데, 국가는 다시 그 운영에 주도권을 갖게 된다.[21]

석유 부문 외의 경제정책 영역에서는, 정권 출범 이후 첫 1년 반 동안 제도권 정치의 변화에 절대적 우선권을 두었던 관계로, 일관된 포괄적인 방향성이 없었다. 재정과 통화정책은 정통적인 방식을 따르는데, 인플레이션 통제와 기타 거시경제학적 변수들의 균형을 잡는 데 우선권이 주어진다. 외채는 기일에 맞춰 지불되고 국제통화기금과 또다시 협상해야 하는 위험성을 안고 있는 새로운 채무는 되도록 피했다. 정보통신 부문의 완전한 개방(2004년의 '정보통신법'과 1999년의 '투자증진과 투자보호에 관한 법')과 같은 몇몇 조치들은 '시장' 옹호자들로부터 큰 환영을 받았다. 그러나 49번 법안에 대한 반응은 정반대였는데, 특히 2004년의 '어업과 수중재배에 관한 법', 2001년의 '토지와 농업개발에 관한 법', 1999년의 '탄화수소에 관한 법'은 2001년에 통과된 대통령에게 특권을 부여하는 수권법(Ley Habilitante)[22]의 효력으로 국회의 허가를 받아 차베스 대통령이 대통령령으로 발효시킨 법안들이었다. 기업 부문과 야당, 그리고 대부분의 민영 언론사들은 이를 사유재산에 대한 테러행위로 규정하고 이를 정부의 권위주의적·공산주의적 성격의 반영이라고 주장했다. 이 세력들은 이들 법에 대한 재검토를 요구하면서

---

21) 베네수엘라 석유정책의 새로운 방향에 대한 구체적인 논의는 란데르(Lander, 2003)와 모메르(Mommer, 2003)를 참고하면 된다.

22) [옮긴이] 수권법은 입법부가 고유의 권한인 입법권을 행정부에 위임하는 것을 법제화하는 제도로, 독일 나치정당이 이를 1933년에 통과시킨 선례가 있다. 권리 부여법, 전권 부여법이라고도 한다.

2001년 12월에 전국 기업들의 첫 파업을 감행한다.

베네수엘라의 사례가 신자유주의에 대한 대안으로서 갖는 잠재력을 탐색하기 위해서는 정부의 변혁 프로젝트를 명시한 주된 공문들을 검토하거나 새로운 헌법의 기본설계를 들여다보는 것으로는 부족하다. 주어진 이데올로기적 지침은 너무나 포괄적이어서 너무나 다양한 해석과 실천들이 가능하다. 정부가 프로젝트를 집행하면서 경험이 누적되고 직면했던 문제들을 풀어가면서, 변화를 추구하는 세력들 간의 내부적 분열과 야당에 대한 투쟁을 겪으면서, 장애물들과 부딪치는 과정을 거치면서 차베스의 정책들은 보다 더 명확하게 개념화되고 구체화 될 것이며, 미래를 위한 보다 더 세밀한 제안들을 만들어 갈 수 있을 것이다. 야권과의 대치가 첨예화되면서 베네수엘라에서의 양극화는 심화되고 정치적 기회의 창들이 모두 닫히게 되었다. 결과적으로 정부는 신자유주의 모델과의 단절이 더 분명하게 드러나는 해답들을 찾게 되었다.

새 정부가 추진한 변혁 프로젝트의 설계에는 두 가지의 기본 조건이 전제되어 있는 것으로 보인다. 그러나 이 두 조건은 매우 취약한 기반에 세워진 것들이었다. 이 두 가지 조건은, 첫째, 국가발전정책을 추진할 안정된 기업 부문이 존재하고[23], 둘째, 정부가 추진하는 변혁으로 인해 행정적으로 발생하는 수많은 수요와 요구에 대응할 만한 역량을 갖춘 국가행정기구가 있어야 한다는 것이다.

정부의 보호정책과 재정정책, 그리고 국내산업을 지원하는 여타 정책들은 주된 생산 부문의 호응을 얻지 못했다. 그 원인은 생산 부문의 취

---

23) 이 사실은 주변부에서의 자본주의의 발전을 추진할 만한 '국내 부르주아 세력'(burguesía nacional)의 부재가 갖는 함의에 대한 옛 논쟁들을 다시 심의에 부치는 일이다.

약한 내부 생산적 연계와 대립과 갈등으로 치닫는 정치적 분위기에 있었다. 대기업들과 그 노조들이 2002년 4월의 쿠데타와 2002년 12월에서 2003년 2월까지의 파업에 대거 참여하자 정부는 기업 부문과의 관계, 특히 정부 전복 기도에서 지도적 역할을 수행했던 노조 지도부, 베네수엘라 '상공회의소 연합'과 시스네로스(Cisneros)와 폴라르(Polar) 그룹과 같은 대기업들과의 관계를 재검토하게 된다. 차베스가 대통령에 당선된 직후부터 베네수엘라 기업들은 가히 투자의 씨를 말리는 대국가적인 파업을 감행했다고도 할 수 있다. 실제로 베네수엘라 역사상 이처럼 높은 비율로 자본이 유출된 전례가 없다.

이 파업은 베네수엘라가 수입식품에 얼마나 의존하고 있는가를 확인시켜 주었을 뿐만 아니라, 수입식품과 그 외 생필품의 생산과 유통이 몇 개의 기업에 의해 독점되고 있다는 점을 여실히 보여 주었다. 이는 베네수엘라 경제의 심각한 취약함을 그대로 드러냈고(최근의 정치적 과정의 취약함과 함께), 경제가 무역(가격과 접근성)에 의해 얼마나 쉽게 조종당할 수 있는가와 독과점을 일삼는 기업 부문의 의지에 따라 얼마나 쉽게 좌지우지 될 수 있는가를 가감 없이 보여 주었다.

이와 같은 상황에 어떻게 대응해야 하는 것인가? 특히, 새로운 헌법을 설계했을 때 사회주의 또는 경제의 국유화를 미리 고려했던 것도 아니요, 정치 프로젝트를 설계하는 데 미리 예견할 수 있는 상황도 아니었다. 정부가 석유파업과 기업파업에 저항할 수 있었던 것은, 정부에 대한 민중 부문의 지지가 있었고, 군대가 민주적 제도의 틀을 수용했다는 사실과 더불어 베네수엘라 경제에서 석유 수입이 수행하는 특수한 역할 때문이다. 외화보유고가 안정적이었기 때문에 식품과 가정용 연료를 수입하는 비상체제를 세울 수 있었고, 결과적으로 파업은 무산되고 파업을 추진했던 세력들은 패배하였다. 국가가 석유 수출로 획득한 소득을 손에 쥐게 되면서, 정치 변화와 이에 따른 경제적 변화에 대한 새로운 대책들을 강구할 수 있는 여유가 생겼다. 정부는 '내적' 경제개발 모델을 추진하게 되는데, 이 모델은 '사회적 경제'에 우선순위를 둔, 1970년대 유엔 산하 '라틴아메리카-카리브 경제위원회'(CEPAL)가 주장했던 자주적 경제에 뿌리를 두고 있었다(Vila Planes, 2003 참조). 이 모델은 단기적인 처방으로서(일자리를 창출하는 즉각적인 정치적 효과)뿐만 아니라 전략적인 옵션으로서도 추진된다. 또한 외화보유고를 회복하기 위해 외환정책도 수립된다.

국가금융기관들이 제공하기 시작한 다양한 소액융자와 소액여신 상품 덕분에 사회적 경제의 새로운 생산 조직들이 육성된다. 중소기업들과 협동조합과 여타 다양한 형태의 생산 집단들이 등장하게 된다. 정부는 생산성을 높이기 위해, 모든 공공 부문의 용역과 사업의 구매와 계약을 적극적으로 활용하였다. 정부는 **사업회의**(*rondas de negocio*)를 통해서 앞으로 있을 구매와 입찰을 잠재적 입찰자들에게 미리 공지하면서, 공공 부문의 요구에 적절히 부응하는 데 필요한 기술, 재정, 관리의 문제들도 파악해 갔다. 베네수엘라 석유공사와 수자원공사, 전력공사와 같은 국영기업과 기아나 베네수엘라 공사(Corporación Venezolana de Guayana)의 기초 산업체들은 협동조합을 조직하기 위한 교육과 재정 지원 프로그램을 추진했는데, 주로 다양한 서비스의 입찰구매, 보수유지, 그리고 아웃소싱의 내용들로 구성되어 있었다. 이 프로그램은 이전에 심각하게 위축되어 있었던 농어업 부문에 특히 주목하면서 많은 힘을 실어주었다(베네수엘라는 식품의 약70%를 수입으로 조달한다).

정부는 공공정책들을 집행하는 데 (특히 새로운 사회정책들을 수행하는 데) 있어서 국가관리체계가 취약하다는 사실을 인정하게 되었다. 하지만 정부는 당시의 정치적 대치상황에서 새로운, 긴급한 과업들을 수행하기 위해 앞서 말한 관리능력을 제고하기 위한 행정 개혁이 일어나기만을 마냥 기다릴 수만은 없다고 판단했다. 바로 이와 같은 이유 때문에 차베스는 **미션**(*misiones*)을 세우게 되는데, 미션은 가장 중요하고도 긴급한 사안이라고 판단되는 핵심적 사회문제에 대한 대책을 강구하는 기구로서 일련의 비상 프로그램들을 집행하게 되었다(미션은 국가관료제를 부분적으로 우회하여 해결책을 모색할 수 있게 하여 유연하고 민첩하게 활동할 수 있도록 했다).

로빈슨 미션(Misión Robinson)은 민간-군의 합작 프로그램으로 약 2백만으로 추정되는 베네수엘라의 문맹 인구에게 글을 가르치는 것을 목표로 한다. 이 프로그램을 수료하는 사람은 초등교육 프로그램을 시작할 수 있다. 리바스 미션(Misión Rivas)은 초등교육을 마친 모든 연령대의 사람들에게, 그리고 중고등학교 중퇴자들에게 중고등교육 과정을 제공하는 프로그램이다. 수크레 미션(Misión Sucre)은 중고등교육을 마친 사람들에게 고등교육, 즉 대학교육을 제공해 주는데, 빈곤층과 중하위 계층의 학생들에게 우선권을 준다. 메르칼 미션(Misión Mercal)은 식품과 생필품을 공급하는 프로그램인데, 특히 저소득층에게 양질의 저가 상품들을 안정적으로 공급하는 것을 목적으로 한다. 생산과 상업화의 대안적인 경로들을 생성하는 과정에서 협동조합과 소규모 기업들을 장려한다. 바리오 아덴트로 미션(Misión Barrio Adentro)은 많은 쿠바 출신 의료진의 참여로 전국적으로 1차 진료와 가정의학을 민중 부문에 제공하고자 한다. 사모라 미션(Misión Zamora)은 농민들에게 토지를 배분하는 것을 목적으로 한다. 더불어 능력개발, 기술지원, 마케팅, 인프라 구축, 서비스와 재원조달의 방법들도 전수시킨다. 부엘반 카라스 미션 (Misión Vuelvan Caras)은 취업을 영구적으로 보장하는 프로그램으로 직업훈련, 사회문화적 체험, 그리고 관광, 농업, 인프라 구축, 서비스와 산업 부문에서의 자생적 발전을 장려하는 핵 조직들을 생성하는 것이 목적이다.

지난 몇 년간 미시적인 사회 정책들만 세웠던 여타 라틴아메리카 국가들의 경향과 달리, 차베스 정권의 정책들은 사회적 평등을 도모하고 정치적 불평등과 문화적 배제를 극복하고자 하는 거시적인 목표들을 가지고 있다. 이를 달성하기 위해 참여와 시민권 구축을 강조한다(Parra y Lacruz, 2003). 이런 정책은 경제정책의 부정적인 사회적 효과를 보완하기 위한 정책으로서 고안이 되었다기보다는 경제정책의 핵심적인 요소로 제안되었다. 이 미션들의 목표는 새로운 베네수엘라의 생산구조와 사회구조를 건설하기 위한 협력과 조율을 증진시키고자 함이다. 다시 말해, 새로운 공공제도의 틀을 구성하겠다는 의지의 표명이다.

이들 프로그램의 가능성과 지속성을 평가하기에는 아직 이르다. 이 프로그램들은 분명 석유 수입에 매우 의존적이다. 따라서 석유가격이 하락하면 이 프로그램들의 지속성을 보장하기 어렵다. 한편, 이 프로그램들을 급하게 구현해야 하는 상황 때문에 일이 즉흥적으로 진행되고, 제도적 틀이 느슨한 상황이기 때문에 미션들은 부패를 양성하는 서식지가 될 소지가 다분하다. 사법권을 포함한 감사원과 같은 전통적 제도들은 점점 비효율적으로 변해 가고 있고 그 정당성에 대한 의문은 증가하고 있다. 참여의 매우 중요한 요소를 구성하고 있는 새로운 사회 관리의 행태들은 아직 시작 단계에 머물러 있고 차베스 지지파와 야당 모두로부터, 그리고 여러 공공행정 부문에서 강한 저항에 부딪치고 있다.

공공 부문의 정책을 분석하다 보면, 일차적으로 어떤 방향성들이 대체적으로 명확하고 어느 분야에 공백들이 존재하는가를 알 수 있다. 헌법에 명시되어 있듯이 석유, 석유화학, 그리고 그 외 기초산업에서 관리자로서의 국가의 역할은 분명하다. 국가는 기간시설 구축에서도 중요한 역할을 수행한다. 정부가 도로, 철도, 도시교통, 수자원 관리, 전기 생산과 보급에 투자하는 금액은 실제로 매우 크다. 또한 **내적 개발**(*desarollo endógeno*)의 모델은 중소규모의 서비스 생산자와 공급자의 역할을 구체적으로 명시하며, 일반적으로 **사회적 경제**(*economía social*)**가 수행하는** 역할을 더 분명하게 경계짓는다.

하지만 이러한 정책들을 두고 대안적인 발전모델이라고 할 수 없고, 신자유주의에 대안적인 것이라고도 할 수 없다. 이들 정책들은 항상 변화하는 정세에 대응해야 하는 긴급한 맥락에서 등장한다. 대체적으로 프로그램의 집행이 이론적 구상보다 먼저 이루어진다. 정치적 대결이 지속되고 내적 발전을 지지할 만한 강력한 기업조직들이 부재한 상황에서, 국가가 주도하는 정책과 기업 부문의 활동이 앞으로 어떤 성격으로, 어떤 방향으로 이어질지 불투명하다. 헌법에 명시된 공공 부문과 사기업 부문의 상호보완적인 역할은 초기에 예상치 못했던 어려움에 직면해 있다. 단기적으로 베네수엘라의 대기업들은 정부의 붕괴를 기다리며 차베스 정권 초기에는 투자결정을 계속 미루었다.[24] 2005년과 2006년에 경제가 큰 폭으로 회복되자 유휴산업시설들에 대한 이용이 증가하고 새

---

24) 오로지 기업과 야당의 문서와 발표문을 통해서 베네수엘라 변혁에 대한 것들을 읽어나가면 이 과정은 '카스트로 공산주의' 혁명으로 귀결된다. 이 글들에 의하면, 차베스가 이루고자 하는 것은 사유재산의 몰수와 시민들로부터 자유를 박탈하는 것이다. 이와 같은 진단이 대중매체를 통해 매일 확산되었고, 급기야 상당수의 국민들이 이에 공감하게 되었다.

로운 투자가 활성화되었다. 한편, 주요 경제 부문에서의 외국인 투자가 증가하게 되었는데, 금융, 가스, 정보통신, 전기와 식료품 부문 모두에서 증가세를 보였다.

이같은 상황에서 가장 큰 혜택을 본 부문은 금융이다. 석유가격의 인상과 환율정책으로 재정수입과 공공지출이 급격히 증가했는데, 사회적으로는 자금의 순환이 가속화되고 그 규모도 커졌다. 공공기관 예금의 증가와, 인플레이션을 막기 위한 자금 회수 목적으로 중앙은행이 발행한 국채를 구매해서 생성된 이자 덕분에 은행 부문은 호황기를 누리게 된다.

정부가 초기에 내적 개발을 추진하고 사회적 경제를 실현해 갈 수 있었던 것은 석유 수입이 있었기 때문이다. 이 사실은 프로그램의 지속성을 위협하는, 엄청나게 어려운 도전을 시사한다. 그 성공 여부는 사회경제와 내적 개발과 관련된 경제활동들이 자율적인 자본축적을 과연 가능하게 할 것인가에 달려 있다. 자본축적이 이루어지기 위해서는 일자리를 창출하는 자급자족적인 기제가 필요하고 상품과 서비스에 대한 수요도 필요하며, 국가재정에 의존하지 않는 새로운 투자역량도 필요하다. 그러나 만일 계속 공공지원에 크게 의존하고, 정치적 연줄이 자생적 생산력보다 중요하게 작용하는 후원성 문화가 확산된다면 이 프로그램은 필히 실패할 것이다.

6. 국제적 맥락에서 본 베네수엘라의 변혁

신자유주의에 대한 대안을 찾는 작업은 오늘날 단일한 축으로 편성된 세계에서 가능한 옵션들을 모색하는 과정에서 일어날 것이다. 차베스는 그의 연설에서 미국의 일방적 행태와 오늘날의 야만적 자본주의 질서에서 국제통화기금과 세계은행이 맡고 있는 파행적 역할을 자주 언급하고 있다. 차베스는 유엔 체제를 민주화하고 강화해야 한다는 점을 역설하였다. 그는 우선순위의 외교정책으로 남반구 국가들과의 교역과 정치적 관계를 강화하는 것, 그리고 라틴아메리카의 경제적·정치적·문화적·군사적 통합의 필요성을 주장해 왔다.

세계에서 미국의 영향력이 막강하다는 점과 미국이 베네수엘라의 주 무역상대라는 점을 감안하여 차베스 정권은 대체적으로 미국과의 경제적 관계를 둘러싼 주요 사안들을 다루는 데 매우 신중하게 대처했다. 베네수엘라는 장기적으로 미국에 석유를 공급하겠다는 의지를 밝혔고, 국내 외국인 투자의 법적 안전성을 보장하였으며, 기한 내에 모든 외채를 갚았다.

그럼에도 불구하고 베네수엘라의 주요 국제 활동과 국내 정책들은 미국 당국에 의해 미국의 이해관계에 역행하는 것으로 인식되었다. 미국당국은 그 중 특히 다음과 같은 사안들을 강조하였다.

① 석유개방정책을 통제하려는 결정과 칼데라 정부 이래 추진해 온 생산 증대 계획의 완화.
② 석유수출국기구의 재활성화에의 기여와 세계석유공급의 감축과 그에 따른 석유가격 회복에의 기여.
③ '콜롬비아 플랜'을 전쟁 프로그램으로 단죄.
④ 소위 '마약과의 전쟁'을 벌이기 위한 베네수엘라 영공에서의 미군의 군사적 비행 불허.
⑤ 미국이 '악의 축'이라고 명명한 석유수출국기구 국가들, 특히 이란,

리비아, 이라크와의 외교관계와 대통령들의 공식 방문.

⑥ 미국의 '테러와의 전쟁'을 무조건적으로 지지하기를 거부했다는 점. 이는 테러를 더 강력한 테러로 퇴치할 수 없다는 차베스의 주장에서 드러남.

⑦ 쿠바 정권과 우호 관계를 맺은 것, 특히 미국이 주도하는 쿠바와의 통상 금지령에도 불구하고 쿠바에 석유를 공급했다는 점.

⑧ 다양한 국제포럼과 국제회의에서 베네수엘라의 단독 결정에 의한 투표권 행사.

⑨ 미군에 의한 아이티 대통령 장 베르트랑 아리스티드(Jean Bertrand Aristide) 실각에 대한 비난.

⑩ 칸쿤과 홍콩에서 열린 세계무역기구 장관회의에서 G20에 참여한 것.

⑪ 미주자유무역지대에 대해 지속적으로 의문을 제기하면서, 이 조약을 라틴아메리카 국가들의 개발을 저해하고 국민들 대다수의 삶의 질을 저하하는 것으로, 미국 다국적 기업의 이해관계에만 부응하는 조약으로 고발했다는 점.

⑫ 베네수엘라 정부의 스페인과 러시아산 무기구매. 베네수엘라 정부는 미국이 베네수엘라에 신종무기를 판매하지 않고, 기존에 구매했던 무기의 부품조차도 판매하지 않으며, 부품을 사지 못함으로써 미국산 무기 또는 미국 기술로 제조된 무기들이 무용지물이 되어 베네수엘라 국군 무기고에 악영향을 끼쳤다는 주장.

⑬ 가자와 레바논에 대한 이스라엘 정부의 비합법적 침공, 그리고 이 침공을 정치적·군사적으로 뒷받침한 미국 정부에 대한 비난.

⑭ 유엔 안전보장이사회에 라틴아메리카를 대표하는 이사국 후보로

입후보한 것. 이 계획은 부시 정권의 강력한 반대에 부딪힘.

　미국 부시 정권의 베네수엘라에 대한 정책은 점점 더 공격적으로 변했다. 조지 부시 대통령과 콘돌리자 라이스와 콜린 파웰 등 미국정부의 대외정책 관계자들, 그리고 국무성에서 라틴아메리카 지역을 담당하고 있는 오토 라이히(Otto Reich)와 로저 노리에가(Roger Noriega)와 같은 이들은 베네수엘라 정부를 대상으로 공개적으로 '경고'를 반복해 왔다. 부시 정권이 2002년 4월 야권 주도의 쿠데타를 지지했다는 점은 의심의 여지가 없다(Lander, 2002). 미국 국무성은 쿠데타 지도자들과 여러 번의 회동을 가졌고, 차베스의 퇴출을 독려했던, 소위 '시민 사회'라고 자처한 정당과 노조, 그리고 기업조직들을 재정적으로 지원하였다. 이 재정적 지원은 정확히 2002년 4월부터 늘어났다. 미국 국제개발처(USAID)는 베네수엘라 정치과정에 영향력을 행사하고자 하는 목적으로 1,000만 달러를 투입하여 '베네수엘라: 신뢰구축 이니셔티브'(Venezuela: Confidence-building Initiatives)라는 대규모 프로젝트를 집행하고 있다(2002~2004). 이 프로그램은 2002년 쿠데타에 주도적으로 참여했고 그 후 지속적으로 차베스 퇴출을 위해 수단과 방법을 가리지 않는 조직들을 지원한다. 2004년 3월, 미군 남부사령부 총사령관인 제임스 힐 장군은 베네수엘라 정부를 "급진적인 포퓰리즘"으로 규정하고 "미국의 이해관계를 위협하는 세력"이라고 단정지었다(Hill, 2004).

　차베스가 대통령으로 당선되었던 1999년에 라틴아메리카의 거의 모든 정권들은 신자유주의적인 노선을 따르고 있었고 미국의 정책에 순종하는 상황이어서 베네수엘라는 매우 고립된 입장이었다. 이와 같은 상황이 영구적이었다면 현재 베네수엘라가 수행하고 있는 변혁은 불가능했을 것이다. 그러나 그간 라틴아메리카에서 많은 변화들이 있었다. 특히 1999년 시애틀의 반WTO 시위 이후로 전세계적으로도 많은 변화들이 있었다. 세계화에 대한 저항운동들의 발전과 강화는 세계사회포럼 (2001년에 포르투 알레그리에서 출범한 이래, 2006년 바마코[말리], 카라치[파키스탄], 그리고 카라카스에서 동시에 열린 6차 포럼에 이르기까지)에서 잘 드러난다. 나아가서, 구조조정 반대운동, 특히 사유화 반대운동 역시 라틴아메리카 대륙에서 두각을 나타냈는데, 코차밤바의 '물 전쟁'은 그 대표적인 예이다.

지난 몇 년간 에콰도르, 아르헨티나, 볼리비아에서는 신자유주의적 성향의 정부들이 민중적 저항 앞에 무너졌다. 이 책의 다른 장에서 볼 수 있듯이, 브라질에서 루이스 이나시오 룰라 다 실바의 당선과 아르헨티나에서 네스토르 키르치네르의 당선과 함께 라틴아메리카의 정치적 지형에 큰 변화가 일어나기 시작했다. 라틴아메리카가 정치적 스펙트럼에서 좌파로 이동하는 이 추세는 2004년 말에 우루과이 선거에서 '확대전선'이 승리하면서, 2005년도에 볼리비아의 첫 원주민 대통령인 에보 모랄레스가 당선되면서, 그리고 2006년도에는 멕시코에서 안드레스 마누엘 로페스 오브라도르가 승리하면서 확인되었다(로페스 오브라도르의 승리가 부정선거를 일삼는 멕시코 선거관리위원회의 인정을 받든 못 받든 간에). 서로 다른 정치적 과정에서 파생되는 불가피한 어려움에도 불구하고(각각의 리듬과 가능성을 가졌기에), 수십 년 만에 최초로 라틴아메리카에 의한, 라틴아메리카를 위한 경제적·지정학적 제안들을 탄생시킬 수 있는 조건들이 생성되었다.

과연 이러한 변화가 라틴아메리카 대륙에서 신자유주의 헤게모니의 종말을 예고하는지는 알 수 없다. 신자유주의는 경제정책 또는 경제

이론 그 훨씬 이상의 것을 담고 있다. 지난 30년간 신자유주의는 생산체제에 있어서 매우 깊은 변화들을 초래했다. 특히 사회 부문과 계층 간의 권력관계에, 국가의 역할과 공공정책을 집행할 수 있는 국가 자율성의 수준에, 그리고 이들 사회의 상상계와 주체성에도 큰 영향을 끼쳤다. 좌파 계열의, 또는 사회주의 계열의 대통령 또는 정당이 권력을 잡았다고 해서 그 사회가 신자유주의를 탈피하려는 의지 또는 역량이 있는 것은 아니며 실질적으로 그 사회구성에 변화를 초래할 수 있는 것은 아니다. 이와 같은 문제는 특히 칠레, 브라질과 우루과이에서 발견된다.

　미주자유무역지대를 반대하는 운동에서 사회 조직들 간의 네트워크가 구축되고 그 속에서 대화와 조율이 이루어지면서 값진 경험을 축적할 수 있었다. 라틴아메리카 전역에서 많은 조직들이 이 투쟁에 참여하였고, 아르헨티나, 브라질, 그리고 볼리비아 정부의 일부도 함께했다. 이 제국주의적 프로젝트에 대한 베네수엘라 정부의 급진적 비판에서 짐작할 수 있듯이, 이 정부와 라틴아메리카에서 이러한 저항을 주도하고 있는 조직들 간의 관계는 매우 생산적이었다. 정부와 사회조직들 간의 이러한 협력과 통합은 신자유주의에 반대하는 정도가 달라도 많은 가능성을 안고 있다.

　베네수엘라의 정치 과정은 군사적 신자유주의 세계화라는 파괴적 동력에 대항하는 세계적·라틴아메리카적 투쟁의 일부이다. 이 과정의 심화와 지속은 이와 같은 세계 대결구도 안에서 이루어진다. 이러한 의미에서, 경제적일 뿐만 아니라 정치적이고 문화적인, 라틴아메리카의 통합과정의 방향은 결정적일 것이다. 이 과정은 열린 과정으로서 아주 많은 기대를 모으고 있다. 미주자유무역지대는 2005년 11월, 마르 델 플라타에서 열린 제4회 아메리카 정상회의에서 결정적인 사망선고를 받았다. 베네수엘라는 남미공동시장 정회원 신청을 하였고, 카리브공동체(CARICOM)와 다른 남아메리카 국가들과 다양한 정치·경제·에너지 조약을 맺었다(카리브석유협력기구PETROCARIBE). 텔레수르(teleSUR) 프로젝트는 매우 중요한 사안에 대한 대안을 모색하고자 한다. 라틴아메리카에서 정보의 원천을 거의 독점하다시피 하고 있는 북미의 미디어 산업을 견제할 수 있는 고유의 방송매체를 장려하는 것이다. '아메리카를위한 볼리바르 대안'은 미주자유무역지대와 자유무역 논리에 직면한 공동체들에게 대안적인 통합적 옵션으로 제공되고 있다. 볼리비아의 에보모랄레스 정권은 집권하자마자 미주자유무역지대에 대한 대안으로 민중무역협약(TCP)을 내세웠다.

7. 정치적-이데올로기적 토론의 심화

베네수엘라 선거관리위원회는 2004년 8월 15일에 ——이 대륙에서는 최초로——대통령에 대한 탄핵소추 국민투표를 감행하기로 했다. 헌법 제72조에 따라, 그리고 보고된 서명자의 수와 유효성에 대한 여러 번의 진통을 겪은 후, 야당은 선거인단 20% 이상의 서명을 받은 것으로 확인되었다. 이 국민투표는 단순히 차베스가 대통령직을 지속할 것인가 말 것인가의 문제가 아니었다. 관건은 사회적 갈등을 감수해서라도 변화를계속 추구할 것인가, 아니면 경제·정치적 정책들을 신자유주의적 모델로 전환시킬 것인가, 특히 베네수엘라를 지정학적으로 미국의 동맹국으로 재편성할 것인가의 문제였다. 차베스는 59%의 지지율과 30%의 기권으로 대통령직을 계속 맡게 되었다.

이러한 결과들은 베네수엘라의 정치적 상황을 특징짓는 세 가지 점을 확인시켜 주었다. 첫번째로, 차베스 정권은 지난 몇 년간 직면했던 수많은 어려움과 장애물, 즉 쿠데타, 석유산업과 대기업들의 파업, 민영언론사 세력들의 체계적이고도 완강한 반대 캠페인, 그리고 미국 정부에 의한 반복적인 위협들에도 불구하고 상당히 굳건한 지지를 받고 있었다는 점이다. 2000년 8월 총선에서 얻은 지지율을 유지하고 선거인단 명부가 늘어나면서 차베스에 대한 지지는 2백만 표 증가한다. 이로써 차베스와 차베스를 지지하는 정치적 세력은 1998년 이후로 7개의 선거에서 연이어 승리하였다.

두번째로, 베네수엘라는 깊이 분열되어 있는 사회이며 이 분열은 분명히 계급적인 성격을 띠고 있다는 점이다. 고소득층에서 차베스의 퇴출을 지지하는 '찬성'(Sí)의 득표율은 80~90% 사이였다. 민중 부문에서 '반대'(No)의 득표율은 70~80%를 상회했다. 야당이 직면한 문제는 민중 부문이 고소득층보다 훨씬 더 머릿수가 많다는 사실이었다.

세번째로, 베네수엘라 야당의 지도부는 상황이 본인들에게 유리하게 돌아가지 않을 경우 민주주의의 규칙들을 존중하고자 하는 의지가 없음을 여실히 드러냈다. 국민투표의 결과는 여러 여론조사와 일치했을 뿐만 아니라 '미주기구'(OEA)와 '카터센터'(Carter Center)로부터 정당하고 유효한 것으로 인정되었다. 그러나 야당 지도부는 투표결과를 '아메리카국가기구'와 '카터센터'가 인정한다면 수긍할 것이라는 성명을 투표 전에 냈었음에도 불구하고 받아들이지 않았다.

타자의 현실을 알지도 못하면서 민중 부문에 대한 인종차별주의적인 경멸을 그대로 드러낸 야당 지도부는 나라의 다수를 이루고 있는 빈민들이 엘리트가 거부하는 정치적 프로젝트를 적극적으로 수용하고 지지한다는 사실을 인정할 수 없었다. 이 같은 조건에서는 두 가지 설명만 가능하다. 빈민들을 정부가 매수했거나,[25] 아니면 세계적인 전문가와 국제 감시기구들도 미처 발견하지 못한 매우 세련된 부정선거가 자행되었다는 것이다.

선거 감시자의 정당성을 인정하지 않고, 그리고 아마도 탄핵소추 국민투표에서보다 총선에서는 훨씬 더 적은 지지율이 나올 것이라는 여론조사의 결과 때문에, 야권의 모든 정당은 마지막 순간에 2005년 12월 총선 출마를 철회하기로 했다. 선거의 불참비율이 75%를 상회하는 가운데 현 정권을 지지하는 정당들은 국회 의석 모두를 석권하게 되었다.

2006년 12월 대통령 선거에서 차베스는 야권의 마누엘 로살레스 (Manuel Rosales) 술리아 주지사보다 높은 지지율을 얻으면서 베네수엘라 정치의 새로운 지평을 열었다. 선거 직후, 차베스는 **21세기 사회주의**를 구축하기 위한 과제를 발표하는데, 그 중에 가장 우선적인 과제들로 현 정권을 지지하는 모든 정당을 통합하여 새로운 정당, '베네수엘라 통합사회주의당'을 창당할 것을 제안하고 5대 과제를 발표했다. 수권법의 통과, 헌법의 사회주의적 개혁, 민중의 교육, '권력의 새로운 기하학', 지역공동체 권력/지역공동체위원회의 혁명적 확산 등의 과제들이었다. 민중권력은 이 다섯 가지 동력 중의 하나로, 나라의 변화를 위한 원동력, 21세기의 사회주의를 향한 동력으로, 가장 강력한 것으로 규정되었다.

적어도 공적 논의에서, 그 당시까지만 해도 지역주민위원회를 근간으로 어떤 형태의 국가를 건설하고자 하는 것인지 명확하지 않았다. 주

---

25) 베네수엘라의 로살리오 호세 카스티요 라라(Rosalio José Castillo Lara) 추기경의 다음과 같은 말에 엘리트의 빈민에 대한 인종차별주의적 경멸을 엿볼 수 있다. 그는 바티칸 라디오에서 이번 선거결과는 "빈민들에게 50~60달러를 주면서 '반대'(No)를 찍게 한 것의 결과"라고 주장했다(Castillo Lara, 2004).

요 골격을 이루는 사안에 대한 의견의 불일치 역시 가끔 발견되기도 했다. 일단, 지역주민위원회와 기존의 베네수엘라 행정체계, 특히 주나 시와의 관계가 명확하지 않았다. 주정부 또는 시정의 범위와 역할, 그리고 관할구역에는 변화가 있을 수는 있어도, 그것들이 근본적으로 없어지지는 않을 것이라고 선언한 정부의 고위관리자들도 있었다. 한편, 지역주민 중심의 국가(Estado Comunal)를 구축할 것이라는 선언과 함께 지역주민위원회로부터, 즉 아래로부터의 통합적인 국가를 재건설하자는 주장도 있었다. 지역주민위원회는 지역 기반에서 시작하여 그 영역이 확장되면서 다른 단위들과 연합 또는 연대하여 점차적으로 기존 정부의 법적-정치적 조직과 관리구역을 대체한다는 기획이었다. 현재 이 같은 방향으로 나아가고 있는 몇몇 조직 형태들이 있는데, 지역주민정부(Gobiernos Comunales)가 그 한 예이다. 지역주민정부가 관할하는 구역은 **코무나스**(*comunas*)라고 하는데, 10개의 지역주민위원회로 구성되어 있다. 이 코무나스들은 현재 수도 카라카스와 다른 몇 개 주에서 실험적으로 운영되고 있다. 이 코무나스들은 민중권력을 집행하는 단위로서 다른 코무나스와 상업적 교환이 아닌 물물교환을 수행할 생산기지들을 개발하도록 되어 있다. 이러한 내용은 권력의 새로운 기하학이라고 하는 기획에서도 발견되며 '사회적', '사회주의적', 또는 '공동체적'이라고 명명된 도시와 영토에서도 발견된다. 이 같은 사례들에서 실질적으로 기존의 법적-정치적 체제를 총체적으로 변화시키고자 하는 의지를 볼 수 있다.

지역주민위원회에 대한 비판적인 논의와 갈등은 참여의 영역을 어떻게 규정할 것인가의 문제이다. 사회 모든 부문에 열려 있는 다원적인 공간인가? 다시 말하면 서로 다른 사회적·정치적 프로젝트나 관점에 대한 대립적 논의들을 담아낼 수 있는가? 아니면 이 공간은 차베스의 정치적 공간에 불과한가, 또는 소위 '혁명세력' 또는 '사회주의자'들의 공간인가? 실제로 야권 세력이 지배적인 지역에서도 지역주민위원회가 구성되었지만, 주민지역위원회 프로젝트를 추진하고 있는 당국에서는 이 조직을 오로지 '혁명'에의 의지가 있는 정치적 공간으로 규정하고 그 외의 세력들을 배제하고자 한다. 이 사안은 베네수엘라 민주주의의 미래를 위해 매우 중요한 사안이다. 국가의 새로운 사회주의 모델을 구성하는 기본단위로서의 지역주민위원회가 파벌을 양성하고 정부의 새로운 정치적 프로젝트에 누가, 어떤 조직들만 가담할 수 있는지에 대한 조건을 내세우며 여타 세력들을 배제하면, 이는 결과적으로 베네수엘라 국민의 상당수를 배제하는 격이 된다. 지역주민위원회에서 2006년 12월 국민투표에서 차베스에 반대했던 37%를 배제하면 보다 더 민주적인 사회의 건설을 지향한다는 포부 자체를 부정하는 셈이 된다. 이 사안은 결코 해소될 수 없는 긴장감을 안고 있다.

현 의사결정과정은 이 토론의 조건을 사실상 제한시키는 장애물 역할을 하고 있다. 2006년 12월 선거에서 승리한 후 차베스 대통령은 현재 베네수엘라에서 진행 중인 새로운 사회주의 단계에 부응하기 위해, 기존 법제도에 대대적인 손질이 필요하다고 주장했다. 차베스는 개정안을 국회에 상정하여, 그가 제안하는 변화들을 공론화시킬 수도 있었을 것이다. 특히 모든 국회의원들이 여당에 소속되어 있는 상황에서 국회는 당연히 제안된 개정안들을 수용했을 것이다. 그러나 차베스는 국회를 거쳐가기보다는 새로운 수권법, 즉 비상대권을 발효했다. 이 법은 "대통령이 이 법에서 위임한 지침, 목적, 사안에 따라 법의 지위, 가치와 효력을 갖는 시행령을 국무회의에서 선포할 수 있다"는 내용으로 18개월간의 효력을 갖는다. 이처럼 법제의 개편은 다양한 정치세력들의 이해관계를 논의하는 공론화 과정이 아니라 대통령의 결정으로, 일방적으로 발표되는 과정으로 전락하였다. 민주주의 사회의 사활은 헌법 또는 헌법 개정에 대한 논의가 얼마나 개방적으로, 충분하게 진행되었는가에 달려 있음에도 불구하고, 헌법의 개정 과정도 이와 같은 동일한 방식으로 진행되었다.

결론적으로 말하자면, 2007년은 새롭고도 매우 복잡한 시기의 시작이었다. 이 기간 동안 베네수엘라를 재건설하는 데 관여했던 모든 행위자들은 그간 미루어 왔던 많은 주제, 긴장, 그리고 문제들을 다루어야만 했다. 차베스주의가 직면한 다양한 유파들 간의 관계, 보다 높은 수준에서의 정치제도화에 대한 요구, 악명 높은 공공 사업의 비효율성에 효율적으로 대처해야 하는 필요성, 변혁의 정당성을 실추시키고 위협하는 부패의 증가 등, 문제들이 산재해 있다.

물론 확실한 것은 베네수엘라가 새로이 건설하고자 하는 사회에 대한 정치적-이데올로기적 토론이 더 심화될 것이라는 점이다. 앞으로 베네수엘라가 지향하는 것은 참여민주주의와 1999년 헌법이 제시하고 있는 연대적 또는 사회적 경제에 무게를 둔 국가자본주의 모델인가? 아니면 반대로 새로운 사회주의 국면인가? 이것이 최근에 시작된 논쟁이다. 21세기의 사회주의는 어떤 양상으로 펼쳐질 것인가? 소유권은 어떻게 규정되어야 할 것인가? 이와 같은 사회주의 프로젝트는 20세기의 소비에트 사회주의와 어떻게 차별화되는가? 현재 라틴아메리카와 세계 질서의 맥락에서 이와 같은 프로젝트는 어떻게 자리매김되며 어떤 가능성을 가지고 있는가?

마찬가지로 현재 베네수엘라에서 추진되고 있는 발전방식 또는 모델에 대한 토론을 심화시킬 필요도 있다. 베네수엘라가 오늘날 수행하고 있는 변혁의 목적은 여러 번 제시되어 왔듯이, 약탈의 문명화 모델에 대안적인 모델을 구축하는 데 있다. 이 모델은 증가하는 탄화수소의 소비에서 볼 수 있듯이, 지구 전체의 생명을 위협하고 있다. 이 주제는 차베스의 연설에서 자주 발견된다. 그럼에도 불구하고, 베네수엘라는 탄화수소 자원을 엄청나게 보유하고 있고, 한편 이 자원은 국내정책을 추진하기 위한 주된 재원으로 활용되고 있을 뿐만 아니라 베네수엘라 정부의 지정학적 대외정책의 중요한 기반이기도 하다. 이 깊은 모순을 어떻게 극복할 수 있는가? 이와 같은 상황에서 논쟁과 관점의 대결, 그리고 공동체와 사회조직들의 투쟁은 이제 막 시작되고 있다.

8. 후기: 2007년 12월 헌법 개정에 대한 국민투표

2007년 12월에 헌법 제69조를 개정하는 사안을 두고 국민투표가 실시되었다. 이 제안은 헌법에 대한 '개혁'이라기보다는 헌법의 완벽한 개조를 요구하는 사안이었다. 즉, 국가의 정의, 사회주의적 민주주의와 경제의 개념, 영토의 근본적인 재편성, 그리고 대통령의 재선을 제한하는 조항의 폐지 등과 같은 내용들이 포함되었다. 여기서 차베스와 그의 정부는 9년 동안 연속적으로 선거에서 승리만 했다가 처음으로 패배의 고배를 마셨다. 이 사안에 대한 '반대'(No)가 1.5%라는 간소한 차이로 이겼다. 이 국민투표의 결과를 2006년 대통령 선거와 비교했을 때, 이 차이는 야권 표의 증가에서 비롯된 것이 아니라 3백만 명에 달하는 차베스 지지자들이 기권한 것에서 발생했다.

　이 결과에 대한 해석은 다양하다. 베네수엘라의 정치 과정은 매우 중요한 갈림길에 서 있다. 차베스 정권이 자족적인 성향, 자성의 부재, 그리고 분파주의로 대응한다면 이는 변혁 과정의 쇠락을 알리는 신호가 될 것이다. 반대로 차베스와 그 정권이 국민 사이에 퍼지기 시작한 공공 사업의 실패, 사회안전망의 부재, 부패, 물가상승, 수직적 문화와 자율적 사회조직이 직면하는 장애물 등에 대한 불평불만의 다양한 목소리에 귀를 기울인다면, 그리고 자아비판에 대한 성찰과 진정으로 개방된 토론의 장이 마련된다면, 이 선거에서의 패배는 민주화 과정이 보다 더 참여적이고 민주적인 방향으로 갈 수 있도록 하는 경고의 메시지로 기억될 것이다.

4장 _ 우루과이

좌파 정권—지속과 변화 사이에서

다니엘 차베스

우루과이 좌파가 오늘날 권력을 잡기까지 걸어온 길에서, 권력을 잡으
려는 열망과 그 가능성을 가진 모든 반(反)헤게모니적 정치세력이 직면
하는 핵심 딜레마를 볼 수 있다. 라틴아메리카 과거와 현재의 다른 진보
정권들과 마찬가지로, 우루과이 좌파의 변혁 프로그램도 적대적인 세력
들의 정치적·사회적·경제적 압력을 예상할 수 있었다. 한편으로, 우루
과이의 옛 정치 엘리트와 경제 엘리트, 국제금융기관, 미국 정부기관, 그
리고 새 정부의 해방적 성격을 최소화하려고 하는 다른 보수 세력들의
압력을 받았다. 다른 한편으로 30년 이상 지속된 권위주의적이고 배제
적인 통치로부터 물려받은 아주 심각한 사회 위기의 맥락에서, 좌파의
역사적 정강을 계승하여 취약한 사회계층의 요구와 기대에 부응하라는
압력도 있었다. 우루과이 좌파가 대권을 잡은 지 2년쯤 지났을 때, 좌파
내부에 갈등이 누적되었고, 이는 정치와 선거 과정을 통해 발표해 온 공
약에서——한편으로 유토피아를 건설하면서, 다른 한편으로 현실의 구
체적인 문제들에 대한 실제적 해결책을 모색하는—— 정부로의 힘겨운
이행을 잘 보여 준다.

가장 최근의 총선과 대선은 2004년 10월에 있었다. 좌파는 대선에서 전체 유권자의 50.5%[1]에 상응하는 112만 4761표를 얻어, [결선 투표 없이] 1차 선거에서 바로 승리를 거머쥐었다. 선거연대조직인, '진보모임-확대전선/신다수'(EP-FA/NM)의 카리스마적인 지도자이고, 의사 출신 사회주의자인 바스케스(Tabaré Vázquez)는 2005년 3월 1일, 5년 임기의 대통령직에 취임하였다. 이 선거연대조직은 대통령 외에도 상원의원 16명, 하원의원 53명을 당선시킴으로써, 국회 내 절대 다수를 차지하는 데 성공하였다.

이 장은 다섯 부분으로 나눠져 있다. 이 서론 다음에 이어지는 첫번째 부분에서는 라틴아메리카 맥락에서 본 우루과이 사회의 고유한 몇 가지 특징을 살펴보면서, 선거를 통해 좌파가 부상하고 통합하는 과정을 서술하고 해석한다. 두번째 부분은 우루과이 좌파의 의미 있는 (그리고 유일한) 행정 선례, 즉 1990년부터 오늘날까지의 진보적인 몬테비데오 시정(市政)을 간략하게 분석한다. 세번째 부분에서는 2004년 선거 뒤 정부가 발표한 정책과 도전, 그리고 선거프로젝트와 정치프로젝트 사이에 존재하는 모순을 집중적으로 다룬다. 네번째 부분은 미국과의 자유무역협정(TLC)과 관련하여 진행 중인 논쟁을 포함하여, 우루과이 좌파의 경제정책에 초점을 맞춘다. 마지막으로 결론에 해당하는 다섯번째 부분에서는 라틴아메리카의 다른 진보 행정 경험에 비추어, '확대전선'이 제안한 변혁의 가능성과 지속성을 중심으로 몇 가지 종합적인 성찰을 하고자 한다.

---

1) 이는 백지표와 무효표를 포함하여 기표한 총투표 수에 대한 백분율이다.

1. 좌파의 부상(浮上)과 통합 과정

우루과이의 정치는 역사적으로 다른 라틴아메리카 국가들에 비해 상대적으로 더 개방적이고 포용적이었다. 20세기 초반 바트예 이 오르도녜스(José Batlle y Ordóñez)[2]는 1825년 우루과이가 독립한 이래 지속되었던, 고질적인 내전 상황을 종식시키면서, 근대국가의 기틀을 마련하였다. 19세기에 우루과이는 그 진보적인 정치 구조나 사회정책의 관점에서 볼 때, 대체적으로 다른 라틴아메리카 나라들의 모범 사례로 간주되었다. 다른 비교연구들에 따르면, 우루과이는 다른 라틴아메리카 나라들에서 볼 수 있는 허약하고 분산적인 정당 제도와 대조적으로, 강력하고 통합적인 정당 제도를 가졌다(Mainwaring and Scully, 1995). 그러나 제2차 세계대전 이후, 특히 1950년대 후반 이후 우루과이는 점증하는 사회적 양극화와 정치적 권위주의를 특성으로 하는 시대에 접어들었다. 그리고 1973년 6월, 군사쿠데타가 일어났는데, 이는 정치적 좌파와 사회적 좌파가 성장, 통합, 그리고 급진화하면서, 오래전부터 예상되었던 보수적인 반발이라 할 수 있다.

우루과이에서 상대적으로 영향력 있는 정당이나 사회운동들은 노동계급을 중심으로 발전하였고, 이 계급은 주로 초기 유럽 이민 노동자 물결에서 유래하였다. 이 이민 물결에서, 거대한 도시 중간계급이 출현하였고, 이들은 우루과이의 지배적인 정치 문화의 핵심을 구성하였다.

---

2) 바트예 이 오르도녜스(1856~1929)는 당시로서는 진보적이고 폭넓은 사회정책을 입안하였고, 이 정책을 뒷받침할 수 있는 자원을 창출하기 위해 축산업에 바탕을 둔, 복지국가의 토대를 마련하였다.

두 개의 주요 정당, 즉 '백색당'(Partido Blanco)이라고도 불리는 '국민 당'(PN)과 '콜로라도당'(PC)이 독립 직후부터 1980년대 말까지, 거의 단절이나 경쟁자 없이 국내 정치를 주도하였다.[3] 이 두 정당은 모든 국가 영역에 걸쳐서 다양한 형태의 공동 정부를 수립하였고, 국가와 사회의 중재자로서 결정적인 역할을 수행하였다.

이러한 맥락에서——사회적·경제적 위기와 함께 발생하였던——정치체제의 장기적이고 심각한 구조적 위기가 1971년 '확대전선'의 창립에 크게 영향을 미쳤다. 선거연대조직인 '확대전선'은 민주주의 제도의 급격하고 심각한 악화를 우려하는, 다양한 정치적·사회적 세력이 모이는 유기적인 공간이 되었다. '확대전선'의 주요한 특성은 두 전통 정당에서 갈라져 나온 이들이 표방하는 포퓰리즘적 개혁주의, 60년대 맑스주의 좌파, 그리고 여러 형태의 새로운 혁명 좌파와 같은 다양한 요소들을 포괄하는 정치적 연대 틀이라는 그 특유의 정체성이다.

'확대전선'은 근본적인 사회적·정치적 변혁을 지향하는 공동 의제(agenda) 아래, 이전에 서로 경쟁했던 모든 좌파 '가족들'을 하나로 묶을 수 있는 상설적 연대 틀이 되었다. 1971년 3월에 발표한 창립 선언문에는 두 개의 주요 맑스주의 정당, 즉 '우루과이 공산당'(PCU)과 '우루과이 사회주의당'(PSU) 외에도, 게릴라 단체의 합법적인 조직을 포함한 여러 혁명 집단, '공동체적이고 자율적인' 사회주의를 촉진하는 '기독민

---

3) 정당 이름에 들어 있는, 'Blanco'(흰색)와 'Colorado'(빨간색)는 19세기의 유혈 내전 동안 사용하였던 휘장에서 비롯한 것이다. 이 두 정당은 독립전쟁 직후에 일어났던 내전 때 창당되었다. 처음에는 농촌지역(blancos)과 도시(colorados) 사이의 갈등을 반영하였다. 오늘날 이 두 정당은 아주 가변적이고 모호한 중도우파 이데올로기를 공유하나, 중도좌파에서 극우에 이르는 다양한 내부 분파를 가지고 있어, 단일 정당이라기보다는 정당 연합에 가깝다.

주당'(PDC), 두 전통 정당에서 갈라져 나온 분파들, 지식인, 진보적인 노조활동가와 군 장교들이 서명하였다.

1985년, 자유민주주의로 복귀하면서 군사쿠데타 이전에 존재했던, 우루과이 정치 구조를 복원하였다. 권위주의 체제 이후 첫 선거인, 1984년 선거에서 '확대전선'과 두 전통 정당은 1971년과 거의 비슷한 이데올로기적 위치를 복구하였다. '확대전선'은 1989년 이후, 다시 말하면 몬테비데오 지자체 선거에서 승리한 이후, 군사독재 이후 체제를 구성하는 제도적 한 요소로서 좌파들을 재결집하면서, 기본적인 민주화 행위자로서 역할을 하였다. 그와 동시에 좌파는 중앙정부를 장악하기 이전 20년 동안, 독재 이후 시대에 등장한 네 차례의 중앙정부가 추진한 보수적인 정치적·경제적 개혁을 비판하는 세력을 이끌었다.

'확대전선'은 늘 우루과이의 역사에서 가장 중요한 민중 조직, 특히 노조, 생활협동조합 그리고 학생단체들의 조직적인 지지를 받았다. 그럼에도 불구하고 대다수의 다른 라틴아메리카 나라들에서와 달리, 좌파적 정치 구조와 사회운동단체들 사이에 절대적인 의존 관계가 형성되지 않았다. 오히려 그 반대로 사회운동단체들은 특히 80년대 말 '우루과이 공산당'이 노조들 사이에서 역사적 헤게모니를 상실한 이래, 늘 고유한 정치적 자율성을 유지하는 데 큰 관심을 쏟았다. 정치적 좌파연대조직이 중도 쪽으로 기운 반면에, 사회적 좌파는 보다 더 급진적인 길을 선택하였다.

'확대전선'의 힘, 그리고 전체 우루과이 사회의 힘은 민영화나 복지국가 해체에 대한 완강한 반대에 있다는 주장이 있다(Rankin, 1995). 1992년 12월 '국민발안'(initiativa popular)으로 치러진 국민투표에서, 사실상 모든 국영기업을 민영화하고 신자유주의 프로젝트를 강화하고자 하는 법안에, 유권자의 72%가 반대표를 던졌다. 이것은 전면적인 민영화에 대해 국민의 의견을 묻고, 국민투표를 통해 그 가능성을 차단했던, 세계에서 유일한 사례였다.

최근 30년 동안, '확대전선'은 선거를 거치면서 지지율을 극적으로 끌어올렸다. 1971년 18%를 얻었으나, 2004년 1차 대선과 총선에서 50%를 넘어섰다. 사실 두 전통 정당은 1999년 대선을 앞두고 좌파의 승리가 기정사실화되자, (일부 좌파 의원들의 지지를 받아) 가장 많은 표를 얻은 상위의 두 후보가 결선 투표를 치르도록 하는 헌법 개정안을 통과시키는 데 힘을 모았다. 두 전통 정당은 150년 넘게 치열한 정치적 경쟁을 해왔으나, 1999년 대선 결선투표를 앞두고 좌파의 승리를 막기 위해 손을 잡았다. 선거 결과, '진보모임-확대전선'(EP-FA)이 44%, 보수 후보가 52%를 얻었다. 2004년 대선에서도 두 전통 정당은 이와 비슷한 전략을 구사하였으나, 좌파가 1차 투표에서 승리함으로써 그 전략은 실패로 돌아갔다.

'진보모임-확대전선'은 '확대전선'을 기본 토대로 한, 보다 더 광범위한 정치적 연대 틀이다. 이 연대 틀은 전통 정당에서 이탈한 중도좌파 세력, 그리고 1980년대 말에 '확대전선'을 떠났다가 1994년 '진보모임'(EP)의 성원 자격으로 재결합한 일부 '확대전선' 창립 성원(특히 '기독민주당')들을 포함했다. 2004년 선거를 즈음해, 좌파 연대의 폭이 한층 더 확장되었는데, 바스케스의 대선 입후보, 그리고 '확대전선'이 제시한 변혁 공약을 지지하는 정당, 단체, 정치운동들이 참여하였다. 좌파의 선거연대조직을 지칭하는 머리글자[EP-FA/NM]에 새로 추가된 'NM'은 '신다수'(Nueva Mayoría)라는 조직이 만들어지면서 생겨난 것이다. '신다수'는 '진보모임-확대전선', '신공간'(Nuevo Espacio, 1980년대 말에 '확대전선'에서 갈라져 나온 국회의원들이 만든 사회민주주의적인 정당), 그리고 두 전통 정당에서 탈당한 진보적인 지도자들이 선거와 공약의 관점에서 합의한 조직 틀이다. 우루과이 좌파의 선거적·정치적 수렴 과정의 마지막 단계는 '진보모임'과 '신다수'를 각각 해체하고, 진보 영역의 모든 분파들을 '확대전선' 아래 통합한 2005년 11월에 마무리되었다.[4]

우루과이 좌파의 통합 과정은 다른 라틴아메리카 나라들에서 이뤄진, 이와 비슷한 시도들 가운데에서 가장 독창적이고 야심찬 것이다. '확대전선'을 구성하는 정당과 운동단체들의 규모는 1971년 창당 이래 지속적으로 확장되었다. '확대전선'이 2004년 대선에서 이겼을 때, 이 좌파연대조직은 16개의 정치 집단으로 구성되어 있었다. 게다가 '진보모임'과 '신다수'를 구성하는 모든 그룹들까지 고려한다면, 그 숫자는 거의 30개로 늘어난다. 그러나 선거나 정강에 대한 서로 다른 분파들 사이의 협약을 고려할 때, 오늘날 우루과이 좌파는 사실상 크게 여덟 개 분파로 나눌 수 있다. 전국 선거 결과에 따르면, '진보모임-확대전선/신다수' 내 최대 세력은 '공간 609/민중참여운동'(MPP)이다. 이 분파는 좌파 선거연대조직이 받은 총득표수의 29%를 차지한다. 이 분파는 '투파마로민족해방운동'(MLN-T) 출신의 전(前)게릴라들이 주도하나, 또한 두 전통 정당에서 갈라져 나온 중도좌파 부문을 포함하고 있다. 제2의 세력(총투표수의 18%)는 '우루과이 회의'(Asamblea Uruguay)로, 독립적인 좌파 활동가들과 전(前)공산주의자들이 모인 이질적인 집단이다.

---

4) 원외 좌파는 '확대전선'의 외곽에 자리하며, 선거와 별 상관없고 정치적 영향력도 크게 제한된 집단들로 이뤄져 있다.

그 지도자는 아스토리(Danilo Astori) 경제부 장관이다. 제3의 세력(총투표수의 15%)은 '공간 90'(Espacio 90)으로 '사회당'이 주도하는 하위연대조직이다. 제4의 세력(총투표수의 9%)은 19세기 독립 투쟁의 영웅이자 지도자인 아르티가스(José Artigas)의 민주적이고 해방적인 사상에서 연유한 이름을 사용하는 '아르티가스파'(Vertiente Artiguista)이다. 제5의 세력(총투표수의 9%)은 '진보 동맹'(Alianza Progresista)으로, 노보아(Rodolfo Nin Novoa) 부통령이 이끄는 하위연대조직으로, 전통 정당에서 갈라져 나온 이들과 전(前)공산주의자들이 포진해 있다. 제6의 세력(총투표수의 8%)은 '신공간당'(Partido Nuevo Espacio)이다. 제7의 세력(총투표수의 6%)은 1980년대 소비에트 블록의 붕괴 전까지 수십 년 동안 우루과이 좌파의 주요한 정치세력이었던 '공산당'(PCU)이 이끄는, '진보민주공간'(Espacio Democrático Avanzado)이라는 하위연대조직이다. 그리고 마지막으로 선거적 관점에서는 그 중요성이 뒤떨어지나, 노조, 협동조합, 그리고 다른 '사회적' 좌파 조직에 정치적 영향력을 행사하는, 급진좌파로 분류할 수 있는 여러 집단들이 있다.[5]

우루과이 좌파연대조직에서 10년 넘게 다툼의 여지가 없는 지도자는 바스케스였다. 우루과이의 현 대통령인 바스케스[6]는 '사회주의당'

---

5) '확대전선' 내에서 급진적인 경향을 띠는 집단들은 과거의 선거에 비해서는 더 많은 득표를 하였으나, 국회 의석을 얻는 데 필요한 만큼의 지지는 받지 못했다. '확대전선'의 원외 좌파는 여러 집단을 포함하고 있다. 예를 들면 '민중승리당'(PVP), '3·26 운동'(Movimiento 26 de marzo, 26M), '좌익분파'(CI), '5·20 운동'(Movimiento 20 de mayo, 20M), '혁명노동당'(Partido do Obrero Revoluvicionario, POR) 등이 있다. '3·26 운동'과 '좌익분파'는 2005년 중반부터 지속적으로 정부 정책에 반대하는 태도를 취했고, 여러 번 '확대전선'에서 탈퇴하겠다고 위협했으나, 설혹 탈퇴하더라도 우루과이 좌파 내 '확대전선'의 정치적 헤게모니를 위협할 정도는 아니다.

당원이나, 사실상 '사회주의당'의 규율을 따르고 있지 않다. 필자가 이 장을 쓰기 위해 자문을 구했던 여러 '확대전선' 지도자들에 따르면, 바스케스는 사전에 '확대전선' 지도자들의 자문을 구하지 않거나, 또는 전적으로 정당 조직 밖에서 정치적 결정을 내림으로써, '보나파르트적' 일탈을 보여 주었다. 그럼에도 불구하고, 이 지도자들은 바스케스가 합의를 이끌어 내고, 정부 내 서로 다른 정치적 입장들을 조정함에 있어 탁월한 능력을 가지고 있고, 또 '확대전선' 내 이데올로기적 다양성을 가능한 최소한의 공통분모로 묶어 내는 데 노련하다고 강조했다.

다른 분석가들은 바스케스가 대통령에 당선되기 훨씬 전부터 이미, 그가 장차 선거에 있어서 좌파의 입지를 끌어올리는 데 기여할 것이라고 예상하였다. 이들은 바스케스가 보여 주는, "정치 무대에서의 다정다감한 스킨십, 느긋한 스타일(이는 텔레비전과 잘 어울리고 뛰어난 개인적 카리스마로 간주된다)과 조화를 이루는 온화한 공감 능력"에 대해 언급하면서, "바스케스가 포스트모던적 지도자(caudillo)이고, 우루과이든 다른 지역이든 전통 정치인들을 경멸하는 시대인 90년대에 맞는 지도자이다"라고 결론을 내렸다(Winn and Ferro Clerico, 1997:450~451). 대다수의 라틴아메리카 정치 지도자들과 다르게, 타바레(추종자들이나 경쟁자들이 바스케스를 대중적으로 부르는 이름)는 유명한 종양학자(oncólogo)이고, 노동계급에 뿌리를 두고 있다. 타바레는 축구가 국가적 열정인 나라에서, 몬테비데오 노동자 거주지를 지역 기반으로 한 축

---

6) [옮긴이] 바스케스는 2005년 3월 1일부터 2010년 3월 1일까지 대통령직을 수행했다. 그리고 2009년 10월 대선에서, 역시 '확대전선'의 호세 무히카(José Mujica, '민중참여운동' 소속) 후보가 새 대통령에 당선되었다.

구팀 회장을 지낸 바 있다.

3백만이 약간 넘는 우루과이 인구의 절반이 살고 있는 몬테비데오에서, 좌파의 정치적 헤게모니는 1989년 몬테비데오 시장 선거에서 승리한 이후 선거를 거듭할수록 점점 더 강화되고 있다. 1996년, 전국 선거와 별도로 지자체 선거를 실시하기로 한 헌법 개정 이후, 좌파의 헤게모니는 한층 더 명백해졌다. 1989년에 좌파는 수도에서 35%의 득표율로 시장에 당선되었다. 또한 1994년에는 45%의 득표율로 이김으로써, '확대전선'의 지자체 행정에 대한 유권자들의 신임을 재확인하였다. 그리고 2000년 5월, '진보모임-확대전선'(EP-FA)은 몬테비데오에서 58%가 넘는 득표율로 세번째의 압도적인 승리를 얻었다.

우루과이 연구자들은 좌파가 몬테비데오에서 지배적인 정치세력으로서 그 위상을 강화하고 있고, 나아가 우루과이 전역에 걸쳐 지속적으로 성장한 사실을 설명하기 위해 여러 가지 가설을 제시했다. 어떤 사람들은 단순히 인구학적인 변화가 정치에 반영된 것으로, 좌파의 확산을 설명할 수 있다고 주장했다. 다시 말하면, 나이든 투표자들이 상대적으로 보수적인 성향을 띤 반면, 젊은 투표자들과 좌파적 정체성 사이에는 '자연스런' 상관성이 있음을 지적하는 주장이다(González, 2000). 다른 사람들은 전국을 휩쓴 경제 상황에 대한 대중들의 불만 고조, 전통 정당들이 제시했던 모델의 소진(消盡)과 같은, 보다 더 일반적인 사회경제적 요인들을 들었다(Canzani, 2000). 또 다른 이들은 국내 정치 문화에서 일어난, 보다 더 심층적인 변화에 대하여 이야기했다(Moreira, 2000). 마지막 요인——그렇다고 그 중요성이 떨어지는 것은 아니다——으로 지적하는 것은 좌파 최초의 광역지자체장인 타바레 바스케스를 중심으로 한, '확대전선'의 몬테비데오 시청이 선정(善政)의 탄탄하고 명백한 증거를 보여 준 것이다. 이는 스톨로비츠(Stolowicz, 2004)와 골드프랑크 (Goldfrank, 2006)가 이미 분석한 바와 같이, 브라질이나 다른 라틴아메리카 나라들과 마찬가지로, 지자체 행정에 대한 긍정적인 평가가 어떻게 좌파의 행정적 능력에 대한 대중적 신뢰를 높이고, 중앙정부 차원에서도 진보적인 행정을 긍정적으로 고려할 의향으로 이어졌는지를 설명하는 데 보탬이 된다.

2. 정부 내 좌파: 몬테비데오의 경험[7]

1990년 3월, 우루과이 '확대전선'은 통상적으로 광역자치단체에서 기대할 수 있는 것을 훨씬 뛰어넘는 프로그램을 가지고 몬테비데오 시정을 시작하였다(Chavez, 2004). 타바레 바스케스 시장이 내린 최초의 조치들 가운데 하나는 시를 18개의 구(distritos)로 나누고, 이 새로운 각각의 지역행정 단위에, '구자치센터'(CCZ)를 설치하는 명령에 서명한 것이었다. 구자치센터는 보다 더 효과적인 공공 서비스를 제공하기 위한, 정치적·행정적으로 분권화된 단위였다. 또한 시민들이 직접 지방행정에 참여할 수 있는 새로운 공간으로서 심의회를 둠으로써, 이 과정을 더욱 강화하였다.

광역자치단체 내 분권화의 초기 그림은 각 행위자의 제도적 권위가 명확치 않은 대중적 참여구조였으나, 그럼에도 불구하고 몇 년 뒤인 1993년에 제도화된 형태보다 훨씬 더 개방적이고 사회적으로 포용적인

---

7) 이 항목은 저자가 출간한, 몬테비데오 시(市) 행정 과정에 대한 상세한 분석에 기반을 둔, 보다 더 광범위한 연구(Chavez, 2004 참조)를 다시 다듬은 것이다.

구조였다. 바스케스는 임기 첫해 말쯤, 16개 구자치센터의 문을 열었고, 도시 전역에 걸쳐 공공심의회를 이끌었다. 이 심의회는 광역자치단체의 5개년 예산을 입안하기 위해, 투자의 맥락에서 각 구의 우선사업을 논의했다. 이 단계에서 시민들의 참여 정도는 10여 년 후 브라질 '노동자당'이 포르투 알레그리에서 발전시켜 보다 더 널리 알려진 참여예산제와 거의 비슷한 것이었다. 지역 연구자들이 집계한 수치를 보면, 약 2만 5천여 명의 사람들이 이 심의회에 참여했음을 알 수 있다(Portillo, 1991; González, 1995; Harnecker, 1995).

분권화를 위한 결정적인 제도 구조는 1993년 12월에 만들어졌다. 즉 이 도시의 18개 구 각각에 정치적·행정적 당국으로서 지역위원회를 설치하였다. 이 지역위원회는 다섯 명의 위원으로 구성되었고, 그 가운데 두 명은 야당이, 나머지 세 명은 여당이 지명하였으며, 위원의 임기는 5년이었다. 또한 자문 기구로서 주민위원회를 제도화하였다. 이 위원회는 25~40명 사이의 선출 위원으로 구성하였고, 위원들은 2년 6개월 동안 무보수로 직무를 수행했다. 구자치센터는 정치적 권한 없이, 각 구에서 지역 행정과 대민업무 관리를 위한 분권적 구조로 바뀌었다.

지역위원회와 주민위원회를 설치한 지 얼마 지나지 않아, 초기 단계의 열정적이고 수평적인 참여는 사라지고 관료화된 참여와 제도적 형식성이 이를 대체하였다. 이 두 새로운 구조(하나는 정치적 구조이고 다른 하나는 사회적 구조)는 도시 주민과 지자체 사이의 상호작용을 매개하였고, 서로 거의 소통하지 않으면서 사회적 요구들을 걸러냈다. 지역위원회에는 폭넓은 정치적 책임이 주어졌으나, 이와 대조적으로 주민위원회에는 제한된 권력이 부여되어, 사회적 참여 의욕을 꺾었다. 이는 주민위원들의 위원회 결석률이 점차 높아진 데서 잘 나타나는데, 1990년대 말 평균 결석률은 45%였다(Calvetti et al., 1998).

'확대전선'이 몬테비데오 시정을 맡기 전에, 많은 활동가들은 새로운 참여민주주의적 구조가 마련되면 '자연스럽게' 전통적인 대의민주주의 구조가 제공하는 가능성을 훨씬 뛰어넘어, 시민의 참여가 더 확장될 것이라고 믿었다. 브라질의 '노동자당'은 나중에 '참여예산제'라고 이름을 붙였고, 처음에는 어떤 구체적인 제안이나 다른 참여민주주의 이니셔티브 없이 여러 가지 시정을 시작했으나, 이와 달리 '확대전선'은 다른 나라의 좌파가 추진한 공공 행정에 대한 시민 참여의 실험, 특히 80년대 '스페인 사회주의노동당'(PSOE)이 시도한 분권화 경험을 도입하는 문제를 사전에 검토한 바 있다. 좌파 연대 틀에 속한 여러 정당들은 선거 전에, 분권화의 새로운 제도 구조를 설계하기 위한 여러 안들을 제시하였고, 새로운 참여 채널을 만드는 것이 '주민들'의 적극적이고 열정적인 투신을 촉진하는 데 충분한 조건이라고 의견을 모았다.

그러나 이러한 전제는 잘못된 것이었다. 우루과이, 구체적으로 몬테비데오는 스페인이나 다른 이베로아메리카 나라들과 비교할 만한, 주민이나 지역에 기반을 둔 사회조직의 전통을 갖고 있지 않다. 라틴아메리카의 잣대로 보면, 우루과이 시민사회는 역사적으로 강하고, 잘 조직화되었다. 즉 이 나라의 사회 자본을 구성하는 여러 단체들 가운데 노동조합, 학생회, 협동조합, 스포츠클럽, 인권단체 등이 명백히 발전하였다. 그러나 이 단체들은 지역적 관심보다는 오히려 부문적 관심에 따라 조직되고 발전하였다. 좌파 지도자들은 대다수 몬테비데오 주민들의 주요한 정체성이 주민이 아니라, 오히려 시민──또는 많은 경우에 단순히 투표자──임을 알아차리지 못했다. 개인적으로 좌파 정당, 노조, 학생단체 또는 주택협동조합에서 활동한 이력을 가진 많은 활동가들은 얼마

지나지 않아, 구나 시 행정에의 시민적 참여를 제고하는 문제가 완전히 새로운 다른 도전이고, 자신들은 이를 위한 준비가 되어 있지 않았음을 깨달았다.

분권화 과정은 낮은 시민 참여 문제 외에도, 2005년까지 두 전통 정당의 지속적으로 적대적인 태도, 그리고 그에 따라 좌파와 나머지 정치 체제 사이의 협상 필요성이라는 제약을 받았다. 몬테비데오의 진보적 시정은 지역적 차원에서의 우파의 반대 외에도, 중앙정부에 의한 제도적·정치적·재정적 방해에 직면했다. 우루과이의 법은 광역지자체장을 배출한 여당이 자동적으로 '광역 의회'의 다수당이 되는 것을 보장하나, 다른 한편으로 국회가 지역의 모든 정치적 논쟁에 개입하는 것도 허용한다. 따라서 좌파는 분권화의 범위에 대해 전통 정당들과 협상하지 않을 수 없었고, 마침내 1993년에 일정한 합의를 이루었다. 그러나 그것은 좌파가 원래 갖고 있던 제안의 급진적·사회적·참여적 특성을 크게 약화시킨 것이었다. 베네치아노 에스페론(Veneziano Esperón)이 강조한 바와 같이, 몬테비데오의 분권화는 처음부터 "정치체제와 중앙정부가 가장 크게 방해한" 정책 가운데 하나였다. "왜냐하면 이 문제는 은연중에 국가와 시민사회, 사회적 행위자와 정치적 행위자 사이의 새로운 연계 형태와 관련 있기 때문이다. 또한 전통 정당들은 분권화가, 그들이 표를 모으기 위해 역사적으로 사용해 온, 후견제적(clientelísticas) 정치 네트워크를 위협하는 것으로 인지하였기 때문이다"(Esperón, 2003: 10).

그 가운데에서도 우파의 반대가 명시적으로 드러났던 것은 교부금 배정과 관련된 지속적인 차별이었다. 1990년 이후, '국민당' 정부는——두 전통 정당이 통치하는——다른 18개 광역지자체에 관례에 따라 상당한 공적 자원을 교부했으나, 몬테비데오는 그러한 혜택으로부터 배제된 유일한 광역지자체가 되었다. 결국 좌파가 중앙정부를 장악하기 이전까지 지속적으로 이뤄진 재정적 차별은 좌파가 끊임없이 거듭 비판했던 것처럼, 몬테비데오 시청 재무국에서 수억 달러를 빼돌려, 사회정책을 발전시키고 수도(首都)의 기간시설을 개선하기 위해 써야 할 자원들을 봉쇄한 것과 마찬가지였다.

다른 한편으로 좌파는 몬테비데오 시정을 맡은 첫 임기(1990~1995) 동안, 시청의 주요한 수입원 중의 하나인 부동산세를 사회적으로 정당하고 보다 더 효과적으로 징수하기 위해 토지대장을 개혁하려고 시도하였다. 그러나 국회는 오랫동안 제도적 싸움을 벌인 끝에, 이 개혁안을 '위헌'으로 간주하였다. 따라서 '확대전선'은 원안에서 진보적인 측면들이 빠진 새로운 토지대장 개혁안을 가지고, 전통 정당들과 타협하지 않을 수 없었다. 그러나 모든 내적·외적 장애에도 불구하고, 그리고 낮은 시민 참여에도 불구하고, 좌파는 광역지자체 시정을 통해, 자신의 책임하에 있는 사실상 모든 공적 정책과 서비스를 실질적으로 개선하는 데 성공하였다.

1980년대 초반까지 몬테비데오는 명백히 대다수 다른 라틴아메리카 나라들의 수도보다 앞서 있었다. 그러나 군사독재하에서 경제적·행정적 위기가 시작되어, 민정이양 후 첫 정부인 '콜로라도당' 정부(1985~89)까지 지속되었고, 이 위기는 공공 서비스의 양과 질에서의 명백한 후퇴, 민중 부문의 삶의 질의 급격한 악화로 최고조에 이르렀다. 10년이 넘는 신자유주의 정책은 가난의 심화, 사회적 격차와 공간적 분리, 노동력의 비정규직화를 초래했고, 그 결과 우루과이 분석가들이 몬테비데오의 라틴아메리카화라고 규정한 과정을 낳았다(Veiga, 1989). 20여 년에 걸친 정치적 권위주의와 경제적 자유주의의 뒤를 이어, 좌파가 시정을 장악했을 때, 몬테비데오는 이중적인 도시가 되어 있었다. 한편으로 고소득자가 집중된 해안 지역은 유럽적 수준의 사회적 지수와 서비스를 누렸고, 다른 한편으로 빈민촌(스페인의 차볼라chabolas와 비슷한, 이른바 칸테그릴cantegriles)이 늘어난 변두리 지역에서는 도시의 기간시설과 기본적인 사회 서비스의 혜택을 누리지 못했다. 1995년 말 주택부의 공식 통계에 따르면, 몬테비데오에 111개의 빈민촌이 있고, 거기에 10,531세대의 53,800명이 거주했다. 가난의 "새로운 얼굴"은 "사회적 소외가 점차 증가함을 의미했고, 개인적 관계에서의 폭력의 증가뿐만 아니라 구조적인 소외 효과의 지속과 심화와 관련 있는 새로운 사회 문제를 낳았다"(Gómez, 1999: 364).

좌파가 몬테비데오 시정을 맡았을 때, 점차 증가하는 가난 외에도, 도시는 "웅덩이와 시궁창이 널려 있었고, 더럽고 어두웠으며, 교통, 위생, 환경과 주택의 문제를 안고" 있었다(Rubino, 1991a: 6). 좌파가 정권을 잡기 직전에 이뤄진 여론조사들을 살펴보면, 광역지자체 행정에 대한 아주 부정적인 인식을 알 수 있다. 1988년 조사에 따르면, 몬테비데오 시민의 52%가 '콜로라도당'의 시정을 '잘못한다'라고 평했고, 35%가 '그저 그렇다'고 했으며, 단 10%만이 '잘한다'고 진술했다. 1990년에 행한 또 다른 조사에 따르면, 주민의 48%가 '콜로라도당'의 시정이 군사정권하의 지방 행정과 '비슷하다'고 인지했고, 42%는 '더 형편없다'고 간주했으며, 단 9%만이 '더 낫다'고 보았다(Rubino, 1991b). 그러나 그로부터 10년 뒤에 행한 이와 비슷한 여론조사는 시정에 대한 아주 다른 견해를 보여 주었다. 7년 동안 좌파의 지자체 행정을 경험한 뒤, 몬테비데오 시민의 73%가 10년 전보다 '더 나은' 또는 '훨씬 더 나은' 도시에서 살고 있다고 답변했다(Doyenart, 1998). 또 다른 여론조사도 좌파 정부하에서의 기본 행정 서비스에 대한 아주 긍정적인 이미지를 확인하였다 (Bergamino et al., 2001; Goldfrank, 2002). 좌파의 행정에 대한 긍정적인 평가는 또한 좌파가 제공한 도시 행정 서비스의 양과 질의 객관적인 향상을 보여 주는 다른 자료에서도 찾아볼 수 있다(Chavez, 2004).

1990년 이후 몬테비데오 시청은 전통적인 행정 서비스 외에도, 우루과이에서 통상 광역지자체의 제도적 의제에 속하지 않는, 광범위한 사회정책을 펼쳤다. 2001년 말 기준으로, 시청은 예산의 약 45%를 사회정책에 투여하였다. 지역적 분권화의 틀 안에서의 시민적 참여는 정체되는 경향을 보인 반면, 새로운 사회정책 가운데 많은 정책들이 상당한 정도의 시민 참여를 끌어냈다. 예를 들면, '확대전선'은 몬테비데오 시장 취임 초기부터, 보다 나은 주거 조건을 위해 투쟁했던 사회단체들을 지원하는 데 적극적인 역할을 하기로 결정했다. 여러 정책 가운데 몇 가지 예를 들면, 몬테비데오 시청은 비공식적 주거지에 사는 사람들이 주도하는 주택 협동조합과 공동체 조직에, 공유지의 토지를 배분하기 위한 '토지대장'(cartera de tierras)을 만들어, 5천 세대 이상의 저소득 가족에게 혜택을 주었다. 또한 침체된 도심 지역을 시민의 참여하에 재활성화하기 위한, 주택 재생 시범 사업을 추진하였다. 이러한 정책들은 우루과이의 가장 강력한 도시 사회운동, 즉 '우루과이 상호부조 주택 협동조합 연합'(FUCVAM)과의 긴밀한 협력하에 이뤄졌다(Chavez and Carballal, 1997).

그와 동시에, 보수적인 국민당 정부가 주도한 신자유주의적 구조조정의 맥락에서, 90년대 말 이래 우루과이에 심각한 영향을 미쳤던 경제적 위기에도 불구하고, 몬테비데오 시 노동자들의 임금은 더 올랐다. 1990년 2월부터 2000년 6월까지 진보적인 지자체 행정 10년 동안, (공공 부문에서나 민간 부문에서 공히) 모든 우루과이 노동자들의 실질임금 평균인상률은 2.85%였던 반면, 몬테비데오 시 노동자들의 평균인상률은 101.5%였다(Rodríguez, 2001). 그러나 좌파가 1990년 이후 추진해 온 새로운 행정 모델——여기서 가장 강력한 요소 가운데 하나는 사회정책의 확장이었다——은 중앙정부가 추진한 신자유주의적 구조조정의 심각한 여파로, 그 지속 가능성에 있어서 아주 직접적인 도전을 받았다. 2002년 겨울, 몬테비데오 시청의 분권화 국장은 국가 경제의 심각한 침체가 야기한 '불의 시련'(prueba de fuego)을 경고하는 글을 발표하였다. 이러한 시련으로 인해 대대적인 지방세 체납이 있었고, 시청의 세수는 급격히 떨어졌다(de los Campos, 2001). 그로부터 6년이 지난 지금, 시의 재정은 여전히 적자이나, 사회정책에 대한 투자는 크게 줄지 않았다. 게다가 진보적인 현 중앙정부와의 협력 전망 또한 명백히 더 낙관적이다.

요약하면 몬테비데오 사례는 우루과이 좌파가 효과적이고 책임 있는 방식으로 통치할 수 있는 능력을 보여 준 것이고, 중앙정부를 목표로 하는 우루과이 좌파의 행보에 있어서 기본적인 선례이다. 그럼에도 불구하고 그것은 또한 좌파가 원래 가졌던 정치적 포부와 진보적인 행정이라는 구체적인 결과 사이에 나타날 수 있는 차이를 보여 주는 아주 강력한 지표이다. 시 차원에서의 좌파의 원래 목적은 '좋은 거버넌스'(buena gobernanza)만이 아니었다. 원래의 정치 프로젝트는 또한 시민의 참여를 확장하고 급진화하려는 것이었다. 이 점과 관련하여, 1993년에 제도적으로 마련한 참여적 분권화 과정이 그 잠재력을 충분하게 발휘하지 못했고, 오히려 최근에 쇠퇴 단계에 들어갔음을 보여 주는 명백한 지표들이 존재한다. 골드프랑크(Benjamin Goldfrank)는 "프로그램의 디자인이 그 결과에 결정적인 영향을 미쳤다"고 주장하였다. 즉 시청은 분권화를 통해 "시민들의 필요나 선호에 관한 보다 더 나은 정보를 확보함으로써, 시 행정을 개선할 수 있었다". 그러나 "분권화 과정에서 마련한 참여 채널은——공적 포럼에 참여하여 시정을 결정하는 데 상당한 영향을 주었을——보통 시민들을 설득하는 데 실패함으로써, 시민 참여를 끌어올리지 못했다"(Goldfrank, 2002: 52). 일반적 관점에서, 그리고 개인적으로 행한 조사에 근거하여, 필자도 이러한 해석에 동의한다. 그러나 프로그램의 디자인이 지방 정치의 구체적인 경계를 뛰어넘는 권력의 관계에 종속되어 있다는 것도 강조할 필요가 있다.

국가적 차원에서 정치 집단들 사이의 세력관계로 인하여, 좌파가 원래 의도했던 참여적 분권화 제안을 제대로 펼칠 수 없었다. 만일 우파가 보다 더 급진적인 변화를 막기 위해, 재정적으로 지자체를 질식시키려는 시도를 포함하여 모든 법적·제도적 무기를 동원하지 않았다면, 사회적인 것이 정치적인 것에 우선하는 결과를 가져왔을 것이다. 다른 한편으로, 분권적인 시정에의 시민 참여가 제한적이고 부진했던 것은 우루과이의 독특한 정치 문화, 즉 우루과이 정치체제의 국가주의적이고 당 중심적인 발전, 그리고 지역 기반 사회단체의 역사적 취약성과 맞물려, 참여민주주의보다는 대의제 민주주의에 유리한 경향이 있는 정치 문화와도 관련 있다. 이러한 요인들은 또한 진보적인 현 중앙정부의 상대적으로 빈약한 참여적 특성을 설명하는 데도 도움을 준다.

좌파가 몬테비데오에서 선거 승리를 이어온 지난 18년의 역사에서 보면, 2005년 3월에 새로운 단계가 시작되었다는 것을 알 수 있다. 이는 수도(首都) 외에도, 중앙정부와——우루과이 전체 19개 광역자치단체 가운데——8개의 광역자치단체를 진보세력이 장악하였고, 이를 기점으로 대결과 재정적·정치적 차별의 시대가 끝났음을 말하는 것이다. 또한 시민 참여의 영역에서도 긍정적인 표지를 찾을 수 있는데, 그 실례로 자원과 결정권을 주민들에게 실제적으로 이양하면서 광역지자체의 참여예산제를 재개한 것을 들 수 있다. 2006년 중반 이후, 몬테비데오의 시 예산은 특정한 액수의 자금을 18개의 구 각각에 배정하여, 주민들 스스로 결정한 우선순위에 따라 지역 사업이나 서비스에 투여하도록 하였다. 이는—상대적으로 축소된 교부금 액수에도 불구하고—대중 참여가 일정한 형태로 '부활'하는 데 도움을 주었다. 시민들은 지역별 심의회(Asambleas Territoriales) 또는 주제별 심의회(Asambleas Temáticas)에서 지역발전안을 집단적으로 심의하고 작성하며, 시청의 지원을 받는 마을 프로젝트를 공개적인 투표를 통해서 선정한다. 몬테비데오의 사례는—성공뿐만 아니라 실패에서 얻을 수 있는 교훈을 포함하여— 2005년 선거에서 '확대전선'이 장악한 다른 일곱 개 광역지자체의 시정 전략에도 영향을 미쳤다. 특히 파이산두는 아주 짧은 기간 안에, 도시와 농촌 지역에서 다양한 심의 과정을 포괄하는 야심찬 참여예산제를 정착시켜, 늘 우파가 지배했던 곳에서 시민 참여의 새로운 가능성을 열었다.

3. 선거 프로젝트에서 정치 프로젝트로

좌파가 중앙정부를 장악했을 때, 우루과이는 30여 년 전부터 지속된 심각한 사회 위기의 상황에 놓여 있었다. 이 위기는 사회정책의 질과 범위 사이의 격차, 그리고 사회적 비상사태의 규모에서 명백하게 드러난다. 이러한 상황에 이른 것은 이전 정부들의 무능력과 무관심의 결과이다. 이전 정부들은 두 가지 근본적 사회 변화에, 다시 말하면 노동시장의 변화와 가족 구성의 변화에 부응하는 사회정책을 마련하는 데 실패했다. 2005년 3월 기준으로 우루과이의 사회적 특성을 보면, 새로운 형태의 가족 구성이 나타나고 구조적 실업이 증가하며 노동관계가 불안정했다. 따라서 공식적인 고용, 그리고 양친 중심의 핵가족이라는 토대 위에 세워진, 지난 세기에 펼친 아주 특수한 형태의 복지 국가는 인구의 거의 절반이 실업자이거나 비공식 부문에 종사하며, 상당한 비율의 아이들이 홀어버이나 다른 형태의 가정에서 태어나는 현 사회에 더 이상 적절한 모델이 아니었다.

좌파가 물려받은 사회경제적 현실은 2003년과 2004년 사이에 기록한 거시경제 지표의 상대적이고 불안한 회복에도 불구하고, 여전히 역사적인 도전이었다. 전국가구조사(INE, 2004)에 따르면, 두 전통 정당의 지난 연립정부 동안 사회적 배제 현상이 급격히 증가하였다. 2003년 전체 가구의 21%, 전체 주민의 31%, 그리고 6세 이하의 어린이들 가운데 57%가 가난한 것으로 나타났다.

새 정부는 이러한 사회적 위기에 응답해야 할 뿐만 아니라, 또한 인권 영역에서 지속적으로 제기되어 온 문제들을 해결해야 했다. 좌파 정권이기 때문에, 1973~85의 군사독재하에서 저질러진 다양한 인권 침해 문제를 해결하는 데 있어서 일정한 진척이 있을 것으로 기대되었다. 이전 네 번의 민간정부가 이 문제를 묵과함에 따라, 희생자들이 고발한 군인들과 민간인들은 20년이 넘게, 행정부 또는 사법부의 도전을 받지 않은 채 절대적인 면책을 누렸다.

이러한 맥락에서 좌파 프로그램의 지평은 사회주의를 건설하거나, 우루과이의 사회경제적 구조에 급진적인 변화를 도입하는 것이 아니었다. 좌파가 제안한 변화는 훨씬 더 신중하고, 2003년 12월에 개최된 '확대전선'의 제4차 당 대회 최종선언문 제목과 같은 '국가프로젝트 강화'를 지향하는 것이었다. 좌파 정부가 첫 5년 동안 추진할 변화는 '확대전선'이 당 대회를 마치고 정치위원회(Mesa Política)에서 승인한 '정책 개요'에 잘 요약되어 있는데, 이는 다음과 같은 우루과이를 '건설'하고자 하는 것이다.

- 사회적 우루과이: 진보 정부의 사회 정책은 근본적으로, 신자유주의 경제 모델을 '치밀하고 냉혹하게' 적용하여 가장 많은 타격을 받은 부문에 초점을 맞출 것이다. 따라서 어린이와 청소년, 여성 가장, 장애인과 노인들을 우선적으로 고려할 것이다.
- 생산적 우루과이: 국가 경제의 재구조화는 노동을 기본권으로 보장하기 위한, 국가의 적극적이고 지도적인 역할을 의미한다. 우선적인 생산 부문에 투자하기 위해, 재정 구조와 조세 제도를 근본적으로 개혁할 것이다.
- 지적 우루과이: 진보 정부는 공적 자원을 투여해 과학과 기술 발전을 지원하고, 현재 세계 곳곳에 흩어져 있는 우루과이 연구자들의 귀국을 추진할 것이다. 또한 부가적인 자원을 공교육에 재할당할 것이다.
- 통합적 우루과이: 우루과이 국가는 모든 정치세력으로부터 폭넓은 지지를 받아 국가의 정책을 추진하면서, 지역(남미공동시장), 라틴아메리카, 그리고 세계와의 통합에 노력할 것이다.
- 민주적 우루과이: 새 정부는 인권에 대한 절대적인 존중, 전면적인 부패 방지, 분권적인 정부 영역의 확대와 심화, 그리고 의사결정에

의 시민들의 폭넓은 참여에 바탕을 둔, 투명하고 책임 있는 국가를
건설할 것이다.

좌파의 정책 개요를 작성하는 데 있어 '조건문 형태의 동사'를 사용
했는데, 이는 중앙정부의 첫 임기가 중간 정도 지난 시점에, 정부 정책의
제안과 그 구체적인 경험적 증거 사이의 간격이라는 관점에서 설명할
수 있다. 나중에 살펴보겠지만, 그 구체적인 결과는 다양한 영역에서 '확
대전선'의 선거 공약과 큰 차이가 있다.

좌파의 선거 공약이 비록 그 구체성 정도에 있어서 전통 정당들의
공약을 크게 앞질렀지만, 그렇다고 새 정부가 취할 구체적인 조치들을
선거 기간 동안 상세하게 제시한 것도 아니었다. '확대전선'의 후보들은
자신들의 주장이 매우 급진적인 것으로 해석되어 그로 인해 표심이 이
반하지 않도록, 언론이나 우파와의 논쟁에 있어서 선거 승리의 가능성
을 복잡하게 만들 수 있는 상세한 논의를 피했다. 그 때문에 선거를 앞
둔 시점에서 공약은 신중하고 모호했다. '확대전선'의 급진적인 분파 쪽
에서는 정치적 프로젝트를 희생하면서 선거 프로젝트를 강화하는 데만
몰두하고 있다고 비판하였다. '좌익분파'의 한 지도자의 말에 따르면,

어쩌면 좌파가 특정한 역사적 시기에서 직면하고 있는 것은 성장통일
것이다. 위험은 선거 프로젝트가 정치 프로젝트를 지배할 정도로 성장
할 수 있다는 점에 있다. 선거 프로젝트는 모든 사회 부문으로부터 지
지를 끌어내려고 하고, 모든 사람들을 설득할 수 있는 이데올로기적 메
시지를 작성하려고 한다(Peralta, 2004: 11).

'확대전선' 내 대다수의 정당과 운동들은 자신들의 논조를 온건하게 다듬었고, 심지어 '민중참여운동'(MPP)과 같이, 얼마 전까지 스스로 우루과이 좌파의 가장 급진적인 분파로 자기를 규정하였던 부문들도 이러한 흐름에 가담하였다. '민중참여운동'은 "나라의 재건"과 경제적 성장은 "부를 분배하기 이전에, 가용 자원의 양을 증가시키는 진정한 자본주의" 발전을 통해 구체화되어야 한다고 주장했다. 게릴라 지도자 출신(투파마로민족해방운동)[8]으로 상원의원이고, 농업부 장관——그리고 우루과이 언론이 실시한 많은 여론조사에 따르면 정부에서 가장 대중적인 인기를 누렸던 인물——이었던 무히카(José Mujica)는 2004년 선거 바로 몇 주 전에 이러한 온건화 노력을 다음과 같이 인정하고 정당화하였다.

지금 우리는 바로 혁명적인 물결의 정점에서 권력을 잡을 거라고 믿지 않는다. 우리는 부르주아에게 안으로 들여보내 달라고 거의 허락을 구하고 있고, 만일 우리가 들어간다면 정부를 안정화시키기 위해 노력해야 한다. 왜냐하면 우리는 법치국가에서 살고 있기 때문이다. 우리의 정부는 전략적으로 정책을 다뤄야 하고, 모든 것을 가질 수는 없을 것이다. 그리고 더 나아가 나는 진심으로 사회주의 이전에 우리가 해야 할 일이 많이 있다고 생각한다. […] 그리고 우리는 선거적 관점에서 신호를 줘야 한다. 여러분은 내가 무엇을 하기를 바라는가, 부르주아를

---

8) [옮긴이] '투파마로민족해방운동'은 1960년대와 1970년대 초반 도시 게릴라로 활동했고, 1985년 민정 이양과 더불어 게릴라 활동을 접고 합법적인 정치 활동을 시작하였으며, 1989년 '확대전선'에 가담했다.

겁박하기를 바라는가? 그들을 미리 쫓아내길 바라는가? 내 생각에 그
것은 아닌 것 같다(Pereira, 2004: 11).

이어서 2005년 3월부터 2007년 3월까지 정부가 행한 구체적인 조
치들을 분석할 것이다.

좌파의 사회정책

이전의 신자유주의적 정부에서 비롯된 사회적 비상상태에 대한 좌파의
주요한 정책적 대응은 새로운 정부 부처, 즉 사회개발부(MIDES)를 신설
하고, 야심찬 '극빈퇴치계획'(PANES)을 실시하는 것이었다. '극빈퇴치
계획'은 '사회적 위기'에 처한 어린이, 청소년, 그리고 가족 등의 문제를
다루기 위한 통합 전략의 수행에 초점을 맞춘, '인파밀리아'(Infamilia)
라는 하위 프로그램을 포함하고 있다.

그러나 새로운 제도적 틀을 세우는 것이 쉽지 않았고, 따라서 몇 달
이 지나서야, 새 부처가 제대로 작동하기 시작했다. 우파들은 공산당 상
원의원 출신 사회개발부 장관을 비효율적이라고 끊임없이 단죄하였고,
심지어 처음에는 (장관이 언론과의 대담에서 '극빈퇴치계획'을 위해 NGO
와 협력할 가능성을 공개적으로 부인한 뒤) 비정부 부문도 차갑게 반응하
였다. 기본적으로 '극빈퇴치계획'은 극빈 가족에게 매월 수당——이른
바 '시민 소득'(ingreso ciudadano)——을 지급하는 것을 골자로 한다.
이 제도적 틀은 또한 만성적인 실업자들이 노동시장에 재진입하는 것을
돕는 다른 보완적인 정책도 포함하고 있다. 사회개발부는 '극빈퇴치계
획'의 수혜자들에게 전자 직불카드를 나눠주고, 지역 가게에서 음식이
나 다른 기본 물품을 구매하도록 했다. '탈출로'(Rutas de Salida)라는 하

위 프로그램은 기본적으로 직업훈련 워크숍과 공동체 작업으로 이뤄져 있는 반면에, '우루과이를 위한 노동'(Trabajo por Uruguay)이라는 하위 프로그램은 고도의 능력을 요구하지 않는 활동에 정부가 일시적으로 보조금을 지급하는 일자리를 제공하는 것이다.

사회개발부가 처음 '극빈퇴치계획'을 시작했을 때, 약 4만 5천 세대의 가족 또는 대략 19만 명의 개인들에게 혜택을 줄 수 있을 것으로 기대했다. 그러나 1년 반이 지난 2006년 7월, 이 프로그램은 8만 3천 세대의 가족 또는 약 35만 명의 개인에게 혜택을 주었고(Mides, 2006), 이는 이 나라의 가난한 사람들 대부분을 포괄하는 수치이다. 초기의 회의적인 시각에도 불구하고, 사회개발부의 프로그램들은 일반적으로 지역 분석가들의 긍정적인 평가를 받을 만했다. '극빈퇴치계획'과 인파밀리아는 이전 정부로부터 물려받은 사회프로그램의 사각지대를 없앴다. 첫번째 프로그램은 긴급 상황에 대한 대응이고, 두번째 프로그램은 일시적이고 고도로 선택적인 개입 논리에 상응한다. 지역 연구자들(Filgueira and Lijtenstein, 2006)이 제기한 비판에 따르면, 문제는 가난한 부문의 사회적 문제가 일시적인 것도 아니고, 선택적인 것도 아니며, 단지 비상(非常)적인 것도 아니라는 점이다. 문제는 구조적인 불균형의 결과이고, 보편적이고 장기적인 프로그램을 요구한다. 이 점에 대해 정부는 '극빈퇴치계획'을 중기적 관점에서 '공평 분배 계획'(Plan de Equidad)으로 대체할 것이라고 공표하였다. 이 계획의 구체적인 특성이 어떤 것이 될지 모호할지라도, 정부는 이른바 '시민소득'을, '극빈퇴치계획' 수혜자의 95%를 포괄하는 '가족 급여'라는 새로운 제도로 대체할 것이라고 발표하였다.

다른 연구자들은 이런 유의 비상프로그램이 가난의 축소라는 관점에서 볼 때 명백한 영향을 미쳤으나, 또한 그 긍정적인 영향이 장기적 관점에서는 보장되지 않는다고 지적했다. 사회경제학자들(Vigorito and Amarante, 2006)이 신뢰할 만한 통계자료를 통해 보여 준 바와 같이, 가난의 감소에도 불구하고, 우루과이 가난한 이들은 여전히 전체 인구의 25~30%에 이르고, 부의 분배를 가리키는 지표들은 변하지 않았거나 심지어 악화되었다고 할 수 있다. 좌파는 가난을 가리키는 수치들을 낮추는 데 성공했으나, 기본적인 문제, 즉 소득의 집중 문제를 제대로 다루지 못한 것 같다.[9]

좌파는 또한 교육과 건강 영역에서도 변화를 추진하였다. 새 정부는 우루과이 교육제도의 전통적인 기반을 강화하고자 했다. 이 교육제도는 19세기 후반에 정착된 기준에 따라 의사결정, 서비스 제공, 그리고 재정 지원과 관련된 주요한 역할을 국가에 부여하였다. 좌파는 또한 재정 지원을 강화하고, 교육 관련 여러 행위자들이 수개월에 걸쳐 심의하는 절차 등을 포함하여 시민사회의 참여를 이끌어 내고자 하였다. 이 과정은 자문위원회의 설치와 함께 시작되었고, 이 위원회에는 정부, 대학, 노조, 다른 주요한 사회·정치 단체의 대표들이 참여하였다. 위원회는 다섯 가지 주제, 즉 '모두를 위한 교육', '교육과 시민정신', '교육과 발전', '정보 사회와 교육', 그리고 '국가 교육 제도'에 초점을 맞춘 문건을 작성하였다.

---

9) '라틴아메리카-카리브 경제위원회'는 대다수의 라틴아메리카 나라들에서 지니계수를 1, 2 포인트(puntos) 줄이는 것이 가난 축소의 관점에서, 많은 해 동안의 긍정적인 경제 성장과 같은 영향을 미칠 것이라고 주장하였다(CEPAL, 2005). 이러한 분석은 여러 나라에서 좌파 또는 진보 정당이 다스리는, 라틴아메리카의 현 맥락에서 볼 때 아주 적절하다. 여기에는 역사적으로 가장 낮은 사회적·경제적 양극화를 보여 준 우루과이도 포함된다.

위원회는 2006년 전국을 누비면서 일련의 워크숍과 세미나를 개최하였고, 이 과정은 '민주적인 우루과이'라는 제목으로, 원래 '확대전선'의 프로그램으로 제안된 것과 같은 유형의 시민 참여를 가장 명백하게 보여 주는 사례 가운데 하나──그리고 몇 안 되는 사례 가운데 하나──가 되었다. 이 과정은 2006년 12월 교육 단체와 시민사회 단체 대표 1900명이 참여하는 '전국교육대회'로 마무리되었다. 이 대회는 의결권이 없는 심의적인 특성만을 가지고 있고, 또 두 보수 정당이 이 과정을 이데올로기적으로 편향된 것으로 지속적으로 비판하였음에도 불구하고, 진보적인 관점에서 출발하여 교육제도의 본질적인 측면에서 장기적인 개혁안을 작성할 수 있었다.

공중보건의 영역에서 좌파는 '국가통합보건제도'를 구축하기 위한 '급진적인 개혁'을 추진하는 데 온 힘을 기울였다. 보건정책의 새 지침은 보건 체계의 재정을 마련하기 위한 주요 도구로서 '국민건강보험'(Seguro Nacional de Salud)을 실현함으로써, 1차 진료와 건강 서비스에의 보편적인 접근을 보장하는 데 초점을 맞추었다. 새로운 재정 구조는 국가, 고용주 그리고 노동자의 분담금, 그리고 사용자의 소득 수준에 따라 지불하는 형태로 이뤄진다. 이 제도는 또한 공공 보건기관과 민간 보건기관(이른바 의료공제조합) 사이의 협력을 의미한다. 교육 영역에서 발견할 수 있는 것과 동일하게, 정부는 보건 자문위원회를 설치하여 심의 과정을 촉진하였다. 이 위원회는 직업 협회(의사, 치과의사, 그리고 심리학자), 민간 보건 기관, 노조와 소비자 대표로 구성되었다. 좌파가 권력을 잡은 이후 2년이 좀 넘는 기간 동안 여러 개의 구체적인 개혁안이 작성되었고, 그 중 몇 가지는 이미 실행에 들어갔으나, 야심찬 국가통합보건제도의 중요한 부분은 2008년 중반이 되어야 온전히 작동할 것으로 보인다.

또 다른 핵심적인 사회 영역, 즉 평등이나 성과 관련 있는 영역에서, 대통령의 개인적인 판단이 좌파의 정치적 프로그램을 압도하였고, 그에 따라 별로 진척된 것이 없었다. 낙태를 비(非)범죄화하고자 했던 입법안은 2004년 국회에서 논의되었으나, 결코 통과되지 않았다. 출산권의 인정, 그리고/또는 확대를 촉진하는 모든 법안을 거부하겠다는 바스케스 대통령의 반복적인 위협으로, 대통령의 '진보적인' 정체성이 의심을 받았고, 남녀 간 권력의 재구조화에 대한 우루과이 좌파의 태도를 문제시하는 여성 단체들의 격렬한 비판을 받았다. 한편 라틴아메리카에서 이 문제에 관한 진보적인 입법이 없는 단 두 나라가 우루과이와 칠레이다.

노동정책

예상했던 대로, 진보적인 현 정부는 이데올로기적 친화성 덕분에 노조운동과의 관계를 개선하였다. 우루과이 노동자들 사이에 일반화된 노조 가입률 하락—1987년 23만 6,640명에서 2001년 12만 2,057명으로 노조원 수 감소—에도 불구하고, 좌파가 정권을 잡았을 때, 노동운동은 여전히 주요한 사회세력이었고, 강력한 정치적 영향력을 행사하였다. 노조가입률의 하락은 민간 부문의 노동자들에게 보다 더 직접적으로 영향을 미쳤고, 그에 따라 공공 부문의 노조들이 노동운동을 이끄는 주도적인 역할을 맡게 되었다(Superville and Quiñónez, 2003).

노동정책의 실제적인 변화는 2005년 3월, '확대전선' 정부가 취임한 직후부터 시작되었다. 과거 14년 동안 임금협상위원회법이 있는데도 이 법을 집행하지 않았다. 그러나 새 정부는 노조운동이 지속적으로 요구해 온 사안을 수용하는 차원에서 이 위원회를 가동하였다. 이 위원회는 고용주·노동자·국가 사이의 삼자협상에 기반을 두었다. 이러한 조치는 조직과 동원에 관한 노동자들의 권리를 확대하고, 파업 기간에 노조가 사업장을 점거할 경우 경찰의 개입을 허용하던 억압적인 규범을 폐기하는, 노조의 권리에 대한 새로운 입법과 함께 이뤄졌다. 그러자 예상했던 대로 우파와 기업가 집단이 즉각적으로 반발하고 나섰다. 이들은 정부가 공정하지 못하고 심지어 '혁명적' 변화를 촉진하고 있다고 비난하였다.

그러나 좌파의 새로운 노동정책은 기업인들과의 관계에 있어서 지속적인 균열을 야기하지는 않았다. 일부 인사들이 급진적인 논조를 펼쳤고 정부와 기업 사이의 일시적인 갈등이 나타났음에도 불구하고, 대다수의 고용주들은 '확대전선'의 경제정책에 만족한다고 공식적으로 인정했다. 바스케스의 대통령직 취임 몇 주 뒤, 2006년 6월 주간지 『부스케다』(*Búsqueda*, 가장 명시적으로 우파세력과 연결되어 있는 언론 매체 가운데 하나)가 실시한 여론조사에 따르면, 기업가들의 80%는 새 정부가 자신들의 기대와 요구에 부응하고 있다고 생각하였다. 지난 몇 년 동안 국내외 언론들은 무엇보다도 정부가 국제통화기금과 신속하고 우호적인 협약 협상을 한 것을 강조하면서, 정부의 '온건화', '점진주의', 그리고 정부가 목표와 한계 사이에서 적절하게 균형을 이룬 점 등을 들어 정부를 지속적으로 치켜세웠다(Instituto de Ciencia Política-ICP, 2006 참조).

정부와 노동운동——우루과이의 노동운동은 하나의 노총, 즉 '노조총회-전국노동자대회'(PIT-CNT)를 중심으로 이루어지고 있다—— 사이의 가장 밀접한 공조는 2006년 10월에 일어났다. 화물차주협회는 농촌대규모생산자협회들의 지원을 받아 사업장 폐쇄를 선언했고, 이는 연료, 농작물, 그리고 다른 가정 필수품의 이용에 중대한 영향을 미쳤다. 이 기업가들의 주장인즉, 정부가 대중교통에 지원할 보조금을 확보할 목적으로 디젤유의 가격을 올리려고 한다는 것이다. 노동운동은 고용주들의 이러한 조치에, 즉각적으로 '민주주의를 옹호하기 위한' 파업으로 대응하였다. 사업장 폐쇄는 3일 만에 철회되었으나, 이것은 앞에서 말한 기업주들의 일반적인 만족에도 불구하고, 기업 협회는 자신의 이해가 좌파 정부에 의해 영향을 받는다고 생각할 경우 이에 대한 항의를 조직하는 데 추호의 망설임도 없음을 잘 보여 주었다. 사업장을 폐쇄한 3일 동안 민주주의가 결코 위기에 처한 것은 아니었기 때문에 노동운동의 대응도 과민한 것일 수 있으나, 우루과이 노동자들의 집단적 상상력에는 살바도르 아옌데의 이미지가 아주 뚜렷하게 자리잡고 있다. 칠레의 사회주의 정권의 대통령이었던 아옌데 또한 화물차주들의 동원으로 시작되었던, 군인들과 기업인들의 음모로 1973년 정권을 탈취당했다.

'확대전선'의 노동정책은 바스케스의 대통령 취임 이래 노조원의 숫자가 배증하고 콜센터와 같은 부문에서 새로운 노조들을 창립한 데서 명백한 것처럼, 노조운동의 새로운 성장주기에 도움을 주었다('노조총회-전국노동자대회'가 밝힌 자료에 따르면, 2007년 3월 기준, 노조가입자 수는 약 25만여 명에 이른다). 또한 이렇게 성장했지만, 그 반대급부로서 노동운동의 자율성을 상실하지도 않았다. 즉 우루과이 노동운동은 '노조총회-전국노동자대회'의 제8차 대회에서 채택한 결정에 기반을 두면서, 노조운동과 국정 운영 사이의 이데올로기적 친화성에도 불구하고, 진보적인 정부와의 관계에 있어서 높은 수준의 정치적 독립성을 유지했고, 2006년 중반부터 정부의 경제정책과 관련하여 좌파정책으로의 선회를 요구하고 있다.

인권

1986년, 당시 유약한 우루과이 민주주의를 위협하는 혼탁한 분위기에서 우루과이 의회는 15848호 법, 즉 이른바 '국가처벌권소멸법'을 통과시켰다. 대중적으로는 이 법을 '소멸법' 또는 '면책법'이라 불렀다. 인권에 대한 다양한 침해를 포함하여, 독재정권(1973~1985) 아래서 군인과 경찰이 저지른 범죄는 이 법을 통해 사면의 대상이 되었다. 3년 뒤 1989년, 이 법은 국민투표로 인준을 받았다. 2005년 3월 좌파 정부가 취임했을 때, 바스케스는 면책법을 폐기하지 않을 것이라고 선언하였으나, 그와 동시에 행정부가 이 법에 대한 적절한 유권해석을 한다면 인권침해 혐의자들을 조사할 의무가 있고, 경우에 따라서 기소할 수도 있다는 사실을 강조했다. '확대전선' 내 일부 정치 집단은 대통령의 이러한 선택을 받아들이지 않고, 2007년 초반부터 사회운동과 연대하여 이 법의 폐기와 관련하여 국민투표를 실시하자는 새로운 운동을 전개하였다. 그것은──여러 소급적인 효과 중에서도── '일사부재리 원칙'을 부인하는 것을 의미했다. 헌법이 요구하는──유권자의 10%, 대략 25만여 명에 상응하는── 서명자수를 채운다면, 국민투표는 2009년 대통령 선거와 동시에 실시될 것이다.[10]

면책법의 적용 또는 폐기를 둘러싼 '확대전선' 내 의견 차이를 제외한다면, 좌파정부가 가장 심대한 영향을 미쳤던 영역은 인권이다. 1985년 민정이양 이후 처음으로, 우루과이 사회는 진리와 정의(*verdad*

---

10) [옮긴이] 면책법 폐기와 관련된 헌법개정안이 국민투표에서 통과되지 못했으나, 2011년 11월 우루과이 국회는 '1985년 3월 1일까지의 국가 테러 수행에서 저지른 범죄에 대한 재규정'이라는 이름의 18831호 법을 통과시켰다. 이 법은 이러한 범죄를 '인류에 반한 범죄'로 규정하였다.

y justicia)라는 이미 오래된 요구를 해결하기 위해 한 걸음 성큼 나아갔다. 몇 달 동안 우루과이는 이전 두 보수 정당의 집권 아래서 불가능해 보였던 일련의 사건들을 목격하게 되었다. 좌파 정부는 세 가지 주요 행동 지침을 마련하였다. 첫째는 **실종자**에 대한 조사였다. 육군, 공군과 해군 지휘관들에게 상세한 보고서를 요구하고, 불법 무덤이 있는 곳으로 추정되는 장소를 발굴하면서 법인류학적 조사를 추진했으며, 심지어 군 병영 내에서도 발굴조사를 실시하였다. 둘째, 정부는 인권침해 고발에 대한 법관의 개입을 대통령의 결정에 맡겼던, 15848호 법에 대한 자의적인 해석에 종지부를 찍었다. 이 자의적인 해석은 이전에 고발된 모든 사건의 혐의자들에게 면책을 보장하였다. 그러나 바스케스는 법관들에게 조사하고 재판할 절대적인 권한을 부여했다. 이러한 조치로 권위주의 체제의 최고 지도자들을 기소할 수 있었고, 심지어 보르다베리(Juan María Bordaberry) 전(前)대통령을 투옥하였다. 셋째, 라틴아메리카 다른 나라의 법관들이 요청하고 우루과이 법관들이 승인한 인권 침해 범죄자 인도(extradición)에 대한 모든 요청을 인가하였다. 이러한 진척에도 불구하고 실종자의 행방에 대한 조사는 단지 제한적인 결과밖에 얻지 못했다──단 두 구의 시신만을 찾아냈다. 인권 단체들은 정부가 쏟아 부은 노력을 인정하였으나, 다른 한편으로 현 군 당국자들이 대통령에게 제출하지 않은 자료들이 많고, 이 자료들을 확보했다면 인류학자와 법관들의 업무가 훨씬 용이했을 것임을 믿어 의심치 않았다.

군사독재 아래서의 인권침해라는 오랫동안 지연된 문제를 해결하는 것은 비슷한 상황에 있는 다른 라틴아메리카 나라들의 선례를 고려할 때, 새 정부와 군대의 관계에 큰 영향을 미칠 것이다. 그러나 '확대전선'의 경우, '군부 문제'가 낯설지 않았는데, 그 이유는 좌파 내 여러 명의 최고 지도자들이 군 출신이었기 때문이다. 대표적인 경우가 '확대전선'의 창립자이고 2004년 7월에 사망할 때까지 가장 중요한 좌파 인사였던 세레니(Liber Seregni) 장군이다. 2006년과 2007년 사이에 군 장교들을 재판할 때 눈에 띄는 동요가 일어났다. 이에 위협적인 주장을 하는 군인들도 있었으나 개인 자격이었고, 일반적으로 군부의 삼군은 대통령을 수장으로 하는 지휘 계통을 받아들였으며 이견을 가진 극우 인사들을 고립시켰다.

인권 영역에서 이뤄진 진보의 반대급부로서 '국민적 화해'가 있었다. 이는 바스케스가 내놓은 제안으로 거센 비판을 받았다. 2006년 12월에 공포한 시행령을 통해, 정부는 실종자의 사체 수색을 종료하고, 매년 6월 19일(국가 영웅인 아르티가스의 탄생 기념일)을 '더 이상 안 돼'(Nunca más)의 날로 정했다. 이는 "국가가 미래를 지향하고, 국민적 화해의 길을 찾기" 위함이었다. 바로 '확대전선' 자체에서 나오는 비판에 압박을 받아, 대통령은 자신의 제안을 수정하지 않을 수 없었고, 다시 "국가 폭력은 더 이상 안 돼"(Nunca más al terrorismo de Estado)를 말하기 시작했다.

'국가 개혁'과 공공 서비스

좌파 정부 내에서 심각한 논쟁을 일으켰던 또 다른 주제는 이른바 국가 개혁이었다. 이른바 국가의 '개혁' 또는 '근대화'는 라틴아메리카 곳곳에서 신자유주의 패러다임의 확산에 부응하여, 좌파에 앞서 집권했던 세 번의 신자유주의 정부가 부르짖었던 구호였다. 그러나 1985년과 2005년 사이에, 단지 말로 그치지 않고, 공공 행정의 효율성(efficiency), 효과성(effectiveness), 투명성 제고라는 관점에서 시도된 개선책은 아예 없거나, 있어도 근대화라기보다는 오히려 퇴행적인 특성을 보였다. 신자유주의적 관점에서, 국가 개혁은 민영화와 규제 철폐의 동의어가 되었다.

우루과이에서 1989년 몬테비데오 선거에서 좌파가 승리하기까지 전통적인 두 정당이 (1973~1985년 사이의 군사정권을 뺀다면) 중앙정부와 19개 광역지자체에 대한 절대적인 통제권을 가졌다. 이는 국가 구조와 보수적인 양당 구조 사이에 공생적 관계가 형성되고, 전문성이나 인성에 대한 어떤 고려도 없이 정당정치적인 기준에 따라 행정 기관의 자리를 전통적으로 할당해 온 데서 명백히 드러난다. 후견제(clientelismo)와 친인척 등용(nepotismo)은 국가 기구의 모든 차원에 배어 들었고, 정치적 부패가 나라의 규모가 작은 탓에 다른 나라들에서 찾아볼 수 있는 정도는 아닐지라도, 전통적인 두 정당의 지도자들이 개인적 그리고/또는 정당적 치부(致富)를 위해 공공 행정을 남용했다고, 좌파는 늘 비판했었다(Caetano et al., 2002 참조).

바스케스는 선거 운동 때, 후견제, 친인척 등용과 부패를 뿌리 뽑으면 좌파가 제안한 사회변혁의 상당한 부분을 재정적으로 지원하기 위해 충분한 자원을 확보할 수 있다고 주장하였다. 그는 또한 자신이 내릴 최초의 행정 조치 중의 하나가 모든 국가 기관에 대한 회계 감사, 그리고 경우에 따라 공적 자금의 부당한 사용에 책임 있는 이전 정부의 관계자들에 대한 재판을 여는 것이라고 선언했다. 그 밖의 정책들을 보면, 개인 소득세 도입을 골자로 하는, 현 조세 제도보다 더 정의롭고 효율적인 조세 개혁안 통과, 관료제 타파(desburocratización), 행정 관행의 근대화, 과다 지출을 억제하여 사회 정책과 생산적 발전에 투여할 자원의 확보할 것 등이 포함되어 있었다. 그와 동시에 정부는 국가의 과학적·기술적 발전을 위한 자원 배정을 포함하여 국정 쇄신을 추진하고자 했다.

바스케스는 또한 자신이 제안한 모든 개혁이 대통령 임기보다 더 긴 시간을 요구할 수 있다고 밝혔다. 첫 5년 동안의 주안점은 '집안 정리'이고, 이는 공공 재정 상태에 대한 신뢰할 만한 자료를 구축하고 이전 정부에서 저지른 불법을 조사하는 것을 의미했다. 좌파가 꾀하는 국가 개혁을 총괄적으로 주도할 기관은 장관급 행정 단위인 기획예산처(OPP)일 것이다. 이 부처는 지금까지는 정부기구표에서 부차적이고 단지 보조적인 지위를 차지하고 있었으나, 새 정부의 틀 안에서는 장기 국가 발전의 전략적 기획, 공공 투자 우선순위 확정, 지역 발전 촉진과 국제 협력과 같은 영역에서 새로운 기능을 맡게 될 것이다. 좌파가 공표한 개혁의 또 다른 기본 요소는 분권화가 될 것이고, 이는 광역지자체로 권한과 자원을 이전하는 것이다.

공공 서비스 영역에서 정부의 첫 임기 동안 일어난 가장 중요한 변화는 상하수도의 이용을 인권으로서 재정의한 헌법 개정일 것이다. 2002년, 상하수도의 민영화를 전국으로 확장하기로 합의했던 우루과이 정부와 국제통화기금 사이의 의향서 서명에 반발하여, 환경 단체, 공동체 조직, 노동 단체 등이 광범위하게 연합하여 '물과 생명 수호 전국 위원회'(CNDAV)를 출범시켰다. 이 위원회 이름은 명백히 볼리비아 코차밤바의 경험을 연상시킨다(이 책에서 타피아가 쓴 8장 참조). 2003년 10월, '물과 생명 수호 전국 위원회'는 국민투표를 요청하는, 28만 3천여 명이 서명한 문서를 선거법원에 제출했고, 이 국민투표는 2004년 10월 31일 전국 선거와 병행하여 치러졌다. 그 결과는 논쟁의 여지가 없었다. 투표자의 60%가 상하수도의 민영화를 금지하는 헌법 개정을 지지하였다. 개정 헌법은 물이 "삶의 본질적인 자연자원"이고, "상하수도의 이용은 기본권을 구성한다"고 명시했다. 헌법 47조의 개정된 내용에 따르면, (공적이어야 할) 수자원의 관리 기준은 시민의 참여와 지속 가능성에 바탕을 두어야 한다.

'물과 생명 수호 전국 위원회'의 캠페인에 대한 '확대전선' 차원의 명백한 지지에서 볼 때, 새 좌파 정부가 국민투표로 통과된 개혁안을 열성적으로 집행할 것으로 기대되었다. 그러나 이 기대는 결코 채워지지 않았다. 정부는 이러한 헌법 개정에 대한 아주 특이한 해석을 내놓았다. 다시 말하면, 개정안은 단지 앞으로 있을 상하수도 서비스의 허가에만 영향을 미친다는 것이다. '물과 생명 수호 전국 위원회'는 개정안에 대한 문자적 해석을 요구했고, 헌법 개정안이 원래 캠페인의 동기가 되었던 서비스의 허가를 포함하여, 모든 상하수도 서비스 허가에 해당한다고 주장했다. 아과스 데 빌바오(Aguas de Bilbao) 사는 우루과이와 스페인 사이의 투자 우호 협정에 기대어, 우루과이 정부를 법정에 고소하였다. 헌법 개정으로 영향을 받는 또 다른 외국계 회사인, 아과스 데 라 코스타(Aguas de la Costa)──다국적 기업인 수에즈(Suez Lyonnaise des Eaux)의 자회사── 또한 세계은행 산하 '국제투자분쟁해결기구'(CIADI)에 제소하겠다고 위협했다. 그러자 바스케스 정부는 시간이 오래 걸리고 비용이 많이 들 가능성이 있는 법적 절차를 두려워한 나머지, 이 외국계 회사들이 우루과이에서 계속 사업을 하도록 허용하기로 결정했다. 그러나 결국 수에즈 사는 주식을 높은 가격에 정부에 팔아넘긴 다음 우루과이를 떠나기로 결정했다.

정부 고위관료가 다른 공공 서비스도 경우에 따라 (민영화 가능성을 포함하여) '탈독점화할' 계획임을 반복적으로 공표한 맥락에서 볼 때, 유럽 회사들과의 협상 결과는 '물과 생명 수호 전국 위원회'를 구성하는 공동체 조직과 사회운동의 관점에서 심각하게 우려할 수준이다. 수도 공급에 대한 사기업의 참여를 둘러싼 갈등에서 정부가 취한 해결책은 수에즈와 같은 강력한 다국적 기업의 자진 철수를 가져왔을지라도, 2004년 10월에 통과된 헌법 개정안의 자구(字句)뿐 아니라 그 정신과도 명백히 모순된다(Santos et al., 2006). 이는 또한 좌파가 정권을 잡기 전에 기본 원리로 채택한 바 있는, 공공 서비스 민영화 반대의 오랜 역사와도 모순된다.

4. 경제정책: 논쟁 중인 정부

아스토리 경제금융장관은 좌파가 집권한 지 1년 반이 지난 시점에 한 언론과의 인터뷰에서, 정부의 업적에 대해 개인적으로 만족한다고 표명하였다. 장관은 이러한 업적이 정통적인 경제정책을 적용한 탓에 가능했다고 보았다.

> 다른 더 좋은 모델이 있다면, 기꺼이 검토했을 것이나, 다른 어떤 대안도 있는 것 같지 않다. […] 생산적·노동적·사회적 관점에서 볼 때, 우루과이 경제의 결과는 아주 훌륭하다. 아주 오랫동안 중단되었던 성장을 다시 하고 있고, 실업은 최근 10년 만에 최저 수준이며, 고용률은 20년 만에 최고치이다. 실질 임금은 민간 부문이나 공공 부문에서 공히 올라가고 있고, 가난은 최소화되었으며, 부의 분배도 향상되고 있다. 그래서 우리는 만족하고 있다(*La República*, 2006년 10월 10일).

대선 운동 기간 동안, 첫 진보 정부가 채택할 경제정책의 방향은 의도적으로 모호한 형태로 공표되었다. 바스케스와 다른 '확대전선' 지도자들은 "생산적 전문화를 촉진하고 국내 상품의 질을 제고할 필요성", "경제 모델의 변화", "금융 투기에 맞서는 싸움", "기술 혁신을 위한 국가 지원" 그리고 다른 아주 일반적인 제안들——이 모든 제안들은 진보적이다——을 언급하였으나, 그 구체적인 실현에 대해선 결코 엄밀한 형태로 상술하지 않았다. 산업협회, 상업협회에서의 일련의 강연에서, 바스케스의 최측근 자문들은 우루과이 좌파의 프로그램이 상대적으로 라틴아메리카 신구조주의적(neoestructuralista)[11] 흐름과 친화적이고, 거시경제적 지표를 안정시키기 위한 틀 안에서 우루과이의 국제적 경쟁력을 촉진할 것이라고 선언했다. 반면에 '확대전선'의 좌파 진영은 이웃나라 아르헨티나의 네스토르 키르치네르가 수행한 조치들을 언급하면서, 노동자 임금의 의미 있는 즉각적인 인상, 그리고 외채보다 '사회적 부채'의 중요성을 강조하였다.

정권 초기 2년 동안, 우루과이 좌파는 다양한 도전들에 직면하였지만, 거시경제적 지표들을 분석해 볼 때, 최종 결과는 긍정적이었다. 아스토리가 2006년 10월에 이야기했던 파노라마는 현실적으로 펼쳐졌다. 좌파가 선거에 승리할 경우, 부정적으로 반응할 것으로 경제 분석가들이 예측했던 변수들이, '콜로라도당' 정부와 '확대전선' 정부 사이

---

11) [옮긴이] 1980년대 초 브라질과 아르헨티나의 경제학자들 사이에 활발히 논의된 것으로, 임금/가격 재조정의 타성적 순환을 깨기 위해서는 총수요 관리에만 매달릴 것이 아니라 임금과 가격을 직접적으로 통제하는 소득정책이 필요하고, 이를 위해서는 단기적인 가격 동결이나 통화개혁과 같은 정책수단을 동원할 것을 강조한다(이성형, 「민선정부하의 경제정책: 알폰신 정부의 아우스트랄 계획에서 메넴정부의 경제개혁에 이르기까지」, 『지역연구』, 1권 2호, 1992 참고).

의 정권 인수 전(前) 기간에 걸쳐 오히려 긍정적으로 전개되었다. 경제는 2005년(6.6%)과 2006년(7%)에 상당히 성장했고, 재정적 안정도 확보되었다(2005년에 인플레율이 5%를 넘지 않았고, 그 다음 해에는 6%를 웃도는 수준에서 멈췄다). 우루과이는 수출과 수입에 있어서 기록적인 수치를 이뤘고, 우루과이 좌파의 경제정책은 『이코노미스트』(The Economist), 『파이낸셜타임스』(The Financial Times)와 같은 매체들의 칭찬을 받았다. 정부의 아주 긴축적인 5개년 예산은 이렇다 할 야당의 반대 없이 2005년 중반에 통과되었고, 정부는 노동자들의 요구를 억제하거나 노조운동과 협상을 하였다.

정부가 보여 준 긍정적인 지표는 반드시 일관적이고 잘 짜인 정책 때문이라고 할 수 없다. 우파는 경제정책에 있어서 자신들의 정통주의적 지향이 갖는 타당성을 인정한 우루과이 좌파의 '책임 있는 태도'를 치켜세우는 한편, 국제적 상황이 아주 유리한 기회를 제공함에도 불구하고 우루과이의 '신자유주의화'를 한층 더 힘차게 밀어붙이지 못한다고 정부를 비판하였다. 좌파 진영에서, 정부의 '신자유주의적 탈선'을 우려하는 활동가들과 분석가들은 현 경제정책적 지향의 사회적 여파가 중장기적으로 심각하게 드러날 것이고, 현재 우루과이 경제의 외면적인 호조는 단지 우루과이가 전통적으로 수출하던 상품의 국제 가격이 유리하게 전개되었고, 또한 이웃의 두 강대국, 즉 아르헨티나와 브라질의 경제 회복에 따른 일시적인 결과라고 주장하였다.

대선 몇 달 전인 2004년 2월, '확대전선'의 지도부는 세계은행 경제전문가 사절단의 방문을 받았다. 이 사절단은 좌파 당국자들이 대선에 이길 경우에, 이전 정부로부터 물려받을 모든 국제적인 약속을 존중하기로 공약했다고 밝혔다. 이에 대해 좌파는 '약속을 존중하는 것'은 외채에 대한 일정 형태의 재협상을 함축할 수 있고, 새 정부는 생산의 재활성화, 국가의 민주화, 일자리 창출과 사회정책적 관심에 우선성을 부여할 것이라고 발표했다.

　요약하면, 경제정책은 어느 정책보다 우루과이 좌파 내에서 더 많은 논쟁을 일으켰고, 진보적인 정부가 상대적으로 덜 혁신한 것처럼 보이는 영역이다. 사실 경제정책의 큰 틀, 통화정책, 국제무역관리, 또는 (엄격한) 외채 상환에 있어서 중요한 변화를 찾아볼 수 없다. 좌파가 추진할 모든 사회 발전 또는 생산 발전 계획은 정부 프로젝트의 재원을 마련하기 위한 자원 조달의 유일한 형태로서, 상품 수출의 증대를 통한 성장이라는 가설에 바탕을 두는 것처럼 보였다.

　'확대전선'이 야당일 때 신랄하게 비판했던 신자유주의적 지향과 현 정부의 경제정책의 차이를 구별하는 것이 쉽지 않음에도 불구하고, '확대전선'의 여러 장관들과 국회의원들은 현 정부의 경제정책이 현실에 있어 좌파의 정책이라고 공개적으로 주장하는 데 추호의 망설임이 없다. 학계에서는 우루과이 정치학자들이 현 정부와 이전 정부 사이의 차이를 분석하면서, 이를 다음 네 가지 요소로 요약했다. ① 국가의 세입 징수원을 확장하는 데 보다 더 큰 관심을 기울였다, ② 개인소득세의 신설을 포함하는, 진보적인 세제 개혁을 추진하였다, ③ 가장 가난한 국민층을 위한 '비상 계획'을 세웠다, ④ 그리고 노동-자본 관계를 규제하는 제도적 틀을 수정하였다(Instituto de Ciencia Políica [ICP], 2006). 이처럼 요약할 수 있는 가시적 변화들은 훨씬 더 근본적인 변화를 기대했던 많은 좌파 활동가들에게 불만의 요인이 되었다.

　경제적으로 국제적인 상황에 크게 의존하는 나라에서 보다 더 근본적인 변혁 가능성을 부인하는 데 곧잘 사용되는 주장은 '작전 행동

(maniobra)의 여지가 제한되어 있다'는 것이다. 이 책의 서장에서 이미 강조한 바와 같이, 라틴아메리카의 모든 좌파 정부들이 이 딜레마에 직면하고 있다. 이 점에 있어서 유엔 산하 '라틴아메리카-카리브 경제위원회'의 주요 자문인, 프렌치-데이비스(Ricardo French-Davis)의 주장을 되새겨볼 필요가 있다(Papa, 2003에서 재인용).

라틴아메리카의 문제는 많은 사람들이 국제통화기금보다 더 신자유주의적이 되었고, 민중의 권익을 옹호하지 않는다는 것이다. […] 경우에 따라, 우리 정부들은 국제통화기금보다 더 그 교의를 신봉하고, 공평과 지속가능한 발전이라는 신경 중추를 공격함으로써 재정 불균형 문제를 바로잡고자 한다.

구체적으로 우루과이의 경우에, 진보적인 정부의 경제적 지향에 대한 논쟁은 새 정부의 경제재정부 장관으로 아스토리가 임명된 직후에 시작됐다. 이 장관 인사는 2004년 7월 워싱턴 소재 미주개발은행(BID) 본부에서 미국 기업인들과의 만찬에서 발표되었다. 그때부터 기업인들과 국제금융기구 당국자들과의 만남에서 장관 지명자가 행한 모든 선언은 국내외 우파들의 지지와 심지어 열광, 그리고 동시에 급진적인 우루과이 좌파 부문들의 강한 비판을 유발하였다. 아스토리는 좌파 학자, 그리고 사회주의 이념에 투철한 학자로서의 이력을 가졌음에도 불구하고, 1990년대 초반 이후, 갈수록 정통주의적 경제학에 더 가까이 다가갔다. 그는 거시경제적 안정, 해외투자 유치의 강화, 무역의 자유화가 국가 발전의 기본 조건이라고 끊임없이 주장하였다.

이러한 맥락에서 보면, 우루과이 좌파의 경제 부처가 우선적 관심사를 경제적 안정성을 보장하고, 재정적 취약성을 줄이는 것이라고 선언하는 것이 어떻게 가능한지 어렵지 않게 이해할 수 있다. 신임 장관은 장관직에 취임한 지 6주 뒤, 오키나와에서 열린 미주개발은행의 정기 연례 이사회에서, 현 정부가 물려받은 경제적 상황에 대해 다음과 같이 요약했다.

우루과이는 2002년에 일어난 격심한 충격[아르헨티나의 위기에서 비롯된 금융 붕괴]에서 벗어나려고 하고 있는데, 다행히 오늘날 좋은 징조를 보이고 있다. 생산물은 뛰어난 수출 실적에 힘입어, 2004년에 12% 증대되었다. [경제] 활동 수준은 실제적으로 개선되었고, 조세 수입은 상당히 증가하였다. 재정상황도 믿음직한 결과를 보여 주었다. 이와 더불어 인플레이션 수준이 통제되었고, 외부에서 ——특히 국제금융시장에서 ——, 신용회복과 위험 감소의 관점에서 내적 안정성을 인지하고 있고 그것은 스프레드(spreads)[12]가 하락세를 보이는 데서 확인할 수 있다.

그와 동시에, 그는 새 정부가 다음과 같은 과제를 떠맡아야 한다고 선언했다.

외채 상환을 엄격하게 해야 한다. 즉 생산적 투자와 성장을 강화해야 한다. 이는 안정성, 그리고 ——따라서 —— 아주 신중한 재정운영을 요

---

12) [옮긴이] 세계 각국의 국제간 금융거래에서 기준 금리인 리보(LIBOR)와 실제 거래에 적용한 금리 간의 차이를 말하며, 가산 금리라고도 한다.

구하고, 중장기적으로 안정성과 견실함을 보장하면서, 기본적인 거시경제적 균형을 존중하고 돌보는, 진지한 경제정책을 실천해야 한다.

　　이러한 주장은 세계 시장에 긍정적인 신호를 보냄으로써, 안정성을 보장하려는, 다른 여러 구체적인 선언이나 행동들과 일치한다. 30여 년 전 우루과이 좌파들이 칠레의 살바도르 아옌데 사회주의 정부가 주도했던 '칠레 방식의 사회주의 이행'을 찬양했던 것과 같은 열정으로, 우루과이 현 정부의 아스토리와 다른 여러 장관들은 국제무역의 자유화 과정과 북반구 나라들과의 양자투자협정 협상에 주력하는, 현 칠레의 신사회주의(neosocialismo)를 모방하려는 의지를 보였다. 이러한 방향에서 가장 주요한 움직임은 미국과의 자유무역협정(FTA) 협상을 제안한 것이었다.

　　정부가 협상 의향을 처음 전달한 것은 2005년 12월, 남미공동시장에 대한 일련의 비판을 제기한 맥락에서 이뤄졌다. 우루과이는 브라질, 아르헨티나, 파라과이, 그리고 베네수엘라와 함께, 남미공동시장의 회원국이다.[13] 우루과이 정부는 1년이 넘게, 지역 블록의 규칙을 유연화할 것을 요구했고, 미국과의 양자투자협정을 협상할 수 있는 특별한 권한——이는 공통 대외 관세를 갖고 있는 남미공동시장의 현행 규칙이 허락하지 않는 것이다——을 요구했다. 우루과이는 심지어 지역 블록을 아예 탈퇴하거나, (현재 칠레처럼) '준회원국'이 되겠다고 위협했으며, 그와 동시에 거의 매일 남미공동시장의 '작동 불량'이, 국제 시장에의

---

13) 베네수엘라가 정규 회원국으로서 최종 가입할 때, 그 가입에 대한 브라질과 파라과이 국회의 인준이 크게 지체된 적이 있다.

접근 제한, 고용 감소, 그리고 해외 투자 유치의 어려움이라는 관점에서 우루과이에 중대한 손실을 야기했다고 주장했다.

자유무역협정을 둘러싼 논의는 우루과이 좌파 내에 이데올로기적 차이가 존재함을 적나라하게 보여 주었다. '확대전선'이 2005년 3월 정권을 잡은 이래, '확대전선' 내부에 두 개의 큰 분파를 구분해 볼 수 있다. 한편에는 세 개의 정치 집단('우루과이 회의', '진보 동맹', 그리고 '신공간')의 지원을 받는 아스토리가 이끄는 분파가 있다. 이 분파는 지속적으로 칠레를 우루과이의 모델로 간주하고, 지역 통합 대신에 북반구 나라들과의 양자투자협정을 추구한다. 다른 한편에는, 현 상태의 남미 공동시장의 작동 불량을 비판하는 점에서는 의견을 같이하지만, 라틴아메리카의 통합을 강화함으로써 우루과이 발전의 길을 모색해야 한다고 주장한다. 이 두번째 분파는 다른 여러 정치집단 중에서도, '공산당'(PCU), '사회주의당'(PS)의 다수, '민중참여운동', '아르티가스파'로 구성된다. 바스케스의 논조는 2005년과 2006년 내내 이 두 가지 견해 사이에서 오락가락하면서, 시기와 맥락에 따라 이 분파, 또는 저 분파를 지지하는 모순적인 신호를 보냈다. 마침내 첫번째 입장이 당내 소수파로 확인되고, '확대전선'이 분열 가능성을 보이자, 바스케스는 2006년 12월, 정부가 자유무역협정에 서명할 생각이 없다고 선언했고, 대신에 2007년 1월에 미국과 우루과이 사이에 구속력이 없는 무역과 투자를 촉진하기 위한 기본협약(무역·투자기본협정TIFA)을 위한 협상을 시작했다고 발표했다.

바스케스의 발표에도 불구하고, '라틴아메리카주의적' 경향을 띠는 좌파의 동요는 가라앉고 있지 않다. 정부의 아스토리와 다른 장관들은 '무역·투자기본협정'이 본격적인 의미의 자유무역협정을 위한 협상 과정에 있어서 중요한 한 걸음을 내딛는 것이라고 선언하였다.[14] 이러한 관점에 비판적인 정치 집단들은 다시 한 번 반(反)제국주의의 깃발을 올리고, '확대전선'의 역사적 프로그램을 부인하려는 모든 가능성 앞에서 경계의 끈을 늦추지 않았다.

북반구 강대국과의 관계 강화와 관련 있는, 라틴아메리카 통합의 유·불리에 대한 논쟁과 더불어, 바스케스가 대통령에 취임했을 때, 진보 정부는 이전에 미처 생각지 못한 문제에 맞닥뜨렸다. 새 정부가 취임한 지 얼마 안 되어, 우루과이는 아르헨티나와 심각한 갈등에 빠졌는데, 그것은 우루과이 강——두 나라 사이의 자연적인 국경——근처에 두 개의 셀룰로오스 생산 공장 건설 문제를 둘러싸고 일어났다. 두 개의 건설 프로젝트 가운데 하나는 스페인 기업 '엔세'(Ence)가 주도한 것이었으나, 아르헨티나 정부의 강력한 압력에 직면하자, 공장 부지를 다른 지역으로 옮겼다. 핀란드 기업 '보트니아'(Botnia)의 프로젝트는 여전히, 인접한 두 나라 사이의 주요한 갈등점이 되고 있다. 보트니아 공장은 20억 달러에 이르는, 우루과이 역사에서 유례가 없는 대규모의 해외 투자 유치라고 한다. 이 북유럽 기업과 우루과이 정부가 주장하는 환경적 지속 가능성에 대한 모든 보장에도 불구하고, 프라이 벤토스 시 외곽에 보트니아 공장을 건설하기 시작했을 때, 강 건너 아르헨티나 쪽의 괄레과이

---

14) 좌파 정권이 들어서기 전, 이전 정부가 우루과이와 미국 사이의 '투자보호협정'(IPA) 협상을 추진하였다. 좌파는 야당일 때, 이 협정을 비판했으나, '확대전선'이 정권을 잡은 뒤, 2005년 12월 이 협정을 공식 조인했다. 미주자유무역지대를 논의하기 위해 마르 델 플라타에서 열린 미주정상회담을 이용하여 협정을 조인하였다. 역설적으로(또는 역설적이지 않게?) 우루과이는 (바스케스를 포함하여) 남미공동시장의 다섯 명의 대통령이 미국 주도의 미주자유무역지대 이니셔티브에 대한 라틴아메리카 차원의 반대를 주도했던 바로 그 시점에 협정에 조인했다.

추 시를 비롯한 국경 지역에서 대대적인 반대 시위가 일어났고, 심지어 우루과이 강 위로 두 나라를 잇는 세 개의 다리를 반(半)영구적으로 봉쇄하기도 했다. 아르헨티나는 헤이그에 있는 국제사법재판소에 제소하고, 우루과이는 아르헨티나의 시위자들이 다리를 봉쇄하여 수억 달러의 손실을 입었다면서, 남미공동시장의 법정에 문제를 제기하였다. 핀란드 회사에 차관을 제공한 세계은행은 이 프로젝트가 모든 환경적 기준을 충족시켰고, 오염 배출은 독성 기준보다 '한참 낮다'고 선언했으나, 두 나라의 연구자들은 이러한 주장에 의문을 제기했다.

엔세와 보트니아는 값싼 땅과 노동력, 유칼리유(油) 농장에 대한 국가 보조금, 자유무역지대 공장 설치로 인한 면세 등의 이점을 누릴 것이다. 또한 유칼리유와 셀룰로오스 생산에 필수불가결한 수자원을 용이하게 이용할 수 있는 혜택을 받을 것이다. 이에 더하여 우루과이 정부는 기업으로부터 아무런 비용도 받지 않고, 셀룰로오스의 생산과 수출에 필요한 도로 등 기간시설에 재정지원을 할 것이다. 갈등이 있을 경우, 그것이 어떤 것이든, 기업들은 스페인과 핀란드의 투자를 보호하기 위해 우루과이 정부가 준수해야 하는 투자보호협정을 무기로 사용할 것이다. 엔세와 보트니아는 기업의 이익을 위해서라면, 교토 의정서에서 예고한 이른바 '깨끗한 발전 체제'(CDM)에 호소할 수 있다. 이 체제에 따르면, 북반구의 오염자 기업이 남반구에 투자하게 되면 탄소 배출을 '상쇄'할 수 있다.

요약하면 보트니아와 엔세는 좌파가 중앙정부를 장악하기 이전에 크게 비판했던, '발전' 모델을 대표한다. 이러한 현실 앞에서, 스웨덴-핀란드계 다국적 제지(製紙)기업인 스토라 엔소(Stora Enso)와 같은 다른 대기업 또한 우루과이 진출을 발표했다는 것은 그리 놀랄 일이 아니다.

그리고 '확대전선'의 많은 유권자들은 새 정부가 남반구 나라들의 발전에 (대부분) 부정적인 영향을 끼쳐 전세계에서 비판받는 기업들을 수동적으로 받아들임으로써 (또는 열성적으로 지원함으로써), 좌파의 역사적 명제를 크게 배신했다고 생각한다. 이 점에 대해, 우루과이 작가 갈레아노는 이러한 종류의 프로젝트가 '가장 전형적인 식민지 전통'에 속한다고 주장했다(WRM, 2006: 3에서 재인용). 그에 따르면, 다국적 기업들은 숲을 광대한 인위적인 플랜테이션이라고 부르는데, 이 숲은 산업 과정을 거쳐 펄프로 전환되며, 그 과정에서 화학적 폐기물을 강에 내버리고, 공기를 오염시켜 숨을 쉴 수 없게 한다.

5. 유토피아의 불을 지피면서

룰라 다 실바는 브라질 대통령이 된 지 채 1년이 안 된 2003년 12월, 나라를 다스리는 경험을 하면서 과거 좌파 활동가 시절에 가졌던 초기의 꿈 가운데 몇 가지를 버렸다고 밝혔다. 같은 시기에 비슷한 대선 승리를 눈앞에 두고서, 바스케스는 '확대전선' 제4차 대회에서 "우리는 유토피아를 재생시켜야 한다. 우리는 환상을 재창조해야 한다. 우리는 우리 시대의 불편한 현실로부터 미래를 건설해야 한다"라고 선언했다. 그럼에도 불구하고 그러한 이상주의적 제안은 얼마 안 있어 훨씬 더 현실주의적인 경고로 이어졌다. "불가능을 열망하는 것은 기존 질서에 체념하는 것만큼 무책임하고 반동적이다"(Waksman, 2003에서 재인용). 외면상 모순적인 이 연설은 최근 '확대전선'의 정치적 궤적과 일치한다.

좌파는 거의 20여 년 동안 몬테비데오 시를 다스린 다음, 이제 나라 전체를 다스리게 되었다. 타바레 바스케스는 개인적인 경험이 있기 때문에, 대선 승리 이전에 존재하는 가치와 정치적 기대, 그리고 정권을 잡은 다음에 좌파에게 허용된 선택 사이에 존재하는 격차를 알고 있다. 이 것은 몬테비데오 시장으로서의 이전 경험에 잘 나타난다. 1990년대 초반 이 도시 최초의 좌파 지자체는 처음엔 진실로 참여적인 특징을 가졌으나, 보수 세력의 강력한 반대에 직면해야 했다. 나중에 이 지자체는 아주 효율적인 '훌륭한 정부'(buen gobierno) 모델로 발전했지만, 시민 참여를 위한 어떤 급진적인 처방도 내놓지 않았다.

이 장에서 분석한 것을 보면, 진보 정부가 좌파의 오랜 사회적 토대나 새로운 사회적 토대와 맺는 관계가 장차 우루과이 좌파의 특성을 정의하고, 보다 더 근본적인 변혁을 향한 정치적 능력을 정의하는 데 기여할 것이다. 1985년 민정이양 이래, '확대전선'은 우루과이 정치체제의 '안전판'으로서 기능했다. 한편으로 제도화되고 통합된 좌파의 존재는 — 특히 공기업의 민영화에 대한 적극적이고 끈질긴 저항을 통해서 — 두 전통 정당이 추진했던 신자유주의적 프로젝트의 가장 극단적인 측면들을 완화하는 데 기여했다. 다른 한편으로 사회적 불만을 '조절'함으로써 폭발적인 상황을 피할 수 있었다. 이어지는 신자유주의 정부 아래서 민중 부문의 생활 조건이 급격하게 악화되고 일반화되었음에도 불구하고, 이웃 나라 아르헨티나가 경험한 것과 같은 정치적 위기를 우루과이가 겪지 않았다는 것은 우연의 일치가 아니다. 플라타 강의 반대쪽에서 민중적 동원을 촉진시켰던, '모두 다 꺼져!'(que se vayan todos)와 같은 요구는 우루과이에서 반향을 얻지 못했는데, 그것은 신뢰를 잃은 전통 정당에 대한 대안적인 정치세력이 존재했기 때문이었다. 이 모든 것들 때문에, 좌파 최초의 중앙정부의 부상(浮上)을 보는, 대다수의 우루과이인들의 기대는 정말 컸다.

전통적으로 사회와 경제에 대한 국가의 강력한 개입을 옹호했던 우루과이 좌파는 야당으로서 신자유주의 프로젝트에 대한 저항을 이끌면서, 라틴아메리카적 맥락에서 볼 때 우루과이를 아주 독특한 사회로 만들었던, 바트예주의적(Batllista) 정치 문화를 강화하는 데 도움을 주었다. 그와 동시에 이데올로기적으로, 바트예주의적인 우루과이에 뿌리를 두고 사회화하는 프로젝트를 지향하는 부문들을 결집시켜, 선거 과정에서 성장을 하였다. 그러나——남미공동시장의 강력한 무역 상대인, 아르헨티나와 브라질의 경제적 건전성에 극단적으로 의존하는—— 세계화 경제에 우루과이를 통합하는 현재의 방식을 볼 때, 좌파가 전통적으로 옹호했던, 우루과이 방식의 복지국가의 재건 가능성은 심각한 의문에 빠져 있다. 현 진보 정부는 제한된 재정 자원의 맥락에서, 오늘날 좌파의 이질적인 사회적 토대를 이루는 다양한 사회 부문들로부터 제기되는, 아주 다양하고 모순적인 요구들에 응답해야 한다. 그러나 이 책의 다른 장에서 분석한, 브라질 룰라 정부의 경험이 잘 보여 주듯이, 아주 다른 이해(利害)를 가진 사회적·경제적 부문들의 요구에 균형 잡힌 응답을 한다는 게 사실상 불가능함을 알 수 있다.

우루과이 진보 진영의 짧은 정부 경험은 이미 이전 정부와의 단절과 지속성을 잘 보여 주었다. 지속성의 가장 명백한 표지는 경제정책이다. 타바레가 이끄는 정부는 이 정책에서, 1985년 이후 전통 정당의 정부들이 규정한 지침과 관련하여, 이를 조금 고치거나 아무것도 고치지 않았다. 그와 동시에 좌파는 특히 노동관계, 일부 사회정책, 그리고 인권과 같은 다른 영역에서 실제적이고 눈에 띄는 변화를 일구었다. '확대전선'의 첫 정부가 가는 길은 모순과 불확실성으로 가득 차 있고, 아직까지 우루과이 좌파의 역사와 기본 원칙과 일치하는 장기 정치 프로젝트를 개발하지 못하고 있다.

　그러나 우루과이에서 좌파의 범주는 정당에 국한되지 않는다. 또한 역사적으로 아주 역동적인 사회적 좌파를 포함한다. 진보적인 정부의 취임 이후 2년 동안, 우루과이 사회운동은 세대적·프로그램적 쇄신의 초보적이지만 유망한 과정을 포함하여, 재활성화의 명백한 징후를 보여 주었다. 새롭게 활기를 띠는 노조운동의 역동성은 이웃 나라들에서 볼 수 있는, 동원력 둔화와/또는 정치적 자율성 상실과 대조를 이룬다. 슈스테르가 쓴 이 책의 6장에 잘 나타나듯이, 플라타 강의 건너편, 즉 아르헨티나에서 상당한 수의 사회운동들이 키르치네르 정부에 포섭된 반면, 일부 피케테로스 분파와 같은 다른 단체들은 원래 갖고 있는 힘을 상당 부분 잃었다. 북쪽 브라질에서, 두 개의 뛰어난 사회운동 또한 룰라가 대통령에 취임하기 전에 보여 주었던 활력을 유지하지 못하고 있다. 무토지농민운동은 브라질리아가 추진하는 농업 관련 산업의 확장에 제동을 걸지 못하고 있고, 노총(전통적으로 '노동자당'과 연관 있는 '노조총연맹') 또한 정부에 의한 지도자 포섭 정책으로 약화되었다.

　우루과이 좌파의 정부 경험을 보면, 또한 대안 작성과 관련하여 크게 지체된 이데올로기적·프로그램적 논쟁을 다시 시작할 필요가 있음을 명백히 알 수 있다. 비록 '확대전선'을 구성하는 일부 부문들은 사회주의라고 볼 수 없을지라도, 우루과이 좌파의 대다수의 정당이나 운동은 오늘날 라틴아메리카 현실에서 보면 쇠퇴하고 있거나 제한적인 미래 전망을 갖는, 20세기의 여러 사회주의 전통과 상응한다. 다른 한편으로 프로그램의 '근대화'를 외치고, 우루과이와 라틴아메리카의 좌파가 갖는—전략적인 국가경제 부문의 국영화 또는 농지개혁과 같은—역사적 태도를 시대착오라고 비판하는 이들도 일관적이고, 현실 가능한,

또는 진정으로 '진보적인' 대안을 제시하지 못하고 있다.

유럽적 '제3의 길'의 제안이나 '라틴아메리카-카리브 경제위원회' 류의 '공평한 성장'도 오늘날 라틴아메리카 현실에서 실현 가능성이 없는 것 같다. 자본과 노동의 협상을 통해 사회적 양극화의 지표들을 점진적으로 줄여나가는, '성장적 변화'의 사회민주주의적 전략은 후기 산업사회에서는 상대적인 성공을 거두었으나, 현대 라틴아메리카 현실에서는 미래 전망이 지극히 비관적이다. 라틴아메리카 전체에 걸쳐, '상대적으로 더 유럽적인' 우루과이 사회에서 사회민주주의 프로젝트의 성공을 위한 토양이 그리 비옥하지 않다. 국가와 정부가 유약해서 다국적 기업의 행위를 규제할 능력이 제한되어 있는 점, 부의 집중도가 악화되고 있는 점, 그리고 부의 집중과 더불어 사회적 불평등이 증가하고 있다는 점을 그 예로 들 수 있다. 우루과이 좌파의 첫 중앙정부가 가난한 이들에 대한 명백한 감수성을 보인 것은 칭찬할 만하다. 좌파로서 부자들에게 일관적이고 현실 가능한 전략을 제안——비록 그러한 제안이 오늘날 낡고 적절치 않은 것이 되었을지라도——했던 것도 치켜세울 만한 것이다.

5장 _ 콜롬비아
신좌파—기원, 특성, 전망

세사르 로드리게스 가라비토

지난 십여 년간 좌파와 우파의 새로운 정당들과 선거연대조직들이 출현하면서, 콜롬비아 정치가 재편되었다. 이와 함께 양당제 정치 담론의 특성인 중도주의(centrismo)와 무기력함도 해소된 것 같다——이 중도주의는 민주적인 장에서 열린 이데올로기 논쟁을 가로막으면서, 폭력적인 정치적 행동에 빌미를 주었다. 단기적으로 보면, 이러한 변화로 인해 라틴아메리카의 다른 나라들에서 흔한 '좌파'와 '우파'라는 명칭이 콜롬비아에서는 수십 년 만에 처음으로 정치 토론과 분석의 언어가 되었다. 나중에 살펴보겠지만, 중장기적으로 보면 좌파와 우파의 견고한 정치블록이 나타남에 따라 정치체제의 토대가 변화할 수 있고, 전통 정당들('자유당' PL과 '보수당' PC)은 새로운 정치적 경계선에 따라 스스로 자리매김하고 적응하지 않을 수 없을 것이다.

이 장은 새롭게 등장한 정치 집단 가운데 하나, 다시 말하면 콜롬비아 신좌파에 초점을 맞출 것이다.[1] 더 구체적으로 말하면 좌파 정당

---

1) 이 장에서 분석하는 좌파를 가리키기 위해, '신'이라는 용어를 사용하는데, 이는 서술적인

들과 좌파 선거연대조직에 관심을 기울일 것이다. 좌파는 1999년 '사회
·정치전선' 창당 이래, 전례 없는 선거 승리를 일궈냈고, 2002년 총선
을 통해 국회에 진출했는데, 그 가운데 몇몇 의원들은 아주 높은 득표율
로 당선되었다. 또한 2003년에는 좌파 최초로 보고타 시장에 당선되었
으며, 2006년 대선에서는 좌파 대선 후보가 역사상 가장 많은 표를 얻었
다. 이 장은 또한 우리베 대통령을 중심으로 형성된 새로운 우파 집단과
대립하여, 현재 태동하고 있는 좌파 집단을 구성하는 정당과 사회운동,
그리고 다른 정치세력 사이의 연계에 대해서도 살펴볼 것이다.

이 책의 다른 장들에서 본 바와 같이, 좌파의 부흥은 라틴아메리카
적 현상이기 때문에, 이 장은 라틴아메리카의 새로운 좌파 정당과 운동
의 맥락에서 콜롬비아 사례를 연구하고자 한다. 따라서 이 장은 ①콜롬
비아의 특수한 상황이 이 나라 좌파의 최근 발전에 부여한 몇 가지 특유
한 성격을 연구하고, ②콜롬비아 좌파와 라틴아메리카 전역에서 일어
난 신좌파적 흐름 사이의 유사성과 영향에 대해 검토해 보려고 한다. 이
러한 관점과 목표를 염두에 두면서, 이 장을 네 부분으로 나눠 살펴볼 것

의미이지 일정한 평가를 내포하는 것은 아니다. 따라서 이 장에서 검토하는 좌파들은 최근
현상이라는 점에서 새로운 것이지, 과거 좌파의 대안보다 우월하거나 또는 열등하다는 점
에서 새롭다는 뜻이 아니다. 나중에 더 자세하게 살펴보겠지만, 오늘날 이 용어나 다른 용
어들——예를 들면, 극좌파에 대한 중도좌파, 반민주좌파에 대한 민주좌파 등——은 그 자
체로 콜롬비아 좌파의 안팎에서 정치적 논쟁의 대상이다. 결과적으로 이러한 이념적 경
향을 분석하려면, 정치 행위자들이 자신들의 합의나 의견 차를 표현하는 언어를 미리 채
택하지 않는, 서술적 유형론에서 출발할 필요가 있다. 콜롬비아에는 라틴아메리카 대륙에
서 가장 오래된 무장 좌파가 현존함을 전제한다면, 구좌파(vieja izquierda)와 신좌파(nueva
izquierda) 사이의 시간적 구분에 또 다른 실체적 구분을 덧붙일 필요가 있다. 다시 말하면,
새 정당과 운동들은 전략상 무력투쟁의 길을 거부하고, 선거전과 평화적 사회동원에 집중
한다. 이 장에서 편집상의 이유로 단순히 좌파라고 언급할 때, 이는 이 마지막 좌파 진영을
가리키는 것이다.

이다. 첫번째 부분에서, 신좌파의 출현을 설명하는 정치적·경제적·사회적 요인들을 검토할 것이다. 두번째 부분에서는 이러한 정당들과 정당 연대조직의 발전과 구성을 검토할 것이다. 세번째 부분에서는 이 정당들과 연대조직들에 초점을 맞춰, 그 이데올로기, 정강, 그리고 사회적 토대를 분석할 것이다. 마지막 네번째 부분에서는 신좌파의 미래 전망에 대한 분석으로 결론을 지을 것이다.

1장에서 지적한, 이 책의 중심 주제와 관련하여, 이후 다섯 가지 테제를 중심으로 서술과 분석이 이뤄질 것이다. 첫째, 신좌파의 기원과 특성을 19세기로 거슬러 올라가는 양당정치체제의 '해체 과정'의 다른 측면으로 이해할 필요가 있다는 것(Gutiérrez, 2007)이다. 나아가 이에 못지않게 핵심적인, 이 해체 과정의 또 다른 요소는 '신우파'의 강화이다. 이러한 이유 때문에, 이 장 전반에 걸쳐, 두 블록의 평행적인 기원뿐만 아니라 이 두 블록 사이의 대립, 그리고 이 블록들이 콜롬비아 정치체제에 끼친 변화를 강조할 것이다.

둘째, 정당과 사회운동의 연계에 대하여 말하자면, 이 둘 사이의 연계가 아직 초기 단계이고, 이러한 맥락에서 정당들이 신좌파의 가장 가시적인 행위자로서 역할을 하는 경향이 있다는 것이다. 이것은 볼리비아와 에콰도르의 사례 ── 그리고 심지어 아르헨티나와 멕시코의 사례 ──와 대조된다. 이들 나라들의 경우, 사회운동이 좌파 부흥의 근원이었다. 이것은 또한 브라질 사례와도 대조되는데, 브라질에서 사회운동과 정당 사이의 연계는 '노동자당' 초기부터 근본적인 것이었다.

셋째, 2002년 이래 지자체, 국회의원, 대통령 선거에서 좌파 정당이 상당한 승리를 거뒀으나, 이는 앞서 말한 좌파 정당들이 강화되기 이전에 일어났다. 다시 말하면, 이러한 정세는 신좌파가 국회의원, 보고타 시장, 그리고 다른 일반 선출직에 당선된 이후에, 가능한 정당들을 조직하고자 한 결과물이었다. 이러한 의미에서 콜롬비아의 경험은 브라질과 우루과이의 사례와 대조된다. 이 두 나라에서 '노동자당'과 '확대전선'은 각각 정치적으로 중요한 위치를 차지하기 전에, 몇 년 동안 조직화와 조직 강화의 과정을 거쳤다.

넷째, 신좌파의 제안을 살펴보면, 그 핵심은 한편으로 무력 갈등에 대한 해결책으로서 정치적 협상과 민주적 권리의 보호, 그리고 다른 한편으로 경제적 신자유주의에 대한——아주 일반적인 관점에서의——반대를 조합한 것이다. 1991년 콜롬비아 헌법의 권리 중심적(garantista)이고 재분배적인 특성, 그리고 이 헌법을 개정하려는 우리베 정부의 지속적인 노력의 관점에서 볼 때, 신좌파의 정강은 헌법 수호에 초점을 맞추는 경향을 띠었다. 콜롬비아적 특수성 때문에, 좌파가 오히려 기존 제도를 옹호하는 데 앞장서고, 경제 문제(콜롬비아에서 일어나고 있는 것과 같이 심화된 불평등과 고질적인 가난의 상황에서, 원칙적으로 좌파에 더 유리한 주제)보다는 공공질서(원래 우파의 입장에 보다 더 유리한 주제)와 관련하여 상세한 대안을 제공하는 경향을 띠는——역사적·비교적 관점에서 역설적인—— 상황이 일어났다.

1. 신좌파 출현

선례: 20세기의 콜롬비아 좌파

20세기 내내, 빈틈없는 양당체제의 위력 때문에, 좌파는 어떤 때는 '자유당'에 입당했다가, 다른 때는 별개의 독립적인 운동이나 정당을 세웠다가 하면서 끊임없이 갈팡질팡하였다. 예를 들면, '자유당' 안에 사회주의에 동조하는 정치인들이 존재하고, 제3당을 성공적으로 세우는 것이 어려웠기 때문에, '자유당'은 1920년대에 창당한 최초의 '사회당'을 흡수하고 20년대 말 활발하게 전개된 대중적 저항 운동을 포섭할 수 있었다(Sarmiento Anzola, 2001). 1930년에 창당한 공산당 또한 역사적으로 여러 차례 자유주의와 동맹을 맺었다.

자유주의와 연합해 콜롬비아 역사에서 가장 강력한 대중주의 운동을 이끌었던 가이탄(Jorge Eliécer Gaitán)은 '전국혁명좌파연합'(UNIR)을 창립하였는데, 이 연합 또한 이와 같은 운명을 겪었다. 1948년 가이탄이 다가오는 대선에서 승리할 가능성이 보이자 그를 살해하였는데, 그의 암살은 폭력 시대의 시작을 알렸고, 오늘날까지 지속되는 무력 갈등의 토대가 되었다. 사실 '콜롬비아혁명군'은 거슬러 올라가면, 폭력의 시대에 가혹한 정부 억압에 대응하기 위해 '공산당'이 조직한 농민자위대에 기원을 둔다(Ferro and Uribe, 2002). '공산당'은 1961년, '모든 투쟁 형태를 결합하는' 전략을 선택했고, 이 투쟁 형태들 가운데에서 무장투쟁이라는 요소는 1964년 기동게릴라(guerrilla móvil)로 발전하였다. 이에 정부는 마르케탈리아와 그 인근 지역에 있던 농민자위대 캠프에 폭격을 가했고, 농민자위대는 1966년 '콜롬비아혁명군'이라는 이름을 채택하였다(Pizarro, 2004: 85~87).

두 전통 정당은 정치적 제휴를 통해 공식적인 양당체제('국민전선'Frente Nacional)를 출범시켜, 1958년부터 1974년까지 서로 번갈아가면서 권력을 잡았다. 이 체제 아래서 선거를 통해 좌파적 대안을 모색할 수 있는 길이 봉쇄되었다(Chernick and Jiménez, 1990). 라틴아메리카 지역의 다른 나라들처럼, 1960년대 폐쇄적 정치체제, 쿠바 혁명의 영향, 그리고 이데올로기적 비등(沸騰)으로 다양한 유형의 게릴라 운동이 출현하였다. 이 게릴라 운동 가운데에는 '콜롬비아혁명군'의 농촌-공산당 게릴라 외에도, (1964년에 창립한) '민족해방군'(ELN), (1970년에 창립한) '4·19 운동'(M-19)과 같은 여러 포키스모[2] 그룹, 그리고 (1967년에 창립한) '민중해방군'(EPL)과 같은 농촌-공산당적 요소와 포키스모 요소를 조합한 그룹들이 있다(Palacios and Safford, 2002: 645).

'모든 투쟁 형태를 결합하는' 전략은 1980년대에도 콜롬비아 좌파에 지속적으로 그 영향을 미쳤다. 그 흔적은 오늘날 신좌파의 내부 논쟁에서도 잘 드러난다. 정부와 '콜롬비아혁명군', '4·19 운동', 그리고 '민중해방군' 사이의 평화회담의 결과로서, 1984년 '애국연합'(UP)이라는 정당이 출범하였다. 이 정당에는 '콜롬비아혁명군' 출신의 무장 해제한 게릴라, 공산당 활동가, 그리고 다른 좌파 부문들이 참여하였다. 그러나—군대와 준군사조직을 포함한— '콜롬비아혁명군'의 적(敵)들은 '애국연합'이 해체될 지경에 이를 정도로 박해하였다. 비록 정확한 통계는 없지만, 두 명의 대선 후보를 포함하여 대략 3천여 명의 '애국연합' 활동가들이 살해된 것으로 추정된다(Sarmiento Anzola, 2001).

1990년대, 다른 게릴라 집단들이 정부와 평화 협약을 맺고 무장을 해제하면서 비무장 좌파층이 더 두터워졌다. '4·19 운동', '민중해방군', '민족해방군'의 일부 세력(사회주의 쇄신파), '노동자혁명당'(PRT)과 '킨틴 라메'[3]가 바로 이 집단들이다. '4·19 운동'은 무장해제하면서 'M-19 민주동맹'(AD-M-19)을 창당하였고, 이 정당은 1991년 제헌의회에서

---

2) [옮긴이] 포키스모(foquismo)는 에르네스토 '체' 게바라에게서 영감을 받아, 드브레(Régis Debray)가 발전시킨 혁명이론으로, 혁명의 조건이 갖춰져 있지 않더라도, 전형적인 게릴라 전 행동을 개시할 작은 진지(foco)를 구축함으로써 신속하게 혁명을 확산시킬 수 있다는 주장이다.

높은 득표율을 올리는 등, 초기에는 선거적 맥락에서 전도유망했으나, 이후 이러한 정치적 자산을 급속하게 상실하면서 결국 해산하였다.

신좌파 출현의 정치적·경제적 조건

앞에서 간략히 요약한 좌파의 역사적 여정 때문에, 1990년대 중반에 이르러 좌파는 막다른 골목으로 내몰리는 것처럼 보였다. 한편으로 '애국연합'에 대한 대대적인 탄압은 정치투쟁과 무력투쟁을 결합한 전략의 실패를 의미했고, '콜롬비아혁명군'은 군사 전략에 집중하기 위해 정치 전략을 포기하였다(Valencia, 2002). 다른 한편으로 '민주동맹당'의 짧은 수명은 전통 정당들과 군인들이 지배하고, 무장 좌파의 위신이 점차 추락하는 상황에서, 좌파의 민주적 대안을 마련하는 것이 얼마나 어려운지 입증하였다.

그렇다면 1990년대 말 신좌파의 출현을 어떻게 설명할 수 있는가? 신좌파의 형성과 발전을 상세히 살펴보기 전에, 신좌파 출현의 '정치적 기회구조'(Tarrow, 1998)를 창출했던, 네 가지 정치적·경제적 요인들을 검토할 필요가 있다. 그것은 전통 정당의 원자화와 쇠퇴, 사회운동의 부흥, 좌파 게릴라를 포함하는 무력 갈등의 재발, 1999년에 시작되어 2002년에 끝난 경제적 위기이다. 이 요인들을 하나씩 간략하게 살펴보고, 이 요인들이 정치 무대에 미친 영향을 검토할 것이다.

---

3) [옮긴이] 정확한 이름은 '킨틴 라메 무장운동'(MAQL)이다. 1984년부터 1991년 5월까지 활동했던 원주민 게릴라 단체로, 20세기 초에 활동했던 원주민 지도자 킨틴 라메(1880~1967)에서 이름을 따왔다.

① 전통 정당의 약화

19세기 중반에 형성되었던 '자유당'과 '보수당'의 주도권이 1990년대에 들어 흔들리면서, 정당체제는 중요한 변화를 겪었다. 한편으로, 1991년 헌법에서 규정한 정치 게임 규칙은 새로운 정치세력이 부상할 길을 터 줌과 동시에 1980년대부터 시작된 정당의 원자화 경향을 더 심화시켰다. 특히 선거법은 단기간 활동하는 작은 운동들의 출현을 고무하였다. 이 운동들은 개별적인 정치인에 기반을 두고 있었으며, 정당의 규율에 구속됨이 없이, 단지 형식적 보증이라는 정당과의 모호한 연계를 가졌을 뿐이다.

새로운 선거법에 따라 국회나 다른 선출직에 진출할 때, 통합 정당을 통해 높은 득표율을 얻는 것보다 원자화된 전략에 기반을 둔 낮은 득표율이 더 유리한 것으로 나타났고, 따라서 이 '선거용 극소 기업'은 전통 정당의 당원들이나 새로운 독립 세력의 성원들이 이 새로운 법에 적응하면서 나타난 메커니즘이었다(Pizarro, 2001). 그 결과는 다음과 같다. 전통 정당의 지지를 받는 후보들이 여전히 선거에서 가장 많은 표를 얻었을지라도, 이 정당들은 사실상 약간의 이데올로기적 결속이나 정치적 규율을 공유하는 분파들의 집합에 지나지 않았다(Gutiérrez, 2001, 2003; Mainwaring, 2001; Ungar, 2003).

다른 한편으로 시민들은 점차 전통 정당들을 멀리하였고, 독립적인 투표를 하거나 기권하는 유권자들이 늘어났다. 예를 들면 최근의 조사에 따르면, '자유당'의 지지도가 1993년 44%에서 2002년 31%로 떨어졌고, '보수당'은 같은 기간에 17%에서 12%로 떨어진 반면, 이 두 정당과 다른 정당에 호감을 보이거나 또는 어떤 정당에도 호감을 보이지 않는다고 말하는 응답자의 비율이 39%에서 55%로 늘어났다(Hoskin et al., 2003: 53~54). 그와 동시에 정당들은 1990년대에 행한, 공적 제도에 대한 시민들의 신뢰도 조사에서 가장 낮은 점수를 받았다(Masías y Ceballos, 2001).

전통 정당들의 이러한 추락은 우파든 좌파든, 이 정당들과 의견을 달리하거나 독립적인 정치 전략이 성공할 가능성을 높였다. 이 전략은 어떤 이데올로기나 정당에 대한 지지보다는 오히려, 정직과 도덕적 지도력을 강조하는 반(反)정당적 담론에 기반을 두었고, 전통 정당들을 수세에 몰아넣었다(Gutiérrez, 2003). 우파 진영에서 이 현상을 가장 생생하게 보여 주는 사례는 알바로 우리베 대통령의 대선 승리와 지지도이다. 우리베 대통령은 자유당 안에서 정치 경력을 쌓았음에도 불구하고, 2002년 선거에서 독립적인 후보로 나섰고 그때부터 반(反)정당 담론, 그리고 자신의 개인적 지도력과 권위에 기반을 둔 정부를 꾸렸다(Duzán, 2004a).

나중에 살펴보겠지만, 대통령 개인을 중심으로 자유주의자들이나 보수주의자들을 포괄하는 우리베주의 운동이 출현하였고, 이 운동은 전통 정당들과 비슷한 우익 세력으로 우리베의 재선을 추진하였다. 사실 이 새로운 우익 집단은 콜롬비아 정치에서 주도적인 세력이 되었고, 유권자와 여론의 70%라는 지지를 받으며, 헌법을 개정하여 2006년 우리베를 재선시킬 정도로 막강한 세를 과시했다. 좌파 진영과 관련해 볼 때, 이러한 경향의 가장 중요한 사례는 2003년 가르손(Luis Eduardo Garzón)이 보고타 시장에 입후보해 당선한 것, 그리고 2006년 대선에서 좌파 후보 가비리아가, 콜롬비아에서 지배적인 정치세력이었던 전통 정당의 후보를 추월하면서, 예기치 않게 2위를 한 것이었다. 나중에 설명하겠지만, 가르손과 가비리아의 입후보의 성과는 부분적으로 전통적인

정치를 비판하는 메시지에 친화적인 독립적 투표자들의 지지에 바탕을
두었다. 우리베 또한 이와 다른 이데올로기적인 어조이긴 하지만, 이와
비슷한 메시지를 내놓았다. 이는 2002년 대선에서 우리베에게 표를 찍
었던 많은 보고타 시민들이, 2003년에는 시장에 입후보한 가르손에게
투표했고, 2006년에 다시 우리베에게 투표했던, 흥미로운 사실을 잘 설
명해 준다.

두 전통 정당의 약화로 1988년 시장 선거, 1991년 도지사 선거에서,
제3의 세력이 약진할 수 있었다. 사실 1988년과 1997년 사이의 시장 선
거 결과를 분석하면, 제3의 정당들이 ─ 비록 이 기간 동안 콜롬비아 전
체 도시의 단 22%에서 한 번 이상의 선거를 이겼을지라도 ─ 전체 도
시의 거의 절반에서 선거 승리를 거뒀다(García, 2000). 제3의 정당들은
특히 중·대도시에서 성공을 거뒀는데, 이 도시들에서는 여론 투표(voto
de opinión)가 경제적·사회적 발전이 상대적으로 뒤떨어지는 도시들보
다 더 강하게 작용하였다. 나중에 살펴보겠지만, 이러한 경향은 2002년
시 선거에서 더 강화되었는데, 이 선거에서 ─ 대부분 좌파적 경향의 강
령을 가진 ─ 제3의 정당들이 이 나라의 가장 중요한 도시들 가운데 여
섯 곳에서 승리하였다.

전통적인 정당체제의 붕괴가 가져온 효과는 단기적으로 보면 세 개
의 정치 블록이 강화된 것이다. 정치적 이념 분포로 보면, 오른쪽 날개에
우리베주의와 보수당이 자리한다. 2006년에 우리베가 재선할 수 있는
길을 터주었던 헌법 개정안에 대한 보수당의 전폭적인 지지에서 둘 사
이의 관계를 확인할 수 있다. 이 둘 사이의 동맹은 또한 이데올로기적 확
신에 바탕을 두고 있다. 보수당의 고메스(Enrique Gómez) 상원의원이
말한 것처럼, "우리베 덕분에 보수주의는 대중적인 인기를 누렸고, 보수

주의가 이렇게 잘 대표된 적이 결코 없다"(Duzán, 2004a: 60). 정당체제의 왼쪽 날개에 자리한 주요한 정치세력은 '대안민주당'(PDA)이고, 좌파에 가깝거나 '자유당'에 속한 일부 부문이나 인사들을 여기에 포함시킬 수 있을 것이다. 이 정치적 파노라마의 한가운데에는 '자유당'이 자리하고 있다. '자유당'은 좌파와 우파 양쪽의 유혹으로부터 자유로울 수 없고, 그에 따라 최소한의 조직적·프로그램적 일관성을 유지하는 데 어려움을 겪고 있다.

② 사회운동의 강화

콜롬비아 사회운동을 분석하는 사람들은——프롤레타리아 전위가 이끄는 1960년대의 정치적 동원에서부터, 민중운동이 대표하는 1970년대와 80년대의 정치적 동원에 이르기까지—— 20세기 후반 콜롬비아 민중 부문의 상대적인 조직적 약점과 정치적 동원의 허약성에 대해 동의하고, 그 이유로 대부분 민중 조직과 지도자에 대한 폭력적인 억압을 든다(Anchila, 2001 참조). 그러나 라틴아메리카 지역의 다른 나라들처럼, 콜롬비아 사회운동도 1990년대에 가시성과 힘을 얻게 되었다. (이 책의 다른 장에서 다룬) 에콰도르와 볼리비아의 원주민운동, 아르헨티나의 피케테로스운동, 브라질의 무토지농민운동보다는 규모가 작고, 그 영향력이 제한적일지라도, 콜롬비아에서의 사회적 저항은 점차적으로 특수한 물질적 요구——토지, 월급, 공적 서비스——의 영역에서 시민적·사회적 권리, 다문화주의, 그리고 신자유주의 반대와 같은 보다 더 일반적인 정치적 요구로 옮아 갔다(Archila, 2003 y 2004). '단일노조총연맹'(CUT)의 한가운데에서, 신좌파의 선구적 정당('사회·정치전선')이 출현했다는 사실이 보여 주는 바와 같이, 노조운동과 사회운동 일반이 더 보편적인 정치적 의제로 선회한 것은 콜롬비아 좌파의 부흥을 잘 설명해 준다.

전통 정당이 약화되면서 새로운 정당들뿐만 아니라 또한 사회운동도 이 열린 공간을 차지하였다. 새로운 주요 정치 행위자 가운데 하나인 원주민운동의 경우에, 두 가지 경향으로 수렴되었다. 반 코트(Van Cott)가 보여 준 바와 같이, 원주민들은 한편으로 항의와 직접행동, 다른 한편으로 인종적 정당을 통한 선거 참여라는 두 가지 요소를 결합하여, 영토, 자치 그리고 문화적 차이에 대한 권리를 요구하였다(Cott, 2003). 예를 들면, 1994년 '콜롬비아원주민운동'(ONIC)에서 '콜롬비아원주민운동당'(MIC)이 태동하였다. 이와 비슷하게 가장 성공적인 원주민 정당 가운데 하나로, 독립적인 부문, 아프로-콜롬비아 부문, 좌파 부문과의 동맹을 통해 정치적 의제를 넓혔고, 2003년에 메데인 시장을 배출하였던 '원주민사회동맹'(ASI) 또한 1991년 선구적인 원주민운동단체인 '카우카지역원주민협의회'(CRIC)의 주도로 창당되었다. 이 정당들은 '콜롬비아원주민대표자회의'(AICO)와 함께, 국회 내 원주민에게 할당된 의석에 후보를 낼 뿐만 아니라, 또한 시장, 시의원, 광역자치단체장의 선거에 뛰어들어 점차 성공을 거두고 있다(Van Cott, 2003: 50 참조).

이러한 원주민운동만큼 빠르게 성장하거나 성공적이지는 않을지라도, 다른 사회운동, 특히 노동운동 또한 나름대로 저항을 강화해 왔고, 점차 우리베 정부 반대운동으로 결집되었다. 미국과의 자유무역협정을 반대하는 수년 동안 지속된 시위와 더불어, 2003년 정부가 인기 없는 정치적·경제적 개혁을 위해 추진한 국민투표를 반대하는 운동은 콜롬비아 정치 일반에서 사회운동의 활성화를 보여 주는 가장 가시적인 표지였다.

③ 무력 갈등의 심화

1990년대 무력 갈등이 심화되면서, 두 가지 서로 다른 방식으로 정치 스펙트럼을 재구성하고 신좌파의 출현에 영향을 미쳤다. 첫째, 모든 투쟁 형태를 결합하려는 교의를 포기했고, 무장 좌파와 합법적인 정치 좌파 사이의 단절을 가져왔다. '애국연합'에 대한 대대적인 학살, 니카라과 산디니스타의 선거 패배, 그리고 과테말라와 엘살바도르의 평화 협정의 조인으로 라틴아메리카의 '제2의 혁명 물결'이 퇴색한, 90년대 초반의 불리한 국제적 상황 앞에서, '콜롬비아혁명군'은 1993년 제7차 총회에서 "전쟁에 전념하고, 모든 합법적인 정치적 표현을 중단하며, 무장투쟁에 운명을 걸기로" 결정했고, "… [이처럼] '콜롬비아혁명군'은 정치에 작별을 고하고 있었다"(Valencia, 2002: 107). 그 결과 게릴라와 '공산당'의 사이가 벌어졌고, 좌파나 우파의 불법 무력 집단에 의한 민간인 공격 증가, 토지와 자연자원의 강탈과 전유, 그리고 마약 거래라는 '전쟁 경제'(economía de guerra)에 대한 이 두 집단의 보다 더 깊숙한 개입을 포함하는 무력 갈등이 고조되었다(Pizarro, 2004).

무장 좌파가 전쟁으로 선회한 것은 비록 합법적인 좌파에 낙인을 찍고 불신의 위험을 키웠을지라도, 그 결과 합법적인 좌파의 사회적·정치적 지도자들의 삶을 위험에 빠뜨렸을지라도, 모든 투쟁 형태를 결합하는 교의를 포기한 것은 또한 제도적·선거적 방식에 집중하는, 그리고 명백히 무력의 길에 반대하는 좌파 출현에 여지를 마련했다. 90년대 말 출현했던 신좌파는 이 기회를 십분 활용하여, 좌파에 의한 것이든 우파에 의한 것이든 폭력을 거부한다는 맥락에서 자신의 정체성을 세웠다.

둘째, 무력 갈등의 악화와 파스트라나(Andrés Pastrana) 정부하(1998~2002)에서의 평화 회담 실패는 콜롬비아인들의 '우경화'를 초래하였다. 구티에레스(Gutiérrez, 2003)가 지적한 바와 같이, 2002년 대선에서 유권자들의 선호도 조사를 보면, 모든 사회계급의 콜롬비아인들은 공적 질서(불법적인 무력 행위자와의 대화 대신에 군사적 억압)와 경제(경제적 민족주의 대신에 경제적 개방)에 대한 견해에 있어서 우파 쪽으로 기울었고, 이런 식으로 콜롬비아인들의 전통적인 특징이었던 중도주의를 포기하였다.

무력적 정치 행위자(특히 게릴라)에 대한 '강경 노선'과 공권력의 담론은 자연적으로 우파에 상응하기 때문에, 이러한 경향은 새로운 좌파보다는 새로운 우파의 출현에 더 이롭게 작동했다. 그럼에도 불구하고, 또한 두 가지 서로 다른 이유 때문에 새로운 좌파의 출현에도 여지를 제공하였다. 한편으로 유권자와 여론의 양극화, 그리고 태동 중이던 우파연대조직으로의 전통적인 정치인들의 이동은 정치적 공백을 만들었고, 새로운 좌파 정당들과 연대조직들이 이 공백을 채웠다. 이 연대조직들은 우리베 정부 반대 세력을 이끌면서 두각을 나타냈는데, 이는 과거의 중도주의적인 정치적 무대에서 좌파 세력들이 갖지 못했던 것이다. 다른 한편으로, 2006년 우리베에게 재선의 길을 터주었던, 헌법 개정 이후 우리베주의의 부상(浮上)과 강화는, 좌파 세력들이 오랜 파벌주의를 극복하면서, 공동 정치 이니셔티브를 기획하고, 우파연대조직에 대항하는 통합적 선거 대안을 제시하도록 하는 잠재적인 유인으로 작동하였다. 사실, '대안민주당'의 사무총장 페냐(Daniel García Peña)가 지적한 것처럼, "좌파의 위대한 통합자는 알바로 우리베 벨레스였다".

④ 경제적 위기와 '사회적인 것'의 부상(浮上)
안보 문제에 있어서 우파로의 선회라는 관점에서 보면, 가르손이 보고

타 시장에 당선된 것과 전국적 정치 토론에서 좌파가 발군의 실력을 보인 것은 어쩌면 사회경제적 유형의 마지막 요인이 없었다면 불가능했을 것이다. 라틴아메리카 지역의 다른 나라들에서처럼, 신자유주의적 프로그램이 유발한 경제적·사회적 위기는 기본 필요, 일자리 창출, 그리고 부의 재분배에 주목하는 제안들이 등장하기 위한 정치적 기회를 마련해 주었다.

콜롬비아는 경제정책에 있어 전통적으로 점진주의(gradualismo)와 안정성을 강조하였고, 그에 따라 대부분의 라틴아메리카 나라들에 전형적으로 나타나는 '경제적 포퓰리즘'과 위기라는 주기(週期)가 없어, 신자유주의 정책을 채택했을 때, 아르헨티나, 페루, 볼리비아 또는 칠레와 같은 나라들보다 덜 갑작스러웠다(Huber and Solt, 2004). 그러나 점진주의는 속도만 늦췄을 뿐, 구조조정정책이 야기한 경제적 위기와 퇴행적인 사회적 결과까지 막지는 못했다.

1999년 위기가 찾아왔을 때, 한 세대 만에 처음으로 중산층은 일자리가 사라지는 것을 보았고, 상당수의 하층계급은 빈곤선 이하로 곤두박질쳤다. 감사원(Contraloría General de la República, 2004)에 따르면, 국민의 66%가 빈곤선 이하이고, 31%가 극단적인 빈곤 속에서 살고 있다. 실업은 15%에서 20% 사이를 오락가락하고, 도시 주민의 60%가 비정규 부문에서 일한다. 평등 문제 또한 극단적이다. 콜롬비아는 세계적으로 대표적인 불평등 지역으로 라틴아메리카에서 두번째로 높은 부의 집중도를 보여 준다(Garay, 2002).

이러한 조건 아래서, 그리고 전통 정당과 새 우파가 공공질서에 집중함에 따라, 좌파는 비판을 주도하고 '사회적인 것'(lo social)에 관한 제안을 내놓았다. 이런 식으로 좌파는 삶의 물질적 조건의 악화와 함께 일반화된 불만에 귀를 기울이고, 정치 담론과 시민들의 인식에 영향을 미쳤다. 그 결과 가르손의 보고타 시장 선거 캠페인 이후, 보고타 주민들이 표출하는 주요 관심은 더 이상 공공질서가 아니라, 오히려 실업이 되었다.[4] 이데올로기적·정치적 마케팅 관점에서 본다면, 가르손의 승리는 상당 부분 정치 담론에 있어서의 이러한 공백을 탐지하고 활용했고 시종일관 사회적 이슈를 자신의 선거 메시지와 시정의 핵심으로 삼았다는 사실에 바탕을 둔다. 나중에 설명하겠지만, 가비리아는 2006년 대선에서 이 전략을 차용하여, 사회정책을 공약의 핵심적인 요소로 삼았다.

사회적 제안이 갖는 매력은 서민층에 국한되지 않고, 서로 다른 이유로 중산층, 심지어 엘리트층에게도 확장될 수 있다. 자신을 받쳐 주는 지지대였던 공식 부문의 일자리가 어떻게 사라지는지를 본 중산층은 공공 서비스 요금의 경감, 새로운 일자리, 그리고 잃어버린 일자리에 의존했던 기본 서비스의 공급을 국가에 요구한다. 상위 계층은 좌파의 사회적 담론과 정책을, 점증하는 가난과 불평등이 야기한 '사회적 폭탄'의 폭발을 예방하기 위해 필요한 완화제로 보기 시작했다. 좌파의 합법적인 정치적 힘을 통해 무장 좌파를 통합함으로써 무장 좌파가 정치에 돌아올 거라는 기대와 함께, 엘리트층의 경제계와 신문들이 신좌파(특히 보다 더 중도주의적인 분파)를 비교적 우호적으로 받아들였다고 볼 수 있을 것이다.

---

4) 2004년 4월 4일 『엘 티엠포』(*El Tiempo*)에 발표된, '인바메르'(Invamer)의 조사에 따르면, 보고타 시민의 43%가 시장의 우선적인 시정으로 실업 감축을 지목하였다.

2. 신좌파의 발전과 구성

창립 단계

앞에서 검토한 정치적·경제적·사회적 요인들이 모여 신좌파가 부상할수 있는 여지가 마련되었다. 신좌파는 1999년, 그때까지 수많은 운동과극소 정당으로 흩어져 있던 다양한 형태의 민주 좌파들을 통합하는 '사회·정치전선'을 창립하자는, 가르손이 이끄는 '단일노조총연맹'의 제안과 함께 나타났다. '사회·정치 전선'은 또한 앞에서 언급한 (노조운동을포함한) 사회운동과 정당들을 통합하기 위한 노력으로 제안되었다.

'사회·정치전선'은 그 목표가 뚜렷했기 때문에, 2002년 공식적으로 출범했을 때 여러 색깔의 좌파 운동과 조직들을 아우르는 형태였다. 이들 가운데에는 '단일노조총연맹', '공산당'(가르손은 1988년부터1991년 사이에 이 당의 지도자로 활동한 다음, 은퇴하였다), '사회주의 지킴이'(Presentes por el Socialismo), '민주사회당'(Partido Socialismo Democrático), 그리고 '민주연맹'(Unidad Democrática)이 있다. 이런저런 정치 단체 외에도 학자, NGO 활동가, 예술가 그리고 전통 정당에 대한 좌파적 대안을 모색했던 독립적인 정치인들이 합세하였다.

'사회·정치전선'의 선거 전략은 2000년 10월 지자체 선거의 고무적인 결과에 바탕을 두었다. 이 선거에서 대략 2백만여 명의 유권자들이 독립적인 후보들을 지지했고, 그 가운데에는 좌파 이념에 호의적인여섯 명의 도지사도 포함되어 있다. 제3정당들의 부상을 확증해 준 이러한 선례와 함께, '사회·정치전선'은 2002년 3월 처음으로 국회의원 선거에 뛰어들었다. 이 선거를 성공적으로 치른 결과, 법관 출신의 가비리아가 전국에서 다섯번째로 높은 득표율로 상원의원에 당선되고, 두 명의 하원의원, 즉 보고타에서 보르하(Wilson Borja), 바예에서 로페스 (Alexander López)가 당선되었다.[5]

'사회·정치전선'의 성공 외에도, 다른 좌파 후보들의 성공을 들 수 있다. 이들 가운데 일부는 상대적으로 많은 총투표수로 국회에 진출하였다. 그들 가운데 나바로(Antonio Navarro, '4·19 운동' 게릴라 출신으로 '대안적 길'Vía Alterna 운동의 후보로 출마), 두산(Jaime Dussán, 교원노조 출신으로 '콜롬비아 사회민주당'Partido Socialdemócrata Colombiano 후보로 출마), 모레노(Samuel Moreno, 40여 년 전에 만들어진 민중정당인, '민중민족동맹'ANAPO 출신) 의원 등이 있다. 좌파는 이러한 성공을 거두면서, 같은 해 10월 대선에서도 잘할 수 있을 것이라고 생각하였다. 이 목표를 달성하기 위해 선거 연대조직, 다시 말하면 '민주당'(PD)이 출범하였고, 이 연대조직은 아주 다른 이력을 가진 일곱 개의 운동, 다시 말하면 '사회·정치전선', '민주연맹', '대안적 길', '콜롬비아 사회민주당', '민중민족동맹', '원주민사회동맹', 그리고 '민주사회당'으로 구성되었다. '민주당'은 당시 '사회·정치전선'의 수장이었던 가르손의 대통령 입후보를 지지하였다. 가르손은 그의 정치적 카리스마, (우리베가 제안한 군사적 해결과 대조되는) 내전에 대한 화해와 협상을 통한 해결이라는 일관된 메시지로 유권자들 사이에 널리 알려진 인사가 되었다. 그는 6.16%의 득표율을 기록하였다. 이 득표율은 처음에 예상했던 것보다 낮았을지라도

---

5) 그럼에도 불구하고 '사회·정치전선'의 선거적 성공은 좌파의 통합 과정에서 비슷한 진보를 일궈내지 못했다. 예를 들면 마오주의 성향의 '독립혁명노동운동'(MOIR)은 '사회·정치전선'에 참여하지 않았다. 그와 동시에 교원노조에 바탕을 두고 있는 '민주연맹'은 '공산당'과의 의견 차이로 탈퇴하였고, 한편 '민주사회당'은 당의 지도자 한 명을 파스트라나 정부(1998~2002)에 입각시키는 것과 관련하여 '사회·정치전선'의 다른 성원들과 충돌하면서 탈퇴하였다.

좌파에게는 선례가 없는 것이었고, 가르손은 제3세력의 다른 모든 후보들 가운데 가장 높은 득표율을 보였다. 그러나 '사회·정치전선'의 입장에서 보면, 선거 승리의 대가와 '민주당'의 형성은 애초에 토론을 위한 열린 공간으로 인지하였던 좌파 통합 프로젝트의 정치 전략에 있어서의 섣부른 약정이고 강조였다.

대선 이후에도 '민주당'은 정치 연대조직으로서 계속 활동하였다. 다양한 정당 출신으로 구성된 상원의원과 하원의원들은 교섭단체를 구성하여 입법 논쟁에 참여하였다. 이 협력 작업에서 우리베 정부에 대한 일련의 비판적인 입장이 나타났고, 이러한 입장은 야당의 가장 가시적이고 일관된 표현이 되었다. 이 교섭단체는 이와 같은 방식으로 2003년 3월 대안적 발전 계획 수립과 같은 새로운 정치적 이니셔티브를 시도하였다. 이 계획은 '인간 안보'(seguridad humana)를 구축하기 위한 수단으로서 사회정책을 강조하였고(PDI, 2003), 이는 정부가 제안한 국가발전계획(Plan Nacional de Desarrollo)과 대조를 이루었다. 그러나 결국 사회정책보다는 안보정책을 우선시한 후자가 통과되었다.

이러한 발전에도 불구하고 교섭단체는 결코 통제된 방식으로 활동하지 않았고, 그 내적 차이는 이미 분쟁과 분열의 조짐을 보였으며, 이 조짐은 나중에 현실화되었다. 예를 들면 우리베에 대한 태도에 있어서 견해 차이가 발생했는데, 일부는 가비리아처럼 정부의 정책에 대한 반대를 선택했고, 다른 일부는 나바로 상원의원처럼 선별적 비판과 대화를 선택했다(Navarro, 2004 참조). 국가발전계획에 대해서도 정치적 이유로 의견이 갈렸고, 교원노조 출신 의원들(하이메 두산과 루이스 카를로스 아베야네다Luis Carlos Avellaneda)은 정부안을 지지하기로 결정하였다. 이 두 사례는 2003년 상반기 국회교섭단체로서의 짧은 활동 기간 동안, '민주당'이 내부의 다양한 정당과 개인적 리더십을 통합하는 데 성공하지 못했음을 잘 보여 준다. 가비리아 상원의원이 교섭단체인 '민주당'을 회상하면서 설명한 것처럼, "우리는 정치적 실재로서보다는 오히려 사람들의 마음속에 존재했다. 왜냐하면 우리는 결코 어떤 프로젝트에 동의하고 어떤 프로젝트에 동의하지 않는지 알려고 노력하지 않았기 때문이다"(Gaviria, 2004: 38). 좌파의 이데올로기적·조직적 응집성에 대한 내부 논쟁은 과거 '사회·정치전선'이 선거의 압박 아래 '민주당'을 구성하면서 한 번 연기한 바 있는데, 이처럼 다시 한 번 뒤로 미루어졌다.

콜롬비아의 정치적 불안정 때문에 '민주당'을 합의된 이데올로기적 강령과 운영 규칙을 가진 통일된 좌파 정당으로 발전시키기 위해 차분히 논의하고 구상하기 힘들었다. 2003년 중반, 헌법 개정안 형태로 새로운 선거법이 통과되었고, 이 법은 정당 조직의 원자화를 막기 위해 복수 정당에서 활동하는 것을 금지하였다. 이 개정안의 효과가 즉각적으로 나타났는데, 시장과 도지사의 임기를 늘리려는 정부안과 관련하여 불확실성이 증가하면서 같은 해 10월 시와 도 선거를 겨냥해 통일된 정당을 즉각적으로 구성할 필요성이 제기되었다.

그에 따라 '민주당'의 의원단 안에 이미 명백한 이데올로기와 정치전략의 차이 외에도, 선거 일정의 압박 아래 새 통합 정당의 창당 일정에 대한 이견(異見)이 발생했다(FSP, 2003a). 결과는 '민주당' 내 일곱 개 정당 가운데 단지 세 정당만이, 정당을 강화하고자 하는 새 선거법에 따라 7월에 자진 해산하고 새로운 정당, '독립민주당'(PDI)의 이름 아래 모이기로 결정하였다. 이처럼 해산에 합의한 세 정당은 나바로 의원, 페트로(Gustavo Petro) 의원이 이끄는 '대안적 길', 두산 상원의원이 이끄는 '콜

롬비아 사회민주당', 전(前)노조지도자 가르손이 이끄는 '민주사회당'이
었다.

실제에 있어서, '민주당' 밖에선 두 정당, 다시 말하면 '민중민족동
맹', '원주민사회동맹'이 '독립민주당'의 창당을 지지했다. 이 정당들은
(자신의 역사적·사회적 뿌리를 보존하기 위해 정당을 해산하지 않았을지라
도, 지도자들(각각 모레노, 비리[Francisco Rojas Birri])이 개인 자격으로
'독립민주당'에 결합하였다. 이 새로운 정당에서 눈에 띄는 것은 '사회·
정치전선'의 불참이었다. '사회·정치전선'은 '민주당'의 원(原) 핵심세력
이었으나, 자율적인 조직으로 남기로 결정했으며, 공식 성명서에서 '독
립민주당'과의 친화성을 반복적으로 강조하였다(FSP, 2003b). '사회·정
치전선'은 9월 당 대회에서, 이러한 결정을 인준하고 의장으로 가비리아
상원의원을 선출하였다. '민주당'의 일곱번째 멤버인 '민주연맹'도 이
와 같은 길을 따랐다. 나중에 살펴보겠지만, '독립민주당'과 '사회·정치
전선' 사이의 이러한 분열은 좌파 내적 논쟁의 주된 원인 가운데 하나가
되었다.

'독립민주당'은 여러 명의 시장과 도지사 후보들을 출마시키고, 자
기 당 소속이 아니더라도 자신의 이데올로기적 강령과 가까운 후보들을
지지했다. 관심은 보고타 시장 선거에 모아졌고, 가르손이 선거 3개월
전에야 가까스로 이 선거에 출마하게 되었다. 가르손의 선거 캠페인은
대선 기간 동안 그가 전달했던 메시지와의 연속성, 그리고 그에게 전국
적인 인지도를 안겨주었던 정치적 미덕에 토대를 두었다(García-Peña,
2003). 경제 엘리트와 영향력 있는 매체들은 가르손의 주요 경쟁자인 중
도우파의 후보를 지지하면서 보고타에 포퓰리즘적 좌파 정부가 들어설
위험에 대해 경고했고, 가르손은 이들이 제기하는 두려움에 맞서 사회

정책에 우선권을 부여할 필요성을 효과적으로 주장함과 동시에 화해의 중도주의적 메시지를 전달하였다. 자연스러운 연설 어조와 (정치적 선전에서 붉은색 대신 노란색을 사용한 것과 같은) 안정적인 이미지 사용은 그의 중도좌파 이데올로기와 잘 맞았다. 그는 이러한 중도좌파의 이데올로기에서 출발해, '진부하고 선동적인' 낡은 좌파를 비판하고, 일자리 창출과 사회 복지 정책에 바탕을 둔 계급 사이의 사회협약을 제안했다 (Becassino, 2003). 이 '독립민주당' 후보는 도시의 사회 문제에 대해 성찰하도록 지속적으로 요청하면서 내전과 경제에 관한 자신의 견해를 화해의 단일한 메시지로 통합하였고, 이 메시지는 브라질에서 룰라의 '노동자당'이 제안한 것과 비슷한 '사회협약'에 기반을 둔 중도좌파적 정강으로 발전하였다.

게다가 이 메시지는 폭넓은 신뢰를 받았는데, 왜냐하면 가르손이 가난한 가정 출신이고(그의 어머니는 가정부이고 그래서 그는 대학을 중퇴하였다), '공산당'과 '애국연합'의 지도자로서 일정 기간 활동했던 정치적 이력에도 불구하고, 우파의 폭력이든 좌파의 폭력이든 한결같이 폭력을 거부하였기 때문이다(Garzón, 2004). 그 결과 여론조사에서 극적인 상승을 기록하였는데, 가르손을 지지하는 유권자의 수가 8월과 10월 사이에 두 배로(23%에서 46%로) 증가하였다. 루초 가르손은 거의 80만 표에 이르는 이 46%를 가지고, 최초의 좌파 보고타 시장이 되었고, 이는 콜롬비아 역사에서 좌파가 거둔 가장 중요한 선거 성과였다. 나아가 '독립민주당'은 시의회에서 가장 많은 의석을 획득하였고('자유당'과 같은 8석), 그것은 수도 선거에서의 승리를 더욱더 탄탄하게 만들었다.

보고타 시가 갖는 정치적 중요성 때문에 '독립민주당'은 전국적으로 주목을 받게 되었고, 그것은 '독립민주당'이 콜롬비아의 나머지 지역에서의 선거 결과——무력 갈등의 핵심 지역에 있는 석유 도시인 바란 카베르메하에서 단 한 석의 시장직을 확보하였다——로부터 얻을 수 있는 것을 뛰어넘었다.[6] 선거 결과에서 '사회·정치전선'과 '민주연맹'에게는 행운이 덜 따랐다. 각각 두 자리의 시장직을 얻었으나, 보고타 시의회 시의원에 당선될 만큼 충분한 표를 받지 못했다.

한편으로 '독립민주당', 다른 한편으로 '사회·정치전선'과 다른 좌파 세력 사이의 분열은 2003년 말에 더 강화되었다. 같은 해 11월, 좌파 운동, 다시 말하면 '사회·정치전선', '민주연맹', '시민운동'(Movimiento Ciudadano), '독립혁명노동운동'(MOIR), '선택 7 공동체 운동'(Partido Comunitario Opción Siete), 그리고 '콜롬비아원주민대표자회의'에 속하는 다섯 명의 상원의원과 네 명의 하원의원은 여섯 명의 상원의원과 두 명의 하원의원을 가진 '독립민주당'과 다른 의회 교섭단체인 '민주대안당'(AD)을 창립하였다.

좌파와 중도 사이에서: 신좌파의 정치적 흐름

'독립민주당'의 발전과 '민주대안당'의 출범으로, 좌파는 2004년에 이 두 개의 주요한 흐름을 기본 축으로 하는 구도를 갖추었다. '독립민주당'은 명백하게 스스로를 중도좌파로 자리매김한 반면, '민주대안당'은 좌파의 정치 구성체임을 밝혔다. 이런 의미에서 보면, 콜롬비아의 논쟁은 브라질 룰라 정부하에서 '노동자당'의 내부 분파 노선과 거의 비슷했고, 사실상 이 분파 노선으로부터 직접 영향을 받았다.[7] 한편으로 '독립

---

6) 게다가 '독립민주당'은 15명의 시장 후보를 내세워 당선시켰다(Santana, 2003: 11).
7) '노동자당'의 내부 분파에 대해선, Sader(2004) 참조.

민주당'의 여러 저명한 인사들이 이끄는 부문은 명백하게 중도에 자리한다. 가르손의 말에 따르면(Garzón, 2003a), "그것은 중도좌파의 제안이고 중도는 이를 지지해야 한다". 이와 비슷하게, 2003년 10월 선거가 좌파의 승리였는지에 대한 질문을 받았을 때, 나바로는 이 질문에 이의를 제기했다. "나는 중도좌파의 승리라고 말하고 싶다"(Navarro, 2003a).

나바로에 따르면, 이 좌파는 "권력을 추구하는 좌파이고, 반대하거나 상징적인 존재에 머무는 것에 만족하지 않는 좌파이다. 우리는 통치하고 싶다. 그러나 중도좌파가 아니라면 통치할 수 없다"(Navarro 2003b). 이 중도좌파의 지배적인 관점은 실용주의(pragmatismo)로, 여기서 실용주의는 (우파를 포함하여) 다양한 정치 부문과 기꺼이 협상하려는 자세이고, 대결적인 좌파, 가르손의 표현에 따르면 '팜플렛적' 비판을 하는 좌파와의 단절을 의미한다(Garzón, 2003b). 콜롬비아의 주요 매체들은 이러한 관점을 우호적으로 다뤘다. 매체들은 이러한 관점을, "민주주의와 시장이라는 오늘날의 현실과 맞는" 좌파의 근대화 가능성(*El Tiempo*, 2003), "1990년대의 지구화된 실용주의"(*Semana*, 2003)로 이해하였다.

중도좌파와 좌파를 식별하는 과제에 있어서 본질적인 것은 다른 라틴아메리카 좌파 경험과 분명하게 비교하는 것이다. 사실, 중도좌파의 정체성과 정치적 메시지를 만들어 내는 것은 그 구체적인 정치적 제안뿐만 아니라, 콜롬비아와 라틴아메리카의 다른 좌파 정당과 운동 스펙트럼 내에서의 명백한 자리매김에 바탕을 두고 있다. 이러한 의미에서 콜롬비아 중도좌파의 핵심적인 준거점은 브라질 '노동자당'의 경험이다. 가르손이 룰라와 공유하는 것은 단지 노조활동가적 경력뿐만 아니라, 사회계급이나 다양한 사회 부문들 사이의 대협약에 대한 신념에 바탕을 둔 정치적·사회적 화해의 관점으로의 점진적인 선회이다(Garzón, 2003a).

가르손이 대선과 시장 선거 캠페인 동안 한결같이 옹호했던 화해의 정치적 메시지는 룰라의 사례에서처럼 노조 부문과 일정한 거리를 두고 기업가들과 다리를 놓기 위한 시도를 함축했다. 가르손에게 '노동자당'은 "통치할 수 있는" 좌파를 대표하며, 그와 동시에 포퓰리즘과 거리를 두면서 다양한 이데올로기적 경향을 받아들일 수 있음을 뜻한다(Garzón, 2004: 99, 147). 따라서 나바로가 지적한 것처럼(2003a), 이 좌파 부문은 라틴아메리카의 정치 스펙트럼 안에서 브라질의 룰라 모델과 멕시코의 오브라도르 모델과 가깝고, 베네수엘라의 차베스 경험이나 볼리비아의 모랄레스와 사회운동 경험과 거리를 두면서 스스로를 자리매김하고자 한다.

콜롬비아 좌파의 또 다른 중요한 부문은 스스로 명백하게 좌파로 자리매김하고, 중도주의적 경향과 차별화하고자 한다. 이는 예를 들면 교섭단체인 '민주대안당'에 속하는, '사회·정치전선'이나 다른 성원들의 지배적인 입장이다. 이러한 입장의 정체성 구축 과정은 우리베 정부를 총체적으로 반대하는 부문의 형성과 밀접한 관련이 있다. 카를로스 가비리아에 따르면, 안보나 경제정책과 관련하여 우파 정부에 대한 "명백한 반대가 필요했고" 따라서 '사회·정치전선'은 이러한 기능을 수행하려고 노력했으며, 그렇게 노력하면서 중도좌파적 입장과 차별화되었다(Gaviria, 2003b). '사회·정치전선'-'민주대안당' 지도자들과의 인터뷰를 보면, 이러한 대조적인 관점은 좌파가 제시하는 원칙적인 입장과 중도좌파가 채택한 타협적이고 실용적인 입장의 차이에 근거를 두고 있다.

이 후자의 사례에서와 같이 단순히 좌파로 불리길 선호하는 사람들은, 예를 들면 나중에 살펴볼 논쟁적인 게릴라 폭력의 문제를 거부함으로써 역사적 좌파의 입장뿐만 아니라 우파의 입장과도 차별화하지 않을 수 없었다. 야당이 되고자 하는 이 정치 부문의 목표는 긴 역사를 가진 집단들(특히 '공산당')을 포괄하고 있다는 사실을 고려할 때, 옛 좌파를 공격하기보다 우파의 제안을 비판하고 대안을 제시하는 데에 담론의 강조점을 둔다.

신좌파는 각각 '민주대안당', '독립민주당'이 체화하고 있는 좌파와 중도좌파 사이의 차이 때문에, 이 시기 동안 주요한 이데올로기적·조직적 분열에 빠져서 통합된 정당으로 결집하지 못했다. 그러나 두 개의 부가적인 흐름이 있었다는 사실을 강조할 필요가 있다. 이들은 나중에야 정치 무대에서 부각되기 시작한다. '독립민주당' 안에서 영향력 있는 한 집단은 루초 가르손의 중도주의적 접근——한 비판자의 말에 따르면 '장미빛 룰라주의적 프로젝트'——에 도전했고, 통합 정당을 창당하기 위해 '민주대안당'에 가까이 다가갈 것을 주장하였다. 신좌파에서 가장 활동적인 의원인 구스타보 페트로가 이끄는 이 집단은 마침내 '독립민주당'의 지도부를 장악하였다. 이는 2005년 5월 당 총재 선거의 결과에 잘 반영되었는데, 이 선거에서 페트로의 후원을 받는 안토니오 나바로가 중도좌파의 후보를 이겼다. 이때부터 이 집단은 신좌파 내에서 선거적 관점에서 주요한 세력이 되었을 뿐만 아니라 사회운동과의 주요한 연결 고리가 되었다.

네번째 소수파 집단은 '자유당'의 진보적인 부문이나 독립적인 정치세력 출신으로 '변화를 모색 중인'(en transición) 정치인들을 포함한다. '독립민주당'의 많은 사람들이 이 부문을 포괄적인 좌파 연합 안으로 끌어들이려고 노력하였지만, 대부분 아직까지 좌파 정당의 밖에 머

물러 있다. 그렇게 노력한 이들 가운데에 페트로 의원이 있는데, 그는 이 부문을 "좌파라는 탁자의 잃어버린 다리"로 간주하였다. 이 부문은 단지, 2006년 우리베의 재선을 가능케 한 2005년 헌법 개정안에 대한 반대와 같은 특정한 사안과 관련해서만 좌파와 연대하였다.

좌파의 통합

'독립민주당'과 '민주대안당' 사이의 분열이 심화됨에 따라, 좌파는 다시 전통적인 분파주의로 되돌아가는 것처럼 보였다. 따라서 마침내 좌파의 통합을 일궈 낸 과정이, 확신이나 필요에 바탕을 두면서 거의 2년이 걸렸다는 것은 그리 놀라운 일이 아니다. 통합의 기폭제가 된 것은 2003년 선거법 개정과 2006년 총선과 대선 전망이었다. 전자는 군소 정당에 진입 장벽을 세운 반면, 후자는 대통령에 대한 지지도가 점증하는 상황에서 정치적 도전을 제기하였다. 따라서 이 두 요인은 강력한 통합 정당의 필요성을 주장하는 '독립민주당'과 '민주대안당' 내 분파들에게 힘을 실어 주는 통합의 새로운 기회 구조를 마련하였다.

'독립민주당'의 경우, 2005년 5월 전국대회를 계기로 전환점을 마련하였다. 이 대회는 의사결정과 관련하여 민주적이고 참여적인 규칙을 채택하였을 뿐만 아니라(나중에 상세하게 다룰 것이다), 통합을 주장하는 이들이 당내 투표에서 이겼다. 나바로 상원의원은 이러한 지배적인 경향에 힘입어 대선 후보로 선출되었다. 이 당 대회는 나바로의 대선 후보 결정 외에도 좌파의 조직 강화와 단일 대선 후보 선출을 위해 '민주대안당'과의 협상을 진척시키도록, 그 권한을 당 지도부에 위임하였다.

이와 비슷한 동시적인 과정이 '민주대안당' 안에서도 일어났고, 그것은 '독립민주당' 대표 일곱 명과 '민주대안당' 대표 일곱 명으로 이뤄진 '통합위원회'(Comité de Unidad)의 구성으로 이어졌다. 2005년 후반기에 가동되었던 이 위원회는 사실상 두 당의 지도부를 대체하였고, 2005년 12월 10일 좌파의 통합에 합의한 통합 협약을 마련하였다. 이 협약은 오늘날까지 콜롬비아 좌파의 가장 발전된 이데올로기적 선언이고, 좌파의 정강의 핵심을 구성하는 세 가지 합의점을 포함하고 있다. 그것은 ①사회정책의 확장, ②민주주의의 심화, ③무장투쟁의 거부이다. 이 공통 토대 위에서 앞서 언급한 좌파의 네 부문들이 단일 정당 내의 분파로 통합되었다.

여기서 강조할 필요가 있는 것은 새 통합 정당인 '대안민주당'이 공개 입당에서부터 풀뿌리 조직이 시와 전국 단위 선출직 후보의 선정에 참여하는 것에 이르기까지, '독립민주당'의 민주적인 운영 규칙과 민주적인 의사결정을 받아들였다는 사실이다. '대안민주당' 지도부의 한 인사가 표현한 것처럼, 새 정당은 옛 콜롬비아 좌파의 특징인 상명하달적이고 고압적인 절차와 대조되는 근대적이고 참여적인 절차를 처음부터 갖추게 되었다.

통합 협약은 이러한 절차를 수용함과 더불어, '독립민주당'과 '민주대안당' 대선 후보(각각 나바로와 가비리아) 사이의 대중적 투표를 통해 2006년 '대안민주당' 대선 후보를 결정하도록 명시했다. 나바로와 가비리아의 대결은 신좌파의 다양성을 생생하게 보여 준다. 나바로는 게릴라 출신으로 15년의 정치적·행정적 경력을 가진 반면, 가비리아는 법관 출신 지식인으로 최근의 국회의원직을 제외하고는 아무런 정치 경험이 없었다. 그러나 2006년 3월 당 경선에서 놀랍게도 가비리아가 이겨 '대안민주당'의 통합 후보가 되었다. 가비리아는 재분배의 사회 정책을 강조하고 우리베 대통령의 권위주의적 정책을 강력하게 반대하는 정강을 중심으로 활동하면서 5월 대선에서 우리베의 주요한 적수가 되었고, 전통적인 지배 정당인 자유당의 후보를 능가하였다. 결국 대선은 우리베의 압도적인 승리를 끝났지만(62%의 득표율), 가비리아가 얻은 22%는 좌파에게 전례 없는 득표율이었고, 2002년 가르손이 대선에 입후보했을 때 얻은 득표율의 세 배가 넘는 것이었다. 이러한 결과에 힘입어 통합 좌파는 전국적인 차원에서 정치적 입지를 마련하였고, 콜롬비아의 현 정치 스펙트럼 안에서 공식적으로 야당으로서 아주 가시적인 위치를 차지하게 되었다.

이후 통합 좌파는 2006년 12월 전국대회에서 더 강화되었고, 이 대회에서 두 가지의 핵심적인 발전을 일궈냈다. 첫째, '대안민주당'의 당원 수가 당 안팎의 예상을 깨고 크게 늘어났다. 당의 지도부나 분석가들은 15만 명 정도의 시민들이 당원증을 가진 당원으로 등록해 대의원 선거에 참여하리라고 예상했으나, 실제 등록된 당원은 50여만 명이라는 기록적 수치였다. 둘째, 앞에서 언급한 네 부문 사이의 세력관계가 '대안민주당' 집행기구 내 새로운 자리 배분으로 나타났다. (앞서 본 바와 같이, 원래 옛 '독립민주당' 내에서 가르손이 이끄는 사회민주주의 진영 내 좌파였던) 페트로 상원이 이끄는 집단이 약 45%의 득표율로 새 당 내에서 가장 큰 세력이 되었다. 가르손의 중도좌파 그룹은 원래 옛 '민주대안당' 출신 좌파 그룹과 같이, 약 25%의 득표율을 얻었다. 다른 분파들이 나머지 득표율을 차지했는데, 새 정당의 전체 당원 가운데에서 소규모의 분파들이다. 중요한 것은 어떤 부문도 다수를 얻지 못했다는 것이고, 이는 동맹이나 합의를 구축하는 것이 통합 정당 내 규범이 되었다는 뜻이다.

이러한 종합이 보여 주는 바와 같이 신좌파의 발전과 여정은 콜롬비아의 선거 정치의 가변적인 리듬에 따라 요동치는 과정을 겪었다. 따라서 나중에 살펴보겠지만, 선거라는 긴급한 사안 때문에 이데올로기나 정강을 입안하는 집단적 과정을 한쪽으로 제쳐두었다는 사실에 놀랄 필요가 없다. 신좌파의 제안에 있어서 정책 강령 차원의 선언이 드문 것도 이 사실과 관련 있다. 이러한 한계에도 불구하고, 이 정치 부문의 강령을 특징적으로 보여 주는 여러 가지 문서와 선언문들에서 핵심적인 제안들을 뽑아낼 수 있다. 이어서 신좌파의 이데올로기적·정책적 특징을 규명해 보겠다.

3. 좌파의 제안

이 장을 시작하면서 언급했던 상황적 특성으로 인해, 콜롬비아 정치에서 중요한 두 가지 주제는 무력 갈등과 경제이다. 우리베주의가 부상한 것도 부분적으로는 이 두 가지 전선에 대하여 명백히 보수적 지향을 갖는 일관성 있는 프로그램을 제안했기 때문이었다. 다시 말하면 우리베주의는 무력 갈등에 대해 군사적 해결을, 경제에 대해 경제적 신자유주의의 지속을 주장했다. 이러한 의미에서 콜롬비아 새 우파의 제안은 조지 부시 행정부 하에서 미국의 공화당 내에 지배적인 신보수주의 분파와 비슷하다. 이런 맥락에서 우리베 정부가 특히 2006년 재선 이후, 남반구에서 부시의 가장 가까운 동맹자가 되고 라틴아메리카에서 좌파 정부의 확장을 저지하는 거점이 되었음은 우연이 아니다.

와캉(Loïc Wacquant)이 이러한 유형의 정책들을 분석하면서 잘 보여 준 바와 같이(Wacquant, 2001, 2004), 이 신보수주의 분파는 한편으로 시장 자유화를 더 확장하고, 다른 한편으로 이 과정에서 나오는 불안정한 효과를 억제하기 위해 사회정책을 부차시하면서 사회통제를 확대한다(군사력과 경찰력의 사용, 투옥자 수의 증가 등). 게다가 콜롬비아의 경우, 무력 갈등의 심화와 안보에 대한 대중적 요구로 인해, 폭력이 가난이나 불평등과 관련 없고 공적 질서가 없다면 사회적 투자는 낭비일 뿐이라는, 영향력 있는 일부 경제학자들이 널리 퍼뜨리는 주장에 근거하여 사회정책을 뒤로 미뤘다. 이러한 관점에서 보면, 권위와 공공질서의 강요는 단기적으로 볼 때 최선의 사회적 투자이다.

이러한 상황에서 좌파의 생존은 상당 정도 안보, 경제적·사회적 정책에 대한 대안적 접근을 제공하는 정치 프로그램을 내놓을 수 있는 능력에 달려 있다. 따라서 이어지는 내용에서 이 대안의 내용을 간략하게 검토하고, 이 분석을 통해 흥미로운 역설을 보여 주고자 한다. 한편으로 공공질서와 관련하여 콜롬비아인들이 우익화 경향을 띠고, 다른 한편으로 경제적 위기의 사회적 효과에 대해 시민들이 점차 관심을 갖는 것을 고려해 볼 때, 좌파는 우파 정부와 다른 안보 정책보다는 대안적 경제 프로그램을 발전시키는 것이 더 낫다. 그럼에도 불구하고 현재 그 반대 현상이 일어나고 있다. 이어서 살펴보겠지만, 좌파는 경제 운영보다는 안보와 관련해 보다 더 포괄적이고 구체적인 제안을 가지고 있다.

첫번째 주제와 관련해 좌파는 상세하고 우파와 아주 다른, '인간 안보'에 관한 자세한 생각과 제안을 제시하는 반면, 두번째 주제에 관해서는 대안적 정책의 엄밀한 의제 없이 단순히 신자유주의를 반대하는 것에 머무는 경향이 있다. 나아가 시민권과 사회권을 실제적으로 보호하는 1991년 콜롬비아 헌법의 지향, 그리고 우리베 정부의 이 두 가지 권리를 제한하려는 시도 때문에 사실상 공공질서와 경제정책에 대한 좌파의 입장은 이 헌법 아래 존재하는 제도를 옹호하는 것으로 집약된다(Gaviria, 2003a; Petro, 2004 참조). 이 요소들을 차례로 하나씩 검토해 보자.

안보와 무력 갈등

안보정책에서 군사적 측면을 강조하는 정부와 대조적으로, 좌파는 무력 갈등에 대하여 협상을 통한 정치적인 해결을 주장한다. 좌파는 모든 불법적인 무장 집단을 물리쳐야 하는 국가의 의무를 인정함에도 불구하고 군사적 압력을 정치적 압력이 지배하는 포괄적인 전략의 일부로 본다. 이 제안은 세 가지 핵심적 요소로 구성되어 있다. 첫째, 준군사적 조직이든 게릴라든 갈등 당사자들과의 대화를 독려한다.[8] 둘째, 정부와 준군사 집단 사이의 평화협상과 같은 진행 중인 평화협상에 대하여, 좌파는 폭력의 희생자에게 보상하고, 그와 동시에 준군사 조직의 경제적·정치적·군사적 힘을 해체시킬 필요성을 강조한다. 셋째, 폭력의 정치적·사회경제적 원인에 주목하는 프로그램을 통해, 무장 집단에 정치적 압력을 행사하는 전략을 포함한다. 게릴라와 관련해 보면, 이 제안은 민주주의로부터 출발해 그때까지 게릴라들의 담론이 식민화하였던 사회적 의제(농지 개혁, 국가 개혁, 부의 재분배 등)를 발전시키고, 그런 식으로 게릴라들을 '정치적 궁지로 내모는' 데 있다. 이러한 이유 때문에 좌파는, 미국의 재정 지원을 받아 불법적인 무장 그룹에 대한 전쟁이나 마약 퇴치 전쟁의 군사적 요소를 중시하는 콜롬비아 플랜(Plan Colombia)에 반대하였다. 마지막으로 좌파는 무력 갈등이 지속되는 동안에 법치 국가, 인권, 그리고 국제인도법(Derecho Internacional Humanitario)에 대한 존중을 주장한다. 따라서 이는 국가의 억압적 권력을 확대하기 위해 앞에서 말한 헌법적 보장을 유보하려는 정부의 다양한 이니셔티브에 대한

---

8) 사실 준군사 조직과의 대화는 국회에서 가비리아 상원의원에 의해 추진되었다. 가비리아 상원의원은 이 조직과 협상할 수 있는 길을 연 법안을 상정하였다(Gaviria, 2003a 참조).

반대를 함축한다. 그에 따라 정치적 양극화, 그리고 무력 갈등에 대한 군사적 접근으로의 선회는 콜롬비아의 상황에서 역설을 야기하였고, 가비리아가 지적한 것처럼 "자유주의적 권리를 옹호하는 것은 좌파가 된다는 뜻이다"(Gaviria, 2004a).

이 일련의 요소들을 총체적으로 서술하기 위해 흔히 사용하는 종합적인 표현은 '인간 안보'이고 그것은 "경제, 식량, 그리고 건강의 안보, 개인, 환경 … 그리고 정치의 안보"(PDI, 2003)를 함축한다. 그러므로 이 개념은 우파가 제시한 질서-평등 공식을 거꾸로 뒤집은 것과 일치한다. 다시 말하면 공평한 사회정책이 시민적 안보를 회복하는 데 있어 첫걸음이라는 주장과 같다. 예를 들면 가르손은 시장으로 재직하면서 보고타의 빈민 지역에서 실행한, 기아를 퇴치하기 위한 프로그램이 안보 플랜이라고 주장했다. 왜냐하면 무력 집단의 도시 거점들이 성장하는 것이 바로 이곳이라고 보기 때문이다. 보고타에서의 좌파의 경험은 또한 (억압적이라기보다는 설득적인) 경찰과 시민 협력이라는 대안 정책을 실험하기도 했다.

경제정책

무력 갈등 관련 제안과 정책이 구체적인 것과 대조적으로, 신자유주의에 대한 경제적 대안과 관련된 좌파 내의 현재의 논쟁은 일반적이고 모호하다. 1장에서 설명한 것처럼, 국제적인 제약과 1990년대 구조조정에서 물려받은 제도들 때문에 신자유주의에 대한 대안적 경제 프로그램을 제시하는 데 어려움을 겪고 있다. 이 어려움은 라틴아메리카 지역 전체에 걸쳐 좌파 정당들이 공통적으로 안고 있는 문제이고, 특히 브라질과 우루과이와 같은 좌파 정부의 경험에서 명백하게 드러났다.

콜롬비아의 경우 이러한 제약은 더욱더 큰데, 그것은 점진주의와 정통파 경제정책(economic orthodoxy) 전통 때문이다. 이 전통으로 인해 심지어 브라질 '노동자당'이 지역적·국가적 차원에서 펼쳤던 사회복지정책과 재분배 정책처럼 신자유주의의 핵심 원리와 양립할 수 있는 경제정책조차 도입할 수 없었다. 콜롬비아 좌파는 한편으로는 이러한 제약들이 결합되어 나타나는 효과 때문에, 다른 한편으로는 논쟁이나 견실한 행정 경험의 부재 때문에 구체적인 대안을 제시하지 못한 채 신자유주의를 반대하거나, 아니면 경제 개방에 호의적이되 일반적으로 명확치 않은 '조건을 다는' 입장 사이에서 오락가락했던 것 같다.

논쟁의 공허함에도 불구하고, 이 두 입장을 특징짓는 몇 가지 일반적 특성을 탐지해 낼 수 있다. 이 입장들은 2006년 가비리아 대선 캠페인의 경제정책안과 관련하여, '대안민주당' 내부 논쟁에서 명백히 드러났다. 세계화에 관해서, '대안민주당' 내 선거전략 차원에서의 주류 부문(예를 들면, '독립민주당' 출신으로 페트로 상원의원이나 가르손 시장이 이끄는 부문)은 보호주의적 입장을 멀리하고, 국가적·국제적 규제를 받는 국제무역에 호의적인 경향을 띠며, 세계 경제로의 진입을 위한 플랫폼으로서의 라틴아메리카 통합에 기반을 둔 '공정무역'을 옹호한다(PDI, 2003). 이들과 달리 경제 개방을 반대하는 부문이 있는데, 이들은 선거전략 차원에서 상대적으로 약세이나, 미국과의 미주자유무역지대[9]나 자유무역협정(TLC) 협상에 반대하는 대중동원을 주도했던 노동자, 농민과 원주민들의 지지를 받고 있다. 이 두번째 집단 안에서 가장 명백하

---

9) [옮긴이] 미국 주도로 북미자유무역협정(NAFTA)을 미주 전역에 확산·적용하려는 제안이나, 2005년 이후 이렇다 할 논의의 진전이 없다.

지만, 그 때문에 영향력이 떨어지는 경제정책은 아마 '독립혁명노동운 동'이 주도하는 정책일 것이다. 이 정책은 라틴아메리카의 여러 나라에 서 1930년대부터 1970년대까지 수입대체정책에서 나타났던 것과 유사 한 계급 동맹에 대한 옹호에 바탕을 두고 있다(Robledo, 2004).

금융시장과 공공부채에 관한 지배적인 입장은 콜롬비아 중도주의 의 틀 안에 자리하고 있다. 이 입장은 외채와 재정적자 관리 정책에 대한 '분별 있고 책임 있는' 개혁을 요구하나, 그것을 실행할 메커니즘에 대 해선 구체적으로 언급하고 있지 않다(PDI, 2003). 무역, 통화와 재정 정 책에 있어서의 온건한 입장은 워싱턴 컨센서스 개혁의 '첫번째 세대'라 고 할 수 있는 것을 수용함을 뜻한다(Naím, 2000). 이러한 의미에서 콜 롬비아 좌파 정당, 특히 과거 '독립민주당' 출신들은 경제적·사회적 개 혁을 위한 요건으로서 워싱턴 컨센서스의 통화안정 정책을 받아들임으 로써, 브라질 '노동자당'의 길을 따르는 경향이 있다. '독립혁명노동운 동'과 같은 당내 또 다른 흐름은 이 전략의 장점을 그리 확신하는 것 같 지 않다(Robledo, 2004).

거시경제적 안정을 제외하고, 신좌파가 논의하고 촉진했던 포괄적 인 경제정책 목록을 찾기란 쉽지 않다. 사실 이것은 진행 중인 논쟁의 문 제이고, 이 논쟁에서 농지개혁에서부터 대출의 민주화 그리고 식량 안 보에 이르기까지 다양한 목표들이 나타난다(FSP, 2002; PDI, 2003). 따 라서 상세한 경제 공약 외에, 좌파 정부의 실천을 보아야 좌파의 사회정 책의 내용과 범위를 명백히 알 수 있다. 결론 부분에서, 가르손의 보고타 시장 재임 때 좌파적 경제정책과 사회복지정책의 출현 조짐들을 간략하 게 검토하면서, 이 문제를 다시 다룰 것이다.

좌파의 사회적 토대와 유권자

이러한 정책과 정치적 메시지는 누구를 겨냥한 것인가? 좌파 정당의 사회적 토대에 대한 내적 논의, 그리고 이 정당 소속 후보들에 대한 최근 투표를 연구해 보면, 좌파 성향의 유권자들에 대한 전통적 이미지와 모순되는 흥미로운 결과를 알 수 있다.

콜롬비아에서 누가 좌파에게 투표하는가? 이 질문에 관해 가장 상세하고 믿을 만한 자료는 가르손이 후보로 나섰던 2002년 대선 때 이뤄진 여론조사에서 찾아볼 수 있다(Hoskin et al., 2003; Gutiérrez, 2003). 인구학적·사회경제적 기준에 따라 가르손에게 투표한 유권자들을 분류해 보면, 민중계급 출신의 투표자와 다른 좌파 투표자 프로필을 볼 수 있다. 사실상 이 대선에서 전형적인 좌파 투표자는 대학 재학 중이거나 대학을 졸업했고, 나이는 45세 이하이며, 어떤 종교도 갖고 있지 않고, 일자리를 갖고 있거나 독립적으로 일하며, 보고타나 콜롬비아 동부 지역에 살고 있고, 전통 정당과 어떤 관련도 없으며, 후보들의 캠페인과 공약을 분석하여 투표 결정을 하는, '정치적으로 꼼꼼한' 사람들이었다(Hoskin et al., 2003: 39~59). 성(性)은 좌파에 대한 투표에 있어서 결정적인 변수가 아니었다.

이러한 특성들 외에, 특별히 흥미를 끄는 두 가지 측면이 있다. 첫째, 직업과 소득을 결합하여 이해한 사회계급에 따른 투표 성향을 보면, 기본적으로 민중 부문보다는 오히려 중간계급과 중상계급이 가르손을 지지했음을 알 수 있다. 가르손에게 투표한 유권자의 약 50%가 최저임금의 네 배와 여덟 배 사이의 소득을 가졌고, 유권자의 약 25%가 최저임금의 두 배와 네 배 사이의 소득을 가졌다. 직업으로 보면, 가르손 투표자의 약 50%가 대학생이었고, 나머지 50%는 대략 동등한 비율로 고용

노동자와 독립 노동자였다. 분석가들은 이 투표 결과에 바탕을 두면서, 사회계급이 좌파에 대한 투표에 있어서 의미 있는 요인이 아니었다고 주장했다(Hoskin et al., 2003: 43~45).

일반적인 관점에서 보면 이 수치들이 이러한 주장을 뒷받침할지라도 특정 인구 부문, 특히 가장 부유한 부문과 관련해서 보면 계급 요인이 좌파에 대한 입장을 결정한다는 사실을 알려주는 몇 가지 중요한 자료가 있다. 사실 투표 결과에서 아주 놀라운 자료는 아닐지라도 의미심장한 수치 가운데 하나는 최저임금의 여덟 배 이상의 소득을 가진 어떤 기업인이나 투표자도 가르손을 지지하지 않았다는 것이다. 구티에레스(Gutiérrez, 2003)가 강조한 바와 같이, 이는 상위 계급한테는 우리베의 새 우파가 유일하게 진지한 투표 선택이었음을 뜻한다. 보다 더 놀라운 자료는 좌파에 호의적인 선거 집단일 것으로 추정되는 또 다른 사회계급, 다시 말하면 실업자, 그리고 가장 낮은 소득을 가진 자들과 관련 있는 수치이다. 앞에 언급한 투표에서, 실업자는 단 한 명도 가르손에게 투표하지 않았고, 매달 최저임금 이하를 받는 사람들의 4.2%만이 가르손을 지지하였다. 2003년 보고타 시장 선거 투표에 관한 비슷한 연구에 따르면, 가르손의 사회적 메시지에 대한 반응으로서의 민중 부문의 선택에 있어서 일종의 변화를 보여 줄지라도, 이 수치들을 통해 좌파와 (2002년과 2006년 대선에서 대대적으로 우리베를 지지했던) 민중 부문의 투표 행태 사이에 상당한 틈이 있음을 알 수 있고, 이는 신자유주의 시대에 라틴아메리카의 여러 나라들에서 관찰할 수 있는 경향과 일치한다(Roberts, 2002).

관심을 끄는 두번째 특징은 무력 갈등과 경제에 대한 좌파 투표자들의 입장이다. 전쟁(예를 들면, 정치적 해결 대 군사적 해결)과 경제정책

(예를 들면, 개방 대 보호주의)에 관한 유권자들의 답변으로 구성된, 좌-우 정치적 지표에 기반을 두고 선거를 분석했을 때, 가르손을 지지한 사람들은 대부분 정치 스펙트럼 상에서 중도와 우파 사이에 위치하고 있다. 특히 놀라운 것은 좌파의 주장이 정치적 협상을 통한 해결임에도 불구하고, 가르손을 지지한 대다수의 사람들은 군사적 억압을 강화하자는 입장이었다(Hoskin et al., 2003). 이러한 결론의 역설을 고려할 때, 그리고 이는 좌파 투표자들이 정치적으로 꼼꼼하다는 관찰과 모순된다는 사실을 고려할 때, 이 수치들을 조심스럽게 다뤄야 할 것이다. 만일 이 자료들이 타당하다면, 콜롬비아인들의 투표 행태와 관련하여 지배적인 요인으로서 이데올로기적 입장을 희생하면서 개인적인 이미지, 도덕적·반(反)정당적 메시지가 점차 중요성을 갖는다는 결론에 더 힘을 실어 줄 것이다. 이럴 경우 상당수의 유권자들이 좌파 또는 우파에 대한 이데올로기적 선호와 별개로, 정직성의 이미지와 효과적인 정치적 메시지를 제공하는 카리스마적인 후보에 투표한다고 볼 수 있다. 예를 들면, 이것은 2002년에 우리베를 선호했던 보고타 투표자들의 분포도가, 2003년에 가르손 시장 후보를 지지했던 사람들의 분포도와 아주 비슷하다는 사실을 설명해 준다. 이와 비슷하게 우파의 반(反)부패적, 친(親)권위적 메시지를 환영했던 중간계급과 중상계급의 학생들은 1년 뒤 사회적 측면을 강조하는 좌파의 화해적 메시지에 대하여 같은 입장을 보였다.

4. 결론: 신좌파의 전망

콜롬비아 선거 무대에서 좌파의 발전은 열려 있는 역사이고, 그 결과는 다가오는 미래에 결정될 것이다. 이런 이유 때문에 신좌파에 대한 어떤 결론도 열려 있음과 동시에, 정당과 운동이 활동하는 정치 무대에서 정당과 운동의 전망을 분석하는 데 집중해야 한다. 여기서는 중단기적 관점에 초점을 맞춰 미래를 전망하는 방식으로 콜롬비아 좌파의 하나 또는 여러 대안을 강화하기 위한 중심적 과제와 딜레마를 다루고자 한다.

정당의 강화

앞에서 주장한 바와 같이, 좌파의 선거 승리는 좌파의 조직화에 앞서 일어났다. 이러한 점에서 콜롬비아 좌파의 정치적 건설 과정은 가장 높은 수준의 정치권력을 장악하기 전에 배양과 실험의 기나긴 과정을 겪은 (우루과이의 '확대전선', 또는 브라질 '노동자당'과 같은) 다른 라틴아메리카 나라들의 비슷한 정당들과 대조된다. 예를 들면, '독립민주당'이 하나의 정당으로 견고해지기 전에, 가르손은 보고타의 시장으로 선출되었다. 작가이자 보고타 시 문화국장을 지낸 레스트레포(Laura Restrepo)에 따르면, "가르손의 약점은 정당을 가지지 않은 것이었다"(Restrepo, 2004: 1~10). 당시 '독립민주당'의 총재였던 페트로에 따르면, '독립민주당'은 수많은 약점을 가지고 있었다. "자원의 부재, 행정 경험의 부족, 지금까지 서로 티격태격해 온 다양한 조직들[의 공존]"(Petro, 2004: 6A).

이러한 맥락에서 볼 때, 새로운 통합 정당 또는 새로운 연대의 가능성은 세 가지 기본 요인에 의존할 것이다. 첫째, 내부 민주화의 정도가 그 조직적 견고함이나 정치적 응집력을 결정할 것이다. 이 점에 있어서, 2006년 초반 이래 '대안민주당'의 발전과 방법은 좌파의 강화를 잘 대변해 준다. 당원 확보 노력을 통해 당의 사회적 토대와 당원 수를 확장한 것은 성공적인 것으로 입증되었다. 반면에 예비선거(elecciones primarias)를 통해 정당의 공직 후보자를 선출하는 것과 같이 정당의 중요한 결정을 내리기 위한 참여적인 구조는 진행 중에 있고, 당의 리더십을 둘러싼 불가피한 갈등과 같은 문제를 해결하는 데 도움을 주었다.

둘째, 공개적인 토론을 통해 이념과 정책을 구축하는 것은 조직적 응집을 위해 없어서는 안 되는 '이데올로기적 시멘트'를 제공할 수 있다(Fals Borda, 2004). '대안민주당'의 한 지도자가 말한 것처럼, "좌파는 표를 얻는 데 모든 시간을 썼기" 때문에, 여전히 이데올로기와 정강의 내부 논의와 작성에 있어서 중요한 공백이 있다. 이러한 공백이 지속될 때, 어쩌면 중도좌파 부문의 입장과 메시지가 희석되고, 이 중도좌파와 중도 또는 심지어 중도우파를 혼동할 우려가 있다(Duzán, 2004b). 특히 다른 선택지가 없어 실체도 없는 '중도좌파'로 자신을 자리매김하는 전통 정당 인사들의 기회주의적 유입의 관점에서 보면 더욱더 그렇다(Caballero, 2004). 보다 더 좌파 쪽에 자리한 분파를 보면, 유권자들에게 매력적인 이데올로기적 제안이나 입장이 없고, 이는 중도좌파뿐만 아니라 정치 논쟁 일반에 영향을 미칠 수 있는 가능성을 제한할 수 있다.

셋째, 선거 차원에서 본 좌파의 미래는 사회운동과의 연계라는 구체적인 형태에 결정적으로 의존할 것이다. '대안민주당'은 다른 라틴아메리카 좌파 정당들, 예를 들면, 브라질 '노동자당', 또는 볼리비아의 '사회주의운동당'처럼 대중운동에 닻을 내리고 있지 않기 때문에, 그리고 콜롬비아에서 대중 동원은 역사적으로 빈약했기 때문에 새 정당들과 새롭게 부상하는 사회운동들 사이의 연계는 이 둘 사이의 유대 관계를 형성하기 위한 신중한 전략에 의존할 것이다. 2006년 이래, 노조활동가에서 흑인운동가, 게이의 권익을 옹호하는 활동가에 이르기까지 다양한 사회운동 지도자들을 영입함으로써 일정한 진척을 보였음에도 불구하고, 이 과제는 여전히 미완의 상태로 남아 있다.

단계 전략과 지방자치단체의 중요성

대안 정부로서의 좌파에 대한 신뢰성은 상당 정도 지자체 행정의 성과에 의존한다. 브라질 포르투 알레그리 시 행정에서의 초기 경험 이후의 '노동자당', 그리고 우루과이 몬테비데오 시 행정 경험 이후 '확대전선'이 바로 그 사례이다.

이러한 맥락에서 볼 때, 가르손 시장의 2003~2007년 시 행정이 중요함을 알 수 있고, 콜롬비아의 여타 지역에서의 신좌파의 미래가 여기에 달려 있다고 할 수 있다. 콜롬비아 좌파는 가르손의 시정에서 출발하여, '노동자당'과 '확대전선'의 부상에서 특징적으로 나타나는, 기초지자체(local)에서 광역지자체(región)를 거쳐 국가적 차원으로의 단계적 발전 전략을 실행에 옮겼다. 따라서 가르손이 선거에 이겼을 때, 포르투 알레그리에서의 '노동자당'의 성공적인 경험을 따르는 세 가지 정책(참여민주주의, 굶주림 퇴치, 그리고 경제사회위원회 창설)을 펼칠 것이라고 발표한 것은 우연이 아니다(Garzón, 2003b).

앞에서 언급한 두 전선(사회·경제정책과 안보)에 대해, 가르손 시 정부는 좌파적 언어를 피하고, '대안민주당'의 입장과 같은 보다 더 진보적인 접근을 멀리했을지라도, 새 우파가 전국적인 차원에서 실행한 정책들에 대한 대안적 정책들을 실행하였다. 가난한 계층을 대상으로, 룰라의 '포미 제로'(Fome Zero) 이니셔티브에서 영감을 얻은 사회구호 프로그램을 실시하였고, 공공 교육의 기회를 확장하였다. 가르손의 시 정부는 학교의 확장과 개선을 위한 예산을 늘렸고, 교육 제도의 민영화 경향을 되돌렸다. 이와 비슷하게, 앞에서 말한 바와 같이, 가르손 시장은 치안이 가장 불안한 지역에서의 설득적인 정책과 사회적 돌봄을 포함하는 '인간 안보' 모델을 시도하고 있다.

이 프로그램들은 좌파가 신뢰할 만한 행정적 대안으로 자리 잡는 데 도움을 준 중요한 진보로 인정되고 있다. 가르손 시정에 대한 한 독립적인 기관의 평가에서 볼 수 있는 바와 같이, 사회의 여러 영역에서 전례 없는 발전을 일구었다. 가르손의 임기 말쯤, 취학연령에 있는 아이들 가운데 93%가 공공 교육 제도의 혜택을 누렸다. 나아가 빈곤층 인구의 비율이 46.3%에서 28.5%로 줄었고, 극빈층 인구의 비율이 14%에서 4.5%로 줄었다.[10] 같은 기간 전국적 차원에서 이뤄진 발전보다 실제로 더 나은 이러한 성과들 때문에, 가르손에 대한 지지율은 시장 임기 내내 60~70% 사이를 유지하였다.

요약하면, 가르손의 시 정부는 좌파의 단계적 발전 전략을 위한 상서로운 출발을 기록했다. 그럼에도 불구하고 콜롬비아 정치인들의 변덕, 그리고 '대안민주당'을 멀리하려는 가르손 자신의 시도에 비춰 볼 때, 보고타의 경험이 보고타와 콜롬비아 전체에서 지속적 대안으로서 좌파의 강화로 이어질지, 이 장을 쓰는 시점(2007년 5월)에선 아직 명확치 않다. 좌파를 강화시키는 방향으로 가는 본질적인 발걸음은 '대안민주당'이 무장 좌파, 특히 모든 계급과 모든 지역의 콜롬비아인들이 크게 거부했던, '콜롬비아혁명군'이 저지른 잔학행위를 공개적으로 명료하게 비판하고, '콜롬비아혁명군'에 대해 모호한 입장을 유지하고 있는 국내외 소수 부문과 거리를 두기로 한 결정이었다. 앞서 말한 민주적이고 평화적이며 단계적인 전략은 이데올로기적 강화, 사회운동과의 연계 강화라는 당면 과제와 함께, 콜롬비아 좌파의 미래 여정을 결정할 것이다.

---

10) "Bogotá, ¿como vamos?", de marzo de 2007 참조.

6장 _ 아르헨티나
키르치네르 시대의 정치적 좌파와 사회운동

페데리코 슈스테르

아르헨티나 좌파의 역사는 오래되고 다채로우며 수많은 갈등과 복잡성을 포함하고 있다. 지적으로도 대단히 풍요로울 뿐만 아니라 좌파에 대한 해석과 정치적 행위가 제각각 달라서 끊임없이 분파되는 성향이 매우 강하다. 이 글의 목적은 최근 몇 십 년, 특히 최근 몇 년 동안 아르헨티나 좌파가 경험한 변화를 분석하는 것이다. 이러한 분석을 통해서 이 시기에 아르헨티나 좌파를 새롭게 혁신한 사회운동이 어떻게 등장하게 되었는지 살펴볼 것이다. 아르헨티나의 위기가 최고조에 달했던 2001년 12월 19~20일 대규모의 민중봉기는 대통령을 권좌에서 끌어내렸고 아르헨티나의 혼란스러운 정치사의 한 획을 그었다. 이 글을 통해 아르헨티나 좌파의 최근의 변화와 미래의 전망을 조명해 보려고 한다.

1. 과거

아르헨티나 좌파 약사(略史)

아르헨티나 좌파의 역사를 고고학적으로 파내려가다 보면 국가의 기원과 일치함을 알 수 있다. 1810년 처음으로 정부가 수립되었을 때부터 이미 좌파와 우파 사이에 정치적이고 전략적인 논쟁이 발생했다. 이 당시의 좌파와 우파의 구분은 오늘날의 좌파와 우파의 구분보다는, 탄생한지 얼마 되지 않았던 공화국에 대한 지적이고 정치적인 입장을 반영했던 프랑스 혁명 이후의 좌파와 우파의 구분에 더 가까웠다. 다시 말해, 오늘날의 좌파는 맑스주의나 사회주의와 관련되어 있는 반면에, 그 당시의 좌파들은 마리아노 모레노(Mariano Moreno), 후안 호세 카스텔리(Juan José Castelli) 혹은 베르나르도 데 몬테아구도(Bernardo de Monteagudo) 같은 크리오요 자코뱅당파였다. 아르헨티나에 근대적 의미의 좌파가 등장한 것은 대규모의 이민자들이 아르헨티나에 도착했던 19세기 말이었다. 즉 아르헨티나의 근대적 좌파는 무정부주의적이고 사회주의적 이상을 가졌던 유럽 출신의 외국인 노동자들이 중심이 되었던 노동운동으로부터 출현했다. 무정부주의자들은 『사회문제』(*La Questione Sociale*)라는 신문을 창간했던 엔리코 말라테스타(Enrico Malatesta)와 나중에 무정부주의 사상을 전파하는 중요한 연구기관이 된 '항의'(La Protesta)의 소장이었던 알베르토 기랄도(Alberto Ghiraldo) 같은 인물을 중심으로 조직되었다.

무정부주의자들의 노동운동은 '아르헨티나 지역노동연맹'(FORA) 같은 중요한 노조를 결성하는 계기가 되었다. 사회주의자들 역시 노동운동과 노조를 중심으로 조직되었다. 1894년에 신문 『전위주의』(*La Vanguardia*)가 발간되었고 2년 뒤인 1896년에는 후안 후스토(Juan B. Justo)가 '사회주의당'(PS)을 창당했다. 아르헨티나 좌파 역사의 대부분은 사회주의 세력, 특히 '사회주의당'의 발전, 내적 갈등, 분당, 위기 혹은 분열과 관련되어 있다. 사회주의 좌파의 흐름이 갈라지면서 1918년 '공산당'(PC)이 창당되었는데, '공산당'의 뿌리는 1912년까지 거슬러 올라간다. '사회주의당'이 맑스주의 혁명 인터내셔널의 중심인물로부터 비판적 거리를 유지한 반면에, 레닌주의를 추종했던 '공산당'은 러시아 혁명에 열광적으로 집착했다. '공산당'이 러시아 혁명에 보였던 열광은 그 뒤 스탈린주의와 그 이후의 과정에도 그대로 지속되었다. 극히 최근인 1990년 경에 이르러서 처음으로 그러한 입장에 대한 내부적 비판이 이루어졌다. 맑스-레닌주의, 트로츠키주의, 마오주의로 대표되는 아르헨티나 고전 좌파는 '사회주의당'과 '공산당'에 대한 이데올로기적이고 정치적인 비판에서 유래한다. 그러한 비판들은 이론적-이데올로기적 해석에 관한 것일 뿐만 아니라, 아르헨티나는 말할 것도 없고 전세계적인 좌파의 변화 과정을 바라보는 입장에 관한 것이다. 아르헨티나 좌파가 항상 급진주의, 특히 페론주의 같은 아르헨티나의 중요한 정치적 대중 운동에 대해서 단일한 입장을 취하는 데 어려움을 가졌다는 것은 의심할 여지가 없다.

급진주의는 1890년 소위 공원혁명(Revolución del Parque)을 주도했고, 19세기 말에 보편선거를 옹호했던 시민연합(la Unión Cívica)의 급진적 분파가 창당한 '급진시민연합당'(UCR)을 가리킨다. 레안드로 알렘(Leandro N. Alem)과 아리스토불로 델 바예(Aristóbulo del Valle)가 1891년에 창당한 '급진시민연합당'은 그 당시 아르헨티나의 지배계급이었던 대지주 과두체제가 부정행위를 저질러 가면서 보수적 정당을 통해 유지하고 있었던 정치적 헤게모니에 가장 강력하게 도전하는 정당이었다. 1912년에 공포된 사엔스 페냐 법(Ley Sáenz Peña)을 통해 중요한 선거정치 개혁을 이룬 '급진시민연합당'은 1916년 선거에서 이폴리토 이리고옌(Hipólito Yrigoyen)을 대통령으로 당선시켰다. 이폴리토 이리고옌 정부는 새로운 중산계급의 지지를 받았고 이들에게 정치적 권리를 부여했다. 즉 이폴리토 이리고옌 정부는 도시와 농촌의 소규모 생산자, 상인, 특정 부문의 노동자로 구성된 새로운 중산 계급이 요구하는 정치적 권리를 인정했다. 그러나 '급진시민연합당'은 점차 자유주의자들에 의해 장악되었고 보수주의자들의 영향력도 피해 갈 수 없게 되면서 여전히 당에서 중요한 역할을 담당했던 민중주의파와 끊임없이 갈등을 빚었다. 이리고옌주의와 페론주의는 역사적으로 운동을 지향하는 특성을 보였다. 다시 말해, 페론주의가 더 뚜렷하기는 하지만 양자 모두 정당의 방식보다는 사회적·정치적 운동 방식을 지향했다. 정당은 운동을 위한 정치적 도구였다. 운동이 조직화되고 집단화된다고 하더라도 반드시 정당일 필요는 없었고 노조나 학생조합, 시민조합, 지역조합, 여성조합 등의 방식을 택했다. 급진주의의 경우에 이러한 특성은 시간이 흘러가면서 완화되었다. 페론주의는 1983년 제도적 복권을 이루었지만 이러한 특성은 오늘날까지 여전히 남아 있다.

페론주의는 신흥 산업 노동자들의 전폭적인 지지를 받아 1946년 권력을 잡았다. 농촌 지역에서 도시로 이주한 노동자들은 제2차 세계대전 이후 아르헨티나 경제가 변화하는 과정에서 급격히 프롤레타리아 계급이 되면서 신흥 산업 노동자 집단을 형성했다. 1943년 군사 쿠데타 정권의 노동부 장관이었던 후안 도밍고 페론(Juan Domingo Perón) 대령은 노동자의 권리를 확대하는 일련의 조치를 통해 민중의 전폭적인 지지를 획득했다.[1] 1945년 페론이 장관직에서 쫓겨나 감옥에 갇혔을 때

---

1) 1928년 두번째 대통령이 되었던 이리고옌 정부를 전복시키고 1930년부터 권력을 잡았던 부정선거 정권은 1943년 군사 쿠데타로 무너졌다.

그의 석방을 요구하는 노동자와 민중이 중심이 된 대규모 사회운동이 일어났고, 이를 통해 오늘날에까지 이르고 있는 아르헨티나의 정치적 미래를 결정하는 새로운 정치권력이 등장하게 되었다.[2] 새로운 정치구조는 노조에 뿌리를 둔 작은 정당이었던 '노동자당'(el Partido Laborista)으로부터 시작되었고, 1946년 선거 이후 '정의당'(PJ)이 창당되면서 강화되었다. '정의당'의 권력의 토대가 되었던 '노동총동맹'(CGT)이 중심이 된 노조의 지원이 있었음은 의심할 여지가 없다.

페론주의는 아르헨티나 좌파를 계속해서 분열시켰고 지금도 이러한 분열은 계속되고 있다. 많은 사람들이 페론주의에 반대하고 페론주의가 이데올로기적으로 파시즘과 직접적으로 연관되어 있다고 생각하는 반면에, 페론주의에 합류한 사람들은 페론주의를 진정으로 혁명적이라고 생각했다. 1952년에 재선된 페론은 지배층 시민 계급과 광범위한 중간계층뿐만 아니라 중요한 좌파 정치집단의 지원을 받은 군부에 의해 1955년에 실각했다. 군사 쿠데타는 저항을 불러 일으켰고, 특히 쿠데타 이후의 군부 독재와 페론주의를 비합법화한 조치는 중산계급의 젊은이들과 좌파 진영을 기성세대가 거부했던 페론주의에 더 가깝게 다가가도록 만들었다. 페론주의 좌파는 이렇게 탄생했다. 페론은 망명지 스페인에서 페론주의 좌파의 탄생을 독려했다. (그가 페론주의 좌파의 탄생을 위해 우파까지 독려했다는 사실을 알아둘 필요가 있다.) 1960~70년대에 일부 페론주의 좌파가 저항의 수단으로 무장투쟁을 선택했고 '몬토네로'(Montoneros)와 '무장혁명군'(FAR), 기타 다른 운동단체들을 만들었다. 이들은 전통적인 '사회주의당'과 '공산당'을 반대하는 좌파들과 규

---

2) 정확히 말하면 1945년 10월 17일이다.

합하여 민족주의 좌파를 결성했다. 페론주의를 따르지 않는 '민중혁명군'(ERP) 같은 맑스주의 혁명좌파도 무장투쟁을 벌였다.

1955년 군사 쿠데타는 1958년 선거로 종결되었고, 이 선거에서 페론주의는 비합법화되었다. 이 선거에서 일부 페론주의자들로부터 지지를 받은 급진적 반체제주의자 아르투로 프론디시(Arturo Frondizi)가 대통령으로 선출되었다. 프론디시는 군부의 거센 압력으로 1962년 부통령 호세 기도(José M. Guido)에게 대통령직을 이양했다. 비합법화된 페론주의자들이 확실하게 투표를 기권한 1963년 선거에서 급진주의자 아르투로 일리아(Arturo Illia)가 대통령이 되었지만 1966년 군사 쿠데타로 또 다시 대통령에서 물러났다. 새로운 군부 독재가 들어섰고 군 내부의 갈등으로 1973년까지 세 명의 대통령이 바뀌었다. 1969년에는 역사적으로 매우 중요한 사건이 발생했다. 아르헨티나 3대 도시 중 하나인 코르도바에서 (페론주의자와 페론주의자가 아닌) 전투적 노조원들이 앞장서고 대학생들이 참여한 시위대가 군부 독재에 항거하는 사태가 벌어진 것이다. '코르도바소'(cordobazo)라고 불리는 이 민중봉기는 고전적 좌파와 페론주의가 합세하여 새로운 정치적·사회적 운동으로 등장했다는 점에서 군부 정권에게 심각한 타격이었다.

1973년 페론주의는 페론 없이 다시 선거에 참여할 수 있었다. 이 선거에서 페론의 직접적 협조자인 알베르토 캄포라(Alberto J. Cámpora)가 대통령에 당선되었다. 알베르토 캄포라는 페론주의 좌파로부터 전폭적인 지지를 받았고, 이 때문에 다른 비페론주의 당원들과 갈등이 격화되었다. 그리고 얼마 지나지 않아 아르헨티나로 돌아온 페론이 당원들 간의 갈등을 해결하려고 시도했지만 예전부터 페론에게 기대하는 바가 서로 달랐던 상황 때문에 이러한 시도는 뜻대로 되지 않았다. 1974년 페론이 사망하면서 권력은 그의 아내이자 부통령 당선자였던 마리아 에스텔라 마르티네스(María Estela Martínez)에게 넘어갔고, 그녀는 곧바로 페론주의 우파에 대한 장악력을 상실했다. 아르헨티나가 국제적인 석유 위기를 겪으면서 민주주의 회복으로 중단되었던 무장투쟁이 재현되었고 페론주의의 위기는 심화되었다. 이러한 위기를 이용해 강경파 지배 부르주아지는 아르헨티나 정치의 방향타를 돌려놓았다. 1975년 강경파 지배 부르주아지는 아르헨티나에 신자유주의의 시작을 알리는 일련의 반민중적 조치를 단행했다. 1976년 군부가 쿠데타를 통해 경제를 장악하면서 신자유주의 경제개혁이 가속화되었다.

독재정권은 무장단체에 대한 중간계층의 불만을 이용해 게릴라를 소탕했을 뿐만 아니라 민중의 저항을 무자비하게 탄압했다. 노조원들, 민중 활동가들, 학생들, 지식인들이 무시무시하고 새로운 방식의 폭력, 즉 폭력에 의한 행방불명의 희생자가 되었다. 이 시기에 행방불명된 사람은 대략 3만 명이었다.[3] 행방불명된 사람들은 고문당한 후 살해되었고 시신은 어떠한 표식도 없이 강과 바다에 던져지거나 집단으로 매장되었다. 1982년 군부 정권은 위기에 부딪혔고, 레오폴도 갈티에리(Leopoldo Galtieri) 대통령은 국면을 전환시키기 위해 역사적으로 아르헨티나의 영토라고 주장되었으나 19세기부터 영국이 지배하고 있던 말비나스 섬을 무력으로 되찾기로 결정했다. 군부 정권은 군사적 패배로 치명타를 입었고 군부 독재도 막을 내렸다. 1983년 페론주의에 대한 비합법화가 사라진 상태에서 치러진 선거에서 많은 사람의 예상을 깨고 '급진시민연합당' 후보인 라울 알폰신(Raúl Alfonsín)이 대통령에 선출

---

3) 아르헨티나 인권단체의 자료에 의한 숫자이다.

되었다.[4]

이 시기에 고전 좌파는 계속해서 분열되었다. 1980년대에 가장 진보적인 급진주의 분파가 다른 좌파의 지원을 받아 창당한 '비타협당'(PI)이 제3당이 되었다. 그 뒤를 이어 트로츠키파 정당인 '사회주의운동당'도 정치적 세력을 키웠다. 그럼에도 불구하고, 좌파는 끊임없이 분열되었고 선거와 정치권에서의 영향력은 점차 소멸되었다. 오늘날 맑스좌파의 정치적 상황을 보면 과거의 '사회주의당'이 다시 결집하는 모습을 보이지만 정치적 영향력은 크지 않다. '공산당'은 더 쇠약해졌다. 실직자들을 중심으로 세력을 키우는 '혁명공산당'(PCR)과 트로츠키파 정당들은 심각한 분열 양상을 보인다. '좌파연합'(IU) 동맹은 좌파의 결집을 통해 연합전선을 형성하려고 시도하면서 (2007년 초까지) '공산당'과 트로츠키파 정당인 '사회주의노동자운동', 기타 군소 정당들을 끌어들였지만 선거에서 큰 성과를 올리지 못했고 많은 좌파 정당들은 여전히 통합좌파 동맹에 참여하지 않고 있다.[5] 아르헨티나 좌파는 브라질의 '노동자당'이나 우루과이의 '확대전선'과 달리 좌파 통합에 성공을 거두지 못했다.

페론주의에 대한 비판과 갈등 관계를 이해하지 못하면 아르헨티나 좌파를 이해할 수 없다. 명시적이건 암묵적이건 간에, 역사적 페론주의나 페론주의와 관련이 있는 민족민중운동의 회복을 요구하는 좌파가 항상 존재해 왔다. 좌파의 어떤 분파들은 '정의당'과 같은 뿌리이

---

4) 페론주의는 후보를 출마시킨 선거에서 한 번도 패하지 않았다.
5) '혁명공산당'은 반스탈린주의를 내세워 '공산당'에서 갈라졌고 후에 마오주의로 갈라졌다. 마오주의는 최근에 두각을 나타내고 있다.

지만, 어떤 분파들은 '정의당'과 아무런 관련도 없다. 특히 우파적이고 신자유주의적 개혁을 밀어 붙인 페론주의자 카를로스 메넴 집권 시기 (1989~1999)에 '정의당'은 온건한 방식이긴 했지만 내부의 좌파를 일소했다. 몇몇 가장 전투적인 좌파는 민족민중적이고 노동자 중심의 페론주의와 에르네스토 체 게바라 사상과 쿠바 혁명 같은 라틴아메리카의 전통적인 혁명 이데올로기를 결합시켰다.

아르헨티나 좌파의 역사를 간단하게 살펴 본 것은 오늘날 아르헨티나 좌파가 혁신되고 있는지 살펴보기 위한 것이다. 오늘날 아르헨티나 좌파는 혁신되고 있다. 그러나 그러한 혁신의 주체는 정당이 아니라 사회운동이다. 사회운동의 발발은 급진적인 신자유주의 정책이 몰고 온 사회적 붕괴와 그 결과로 초래된 2001년의 심각한 위기 때문이었다.

위기에 처한 사회와 정치

2001년 12월 19~20일을 기점으로 아르헨티나는 몇 년 전부터 진행되었던 정치적·경제적·사회적 위기의 결정적 국면으로 빠져들었다. 12월 20일 민중봉기로 데 라 루아 대통령이 실각하면서 국가는 지도자를 잃었다. 부통령이 없는 상황에서 임시로 대통령직을 수행한 임시 상원의장 라몬 푸에르타(Ramón Puerta)는 대통령 선출을 위해 의회를 소집했다.[6] 의회는 산루이스 주지사였던 아돌포 로드리게스 사아(Adolfo Rodríguez Saá)를 대통령으로 지명했다. 막대한 외채를 갚을 능력이 없

---

6) 데 라 루아 정부의 부통령으로 선출된 카를로스 차초 알바레스(Carlos Chacho Álvarez)는 대통령의 여러 가지 결정 사항을 받아들일 수 없다며 임명된 해였던 1999년에 부통령직을 사임했다.

었던 아돌포 로드리게스 사아는 채무불이행을 선언했다. 그리고 대통령을 만나기를 원하는 사람들에게 대통령궁을 개방함으로써 완전히 땅에 떨어진 정권의 정통성을 국민들로부터 얻으려고 노력했다. 그러나 강력한 포퓰리스트적 이미지도 나라를 안정시킬 수 없었다. 1990년대 초반에 부패한 정치인이라는 혐의를 강하게 받았던 아돌포 로드리게스 사아가 대통령이 되는 것에 반대하는 시위가 벌어졌다. 사회적·정치적으로 통제할 수 없는 분위기인 데다 자신의 정당인 '정의당'의 지지를 받지 못한 아돌포 로드리게스 사아는 대통령이 된 다음 주 사임했다.

이러한 과정은 또 한 번 반복되었다. 상원의장 푸에르타가 사임하고 하원의장인 에두아르도 카아마뇨(Eduardo Caamaño)가 그 자리를 물려받았다. 카아마뇨는 다시 의회를 소집했고 의회는 부에노스아이레스 주지사였고 1999년 데 라 루아의 경쟁자이자 '정의당'의 중요한 정치인이었던 에두아르도 두알데(Eduardo Duhalde)를 새 대통령으로 지명했다. 두알데는 명백히 취약한 분위기 속에 취임했다. 사회는 여전히 요동치고 있었다. 두알데는 취임하자마자 1991년부터 시행돼 왔던 페소와 달러를 일대일로 묶는 페소-달러 태환법을 중지하고 모든 지불을 페소로 대체하는 페소화 조치를 취했다. 페소는 빠르게 가치를 상실했고 1달러에 4페소까지 떨어졌다가 1달러에 3페소로 균형을 맞췄다. 페소화 조치는 은행, 달러 채무자와 채권자, 국채 소유자, 은행과 다른 금융기관에 달러로 저축한 사람들에게 새로운 갈등을 불러일으켰다.[7]

두알데의 대통령직 수행 기간에 실직자운동에 속했던 두 명의 젊

---

7) 이러한 갈등은 시간이 지나면서 확산되었고, 이 글을 끝마치고 있는 시점에도 여전히 지속되고 있지만 2002년의 수준은 아니다.

은 활동가가 시위 현장에서 사망했다.[8] 사진 기자의 사진을 통해 두 사람이 경찰에 의해 잔인하게 살해되었음이 알려졌다. 이 사건으로 시위가 격화되었고 두알데는 2003년 초에 조기 선거를 실시했다. 2003년 4월 27일 치러진 선거에서 투표는 여러 후보로 갈라졌고, (60% 이상을 득표해) 선두를 차지한 세 사람(카를로스 메넴, 네스트로 키르치네르, 아돌포 로드리게스 사아) 모두 '정의당'이었다. 1994년 헌법은 후보 중 과반을 넘는 사람이 없는 경우에 1위와 2위 득표자(메넴과 키르치네르)가 결선 투표를 치르도록 규정했다. 그러나 결선 투표가 치러지기 며칠 전에 카를로스 메넴은 자신이 압도적으로 패배할 것이라는 여론조사 결과를 받아들여 결선 투표를 포기하기로 결정했다. 네스토르 키르치네르가 아르헨티나의 대통령으로 선포되면서 정국은 서서히 안정되기 시작했다. 그럼에도 불구하고, 주관적이고 객관적인 면에서 근본적인 난제가 사라지지 않은 현실에서 여러 가지 차원의 위기가 잠재해 있었다.

아르헨티나는 2001년 12월 역사적 시점의 막바지에 도달했다. 생생하게 드러났던 위기는 그날 태어난 것도 아니었고 그날 죽은 것도 아니었다. 그것은 신자유주의 축적체제에서 비롯된 위기이며, 경제적·정치적·사회적·문화적인 면에서 한꺼번에 드러났다는 점에서 근대 자본주의에서 전례를 찾아보기 힘든 위기였다. 앞에서 살펴본 것처럼, 위기는 갑작스러운 것이 아니라 10년 이상 구조적으로 악화되면서 터진 것이었다. 1970년대 중반에 시작되어 1990년대 초에 신자유주의 축적체제가 공고화되면서 아르헨티나에서는 부의 집중, 국영기업의 민영화,

8) 더 자세한 것은 아래를 참조할 것.

외채 증가가 가속화되었다. 1995년경에 이미 심각한 결과들이 나타나기 시작했는데, 특히 실업률이 가파르게 증가하고 노동 조건이 악화되었다. 25년 이상 지속되다가 2002년에 처음으로 지급되기 시작한 (교육, 보건 등) 사회발전 프로그램에 대한 투자 결핍은 아르헨티나 사회를 2001년의 위기로 몰고 갔다.

정치의 영역에서 보면 위기는 민주주의와도 연관된다. 1983년에 회복된 민주주의는 경제금융 권력의 인질이 되어 경제금융 권력의 지침을 따르지 않는 어떠한 프로젝트도 수행할 능력이 없을 만큼 허약했다. '민주주의는 먹을 것과 건강과 교육을 가져다준다'라는 지나치게 야심찬 약속은 지켜질 수 없는 것으로 판명되었다.[9] 이와 동시에 정치적으로 민주화되면서 정치인들에 대한 공적 이미지는 악화되었는데, 그들은 체제를 변화시킬 능력도 없을 뿐만 아니라 일반화된 부패의 증거가 드러났기 때문이다. 이런 상황에서 사회적 항의는 점점 중요한 정치적 자원이 되었고, 어떤 의미에서는 정상적인 정치적 행위로 인식되었다. 사회적 항의에도 불구하고, 시간이 흐르면서 사회적 불만이 누적되었고 이런 상황은 2001년 12월 최고조에 달했다.

정치인들은 사회운동이 던지는 메시지에 귀 기울이지 않거나, 듣는 척만 했을 뿐 실제적 정치 상황과 관계없이 대의 메커니즘이 작동할 것이라고 믿었다. 사회운동에 대한 정치권의 이러한 무관심은 2001년 12월 막을 내렸다. 대의제는 단지 투표를 통해서만 행사될 뿐이다. 다시 말해, 시민들은 투표를 통해 정치인들에게 대의권을 위임하고 투표를 통

---

9) 아르헨티나의 민주화 시기(1983~1989)의 첫번째 대통령이었던 라울 알폰신이 선거 유세에서 반복했던 말.

해서만 그러한 권리를 박탈할 수 있다. 이런 의미에서 항의는 경우에 따라 투표로 위임한 대의권을 인정하거나 박탈하는 특정한 요구 방식이다. 이렇게 민주주의는 대표자를 선출하고, 대표자의 행동을 계속적으로 평가하는 끊임없는 과정이지 선거 때만 작동하는 불연속적 과정이 아니다.

1997년부터 2000년까지 사회적 항의의 목소리가 어느 때보다도 커졌지만 정치권은 이 목소리에 귀 기울이지 않았다. 2001년 주사위는 던져졌다. 1999년부터 2001년 12월 급작스럽게 붕괴할 때까지 지배 연립을 유지했던 '급진시민연합당'과 '국가연대전선'(FREPASO) 간의 연립 정부는 부패와 정당후견인제도의 철폐를 목표로 하는 정치개혁 프로그램을 떠맡았다. 이것은 대다수 국민의 요구였다. 그럼에도 불구하고, 정권을 잡은 데 라 루아 대통령은 명확한 의지를 보이지 않았고 그 대가는 비쌌다.

앞에서 언급했던 것처럼 이러한 위기의 역사는 길었다. 라울 알폰신 정부(1983~1989)는 경제적 변수와 국내외적 경제금융 권력을 통제할 능력이 없었다. 카를로스 메넴은 재선을 허용하는 헌법 개정을 통해 대통령직을 연임했다. 메넴은 첫번째 재임 기간(1989~1995)에 경제를 크게 변화시켰다. 국영기업을 민영화하고, 연금제도를 바꿨으며, 노동 유연화를 강화했을 뿐만 아니라 자유시장경제를 정착시켰고, 만성적인 인플레이션을 잡았다.[10] 경제개혁과 정치적 능력으로 메넴은 헤게모니

---

10) 1989년에 인플레이션은 통제불가능한 상태에 이르렀다. 통제할 수 없는 하이퍼인플레이션 때문에 정상적인 선거를 통해 집권한 라울 알폰신 대통령은 임기 만료 몇 달을 앞두고 자리에서 물러났다. 1991년 메넴 정부는 달러와 페소를 일대일로 묶는 태환법을 실시했고 태환법은 2002년 초까지 10년 이상 지속되었다.

를 잡을 수 있었다. 그러나 신자유주의 모델이 깊숙이 침투하고, 상위 부르주아지와 금융경제 권력의 동맹이 강화되면서 아르헨티나 사회는 높은 실업률과 국가적 생산 능력의 상실, 중산층 노동자 계층에서 상위 계층으로, 국가 부문에서 국제 부문으로 자본의 과도한 이전, 끊임없는 자본 시장의 변동성으로 불평등과 배제가 심화되었다.

따라서 아르헨티나의 위기는 놀라운 것이 아니었고 시민들이 들고 일어날 것이라는 것은 공공연한 비밀이었다. 경제적인 관점에서 생산 능력의 저하, 자본 시장의 변동성 심화, 경직된 태환법, 높은 외채 때문에 경제가 파국에 이르렀다는 사실을 모두 알고 있었다. 사회적인 관점에서 보면 1990년대 초반부터 모든 연구 결과가 신자유주의 경제 모델이 사회적 배제 현상을 더 심화시킬 것이라고 예견했다.[11] 정치적인 관점에서 경제적·정치적 문제를 해결하지 못한 알폰신 정부의 무능력, 부패한 메넴 정부와 그 사회적 결과로 인해 실망한 많은 시민들은 연립정부에 기대와 신뢰를 보냈다.[12] 아마도 연립정부가 마지막 기회였다는 것, 연립정부의 위기는 모든 정치 모델의 위기가 될 것이라는 점을 아는 사람은 거의 없었을 것이다. 그리고 앞에서 말한 것처럼, 연립정부는 실패했다.

연립정부가 복잡한 경제적인 상황을 해결할 수도 없었고, 약속한 정치적 변화를 이룰 수도 없었으며, 주어진 현실에서 국가를 이끌어 갈

---

11) 연구결과를 보면 아르헨티나 주민의 3분의 1이 사회체제에 완전히 포함되고, 3분의 1은 완전히 배제되어 있으며 나머지 3분의 1은 불완전하게 포함되어 있다.
12) 알폰신 정부와 초기 메넴 정부에서 군부와의 관계, 특히 1976~1983년의 군부독재 기간에 행해진 국가적 억압은 여전히 영향력을 행사하고 있었다. 그러나 이 문제에 대해서는 더 많은 연구가 필요하다.

수도 없다는 것은 의심할 여지가 없었다. 이러한 상황에서 12월 20일 이후 시위에서 "한 놈도 남지 말고 모두 꺼져 버려"라는 슬로건이 등장한 것은 이상한 일이 아니었다. 알폰신의 '급진시민연합당', 메넴의 '정의당', 데 라 루아의 '연립정부'에 대한 시민들의 연속적인 실망은 광범위하고 다양한 사회적 요구를 대표하기 위한 정치체제가 형성될 공간이 없다는 사실을 알려주었다. 2003년 4월 대통령 선거 이후, 특히 네스토르 키르치네르 정부가 들어서고 비록 완전하지는 않지만 부분적으로 정치가 안정을 되찾은 이후 이러한 절망적인 현실은 실질적으로 변화하고 있다.

시위 세력의 구성의 관점에서 보자면, 2001년 12월 19~20일부터 시작된 소요는 시작이 그랬던 것처럼 시위의 결과도 놀랍거나 예상을 벗어나지 않았다. 연구 결과가 보여 주듯이,[13] 5년 그 이전부터 (처음에는 양적으로, 다음에는 세력의 면에서, 그리고 최근에는 조직적인 면에서) 시위는 계속 증가해 왔다.[14] 그리고 2001년 중반이 되자 (실업, 유례를 찾아볼 수 없는 분배의 불평등, 극빈층의 증가, 불경기, 재정 불균형, 외채 증가, 생산력 감소, 정부의 정치적 무능력, 대의제의 위기, 사회적 소요의 증가, 사회적 갈등 등) 사회적·경제적·정치적 상황들이 서로 맞물려서 사회적 시위를 폭발시켰다. 그럼에도 불구하고, 사회과학자들은 미래의 상황을 예측하는 것과 미래가 어떻게 펼쳐질지 정확히 아는 것은 별개라는 사실을 안다. 미래의 상황을 예측할 수 있다고 해도 구체적인 현실은 종종

---

13) Scribano(1999), Scribano y Schuster(2001), Schuster(1997 y 1999), Schuster y Pereya(2001)를 참조할 것.
14) 시위가 격화되면서 1990년대에 세 개 주(산티아고 데 에스테로, 카타마르카, 코리엔테)에서 주지사가 지사직을 포기했고, 주정부가 개입하는 상황이 벌어졌다.

사회과학자들을 놀라게 한다. 아르헨티나에서 보았던 것이 바로 그 구체적인 현실이었는데, 2001년 12월 19~20일에 발생한 사회적 시위는 허약한 대통령에게 결정타를 가했고, 그 이후로 서로에게 공감하는 사회운동이 지속되고 있다.

사실상, 12월 19~20일 이후에 관한 이야기들(Schuster et al., 2002)은 사회적 갈등과 갈등을 겪은 뒤에 위태롭게 안정을 찾아가는 이야기들이다. 냄비시위(cacerolazo)는 점차적으로 중산층이 자신들의 의견을 표현하는 두 가지 방식으로 바뀌었다.[15] 한 가지 방식은 금융체계의 붕괴로 압류된 저축을 되찾기 위한 전면적 투쟁이었다. 다른 한 가지 방식은 구역의회(asamblea)인데, 구역의회를 통해 운동의 지속성을 유지함으로써 냄비시위에 담긴 다양한 요구들을 토론의 주제로 받아들였다. 다시 말해, 구역의회는 냄비시위가 자신들의 요구를 주장하는 데서 끝나지 않고 새로운 방식의 정치적 참여의 핵심적 의미와 목표를 찾으려는 시도였다.

두 가지 현상은 최근 아르헨티나 정치의 실질적인 변화를 뜻했다. 한편으로, 저축을 압수당해 화가 난 시민들이 제멋대로인 자본주의의 경제 기능을 통제하고 소비자를 위한 책임 있는 정책을 요구할 수 있게 되었다. 다른 한편으로, 구역의회는 구역 정치를 혁신할 수 있는 참여 정치의 한 축이 되었다. 첫번째 경우보다는 두번째 경우에 더 큰 성공을 거두기는 했지만 두 가지 경우 모두 부분적으로만 가능했다. 사회적·정치적 실천의 연속성을 보장하는 안정적이고 지속적인 조직을 구성하지 못

---

15) 냄비시위는 그 당시에 아르헨티나에서 일반화된 시위 형태로 시위대는 끊임없이 냄비를 두드리면서 시위를 벌였다.

하고 시간이 지나감으로써 발생하는 경비 때문에 참여하는 사람의 수가 줄어들기는 했지만 구역의회는 처음에 기대했던 것보다는 더 많은 수가 살아남았다. 그렇지만 본래의 집단적 참여 형태를 유지하면서 공적 토론을 확장해 가는, 엄밀한 의미의 정치적 공간(Arendt, 1993)을 확장해 가는 구역의회는 많지 않았다. 저축 되찾기 운동은 비록 모든 이해당사자를 만족시킨 것은 아니지만 그들의 요구가 부분적으로 받아들여지면서 조금씩 소멸되었다. 그리고 집단적 행동도 점차 단순한 개인주의로 바뀌었다.

역사학자 찰스 틸리(Charles Tilly)는 1985년에 쓴 글에서 극심한 정치적 불안정 현상——봉기, 소요, 위기 혹은 주기적으로 발생하는 사회운동——을 설명하는 집단행동 이론의 오류를 시사적으로 분석했다. 1906년 프랑스의 봄처럼, 2001년 12월의 위기도 통제할 수 없는 무질서라는 인상을 주었다. 최근 아르헨티나에서 벌어진 시위의 역사에 패러다임을 제시한 사회적 소요에 대한 이야기들의 상당 부분은 지배 권력과 엘리트들의 편견과 악의적인 판단에 근거한 것이다. 또한 동원과 시위에 바탕을 둔 모든 형태의 민중투쟁을 똑같은 것으로 바라봄으로써 틸리가 복원하려고 시도한 '세부적인 사항들'을 무시하고 종국에는 사태의 세밀한 측면을 간과한다.

요약하자면, 2001년 12월 19~20일은 틀림없이 역사에 기록될 사건이다. 매우 중대한 일이 벌어졌기 때문이다. 정권이 무너졌고 아르헨티나는 불확실성의 국면으로 들어섰다. 결과적으로, 무슨 일이 벌어졌는지 알기 위해서는, 그리고 그 이후의 일을 알기 위해서는 기본적인 문제들을 분석할 필요가 있다. 무엇보다 그 당시의 사태가 민중들의 분노가 갑자기 폭발한 것이 아니라는 점을 명백히 해둘 필요가 있다. 민중봉기는 엄청난 경제적·사회적 위기의 결과였다. 아르헨티나에서 전례를 찾을 수 없는 불황이 최소한 3년 이상 지속되었고, 봉급생활자와 자영업자의 수입이 국내 대기업, 특히 외국 기업으로 이전되었으며, 실업률이 천정부지로 치솟았을 뿐만 아니라 빈곤층과 극빈층이 엄청나게 증가했다. 그러한 상황에서 무능력한 연립정부는 전반적인 해결은 고사하고 어느 것 하나도 해결할 수 없었다. 아마도 가장 가능성이 있었던 것은 부패 척결과 정치체제의 개혁이었을 것이다. 왜냐하면 연립정부의 실패는 아르헨티나 정치체제의 실패이기 때문이고 이 점은 오늘날까지도 마찬가지이다.

중하위계층의 기대 속에 등장한 알폰신 정부와 메넴 정부는 그들에게 표를 던졌던 대부분의 유권자들을 크게 실망시켰다. 연립정부는, 비록 연립정부에 속하는 인사들조차도 인식하지 못했을지라도, 현재의 정치체제에서 마지막 희망으로 등장했다. 이런 상황에서 연립정부의 실패는 정치권의 마지막 가능성까지도 소진시켰고, 그 이후로 시민들의 신뢰를 회복할 수 없었다. 난파선에서 유일하게 살아남은 것은 좌파였지만 대부분의 좌파 정당마저도 (브라질의 '노동자당'이나 우루과이의 '확대전선'처럼) 민중권력을 대표할 수 있는 광범위한 정치적 선택을 할 능력이 없었다. 그 과정에서 기존의 정치체제가 아니라 사회 쪽에서 새로운 형식의 정치가 예사롭지 않은 힘을 가지고 등장했다. 노동자와 중산층으로 구성된 피케테로스, 냄비시위대, 구역의회는 한편으로는 당의 위기가, 다른 한편으로는 전통적인 노조의 위기가 가져온 결과였다. 특히 피케테로스운동은 1990년대 중반부터 축적되기 시작해 2001년에 절정에 달한 사회적·정치적 경험의 결과였다.

2. 현재

위기의 정치적 유산

2001년 12월 19~20일의 사태에서 얻은 가장 강렬한 교훈 중의 하나는 아마도 시위 권력일 것이다. 폭발적으로 등장한 시위 세력은 허약한 대통령을 순식간에 권력에서 끌어내렸다. 그러나 시위 권력이 혁신적인 결과를 보여 준 것은 아니다. 세계 곳곳에서 벌어진 시위들은 대동소이한 결과를 가져왔고 아르헨티나의 경우도 크게 다르지 않았다. 20세기 초의 노동자 파업이나 1945년 10월 17일 민중운동 혹은 1969년 코르도바 사태가 가져온 충격을 기억할 필요는 없다. 앞에서 언급한 것처럼, 1990년에는 계속된 시위로 인해 세 명의 주지사가 자리에서 쫓겨났다는 것을 말하는 것으로 충분하다.

다른 한편, 2001년 12월의 사태는 이미 몇 달 전부터 시작되고 있었다. 아르헨티나 정부는 이미 3년 전부터 실업률이 증가하고 금융자산이 급격하게 해외로 빠져나가면서 악화되기 시작한 경제적 불황을 해결할 능력이 없었다. 2001년 8월 경 시작된 피케테로스운동은 12월의 파국을 예고하고 있었다. 12월의 사태에는 중산층이 합류했고 냄비시위대와 구역의회 같은 정치적이고 사회적으로 새로운 형태의 시위 형태가 등장했다. 민주주의 회복 이후 아르헨티나에서 최근에 발생한 사회적 시위에 대해 간단하게 분석해 보자(Schuster and Pereyra, 2001을 참조하라).

1983년 민주주의가 회복된 이후 사회적 시위가 계속적으로 변화를 겪는 과정에서 시위가 증가한 순간도 있었고 약화된 순간도 있었다. 전문가들은 이런 현상을 '시위의 사이클'이라고 불렀다(Tarrow, 1997). 민주주의를 회복한 아르헨티나의 사회적 시위(1983~1999)에 관한 연구들을 통해 그 기간 내내 사회적 시위가 지속되었다는 것을 알 수 있지만 여론은 시위가 강렬했던 순간만을 기억한다.[16]

1983년부터 1988년까지는 시위의 75%를 노조, 특히 산업 노조가 주도했다. 그 이외에 중요한 시위는 인권 단체의 시위였다. 민주주의가 회복되면서 사람들은 독재 기간 동안의 범죄에 대한 처벌과 실종자들에 대한 소식을 듣기를 기대했고, 대다수의 시민들은 체제를 불안하게 하는 시도에 대해 우려를 나타냈다. 이러한 상황에서 시위는 두 개의 축을 중심으로 조직되었는데, 하나는 사회경제적 노동운동이었고, 다른 하나는 정치적 인권운동이었다. 노조가 중심이 된 노동운동은 아르헨티나 경제를 변화시키고 민주주의의 회복을 통해 임금과 생활 향상을 기대했다. 다시 말하자면, 노동운동의 첫번째 목적은 노동자들의 임금을 올리는 것이었고, 두번째 목적은 정부의 세계화 정책에 맞서는 것이었다. 두번째 축인 인권운동의 목적은 독재 기간에 저질러진 범죄에 대한 처벌을 통해 정의를 회복하고 인권과 민주주의를 지키는 것이었다.

1989년부터 1994년까지 시위의 60%는 여전히 노조가 중심이었지만 대부분의 노조가 (공무원, 교사, 수도, 가스, 전화, 전기회사의 직원 등) 서비스업종의 노조였다. 그 밖에 연금생활자들의 시위, 인권단체의 시위, 지역경제의 활성화를 요구하는 시위, 위기에 처한 철도산업을 보호하기 위한 시위, 권력자들이 연루된 범죄의 처벌을 요구하는 시위들도 있다. 메넴 대통령의 첫번째 임기에 해당하는 이 시기의 시위들은 특히

---

16) 부에노스아이레스 대학교의 과학기술 시스템에 속하는 지노 헤르마니 연구소의 연구팀들은 각 분야에서 뛰어난 연구를 진행했다. 더 세밀한 자료는 Schuster(1997, 1998, 1999)를 참조하라. 이와 더불어 다른 연구 결과에 대해서는 Scribano(1999), 언론(*Clarín, La Nación, El Cronista, Página 12*) 기사, 텔레비전의 웹페이지를 참조하라.

국가 개혁을 둘러싸고 분산되었다. 일반적으로 말하자면, 이 기간의 사회적 시위들은 노동 조건을 악화시키는 요인들, 즉 생산과 서비스 분야의 국영기업의 민영화, 관료 제도의 합리화(인원 감축), 지역 경제에 영향력을 가진 산업의 소멸을 막기 위한 것이었다.

마지막으로, 1995년부터 시위가 급격히 분산되면서 정의, 경찰 폭력 반대, 기회 균등, 환경 보호, 일자리를 요구하는 시민운동 차원의 시위가 활발해졌다.[17] 새로운 형태의 시위도 등장했는데 노동운동과 관계 없이 전국의 도로를 점거하는 피켓 시위가 그것이다.

도로 점거 방식의 시위의 전례는 석유가 생산되었던 두 개 지역과 관계가 있는데, 한 곳은 남쪽의 네우켄이고, 다른 한 곳은 북쪽의 살타와 후후이이다. 최초로 도로 점거 시위가 일어난 곳은 정부가 공무원들의 임금을 삭감하기로 결정했던 네우켄이었다.[18] 네우켄의 교사 노조는 네우켄으로 들어오는 핵심적인 다리를 점거했다. 정부의 지시를 받은 경찰의 무자비한 진압은 지역 주민들을 시위에 참여하도록 자극했고 다른 분야의 공무원들이 참여하면서 시위가 확산되었다. 경찰의 폭력에 밀린 시위대들은 내륙에 위치한 쿠트랄-코로 향했다. 국가석유공사(YPF)가 민영화되면서 직장을 잃은 쿠트랄-코의 주민들은 국가에 민영화 철회와 일자리를 요구하면서 이미 1년 전부터 시위를 벌이고 있었다. 쿠트랄-코 주민들은 네우켄의 시위 방식을 받아들여 지역을 관통하는 도로

---

17) 시민운동을 연구하는 다섯 가지의 분석 범주는 정체성, 구조, 요구, 형태, 정치적 영향력이다. 상황에 따라서는 정체성, 구조, 요구의 세 가지 범주로 연구될 수도 있는데 경험적 분석을 개념적으로 조직할 수 있는 이상적 범주이기 때문이다. Schuster(2004)를 참조하라.
18) 좀 더 상세한 사항에 대해서는 Favaro, Arias Bucciarelli e Iuorno(1997), Klachko(1999), Svampa y Pereyra(2003)를 참조하라.

를 점거했고, 이때부터 도로 점거는 새로운 시위 형식으로 빠르게 북쪽 지역으로 확산되었고, 나중에는 아르헨티나 전체로 확산되었다.

실직자들의 도로 점거 시위가 아르헨티나 주류 언론에 보도되면서 실직자들은 침묵과 어둠에서 벗어났다. 실직자들은 행동을 통해 자신들을 알리게 된 것이다. 새로운 시위 방식을 통해 실직자들은 중요한 정치적 주체가 되었을 뿐만 아니라, 1990년대 중반 이후 정치적 의제에 영향력을 행사하게 되었다. 도로 점거는 아르헨티나에서 거의 전례를 찾아볼 수가 없는 사회적·정치적으로 진정한 혁신적 시위 방식이었다. 그 이전에 조직이나 집단적 행동을 했던 경험이 거의 없었던 실직자들은 도로 점거 시위를 통해 물질적이고 상징적으로 생존할 수 있는 행동 방식을 찾아낸 것이다. 피케테로스라는 이름은 실직자라는 사회적 처지나 그들의 요구에서 유래한 것이 아니라 그들의 행동 방식에서 유래한 것이다. 고전적인 피켓시위자들이나 파업을 방해하기 위해 공장으로 들어오는 것을 가로막는 파업농성자들처럼, 피케테로스들은 물류를 차단하기 위해 도로를 점거했다.[19] 피케테로스라는 이름은 여기서 유래했고 그들 스스로 선택한 이름이었다.

지금까지의 분석을 통해 아르헨티나의 사회적 시위 양상의 변화를 두 가지로 대별할 수 있다. 첫째, 1990년대에 들어와 노동운동이 약화되고 점차적으로 시민운동이나 인권운동이 대두되었다. 둘째, 시위가 분산되고 다양화되면서 사회적·정치적 정체성도 다양해졌을 뿐만 아니라 요구 사항도 세분화되고 새로운 시위 형식이 전국적으로 확산되었다.

---

19) 타이어를 불태워 도로를 차단했기 때문에 피케테로스는 처음에는 포고네로(fogonero, 화부)라고 불렸다.

이러한 시위 양상의 변화가 2001년에 부분적으로 다시 1990년대 이전으로 되돌아가기 시작하면서 2001년 12월의 사태와 현재의 상태를 보여 주는 정치적 상황을 만들었다. 2001년 12월 이후의 시위는 양적으로 증가했고 전국적으로 확산되었을 뿐만 아니라, 시위에 참가한 사람도 많아지고 다양해졌다는 점에서 1983년 이래 가장 중요한 사건이 되었다. 2001년 12월의 시위를 통해 아르헨티나가 새로운 국면으로 접어들었음을 알아둘 필요가 있다. 결과적으로, 2001년 12월의 시위를 분기점으로 아르헨티나에 처음으로 다음과 같은 세 가지 요소가 등장하게 되었다.

- 1990년대 중반 이후 시위 주체로 등장한 실직자, 비정규직 노동자와 관련된 부문이 처음으로 체계적 조직을 형성했고 사회운동의 틀을 갖추었다. 예를 들자면, 피케테로스운동, '토지생활주거연합'(FTV), '계급투쟁정파'(CCC) 등이다.
- (전보다 약화된 것은 분명하지만) 노조 부문이 사회적 시위의 주도권을 회복했다. 전통적인 '노동총동맹'에 반기를 든 두 개의 노조가 여기에 해당하는데, 하나는 '아르헨티나 노조총연맹'(CTA)이었고, 다른 하나는 '계급투쟁정파'였다. '계급투쟁정파'는 비페론주의 좌파 조직으로 아르헨티나 북쪽 지방의 실직자와 동업조합원으로 구성되었다가 나중에 전국 조직이 되었다. '노동총동맹'은 한 번도 실직자들이 실제적으로 참여할 수 있는 공간을 제공하지 않았다.
- 은행 저축의 압류로 피해를 당했거나 아니면 단순히 암담한 미래에 대한 실망, 산업현장의 붕괴, 정치 집단의 도덕적 붕괴로 인해 좌절한 중산계급의 시위 참여는 매우 중요한 결과를 가져왔다.

이러한 세 가지 요소의 등장은 사회적 시위가 새로운 국면으로 진입했음을 의미했고 오늘날 아르헨티나의 사회적·정치적 현실이 되었다. 이러한 언급은 유일한 동질적인 행위자가 존재하지 않는다는 것을 의미한다. 모든 시위에서 다양성은 당연한 것이고 세계 역사의 위대한 혁명운동들도 마찬가지이다. 다양성은 운동의 결성에 장애물이 아니다. 앞에서 언급한 것처럼, 문제는 네트워크를 얼마나 긴밀하게 유지하는가 하는 것이다.

정치적 좌파, 사회운동 그리고 제도적 재조직

아르헨티나 정치는 새로운 국면에 접어들었다. 더 정확히 말한다면, 다시 만들어지고 있다. 중도좌파를 지향하는 네스토르 키르치네르 정부는 인권과 1970년대 민중운동의 역사적 기억의 회복을 중요한 문제로 다루었다. 집권 초기부터 키르치네르 정부에 대한 국민의 신뢰는 상대적으로 매우 높은 수준을 유지했다. 사회운동은 새로운 정치적 맥락에서 자신의 위상을 정립하는 과제를 안게 되었다.

위기가 끝났다고 말할 수는 없었지만 정치와 경제는 상당 부분 회복되었다. 키르치네르 집권 이후 경제는 3년 연속 9% 이상 성장하고 정치적이고 제도적인 권위도 회복되면서 아르헨티나는 실질적인 변화를 겪었다. 빈곤층과 극빈층이 감소하고 실업률도 낮아졌지만 여전히 높은 수준이었다. 노조의 투쟁 덕분에 임금은 최근 2년 동안 상대적으로 상승했지만 2002년 페소가 큰 폭으로 평가절하되면서 실질적인 상승효과는 크지 않았다. 부의 불평등 분배는 개선되지 않고 있다. 경제적인 면에서 아르헨티나의 경제 성장 붐은 페소가 평가절하되고, 특히 대두(大豆)의 국제 시세가 떨어지면서 농산물 수출이 증가했기 때문이다.[20] 키르치네르 정부는 국가 경제와 경제적 주권에 큰 영향력을 행사하는 외채에 대해 중요하고 논쟁적인 결정을 내렸다. 키르치네르 정부는 아르헨티나 국채를 보유한 해외의 개별적 투자자들과 아르헨티나 정부에 우호적인 조건으로 재협상을 했고, 브라질에 뒤이어 '국제통화기금'에 외채를 전액 상환했다.

정치적인 면에서 보자면, 사회 각 부문과 정치권의 화해가 "한 놈도 남지 말고 모두 꺼져 버려"라고 외쳤던 당시의 상황이 모두 사라진 것이라고 착각해서는 안 된다. 그러한 상황은 예전과 같지는 않겠지만 잠복된 상태로 있다가 언제든지 다시 나타날 수 있다. 불신과 회의론이 아르헨티나 사회에서 완전히 사라진 것은 아니다.

그 사이에 시위는 약화된 상태로 계속되고 있다. 다양한 시민 집단이 정치적 대안을 모색하고 있다. 냄비시위대, 구역의회, 피케테로스는 민중 권력의 강화를 경험했고, 이러한 경험은 아르헨티나 사람들의 몸에 뚜렷한 흔적을 남겼다. 또한 다양하고 이질적이며 분화된 새로운 사회운동도 존재하며, 이들 역시 정치적 한계를 설정하고 그들 스스로 사회의 미래를 건설할 능력을 가진다.

2001년 말 위기가 발생했을 때 아르헨티나 사회의 광범위한 부문이 중첩된 세 가지 차원에서 시민권의 토대가 해체되는 것을 경험했다. 시민의 권리 차원에서 정치권력은 자신들의 특권을 강화하고 공적 사업을 임의적으로 추진함으로써 공화주의적 법치를 위반했다. 정치적 권리

---

20) 아르헨티나는 세계적인 대두 생산국이다. 대두 생산은 단일작물화의 위험이 있을 뿐만 아니라 토양의 보존의 어렵고, 일자리 창출도 많지 않다. 또한 대두를 수출하면서 아르헨티나 국내에서는 콩 소비가 약화되었다.

의 차원에서 보면, 실용주의적인 전망이나 구체적인 이념적 입장도 없이 당파적 이해관계에 매몰되어 정치체제가 파편화되면서 대의제의 위기가 초래되었다. 이 때문에 사회적 축적체제의 변화에 의해 타격을 입은 수많은 사람들의 요구를 수용하고 실천할 능력이 없었다. 마지막으로 사회적 권리 차원에서 노동시장이 붕괴되고 노동보호주의의 토대가 무너졌다(Pérez 2004).

이런 맥락에서 구역의회, 피케테로스, 저축을 압류당한 시민들이 제기하는 문제는 다음과 같은 질문으로 요약될 수 있다. 2001년 12월의 시위를 통해 가장 심각한 상태로 드러난 것처럼 전통적 정치체제가 붕괴된 상황에서 광범위한 정치적 참여, 의회의 입법화, 정치적 대의, 의사결정 과정 사이의 관계를 어떻게 재규정해야 하는가? 각 집단의 특정한 기회, 가능성, 이해관계에 따라 조금씩 다르지만 그들 모두가 제기하는 것은 정당성의 위기(crisis de legitimidad)이다. 막스 베버식으로 말하자면 정치적 지배에 대해 복종을 이끌어낼 수 있는 상호주체적 정당성이 상실된 것이다.

사회정치적 갈등이 고조되는 상황에서 확실하게 말할 수 있는 것은 앞서 언급한 사회운동들 중에서 피케테로스운동이 가장 체계적이고 조직적이었다는 것이다. 이는 피케테로스운동 이후에 등장한 다른 민중운동들을 살펴보면 쉽게 이해될 수 있다. 피케테로스운동이 2001년 이전에 출현해서 시간이 지나면서 더 조직화되었다면, 구역의회와 냄비시위는 위기가 폭발되었던 시기와 직접적인 연관이 있다. 그럼에도 불구하고, 구역의회의 중요성 역시 간과할 수 없다. 구역의회는 여러 도시에서 여전히 활동하고 있고 구역의회의 사회적·정치적 활동을 얻은 역사적 경험은 아르헨티나 사람들의 기억에 뚜렷이 각인되어 있기 때문이다.

피케테로스 조직에 관해서(Pérez, 2004) 꼭 집고 넘어가야 할 것은 새로운 정치적 주체로 등장한 피케테로스가 다음과 같은 정치적인 문제들을 어떻게 재규정했는가 하는 것이다.

- 대의의 방식
- 정당성을 확립하는 과정
- 사회적 통합의 대리인으로서의 국가의 역할

이 때문에 피케테로스운동에도 위기를 정치적 기회로 만들기 위한 입장 차이에 따른 갈등이 있었다는 것을 잊어서는 안 된다. 정치적 문제를 해결하는 방식에 따라 내적 조직 방식과 의사결정 방식이 달라졌다. 국가, 정치체제와 시민사회, 위기에 대처하는 문화적·이데올로기적 틀의 변화 등에 대한 전략과 계획에서도 똑같은 일이 벌어졌다.

따라서 사회운동의 사회적·정치적 과정에 대해 다음과 같은 가설을 세울 수 있다.

- 2001년의 위기는 사회운동 단체들이 수세적이고 체제비판적인 입장에서 정당화의 과정들과 사회적 질서의 형성을 재정의할 수 있는 전략과 계획을 수립하는 입장으로 전환할 수 있는 기회를 제공했다.
- 사회운동이 정치적 기회를 얻게 된 상황에서 각 조직이 제시하는 전략의 차이 때문에 피케테로스 내부에도 커다란 갈등이 존재했다.
- 각 조직의 정체성과 계획을 재정의하는 방법은 세 가지의 갈등의 축에 따라 분석된다. ① 각 조직의 내부 조직 방식과 의사 결정 과정

② 각 조직이 제안하는 민주주의, 국가, 정치체제, 시민사회 간의 관계 유형 ③ 전통적인 문화적·이데올로기적 틀의 변화 전략

위기의 과정에서 등장한 집단적 주체들은 매우 복잡하기 때문에 이에 대한 분석은 이론적이고 방법론적 측면에서 주의를 요구한다. 갈등을 겪으며 주체로 조직되는 과정에서 우발적으로 분화된 집단적 주체들에 대한 분석은 세 가지 관계를 고려해야 한다(Foucault, 2001). 첫째, 정치적 질서의 정당화 과정에서 형성되는 관계(지배 관계)이고, 둘째, 현행 축적체제와 연관된 관계(생산관계)이며, 마지막으로, 이해관계, 목적, 전략이 통합된 자기 대표성의 관계(자기 동일성의 관계)이다. 따라서 피케테로스운동을 분석하는 데 있어서도 그들이 어떤 방식으로 세 가지의 관계에 개입하고 관계를 재구조화했는지 밝히는 것이 중요하다.

피케테로스운동의 역사에 대한 분석(Oviedo, 2001; Kohan, 2002; Svampa and Pereyra, 2003)을 통해 피케테로스운동 내에 세 가지의 중요한 정치적 측면이 존재함을 알 수 있다. 노조의 측면, 정당의 측면, 그리고 자율주의적 측면. 이러한 결론은 앞에서 언급한 변수들의 통합에서 도출되었고, 각 분파가 규정하는 내부 조직과 의사 결정 과정의 모델과 각 분파가 제안하는 민주주의, 국가, 정치체제, 시민사회 간의 관계의 유형은 서로 다르다.

이러한 차이를 염두에 두고 첫번째 집단으로 '아르헨티나 노조총연맹'에 통합된 '토지생활주거연합'이나 '계급투쟁정파' 같은 노조와 관련된 조직을 언급할 수 있다. 두번째 집단은 다소간 현행의 정당이나 정당의 정책과 관련 있는 조직인데, '노동자당'(el Partido Obrero), '실직자운동'(el Movimiento sin Trabajo), '사회주의 노동자운동'(el Movimiento

Socialista de los Trabajadores), '영토해방운동'(el Movimiento Territorial de Liberación), '공산당'(el Partido Comunista),[21] '자유로운 조국당'(el Partido Patria Libre) 등과 관련을 갖는 '노동자축'(el Polo Obrero)이 해당된다. 마지막 집단에 위치하는 가장 혁신적인 조직은 수평적인 기초 구역의회 모델로 기존의 노조와 정당의 조직 형태를 거부한다. 전국적으로 산재하는 '실업노동자운동'(MTD)이 여기에 속한다.

피케테로스운동 조직들은 그 이전부터 2001년 12월까지 이미 5년 이상 증가했지만, 정치적으로 중요한 도약을 이룰 수 있었던 것은 위기로 인해 시위가 증가하고 하위주체 행위자들의 전략적 입장에 우호적인 상황이 조성되면서 정치적으로 개입할 수 있는 기회가 생겼기 때문이다. 이러한 의미에서 정치적으로 중요한 세 개의 변곡점이 존재했음을 지적할 필요가 있다. 첫째, 2001년 12월을 기점으로 정치체제가 스스로 붕괴했다. 둘째, 2002년 6월 26일 푸에이레돈(Pueyrredón) 다리에서 발생한 피케테로스 단체에 대한 진압이다. 셋째, 2003년 5월 대통령 선거와 관련해 조직들의 다양한 입장이 나타났다.

피케테로스운동 조직과 정부의 관계는 현재의 상황을 이해하기 위해 핵심적인 사항이다. 앞에서 언급한 것처럼, 정부에 대한 입장 차이에 따라 피케테로스의 내부 조직이 분화되었다. 확실한 것은 피케테로스운동에 대한 정부의 태도가 달라졌다는 것이다. 정부는 피케테로스와 충돌을 피하면서 온건한 조직과는 협상을 선택하고 강경한 조직은 고립시키는 양면 작전을 구사했다. 이것은 피케테로스를 해체하려는 전략이었다. 그러면서 한편에서는 대통령이 외채 지불 유보가 국가적 대의(大義)

---

21) '공산당'의 경우에는 노조 모델과 혼합되었다.

이며 이를 통해 사회는 국익을 방어해야 한다고 주장한다. 그럼에도 불구하고, 국익의 보호를 위해 사회가 참여할 수 있는 공간은 마련되지 않고 있다. 이처럼 사회적 동원령은 정부 주도적인 폐쇄적 헤게모니를 구성하고, 길게 보면 아르헨티나의 경제 권력의 축을 형성하는 대다수의 부르주아지와 대립하게 됨으로써 정부의 힘이 소멸될 수 있다.

강경한 피케테로스 조직에 대한 대응은 고립을 통한 고사(枯死) 정책을 택했으며 그 결과가 지금 나타나고 있다. 2명이 사망했던 푸에이레돈 다리 점거 시위는 지금까지 기억되고 있으며 이 사건을 계기로 정부의 강경 진압이 수그러들었다.[22] 키르치네르는 최소한의 시위 진압도 비슷한 결과를 초래할 것이라는 사실을 알고 있었다. 키르치네르는 강경 진압 대신에 고사 전략을 선택했다. 어떤 조직도 무한정 저항을 지속할 수는 없으며 끊임없이 효율적으로 행동할 수는 없는 법이다. 조직이 느슨하고 결속력이 상대적으로 약한 젊은이들의 시위는 더욱 그렇다.

이러한 정부 전략에 대해서 정치적인 평가가 필요할 것이다. 평가는 두 가지 관점으로 이루어 질 수 있을 것이다. 하나는 전략적 관점이며, 다른 하나는 가치론적 관점이다. 전략적 관점에서 볼 때, 고사 전략은 현명하고 결과도 효과적이다. 그러나 가치론적 관점에서 보면 심각한 문제가 발생한다. 외채와 국익 방어에 대한 문제 설정에도 불구하고 키르치네르는 국민 동원 전략을 밀고 나가지는 못한다. 이것은 바람직하지 못하다. 키르치네르 정부가 지배 부르주아지의 이해관계에 맞서기 위해서는 국민적 도움을 받아야 하기 때문이다. 키르치네르 정부가 민

---

22) 2002년 6월 26일 푸에이레돈 다리를 점거하고 시위를 벌이던 두 명의 젊은이가 경찰의 진압으로 사망했다. 그 당시의 대통령은 에두아르도 두알데였다.

중이 체계적으로 참여할 수 있도록 정치 제도를 개혁할 수 있는 체계적 제안을 하지는 못했지만 이러한 사실에 대해서 어느 정도까지는 알고 있었던 것 같다.

이와 더불어 도시중간계급의 압력도 존재한다. 도시중간계급은 정국이 정상화된 이후에 피케테로스와 구역의회를 고립시켰다. 이러한 움직임은 질서 회복에 대한 요구와 관련이 있다. 경제적 변수들이 안정을 회복하면서 점차적으로 정상 상태로 돌아가려는 중간 부문의 기대도 커졌다. 모든 것이 제자리로 돌아가기 위해서는 시간이 필요하다는 것을 알았다. 많은 경우에 심각한 피해를 입었고 지금도 그 충격의 여파를 겪고 있기만 하지만 정상 상태로 돌아가고 싶은 도시중간계급이 끔찍한 위기에서 여전히 한 발자국도 빠져나올 수 없는 피케테로스에게 압력을 행사하는 것이다.

중간계급은 자신들의 객관적 조건을 과대평가함으로써 실제 상황보다는 더 낫다고 생각한다. 1990년대 현실과 비교하면 현재의 상황이 지나치게 과정되었다고 생각하면서 더 나아질 거라는 희망을 갖는다. 구조적인 관점에서 볼 때 아르헨티나의 상황은 2001년과 똑같다.

정부는 나라 사정이 점차 나아지면 피케테로스운동도 사라질 것이라고 생각하겠지만 상황이 그리 쉽게 호전될 것 같지 않다. 이것은 파업이 사라지는 것을 바라는 것과 같다. 노동자와 노동 분쟁이 존재하는 한 노동자를 대표하는 조직도 존재한다. 노동자와 노조가 자신들의 의사를 전달할 수 있는 유일한 수단은 생산을 멈추는 것이다. 그렇다면 실업자가 할 수 있는 무엇일까? 실업자들의 공간은 빈민가(barrio)이고, 빈민가는 생존하는 영토이며, 실업자들, 비정규직들, 사회복지에 의존하는 사람들이 속해 있고 그들을 대표하는 조직이다. 그들은 생산을 멈출 수도 없다. 생계를 유지하면서 그에게 주어진 일시적인 출구는 거리에 나와 도로를 점거하는 것이다. 도로 점거 시위에 참여하는 사람들은 점차적으로 줄어들겠지만 그들이 공적인 공간에서 사라지면 멸종될 위험에 처하게 될 것이다. 왜냐하면 아무도 그들을 기억하지 않을 것이기 때문이다. 피케테로스는 끊임없이 변화하고 순환할 것이다. 나타났다 사라지고 사라졌다가 다시 나타날 것이다. 그러나 그들이 사라졌다고 해서 존재하지 않는 것은 아니다.

마지막으로, 이 책에서 제기한 논쟁에 핵심적인 질문을 던져야 한다. 즉 '좌파 정당들은 피케테로스운동에 어떤 효과를 끼쳤으며, 가지고 있는가' 하는 것이다. 두 가지를 말할 수 있을 것이다. 하나는, 긍정적인 것으로, 좌파의 입장에서 예전 같으면 혁명적 의식을 가질 수 없는 부랑자 취급을 받았을 사회적 주체에 대해서 주목하게 되었다는 것이다. 그들을 인정하고 그들과 함께 정치 운동을 하는 것은 옳은 일이다. 그러나 이러한 과정에서 좌파 정당이 수행하는 역할은 부정적이다. 실업자 운동과 함께 행동한 대부분의 좌파 정당들이 운동을 발전시키는 대신에 운동을 분열시키고, 진정한 방식으로 운동을 구성하는 대신에 되도록 많은 사람들에게 똑같은 특성을 부여한다. 좌파 정당의 이러한 태도는 피케테로스운동이 갖는 중요한 약점 중의 하나, 즉 운동이 약화되고 끝내는 소멸되도록 부추겼다. 오늘날 피케테로스운동은 다양한 전략을 추진하는 20여 개 이상의 조직으로 구성되어서 누가 누구인지 알 수 없다. 또 다른 부정적인 요소는 운동이 분산되면서 침투와 도발이 용이해진다는 점이다. 어떤 조직은 온건한 전략을 사용하고, 또 다른 조직은 좀 더 과격하고 급진적 전략을 사용하지만 양자를 중재하려는 시도는 거의 없거나 전무하다. 단일 전선이 없는 것이 좋을 지도 모르지만 적어도 조정의 여지는 필요하다. 좌파 정당들은 유감스럽게도, 구역의회에서 벌어졌던 것처럼, 피케테로스운동을 약화시켰다.

앞으로 아르헨티나 사태는 어떻게 진행될까? 키르치네르 대통령의 피케테로스운동 무력화 전략은 단기적으로 효과를 거두겠지만, 이는 그가 몇 번이고 반복해서 확신했던 것처럼 아르헨티나의 경제 질서를 변화시킬 필요성을 인정한다면 중기적으로는 자신의 정부와 후임 대통령에게 역효과를 일으킬 것이다. 지금까지 키르치네르는 무시할 수 없는 난제와 부딪혔고, 앞으로는 더 큰 어려움에 처하게 될 것이다. 정부 의제에는 해결해야 할 현안들이 산적해 있다. 고용지표를 개선해야 하고, 부의 이전 과정을 개혁해야 하며, (임금에 직접적인 영향을 미치는) 기업의 공적 서비스 세율의 증가 요구에 부딪혀야 할 뿐만 아니라, 국가 신용도와 자본에 우호적인 다자간 조직의 압력도 견뎌내야 한다. 2001년 12월에 시작된 운동과 참여를 위한 사회적 동원과 토론을 위한 공간도 만들어야 한다.

아르헨티나에는 여전히 지역에서 운동이 조직될 수 있는 공간으로서 구역의회가 존재한다. 2002년에 비하면 수가 많이 줄어들기는 했지만 그 당시의 기억과 경험은 새로운 참여를 만들어 내고 변화시킬 수 있는 가능성이다. 다소 산만하기는 해도 이러한 기회가 존재한다는 것은 확실하다. 중요한 것은 구역의회이며, 피케테로스운동을 통해 보여 주는 토론의 방식이고, 집단적 참여 없는 국가와 사회는 존속할 수 없다는 믿음이다. 민중운동의 경험은 사라지지 않고 기억으로 남아 있다. 또한 기억은 머리로 하는 것이 아니라 몸으로 하는 것이다. 역사가 그 기억을 필요로 하는 상황이 되면 그 기억은 다시 활성화된다. 어떤 의미에서 키르치네르 정부가 기대한 것은 그 기억을 잠재우는 것이겠지만 그 기억은 소멸되지 않고 남아 있다. 새로운 정부가 진정으로 진보적인 소명을 가지고 있다면 그 기억을 깨워야 한다.

3. 미래

아르헨티나 좌파의 가능한 전략과 미래의 관점

마지막으로 지금까지 살펴본 것을 마무리하고 가능한 미래의 발전을 모색해 보자. 첫째, 지금까지 아무런 토론 없이 사용해 온 '좌파'(izquierda)라는 용어는 '좌파들'(izquierdas)로 바꿀 수 있다. (틀림없이 세계의 다른 많은 국가들을 포함에서) 아르헨티나에는 유일한 하나의 좌파는 존재하지 않는다. 이 책의 서문에서 밝히고 있는 것처럼 라틴아메리카의 경우에도 마찬가지이다. 아르헨티나 좌파들은 다음과 같이 분류할 수 있다.

정치적 좌파	사회적 좌파
• 사회주의 정당들	• (피케테로스로 불리는) 실직자운동들
• 공산주의 정당들	• 구역의회들
• 트로츠키주의 정당들	• 복구기업운동들
• 마오주의 정당들	• 전투적 노조들
• 민족주의 혁명 정당들	• 인권 단체들
• 비맑스주의 진보 정당들	• 세계화혐오운동들[23]
• 다수당의 좌파 혹은 중도좌파 부문	• 좌파 혹은 진보 지식인들

---

23) 아르헨티나 사회운동은 자본주의 세계화에 저항하고 세계적인 투쟁을 계획할 수 있는 영향력을 가지고 있다. 아르헨티나에 '시민지원을 위한 국제금융거래 과세연합'(ATTAC)과 다른 조직들이 있다. 또한 아르헨티나 좌파들은 브라질 포르투 알레그리에서 열렸던 세계사회포럼에도 참여했다. 세계사회포럼에서 다뤄졌던 주제를 논의하는 포럼들이 아르헨티나에서도 열렸다. Seoane y Taddei(2001), Boron(2004)을 참조하라.

확실한 것은 다양한 이름들만큼이나 다양한 유형의 정치적이고 사회적인 좌파 조직들은 단순히 다양성으로만 존재하는 것이 아니다. 이러한 조직들 간의 상호 관계의 구체적인 역사를 살펴보면 화해할 수 없는 차이점 때문에 좌파 조직들이 계속적으로 분열했음을 알 수 있다. 아르헨티나 좌파는 이웃 나라 우루과이나 브라질과는 달리 단일 전선을 만들려고 시도하지 않는다. 맑스 좌파를 포함한 중요한 좌파 진영을 끌어 모아 '좌파연합'을 결성하려는 시도는 실패했다. 사회주의 정당 연합은 사회주의 세력의 고립을 끝장내지도 못했고, 아르헨티나 역사에서 사회주의 정당이 차지했던 중요성을 회복할 수 있는 정치적 선택을 제시하지도 못했다. 중도좌파 전선을 구성하려는 (몇몇 맑스주의자들을 포함한) 비맑스주의 진보 진영의 노력도 요란한 실패로 끝났다. 최근의 역사에서 가장 극적인 경우는 틀림없이 메넴 정권 시절에 반체제적 페론 진영이 만든 대규모 전선이었던 '급진시민연합당'과 '국가연대전선'일 것이다. 메넴은 서로 다른 성향의 정치 지도자와 활동가들을 한데 끌어 모아서 중도좌파 선거 정책을 시도했고 선거에서 크게 이겼다.

앞에서 언급했듯이, 1997년 '국가연대전선'은 '급진시민연합당'과 동맹을 맺었고 대통령 선거에서 부에노스아이레스 주의 주지사였고 메넴 정부의 부통령이었던 에두아르도 두알데를 후보로 내세운 '정의당'에 승리했다. 전통적인 '급진시민연합당'의 지도자였고 전직 하원의원이자 상원의원이었으며 부에노스아이레스 주의 첫번째 선출직 주지사였던 페르난도 데 라 루아는 이렇게 대통령이 되었다. 그의 실패는 앞에서 이미 길게 언급한 바 있다. 정권이 출범한 지 얼마 지나지 않아 부통령이자 '국가연대전선'의 지도자인 카를로스 차초 알바레스가 데 라 루아 대통령의 정치적 결정에 반기를 들고 사임했다. 카를로스 차초 알바레스의 사임은 정권의 위기를 가져왔고 국가연대전선를 정치적으로 심각하게 고립시켰다. 그의 사임은 민족주의-진보 진영의 전략의 결정적인 ─유일한 것은 아니지만 가장 심각한─ 패배였다. 앞에서 언급한 것처럼, 1980년대에는 '비타협당'이, 그 다음에는 '사회주의운동당'이 괄목할 만한 성장을 경험했지만 내부적 분쟁으로 치명적인 상처를 입었고 얻었던 것을 모두 잃고 말았다. 그렇다면 어떤 형태의 좌파도 대중을 위한 선택이 될 수 없는 것인가? 이것은 대답을 기대하는 질문이 아니다. 항상 그런 것은 아니지만 아르헨티나 좌파는 그런 선택을 제시하려고 했고 언제나 페론주의의 위대한 도전 앞에 놓여 있다.

좋건 나쁘건 아르헨티나를 통치할 능력을 보였던 정치적 세력이 있었다면 그것이 페론주의였음은 의심의 여지가 없다. 또한 큰 노조의 구조는 페론주의와 연관되어 있다. 사실상, '정의당'과 동조하든 그렇지 않든, 좀 더 관료적이든 좀 더 전투적이든, 아르헨티나의 노동조직은 어떤 방식으로든 페론주의의 노선을 따랐다. 좀 더 좌측이든 좀 더 우측이든, 비판적이든 헌신적이든, 노동조직의 이념적 뿌리와 사회적·정치적 1940~50년대에 페론이 고취했던 국가 모델에 의지한다. 소위 민족주의적이고 민중적인 이념들이 여전히 아르헨티나 노동운동의 중심을 지배하고 있다. 사회적 기층으로부터 충분히 지지를 받지 못하거나 특히 노동계급의 지지를 받지 못하는 좌파 정당을 상상하는 것은 불가능하다. 최근에 맑스주의 강경 노선 진영이 실직자나 피케테로스 조직에 파고들어 정치 운동의 새로운 돌파구로 성장한 것도 이런 이유 때문이다. 그러나 다른 한편으로 맑스주의 강경 노선 진영은 실직자나 피케테로스 조직을 혁명 의식의 부족으로 배척되었던 자본주의의 산업 예비군과 연관시킴으로써 실직자나 피케테로스 조직의 정치적 힘에 도전했다.

조직된 사회적 시위가 증가하고 이로부터 잠재적인 사회운동이 출현하면서 많은 좌파 도그마들의 유효성에 대한 의문이 생겨났으며, 이 때문에 전통적 정당들은 자신들의 정치적 대표성과 지도력, 정치적 헤게모니의 구축을 다시 생각하게 되었다. 페론주의에 대해서도 마찬가지였다. 메넴 정권 시절 신자유주의 부르주아지와 초국가적 자본과 확실한 동맹을 맺고 오른쪽에서 아르헨티나를 통치한 페론주의가 키르치네르 정부에서는 정치적 입장을 진보적 성향의 좌파로 재설정했다.

이 문제와 관련된 질문이 있다. 키르치네르는 좌파 대통령인가? 키르치네르가 좌파 정책을 추진했다고 말할 수 있는가? 이 질문에 대해서는 두 가지를 말할 수 있으며 이를 통해 가능한 대답을 찾아보도록 하자. 첫째, 키르치네르 정부가 진보적 입장을 보였던 인권, 정의, 제도적 질서, 외채, 교육, 사회정책, 외교정책 분야에 대해서는 이미 분석했다. 그럼에도 불구하고, 키르치네르는 (최근 수십 년 동안 불평등 정도가 가장 심했던 아르헨티나의) 부의 분배라는 가장 중요한 문제와 정면으로 대결하지 않았고, 국제통화기금과 거대 기업에 대한 그의 비판적 태도는 진심이라기보다는 수사적 표현에 더 가까웠다.

둘째, 키르치네르는 위로부터의 지배, 즉 의사결정에 있어서 대단히 민주적이지 못한 경향을 보였다. 아르헨티나가 최근에 겪었던 제도적 혼란 상황을 고려하면 이러한 점은 어느 정도 정당화될 수 있다. 그러나 이러한 태도가 점차 통치 형태로 굳어지면서 임기 중간에 이르러서는 아르헨티나의 전통적인 후견인주의적이고 가부장주의적인 정치권력 방식에 대해 아래로부터 도전하는 다양한 민중운동 조직에 대해 호의적이지 않았다. 새로운 복수의 정치적 힘을 건설하려고 했던 키르치네르의 시도는 횡단성(transversality)이라고 부르는 것과는 거리가 멀었다. 다시 말해, 페론주의나 '정의당'을 넘어서서 다양한 당파나 정치적 진영의 인물들이 절속되는 정치적 공간을 만들려고 하지 않았다. 그럼에도 불구하고, 키르치네르 대통령이 상당한 정도로 정치적 권력을 집중시켰고, 아르헨티나의 정치계에 새로운 방향성을 제시한 것은 확실하다. 그는 선거에서 '정의당'과는 다른 정치적 도구, 즉 '승리전선'(FV)의 지지를 받았다. 키르치네르의 정치적 역량은 오늘날 아르헨티나에서 가장 중요한 정치권력이다. 급진파, 사회주의파, 독립파, 그리고 되돌아온 오래된 페론주의파가 전국적인 '승리전선'의 다양한 토대를 구성한다. 2007년은 대통령 선거가 있는 해이며 키르치네르의 부인이자 '승리전선'의 후보자인 크리스티나 페르난데스가 여론조사에서 선두를 달리고 있다. 2007년은 아르헨티나의 미래를 결정하는 중요한 해가 될 것이다.

중도좌파의 지도력을 놓고 키르치네르 정권과 경쟁하는 또 다른 정당은 '급진시민연합당'의 전임 좌파 지도자였던 엘리사 카리오(Elisa Carrió)가 이끄는 '평등한 공화국을 지향하는 아르헨티나당'(ARI)이다. 만일 키르치네르가 횡단성을 바탕으로 페론주의 좌파(혹은 중도좌파나 진보주의)를 대표한다면 카리오는 극좌에 해당한다. 지금의 상황은 20세기 후반 아르헨티나의 정치적 대립 상황의 반복처럼 보인다. 이러한 대립 상황이 중도좌파를 둘러싼 대립이지만 말이다. 키르치네르와 카리오는 중도좌파의 정치적 담론을 전유하기 위해 날카롭게 대립하고 있다. 사실상, 카리오는 적어도 정치적 담론에 있어서 키르치네르의 강력한 반대자의 입장에 있다.

키르치네르에 관해 말하자면, 그가 현대화된 페론주의 좌파를 대표한다고 말할 수 있다. 그가 정치에 접근하는 방식은 계급을 바탕으로 하기보다는 다분히 민족주의적이며 민중주의적이고, 이런 의미에서 포퓰리스트의 표현을 즐겨 사용한다. 어떤 경우든 키르치네르의 경우에 (여기서 민중주의로 사용하는) 포퓰리즘이라는 용어는 경멸적인 의미와는 반대로 이론적인 경우에 적용된다. 몇몇 연구자들이 지적했듯이, 포퓰리즘을 모든 주체에게 정치를 개방하고 갈림길에 놓인 사회적 상황에 대안을 모색하는 것으로 규정한다면, 그리고 정치가 적어도 헤게모니를 획득하려고 하는 한에서, 포퓰리즘은 정치를 구성하는 요소이다(Laclau, 2004). 따라서 권력 쟁취를 목적으로 하는 모든 정치는 포퓰리즘의 차원을 포함한다. 그럼에도 불구하고, 가장 최근에는 (사회 변화 프로젝트를 정책에 포함하지도 않은 채 민중을 대상으로 선동적 담론을 사용하는) 가장 반동적인 포퓰리스트의 표현은 키르치네르에게서 상대적으로 약화되었다.

민족주의적이고 포퓰리즘적이며 계급에 바탕을 두지 않는 키르치네르의 정치적 시각과 혁명적인 정치적 관점의 부족 때문에 키르치네르는 전통적 좌파와 급격히 멀어졌고 실질적인 대화도 불가능하다.[24] 그럼에도 불구하고, (민족주의적-민중주의적이지만) 확실한 좌파 세력인 '자유로운조국당'(Partido Patria Libre)과 혁명적 페론주의에 뿌리를 둔 몇몇 진영이 키르치네르주의에 합류하려고 시도하고 있다.[25]

어쨌든 경제와 사회 분야에서 국가의 능동적 역할을 강조하고, 공공정책을 활성화하며, 대외정책의 방향을 라틴아메리카에 두고 있다는 점에서 키르치네르주의는 신자유주의 모델의 기본적 전제와 대립하고

---

24) 키르치네르는 '진지한 자본주의'(capitalismo serio)를 구축하기를 희망한다고 밝히면서 아르헨티나의 대통령이 되었다.
25) 일부 피케테로스운동, 계급투쟁정파, 기초공동체는 이러한 정치사상을 공유한다.

있다는 것은 확실하다. 특히 대외정책의 방향을 라틴아메리카에 두고 있다는 점은 매우 중요한데, 아마도 현 정부의 정책이 아르헨티나에 제시하는 가장 큰 기회 중의 하나일 것이다. 브라질과의 전략적 동맹, (제지 공장 건설을 둘러싼 우루과이와의 심각한 갈등을 해결함으로써) 단순히 경제적 측면이 아닌 정치적 기획으로서의 남미공동시장의 재탄생, 베네수엘라와의 협조 관계, 쿠바와 적극적인 대화 재개, G8과 국제금융기구가 행사하는 압력에 저항하기 위한 공조 노력 등은 국제사회에서 상대적인 자율성을 획득하고 국가와 취약하고 종속적인 민중의 이익을 방어하기 위한 유일한 길로 들어서려는 확실하고 단호한 정책이다. 이런 의미에서 이 글에서 언급했던 좌파의 모든 정책은 이 길로 가야 할 것이다.

대외정책의 특별한 경우는 미국 헤게모니의 이해관계와 관련이 있다. 미국은 오늘날 지구 전체에 심각한 위협이 되고 있지만 특히 라틴아메리카 대륙에게 위협이 되고 있다. 이런 의미에서 (맑스주의건 민족주의건 간에) 고전적 좌파의 입장은 분명하고 확실했다. 즉 (이라크, 콜롬비아, 아이티 등) 미국의 모든 군사 개입을 강력하게 거부했고 미국의 군사 개입을 저지하기 위한 조직된 항의 행동에 적극적으로 참여해 왔다. 또한 미국이 주도한 미주자유무역지대 협정에도 반대했다.

이라크 전쟁에 대한 모든 형태의 지원을 거부하지만 아이티에 군대를 파병한 정부의 입장이 무엇인지 확실하지 않다. 확실한 것은 통치자로서의 입장과 통치하지 않는 사람의 입장이 같지 않다는 것이다. 키르치네르는 미주자유무역지대 협정에 대해서 강경한 입장을 고수하면서도 미국과 계속해서 대화하고 협상해야 한다는 사실을 잘 알고 있다. 이 때문에 키르치네르는 부시 대통령과 한 번 이상 만났고 국제통화기금과 외채 협상에서 미국의 협조를 얻어냈다. 게임의 규칙은 상대적인 균형을 이루는 것이다. 아이티에 군대를 파병한 것은 이러한 게임의 규칙을 지킨 것이며 이라크 전쟁의 경우와는 확연하게 다르다.

미주자유무역지대 협정에 대해서 아르헨티나 정부는 확실한 정치적 노선을 견지하면서도 신중한 태도를 취했다. 아르헨티나 정부가 견지한 정치적 노선은 브라질 그리고 (브라질, 남아프리카공화국, 인도가 지도적 위치를 가지고 있는) 소위 G20과의 전략적 동맹 관계이다. 아르헨티나는 남미공동시장, 그 중에서도 특히 브라질과 공동으로 정책을 결정하고, 미주자유무역지대 협정의 헤게모니 모델에 대한 전지구적인 대안적 모델을 기획하고 있다. 이러한 입장은 정치적 결정의 자율성의 측면에서 운신의 폭을 좁히는 것이지만 그 대신 일관성을 보여 준다. 좌파 정당이 압력을 지속적으로 행사하고, 특히 사회운동들이 정부를 압박한다면, 키르치네르 정부가 미국과의 이해관계에서 확실한 입장을 유지하는 데 도움이 될 것이다. 또한 키르치네르 정부의 노선은 동맹국들, 특히 브라질의 태도에 따라 달라질 수도 있다.

마지막으로 이야기해야 할 것은, 앞에서 분석한 것처럼 2001년의 사건과 제도 정치에 대한 강한 불신에도 불구하고, 다양한 유형의 좌파 정당들은 평화로운 행동 방식을 유지하고 있다는 것이다. 오늘날 아르헨티나의 어떤 좌파 정당도 무장투쟁을 정치적 실천의 방식으로 채택하지 않는다. 이러한 현실이 모든 좌파 정당이 무장투쟁을 배격하거나 부정한다는 것을 의미하지는 않는다. 단지 무장투쟁이 오늘날 좌파 정당의 전략적 선택이 아닐 뿐이다. 대부분의 정당들은 무장투쟁을 옹호하기보다는 선거조직을 구성하여 단독으로, 혹은 좌파 정당끼리 동맹을 맺거나, 혹은 전선을 형성하여 선거를 치른다.

결론적으로, 현재 아르헨티나에서 좌파의 존재는 무시할 수 없지만 매우 파편화되어 있고, 브라질의 '노동자당'이나 우루과이의 '확대전선'과 같은 단일한 선거 전략을 선택할 역량을 가지고 있지 않다. 아르헨티나 좌파가 파편화되고 단일한 선거 전략을 선택할 역량을 갖지 못하는 것은 1976~1983년의 독재 기간에 한 세대가 완전히 말살된 아르헨티나의 정치 문화 때문이며[26], 민중운동, 특히 페론주의의 정치적 의미를 역사적으로 해석하지 못하기 때문이다. 그리고 이런 무능력 때문에 반자본주의적 대안도 제시하지 못하고 있다. 그동안 페론주의 정부에 명암이 교차하기는 했지만 좌파는 우호적 시선으로 페론주의 정부가 보여 준 많은 행동들을 바라본다. 예컨대, 페론주의 정부가 추진한 국제 전략이나 인권 전략, 신자유주의에 대한 거부 그리고 비판적 태도가 그렇다.

현재 아르헨티나의 가장 큰 정치적 혁신은 1990년대 신자유주의에 의한 사회적 붕괴와 그 결과로 초래된 2001년의 위기의 상황에서 등장한 사회운동이다. 중요한 것은 아르헨티나의 정치를 진정으로 변화시킬 수 있는 현실적이고 가능한 민중의 힘을 구성하는 사회적 좌파이다. 사회적 좌파는 여전히 역사의 우연성에 노출되어 있고 객관적 조건과 사회적 현실에 참여할 수 있는 주관적 능력에 의지한다. 사회적 좌파의 잠재적 스펙트럼은 키르치네르주의와 진보적 야당에서부터 가장 급진적인 좌파 정당들과 자율주의 노조운동에 이르기까지 다양하다. 앞으로의 몇 년이 아르헨티나 역사에 매우 중요한 시기가 될 것이다.

---

26) 1970년대에 브라질과 우루과이에 민중운동 세대가 존재했다는 것은 매우 중요한 사실이다. 그들 중 많은 사람들이 현재 좌파 정당의 중요한 정치적 지도자가 되었다.

7장_ 멕시코

그리움과 유토피아—새 천 년의 좌파

아르만도 바르트라

수년 전부터 나는 가톨릭교도들과 프로이트주의자들과 맑스주의자들과 애국자들을 한데 뭉뚱그릴 필요가 있다는 것을 알고 있었다. 다음과 같이 말하고 싶다. 믿음을 가지고 있는 사람에게는 어떤 상황에 있는지가 중요하지 않다. 남에게서 배우고 물려받은 사상을 되풀이하면서 의견을 말하고 알거나 행동하는 사람에게는… — 후안 카를로스 오네티(Juan Carlos Onetti), 『바람이 말하게 내버려두자』

1. 계보들

'자선을 베푸는 거인'

조정국가, 완충국가가 […] 혁명 이념의 절대적이고 확실한 위탁자임이 선포되었다. 이 국가는 […] 가부장적인 국가로, 사회주의를 믿지 않으며, 프롤레타리아가 자신을 위해서 싸울 권리를 자율적으로 행사하는 것에 반대한다. — 호세 카를로스 마리아테기(José Carlos

Mariátegui),『멕시코 정치의 새로운 흐름 가장자리에서』

멕시코는 승리한 농민혁명과 함께 20세기에 들어섰다. 결국 이 혁명은 소탈한 민중에게는 혜택을 주었지만 정통 좌파의 삶은 복잡하게 만들었다. 1910년 봉기는 정의롭고 민주적인 봉기였으며, 집권한 봉기 지도부는 농업개혁을 추진함과 동시에 국가를 재건하고 거기에서부터 사회를 재조직했다. 따라서 혁명 후 70년이 넘는 기간 동안 정부들은 계속해서 스스로를 좌파라고 선언했는데, 자신들을 혁명의 계승자라고 생각했기 때문이다. 즉 혁명은 역사적인 유산으로서, 제도와 '거의 유일한' 정당과 국가와 거대 노조와 '혁명 가문'이라고 불리는 정치담론에뿐 아니라, 공공예술, 민간의례, 교과서, 민족주의적인 화려한 장치들, 평범한 멕시코인의 정치문화에까지 정체성을 부여했다. 멕시코에서는 대통령들이 자신들의 몸에다 붉은 천을 휘감았으며(플루타르코 엘리아스 카예스, 1923~27), 노조는 그 대통령들을 '국민의 최초 노동자'로 신성시했고(미겔 알레만 발데스, 1946~52), 스스로를 '헌법 내에서의 극좌파'라고 규정하거나(아돌포 로페스 마테오스, 1958~64), '반제국주의의 지지자'라고 선언했다(루이스 에체베리아, 1970~76). 멕시코는 법령상 좌파국가였으며, 20세기 거의 전 기간 동안 '제도혁명당'이 지배 정당이었다.

20세기 내내 좌파가 자신을 사회주의와 동일시했고 그 사회주의가 생산수단의 국가소유를 의미했다고 한다면, 당시 멕시코는 더할 나위 없이 좌파적이었다. 다시 말해서, 1980년대 초 경제의 공공 부문은 신탁(fedeicomisos)과 지방분권적인 기구(organismos decentralizados)와 국영기업을 포함하여 1,300개가 넘는 기관으로 이루어져 있었는데, 이는 정부에게 여타 산업 중에서 석유, 석유화학, 전기, 핵에너지, 광물-야금,

정련, 제약, 전자, 시멘트, 직물, 청량음료, 출판, 영화 등의 산업에 대한 전체적이거나 부분적인 통제권을 부여했다. 기계, 장비, 자동차, 트랙터, 트럭, 버스, 배를 제조하는 산업뿐 아니라, 파이프, 자전거, 가구, 부엌 난로, 빵, 애완동물 과자 등의 제조업에서도 마찬가지였다. 서비스 산업에 관해서 보면, 철도, 화물 수송기, 도로, 항만, 공항, 전신 전화 같은 기반시설을 운영하는 것 외에, 나머지 공공 육상 교통수단들에도 국가가 참여했다. 농촌지역에서는 국가가 대규모 관개시설들을 관리했다. 하지만 비료, 종자 산업도 공공 산업이었으며, 부분적으로는 설탕, 담배, 커피, 노끈(cordel), 우유, 사료와 밀림 등도 공공 산업이었고, 수확한 곡물의 저장, 보관, 상업화 체제와 어류와 해산물의 손질, 냉동, 가공, 상업화도 국가가 담당했다. 기초 서비스의 경우에, 주변부 지역의 보건, 교육, 생필품과 서민 주택의 건설 산업을 전체적으로 혹은 부분적으로 국가가 운영했다. 발전은행도 전통적으로 국가소유였으며, 1982년에는 금융체제 전체가 국유화되었다. 이런 식으로 지난 세기의 80년대 초에 공공 부문은 전체 투자의 약 50%를 이루었다(González Casanova, 1981).

20여 년 전부터 수천만 멕시코인은 관리자로 활동했으며, 준 국영조직에서 일했고, 농민인 경우에는 정부가 준 땅을 정부의 신용과 종자와 비료와 기술 자문을 받아서 경작하고, 수확하여 그것을 ─ 당연히 ─ 정부로 보냈다. 그리고 '국립노동자생활주택자금기구'(INFONAVIT)의 재정 지원을 받거나 그 기구가 지어 준 집에서 살았으며, '보험이 되는' 병원에서 치료를 받았고, 정부의 교통수단으로 여행했으며, 공기업인 텔멕스(Telmex)의 전화 서비스를 이용했고, 국가가 운영하는 상점에서 상품을 샀다. 그러한 물품들은 공기업이 출자하고 매점매석하고 산업화한 것들이었다. 또한 교육부가 만들고 편집한 책을 가지고 '공립' 학교에서 공부했으며, 기분을 전환하려고 국영 영화관과 극장(거기에서 국가가 만든 영화를 상영하고 작품을 공연한다)에 갔고, 국영 라디오 방송을 듣고 국영 텔레비전을 시청했다.

하지만 옥타비오 파스가 말한 "자선을 베푸는 거인"은 경제의 대부분을 지배했을 뿐 아니라, 국가를 마치 소위 혁명적인 가문의 사유재산인 것처럼 운영했다(González Casanova, 1981). 다시 말해서, "가산제(patrimonialism)는 공적인 생활에 뿌리박고 있는 사적인 생활이다"(Paz, 1979: 85)라는 명언이 사회조직을 지배하기도 했다. 노동자 연합과 대기업 노조, 농민 연맹과 연합, 그리고 소위 민중 부문 조직은 '제도혁명당'의 통제를 받는 '제도혁명당' 소속 단체들이었다. 같은 식으로 결사, 연맹, 기업가 모임(cámara empresarial)이 조합주의적으로 국가와 연결되어 있었는데, 국가는 또 양도와 광고와 후원과 뇌물을 통해서 거의 모든 대중매체와 대부분의 예술문화 부문을 관리했다(González Casanova, 1965).

제2차 세계대전에서부터 1970년대 말까지 국민생산이 매년 평균 6%의 성장률로 계속 성장하고 있던 경제 상황 속에서, 이 모든 것이 혁명의 이름으로 이루어졌다. 그러한 성장은 '안정적인 발전'과 '수입대체산업화'라는 내수 모델로 이루어진 것이었다. 수십 년에 걸쳐 이 모델은 성장과 사회복지를 결합시켰는데, 왜냐하면 내수시장에 의존하려면 어느 정도의 재분배 정책이 있어야 했기 때문이다(Hansen, 1971).

그러한 나라에서 우파가 되는 것은 간단했다. 정권에 반대하는 것으로 충분했다. 반대로, 제도화된 혁명의 영역에서는 좌파가 항상 입지라는 문제와 정체성의 문제를 가지고 있었는데, 무엇보다도 문제는 좌파가 1910년 혁명에서 비롯된 개혁주의적인 프로젝트를 가지고 있는 정치 흐름이었던 혁명적 민족주의와 손을 잡지 않았다는 것이었다.

'머리 없는 프롤레타리아'

[…] 이처럼 결과적으로 멕시코 혁명의 결실은 국가로 실현되는 민족
부르주아 계급이 아니라, 모든 계급들이 실현되는, 부르주아적이지 않
은 민족국가이다 […] 이것을 가장 분명하게 표현해 주는 말은 "혁명이
정부를 만듦"(La Revolución hecha Gobierno)이라는 상투적인 말이다
[…] 민족부르주아 계급은 특정 계급이 아니라, 모든 민중의 혁명을 이
룬다. 그러므로 혁명 프로그램은 사회적 불공평의 프로그램이 아니라
나라 전체를 위한 프로그램이며, 그것은 헌법으로 표현된다. 그리고 부
르주아 계급의 '조직화된 의식'은 국가 정당을 넘어서 바로 정부 자체
이며, 그러한 정부의 확실한 우두머리는──고대의 틀라카테쿠틀리들
을 연상하게 하는데── 바로 행정권력의 우두머리이다[…] . 이런 식
으로 부르주아 의식의 조직화는 […] 계속 모든 의식을 조직하고 있다.
── 호세 레부엘타스(José Revueltas),『머리 없는 프롤레타리아에 대한
에세이』

'멕시코 청년 가톨릭 협회'(Asociación Católica de la Juventud
Mexicana, 1911)와 '전국 학부모 연합'(Unión Nacional de Padres de
Familia, 1917) 같은 선구적인 단체에서부터, 카예스 정부에 대항하여
크리스테로(Cristero) 반란을 조직한 '전국 종교 자유 수호 연맹'(La liga
Nacional de la Defensa de la Libertad Religiosa, 1925)과, 카르데나스 대
통령의 '공산주의적인' 정책들에 대항해서 투쟁했던 '무정부주의적인

전국 노조연합'(la Unión Nacional Sinarquista, 1937)과, 지배집단과 분리하기 위해서 1940년에 창설된 '국민행동당'(PAN)에 이르기까지, (민주적이든 권위주의적이든) 멕시코 우파는 항상 '혁명의 완성인 정부'에 반대하는 것으로써 자신을 규정지었다(Campbell, 1976; Jarquín Gálvez and Romero Vadillo, 1985; Meyer, 1973).

반대로, 좌파의 흐름은 갈짓자 걸음을 걷고 있다. 모렐로스의 비타협적인 농민 사파타 운동(Zapatismo)은 지도자가 죽은 후 그들과 싸웠던 분파의 구성원인 알바로 오브레곤(Álvaro Obregón) 대통령과 손을 잡았다. '적색' 농민들과 무정부주의적인 조합주의자들은 혁명 직후에 토지를 점거하고 파업을 이끌었던 성난 반대자였는데, 결국 1930년대에 이러저러한 방식으로 국가의 하수인들과 연합하고 말았다. 그리하여, (1935년에 코민테른이 규정한 반파시즘적 통일 노선에 따라) 1939년경 '멕시코 공산당'(PCM)은, 당시 '멕시코 혁명당'(Partido de la Revolución Mexicana)으로 알려져 있었던 집권당, 멕시코의 '민중전선'(Frente Popular)이 '무슨 대가를 치러서라도 통일'이라는 무모한 전술에 정치 자본을 낭비하고 있다고 생각했다(Martínez Verdugo, 1971). '멕시코 공산당'은 1919년 탄압의 와중에서 탄생하여 1929년에서 1935년까지 비밀리에 활동해야 했다. 헤게모니 집단의 주변을 맴돌고 있었던 '잘 훈련된' 좌파의 대표적인 예는 '민중당'(el Partido Popular)으로, 이 당은 1948년에 창당되어 1960년에 '사회주의당'으로 재탄생했는데, 공화국 대통령 자리를 놓고 경합을 벌이기 위해 당 창건자 비센테 롬바르도 톨레다노(Vicente Lombardo Toledano)를 후보로 내세웠던 1952년을 제외하고, 1957년에서 1988년까지 '제도혁명당'의 후보들을 조직적으로 도와주었다(Conchello et al., 1975).

사회학자 파블로 곤살레스 카사노바가 서술했듯이, 제2차 세계대전 이후 좌파의 상황은 다음과 같다.

반대파는 대수롭지 않은 집단이 되고 신중한 비판자가 되었다. 이 집단들은 실제로 보잘 것 없었으며, 반격에도 제한을 두었고, 정부와의 불일치와 차이점에 대해서는 합일점을 생각해 냈으며, 화해 직후에는 엉뚱한 행동을 보이기도 했다[…]. 공산주의자들은 가장 심각한 위기를 겪었다. 노동자, 농민, 학생 없이, 공산주의자들은 소수 정당이 되었는데, 이 정당은 늘 위기에 처해 있었으며, 그러한 위기들은 거의 항상 새로운 추방으로 끝났다…(González Casanova, 1981: 106).

정치적 좌파가 부재한 상황에서, 세기 중반부터 사회운동에서 민주적이고 사회정의 지향적인 반대파가 나타났는데, 그러한 사회운동은 1950년대 말에는 교사와 철도 노동자가, 그리고 1960년대 초에는 여러 주 출신 농민들이 이끌었다. 이 시기 민중투쟁의 최전선에는 거의 항상 공산주의 좌파의 유명 인사들이 있었다는 것을 언급할 필요가 있는데, 그들은 교사들의 조직가인 오손 살라사르(Othón Salazar), 철도노동자들의 지도자인 발렌틴 캄파(Valentín Campa), 농민의 지도자인 라몬 단소스(Ramón Danzós) 같은 사람들이며, 그들 모두가 '멕시코 공산당' 당원이었다. 역설적으로 1977년 정치개혁——결국 '멕시코 공산당'과 '사회주의노동자당'(PST) 같은 좌파 정당들의 합법화와 1979년 연방선거 참여로 귀결되었음——은 정치적 좌파와 사회적 좌파 사이의 간극을 좁히기는커녕 오히려 1980년대에 계속해서 증폭되고 있었던 불화를 심화시켰다.

비정부적인 좌파의 일관성 없는 행동은, 그들의 과오보다는 반세기가 넘는 기간 동안 혁명적인 민족주의가 행사했던 확실한 헤게모니에서 비롯된 것이었다. 소설가이자 '멕시코 공산당' 당원이었던 호세 레부엘타스가 멕시코의 프롤레타리아를 '머리 없게' 만든 역사적인 소외를 한탄하면서 한 말을 보면 다음과 같다.

> 멕시코 혁명은 이데올로기적인 신화를 마무리 지으면서 끝났는데, 부르주아적-민주적이 아니라 … 농업적, 민족적인 노동자의 혁명이고 … 독특하고, '본질적으로 멕시코적인' 운동이며, 그리고 우리 시대의 '가장 선진적이고 혁명적인 것'이라고 주장할 수 있다.(Revueltas, 1962: 109)

그렇기는 하지만, '제도혁명당' 정권의 헤게모니는 단순한 이데올로기적인 조작이 아니었다. 그것은 한 체제가 거둔 명백한 위업에 토대를 두고 있었는데, 그 체제는 분명히 권위주의적이기는 했지만, 토지를 분배했으며 대다수 사람에게 기본적인 서비스들을 제공했고, 1980년대까지는 지속적인 성장을 이루어서 지역과 계급적인 조건에 따라 불균등하기는 했지만 사회복지가 개선되고 보편화되었다. 이러한 것은 반드시 부정적이지만은 않은 이데올로기적 신화로서, 결국에는 근대적인 천년왕국운동에 대한 영감으로 응집되었다. 20세기 멕시코인들의 집단적인 상상에서, 카르데나스주의(Cardenismo) ― 라사로 카르데나스(Lázaro Cárdenas) 대통령의 급진적인 개혁주의(1934~1940)로 시작해서 1980년대 중반까지 다소 제도적인 정치 흐름으로 남아 있었음 ― 는 혁명 이후 체제의 사회정의의 측면을 상징했다. 카르데나스 장군은 자리에서 물러난 뒤에 눈에 띄지 않게 있었으며 정권에 대해 몇 가지 문제를 제기하면서 낮고 조용한 목소리로 조언을 하기는 했지만, 제도적인 관용어구로서 '비판적인 지지'와 '충직한 반대'를 택하여 중대한 '일탈'을 피하고 '혁명적인 정복들을 지키'려고 했다.

그처럼 카르데나스가 선출된 것은 우파적 경향에 대한 균형추 역할을 할 것이라는 가능성에서 비롯된 것이었다. 하지만 그렇게 선출되었다고 해서 다음과 같은 사실을 부정하지는 못했다. 다시 말해서 평범한 멕시코인들에게 카르데나스주의는 대다수의 우파에 대한 실제적이기보다는 상징적인 방어를 의미할 뿐 아니라, 가장 확실하고 꺾이지 않는 민족주의 ──3,000킬로미터 넘게 미국과 국경을 접하고 있는 상황에서 제일 먼저 필요한 이념 ──를 의미했다. 1961년 민족해방운동(광범위한 반제국주의적인 시민전선)에 대한 공식적인 지지와, 1963년 독립농민 중앙조직(Central Campesina Independiente)의 형성에 대한 지지를 제외하면, 카르데나스는 정치적 혹은 사회적 좌파와 직접적으로 관계가 없었다. 그럼에도 불구하고 ──어쩌면 이것 때문에 ── 20세기 후반의 멕시코 노동자와 농민에게, 카르데나스주의는 이길 가능성이 있는, 유일하게 쓸모 있는 좌파를 의미했다. 다시 말해서 카르데나스주의는 유일하게 사회정의 지향적인 정치 흐름이었으며, 그것이 '제도적'이라는 바로 그 이유 때문에 당연한 것으로 생각되는 효율성을 가지고 있는 것으로 보였다.

선이든 악이든 모든 것이 위에서부터 비롯된다고 생각하고, 가장 반체제적인 운동들까지도 정부를 실질적으로든 상상으로든 대부라고 생각하는 나라에서는, '혁명 가문'의 진보적인 분파에서만이 실현성 있는 대안들이 나올 수 있다고 생각된다.

누군가 정부에 대항하여 문제를 제기하고 투쟁하지만 그 결과는 결국 전능한 거대한 국가(Leviatán)의 손에 있다는 확신을 가지고 있는 나라에서, 반체제적인 좌파는 순전히 유토피아적인 흐름, 이데올로기적인 사치, 항상 자기희생적이고 때로는 영웅적이지만 지금 여기에서는 조금도 효율적이지 않은 반체제운동 또는 상징적인 소수 이외에 아무것도 아닌 것처럼 보일 수 있다.

사실 공산주의자들은 민중적인 대의명분을 발전시키지 못했다. 선거에 승리하거나 입법화하거나 통치하는 것을 통해서건, 사회적인 저항 투쟁들을 승리로 이끌어 내는 것으로건, 당연하게 생각되는 혁명을 통해서건 말이다. 선거에 대해서 보자면, 좌파의 무용담은 실망스럽다. 1979년에 '멕시코 공산당'은 연방선거에 참여함으로써 정치개혁을 시작했는데, 좌파연합에서 최다득표를 하여 4.8%의 투표율을 얻었고 처음으로 18명의 의원을 당선시켰다. 1982년에는, ── '멕시코 공산당', '혁명사회당'(el Partido socialista Revolucionario), '멕시코 민중당'(el Partido del Pueblo Mexicano), '사회주의 행동과 통일운동'(el Movimiento de Acción y Unidad Socialista) '민중행동운동'(MAP)이 결합된 ── '멕시코 연합사회당'(PSUM)이 대통령 선거에서 3.8%를 득표했다. 결국 1985년에 '멕시코 연합사회당'은 겨우 3.2%를 얻으면서 지지율이 더 떨어졌는데, 이것은 득표수의 절대적인 감소를 의미하기도 했다(Moguel, 1987). 그러나 1960년대 말부터 1980년대 중반까지 좌파 정당들이 선거에서 약세를 경험했던 것과는 대조적으로, 사회운동은 상승세를 타고 있었다.

민중반란

좌파의 병, 마조키즘. '멕시코 단일전기노동조합연합'(SUTERM)도 전통적인 좌파 못지않다[…]. 이 좌파는 몇 년 동안의 좌절로 난폭해졌고, 대중과 결별했으며, 상황을 이해하고 […] 민중투쟁에 개입할 능력도 없고 […] 위기에서 고군분투하고 있는데, 우리는 여기에 박수를 보내지도 않으며 지나치게 한탄하지도 않는다. 실제로 패배에서 성도착적인 즐거움을 찾았던 혁명적인 가문들이 [문제이기 때문이다]··· ─『연대』(*Revista Solidaridad*), 1972. 10. 21.

전후 오랜 기간 동안 이루어진 물질적인 번영이 절정에 이르렀음을 의미했던 1968 학생운동은 소위 멕시코의 '기적'을 부정하는 것이었다. 왜냐하면 이 운동은 '안정적 성장'의 거시경제적인 가치들을 의심하지는 않았지만, 정치적 자유가 점점 없어지고 억압적이 되어 가는 것에 대해서 일으킨 반란이었기 때문이다. 해방운동의 폭발에 뒤이어 15년 동안 부문별로 반란이 일어났는데, 그 속에서 결사의 자유를 위한 투쟁이 사회적·경제적 저항들과 결합되었다. 1970년대 초에 전후 성장모델이 이미 흔들리기 시작했기 때문인데, 처음에는 농업위기가 와서 격렬한 농민운동을 일으켰으며, 그 다음에는 총체적인 붕괴가 와서 노동자들, 도시 외곽의 콜로니아 주민들, 교사들과 1980년대 초에는 또 다시 학생들의 물결을 거리로 내보냈다.

농촌의 반란은 1970년대 초에 시작되었으며 토지를 위한 투쟁에 집중되었는데, 중부와 중북부의 대규모 목장들과 북동부의 집약적인 관개토지들 둘 다를 포함하는 무수한 대농장(latifundios)을 점유하는 것으로 나타났다. 1979년에 몇몇 전국적인 조직뿐 아니라 수십 개의 결사체와 지역운동이 '전국 아얄라강령 조정위원회'(CNPA)를 중심으로 모였는데, 이 조직은 혁명 이후 최초의 전국적이고 계획적인 신사파타주의를 구현했다. '전국 아얄라강령 조정위원회'는 1984년 4월 10일에 절정에 이르렀으며, 그때 이 조직은 농업개혁을 중단하려는 정부의 시도들에 항의했으며, 멕시코 시에서 에밀리아노 사파타(Emiliano Zapata)의 죽음을 추모하기 위해 5만이 넘는 농민들을 동원했다(Bartra, 1985).

노동운동은 임금인상, 노동조건의 개선, 정리해고 반대, 민주주의와 노조의 독립뿐 아니라, 과달라하라 선언(SUTERM-Tendencia Democrática, 1975)에서 말했듯이 '멕시코 혁명의 전진'을 위해 싸웠다. 광범위한 노조 조직이 10년간 파업과 시위를 전개했는데, 1976년에 제1차 전국 민중 노동자 농민 반란 대회(la Primera Conferencia Nacional de la Insurgencia Obrera Campesina y Popular)에 모여 '전국민중행동전선'(FNAP)을 만들었다(Ortega and Solís de Alba, 1999). 70년대 말 강력한 교사 집단은 '전국 교육노동자 조정위원회'(CNTE)를 통해서 노동자들의 저항에 가담했다(Pérez Arce, 1982).

도시운동은 1920년대에 임차인들의 투쟁 이후 거의 소멸되었다가, 1970년대 초에 주택과 서비스를 위한 투쟁으로 다시 등장했는데, 이 투쟁은 주로 멕시코 시, 치와와, 누에보 레온 등의 대도시에서 일어났으며, 나중에는 두랑고, 나야리, 게레로, 과나후아토와 기타 다른 주의 중심 도시로 확산되었다. 1979년부터 조직화된 이주민들(los colonos)이 결합하기 시작해서 1981년에는 '전국 도시민중운동 조정위원회'(Conamup)로 공식 통일되었다(Ramírez Sáiz, 1986).

1968년 이후 학생소요가 몇몇 주립 대학에서 지속되었지만, 새로운 투쟁성을 띠게 된 것은 1980년대 중반에 이르러서였다. 그때 멕시코 국립자치대학(UNAM)의 학생, 교사, 행정직원들이 총장이 추진하고 있었던 신자유주의 개혁에 반대하는 운동에 참여했다. 1986년 새롭게 형성된 대학 총학생회(el Consejo Estudiantil Universitario)는 멕시코 시에서 두 차례 대규모 행진을, 이듬해에는 3주간의 파업을 조직하여 결국 총장의 계획을 중단시켰으며 대학개혁을 위한 민주 대회(Congreso Democrático)를 열기로 결정했다(Cazés, 1990).

1982년부터 1984년까지 호세 로페스 포르티요(José Lopez Portillo) 행정부의 후반기를 괴롭혔던 경제적·정치적 위기 상황에서, 이미 10년이 넘게 지속되었던 민중의 '저항들'은 잠재성과 한계를 드러냈다. 100개가 넘는 정치·사회 조직을 모아 놓은, '긴축과 물가 앙등에 대항한 임금 보호 국민 전선' 같은 조직으로 새로 통일하려는 노력 이후, 1983년 초에 일련의 거리 시위와 파업과 작업 중단이 일어났는데, '전국 교육노동자 조정위원회'의 교사들과 '전국 대학강사노조'(SUNTU)와 '단일 핵심산업 노동조합 연합'(SUTIN)이 거기에서 주도적인 역할을 했다. 이러한 운동들은 친 '제도혁명당'적인 '멕시코 노조총연맹'(CTM) 소속 노조들이 일으킨 파업과 수많은 요구와 함께 하나로 모아졌다. 이 연맹은 정부와 재협상을 모색하고 있었다. 결과는 정치적 대패배였으며, 그때 로페스 포르티요 대통령과 친정부 세력들은 '전국 연대협정'(Pacto de Solidaridad Nacional)에 동의하기에 이르렀는데, 이 협정은 국가에 의존적인 조직들이 내건 요구를 거부했으며 독립적인 조직들을 탄압에 직면하게 만들었다.

결국 성공하지 못한 그러한 동원은 노조 지도부가 국가에 협력적이건 독립적이건, 노동자의 가장 기본적인 이해관계를 최소한의 효율성을 가지고 대표할 수 있는 노조 지도부의 능력을 위기에 처하게 만들었다 (Garza Toledo and Rhi Sausi, 1985: 224). 1986년과 1987년에 민중동원이 있었지만, 1983~1984년의 사건들은 전통적인 조합주의와 '반란들' 양쪽 모두의 종말이 시작되었음을 알리는 신호탄이었다. 이 둘은 민중운동의 표현 형태로서 특별한 요구에 초점이 맞추어져 있었으며, 부문별로 전체적인 동원이 이루어지고 나서부터 좌파 정치를 했다.

> (좌파 정치는) 이러한 새로운 조건들 속에 있었는데, 이러한 조건들 속에서 전통적으로 기권주의적인 여러 분파에게 선거영역은 새로운 표현수단으로, '억압적인 틀'과 분파적 고립을 파괴하는 수단으로, 정치세력들의 재교육과 팽창의 수단으로, 마지막으로 사회조직의 영역과 정당의 영역에서 새로운 형태의 투쟁과 조직을 구성하는 수단으로 제시되었다(Moguel, 1987: 57~58).

그럼에도 불구하고, 정당정치의 차림표는 별로 영양가가 없었다. 왜냐하면 1979년부터 소규모 좌파 정치조직들은 별다른 성공도 거두지 못하면서 선거 노선을 걷기 시작했으며, 이러한 전대미문의 길을 통해서 노조 조직들과의 관계를 재구성하려고 하고 있었다. 게다가 '멕시코 연합사회당'은 1982년의 은행 국유화를 가능한 '모델 변화'의 첫걸음으로 잘못 알고, 정부에 대한 지원 정책과 코포라티즘과의 동맹 정책을 계획하면서 그 모습을 상실했으며, 그로 인해서 가장 급진적인 분파보다 앞서 약화되었다.

역설적으로 말해서, 사회운동이 필요로 했던 정치적 대안은 반대파 좌파가 아니라 제도적인 좌파로부터 올 것이었다. 왜냐하면 1982년의 위기는 민주세력들을 긴장시켰을 뿐 아니라, 대부르주아지와 제국의 이해관계들을 공포에 떨게 했으며, 정치 영역에서는 워싱턴 컨센서스라고 불리는 신자유주의적인 제안과 동일시되었던 체제의 테크노크라트들을 결집시켰기 때문이다.

신카르데나스주의 혹은 향수

카르데나스의 유토피아는 실천적이었기 때문에 존재할 수 있었다.
— 아돌포 히이(Adolfo Gilly), 『카르데나스주의, 멕시코의 유토피아』.

1980년대에 이르면, 40년 전에 시작되었던 내수지향적인 발전 모델의 가능성이 다 소진되는데, 로페스 포르티요 대통령의 무책임한 소비와 부채 축적이 이 모델에 최후의 일격을 가했다. 80년대 중반 무렵에 이미 멕시코에 변화가 필요하다는 것이 분명해졌다. 그리고 그러한 변화는 1983년 저항의 날들에서 정치적·사회적 좌파가 옹호했던 것이 아니라, 오히려 국제통화기금이 촉진한 거시경제적인 조정, 탈규제, 민영화, 무역 자유화라는 처방책이 될 것이라는 것도 분명해졌다. 외향적이고 배타적인 경제로의 역사적인 방향 전환은 사회적인 멕시코 국가를 파괴했으며, 반세기 넘게 일당체제에 안정을 가져다 준 후견인 구조의 버팀목을 제거했다.
1993년 북미자유무역협정(NAFTA)의 조인으로 절정을 이룬 이러한 정책의 결과는 미국에 대한 수출의 증가였다. 미국은 현재 멕시코가 대외무역의 약 90%를 의존하고 있는 나라이며, 미국에서 온 직접적인 해외투자 수준은 10년 동안 세 배가 되었다. 문제는 주요 수출 동력이 마킬라도라에 집중되어 있다는 사실에 있었는데, 마킬라도라는 부품의 3%만을 국내시장과 소수의 대규모 산업에서 구입했으며, 그 기업들 거의 모두가 외국인 소유였다. 과거에는 이러한 산업들이 부품의 90%를 국내 제조업자들에게서 구했는데, 지금은 73%를 수입했다. 이러한 엔클라베(enclave) 경제는 다른 부문들에서 증대효과를 가져오지 못하고 있으며, 그러한 경제의 팽창은 지금까지 중소규모 국내 산업의 치명적인 폐업률을 동반하고 있다. 그리하여 북미자유무역협정이 시행된 후 10년 동안 1인당 GDP가 연간 1% 이하로 성장했으며, 제조업 부문 고용은 10% 가량 감소했다.

멕시코가 북미 무역 클럽으로 들어가는 데 필요한 일방적인 경제적 무장해제는 국가 경제, 즉 고용을 창출하는 부문이었던 농업과 중소규모 산업을 붕괴하게 만들었다. 결과는 인류 역사상 가장 큰 규모의 탈주(exodus)이다. 10년 동안 거의 500만 명에 가까운 멕시코인이 북쪽 국경 너머로 도망갔다. 오늘날 2,300만의 동포가 미국에 살고 있는데, 그들 중 약 절반이 멕시코에서 태어났으며, 그들 중 절반에 가까운 수가 비자 없이 국경을 건넜다. 매년 그들은 200억 달러 이상을 멕시코로 송금하는데, 이 액수를 능가하는 것은 인구가 10배 더 많은 인도뿐이다. 이처럼 세계화는 우리에게 사회의 해체를 가져왔다. 사람들이 이중국적이고, 대다수가 무식하며, 국내에 있는 사람들은 외국에 간 사람들이 보내는 송금으로 살아가고 있다. 이렇게 유입된 자금은 외국의 직접 투자나 관광산업으로 벌어들이는 것보다 더 많으며, 2003년에는 직물생산에서 얻은 상업적 잉여의 70% 혹은 석유수출 가치의 80%와 맞먹는 액수를 보였다. 이러한 자금은 수년 동안 경제적으로 부진한 상황에서 국내소비를 활성화시키고 있다. 오늘날 멕시코 가정의 25%가 이러한 송금에 의존하고 있는데, 이 가정들은 위기감을 느끼면서 살아가고 있다 (Bartra, 2003b).

1980년대에 테크노크라트들은 이러한 불길한 변화를 과거의 비효율적이고 온정주의적이고 타락한 질서에 대항하는 적절한 근대화 개혁인 것처럼 알리려고 했다. 하지만 분명한 것은 조합주의적인 실천들이 더 정교해졌을 뿐, 정치를 좌지우지하는 사람들과 지방 실력자들은 이러한 변화에 순응했다는 것이다. 반면, 신자유주의적인 흐름은 혁명적 민족주의와 이론적으로 동일시되는 제도적인 부문의 내부 저항과 충돌했다. 이 제도적인 부문은 최후의 소수자들이었지만 수많은 뿌리를 가지고 있는 집단이었다. 그리고 이들은, 주도권 싸움에서 패배하여 시장 근본주의자들이 도래하여 머무르고 있는 상황에서, 지배적인 분파와 단절하고 체제와 분리되려는 영웅적인 결정을 한 집단이다.

1986년 '제도혁명당' 내부에서 출현하여 이듬해에 당을 떠난 소위 '민주정파'(CD)가 즉각 자신의 정체성을 신카르데나스주의자로 확립한 것은 우연의 일치가 아니다. 1988년 대통령 선거에서 이 집단의 후보가 옛 대통령의 아들 콰우테목 카르데나스였다는 사실도 우연이 아니다. 위에서 언급한 바와 같이, 평범한 멕시코인들의 집단적인 상상 속에서 카르데나스주의는 혁명이 정부로 바뀌면서 이룩한 가장 위대한 공헌을 대표한다. 그렇다 보니, 도시와 농촌의 노동자들은 신자유주의적인 개혁의 공격을 받고 있다고 느끼게 되자, 정치적인 반사작용으로 반제국주의와 사회정의를 상징적으로 대표하는 사람들에게로 돌아서게 되었다. 이러한 향수에 무언가가 있는가? 분명히 있다. 불길한 변화들에 대한 어떤 민중저항운동도 최소한 처음에는 뒤를 돌아보지 않는가?

'민주정파'가 추진한 카르데나스의 출마는 세 개의 유령정당, 즉

'진정한 멕시코 혁명당'(PARM), '카르데나스 국가재건 전선'(FCRN), '사회주의민중당'(PS)의 당원 명부의 도움으로 이루어졌는데, 이 세 정당은 1988년 1월에 '전국민주전선'(FDN)을 창설했다. 한편, '멕시코 노동당'(MT)과 합친 후 '멕시코 사회당'(PMS)이 된 '멕시코 연합사회당'은 과거 두 차례의 선거에서 받았던 것 같은 낮은 득표율(4%)의 위험을 무릅쓰고, 당 창설자인 에르베르토 카스티요(Herberto Castillo)의 출마를 추진했다. 결국 카스티요가 선거 한 달 전에 카르데나스를 지지하며 후보직에서 사퇴하면서 이러한 실패를 피했다. 그리하여 역사적으로 반체제적이었던 사회주의 좌파와, 체제와 막 결별한 멕시코 혁명 좌파는 장군의 아들의 출마를 중심으로 모였다.

확실한 조직 구조나 프로그램이나 돈이 없는 데다 대중매체가 반대하고 있는 상황에서, 카르데나스는 수만 명의 지지자들의 동시다발적인 시위가 한창인 가운데 전국을 순회했으며, 그리하여 7월 6일 선거에서 승리했다. '이겼다'라고 말하는 것은, 일주일 후에——투표소의 54%가 공식 보고된 후——'전국민주전선'은 39%를, 반면에 '제도혁명당'은 35%, '국민행동당'은 21%를 얻었으며, 그것은 뒤집을 수 없는 흐름으로 보였기 때문이다. 그러나 나머지 투표소에서 '국민행동당'의 득표율은 21%를 유지했지만, 이상하게도 '전국민주전선'은 12%로 떨어졌으며 '제도혁명당'은 당 후보가 승리를 가로채기에 충분한 67%로 상승했다.

두말할 나위 없이, 마지막 2만 5천 개 투표소의 표가 개표되지 못했다. 왜냐하면 '제도혁명당'과 '국민행동당'의 합의로 그것들을 불태워 버렸기 때문이다(Barberán et. al., 1988). 몇 년 후 카르데나스는 "이 순간에 반란을 일으키는 것은 […] 이제 막 시작하는 운동을 죽이는 것일 […] 수 있다"라고 쓰면서, 다음과 같이 덧붙였다. "아무도 위기의 해결책이 비합법적인 방법에 있을 수 있다는 것을 제기하지 않았다. 아무도 무장의 길을 제안하지 않았는데 […], 실은 혁명은 순전히 자발적인 태도들에 의해서 일어나는 것이 아니라, 준비되는 것이다."

기만당한 세력들은 예상대로 치명적인 결과를 얻었지만 소란을 피우는 대신에, 1988년에 생긴, '제도혁명당'이 선거 경로를 통해서 패배할 수 있다는 대중의 인식과 함께 가기로 결정하고, 선거에서 승리할 수 있을 뿐 아니라 그 승리를 지킬 수 있는 정치조직을 창출하려고 했다. 그리하여 1989년 5월에 '멕시코 사회당'의 당원 명부를 이어 받아 '민주혁명당'이 창당되었다. 바로 다음에서 카르데나스주의자들과 공산주의자들의 이러한 결합이 갖는 의미를 검토할 것인데, 그것이 어떤 사람들에게는 정통 좌파가 네오포퓰리즘으로 해체된 것을 의미했으며, 다른 사람들에게는 지금까지 좌파가 순전히 상징적이기만 했던 나라에서 처음으로 선거에서 전망 있는 중도좌파 정당을 창설한 것을 의미했다.

새로운 사파타주의인가 기만인가

단언컨대 […] '인디헤니스모'(indigenismo)와 사회주의가 하나가 되는 것에 대해서 놀랄 사람은 아무도 없다[…]. 페루에서는 대중의 4/5가 원주민이다. 따라서 우리의 사회주의는—사회주의조차도— 무엇보다 먼저 원주민의 요구들과 연대하지 않으면 페루적이지 않다[…]. 사회주의 정치는 […] 인종적인 요소를 혁명적인 요소로 전환시켜야 한다. — 호세 카를로스 마리아테기, 『라틴아메리카의 인종문제』

1968년 학생운동은 10월 2일 대학살에서 절정을 이루었는데, 좌파의 일부 사람들은 그 학살을 해방정치의 모든 공개적인 개혁을 중단시키는 것으로 간주했다. 그리하여 모렐로스(루벤 하라미요Rubén Jaramillo가 1940년과 1957년 사이에 일으킴), 치와와(가이탄Gaytán 형제가 1962년에서 1965년 사이에 일으킴), 게레로(루시오 카바냐스Lucio Cabañas가 1967년부터 1974년까지 일으킴)의 혁명 후 게릴라 경험들에 더해서, 1970년대 '라칸돈 무장집단'(Comando Lacandones), '혁명적 행동 운동'(el Movimiento de Acción Revolucionaria), '민중연합'(la Union del Pueblo), '9월 23일 연맹'(Liga 23 de Septiembre) 같은, 종종 학생 출신들로 이루어진 수많은 도시 무장집단이 등장했다. '9월 23일 연맹'은 공산주의자와 기독교도들이 합쳐진 조직으로 23개 주에서 활동하기에 이르렀고, 매달 4만 부의 월간지를 발행했다. 하지만 운동 내에서는 무장투쟁과 정치활동이 공존할 수 있었지만, 실제로는 이러한 집단들의 이미지가 주로 납치와 착취의 이미지였다. 그리하여 정부가 야기한 더러운 전쟁은 1982년에 '9월 23일 연맹'을 실질적으로 해체시킬 정도로 그들을 궁지에 몰아넣고 전멸시켜 버렸다(Bellingeri, 2003).

2년 후, 1969년에 몬테레이의 학생들이 만든 집단인 '민족해방세력'(Fuerzas de Liberación Nacional)의 몇몇 활동가들은 성장하고 있는 민중운동(노동조합운동이 파업의 물결을 일으켰으며, '전국 아얄라강령 조정위원회'의 수십만 명의 농민이 수도를 향해 행진했다)과 보조를 맞추지 못한 채, 치아파스 산악 지대의 공동체들에서 소규모 게릴라 거점을 둔 시대착오적인 게릴라 세력을 조직하기 시작했다. 이 '민족해방세력'은 1969년에 몬테레이 출신 학생들로 형성된 집단이었다. 10년 후, 이 게릴라 집단은 원주민 피의 수혈 덕분에 첼탈족, 초칠족, 촐족, 토호라발족을 동반하는 '사파티스타 민족해방군'(EZLN)으로 다시 등장했는데, 운동은 19세기에 시작된 원주민 봉기 중에 가장 최근의 봉기이자 새 천 년 최초의 반자본주의 봉기였다.

1994년, 정보에 정통하고 신념이 좋은 멕시코인들 중에서 치아파 스 주 남부의 고통받는 원주민 공동체들의 반란권을 인정하지 않은 사 람이 거의 없었다고 한다면, 무기에 호소하는 것이 문제를 해결하는 방 법이라고 생각한 사람도 거의 없었던 것으로 보인다. 따라서 '사파티스 타 민족해방군'이 스스로의 정체성을 진정한 원주민조직으로 확립하기 시작하자, '사파티스타 민족해방군'의 대의명분에 대한 지지가 이 조직 의 방법에 대한 거부를 누르고 승리했다. 그 결과 처음에는 정치적 좌파 가 그리고 그 다음에는 수많은 평범한 시민들이 탄압으로 해결하는 것 에 반대했으며, 반란군의 합리적이면서 동시에 '지나친' 요구들, 예를 들 면 일자리, 토지, 주택, 음식, 건강, 교육, 독립, 자유, 민주주의, 정의와 평 화 같은 것을 지지했다.

1994년 대통령 선거가 임박해 오자, 정부는 불쾌하고 더러운 전쟁 에 빼도 박도 못하게 되는 것보다는 오히려 반란군과 협상을 함으로써 시간을 벌기를 바랐는데, 그것은 그리 놀라운 일이 아니다. 그러나 봉기 11일째에, 10년 동안 봉기를 준비해 왔던 사람들이 정전을 받아들이고, 5주 후에 정부와 대화를 시작했다는 것은 놀랍다. 하지만 이것은 단지 초기에 기분 좋은 놀라움에 지나지 않는다. 협상들이 합의에 이르지는 못했지만, '사파티스타 민족해방군'은 ('민주주의를 이루기 위해서 적절 하다고 생각하는 방식으로 시민사회가 스스로를 조직하도록 하려는 목적 을 가지고서) 무기를 내려놓지 않은 채 정전상태를 유지하기로 결정하 고, 제2차 라캉돈 선언(EZLN, 1994)에서 '전국민주대표자회의'(CND)를 요구했다.

'사파티스타 민족해방군'의 전략은 '과도 정부', '새로운 제헌의회', '새로운 헌법'을 통해서 국가의 변화를 촉진하는 것으로 이루어져 있다. 무장봉기 다섯 달 후, '사파티스타 민족해방군'이 선거에 참여할 것을 적극적으로 장려하고 있었는지는 의심스럽지만, 부사령관 마르코스는 그 문제를 분명히 했다. "대표자회의의 제안은 선거 경로를 통해서 변화를 강제하려고 하는 것이다. … 우리는 사람들을 설득해서 선거에 내기를 걸게 하려고 노력하고 있다. 그만한 가치가 있다"(Morquecho, 1994: 173). 그러한 맥락에서 볼 때, 8월 초에 치아파스의 아과스칼리엔테 데 과달루페 테페약에서 약 6,000명이 참석한 가운데 열린 후, 멕시코의 모든 주로 전파된 그 회의는 보기 드문 정치적인 **사건**(*happening*)이었으며, '사파티스타 민족해방군'이 소위 '시민사회'와 직접적으로 했던 첫 실험이었다. 하지만 무엇보다도 그것은 카르데나스주의와 '민주혁명당'의 협정이었으며, 다시 콰우테목 카르데나스를 후보로 해서 대통령 선거에서 이기려고 하는 것이었다.

1994년 선거에서 좌파는——통상 그랬듯이—— 투표가 부정하게 조작되면서 패했다. 하지만 그것은 무엇보다도 1988년 시민봉기가 날개를 잃어버리고, 과거에 대한 유권자의 향수가 사라졌기 때문이었으며, 진보주의자들이——'사파티스타 민족해방군'과 함께였건 아니었건 간에—— 분명히 카르데나스를 지지하는 쪽으로 가고 있었기 때문이기도 했다. 그래서 승리는 우유부단한 사람들에 달려 있었는데, 그들은 아마 카르데나스 후보와 반란군이 가까워지는 것에 놀랐을지도 모르는 사람들이었을 것이며, 불확실성 앞에서 '평화'를, 말하자면 체제에 찬성하는 표를 던진 사람들이었을 것이다. 선거 패배는 새로운 카르데나스주의와 새로운 사파타주의 간의 동맹을 약화시키는 데 기여했으며, 결국

'대표자대회'의 실패로 끝나고 말았다. 여러 가지 노력에도 불구하고, 이동맹은, 전략적인 프로젝트를 가지고 있고 조직적인 민중 부문이 아래에서 떠받치고 있는 자율적인 사회적 전선으로 변화되지 못했고, 그것이 해체되는 순간까지 '사파티스타 민족해방군'의 지도와 주도권에 너무 많이 의존했다(CND, 1995).

새 정부는 들어서자마자 반란지역에 대해 위험한 군사적 침공을 감행하여, 사파티스타 지도부를 전멸시키거나 체포하려고 했지만 실패했다. 하지만 3월에 '사파티스타 민족해방군'은 민중이 계속 지지해 준 덕분에 그리고 전술적인 유연성과 결합된 전략적인 결의를 또 다시 표명함으로써, 정부와의 협상을 다시 주도했으며, 8월에는 전국적인 협의를 성공적으로 이행했다. 이 두번째 과정에서 1백만 명 이상이 사파티스타들의 요구와 '경찰력'의 형성에 대한 지지를 표명했다.

'사파티스타 민족해방군'과 정부 간의 공식 협상은 1995년 말에 국가의 경제·사회·정치 문제를 모두 포괄하는 광범위한 의제를 가지고 시작되었다. 그 협상에는 아주 광범위한 지식인과 전문가, 진보적인, 특히 사파티스타 쪽 출신 단체들의 대표가 모였는데, 그들은 이 협상을 멕시코와 멕시코 사람들의 미래에 대해서 지금까지 들어본 적이 없는 전국적인 대화로 만들었다. 이 야심찬 의제 중에서 원주민의 권리와 문화에 관한 이슈만이 충분히 검토되어 협정으로 귀결되었는데, 이 협정은—그 과정의 조력자인 '화해와 평화 위원회'(Cocopa)가 작성했기 때문에 코코파법(Ley Cocopa)으로 알려진— 헌법 개혁 기획안에 요약되었다. 두번째 문제(민주주의와 정의)에 대해서는, '사파티스타 민족해방군'이 소집한 세력이 참여민주주의에 초점을 맞춘 국가의 개혁을 제안했다.

하지만 정부는 사파티스타로 추정되는 두 사람을 체포하여 그들에게 테러리즘의 죄명을 씌워 재판에 넘김으로써 그 과정을 약화시키기로 결정했다. 그것은 명백한 도발이었으며, 거기에 사파티스타들은 수감자들을 석방하고 군대가 '사파티스타 민족해방군' 영토에서 철수하고 원주민의 권리와 문화에 관한 협정이 헌법에 통합될 때까지 협상을 중단하는 것으로 대응했다. 1996년 12월, 에르네스토 세디요(Ernesto Zedillo) 대통령은 그때까지 산 안드레스에서 협상된 것을 인정하지 않았으며, 코코파법의 내용을 기각했다.

한편, '사파티스타 민족해방군'은 (무기력한 좌파를 넘어선) 젊은이들을 끌어들이는 능력을 보여 주었으며, 인류를 위한 그리고 신자유주의에 반대하는 제1차 대륙 간 회의를 개최함으로써 세계적인 유대관계를 증진시켰다. 하지만 무엇보다도, 새로운 사파타주의는 새로운 인디아니스모(indianismo)와의 유대관계를 강화했다. 1970년대 이후로 상승세에 있던 이 흐름은 1980년대 말까지는 다양한 운동과 지방 조직에서 나타났는데, 1980년대 말에 저항 500주년 기념을 계기로 부상하여 전국적으로 통일되었으며, 지역의 다른 원주민 조직들과 유대관계를 확립했고, 원주민 자치의 인정을 중심으로 한 정치 강령을 발전시켰다(Bartra, 2001). '사파티스타 민족해방군'은 1994년 이후 계속해서 원주민 자치라는 개념을 담론으로 가지고 있었고(Sánchez, 1999) 공동체적인 토대를 가지고 있었음에도 불구하고 친원주민(indianista) 의제를 만든 적이 없었다. 전국적인 종족 운동은 과거에 이미 형성되었으며(Díaz-Polanco, 1988, 1990; Díaz-Polanco and López y Rivas, 1994), 1990년 이래로 친원주민적인 의제는 '민주혁명당' 프로그램의 일부이자 입법부의 의제였다는 것이 '사파티스타 민족해방군'의 입장이었다(Ruiz

Hernández, 1999). 하지만 1996년 산 안드레스 협정에서 '사파티스타 민족해방군'은 제1차 '전국 원주민 포럼'을 소집했으며, 그 후 여러 주에서 수많은 모임이 이어졌다. 이 과정은 10월에 '사파티스타 민족해방군'이 주창한 '전국 원주민대회'(Congreso Nacional Indígena)의 개최로 절정에 이르렀는데, 이 해방군은 '취약하다고' 생각될 수 있는 집단을 존엄과 저항의 상징으로 변화시켰다.

'사파티스타 민족해방군'이 분파 세력이 아니라 오히려 보편주의적인 소명을 가지고 있는 세력이라는 사실을 고려해 볼 때, 역설적이게도 '전국민주대표자회의', '민족해방운동'(Movimiento de Liberación Nacional), 혹은 '사파티스타 민족해방전선'(FZLN)처럼 광범위한 토대를 두고 있는 동맹은 단명하거나 제한된 추종자들을 가지고 있었던 반면에, 치아파스 봉기와 원주민운동 간의 관계는 깊었으며 오래 지속되었다. 사실, 1996년 이래로 사파티스타의 사고방식을 규정지었던 것은 인디아니스모, 오트로문디스모(otromundismo, 대안적인 세계를 건설하려는 투쟁)와 젊은이들의 대항문화 서클들에서 우연히 마주치게 되는 공감들이었다. 반면에 '사파티스타 민족해방군'은——지난 10년 동안 모두가 전투적이었던—— 농민, 노동자, 교사, 학생, 시민 선거 운동 같은 다른 대규모 집단과 운동과는 유대관계가 별로 없었고 거리가 있었으며, 산발적으로 유대를 맺거나 아니면 완전히 적대적이었다.

'전국 원주민대회'는 1997년에 제2차 대회를 열었는데, 그때 1,111명의 사파티스타들이 치아파스에서 출발해서 전국을 순회했으며, 2001년 원주민의 존엄성을 위한 행진과 동시에 일어났던 제3차 대회는 '사파티스타 민족해방군'과 부사령관 마르코스가 이끌었다. 이 '대지의 색깔'(del color de la tierra) 행진은 1990년대 원주민운동의 절정을 이루었으며, 원주민 자치 지역의 법적 인정에 초점을 두었으며, 신문을 모아 놓은 책자 『또 다른 주자』(El otro jugador)에서 그 성격을 알렸다(Vera Herrera, 2001).

불행히도, 결국 그것은 희망했던 대로 되지 않았다. 2001년에 전국 대회는 '화해와 평화 위원회'(Comision de Concordia y Pacificación)가 작성한 초안을 집행부로부터 받았지만, 그것을 약화시킴으로써 결국 법 안이 흉물스러워졌는데, 원주민과 사파티스타가 심하게 거부할 정도였다. 그 이후로, 도시와 공동체들은 '사실상의 자치'를 행사하는 데 초점을 맞춘 반면, '사파티스타 민족해방군'은 4년 동안 지방 자치정부에서 조직된 지지 기반으로 도피해서, 2003년부터 '좋은 정부 위원회'(junta de Buen Gobierno)라는 지역 구조로 강화했다. 이런 식으로 확고히 한 사파티스타운동은 2003년 말과 2004년 초에 10주년을 기념했다.

'사파티스타 민족해방군'은 2005년 말까지 이러한 자기성찰적인 입장을 유지하다가, 2005년 말에 제6차 라캉돈 선언문을 발표했으며, 델레가도 세로(delegado cero)로 이름을 바꾼 부사령관 마르코스는 반 자본주의적인 '진정한 좌파'를 조직하려는 목적으로 전국 곳곳을 순회 했다. 그의 긴 여행은 2006년 대통령 선거 캠페인과 동시에 일어났는데, 의미심장하게도 '또 하나의 캠페인'(La otra campaña)이라고 불렸다. 그 캠페인의 주요 작업 중 하나는 대통령 후보인 안드레스 로페스 오브라 도르의 신뢰를 떨어뜨리는 것이었다. 왜냐하면 마르코스는 그를 좌파가 아니라 ─ 멕시코의 신자유주의적 전환의 장본인인 ─ 예전 대통령 카를로스 살리나스의 '거울'이며, 일단 권좌에 오르면 '우리 모두를 속일' 정치가라고 생각했기 때문이다(Bartra, 2006: 12). 그러나 로페스 오 브라도르가 전국 곳곳에서 개최한 선거운동 집회들은 '민주혁명당'의 구조들을 상당할 정도로 압도했으며, 그에게서 '현실적인 변화'의 기회를 본 3백만이 넘는 열렬 추종자들을 자극했다. 결국, '또 하나의 캠페인'은 그 흐름에 반대하는 것으로 끝났으며, 지방의 소수 급진적인 운동에 한정되고 몇몇 스탈린주의자들도 포함된 구좌파들의 지지를 받는 보잘것 없는 계획이 되어 버렸다.

2. 지도 그리기

권위주의의 위기에서 민주주의의 위기로

> 저 높은 곳에는 할 일이 아무것도 없다. ─ 반란군 부사령관 마르코스

멕시코 신좌파는 혁명 후의 질서가 점진적으로 소진된 결과물인데, 첫째는 권위주의의 위기의 산물이다. 이 위기는 1968년부터 체제의 정치적 정당성에 회의를 갖게 만들었다. 그 다음에는 후견인주의(clientelismo)의 위기의 산물로, 후견인주의는 1970년대와 1980년대 동안 그 토대를 이루었던 이익집단에게 점차 버림받게 되었고, 그 위기는 후견인주의의 사회적 정당성에 문제를 제기했다. 마지막으로 연방권력의 재생산 모델의 위기는 대통령직의 계승이 이루어졌던 1988년에 발생하여 '준일당' 국가의 생존능력을 위협했다.

1980년대 말엽, 체제의 위기는 혁명적 민족주의로 집약되었는데, 그때 10년 반 동안의 사회적 반란이 시민 반란으로 바뀌었으며, 그 반란은 '전국민주전선'의 보기 드문──그리고 부정한── 선거 승리로 절정을 이루었다. 1990년대 중엽에는 위기로 인해 다양한 신사파티스타적

좌파에게 관심이 집중되었는데, 이들은 전쟁을 막는 것에서 '사파티스타 민족해방군'의 대의명분을 풀뿌리에서부터 발전시키는 것으로 옮겨 갔다. 1990년대 말엽에는 위기가 새로운 우파의 밝은 전망들 주변으로 몰려들어서 2000년 선거가 국민투표가 되어버렸으며, 그리하여 좌파의 '유용한 표'의 도움으로(Velasco, 2000) '제도혁명당'을 로스 피노스에 있는 대통령궁에서 제거하는 데 성공했다. 새로운 카르데나스주의의 진보적인 열망들, 새로운 사파타주의의 개혁적인 혁명, 비센테 폭스 대통령(2000~2006)이 약속한 변화들은 모두가 체제에 대한 국민의 혐오감을 표현한 것이었다. 즉 분노가 카르데나스의 경우에는 향수가 되었으며, 마르코스의 경우에는 망상이 되었고, 폭스의 경우에는 실패(cáscara de plátano)가 되었다.

내가 실패라고 말하는 이유는 최초의 '국민행동당' 정부가 들어선 후 멕시코의 초기 민주주의가 심각하게 불안정했기 때문이다. 우파 정부가 실질적인 사회경제적 변화를 촉진하리라는 환상이 사라졌고, 폭스 대통령의 지지율이 곤두박질쳤으며, 안드레스 마누엘 로페스 오브라도르의 멕시코 시 정부에 대한 민중의 지지가 증가하여, 타바스코의 카리스마 있는 원주민을 최근 몇 년 동안 지지율이 가장 높은 멕시코 정치인으로, 그리고 2006년 대통령 선거에서 '민주혁명당'의 당연한 후보로 변화시켰다. 표면상 민주적인 우파가 자신의 진정한 색깔을 보여 주었던 것이 그때였다. 법적인 수단으로도 멈출 수 없을 것 같아 보였던 좌파의 선거승리가 임박한 상황에서, 현실의 다원적인 선거로 등장한 혁명 후 첫 정부는 로페스 오브라도르의 자격을 박탈하고, 나중에는 대통령 후보로 자신의 우파 후보를 내세우려는 적극적인 불법 운동을 벌임으로써 권위주의적인 모습을 보여 주었다.

멕시코는 변했다. 1990년대 초, 우리의 반민주적인 정치체제는 마지막 단계에 있었다. 선거조작을 통해서 선출된 비합법적인 대통령이 권좌에 있었다. '국민행동당'은 무대 뒤에서 카를로스 살리나스의 법적인 주도권에 대한 지지와 의원직을 놓고 '제도혁명당'과 협상을 벌이고 있었다. 그리고 '민주혁명당' 당원들은 여기저기에서 소리 없이 대량 학살을 당하고 있었으며, 이 문제는 아직도 해결되지 않고 있다 (Hernández, 2000). 새 천 년이 시작되자, 대통령직에서 '국민행동당'이 '제도혁명당'을 대체했고, '민주혁명당'은 수도에서 지배권을 잡았으며, 의회와 주와 시 지방자치체에서는 다원주의가 존재했다.

하지만 우리의 초기 민주주의는 병들고 있었다. 사람들은 점점 정치에 대해 회의적이게 되었고 정당들을 떠나 버리게 되면서, 기권율이 급상승했다. 1997년 선거에 등록된 유권자의 58%가, 2000년 선거에는 65%가 참여한 반면, 2003년 국회의원 선거에는 41%만이 참여했다 (Tello Díaz, 2003). 2001년에 우리는 '교체'를 경험했지만, 기대했던 '변화'는 아니었다. 그리고 예전에는 반민주적인 체제가 위기에 있었다면, 지금은 민주주의가 위기에 처해 있는데, 이 민주주의는 멕시코의 일반인들과 일부 지식인들을 기만했으며 기대와는 반대로, 체제를 변화시키기에 충분하지 않았다.

분명히, 정치계급은 자신의 진짜 색깔을 보여 주었으며 부패는 매일 발생했다. 하지만 그것이 민주주의가 우리를 기만한 이유는 아니다. 다만, 법치국가가 부재한 상태에 익숙해져 있고, 항상 시민정신이란 면에서 비난받았던 멕시코인들은 상호책임적이기보다는 반체제적인 참여민주주의 개념과 선거민주주의에 대한 황홀한 이상을 가지고 있다. 수세기 동안 모든 것을 "테페약의 과달루페 성모 마리아"와 "아버지 같은 정부"(papá Gobierno)에서 얻고자 했던 나라에서, 우리는 아직도 대통령을 변화시키는 것이 멕시코를 변화시키는 것이며, 새로운 틀라토아니(아스텍 왕)를 선출하면서 우리가 해야 하는 일은 뒤에 앉아서 새 통치자들이 약속을 이행하기를 기다리는 것이라고 생각하고 있다. 민주주의는 문화이며 시민의 관습은 하루 만에 다른 것으로 바뀌지 않는다. 하지만 가장 심각한 것은 대의민주주의의 실제적인 결핍, 생방송을 위한 형식적인 공간의 부족, 대통령제에 대한 국민의 무기력함 등에다 정치에 대한 신뢰를 잃게 하는 대중매체의 열광적인 캠페인이 결합되어 있다는 것이다.

멕시코에서 대중매체는 경멸적인 의미로 알려진 폴라카(polaca)[정치]에 대한 나쁜 평판에 편승하여 공공 부문의 제도적인 영역과 의식을 체계적으로 악마 취급하면서, 선거는 너무 많은 비용이 들고 모든 정치인은 타락했으며 정당은 자신들의 이익만을 추구하고, 너무 많은 보수를 받는 의원들은 대통령을 방해할 뿐이라고 주장한다. 특히 텔레비전은 공적인 일들을 대중매체의 권위주의적인 '독재자들'(big brothers)이 이끄는 황당한 리얼리티 쇼로 변질시켜 버린다. 이런 식으로, '정치화하는 것'은 '왜곡하는 것'과 동의어가 되었는데, 왜냐하면 정당들의 지도를 따르는 것은 공공선을 희생시키는 것이라고 가정하기 때문이다.

국회의원들의 소동이 공개되고 난 후 텔레비전을 통해서 뉴스를 본 사람들은 분개하며 "싸움을 중단하고 일하기 시작하라"라고 엄중히 명령한다. 그리고 경쟁, 대안, 정치적 균형, 체제의 존재 이유를 문제 삼으면서, 정부가 용기 있게 결단을 내리고 선동자들을 굴복시키며, 범죄자들의 인권을 너무 걱정하지 말 것을 청중의 이름으로 요구한다.

공적인 제도들과 메커니즘들에 대한 부정적인 담론은 입증 가능한 사실들에 토대를 두고 있으며 유해한 비디오 영상들만큼 그 영향력이 너무나 강력하기 때문에 또다시 무언가를 고안해 낼 필요가 없다. 분명히 타락한 정치인들이 있다. 그리고 최근 2년 동안 '제도혁명당'뿐 아니라 '국민행동당'과 '민주혁명당'도 불법 선거운동 기부금들을 받았다는 사실이 밝혀졌다. 2003년 말에 '제도혁명당'의 두 분파가 의회 대표단에 대한 당의 통제권을 놓고 싸운 것처럼, 떳떳하지 못한 법적 소송들도 있었다. 그리고 분명히 선거 비용도 지나치게 많았다. 예를 들어, 2003년 선거에서 정당들은 대략 8억 달러를 썼는데, 그것은 일본에서 치러진 동급의 선거에 든 비용보다 두 배나 더 많은 것이었다(Cervantes and Gil Olmos, 2003).

문제는 현실인데, 대중매체의 메시지는 반정치적인 광고의 분명한 말들에 있는 것이 아니라, 음흉한 선율과 의식되지 않는 주무름에 있다. 즉 모든 정당은 평등하다. 모든 정치가는 평등하다, 모든 정부는 평등하다, 모든 선택은 평등하다…라고 한다.

우리가 정치인이나 정당이나 국회의원이나 상원의원이나 공무원을 믿을 수 없다면, 누구를 믿을 수 있겠는가? 어디에나 있는 선거 매체의 대답은 분명하다. 즉 정치적 가치들의 전반적인 위기 앞에서, 텔레비전 '해설가들'(comunicadores)만이 남아 있다는 것이다. 음침한 어릿광대 브로소(Brozo el Payso Tenebroso)같이, 정직하고 타락하지 않고 결백한 사람들 말이다. 브로소는 2004년에 연방정부와 멕시코의 언론 거대기업인 텔레비사(Televisa)의 부탁을 받아서, '민주혁명당'에 대항한, 특히 멕시코 시 시 정부의 성공적인 시장인 로페스 오브라도르에 대항한 첫 공격의 바람을 일으켰다. 이러한 언론의 린치는 2005년에 계속되었는데, 그 해에 폭스 대통령은 별로 중요하지 않은 근거를 내세우면서,

로페스 오브라도르의 특권을 빼앗고 소송을 제기하고 정치적으로 무력화시키려고 했다. 그러한 불길한 공작에서 대통령은 검찰총장, '국민행동당' 의원, '제도혁명당' 의원, 대법원장, 기업의 임원, 고위 성직자, 대중매체의 주요인사와 공모를 생각했다. 수백 만이 넘는 사람들이 정부의 위법행위에 항의하여 멕시코 시에서 행진을 벌였으며, 폭스 대통령은 뒤로 물러나야만 했다. 하지만 다음해 대통령 선거 기간 동안, 형식적인 권력자들과 실질적인 권력자들 모두가 증오운동을 펼치면서 늘 최고의 후보였던 로페스 오브라도르에 반대하는 집단들을 결집시켰다. 오브라도르에 대한 증오운동에서는 반민중주의가 '냉전'시대의 반공산주의의 자리를 차지했으며, 일방적인 텔레비전 선거방송은 괴벨스가 발전시킨 국가사회주의적인 선전선동의 후견인들의 뒤를 따랐다.

전자매체가 선거 주요 무대에 등장하여 우파 후보를 공개적으로 지지하는 데 가담할 경우, 자신들의 이해관계와 그들이 일부를 구성하고 있는 기업 집행부의 이해관계에 유리하게 정치권력을 통제하려고 한다. 정치와 언론의 부도덕한 공생관계는 선거운동이 한창일 때에 '국민행동당'과 '제도혁명당' 의원들이 의회에서 전자매체에 관한 법률을 승인했을 때 드러나게 되었다. 그 법은 디지털화가 야기하는 부가적인 채널들을 의원들에게 거저 양도하면서, 텔레비사와 아스테카 텔레비전(Televisión Azteca)에 의해서 형성된 시장 상황을 극도로 강화했다. 전문가, 방송해설가, 기자, 지식인, 독점적이지 않은 매체 등 모두가 이 법을 거부했다. 하지만 열흘도 되지 않아서, 폭스 대통령은 그 법을 통과시켰다. 우파 후보의 승리가 매체에 달려 있었기 때문이다. 그래야 진 빚을 갚을 수 있었기 때문이다.

그래서 다음과 같은 사실을 이상하게 생각해서는 안 될 것이다.

여러 조사에 따르면, 멕시코인 네 명 중 세 명이 정당을 신뢰하지 않으며, 90년대 초에는 인터뷰한 사람들 중 절반 이상이 정부형태로서 민주주의에 대한 선호를 표명했지만, 오늘날에는 겨우 47%만이 선호한다는 것이다. 하지만 더 염려스러운 것은 『이 나라』(Este País) 지가 실시한 설문조사에서 33%가 "표현과 결사의 자유를 희생시키고 대신에 경제적 압박 없이 사는 것이 더 낫다"라고 대답했다는 사실이다(Sánchez Rebolledo, 2004; 21).

형식적인 민주주의에 대한 경험이 별 실효성이 없고, 시민들의 의사 반영이 부족한 나라, 즉 지난 10년 간 신뢰할 수 있는 선거와 다수의 정당과 정부와 의원들을 겨우 가지게 된 나라에서, 그리고 대의제 민주주의의 실행이 첫 무대에 오른 나라에서 ─분명히 시기상조이지만, 우리는 그 언저리에 있는데, 어찌하겠는가? 참고 기다려야 한다─, 우리나라처럼 지체되었지만 실천하고 있는 나라에서, 정치에 대한 흥미 끌기 식 비난은 권위주의의 귀환을 대가로 지불한다. 역설적으로 반민주주의의 부활은 '제도혁명당'의 귀환이 아니라, '국민행동당'의 민주적인 우파가 권위주의적인 우파로 전환하는 것으로 이루어지는 것이다.

이처럼, 2006년 선거운동 기간 동안 비센테 폭스 정부처럼 보수적이지만 초기에는 억압적이지 않았던 정부가 몇몇 사망자, 무수한 부상자, 박해당하는 남성과 여성들, 수백 명의 억류자와 함께 야금 광산노동자와 농민과 교사에 대한 폭력의 수위를 높여 갔다. 이 모든 것이 우파의 선거운동 상황에서 이루어졌는데, 로페스 오브라도르 ─'마쿠스파나의 차베스'(el Chávez de Macuspana)─를 '멕시코에 위험한 인물'로 규정지으면서, 길거리 폭력이라는 이미지들로써 '두려움의 표'를 어떻게든 얻으려고 했다.

그러나 진보적이고 낙관적인 쪽에서 나오는 거리의 반정치적인 목소리들도 있었는데, 그들은 선거를 변화의 수단이라고 보지 않았으며 로페스 오브라도르의 자격 박탈에 대해서 우파와 입장을 같이 했다. 신 사파타주의와 그 추종자들은 다음과 같이 생각했다. 즉, 의회의 좌파는 의제를 가지고 있지 않으며, 그들이 지배하면 우파와 똑같이 행동할 것이고, 한때 진보적이었던 정당들은 단지 공적인 명예직들을 얻으려고 선거에 승리하기를 바라는 것이며, 정치적 좌파는 민중운동을 등에 업고 지도자들을 모으고, 어떤 사회 지도자들은 의회의 의석을 위해서 그들의 운동을 팔아넘기며, 또 이따금씩 로페스 오브라도르 같은 좌파 지도자들이 인기가 있는 것은 분명히 그들이 포퓰리스트들이기 때문이라는 것이다. 좌파의 오랜 식인적이고 편집증적인 증후군이 없을 수 없는데, 그러한 증후군에 따르면 모든 좌파 정치인 중에는 잠재적으로든 그들의 행동에서든 사회운동에 대한 배신자가 있다(이전에는 개혁주의자, 제국주의의 앞잡이, 혹은 수정주의자라고 불렸을 것이다). 사실 좌파에는 많이 있다. 우리는 유토피아의 위기와 표를 좇는 정당들과 타락한 지도자들로 고통을 받고 있다. 그러나 또 다시 문제는 곡조에 있다.

반체제적인 좌파의 경우, 제도 정치에 대한 정확한 비판 뒤에 있는 선율은 (확실히 존재하는) 파시즘이 아니라 묵시록적인 가정인데, 그 가정은 국민국가는 전체적으로 내용이 없으며, 정치체제로서 대의제 민주주의는 더 이상 유용하지 않고, 저항과 지방자치의 세계화 이외에 다른 대안이 없다는 것이다. 이러한 관대하고 통찰력 있는 생각들은 비교적 새로운 현상에 주의를 환기시키기는 했지만, 그들은 결론을 과장함으로써 모든 것을 아우르는 현실과 일정한 흐름을 혼동한다. 제도 정치의 영역이 버려지면, 그 영역이 전통적인 정당관료들과 그들의 오랜 의식으로 넘어가는 것이 아니라, '제도혁명당'의 테르미도르파와 '국민행동당'의 신권위주의자들에게로 넘어간다는 것이 훨씬 더 심각한 문제다. 현재의 멕시코 상황에서 대의제 민주주의와 제도와 형식적인 공공 절차를 불신하는 것은 관료제 기구로부터의 소외를 극복하는 것이 아니라, 복종의 복귀를 도와주는 것이다. 그것은 사후 정치(postpolítica)가 아니라 오히려 사전 정치(prepolítica)를 조장하는 것이다.

우파와 좌파의 일부는 반정치에서는 일치했지만, 아주 다른 출발점과 개념적인 토대들을 가지고 있었다. 근본주의적인 우파의 입장에서 볼 때, 정치의 고갈—그리고 역사의 종말—은 시장을 사용 가능한 모든 것을 자동적으로 공급해 주는 공급자로 인정하는 것에 기원을 두고 있다. 급진적인 좌파의 입장에서 볼 때, 국민국가와 제도들의 소멸—그리고 진정한 역사의 시작—은 모든 행복의 자주관리적이고 연대적인 조달자로서의 사회에 대한 주장과 같이 존재한다. (자동적인 시장이나 사회적인 자립경제 같은 근본주의에서 비롯된) 대칭적인 극단주의를 가지고 있는 신자유주의와 진보적인 반정치는 국민국가가 역사의 진행이 규정되는 영역이기도 하다는 것을 거부한다.

나는 사회적인 것을 주장하는 것과, 사용가치를 교환가치에 종속시키는 시장과 제도들에 시민들을 종속시키는 국가 모두를 원칙적으로 거부하는 것에 전적으로 동의한다. 「불꽃과 돌. 존 홀러웨이의 권력 장악 없이 세계를 변화시킨다는 것에 관하여」라는 글에서, 나는 그가 지지하는 반(反)정치와 의견을 같이하는 점과 달리하는 점을 설명했다 (Holloway, 2002).

'권력을 잡으면' 돌연히 위에서 아래로 해방이 될 것이라는 생각에 의

문을 제기하는 것은 아주 적절한 […] 것 같다. 마찬가지로, 과거 한 세기 동안 맑스주의가 변형된 국가주의를 제거하는 것이 필요한 것 같다. 하지만 문제는 개념들에 문제제기하고 역사적인 과정들을 평가하는 것이다[…]. 존 홀러웨이는 다음과 같이 주장한다. 물신화 반대 투쟁은 정치적이지 않으며, 전위를 가지고 있지 않고, 국가권력을 열망하지 않으며, 정체성을 주장하지도 않고 민주적이지도 않다. 그럼에도 불구하고, 그가 들고 있는 반정치적인 예들은 근본적인 부정에서 비롯되었기 때문에 […] 그다지 명백하지 않으며, […] 국가, 법률, 기구, 정당, 권력에 대한 권력의 유혹이라는, 오염되었지만 필수불가결한 영역들을 비켜가지 못하고 있다[…]. 그러므로 나는 세계를 변화시키기 위해서는 많은 일을 해야 하는데, 그것들 중에서도 권력을 잡아야만 하며, 하지만 권력이 우리를 잡는 것은 피해야 한다고 말하고 싶다(Bartra, 2003a: 126~138).

앞서 한 얘기들은 이론적인 것일 뿐인데, 멕시코에서는 둘 중 하나를 택하는 것이 무엇보다도 현실적이었다. 2001년에 의회에서 원주민의 권리가 부정되고, 대통령이 입법의 실패를 받아들이고, 대법원이 의회에 속하는 그 문제에 개입하는 것을 거부하자, '사파티스타 민족해방군'은 이 세 권력이 민중에게 등을 돌렸으며, 제도적인 문이 모두 닫혔다고 결론지었다. 2003년 동안 '사파티스타 민족해방전선'이 편집하는 잡지 『반란』(Rebeldía)에 계속해서 글들이 발표되었다.

사파타운동은 권력과 '멕시코 정치계급'에게 기회를 주었지만, 지금 길이 다른 쪽으로 향하고 있다(Rodríguez Lascano, 2003; 16).

저항투쟁에서 동맹세력으로서 전통적인 정치계급에 호소하는 것은 향수 어린 […] 좋은 일이다. 새로운 정치가들에게 호소하는 것은 정신분열증의 증상이다. 저 높은 곳에는 할 일이 아무것도 없다. […] 멕시코 국가로부터 무엇인가 좋은 것을 얻었던 협상만을 기억하는 사람이 누가 있겠는가? […] 정치계급의 선언들이 의미하는 것은, 상황을 호전시키려면 좀 다른 입법부를 위해서 투표하고 거기에서부터 사태를 변화시켜야 한다는 것을 우리에게 설명하는 것이다(Elorriaga Berdegué, 2003: 20과 23).

마르코스 자신은 열세번째 선언(Estela)에서 다음과 같이 말했다. "국가가 사기업으로 보인다면, 정치인들이 아니라 경영자들이 운영하는 것이 가장 좋다. 그러므로 'nation-state.com'이라는 새로운 기업에서, 정치의 기술은 더 이상 쓸모가 없다"(Marcos, 2003: 3). 이와 같은 생각은 제6차 라캉돈 선언에서 재생산되었으며, '또 다른 캠페인'의 전국 투어를 지지하는 조직적인 기획에 영감을 주었다. 신좌파의 이러한 결론은 이해할 수 있다. 왜냐하면 정부와 정치적인 협상을 재개하려는 '사파티스타 민족해방군'의 주된 '요구', 즉 코코파법을 입법화하는 것이 1996년과 2001년 두 차례나 좌절되었기 때문이다. 하지만──적절한 것이든 편향된 것이든 간에 ── 이러한 평가를 한다고 해서 계속 '제도 정치'를 추구하려는 정당이나 사회세력들의 활동을 불신임하는 것이 정당하다고 인정받을 수 있는 것은 아니며, 더군다나 그들에게 탄압의 공범자들과 반란 진압군이라는 라벨을 붙이는 것은 더더욱 아니다. 다시 말해서 "[…] (정부와의) '우호적인' 대화 형태들은 급진적인 저항과 비판을 불법화하며, 권력이 강제한 게임의 룰을 따르지 않는 사람에게는 누구나 낙인을 찍고 탄압할 수 있도록 하는 데 기여한다"(López Monjardín y Sandoval Álvarez, 2003: 38)는 것이다. 2003년 1월, "농촌은 더 이상 참을 수 없다"는 슬로건을 내건 농촌 대중운동이 한창이었던(농촌 대중운동은 이미 여러 순간에 연방 정부와 입법부와 협상을 벌였다) 바로 그때에 발표된 이러한 입장은 농민 지도부, 특히 사파티스타 써클에서 활동하는 사람들을 악령으로 만들어 버리는 데 일조했다(Bartra, 2003b).

이러한 입장은 2006년에 극에 달했는데, 그 때 '사파티스타 민족해방군'은 다시 한 번 여러 선거를 무효화했다. 그 선거에서 멕시코인 4,200만, 즉 유권자의 60%가 투표를 했는데, 그것은 집중적인 선거운동의 결과였으며, 선거운동 과정에서 우파와 좌파의 기획, 즉 '국민행동당'의 신자유주의적이고 순종적인 권위주의와 '민주혁명당'의 정의롭고 주권적인 민주주의가 극명하게 대립했다.

그래서 1994년에는 선거 노선에 우호적이었고, 1995년에서 1996년까지는 개혁을 이루기 위한 방법으로 정부와의 협상을 추진했으며, 2001년에는 원주민에게 유리한 법적인 변화를 요구했던 무장 세력과, 평화를 선택했으며 권력을 원하지 않았고 1990년대에 가장 독특하고 중요한 몇몇 사회운동들을 일으켰던 역설적인 군대와, 근 8년 동안 혁명적인 방식으로 개혁을 추진하는 데 심혈을 기울였던 반란군은 결국 제도 정치의 영역은 지뢰밭이라는 결론을 내렸다. 분명히 그들 중 일부는 이미 1984년에 '민족해방세력'이 군대를 조직하려고 처음으로 정글에 들어갔을 때, 그리고 또 1994년에 '사파티스타 민족해방군'이 나쁜 정부에 대항하여 전쟁을 선언했을 때 이러한 결론에 도달했다. 아마도 그 당시에 그들은 옳았을 것이다. 왜냐하면 멕시코는 제도적인 독재정치하에 있었으며, 반체제 운동가들이 파리처럼 죽어가고 있었고 원주민은 오랫동안 고통을 당하고 있었다. 하지만 1990년대 10년 동안 좋든 나쁘든 여하간, 우리는 모든 악에 대한 확실한 치유책으로서가 아니라 투쟁의 영역으로서 민주주의를 시작했다.

2006년 중반에 좌파는 1,500만 유권자의 지지를 받았으며, 수도에 살고 있는 사람들을 포함하여 대략 2,000만의 멕시코인을 지배했다. 좌파는 길거리에서 여러 차례 계속해서 3~4백만을 동원했고, 옛 국가노조의 상당수 사람을 포함하여 농촌과 도시의 조직 노동자 대다수를 민족 프로젝트를 중심으로 단결시킬 수 있었다. 그리고 좌파는 과학과 예술에서 지식인 엘리트들을 소집했고, 네트워크와 NGO로 조직된 최고의 시민사회를 불러 모았다. 이 모든 것뿐 아니라, 행정부와 입법부에서와 마찬가지로 의회에서도 좌파가 갖고 있는 득표율과 힘 덕분에 좌파는 이미 두번째로 중요한 정치세력이었다.

90년대 동안 멕시코인들이 밟은 해방 프로그램은 직접민주주의의 집중적인 실행으로 강화된 반면에, 혁신적인 대의민주주의는 해결된 문제가 아니라 오히려 많은 사람이 연관되어 있는 미완의 사업이었다. 그 결과가 마술적이지 않아서 실망했지만, 여전히 시민들 대다수는 선거를 하는 것이 가치가 있으며 정당이 필요하기 때문에 개혁할 필요가 있다고 생각했다. 최근에 아주 활발했던 사회운동에 관해서 말하자면, 그러한 운동 중에서 가장 광범위하고 가장 대표적인 운동은 입법부만큼이나 정부 즉, 행정부와 협상 공간을 찾고 있는(그리고 그러한 공간들을 만나고 있는) 것이 분명하다. 시민들과 노조들에게 '사파티스타 민족해방군'이 말하는 "문들"은 완전히 열려 있지도 완전히 닫혀 있지도 않다.

제도적인 경로를 추구하려고 했던 이러한 의지는 2003년 선거에서보다 2006년 대통령 선거에서 투표율이 10% 이상 높은 것으로 나타났다. 더군다나 중도좌파의 후보가 직면해야 했던 더럽고 불공정한 선거운동과 연이은 선거결과들의 조작에도 불구하고, 그 후보에게 1,500만 표가 갔다는 것은 진보적인 대안을 찾는 민중 부문에게 이러한 길이 실행가능하다는 것을 보여 주는 것이었다.

그럼에도 불구하고, 연방 선거관리위원회가 겨우 50%로 우파 후보의 승리를 인정했다는 것과, 이와 더불어 공식·비공식 세력들이 정치적으로 로페스 오브라도르에 대한 반대투쟁을 벌였다는 것은 멕시코의 초기 민주주의에 의문을 남기고 있다. 그래서 내가 이 글을 쓸 당시에, 로페스 오브라도르를 지지하는 200만이 넘는 멕시코인은 계속해서 선거가 조작되었다고 비난했다. 그러므로 선거가 투명해지지 않으면, 다음과 같은 불길한 메시지가 등장할 것이다. 즉 멕시코에서 좌파는 선거 경로를 통해서 권력에 이를 수 없다. 왜냐하면 충분한 득표수를 가지고 있지 않기 때문이 아니라, 실권자들이 그렇게 되는 것을 허용하지 않을 것이기 때문이라는 메시지 말이다. 그것을 청산하는 작업은 적극적·수동적으로 부재자 투표를 증가시키고, 또한 공화국 대통령을 포함하여 합법적이지 않게 된 국가 제도에 대항하는 저항운동을 늘리는 것일 것이다. 그럼에도 불구하고, 저항을 지휘할 수 있는 인물은 마르코스가 아니라 로페스 오브라도르일 것이다. 왜냐하면 민주당 지지자들은 최근의 여러 투쟁에 참여한 반면, 사파티스타들은 그 운동들을 평가절하했기 때문이다.

새로운 민중주의?

민주적인 자기중심주의. 더 나은 해결책은 대중의 바람에 응답하는 것인데, 그들은 자신들을 대변하기에 가장 적절한 인물에게 최고의 책임을 지우기 위해서 다음과 같은 인물을 선출한다. 즉, 나는 민중이다라고 말[…]할 수 있고, 거울을 보면서 민중과 대화할 수 있는 사람. 어떠한 중개요청도 배제함으로써 양자 간의 어떠한 형태의 반대 조짐도 제거할 수 있는 사람, 무한하고 다수인 대중의 자아를 떠맡을 수 있고, 대중의 발전과 행복을 복잡하지 않게 확보할 수 있는 사람이다. ― 후안 고이티솔로(Juan Goytisolo),『전투 후의 풍경』

멕시코에서 민중주의에 관한 논쟁은 단지 대안적인 프로그램으로서 민주주의가 갖고 있는 불확실한 유효성이나 우리 역사의 특정 시기에 필요한 중요한 합의(ajuste de cuentas)에 관해서 말하는 것이 아니라, 무엇보다도 최근 15년 동안에 출현한 신좌파의 단면과 구조에 관해서 말하는 것이다.『멕시코 좌파의 추구』(La búsqueda de la izquierda mexicana)라는 책(Semo, 2003)이 관심을 가지고 있는 것이 그것인데, 이 책을 통해서 알 수 있는 것은 지방의 사회주의자들이 선거 영역에 어렵게 통합되었다는 것이다. 이것은 혁명을 결정적인 단절로 생각하는 데 익숙한 사람들에게는 어려운 이동이며 비탈길을 오르는 것이다. 왜냐하면 완벽한 독재체제에서 선거는 사실상 사기극이었기 때문이다. 그러므로 1979, 1982, 1985년의 선거 실험들은 아주 조심스러운 경험이었는데, 그러한 선거 경험들이 기원이 되어서 1988년에 시민반란이 체제를 곤경에 처하게 만들었다. '제도혁명당'에서 갈라져 나온 '민주정파'와 함께 '멕시코 사회당'으로 모인 사회주의 좌파와 공산주의 좌파의 결합인 '민주혁명당'이 이 위기와 선거 부정으로부터 출현하였다.
"새로운 정당은 구좌파의 이데올로기적인 좌절이 한창일 때에

탄생했다. '멕시코 사회당'은 아무런 설명 없이 사회주의를 포기했다"(Semo, 2003: 113)라고 전투적인 공산주의자인 한 역사가는 쓰고 있는데, 그는 역사적인 좌파가 새로운 민중주의와 혁명적인 민족주의와 카우디요주의(caudillismo)로 희석되면서 결정적인 순간에 잘못된 길로 갔다고 개탄했다. 아마도 실제로 정통 좌파는 그 결합에서 자신의 유산을 충분히 회복하지 못했던 것 같다. 하지만 그럼에도 불구하고 내가 보기에 그 결합은 기본적으로 결실이 있어 보인다. 왜냐하면 새로운 카르데나스주의가 선거봉기를 유리하게 하는 것에 국한되지 않고, 협소한 국가주의와 민족주의의 바람직하지 않은 결합을 넘어섰기 때문이다. 그러한 결합은 분명히 일어나기도 한다. '멕시코 사회당'과 '민주정파'의 결합은 멕시코 사회주의가 가정하고 있는 근대화의 흐름을 가로막은 불행한 사건이 아니라, 역사적인 좌파의 두 흐름, 즉 카르데나스주의와 유토피아적인 공산주의, 체제 옹호적인 진보주의자들과 반체제주의자들이라는 두 흐름의 성공적인 만남이다. 그리고 그 만남은 현장에서 강력하고 보편화된 사회적 동원력을 가지고 있다.

이러한 관점에서 볼 때, 1988년의 시민봉기는 역사적으로 분열되고 대립적이며 혹은 완전히 적대적인 세 가지 경향의 예사롭지 않은 결합을 극적으로 만들었다. 이 세 가지 경향이란 사회적 좌파의 지지자들, 제도적이었지만 결국에는 체제와 결별한 정치적 좌파의 추종자들, 그리고 사회주의 좌파의 투사들이었다. 이 세 흐름 중에서 가장 깊이가 있고 탁월한 흐름은 사회운동 흐름이다. 왜냐하면 멕시코 좌파는 분명히 무정부주의적(libertario)인 반대파에도 있었고 '정부의 성공한 혁명'의 진보주의적 분파에도 있었지만, 무엇보다도 조합주의(coporatismo)에서 분출되어 나온 민중투쟁에 있었기 때문이다. 파업노동자, 토지점거 농민, 불안정한 소작인, 체제비판적인 교사, 반항적인 학생, 사탕수수농장 원주민이 종종 분산적이고 간헐적이며 축소된 (동의를 구하기에 앞서 우리가 자연발생적이라고 말하는) 좌파를 형성한다. 하지만 민중저항, 존엄성, 정의의 반란이라는 멕시코 전통에 대한 좌파의 기여는 공산주의 좌파의 유산과 제도적인 것이 갖는 공적인 정치의 교훈들보다 훨씬 크다.

비록 그것이 우리 중에 다른 계보를 구축하고 있는 사람들을 슬프게 할지는 모르지만, 분명한 것은 1988년에 많은 부문에게 좌파 프로젝트가 실행가능하다는 것을 확신시킬 수 있었던 능력은 주로 혁명적 민족주의와 동일시되는 '민주정파'에서 왔다는 것이다. 그리고 이런 모태를 가진 채 신좌파의 초기 단계는 황혼에 대한 것인지 새벽에 대한 것인지는 알려져 있지 않지만 향수에 젖어 있어야만 했다. 하지만 그것은 역사적인 사파타운동(Zapatismo)도 마찬가지였다. 즉 그것은 '변화하는 것을 좋아하지 않았기' 때문에 봉기를 일으켰지만 모든 것을 변화시킬 준비가 되어 있었던 농민들의 위업이었다(Womack, 1969: xi). 왜냐하면 사회운동에 관한 한, 새로운 것은 항상 뒤를 비추면서 태어나며 이상화된 과거가 강력한 지렛대이기 때문이다. 복고적 흐름은 일시적인 정치적 흐름일 뿐이며, 만일 새로운 멕시코 좌파가 보수적, 과거 회고적이지 않으려면 미래를 비추면서 대안적인 프로젝트를 건설해야 할 것이다.

이러한 작업을 위해서는 협소하고 내향적인 민족주의와 공급자적인 국가주의와 정의를 가장한 권위주의와 파벌적인 조합주의를 청산해야 할 것이다. 멕시코 민중주의를 형성하고 있으며, '제도혁명당'의 전투적인 일부 담론에서 강력하게 다시 등장하고 있는 과거의 장애물들을 청산해야 할 것이며, 지금 바로 공룡이 (의회의 정원과 연방 기관에서 계속 풀을 뜯어먹고 있지만) 로스 피노스에서 나와야만 할 것이다. 하지만 새로운 프로젝트는 민중주의에 대한 반대로부터보다는 오히려, 점점 합의에 근거하지 않는 워싱턴 컨센서스를 지지하는 과도한 자본주의에 대한 반대와, 새 천 년의 금융 세계화와 배타적인 세계화에 대한 거부와 제국 전쟁에 대한 반격으로부터 탄생하고 있다.

멕시코의 새로운 좌파는 전세계의 좌파처럼 신자유주의에 대한 반대로써 하나가 되고 있는데, 그 이유는 이론적인 이유 때문이 아니며 우리가 매일 죽은 것들을 수용하기 때문도 아니다. 하지만 거기에서 대안적인 프로젝트로 가는 길은 멀다. 이 프로젝트는 현실사회주의와 '제3의 길'로부터만큼이나 야만적인 자본주의로부터도 분리되어 있다. 왜냐하면 무엇보다도 우리가 정해진 시간에 사회공작을 통해서 모든 곳에 건설해야 할 것은 기존 질서의 가장 혐오스러운 특징들을 위장하는 것에 대한 것도, 완벽한 유토피아를 위한 계획을 세우는 것에 대한 것도 아니기 때문이다. 협소한 실용주의와 공허한 환상보다는 오히려 '현실 개혁주의'와 유토피아 간의 동맹을 구하자.

적어도 우리는 '또 다른 세계가 가능하다는 주장'(otromundismo)에 긍정적인 의미를 부여하는 작업에서 몇 가지 경험을 축적했다. 그리고 이러한 축적물들은——경제, 사회, 문화, 기술, 정치의 영역에서——아래로부터 온다. 즉 공동체들의 사회운동들, 네트워크들, 집단들, 전문적인 민간 협회들과 사회운동들로부터 온다. 하지만 위로부터도 온다. 즉 좌파 정당들, 개혁적인 정부들, 진보적인 입법자들로부터도 온다.

멕시코의 경우에, 이러한 축적물의 실질적인 부분은 특히 원주민 운동과 하나가 되기 위한, 특별한 사회운동으로부터 비롯되었는데, 그것은 새로운 사파티스타운동(neo-zapatismo)으로서, 법적 인정과 자치의 실질적인 행사를 위한 이 운동의 투쟁은 멕시코인들이 혁명 후 간섭적인 거대한 국가 리바이어던을 제거하려고 했던 오랜 투쟁과 연결되어 있다. 1940년대와 50년대에는 그것이 조합주의에 대한 투쟁과 조합 조직의 독립을 위한 투쟁이었다. 80년대에는 경제와 서비스 영역에서의 자주관리를 위한 투쟁이었으며, 90년대부터는 효율적인 자치정부를 발전시키기 위한 모든 사람들——원주민과 메스티소——의 열망의 상징인 자치를 위한 원주민의 투쟁이었다. 민중의 반권위주의적인 열망과 독립과 자주관리의 연속적인 국면들과 공존하는 공간들은 권력망을 뒤흔들기에 충분하지 않으며, 정치적인 자기결정(autodeterminación)이 필요하다. 이러한 점에서 원주민은 피할 수 없는데, 왜냐하면 원주민의 자치의 급진성은 이전의 권리에, 어떤 의미에서는 헤게모니 질서 밖에 있는 권리에 토대를 두고 있다는 것에 근거를 두고 있기 때문이며, 그들은 스페인인들이 도착해서 식민지를 세우고 그로부터 멕시코라는 국민국가가 등장했을 때 이미 거기에 있었기 때문이다. 원주민은 존재론적인 가치를 가지고 있었기 때문에 혹은 그 체제 밖에 있었기 때문에 그 체제에서 균열이 아니다. 사실상 그들은 그것을 하지 않았다. 반대로 다른 데서 내가 말했듯이,

원주민의 자치 실천의 이타성은 외재성(exterioridad)이 아니라 외재화(exteriorización)이다. 그것은 결코 울타리에 들어가지 않은 사람이 갖는 본질적인 가치가 아니라 감히 빗장을 뛰어 넘는 사람이 갖는 장점이다. 분명히 원주민 공동체의 단절 능력은 그들의 역사에 의거하고 있으며, (전통을 위한 투쟁보다는) 투쟁의 전통에 근거하고 있다. (신화에서를 제외하고는) 과거로부터 일차적으로 나오는 것은 아니지만, 과거에서 영감을 얻고 있다. 다행히. 그래서 이렇게 원주민의 또 다른 세계가

가능하다는 주장(otromundismo)은 수혈이 필요 없고, 원주민이 아닌 사람들에 의해서 채택될 수 있으며 특권적이고 양도할 수 없는 그러한 본질이 아니라 공유할 수 있는 단절의 의지이다.(Bartra, 2004: 105)

지난 세기의 후반에 우리는 독립과 자기관리와 자치를 위해서 투쟁했으며, 20년 전부터는 혁명 후의 사회적인 국가를 무너뜨리려고 하는 신자유주의적 반개혁적인 것들을 막기 위해서 투쟁했다. 이 마지막 투쟁은 아래로부터 영감이 온 합법적인 투쟁이지만, 종종 잘못된 믿음이나 혼동으로 인해서 새로운 민중주의로 간주되고 있다. 무엇보다도 좌파에 기원을 두고 있다면 이것은 인정하기 힘든 견해이다. 왜냐하면 이러한 주장에 따르면, 결론적으로 기본적인 서비스의 무료화와 국가의 재분배 약속, 전략적 자원에 대한 국가의 지배, 토지의 사회적 소유, 식량주권이나 사회보장제도를 지키는 것 등 이러저러한 시도들이 통합적이고 체계적이고 전략적인 대안적 제안 속에서 이루어지지 않고 있다는 이유만으로 지나간 시간들을 돌이키는 것, 다시 말해서 반동적인 것이 되기 때문이다.

현대 멕시코의 이데올로기적인 주요 대결은 신민중주의와 신자유주의 간에 존재하며, 따라서 좌파는 실제로 존재하지 않는다고 엔리케 세모가 주장한 것과는 반대로(Semo, 2003), 나는 오늘날 우리가 경험하면서 정의하고 있는 역사적 긴장은 신자유주의와 그것에 대해 비판적인 가지각색의 것들 사이에 있는 것이라고 생각한다. 그리고 이러한 비판들의 범위는 우리가 좌파라고 부를 수 있는 것의 범위이다. 즉 체제의 지나침을 완화하는 것에 만족하는 사람들에서부터 총체적인 전복을 옹호하는 사람들까지 포괄할 수 있는 광범위하고 다양한 색깔의 좌파이다. 분명히, 신자유주의를 증오하는 것들 중에는 시대에 뒤떨어진 민중주의와 억압적인 국가주의와 거친 민족주의가 있다. 구식의 사회주의적 열망과 순진한 의지주의(voluntarismo)와 천년왕국주의(milenarismo)와 소위 시민사회가 너무나 좋아하는 모든 종류의 협소한 특수주의(particularismos)가 있듯이 말이다. 하지만 이러한 것으로부터 복수성(pluralidad)이 만들어진다. 특히 우리가 최근의 결함들과 20세기가 좌파에게 의미했던 재앙으로부터 막 회복하기 시작했을 때 그렇다.

운동과 정당: 거리의 좌파

현실을 규탄하는 것으로 충분하지 않다. 우리는 그것을 바꾸기를 원한다. 그러기 위해서 어쩌면 우리는 우리의 이상을 축소시켜야 할지도 모른다. 하지만 아무튼 우리는 그것을 실현할 수 있는 유일한 방법을 배울 것이다. ─ 호세 카를로스 마리아테기, 『호세 바스콘셀로스에 대한 인돌로히아』

대중매체들은 궁정정치의 음모 속에서 즐거워하고 진보정당들은 반복되는 내적인 위기를 겪고 사회적인 사파티스타들은 저항하고 정치적 사파티스타들은 구좌파와 음모를 꾸미고 있는 동안, 수백만 명의 성난 시민이 광장에서 항의하는 나라가 있다. 이 나라에서는 조직 노동자와 농민이 수많은 '민중전선'을 만들었으며, 신자유주의 정책들은 사회적·정치적 좌파의 집중적인 활동 덕분에 거리와 의회에서 종종 실패했다. 그리고 이 나라에서는 시민 좌파가 2006년 선거 조작에 대한 항의 시위에 거의 3백만 명에 가까운 사람들을 동원했다.

분명히 그것은 텔레비전들이 신경질적으로 보여 주는 멕시코도 아니었으며, 복고 세력들과 파시즘 세력들이 원하는 멕시코도 아니었다. 낙관주의를 부르는 나라는 평민의 나라, 즉 정상적이고 평범한 멕시코인데, 이 나라에서는 2003년과 2004년 초에 열 번 정도 보통 사람이 농촌의 구제와 민영화에 대한 제재를 요구했고, 식량과 의약품에 대한 부가가치세를 반대했으며 노동자 연방법(Ley Federal del Trabajo)의 반노동자적인 개혁을 거부했고 연금과 퇴직금을 옹호했으며, 2004년 3월 14일에는 수도의 좌파정부에 대한 기대와 지지를 보여 주면서 헌법 광장(la Plaza de la Constitución)을 가득 메웠다. 2003년 4월 12일에는 이라크 전쟁에 대한 반대 시위를 하면서, 그리고 6월 21일에는 게이, 레즈비언, 양성 혹은 트랜스젠더의 권리를 요구하면서 커다란 광장을 가득 메우기도 했는데, 그러한 시도들은 실패하지 않았다.

　2003년 3월 27일 농촌 구제를 위한 운동이 한창일 때 식량 주권과 고용, 존엄한 생활, 농촌과 도시에서의 지속가능한 발전을 추진하기 위해서 '노동자, 농민, 사회 전선'(el Frente Sindical, Camesino, y Social)이 만들어졌다. 이 전선은 노동자와 농민의 일시적인 동맹과 아주 유사한 것으로, 우리 좌파는 거기에 기대를 걸 것이다. 비전통적이고 초계급적인 운동의 시기에, 이렇게 노동자들이 하나로 수렴되었다고 해서 사회적 행위자들이 맡을 수 있는 배역이 사라지는 것은 아니며, 사실은 전선을 형성한 후 계속해서 활동하고 있다.

　분명히 퇴행적인 재정개혁, 전기의 민영화, 반노조적인 노동법이 노동자와 농민의 반대로 좌절되었다. 그러한 것들은 시종일관 반대한 사람들과 우연히 반대한 사람들의 일시적인 동맹으로 인해서 하원에서 통과되지 못했다. 하지만 그 전에 이미 지속적이고 통일적이고 진보적이고 전투적인 민중운동에 의해 거리와 광장에서 파기되었다. 이러한 대중운동은 시민적 증거, 즉 오늘날 '제도혁명당' 같은 야당이 보기에 폭스의 신자유주의 개혁들이 반드시 치러야 하는 것으로 보이는 높은 대가를 보여 주는 것이었다.

멕시코인들은 대부분 우파가 민주적인 이행을 하도록 하는 것을 선택한다. 우리는 그 비용을 싸게 지불하고 있다. 즉 '변화의 정부'가 추진하는 퇴행적인 변화들을 막으려고 5년 넘게 계속해서 대담하게 싸우고 있다. 그렇게 하는 것이 나쁘지 않았다. 다시 말해서 초국적 자본으로의 에너지 산업 양도, 교육과 의료의 민영화, 부자가 적게 내고 가난한 사람이 많이 내도록 한 재정개혁, 거짓 지도자들과 기업가들이 날조한 새로운 연방 노동법 등이 통과되지 못했으며, 통과되더라도 남아 있는 임기 동안에 어렵게 통과될 것이다. 지금 좌파에게 필요한 것은 우선 민중의 광범위한 합의를 구하고 그 다음에는 의회 내에서 필요한 다수를 만들기 위해서 실질적으로 그들과 협상을 벌이면서 자신들만의 고유한 대안을 추진하는 것이다. 왜냐하면 순전히 증거적인 논리만으로는 누구도 만족시키지 못하기 때문이다.

2003년 겨울, 농촌 조직들이 새 천 년을 위한 농민 강령(Plan Campesino)에 대한 합의에 도달함으로써 이러한 일을 했는데, 그러한 것들이 정부와의 협상에 도움이 되었다. 그 강령을 통해서 농민들은 한 부문으로서 전위가 되었을 뿐 아니라, 다음과 같은 것들을 확실하게 보여 주었다. 즉, 또 저항하는 것이 건설하는 것과 같은 것이 아니라는 것, 그리고 '적'의 '불길한 계획들'을 박살냈을 때처럼 부정(no)은 때때로 단 한 번의 타격으로 이기는 것이지만, 반면에 긍정(sí)은 항상 실현가능한 계획들을 집단적으로 차분하게 건설하는 것, 어떤 것은 양보하고 어떤 것은 얻어내는 늘 힘든 협상을 하면서 '적'과 대화를 하는 것, 아주 다양하고 때로는 의심스러운 조직들과 광범위하게 동맹을 맺는 것, 오랜 시간 동안 본색을 감추고 힘을 축적하는 것, 그리고 힘 있는 전진뿐 아니라 실망시키고 대결하게 하고 흩어지게 하는 후퇴들도 있는 것처럼, 눈길을 끄는 짧은 순간들과 별 다른 특성이 없는 긴 시간들로 이루어진 기나긴 과정을 통한 모든 것을 요구한다는 것이 그것이다. 민중 조직의 삶이 그러한 것이며, 따라서 모든 것이 저항하고 항의하는 것에 있다고 생각하는 사람은 생계를 위해 일하는 사람이 아니다.

하지만 농민만 제안이 있는 것이 아니다. 원주민은 오래 전부터 견고한 자치 계획안을 만들어서 그것을 법적인 용어들로 바꾸고 있으며, 노동자는 전기 산업을 민영화하지 않고서도 그것을 근대화하는 방법을 알고 있고, 독립노동조합운동에는 폭스의 노동개혁을 공격하는 사람들뿐 아니라 대안적인 개혁을 밀어붙이는 사람들도 있으며, 야당은 정부의 재정 개혁안처럼 퇴행적이지 않은 진보적인 안들을 가지고 있으며, 지방자치운동(movimiento municipalista)은 아주 명확한 이념을 가지고 지방정부의 강화를 추진하고 있고, 환경운동가들은 지속가능성이 직면한 문제들에 대한 해결책을 마련하고 있으며, 조직 여성들은 법적인 특권과 공공정치에다 성의 관점을 통합하는 것이 무엇을 의미하는지를 분명히 알고 있다.

그 다음으로 가장 장래가 유망한 좌파는 거리에 있다. 거기 즉, 거리에서 광장에서 공장에서 학교에서 밭(milpa)에서 과수원에서, 사회적 좌파는 계속해서 주체들을 선도하고 제안을 기획하고 있다. 다만 사회적 좌파는 좌파 전체가 아니다. 그 자체로 다양한 운동은 다양성이라는 장점과 개인주의라는 약점을 가지고 있다. 2년 전에 창설된 '노동자, 농민, 사회 전선'의 경우처럼, 분명히 수평적인 협정을 맺음으로써 합일을 이루고 공통의 강령들을 만들 수 있게 된다. 하지만 보편성은 다양한 것들을 단순히 합쳐 놓은 것이 아니다. 우리 모두가 타고 가는 배를 당당하게 공정하게 참여로써 지휘하려는 도전과 마찬가지로, '파멸당한 사람들'(jodidos)이 우선 선택으로 합의에 바탕을 두고 공동의 이익을 이뤄낸다는 것은 엄격한 의미에서 정치적 주체들을 요구하는 정치적인 작업이다. 우리 모두가 늘 모든 부분에서 그러한 정치를 하고 있다는 것을 알고 있기는 하지만, 그러한 정치가 응축되어 있는 공간들과 순간들과 행위자들이 있다.

거기가 바로 '상황이 매우 어려운' 곳이다. 왜냐하면 우리의 정치적 좌파가 심하게 동요하고 있고, 좌파 제1정당 '민주혁명당'은 위기에서 완전히 벗어나지 못하고 있기 때문이다. 80년대 말의 비조직적인 시민 반란을 구조화된 정치제도로 변화시켰던 것은 궁극적으로는 좋은 선택이었다. 반대로, 1994년과 2000년 연방선거에서 1988년의 마술을 되풀이하려고 했던 것은 그렇지 않았으며, 선거지상주의(maximalismo, 어떤 비용을 치러서라도 공화국의 대통령직을 획득하는 것)에서 국회의원직, 상원의원직, 시장직, 정부에 집중하는 것을 의미하는 선거 최소주의(minimalismo)로의 전환도 좋은 선택이 아니었다. 무엇보다도 선거자리를 놓고 벌인 치열한 경쟁에서 '민주혁명당'은 차 뒤를 쫓는 개와 어린 소녀들을 쫓아가는 호색 노인의 경험을 했다. 다시 말해서 그들은 그것들을 손에 넣자마자, 그들이 왜 그것들을 뒤쫓았는지를 잊어버렸다. 그럼에도 불구하고, 거기에는 예외들이 있었다. 즉, 1997년부터 포르투 알레그리와 몬테비데오와 보고타의 진보 정부들에게 일어났던 것과 비슷하게, 멕시코 시의 '민주혁명당' 시장들은 연이어 좌파의 거점과 진보적인 방식의 공공 행정 전시장이 되었다.

　마누엘 로페스 오브라도르는 가장 열렬하게 시민의 지지를 받는 정치가가 되었고 2006년 선거에서는 공화국의 대통령 후보가 되었다. 멕시코——좌파가 항상 반체제적이고 주변부적이었던 나라—— 역사상 처음으로, 좌파 야당이 연방 권력에 접근할 기회를 갖게 되었는데, 그것은 좌파가 통치를 잘했기 때문이기도 했지만, 그만큼 우파가 통치를 못했기 때문이기도 했다. 하지만 로페스 오브라도르의 선거 운동은 진정한 위업이었다. 왜냐하면 공정한 대중매체의 시대에, 오브라도르는 전국을 세 차례나 대부분 육로로 순회하며 3백만 가까이 되는 열정적 시민들을 도시와 농촌의 광장들로 불러모았기 때문이다. 그 결과 '민주혁명당' 표가 두 배가 되었고, 당국들과 실권자들이 그를 완전히 제거하려 했던 투표소들에서 승리를 거두었다.

3. 여러 가지 길

민주주의를 혁명화하기, 혁명을 민주화하기

　이것이 민주주의에 대한 대안을 바란다는 것을 의미하는가? 아니다. 우리가 바라는 것은 대안적인 민주주의이다. — 보아벤투라 데 소우자 산투스, 『지구화와 민주주의』

　멕시코를 신자유주의와 민중주의에서부터 동시에 벗어나게 한다는 것은, 경제성장과 사회정의와 환경위생을 양립가능하게 만들고 세계화와 주권을 조화롭게 하는 모델인 혁명적 민족주의뿐 아니라, 야만적인 자본주의와도 다른 길을 정의하는 것을 의미한다. 그러나 이것은 엔코미엔다의 일부일 뿐이다. 왜냐하면 민중주의도 마찬가지로 국가와 사회의 관계가 민주적인 메커니즘 대신에 충성, 후견인주의, 보상으로 유지되는 정치질서이기 때문이다. 그러므로 민중주의에 대한 정치적 대안은 새로운 민주적인 모델이어야 한다. 따라서 권위주의적인 시도들이 위아래로 다시 나타나는 식으로 대의제 민주주의가 위기에 있을 때, 선택은 또 다른 민주주의, 새로운 민주주의이다.

"인간은 인간을 잡아먹는 늑대다"라고 홉스가 말했는데, 그러기에 그것을 조절하는 국가가 필요하다. 스미스는 인간은 교환의 도구이며, 따라서 인간의 이기주의를 덕으로 만드는 시장이 필요하다고 생각했다. 사실 인간이 늑대나 기니피그라면, 리바이어던이나 '자유교환'이 그것을 복종시킬 필요가 있을 것이다. 하지만 인간이 연대적일 수도 있다면? 그것은 어디에 내기를 거느냐 하는 문제이다. 자기와 유사한 사람들이 태생적으로 인색하다고 생각하는 사람은 홉스가 바라는 것처럼 국가나 스미스가 바라는 것처럼 시장 같은 최고 조정자의 공공선을 기대하지, 결코 야비하고 인색한 시민사회의 공공선을 바라지는 않을 것이다. 반대로, 여러 사람 간에 연대가 가능하다고 생각하는 사람들에게는 정치나 경제가 굳이 사람들 고유의 에고이즘의 가치를 없애면서 사회성(la socialdidad) 위에 덧씌워질 필요가 없다. 왜냐하면 우리는 자동조절 장치나 독재자의 도움 없이도 공존이 가능하기 때문이다.

정확히 말하면 신자유주의적이라고 불리는 세계화의 시대에는, 국가가 자원을 할당하고 각자가 자기 자리에 있도록 하는 작업을 시장에 맡겨 버리게 되면서 약화된다. 하지만 실제로 그런 일은 없다. 국가는 한쪽으로 물러나 있는 것이 아니라, 시장과 기업 사냥꾼들(tiburones)의 대의와 연관되어 있다. 야만적인 자본주의에서 정치는 타락하고 악화되는데, 그 이유는 정치가 다른 방법들을 통해서 경제의 연장이 되기 때문이다. 따라서 매일 피 튀기는 식민지 전쟁(la guerra colonial)은 그러한 정치를 응축해 놓은 것이다.

20세기에 국가나 시장 둘 중 하나는 뒤로 물러나 있었다. 오늘날 우리가 알고 있는 바에 따르면, 중상주의적인 절대주의 질서에서는 리바이어던적 정치가 결국 경제에 명령을 내리게 된다. 카지노 경제에서 국가는 거대 도박꾼들에게 확실한 카드들을 건네주는 카지노 딜러이다. 남의 것을 도둑질하는 부르주아 세계에서는 기업들이 조직적인 범죄를 저지르는데, 거기에서 국가는 타락한 경찰이며 매수된 재판관이다.

하지만 전제적인 우상이 없는 사회는 의심할 바 없이 국가 없는 사회, 시장 없는 사회인데, 그러한 순화된 사회들은 인류 공존에 유용한 도구일 수 있다(적어도 우리에게 더 좋은 일이 일어난다). 사용가치의 우수성을 복원하는 것이 교환가치를 단념하는 것을 의미하지는 않으며, 참여민주주의를 강화하는 것이 대의제를 철폐하는 것은 아니다. 왜냐하면 국가와 시장은 전개과정이 역전되게 되면, 즉 주체가 대상이 되고 복지와 시민들을 대표해야 하는 공공 제도들과 돈이 오히려 그들을 반대하게 되면 그저 '냉혈 괴물'이 되어 버리기 때문이다.

혁명을 일으키는 것, 코말(comal)에서 토르티야를 뒤집는 것은 사태를 뒤집는 것이며, 오늘날 시장과 국가가 빼앗은 경제와 정치에 대한 권력을 노동자와 시민이 잡는 것이다. 이것이 새로운 민주주의이다. 다시 말해서 확장된 급진적 민주주의이며, '민주주의를 민주화하는 것'을 말한 보나벤투라 소우자 산투스가 바라는 "고강도 민주주의"이다 (Santos, 2003: 37~44).

시장을 복종하게 하고 국가의 콧대를 꺾으려면 사회를 강화해야 하는데, 그것은 정치를 탈신성화하는 것을 의미한다. 세속적인 정치가 필요한데, 노동조합과 사회운동에서뿐 아니라, 당파적인 교회 밖에서, 즉 공장과 농촌, 지역과 공동체와 학교에서도 행해지는 정치 말이다.

그러나 비공식적인 혹은 탈전문화된 정치의 가치를 주장한다고 해서 공적인 제도와 의회와 정당과 온갖 좋은 사람과 나쁜 사람이 다 있는 정치가 단체나 공식적인 민주주의 영역과 규범과 실천을 부정하는 것은 아니다. 국가는 특히 기존 질서를 유지하는 것과 관련된 문제일 경우에는 물지도 짖지도 않는 죽은 개가 아니다. 식민지 전쟁, 반란군에 대항한 수색작업, 탄압활동이 벌어진다. 하지만 문제가 기존 질서를 변화시키는 것과 관련되었을 때에도 국가는 모든 것이 부족하지가 않다. 현 상태를 그대로 유지하려면 위로부터의 권력으로 충분하다(그리고 더 나은 헤게모니가 있다면, 그것을 위해서는 대중매체들이 있다). 그러나 사태를 근본적으로 변화시키려면 위로부터의 권력과 아래로부터의 권력, 밖으로부터의 권력과 안으로부터의 권력이 필수불가결하다. 바위의 긍정적인 힘과 불꽃의 부정적인 힘 둘 다 필요하다. 즉 정착된 구조들과 그것의 관성에 저항하는 과정들 모두 말이다. 정치체제가 위기에 처했을 때, 투쟁의 장으로서 제도적인 영역을 거부하고 반동적인 '반란'을 주장하거나 (문 앞에 앉아서 체제가 무너지기를 기다리는 사람의 논리로) 자족적인 (autarquica) '저항'으로 자신을 방어하는 것은 진영의 절반을 권위주의에 넘겨주는 것이다.

게다가 공산주의자들은 강령의 힘만으로 ——사전에 논의도 없이 자동 임명된—— 프롤레타리아트와 인류의 역사적 이해관계의 전달자로 간주된 사람들인데, 그들은 대의제 민주주의에 대해 의심을 가지고 그것을 항상 불신과 관용으로 본다. 전위적인 전통 좌파는 확인 가능한 다수라는 개념을 회복해야 한다. 분명히 다수는 추상적인 투표 행위로가 아니라 정체성과 조직과 기획의 지난한 형성과 사회적 동원과 사전에 고지된 공적인 논쟁으로 정의된다. 하지만 선거는 국민의 정서를 가늠할 수 있는 받아들일 만한 방식이다. 선거는 순수한 혈통의 사람들의 정당, 자칭 계시 받은 사람들의 정당, 민중의 질적인 대표자들의 정당뿐 아니라, 새로운 전위적인 시민사회 조직들도 투표소에서 양적으로 잘 겨룰 수 있게 한다. 그런데 종종 이 새로운 전위적 시민사회 조직들은 확실한 사회적 합의의 존재를 지구적 행동주의와 고유한 신념과 대의명분의 이론적 견고함과 혼동한다.

대의제 민주주의는 직접민주주의를 거부하지만——산투스가 우리에게 상기시키듯이——직접민주주의에도 대표자들이 있다. 따라서 기본적으로 참여민주주의가 필요한데, 참여민주주의도 마찬가지로 대의제 민주주의의 메커니즘을 이용한다. 형식적인 민주주의 (신뢰할 수 있는 선거, 복수 경쟁, 조직과 표현의 자유, 투명성, 회계 책임, 직위의 취소가능성, 정보에 대한 권리)는 불가피하다. 하지만 확장된 민주주의(협의, 정보에 정통한 심의, 경영에의 참여와 합의의 도출)가 없으면, 형식적인 민주주의는 내용이 없다. 따라서 참여적인 내용이 없으면, 대의제 민주주의는 신뢰를 잃게 되고 힘을 상실하게 된다. 그러나 대의제 민주주의는 자주관리에서가 아니라 권위주의적인 방법에서 효력을 발휘하고 있다.

자주관리가 꽃피려면 민주적이고 적극적이고 에너지가 넘치는 강력한 국가가 필요하다. 강도가 약한 민주주의는 쉽게 무너지고 다수의 참여를 받쳐주지 않으며 권위주의로 이어진다. 반면에 튼튼하고 합법적인 제도들을 가지고 있는 강력한 민주주의는 가장 광범위하고 다양한 자주관리를 환영하고 선호하며, 그리하여 그것과 더불어 강화된다. 왜냐하면 하나의 민주주의가 있는 것이 아니라 여러 개의 민주주의가 있기 때문이다. 즉 권위를 공유하는 다양하지만 연결되어 있는 방식들이 공존하면서 중첩되어 있고 경쟁하고 대결하면서 계속 이어진다.

예를 들어, 원주민 공동체에서는 합의의 메커니즘과 전문적이지 않은 공적인 서비스가 순조롭게 기능을 한다. 하지만 더 광범위한 집단에서 대의제의 형식적인 제도들이 필요하다. 덕망 있는 다양한 사회는 수평적으로 엮어져 있다. 하지만 중요한 문제들에 대해서는 국가, 즉 다수를 억압하지 않으면서 그것을 통제할 수 있고, 대의를 중심으로 국민의 에너지를 집약시킬 수 있는 수직적인 메커니즘이 필요하다(카르데나스적인 국가가 없었다면 어떻게 우리가 석유를 되찾았겠는가? 국가가 없다면 오늘날 어떻게 농민을 지원하면서 식량주권을 행사하겠는가? 고용을 창출하는 국가 정책이 없다면 통상조약으로 잃어버린 노동주권을 장차 어떤 방법으로 회복하겠는가?).

사실, 하나의 민주주의 체제도 혹은 여러 개의 민주주의 체제도 없다. 이행 중인 민주주의들과 민주화 과정이 있을 뿐이다. '~에 대한 권력'의 문화에 대한 투쟁과 '~를 위한 권력'의 공동 행사가 이미 끝나 버린 어떤 것이 아니라 파괴와 건설의 과정에 있는 어떤 것일 때에는, 규범들과 제도들이 분명히 유동적이고 유연하며 일시적이다. 제방들이 아니라 수로들이다.

느린 혁명들

혁명은 우두머리(jefes)의 직무이다. 맑스주의처럼…. 그런데 모두가 우두머리로 태어나는 것은 아니다. 사람들은 혁명적인 것 때문에 피곤해한다. 매일 참지 못한다. — 다비드 비냐스(David Viñas), 『말을 탄 인간들』

20세기를 통해 우리는 요컨대 자본주의가 최종 단계에 있지 않다는 것과, 장기 지속적인 전지구적 구조에 직면한 상황에서, 급격한 정치적 전복으로 이해되는 국가적 반자본주의 혁명들로는 불충분하다는 것을 보았다. 왜냐하면 소멸하기를 바랐던 자본주의 후견인들이 다른 얼굴들을 하고 다시 돌아왔기 때문이다. 오늘날 우리는 정확하고 예외적인 수정이라고 이해되는 개혁들을 믿지 않는데, 그것들은 일반적으로 변화를 가져오지 못한 채 체제에 다시 흡수돼 버린다. 특권적인 총체적 국면으로서의 혁명이라는 이념과 연속적인 부분적 수정으로서의 개혁이라는 이념이 위기를 겪고 있다. 계획적인 역사적 변화의 패러다임이 사라지자, 다수는 공간적인 행동개시로 버티고, 그만큼 소수는 일시적인 결집에 특권을 부여한다. 그럼에도 불구하고, 다른 세계가 필요하며, 절실하게 그것을 열렬히 사랑할 필요가 있다는 것은 의심의 여지가 없다. 그렇다면, 또 다른 세계가 가능하기 위해서는 도처에서 일어나는 장기화된 전복이나 급진적인 변화에 대한 전략적인 계획으로 표현되고 연속적으로 일어나는 수정뿐 아니라, 개혁적인 혁명이나 혁명적인 개혁을 해야 한다는 생각이 든다.

나는 인스턴트 커피와 패스트푸드와 정치인들의 약속을 믿지 않는 것처럼, 순간적인 정의와 빠른 속도로 가는 유토피아들을 믿지 않는다. 나는 느리지만 완고하고 끈기 있는 혁명을 믿으며, 부드럽고 다양한 생산양식을 선호하는 개혁적인 혁명을 믿고(왜냐하면 자본은 인간과 자연을 배제하면서 오랫동안 기술을 동질화하는 것에 목숨을 겲으로써 우리를 벼랑으로 내몰고 있기 때문이다), 내부에 있는 사람들에 대한 착취와 외부에 있는 사람들에 대한 대학살(노동하는 사람들에게서 잉여가치를 수탈하는 것이 부당하다고 한다면, 이러한 것은 '잉여분'을 배제하는 것 이상을 의미한다)에 대항하려고 하는 정당한 혁명을 믿으며, 정당하지는 않지만 적어도 고분고분한 시장들(상업이 메커니즘이며 따라서 사회적·환경적 가치들에 무관심하기 때문에 거기로 피신하면 유용할 수 있다)을 제공하는 완만한 혁명을 믿고, 다양성 위에서 연대를 이루고 있는 사회적 상호작용들과 사람들이 꿰뚫어볼 수 있는 열린 국가(우리가 그것들을 보지 못하면 국가기구들의 관성이 무자비해지게 된다)를 선호하는 진보적인 혁명을 믿는다. 반면에 우리는 '하나의 혁명'이 아니라 여러 개의 혁명, 즉 평행적이고 연속적이며 대안적이고 혼합적인 혁명들을 바라고 있다(우리는 만장일치의 낙원과 운명적인 유토피아에 대해서 경계한다).

완만한 혁명은 '권력을 불시에 공격하는 것'에 힘을 다 써버리지 않는다. 우리 시대에는 겨울 궁전을 차지하고 있는 사람들이 실망하게 될 것이다. 다른 사회를 건설하는 것과 차르를 무너뜨리는 것은 같지 않기 때문이다. 불공평한 통상조약으로 억압을 당하고 다국적 기업들과 조직들에 의해서 경제적으로 종속되고 조야한 제국주의 열강들에 의해서 정치적으로 종속된 이류 국가들의 정부는 존엄성과 권한을 상실했다. 따라서 주변부 사람들의 세계에서는, 정부에 들어가는 것이 ——어떤 경로를 통하든지 —— '권력을 잡는 것'이 아니다. 왜냐하면 그것으로는 방향을 확연하게 바꾸기에 충분하지 않기 때문이다. 하지만 순수한 저항과 자주관리의 힘으로도 주요 사회들의 방향이 바뀌지 않는다. 권력은 시장과 그 시장의 법인적 제국주의적 야심가들을 바로 잡기 위해 필요한

데 … 권력은 국가에도 사회에도 없다…. 적어도 그것들이 각각 분리된 경우에는 없으며, 혹시 있다면 그것들이 고결하게 혼합되었을 경우에, 결합된 행동에 있다.

그렇더라도, 야만적인 세계화와 제국주의적인 전쟁의 시대에 국가적인 틀에서 할 수 있는 것이 많지 않다. 무엇보다도 '탈선하는 것'이 아니라 건설하는 것이 문제일 때에는 탈영토적 대안세계적인 망들의 활동이 지나친 것이 아닐 수 있다. 따라서 우리가 절박하게 필요로 하는 권력은 지방적인 수준에도 국가적인 수준에도 세계적인 수준에도 있지 않다. 아마도 그것은 세 영역들의 결합에 있을 것이다. 그렇게 되는 것이 더 낫다.

유토피아적인 현실주의와 세계적인 좌파를 향하여

유토피아들의 좋은 점은 […] 실현가능하다는 것이다. 동지여 공격을 시작해야 한다. 저쪽에 여명이 있다….—홀리오 코르타사르(Julio Cortárzar), 『다국적 흡혈귀들에 대항한 판토마들(Fantomas)』

새로운 좌파는 유토피아와 혼합된 가능성이며, 꿈을 꾸는 것과 밤을 새우는 것이고, 혁명과 개혁이며, 행해질 수 있는 것이 행해지는 시대에 불가능한 것을 요구하는 것이다. 왜냐하면 영감이 없으면 기술이 가치가 없으며, 시골사람들의 꿈이 없으면 '현실주의' 정치는 쭈그러들기 때문이다. 진보적인 실용주의는 온건하고 보수적인 중도좌파로 기운다. 왜냐하면 다수가 형성될 수 있는 곳이 거기이기 때문이다. 하지만 민주주의가 권력을 교체하는 정당들에 힘을 다 써버리지 않으려면, 별나고 과격한 정치, 소수자들의 정치, 반대의 소명을 가진 정치, 유토피아적인 영감의 정치를 할 필요가 있다. 왜냐하면 그래야만 스펙트럼의 중심을 진보적인 쪽으로 옮기는 정치적 변화를 얻을 수 있을 것이기 때문이다.

멕시코에는 공동으로 지배하고 법을 제정하면서 '민주혁명당'으로 구현된 현실 개혁주의적 의회주의 좌파가 있으며, 자주적 관리의 경험으로 영감을 유지하면서 새로운 사파타주의로 활기를 띠게 된 반체제적이고 유토피아적인 좌파가 있고, 조합과 시민조직으로 구체화되고 강력한 민중, 합의, 연결망, 캠페인들을 촉발시킨 사회적 좌파가 있다. 그러나 자신들의 이해관계에만 집중하다 보니 하는 일은 아무것도 없다.

따라서 좌파들이라고 복수로 말하는 오래된 방식을 회복하는 것이 좋을 것이다. 왜냐하면 우리에게 가장 필요한 것은 다양한 것들의 결실 있는 만남, 즉 개인주의를 부정하지 않으면서 그것을 초월하는 정치이다. 그렇지만 우리를 힘들게 하는 세계화 시대에, 세계를 집어삼키려는 공격적인 유일한 힘에 의해서 지배와 대학살의 정치가 보편화되고 있는 때에, 대항정치(contrapolitica) 역시 세계화되어야 한다. 그것은 '국제적인 것들'의 오랜 논리와 '창시자들'의 해석과 정설과 전위들(사회주의 국가들이 인류를 이끌며, 프롤레타리아가 농민을 이끌며, 정당이 소비에트들을 이끈다)에 있는 것이 아니라, 고귀한 다양성이라는 다중심적인 입장에 있다.

따라서 나는 좌파들, 혹은 원한다면, 사람이 사는 세계의 전체라는 그리스적인 의미에서, 여러 종파들의 만남이라는 기독교적인 의미에서 세계적인(ecuménica) 좌파를 주장한다. 이 다양한 좌파는 세계적·민족적·지방적이 될 것이다. 다양성이란 점에서 전투적이지만, 대의명분이 문제가 될 경우에는 서로 우애 있게 지내고 의견을 하나로 수렴한다. 그런데 이 좌파는 유토피아적이다. 행복을 뒤로 미루거나 미래에 대한 그리움으로 살아가지 않기 위해서, 매일 매일 마지못해 체제의 틈바구니에서 연대를 건설하며, 또 다른 세계에 대한 희망에 대해 만장일치를 이룬다. 하지만 그 층위는 여러 개이다. 양탄자에서 꾼 것과 같은 꿈을 해먹에서 꾸지 않으며, 요에서 꾼 것과 같은 꿈을 멍석에서 꾸지 않는다.

8장 _ 볼리비아
좌파와 사회운동들

루이스 타피아

좌파(izquierda) 또는 좌익(posiciones de izquierda)으로 일컬어지는 대
상은 다양한 정치주체들로 구성되어 있다. 여기서는 좌파를 효과적으로
분석하고자, 정치주체들을 정당, 노동조합, 정치-이데올로기 그룹, 사회
운동세력 등 네 부분으로 구별하고자 한다. 좌파는 시대와 국가에 따라,
이들 부분들과 다른 정치행위 세력들의 결합에 따라 다양한 모습으로
나타난다. 이 글에서는 각 부문들의 차원과 상황을 분석하기보다는 오
늘날 볼리비아 좌파의 현재 상황과 전망을 보여 줄 수 있는 주요한 역사
적 추이를 종합적으로 개괄해 보고자 한다.

볼리비아 좌파의 스펙트럼 안에서 노동조합과 노동운동세력이 주
축을 이루었다는 점을 고려한다면, 역사적 분석의 핵심은 노동조합과
정당 사이의 관계에 있다. 그럼에도 현대 좌파에 대한 연구는 최근 수십
년 동안 사회운동세력과 좌파 농민정당 사이에 존재하는 연결 관계에
집중할 것이다.

먼저 20세기 볼리비아 좌파의 주요 특징과 사건들의 역사를 소개
할 것이다. 둘째, 앞에서 언급한 분석을 역사적 준거점으로 유지하며 현

재 볼리비아 좌파의 구성을 분석할 것이다. 마지막으로 좌파의 미래 전망, 특히 사회운동세력과 정당 사이의 절속(articulación) 가능성을 고찰해볼 것이다.

1. 20세기 볼리비아 좌파의 약사

지난 한 세기 동안 좌파의 구성은 계급과 국가(nación)라는 두 축을 중심으로 이루어졌다. 20세기 말에 민주주의라는 세번째 축이 더해졌다. 이것은 좌파가 지역 엘리트와 국제 엘리트들의 착취를 비판하고자 조직되었고, 좌파가 노동자 계급을 조직화하는 데 전념해 왔다는 것을 의미한다. 여기에는 20세기 동안 이어졌던 노동자주의-사회주의 경향과 주로 20세기 초반 30년 동안 발전했던 무정부주의 경향이 있었다.

'사회주의당'(PS)은 1914년에 처음 창당되었다. 1920년대에 많은 지역에서 다양한 사회주의 정당이 만들어졌다. 이들 정당의 담론, 강령과 조직에 있어 사회주의와 무정부주의에 기원을 둔 이념과 활동가들이 서로 결합되어 있었다. 트로츠키주의자들은 1934년에 '혁명노동당'(POR)을 창당하였다. 동시에 그리고 어떤 경우에는 사전(事前)에, 노동자 지역연합들이 형성되었고, 많은 무정부주의자의 참여와 영향력 아래 신문들이 발간되었다.

이미 언급한 것처럼, 볼리비아 좌파의 중요한 특징은 정당과 정치 지향적인 노동조합 사이의 관계이다. 20세기 초반부터, 한편에서 좌파 정당, 다른 한편에서는 노조와 노동자 연합들이 실질적으로 나란히 성장하였다. 그리하여 이 시기에 장차 1920년대와 1940년대 사이에 주요 정당과 핵심적인 노동조합으로 발전하게 되는 노동자 계급 조직의 원초적 형태가 출현하였다. 볼리비아가 갖는 독특한 특징은 좌파 정당들이 역사적으로 노조를 위해 일한다는 점이다. 1950년대에, 특히 1952년 국가혁명 후에 노조는 볼리비아 좌파의 심장부가 되었다. 1952년 4월에 국가혁명이 일어나 광산과두체제를 대체하였다. 광산과두체제는 '민족혁명운동당'(MNR)과 새로운 정치지배체제 및 국가와 경제 개혁의 토대를 형성하였던 광산과 제조업[수공업] 프롤레타리아트 사이의 동맹에 바탕을 두고 있었다. 볼리비아에서 광산이 국유화되었고, 보통선거가 실행되었고, 농업개혁이 착수되었으며, 국가자본주의가 시작되었다.

이념적으로 보자면, 필명인 트리스탄 마로프(Tristán Marof)로 더 잘 알려진 사회주의자, 구스타보 나바로(Gustavo Navarro)가 대표적인 인물로, 그는 『잉카의 정의』(*La justicia del Inca*, 1926)라는 책에서 토지는 인민에게, 광산은 국가에게, 즉 농업개혁과 국유화라는 20세기 좌파의 강령을 설계하였다. 이 책과 관련해서 주목할 것은 '혁명국민주의운동' 강령, 또한 더 광범위하게는 1952년 국가혁명의 강령이 되는 것을 담고 있는데, 잉카의 조직 유형과 정의에 대한 그들의 원칙을 긍정적으로 평가하였다는 점이다. 그리하여 처음부터 좌파는 사회주의 전통, 민족문제 그리고 종족성과 스페인 정복 이전의 지역사(historia local)의 회복이라는 세 구성요소와 함께 탄생하였다. 마지막 구성요소는 이후 수십 년 동안 볼리비아 좌파에서 사라졌다가, 지난 세기 말에 다시 등장하였다. 뒤에 자세히 설명하겠지만, 마로프가 『잉카의 정의』와 『고원지대의 비극』(*La tragedia del altiplano*, 1934)에서 제시하였던 세 요소로 이루어진 강령은 20세기 말과 21세기 초에도 여전히 볼리비아 좌파를 구성하고 있다. 단지 이들 세 가지 요소에 한 가지가 추가되는데 1970년대 투쟁에서 등장한 민주주의라는 새로운 요소이다.

좌파의 두번째 큰 역사적 기획은 1938년에 설립된 '광산노조연맹'(FSTM)이 발간한 문건에서 제시되었다. 그것은 「풀라카요 테제」(Tesis de Pulacayo, 1946)로 알려진 것으로, 노동자, 사회주의자, 반제국주의자의 선언이다. 그때부터, 특히 1952년 이후, 노조와 그들의 전국적인 대변자인 '볼리비아 노조총연맹'(COB)은 볼리비아 좌파의 정치강령과 계획들을 제시하는 곳이 되었다. '공산당'과 '사회주의당'은 정치적 강령과 계획을 꼼꼼하게 입안하여 노동조합과 '볼리비아 노조총연맹'에 제출해서, 그들로부터 자신들의 정치적 강력과 계획을 노동운동의 공식 입장으로 승인을 받고자 하였다.

이 경향은 1970년에 비준된 '볼리비아 노조총연맹'의 「정치테제」(Tesis política)에서 보이는 것처럼 지속되었고, 더욱 확산되었다. 24년 차이를 두고 입안된 두 문건의 일반적인 특징은 노동자 계급과 그들의 정치 행동은 노동자 연합, 즉 1970년대에 전국 단위의 조직을 갖춘 '볼리비아 노조총연맹'를 중심으로 단결해야 한다는 점이다. 이것은 좌파에 의해서 인정된 주요 정치전략 문건에서 계급의 정치적 단결과 조직의 유형은 특정 정당이나 여러 정당들이 아니라 노동자 연맹이라는 것을 의미한다. 이는 정당에 대한 노조의 확실한 지배력을 보여 준다고 하겠다.

전통적으로 볼리비아 경제는 자연자원(은에서 구리와 가스에 이르기까지) 채취에 대한 의존성이 높은 특징을 가지고 있다. 이런 이유로 20세기 좌파 담론과 강령의 주요 두 가지 특색은 국민주의(nacionalismo)와 반제국주의였다. 따라서 1952년 혁명 이후 30년 동안, 자연자원과 그 자원을 채취하는 사업의 국유화는 항상 볼리비아 좌파가 주장하는 단골 메뉴였다(Zavaleta, 1983, 1986 참조). 이 주장에서 국민주의와 국가주의

(estatismo)의 결합은 국토의 산업화와 국가경제주권주의를 장려하는 발전주의 국가 형태로 나타났다.

1970년 '민중의회'(Asamblea Popular)로 다시 출현한 1952년의 공동정부는 노동계급을 조직하는 데 있어서 상이한 역량과 관련이 있다. 이들 노동계급 조직들은 나머지 노동자들을 대표하고자 했고, 처음에는 국민주의 정당, 그리고 후에는 좌파 정당으로 조직화된 볼리비아 사회의 다른 부분들과 함께 통치했다.

노동자 계급, 국민주의, 국가주의의 프로젝트는 1970년대 말까지 유지되었다. 그 당시까지는 마르셀로 키로가 산타 크루스(Marcelo Quiroga Santa Cruz)가 이끌던 '사회주의당'이 다층적 계급주의 프로젝트의 핵심에 서 있었다. '사회주의당'은 선거에서 대중의 지지를 구하고자, 자신들의 프로젝트를 '볼리비아 노조총연맹'과 일반 시민에게까지 제안하였다. 그 결과 '사회주의당'은 1980년 보통선거에서 7.65%를 획득하여 11명의 국회의원을 당선시켰다.

앞에서 언급하였던 것처럼, 1960년대와 1970년대에 좌파는 국민주의, 국가통제주의 그리고 노동자 계급의 정강에 추가적으로 '민주주의의 수호'라는 기본 노선을 받아들였다. 1960년대에는 레네 바리엔토스(René Barrientos) 그리고 1970년대에는 우고 반세르(Hugo Banzer)에 의한 우파독재가 이루어졌다. 1971년 8월에, 우고 반세르는 후안 호세 토레스(Juan José Torrez) 정부와 민중의회에 반대하는 군부 쿠데타를 일으켰다. 우고 반세르의 독재는 1978년까지 지속되었다. 1977년 대중동원은 반세르 정부로부터 사면과 1978년의 선거 실시를 얻어냈다. 1978년 선거에서 승리한 좌익동맹인 '민중민주주의연합'(UDP)이 정권을 이양 받는 것을 막고자 반세르의 지원을 등에 얻은 후보, 페레다 아스

분(Pereda Asbún)이 이끄는 새로운 군부 쿠데타가 일어났다. 이런 상황에서 좌파는 노동자 계급과 볼리비아 일반 국민의 정치적 권리와 자유를 되찾는 일에 역량을 집중하였다. 이 운동에서 좌파의 핵심적 역할은 민주주의와 관련하여 자신들의 전통적 위상을 재설정하는 것으로 표상화하였다.

과거에 민주주의는 사실 지배계급의 정치권력을 조직하는 수단(예컨대 '혁명노동당'처럼 조직 내에서) 또는 사회주의로 나아가는 단계(예컨대 '사회주의당'의 PS-1과 같은 그룹 내에서)로 이해되었다. 독재에 대한 노조의 대규모 저항운동 그리고 '민중민주주의연합'과 '사회주의당' 같은 좌파 정당들과 동맹들의 결정적인 압력으로 구체화되었던, 민주주의 회복과 시민의 자유를 요구하는 좌파의 위협으로 반세르 정부는 1978년 선거 실시를 선언하였고 사면을 승인할 수밖에 없었다.

민주주의로의 이행은 좌파, 주로 좌파 정당과 비-정당 조직들의 대부분을 포함하는 20개가 넘는 조직들의 동맹, 즉 '민중민주주의연합'의 선거 강화로 나타났다. 그 핵심에 '좌파민족혁명운동당'(MNR-I), '볼리비아 공산당'(PCB), '혁명좌파운동'(MIR), 즉 국민주의혁명 좌파, 공산주의 좌파 그리고 기독교민주주의 계열의 좌파가 있었다. 동맹의 강령은 기본적으로 1952년 국민주의 프로젝트의 회복과 지속에 기초를 두었다.

'민중민주주의연합'은 연속된 세 번의 선거에서 승리하였다. 1979년엔 득표율 31.22%, 1980년엔 34.05%를 획득하였다. 그리고 1978년 선거에서는, 무장군인들이 다시 쿠데타를 일으켜서 선거부정을 자행하고 선거 결과를 무효화하여 공식적인 수치는 알 수 없지만, 아마 큰 득표로 승리하였을 것이다. 1982년 민주주의 과도정부 동안에, '민중민주주의연합'이 다시 돌아와 의회 150석 가운데 57석을 차지하였다. 이는 많은 의석이라고 할지라도 다수파를 형성하기에는 충분하지 못하고, 의회 우파세력의 방해로부터 영향을 받을 수밖에 없는 의석 수였다.

1980년대 계급에 바탕을 둔 좌파 노조-정당의 프로젝트는 한계가 명확했다. 한편으로, 노조와 정당의 결속력은 너무 약해서 지속적인 선거 승리를 견인할 수 없었다. 다른 한편으로 노동운동은 정부와 국가, 양쪽에 지속적인 위기를 야기할 수 있는 놀랄 만한 저항의 힘을 보여 주었지만, 그 어느 쪽도 개혁하기에는 아직까지 역량이 부족했다. 결론적으로, 노동운동 세력과 좌파는 정치 강령에서 여전히 국가의 다른 사회 세력을 포함하는 고전적인 딜레마를 풀 수 없었다. 그것은 계급민주주의의 정치정강이었고, 바로 여기에 20세기 좌파의 강점과 약점이 모두 있었던 것이다.

2. 현대의 볼리비아 좌파: 정당들과 운동세력들

신좌파의 기원과 구성

1980년대와 1990년대의 좌파의 쇠락에 직면하여, 좌파를 구성하였던 조직들은 각기 다른 길들을 선택하였다. 중간계급과 국민주의 이데올로기에 바탕을 둔 정당들은 점차 신자유주의 프로그램을 받아들였다. 다른 조직들은 좌익 강령에 바탕을 두고 지속적으로 선거에 참여하였다. 이 조직들 가운데 대표적인 것이 '좌파연합'(IU)이다. '좌파연합'의 국회의원 수는 1990년대 초반 10명에서 1990년대 후반 4명으로 감소하였다.

좌파의 쇠퇴는 1985년경 시작된 민중 부문의 재조직화를 통해 저지되었다. 오늘날 좌파 성장의 주요 동력은 농민조합주의(sindicalismo campesino)인데, 1979년에 설립된 '볼리비아단일농민조합연맹'(CSUTCB)이 대표적이다. 이 조직은 라파스 아로마 지역에서 일어났던 아이마라 원주민(aimaras) 정치운동, 즉 카타리주의(Katarismo)의 정치통합 과정의 결과물이다(Hurtado, 1986). 이들은 1970년대 말경에 농민협동조합주의의 자율성을 쟁취하였는데, 이는 1978년에 창당된 '투팍카타리혁명운동'(MRTK)과 '투팍카타리원주민운동'(MITKA)이라는 두 정당에 의해 이루어졌다.

카타리주의는 국내 문화와 정치에 심대한 영향을 미쳤다. 카타리주의의 출현은 종족과 문화의 다양성뿐만 아니라, 이 다양성이 국가의 정치권력에 도전하고 개혁을 촉진시키고자 자율적인 방식으로 조직될 수 있는 다른 세계와 역사를 내포하고 있다는 사실을 보여 주었다. 동시에 카타리주의는 농민협동조합주의의 재조직화와 아이마라의 정치적·지식적 자치의 도입과 더불어 계급의 정치적 자율을 가져왔다. 카타리주의자들은 이것을 이른바 '계급과 국가의 쌍무적 바라보기'라고 부른다.

에보 모랄레스가 이끄는 융가스와 차파레 지역의 코카재배농민의 노동조합연맹은 '볼리비아단일농민조합연맹'의 하부조직으로 결성되었다. 모랄레스는 1981년에 코카재배노동조합운동에 합류하였고, 1994년 이후에는 코차밤바 열대지역의 다섯 개 연맹의 의장을 맡았다(Oporto Ordoñez, 2002). 이 연맹들은 1995년에 '마을주권회의'(Asamblea por la Soberanía de los Pueblos)가 되었고, 이는 후에 '사회주의운동당'으로 불리었다. '사회주의운동당' 속에 조직화된 코카재배농민들은 2002년 선거를 통해 볼리비아 좌파 내에서 자신들의 자치와 지배력을 보여 주었다. '사회주의운동당'은 전국 투표의 20.94%를 얻어 의회 157석 가운데 34석을 차지하였다. 이들은 볼리비아 9개 주 가운

데 4개 주에서 승리하였지만, 선거규정에 따라 단지 의석의 5분의 1정
도만을 획득하였다.

최근에 실시된 볼리비아 대통령 선거는 2005년 12월 18일
에 있었다. '민족민주행동당'(ADN)의 에보 모랄레스와 '사회민주
당'(PODEMOS)의 호르헤 키로가(Jorge Quiroga), 두 후보가 상대적으
로 선두권을 형성하였다. 모랄레스는 54%라는 절대 다수의 득표율로
승리하였다.

2002년 선거 이후 제2의 세력이 된 '사회주의운동당'은 명백하게
코카재배자 노동조합에 의해 조직된 정당이었다. 이는 노동조합의 내부
로부터 정당을 조직하겠다는 결정의 결과였다. '사회주의운동당'의 핵
심조직은 '마을주권회의'와 '코카재배자노동조합연맹'이다. '사회주의
운동당'이 선거를 통해 의회와 행정부에서 권력을 획득하고자 정당을
조직하는 발기주도권형 노동조합을 대표한다는 점에 있어서는, '사회주
의운동당'의 역사는 유럽 사회민주주의의 역사와 유사하다. 바로 이 지
점에, 이미 언급한 것처럼 구체적인 공동행동을 위해 함께 모이는 병행
구조 형태로 작동하는 볼리비아 노동조합과 정당들의 오랫동안 계속된
경향과 대조하여, '사회주의운동당'의 새로움이 위치하고 있다.

현재 좌파 사회운동세력의 중추를 형성하는 농민노동조합의 두번
째 그룹은 '볼리비아단일농민조합연맹'을 중심으로 움직인다. 설립자
펠리페 키스페(Felipe Quispe)의 지도력 아래, 농민협동조합주의의 중
심 '투팍카타리원주민운동'은 신자유주의 정책에 반대하고 국가의 법
적·경제적 구조의 변화를 요구하며, 특히 고산지대에서 대규모 운동을
전개하였다.

'사회주의운동당'과 '투팍카타리원주민운동'의 경우에서처럼 좌파

의 지도부 구성에 있어서의 변화는 그들의 지도자인 에보 모랄레스와 펠리페 키스페가 아이마라족이라는 사실에서 볼 수 있다.[1] 좌파의 지도부는 중산층에서 농민과 노동자 계층으로 바뀌었다. 이런 의미에서 볼리비아 정치, 특히 '투팍카타리원주민운동'과는 달리 분명한 좌파라고 할 수 있는 '사회주의운동당'은, 창당할 때부터 노동자 출신의 지도자들에 의해 이끌어진 브라질 '노동자당'과 유사한 경향을 보여 준다.

정리하면, 노동조합이 여전히 좌파의 핵심축을 형성하고 있다. 그런데 노동조합을 주도하는 사람들은 더 이상 노동자, 수공업, 광부들이 아니라 농민들이다. 바로 이 점이 볼리비아 신좌파에서 나타나는 실질적인 변화이다. 따라서 볼리비아 정당은 주변부와 시골에서 시작되어 도시로 도입되는 방식으로 구축되는 변환이 이뤄지고 있다. 의회와 일반 정치권에서 좌파의 영향력이 증가하였는데, 이는 특히 차파레의 코카재배업자의 경우와 같은 계급조직의 부활과 아이마라 원주민 문화정체성에 기초한 농민공동체조직 사이의 연계에 바탕을 두고 있다.

좌파의 정치적 혁신에서 비롯된 사회운동세력 구성에서의 변화는 이데올로기와 담론에도 반영되었다. 가장 주목할 만한 변화는 노동자 중심의 담론에서 정치주체로서의 원주민과 농민에 중심을 둔 담론으로 교체가 이루어지고 있다는 점이다(Albó, 2002 참조). 이 변환은 1970년대 카타리주의 운동과 볼리비아 동부, 아마존 그리고 차코 지역의 원주

---

1) 후에 펠리페 키스페는 카아라스(qa'aras, 백인)에 대항하여 대단히 배타적인 수사를 채택하였던 '파차쿠티원주민운동'(Movimiento Indígena Pachakuti)이라고 불리는 조직의 지도자가 되었다. 아이마라 국가의 권리에 초점을 맞춘 키스페의 담론은 비-원주민뿐만 아니라 케추아 사람들을 포함한 다른 종족의 원주민 유권자를 많이 소외시켰다. 그 결과로 그의 정당은 결코 아이마라 언어를 말하는 지역 외의 다른 지역에서 의미 있는 득표를 하지 못하였다.

민들(이들은 치리우아노-과라니 종족의 후손들이다)의 정치조직화 과정에 뿌리를 두고 있다. '사회주의운동당'의 원래 이름인 '마을주권회의'는 '볼리비아 단일국가주의'에 대한 코카재배농민들의 비판과 다양한 민중들의 주권 회복을 위한 욕구를 담고 있다.

따라서 신좌파의 이데올로기에서, 볼리비아는 오랫동안 그들만의 전통적 권력체계를 발전시켜 온 다양한 민중들로 구성된 하나의 국가로 간주된다. 볼리비아에서 '인디오적 요소'는 복수적이고 이질적이다. 이 점은 동부와 고원 지대의 조직과 정부 형태에 반영되어 있다. 이 조직과 정부 형태는 스페인 식민 시기와 그 이후의 공화국 시기 동안에도 사라지지 않았고, 오늘날 농민노동조합운동을 위한 조직적 버팀목이 되고 있다. 이러한 전통적 공동체 운동과 더불어, 1952년 농업개혁을 통해 소토지 농민이 증가하고 근대화되었던 코차밤바 계곡과 같은 지역에는 근대적 노동조합 형태의 운동도 존재한다.

운동세력과 정당의 정치적 강화는 민중계급이 정부에 직접 참여하는 볼리비아 좌파의 오래된 프로젝트의 재등장으로 이어졌다. 이 프로젝트는 1952년 혁명 후의 국민주의 정당 또는 좌파의 공동정부와 1970년의 '민중의회'(Asamblea Popular)의 시기에 제시되었다. 오늘날 공동정부 프로젝트를 구체화하려는 노력은 모든 마을들과 노동자, 농민, 원주민공동체 조직들의 대표자들, 이른바 '사회의 살아 있는 조직들'이라 불리는 이념의 수호자들이 참여하여 볼리비아의 기틀을 다시 세우기 위한 '국민제헌의회'(Asamblea Nacional Constituyente)를 개최하자는 제안으로 나타나고 있다. 그리하여 공동정부에 대한 좌파의 아이디어는 노동조합, 국민주의 정당 그리고 좌파가 행정부에 참여하는 계획으로부터 모든 마을, 공동체 그리고 노동자 조직 들이 지속적이고 제도적으로 정치 참여가 가능할 수 있도록 하는 급진적 민주주의를 위한 계획으로 확장되었다.

새로운 민주화 운동의 등장: '코차밤바 물과 생명 수호 위원회'의 경험

신자유주의 개혁에 따른 노동자 계급의 탈조직화와 약화는 2000년 코차밤바 시의 물 민영화에 대한 저항운동에서 출현한 민중조직의 새로운 민주적 유형에 의해 반전되었다. '물 전쟁'으로 세계적으로 알려진 이 운동은 국제 좌파와 신자유주의에 대한 저항운동의 아이콘 가운데 하나가 되었다. '코차밤바 물과 생명 수호 위원회'(Co-ordinadora de Defensa del Agua y de la Vida de Cochabamba, 이하 '수호 위원회')는 신좌파의 핵심인 사회운동의 새로운 민주적 유형의 지향점을 대표한다. 이런 측면을 고려하여, 이 장은 '물 전쟁'을 추동하였던 정치조직의 유형을 고찰하는 데 목적이 있다.

볼리비아 정부가 미국 국적의 다국적기업 베첼(Bechtel)에게 서명 날인했던 물관리체계의 민영화 계약을 뒤엎었던 '수호 위원회'로 대표되는 운동세력들의 동맹은 대규모 시민들의 조직 참여와 지역 조직, 노조, 관개위원회, 공동체, 농민노동조합 등의 재활성화, 요컨대 정치참여를 위한 지역공간이 활성화되고 이에 따른 지역 민주주의가 소생한 것에 따른 것이었다. 서명된 계약을 은폐하려는 정당과 경제 엘리트의 유착관계에 굴복당한 국내 민주주의에 대한 반작용으로, 국가 민영화 정책에 대항하는 참여와 동원의 대안 공간이 출현하고, 다시 출현하였다. 지역 민주주의가 다시 등장하였다. 그리하여 1990년대 말과 2000년에, 풀뿌리 민주주의와 지역 민주주의는 이미 다양한 사회적·정치적 그룹과 자문과 의사결정 회의 사이에 연대의 형태를 갖추었다. 이들 모임은 선출된 대표들이 참여하는 대규모 포럼으로 연결되었다.

'수호 위원회'는 '물 전쟁'에서 전략과 관련된 의사결정과 논의를 위한 민중협의회, 열린 카빌도(cabildos) 그리고 열린 의회와 같은 메커니즘을 통하여 직접민주주의를 위한 지역 조직들을 잇는 길로 인식되었다. 동시에 '수호 위원회'는 대의제 민주주의의 한 유형이다. 왜냐하면 지역 또는 부분별 자문회의와 대표자 선출에 근거하여 설립된 '수호 위원회'는 '수호 위원회' 조직의 부분을 구성하는 모든 조직들의 대표자들이 조정 과정에 참여하기 때문이다.

'수호 위원회'와 농민-노동자조합동맹 사이에 존재하는 기능의 차이를 강조하는 것은 중요하다. 조합동맹은 노동자라는 동일한 섹터가 구성하는 노조들의 연결망을 통합시킨다. 반면에 '수호 위원회'는, 지역 자치정부의 주권과 능력을 복원할 수 있도록 하는 국가(정치와 사회)의 재조직화에 참여하는 데 관심이 있는 다양한 섹터와 조직들(모든 조직들이 원래 계급기반 또는 섹터가 아닌)을 체계화한다. '수호 위원회'가 갖는 고유한 특징은 '수호 위원회'가 코차밤바 지역에서 직접민주주의를 위한 조직체이고, 또한 조직화된 섹터와 관련 섹터 조직을 갖지 못했지만 대의제 일반 형태에 맞게 행동을 하는 것들로 만들어진 일반 대의제의 한 유형이라는 점이다. '물 전쟁'이 성공했다고 가정하면, 다른 섹터들은 자신들이 시작한 재조직화의 과정과 투쟁을 좀 더 폭넓게 기획하고자 '수호 위원회'의 유형을 재생산하거나 혼합하려는 시도를 해왔다.

'수호 위원회'에서 구체화된 직접민주주의 프로젝트는 민중과 노동자 조직들의 의제의 일부가 되었다. 이 점은 국가제헌의회를 실현하고, 새로운 제헌헌장에 바탕을 둔 민주주의를 확립하기 위한 이들 조직들의 제안에서 잘 드러난다. 이 제안에 따르면, 새로운 제도는 직접민주주의 메커니즘——자문회의, 지역의사결정 회의(이웃, 공동체, 노동조합 등)——과 좀 더 큰 단위의 자문회의 공간에 참여할 지역단위의 대표자 선출 메커니즘을 결합시킨다. 그리하여 직접민주주의는 대의제 민주주의와 결합하고, 후자는 전자에 종속된다.

이런 의미에서, 2000년은 짧게는 '물 전쟁' 이후 '수호 위원회'에 의해 시작된 제헌의회 프로젝트는 직접민주주의와 대의제 민주주의와의 결합을 항구적 체계로 나아가게 하는 시도를 상징한다. 동시에, 지역(코차밤바)과 섹터 수준(물에 대한 접근을 위한 투쟁)에서 국가 수준에서의 정치로 이동하는 '수호 위원회'의 시도를 보여 준다.

3. 현대 좌파의 제안들

오늘날의 운동세력과 정당들의 정치 강령은 두 가지 기본축을 중심으로 이뤄지고 있다. 첫번째는 국가주권이다. 국가주권은 국가의 거시경제정책 결정의 자율성, 무엇보다 지하자원, 특히 탄화수소자원의 소유, 채굴 그리고 상업화에 관한 법적·경제적·정치적 통제의 회복을 함의한다. 이 맥락에 국가의 정치 민주화를 위한 전제조건으로서 자원의 국유화와 경제주권을 주장하는 구좌파와 신좌파 사이의 연속성이 있다. 현대 좌파의 강령의 첫번째 축과 관련하여, '사회주의운동당'은 시작부터 우선적으로 미국이 주도한 마약과의 전쟁에서 국가주권 이슈를 강조해 왔다. 그들의 주된 요구는 코카 산업을 국유화하여 코카잎과 가공물의 다각적 산업화와 상업화로 나아가는 것이었다. 2006년에 국가권력을 잡은 후에, '사회주의운동당'의 정치 노선은 탄화수소자원의 국유화와 볼리비아 가스 산업화로 향해 갔다.

좌파 강령의 두번째 축은 민주주의이다. 이는 새로운 정당조직을 통하여 의회와 정부에서 노동자들의 참여를 확대하는 것과 볼리비아 정치제도의 구조개혁을 수행할 제헌의회를 소집하는 것이라는 두 가지 계획에 바탕을 두고 있다. 오늘날 '사회주의운동당'은 기존의 민주주의를 지키고, 또한 노동자 대표자의 포섭을 통하여 민주주의를 쇄신하는 대들보 가운데 하나가 되었다. 이런 '사회주의운동당'의 위상은 1990년대에 권위를 잃은 정당들에 의해 운영됨에 따라 합법성을 상실하고 신뢰성을 잃어버린 선거민주주의 제도가 붕괴되는 것을 막는 데 도움이 되었다.[2]

2000년 '물 전쟁'에서 비롯된 세번째 축은 좌파의 두 가지 기본 강령, 즉 신자유주의에 대한 전국적 투쟁과 민주주의의 수호의 결합이다. 그것은 코차밤바의 공공 물 서비스에서 시도되었던 것처럼, 민영화에 대한 단순한 비판에서 국가와 국가 소유의 기업체의 민주적 운영을 통한 대안의 건설로 나아가는 것이다. '물 전쟁'과 민영화를 전국적으로 확대하는 법 폐지를 통하여, '수호 위원회'에 참여한 그룹들은 코차밤바의 동네 조직과 시민들이 참여하는 물 서비스의 운영에 관한 논쟁을 시작하였다. 이를 국가 수준으로 확대하면, 이들 사회운동의 주장은 볼리비아 중앙정부가 맹렬하게 반대하였던 공공 서비스의 집단적 자율운영을 포함하고 있다. 이 분야에서, 좌파의 발상은 1952년 혁명모델이 채택했던 자원 국유화와 국영기업체의 강화의 모델로 나아가고 있다.

---

2) [옮긴이] 이 책의 영어판에는 다음과 같은 내용이 추가되어 있다. "즉, '사회주의운동당'은 의회에서 양극단의 갈등을 일으켰음에도 불구하고, 의회를 자립적이고 다양한 논의가 이루어지는 기관이 되게 함으로써 정당대의제 체계를 강화하였다."

탄화수소자원의 국영화는 2006년 5월 1일 에보 모랄레스에 의해 공표되었다. 2003년 10월과 2005년 5~6월 사회운동은——일반적으로 '가스 전쟁'으로 알려진—— 두 명의 신자유주의 대통령, 곤살로 산체스 데 로사다(Gonzalo Sáchez de Lozada)와 카를로스 메사(Carlos Mesa)의 강제 사임을 불러일으켰다. 좌파 정당과 사회운동세력이 국유화를 요구하는 것에는 서로 동의했을지라도, 방법의 형태와 범위에 관한 합의는 없었다. 가장 극단적인 진영은 볼리비아 국가에 의한 외국기업에 대한 재정적 보상이 없는 즉각적인 몰수를 요구하기도 했지만, 다른 섹터——'사회주의운동당'을 포함한——들은 몰수하지 않고 적절한 보상을 하는 '점진적 국유화'를 주장하였다. 좌파가 권력을 잡자마자, 에보 모랄레스는 두번째 대안, 즉 외국 기업과의 관계를 완전하게 단절하지 않고 탄화수소자원 통제권을 가지는 것을 선택하였다.

2006년 5월 법령은 두 주요 가스전으로부터 볼리비아 국가의 이익 배당 몫을 대략 50%에서 82%로 실질적으로 증가시켰다. 탄화수소 섹터를 위한 새로운 법적 틀 아래, 정부는 조약을 재협상할 수 있고, 국제 시장의 변화에 따라 가스 기본 가격을 정할 수 있어, 국가가 징수할 수 있는 세금과 로열티를 증가시켰다. 국유화 이전에 대략 볼리비아 에너지 수익의 18%가 국가로, 82%가 외국 기업으로 들어갔다. 새로운 법은 이 비율을 역전시켰다.

4. 사회운동과 정당들의 연결고리

현재 볼리비아의 좌파에 대한 고찰을 마무리하기 전에, 우리는 좌파의 두 구성요소, 즉 정당과 사회운동세력의 관계에 대하여 생각해야 한다.

최근 좌파 운동이 쇠퇴하고 있던 상황을 반전시킨 '물 전쟁'은, 사회운동세력과 정당이 서로 관계를 맺는 가장 발전된 형태를 보여 주었다. 코카재배농민과 그들 조직들이 '물 전쟁'과 '수호 위원회'의 투쟁에 적극 참여하였다. 동시에 '수호 위원회'는 근년에 차파레에서 코카재배농민들이 전개했던 운동을 지속적으로 지지하고 연대하였다. 이런 연대가 차파레 코카재배자 노동조합과 고원지대의 농민노동조합 사이의 협력을 쉽게 하였다.

'수호 위원회', 특히 그 지도자 오스카르 올리베라(Oscar Olivera)는 지역과 국가 차원에서 운동세력과 정당이 동맹하는 데 주요한 역할을 하였다. 이런 노력의 결과로 사회운동세력들의 조정기구, 이른바 '사회주의운동당'의 노조, 사회운동 그리고 정치좌파들로 구성된 '마을본부'(Estado Mayor del Pueblo)를 만들고자 하는 제안이 생겨났다. 그러나 특정 이슈와 연관이 없는 하나의 국가 조정기구를 창설하는 프로젝트는, 2003년과 2004년 특정 동기 ──천연가스 수출 반대── 를 둘러싼 운동으로 되돌아가면서 타격을 입기도 하였다. 정부의 가스 상업화 프로젝트를 중지시켰고, 2003년 10월 곤살로 산체스 대통령을 물러나게 했던 '가스수호위원회'(Coordinadora del Gas)의 성공은 국내 조직들의 모든 운동과 요구, 프로젝트들을 전반적으로 통합조정하는 것보다는, 세부적이고 구체적이며 즉각적인 목표를 가진 노력들을 통합조정하는 것이 쉽다는 것을 보여 주었다.

따라서 '사회주의운동당'은, 연방정부 권력을 잡기 전, 지속적으로 노조와 다른 사회운동 세력들을 정치적으로 연결하는 형태라고 할 수 있다. 그럼에도 불구하고 '사회주의운동당'은 선거를 통해서 그들 운동세력을 배양했다고 할지라도, 전체 사회운동세력을 대표하는 정당은 아니다. 물론 '사회주의운동당'과의 직접적이고 조직적인 노동조합적 연결고리를 가지지 못한 다양한 노동계급 섹터들이 국내 정치에서 '사회주의운동당'이 그들을 대표한다고 느낀다는 의미에서 '사회주의운동당'은 점차 볼리비아 '노동자당'이 되어 가고 있다. 그럼에도 '사회주의운동당'은 계속해서 코카재배농민과 그들의 노동조합을 대표하는 정당이다.

5. 신좌파의 전망과 전략

볼리비아 좌파의 역사적 발전 과정을 비추어볼 때, 앞에서 설명한 운동세력들과 정당들의 전망은 무엇일까? 볼리비아 신좌파의 다원성과 그들의 힘이 다양한 사회운동세력과 정당 사이의 동맹에 바탕을 둔다는 점을 고려한다면, 그들의 전망이 서로의 통합조정 과정에 달려 있다는 것은 명확하다. 좌파의 주요 추동력은 노동조합, 공동체 그리고 '동부지역 및 고원지대 국민회의'(asambleas de pueblos del Oriente y del Altiplano) 등의 사회운동세력이다. 그리하여 2005년 12월 선거에서 좌파의 승리와 2006년 권력을 잡은 그들 정부의 전망은, 볼리비아 전역의 다양한 사회 부문에서 이미 발전하고 있는 정치 프로젝트의 요구들을 모으는 능력에 달려 있다.

또한, 좌파의 미래는 지역 민주주의와 노동조합, 공동체 그리고 다른 형태의 민중과 자문 대표단이 형성하는 공동정부의 심화발전에 달려 있다. 이 맥락에서, 좌파의 미래는 직접민주주의에 걸맞는 제도 틀을 형성하는 국가 개혁에 크게 달려 있다고 하겠다. 제헌의회에서 이 주제와 관련하여 민주주의를 어떻게 정의할 것인가라는 문제에 직면하였다. 이는 국가의 행정과 정치의 탈중심화와 현존하는 자유주의 틀(예컨대 군과 주 의회 선거)에 대한 최소조정으로부터 국가 연방화와 원주민의 자치까지 이른다.

그리하여 좌파의 정치와 선거에서의 전망은 기본적으로 오늘날 세 가지 다른 유형으로 진행되고 있는 민주주의와 지역 자율 정부의 미래에 달려 있다. 첫째는 스페인 정복시기보다 앞선, 국가가 거의 간섭하지 않고 있는 '원주민정부 공동체 구조'(estructuras comunitarias de Gobierno indígena)이다. 자율정부 형태로서 공동체 구조를 승인하는 것은 이 공동체 구조를 국가 정치체제 속으로 통합하는 국가 개혁을 요구한다.

둘째, 자문회의의 핵은 노동조합의 전통에서 비롯되었다. 그 핵은 다양한 환경에 따라 1952년 광산 중심지와 오늘날 여러 지역에서 발생한 지역정부 또는 '사회주의운동당'에 의해 통치된 차파레 무니시피오에서의 지역민주주의 형태로 전환되었다. 후자에서는 자유 대의제 민주주의 틀에 노동조합회의를 통한 직접민주주의적 내용이 포함되었다. 노동조합은 무니시피오 당국과 정당의 활동을 모니터링하고, 동시에 심의하는 주요 핵심 조직이 되었다.

셋째, 주민협의회는 무엇보다 민중 바리오(barrios)(특히 엘 알토 시에서)는 직접민주주의와 자율 통치의 한 형태이다. 이 조직들의 원래 목적은 공공 서비스와 '시민권리'에 대한 접근을 위한 캠페인을 하는 것이었다. 그렇지만 이 조직들은 점차 공공운영능력을 발전시켰고, 심의와 사회운동의 공간이 되었다.

그리하여 볼리비아에서 좌파의 미래는 크게 지역과 섹터의 민주주의와 자율정부를 유지·강화하고, 이들과 국내 대의제와 심의민주주의 구조를 결합하는 데에 달려 있다. 국가 차원에서, '사회주의운동당'의 정치적 힘은 국가의 9개 주 가운데 5개 주, 즉 라파스, 오루로, 코차밤바, 수크레와 포토시에서 증명되었다. 이들 주에는 상대적으로 다각화된 경제와 강한 시민사회가 있다. '사회주의운동당'과 좌파는 전통적으로 단작 경제의 엘리트가 지역의 정치와 시민사회를 통치하고 있는 볼리비아의 다른 반쪽 지역에서 지속되고 있는 세습적이고 후견인주의적 구조로 말미암아 상대적으로 미약한 상태이다.

2006년 7월 2일에 실시된 제헌의회를 위한 최근의 선거에서, '사회주의운동당'은 산타크루스와 타리하 주에서 승리함으로써 그들의 영향력을 모든 주로 확대하였다. '사회주의운동당'의 선거 영향력의 국가 전체로의 확대는 지역의 노동자 조직들로 하여금 다른 정당들과의 연대를 단념하고, '사회주의운동당'에게 투표하고 '사회주의운동당'과 연대하도록 하였다.

새로운 입법부는 수크레 시(국가의 사법 수도)에 위치하였고 볼리비아를 위한 새로운 헌법을 1년 안에 입안할 것으로 기대되었다. '사회주의운동당'은 의회에서 가장 많은 의석을 차지했지만, 그들의 제안을 통과시키기 위해서 필요한 3분의 2를 넘지는 못했다. 모랄레스 정부는 의회에 '시작'(origination)의 힘을 수여할 것을 제안하였다. 이는 의회가 볼리비아 국가의 구조를 변경시킬 수 있는 힘을 가지는 것과 함께 현재 존재하는 법적 틀 위에 있음을 의미한다.[3]

또한 '사회주의운동당'은, 볼리비아의 근저에 있는 갈등의 주 요인을 폭로하는, 탈중심화 주제와 관련하여 2006년 7월에 실시한 동시국민투표에서 승리하였다. 국민들의 대다수는 '자치주'를 형성하고자 하는 제안을 거부하였다. 그러나 4개주, 즉 산타크루스, 판도, 베니 그리고 타리하 주에서는 국민 대다수가 탈중심화에 투표하였다. 이들 주에서는 광산자원이 풍부한 지역에 거주하는 유력한 백인과 메스티소들이 높은 수준의 자율정부, 심지어 독립을 요구한다. '사회주의운동당'은 정확히 이들 주에서는 패배하였다.

'사회주의운동당'에 가장 영향을 크게 미치고 있는 모델은 지역정부에서 출발하여 국가권력을 장악한 브라질 '노동자당'이다. 볼리비아와 브라질 정치사는 서로 상당한 차이가 있음에도 불구하고 두 정당은 공통적인 특징을 보여 준다. 그들은 노동자의 리더십을 발전시켰고, 또한 다양한 조직들과 연대한 노동조합으로 유래한 좌파의 새로운 정당이라는 점이다. '사회주의운동당'이 시작할 때의 이미지는 코카재배농민들의 정당이었다 할지라도, 탄생한 그 순간부터 자신을 광역 국가정당으로 자리매김하고자 했다. 오늘날 '사회주의운동당'은 일반적으로 노동자들의 정당이다. 2002년과 2005년의 선거는 노동자에게 투표하는 노동자, 계급투표뿐만 아니라 국가주권의 원칙을 위한 투표였다고 평가된다.

중장기간의 경향은 다음과 같이 정리될 수 있다. 좌파 정당의 성장과 선거 승리는 저지대와 고지대 주민들의 조직(화), 자신들만의 정당

---

3) '사회주의운동당'은 새로운 헌법을 승인하기 위한 조건으로 최초 입법에서 규정한 국민의 3분의 2이라는 요구조항을 대신 3분의 2의 국민이 투표한 국민투표(national referendum)에서의 단순 대다수의 득표로 바꿀 것을 제안하였다. 국민투표는 완전하게 헌법 프로젝트를 승인 또는 거절해야 한다. '사회민주당'에 의해 지도된 우익 반대진영은 제헌의회에서 33%의 소수세력으로도 어떤 진보적인 발의를 막을 수 있을 만큼 충분했기에 '사회주의운동당'의 제안에 대해 논쟁하였다. 몇 달 간 지속된 의회 의사 절차규정의 격돌 후에, 이 장이 집필된 시점(2007년 1월)에, 24주제위원회(two dozen thematic commission)가 새로운 헌법의 내용(chart)에 대한 복잡한 심의를 시작하는 것을 허락하는 다수당(multiparty) 동의가 막 성사되려고 하고 있다.

을 조직한 농업노동자들의 운동, 물과 가스 등의 민영화를 저지하기 위한 사회운동세력들의 연대의 기나긴 과정 덕분에 가능했다. 시민사회와 사회운동의 힘은 다양한 문화와 마을들을 국가로 통합해야 하는 필요성 때문에, 원래는 농민들로 구성되었으나 민족적이고 다종족적 전망과 기획을 가진 좌파 정당의 성장으로 귀결되었다.

시대의 프로젝트는 조직과 운동의 다양한 과정과 중심으로부터 집단적으로 생성되고, 또한 그런 식으로 지속될 가능성이 있다. 1990년 저지대 사람들의 토지와 존엄을 위한 대행진에서 등장한 제헌의회 슬로건은 '물 전쟁'이 끝나갈 무렵에 '수호 위원회'에 의해서 다시 출현하였고, 이후에 좌파의 일반 정치 강령 중 하나가 되었다. '사회주의운동당'은 국가권력을 획득했을 때 제헌의회를 소집하겠다는 그들의 공약을 실천했고, 제헌의회는 2006년에 활동을 시작하였다. 볼리비아 정부 구조 개혁(을 개혁하고 실행하는 과정)은 제헌의회와 함께 끝나는 것이 아니라 다가올 오랜 시간 동안 국내 정치 활동의 핵심 요소가 될 가능성이 있다.

2005년 선거에서 '사회주의운동당'의 승리와 함께 볼리비아에서 민중과 공동체 권력은 새로운 역사적 국면으로 전환되었다. 이 국면은 에보 모랄레스와 '사회주의운동당'의 출현을 통한 볼리비아 국가의 리더십에서의 변화와 함께 시작되었다. 그리고 이 국면은 국가의 리더십에서 농민과 원주민이 정치적 존재로 성장하는 과정으로 계속될 것이며, 이는 향후 볼리비아 정치의 미래를 특징지을 것이다.

이와 동일한 의미에서, 또 다른 장기 이슈는 한편으로 자연자원을 국유화하는 과정과 이 자원들을 채굴하고 가공하기 위한 공기업의 새로운 네트워크를 형성하고, 다른 한편으로는 토지를 재분배하는 과정이 될 것이다. 지난 20여 년은 자연자원을 사유화했던 시기였다. 지금 이를 다시 국유화하는 과정에 있다. 이는 탄화수소자원, 일부 지역에서는 물 자원의 소유권과 대부분의 통제력을 다시 회복하는 것으로 시작되었고, 아마 향후 10년 동안 광산, 다음에는 산림과 생물다양성 등의 다른 자원 으로 이동할 것이다. 이 맥락에서 볼리비아의 좌파 정치는 기본적으로 국유화와 정치 리더십에서 노동자 존재의 성장을 의미한다.

1970년대 우고 반세르의 독재 시기부터, 토지는 사유화되어 군인, 정치인, 과두 정치가의 손에 넘겨졌고, 농촌에서 광범위한 라티푼디오 (latifundio, 소수의 지주에 의해 통제되는 광범위한 미경작지)가 형성되었 다. 국가는 부르주아지와 정치 엘리트의 이익을 위해 토지의 사적 소유 권을 확장하는 데 이용되었다. 지금 새로운 시기가 시작되었다. 농민과 원주민들은, 라티푼티스타의 토지집중과 그것을 재생산하는 상속구조 를 뒤집고, 근대적이고 공동체적 기준에 의거하여 토지를 재분배하고자 공공영역과 국가 기관, 특히 행정부, 입법부 그리고 제헌의회에서 그들 의 정치적 힘을 이용할 것이다. 또한 권력관계의 장기간 변환의 과정인 농업개혁은 향후 10년에 걸쳐 중요한 사회·정치적 투쟁의 목표이고, 또 한 목표가 될 것이다. 이 맥락에서 볼리비아에서 좌파 정치는, 이미 전개 되었거나 이제 전개되고 있는 원주민의 정치화와 정치적 존재로 말미암 아 탈식민화 차원을 가진 과정이 될 농업개혁을 중심으로 펼쳐지고 또 한 펼쳐질 것이다.

이상의 논의를 요약하자면, 오늘날 볼리비아 좌파의 강령은 국유 화, 농업개혁, 다문화 민주주의와 탈식민화로 이루어졌다고 말할 수 있 다. 이 기간 동안 이를 구상하고 앞으로 지지해야 할 좌파는 반-사유화 사회운동세력, 농업노동조합 그리고 국가의 노동당이 된 코카재배농민의 당으로 구성된 한 팀이다. 농업노동조합과 코카재배농민의 당은 현재 자신들을 좌익이라기보다는 원주민과 탈식민주의자라고 생각하는 고원지대와 저지대의 원주민 조직들과의 정치적 동맹의 축으로 작동하고 있다.

9장 _ 21세기 초 라틴아메리카 좌파의 약속과 과제

아틸리오 보론

1. '유일한 사고'[1)]에 대한 도전

이 장의 목표는 라틴아메리카의 정치적 지형에서 새롭게 등장하고 있는 '신'좌파의 일부 양상들을 살펴보는 것이다. 그런데 이 '신'좌파는 일부 국가들에서 전통적인 무대 ──정당체제나 대의제 등── 에서보다는, 자신을 모호하게 '중도좌파' 혹은 '진보'라고 정의하며, 아주 특별한 방식의, 새로운 사회운동으로 떠들썩하게 등장하는 가운데 엄청난 영향력을 획득해 왔다. 이것은 신자유주의 정책에 저항하며 '거리와 광장을 점령'하는 것에서부터, 최근 페루, 에콰도르, 아르헨티나, 볼리비아 정부를 연속적으로 전복시킨 것에 이르기까지 매우 다양한 방식으로 표출되었다.

---

1) [옮긴이] 여기서 '유일한 사고'(Pensée unique)란 이데올로기로서 우월성을 주장하는 신자유주의를 말한다. 번역어로는 '고유의 사고', '독특한 사고', '유일한 사고' 등이 있을 수 있는데, 이 글에서는 '유일한 사고'로 번역한다.

에드워드 카(Edward H. Carr, 1946)는 19세기 중반 '민주주의'라는 표현이 부르주아 계층과 그들의 동맹자들에게 매우 불쾌감을 주는 것이라고 했다. 그런데 오늘날 '좌파', '좌파주의자(의)', '민중주의자(의)'라는 표현이 풍기는 뉘앙스 역시 [과거] 그들을 불쾌하게 했던 것과 동일하다는 것이 입증되고 있다. 이러한 단어들은 과거 중국의 전통적인 지혜를 가진 특권지배계층들이 민중의 정치적 입장이나 제의를 단번에 거절할 때 '변별력이 없다'거나, '시대에 불화(不和)한다'거나, 혹은 단순히 '선동적'이라 부를 때 흔히 사용되던 것이다. 그런데 오늘날 우리가 살고 있는 세계에서는 이데올로기적으로 '좋은 분별력'을 가졌다는 것은 국제통화기금이 정한 정책——이것은 경제정책에만 한정된 것이 아님——에 복종하는 것을 의미하게 되었다. 이것을 좀 더 일반화시키자면, 워싱턴 컨센서스의 옹호자들이 제시한 정책에 복종하는 것을 의미한다. 피할 수 없는 시대적 요구와 화해한다는 것은 이미 정치적 행위자들이 우리로 하여금 세계화된 제국 속에 살게 하는 것을 실천했다는 것을 의미한다. 이것은 브라질의 페르난두 엔히키 카르도주 대통령[2]이 [2002년] 사임하면서 언급했던, "세계화 속에는 대안이 없고, 세계화 밖에선 구원이 없다"라는 말과 일맥상통하고 있어서, 우리를 지속적으로 놀라게 하고 있다. 따라서 시대와 불화하지 않기 위해서는, (모든 국가의) 정부들이 워싱턴 컨센서스의 강령에 말없이 순응하며, 그에 합당한 행위를 취해야만 한다. 이러한 방식으로, 이론의 여지가 없는 '유일한 사고'(la pensée unique)와 그것과 관련된 '유일한 정치'(la politique unique)가 통치하는 시스템이 확립되었다. 이러한 넌센스가 어디에서

---

2) [옮긴이] 카르도주 대통령이 브라질을 통치한 기간은 총 8년(1995~1998, 1999~2002)이다.

비롯되었는지 그 근원을 확인하는 것은 그리 어렵지 않다. 그것은 다음과 같은 신자유주의자들의 주장 ─ 시장이 최종적으로 그리고 결정적으로 승리하게 될 것이기 때문에, [종국에는] 단일한 정책유형으로 존재하게 될 것 ─ 에서 찾을 수 있다. 그들의 이런 주장은 우리가 긴축 재정, 인플레이션 억제, 허울뿐인 중앙은행의 '독립'(금융자본과 그것의 동맹기관과의 관계에서는 당연히 존재할 수 없는 것)과 같은 선택을 할 수밖에 없음을 의미한다. 따라서 우리는 시지프스 신화의 주인공처럼 영원히 완수할 수 없는 과제로 침묵 속에 갈등할 수밖에 없는데, 그것은 우리가 새로운 양도조건으로 투자자들의 신뢰를 얻어내려 하지만, 그것은 결국 인류의 생존을 위협하게 될 것이라는 것을 의미하는 것과 다름없다.

신자유주의 이론가들은 '소란스러운' 민주주의가 고요해야 할 시장에 뛰어드는 것에 대해 반복적으로 불평을 제기하고 있다. 요약하자면, 공화주의적 양식과 책임은 '민중선동'(demagogy) ─ 라틴아메리카의 어두웠던 시기의 특징인 포퓰리즘과 사회주의의 특징 ─ 과 양립할 수 없다는 것이다. 당시 라틴아메리카의 정치지도자들은 무책임하고 무절제한 전시행정으로, 소득 및 재산의 재분배를 위한 공격적인 정책을 제안을 하거나 그것을 실행에 옮기려는 시도를 했다. 예를 들면, 외국독점(기업)을 국유화시키거나 국가의 통제하에 두었고(두려 했고), 토지는 농장노동자와 농촌노동자들에게 재분배했고(하려 했고), 또한 노동, 상업, 금융 분야를 재조정하기 위해서 성가신 규례들을 만들어 냈다(내려는 시도를 했다). 슘페터(Joseph Schumpeter)는 이렇게 신설된 규례들을 자본주의의 '창조적 파괴' 과정이라고 냉소적으로 정의한 바 있는데, 이것을 오늘날 지배적인 신자유주의적 시각에서 보면, 라틴아메리카에서 독재군사정권이 지속적으로 들어설 수 있었던 가장 중요한 원인은 독재정권(들)이 이 지역의 허약한 민주주의(들)을 휩쓸어 버렸다는 데 있다. 대표적인 독재자들은 칠레의 살바도르 아옌데와 볼리비아의 후안 호세 토레스인데, 이들은 유행이 지난 구식의 유토피아적 담론의 매력에 빠져 자신의 일생을 바쳤다. 그리고 그 밖의 다른 지도자들은 외국으로 망명했다. 대신 그곳 사람들은 라틴아메리카 역사상 가장 피비린내 나던 폭정 속에서 여러 해 동안 고통받고 살지 않으면 안 되었다.

2. 신자유주의의 역설적 위기

라틴아메리카의 상황은 바뀌었다. 지난 세기 마지막 10년 동안 거대 사회운동들이 꽃을 피웠다. 1994년 선구자적인 멕시코의 사파티스타 반란을 시작으로 아르헨티나에서는 피케테로스운동이 일어났고, 그 뒤를 이어 프랑스와 한국에서는 대규모의 시민 및 노동자들이 파업을 일으켰다. 그리고 20세기 말에는 시애틀과 포르투 알레그리에서 [세계무역기구 정상회담에 반대하는] 대체 정상회담이 열리게 되면서 [민중의 시위는] 성숙되고 국제적으로 공고화되었다. 그리고 아르헨티나, 에콰도르, 볼리비아, 페루에서는 대규모 군중시위가 인기 없던 정부를 전복시키게 되면서, 이 대열에 합류했다. 그 결과 느슨하게 '진보적'이라고 정의되었던 새로운 정치세력들이 (베네수엘라, 브라질, 아르헨티나, 우루과이 그리고 최근에는 볼리비아, 에콰도르, 니카라과에서) 집권세력이 되었다. 이 정부들은, 라틴아메리카의 모든 사람들이 이미 너무나 잘 알고 있듯이 과거에 [경제적] 파괴를 가져온 [신자유주의] 정책들을 포기해야 한다고 절실히 느끼고 있었다. 그것은 아르헨티나가 아주 보기 드문 교훈——신자유주의 정책을 적극 받아들임으로써 회복할 수 없을 정도의 파국을 맞이함──을 남겼기 때문이다. 그럼에도 불구하고, 우리가 명확히 밝혀내야 할 것은, 일반적으로 라틴아메리카에서 가장 중요한 변화를 일으킨 것이 거칠고 가혹한 경제정책이 아니라(우고 차베스와 에보 모랄레스의 경제정책은 예외), 룰라 다 실바, 네스토르 키르치네르, 타바레 바스케스와 같은 정치지도자들의 부드러운 담론과 수사학을 사용한 연설이었다는 것이다. 그러나 이 모든 한계에도 불구하고, 라틴아메리카의 이데올로기적 환경에서 위와 같은 변화가 일어났다고 하는 사실은 너무나도 중요하기 때문에, 그것의 범주를 과소평가할 수는 없을 것이다.

필자는 이전 저서에서 라틴아메리카에서 발생한 가장 중요한 변화들의 몇몇 양상들을 검토한 바 있는데(Boron, 2003a), 그것들은 모두 이 새로운 형태의 사회운동이나 정치조직의 등장에 강력한 영향을 미쳤다. 이를 간단히 다시 말하자면, 필자는 이전 저서에서 라틴아메리카에서만 나타날 수 있는 예외적인 복잡성에 주목했는데, 그것은 라틴아메리카에서 신자유주의가 느리기는 하지만 점진적으로 소진되어 가는 특성을 보였다는 것이다. 의심할 여지 없이, 1990년대 중반 이후의 신자유주의의 쇠퇴는, 1970년대 우리의 기억 속에서 가장 잔혹했던 두 독재정권들──칠레와 아르헨티나──의 수중에서 획득되었던 압도적 영향력을 거꾸로 되돌려버렸다. 그렇다고 해서 오늘날 신자유주의가 후퇴했다고 주장하는 것은 언어도단이 될 것이다. 왜냐하면 시간이 지나도 신자유주의가 라틴아메리카의 사회, 문화, 정치 그리고 경제에 끼친 영향은 아직도 여전히 존재하고 있기 때문이다(Gentili and Sader, 2003을 참고할 것). 이러한 의미에서, 수년간 국제통화기금과 세계은행이 선정한 '모범적인 나라' 아르헨티나에서 신자유주의적 실험이 초래한 장엄한 붕괴광경은 하나의 위대한 교훈을 남겼는데, 그것은 아르헨티나가 고통스럽게 겪은 [경제] 위기들이 효율성(exemplary efficiency)을 앞세운 전형적인 신자유주의 정책들을 엄격하게 적용한 결과였다는 것이 판명되었기 때문이다.

오늘날 우리가 목격하고 있는 현상은 다소 특이하다. 특히 핵심적인 경제와 정책결정 분야에서는 (즉, 공무원, 재무장관과 경제장관, 중앙은행 총재, 정치 지도자들 등의 마음속에서는) 신자유주의가 공고화되고, 문화, 대중의식 그리고 정치 분야에서는 그것이 명백하게 약화되는 충격적인 괴리가 있기 때문이다. 신자유주의 경제정책들은 자신이 가야 할 길을 가고 있다. 하지만 1980년대와 1990년대 초와는 달리, 과거 독재의 공포를 떨쳐버리려 애쓰면서, 따라서 때로는 마지못해 무소불위의 권력자들과 그들의 현지 대리인들이 추구한 처방을 받아들이고자 했던 시민사회에 의해 보장되었던 지지를 더 이상 기대할 수 없게 되었다.

어쨌든 이러한 헤게모니의 경제적 요소와 정치적·이념적 요소 사이의 괴리가 라틴아메리카 역사상 전례가 없는 것은 아니다. 필자는 위에서 언급한 저술에서 우리 지역에서 과두적 헤게모니의 오랜 위기와 오늘날 신자유주의의 쇠퇴 사이에 확실한 유사점이 있다는 점을 제시하고 있다. 만일 전자(즉, 과두적 헤게모니)가 1930년대 대공황 직전 시기에 최고조에 달했다면, 그것의 쇠퇴는 수십 년까지 연장될 수밖에 없었을 것이다. 과두적 헤게모니는, (에콰도르 출신의 사회학자) 아구스틴 쿠에바(Agustín Cueva)가[3] 라틴아메리카의 고전사회과학서가 된 자신의 저서(Cueva, 1976)에 썼던 것처럼, 그것을 지탱하고 있는 물질적 패권 기반이 돌이킬 수 없을 정도로 악화되어도 즉각적으로 붕괴되지 않고, 대신 자신이 영향력을 행사했던 수많은 노선들이 천천히 소멸되는 과정 속에서, 혹은 어떤 경우는 수십 년에 걸쳐 붕괴되는 과정 속에서, 정확하게는 포퓰리즘적 정권이 갑자기 들어섰을 때 결정적으로 붕괴되었다. 비록 역사적 경험으로부터 어떠한 결론을 도출해 내는 것이 가능하지 않겠지만, 다음의 가설 ── '기본경제조건의 완전파산이 신자유주의를 만들어 낼 수 있다' ── 을 고려해 볼 만한 것은, 그것이 비록 기운 빠질 정도로 비관적이긴 하지만, 공공무대로부터 즉각적으로 혹은 필연적으로 소멸되지 않을 것이 틀림없기 때문이다.

그 이유는, 경제를 최우선으로 하는 정책 속에서 융합된 이념적이고도 정치적인 요소들이, 심지어는 극도로 불리한 조건 속에서도, 뜻밖에 그것의 생존을 보장하기 때문이다. 그람시(Antonio Gramsci)의 말을 빌려 표현하자면, 신자유주의의 완만한 고통은 '노인은 죽어가고 있는데 새 생명이 태어날 수 없는' 것과 같은 상황이라고 말할 수 있다. 이 위대한 이탈리아 이론가는 우리에게 그러한 순간에 모든 종류의 비정상적인 현상이 자주 나타난다는 것을 상기시켰는데, [라틴아메리카의] 정치적 이상 징후의 예들은 다음과 같다. (선거에 참여한 정당들이) 정권을 잡자마자, 선거 캠페인 내내 자신이 내건 공약들을 곧바로 깨뜨림으로써 나타나는 요란한 선거계약 위반의 경우. 특정 좌파 및 조직들이 수치스럽게도 자신의 원칙을 배반한 경우. 칠레의 아우구스토 피노체트, 아르헨티나의 카를로스 메넴, 페루의 알베르토 후지모리(Alberto Fujimori) 그리고 그들과 같은 부류의 인물들이 생존에 성공하여 자신의 정치적

---

3) [옮긴이] 아구스틴 쿠에바는 종속이론을 비판한 대표적인 인물이다. 그는 종속이론의 근원적 문제점은 자본주의 사회의 진정한 모순인 내적 계급 모순을 경시하고, 문제의 원인을 지나치게 종속과 같은 외적인 요인에서 찾는 데 있다고 주장한다. 그 역시 종속국가와 제국주의 국가 간의 모순이 존재함을 인정한 바 있으나, 그것 자체가 자본주의의 고유 모순인 계급 모순보다 상위에 있을 수 없다고 주장했다.

생명을 연장한 경우. 그리고 세계의 곡창지대가 될 수도 있었던 아르헨티나, 브라질, 우루과이에서 대부분의 국민들이 불필요하게 배고픔에 시달리는 폭력적 사회상황인 경우이다.

3. 왜 지금인가?

그렇다면 '이러한 새로운 반란적인 정치적·사회적 세력들이 왜 이 순간 등장하게 되었나'라는 질문을 하지 않을 수 없다. 물론 그것에 대한 원인은 매우 많고 복잡하다. 그리고 그것들이 주는 충격은 나라마다 다양하게 나타난다. 그럼에도 불구하고, 다음과 같은 기본적인 중요한 원인이 존재한다. 첫번째, 위에서 언급한 신자유주의가 생명을 다했기 때문이다. 그 과정은 이전에 일어났던 고통스러웠던 경제적·사회적 구조조정에 의해 발생된 모순들을 강화시켜, 새로운 사회적 행위자들 ──아르헨티나의 피케테로스운동 ──을 만들어 내거나, 이미 존재하기는 했지만 동원되거나 조직되지 않았던 사람들 ──굳이 언급하자면, 브라질과 멕시코의 농부들, 혹은 에콰도르와 볼리비아의 원주민들과 멕시코의 일부 원주민들 ──의 영향력을 증가시켰다. 그리고 워싱턴 컨센서스의 정책에 의해 생성된 빈곤과 사회적 소외의 증가 역시 중간 사회집단들과 분야들(소위 '중산층')을 즉각적으로 신자유주의에 반대하는 대열로 끌어들였다.

두번째, 정치적 좌파들의 이러한 새로운 표현들이 등장할 수 있었던 배경이 존재하는데, 그것은 이 지역에서 민주자본주의 모델의 실패와 밀접한 관련이 있다는 것을 언급할 필요가 있다. 필자는 이 주제에 대해 다른 저서에서 광범위하게 언급한 바 있기 때문에(Boron, 2000), 이 글에서는 그러한 주장을 반복하는 대신, 다음과 같은 점 ——지구의 일부분인 라틴아메리카에서는 소위 민주주의 정치체제 행위들이 촉발시킨 민중의 좌절이 그동안 강화되고 심화되어 지속되었다는 것 ——을 강조하고자 한다. [왜냐하면, 민중의 삶의] 사회적 조건들이 극적으로 악화된 때는 1980년대 초반부터 라틴아메리카에서 들어서기 시작한 이 지역 특유의 '민주주의 체제'하에서였고, 게다가 세계화 현상이 강화되고 있던 상황 속에서 등장한 이 새로운 사회운동들은 무엇보다도 소위 '시위 효과'라고 불리는 불안정한 충격을 확대시켜 왔기 때문이다.

유럽 국가들에서는 민주자본주의가 물질적 풍요와 사회적 정의를 생산해 내는 것처럼 보이는 반면 ——여기서 필자가 '것처럼 보이는'이라는 표현을 쓰는 것은, 그러한 것들이 민주자본주의가 생산해 낸 일종의 자연스러운 부산물이라기보다는, 실제로는 자본주의에 대항하는 하위계층들의 사회적 투쟁의 산물이라는 사실 때문임 ——, 라틴아메리카에서는 민주자본주의가 구조조정, 안정화 정책, 점점 더 불안정해지는 노동조건, 높은 실업률, 빈곤의 급속한 증가, 대외 취약성, 걷잡을 수 없이 늘어나는 국가부채, 그리고 우리의 경제를 강탈하려 하는 외국기업들의 등장을 초래했다. 민주주의는, 이를 다시 바꿔 말하면, (모든 콘텐츠를 갖추지 못한) 속 빈 강정의 민주주의는, '민주주의 정치로부터 극한의 악취를 제거할 수 없다'라고, 카르도주가 대통령이 되기 전에 말했던 것과 같이, 감정 없는 얼굴 형태로 축소되었다. 이 [어리석은 익살광대극의] 악취는, 이 정치체제가 생산체제와 부를 분배하는 형태로 근본적인 개혁을 할 수 없다는 무능함 때문에 생겨난다는 것을 그가 우리에게 확신시켜 준 것이다(Cardoso, 1985, 1982).

라틴아메리카는 자본주의 사회구조가 허락하는 제한된 범위 내에서 민주주의가 발전해 왔기 때문에, 그것의 수준은 거의 세계 최하위이다. 우리는 단순히 선거 민주주의를 갖고 있을 뿐이다. 그 이유는 [우리의] 정치체제가 기본적으로 과두체제의 특징을 갖고 있고, 또한 거대자본에 의해 조정당하고 있기 때문이다. 이것은 우리의 정치체제가 (자신의 이름으로 국가를 통치한다고 확신하는) 정당들로부터 완전한 독립을 누린다는 것을 의미한다. 그러는 사이 국민들은 (몇 년 만에 치러지는) 선거 때마다 대중매체를 장악한 지배그룹의 의지대로 조종당하며, 자신들을 복종시키는 임무를 부여받은 사람들을 선출해 왔다. 이러한 종류의 민주주의 체제하에서는 반복되는 절망으로 반항적인 사회세력이 등장하기 시작한다(Boron, 2006을 참고할 것).

세번째, 여기서 반드시 언급해야 할 것은, 이 과정 역시 전통적인 대의정치 형식의 붕괴가 초래한 위기로부터 시작되었다는 것이다. 라틴아메리카에서 새로운 사회적 시위형태가 등장했다는 것은, 의심의 여지없이, 과거의 거대 대중정당과 노동조합 조직의 전통적 모델이 쇠퇴했다는 것을 의미한다. 그런데 그것들이 쇠퇴하게 된 원인은, 두말할 것도 없이, 주변부 자본주의의 특성인 신자유주의적 구조조정정책 결과, 이들 조직 형태들을 뒷받침하는 '사회적 기반'에 변화가 일어났기 때문이다. 하위계급 전체가 상대적으로 지위가 하락되어 노동계급들 사이에 이질성이 증가했다. 대규모의(massive) '하위-프롤레타리아'(sub-proletariat)의 등장 —— (브라질 해방신학자) 프레이 베토(Frei Betto)는 이들을 '가난한 노동자 계급'(pobretariadó)이라고 명명함[4] —— 은 현대

---

4) [옮긴이] 베토가 정의한 '포브리타리아도'(pobretariadó)는 'Os pobres'(가난한 사람들)과 'A proletária'(노동자 계급)의 합성어로 '가난한 노동자 계급의 사람들'이라는 뜻을 갖고 있다.

자본주의가, 더 이상 필요치 않다고 내다버린 대중노동계급 부문의 증대로 나타난, 경제 및 사회적 소외를 반영한다. 실업자의 급증과 (공식적인 경제 부문에 매우 약한 연결고리를 가지고 있는) 극도로 불안정한 조건에서 일하는 노동자들이 증가했다. 그리고 마지막으로, (인종, 언어, 성, 성적 취향 등과 같은 다양한 분야에서) 다중적인 정체성에 대한 요구가 폭발함에 따라, 기존의 전통적 계급을 기반으로 하는 다양성이 상당히 감소되었다. 만일 우리가 이것에 시대의 새로운 현실을 제대로 읽어내지 못하는 정당과 노동조합의 무능함을 추가한다면, 그들의 조직구조와 관행 그리고 구식의 낡은 담론들은 비정상적으로 작동하지 않게 되어, 그들이 왜 위기에 처하게 되었는지 그리고 새로운 사회적 시위운동이 왜 등장했는지를 쉽게 이해할 수 있게 된다.

네번째이자 마지막 요인은, (우리가 힘들게 공들여 만든 완벽한) 리스트에 올리려고 한 것은 아니지만, 신자유주의에 대항하는 투쟁의 세계화이다. 이러한 투쟁들은 이 지구상으로 순식간에 확산되었는데, 그것의 진취성은 정당이나 노동조합으로부터 나온 것은 아니다. 라틴아메리카의 경우, 가장 중요한 역할을 한 것은 1994년 1월 1일 (멕시코의) 라칸돈 정글에서 신자유주의에 전쟁을 선포하며 등장한 사파타주의였다. 그리고 브라질에서 지칠 줄 모르고 투쟁을 전개하던 또 다른 비전통적 조직인 무토지농민운동은 사파티스타들의 충격을 증폭시켰다. 무토지농민운동의 봉기로, 볼리비아, 에콰도르, 페루 그리고 콜롬비아와 칠레의 몇몇 지역에서 농부들과 원주민들의 대대적인 시위가 연달아 일어났다. 아르헨티나 노동자들의 피케테로스 투쟁 역시 일반적으로 같은 성향의 특징을 보이며 등장했다. 워싱턴 컨센서스에 반대하는 비슷한 저항운동들이 시애틀을 비롯한 워싱턴 뉴욕, 파리, 제노바, 예테보리(고텐

부르그) 등 선진국의 주요 도시에서 일어났다. 그리고 브라질의 포르투 알레그리에서는 격년제로 세계사회포럼을 개최하며 아주 인상적인 성과를 내고 있다. 이런 (사회운동들이) 일종의 '도미노 효과'를 내며 등장한 것은, 하트와 네그리가 『제국』에서 밝힌 이론들──이것들은 세계적으로 각광을 받은 바 있음──(Hardt and Negre, 2000)과는 반대현상으로, 이 지구상에서 가장 멀리 떨어진 나라들에서 실행되고 있는 사회적 투쟁(들)과 정치적 과정(들) 사이에 밀접한 커넥션이 존재한다는 것을 드러내고 있다.

위와 같은 사실을 고려해 볼 때, 우리는 과연 신자유주의에 대한 대안을, 혹은 대안들을 경험하고 있는 중이라고 말하는 것이 가능할까?

이 문제를 다루기 위해서 필자는 처음부터 다른 프레임으로 접근해야 한다고 주장하고자 한다. 그 이유는 매우 단순하다. 왜냐하면 역사는 그런 식으로 전개되지 않기 때문이다. 역사는 미리 짜 놓은 각본대로 수립되지 않는다. 대문자 'H'로 시작되는 역사에 대한 비전은 신(God)이나 지도자(Fuehrer)[5], 중앙위원회(central committee)[6], 혹은 예언자가 이미 써놓은 텍스트에 지나지 않을 뿐, 인류가 맹목적으로 이끌어 나가는 것에 불과하다 (이러한 비전은 헤겔로부터 나온 것임). 역사에 대한 또 다른 비전은 맑스로부터 나온 것인데, [그에 의하면] 역사가 주는 비전은 변증법적 과정에서 나타나는 것으로 그 속에서는 미리 어떤 선입견에 의해 만들어진 가이드북이 없기 때문에 그것의 결과물들은 아직 미정상태(undecided)라는 것이다. 맑스는 자본주의의 역사적 전복을 위해서

---

5) [옮긴이] 나치 독일의 히틀러와 같은 지도자를 의미.
6) [옮긴이] 여기서 '중앙위원회'는 공산당의 대표적인 행정기관을 가리킴.

는 혁명이 필수적(indispensable)이라고 말했는데, 이때 '절대적으로 필요함'(indispensability)이 '피할 수 없음'(inevitability)을 의미하는 것은 물론 아니다. 무엇인가가 필요할지도 모르지만, 그것[혁명]의 출현이 반드시 냉혹한(inexorable) 것을 의미하는 것은 아니다. 바로 이러한 이유 때문에, 역사유물론(historical materialism)의 창시자[맑스]는 어떻게 자본주의의 최후의 위기가 사회주의를 추구하는 방향 속에서 스스로 긍정적으로 문제를 풀어나갈 수 있을 것인지, 혹은 가장 가공할 만한 야만적인 만행으로 인류를 거꾸러뜨리며 부정적으로 풀어나갈 것인지에 대해 말했다.

따라서 신자유주의와 자본주의에 대한 대안들이 존재하는 것은 명확해졌다. 하지만 그 대안들은 어떤 책에 쓰여져 있는 것도 아니고, 또한 (매우 감사하게도) 그것들이 무엇인지 우리에게 말해 줄 매뉴얼이 존재하는 것도 아니다. 그런데 그러한 대안들은 그람시가 러시아 혁명 이후 쓴 아주 짧고도 예리한 글과 정확히 일치한다. 그는 혁명의 과정이 아주 우수한 책들로부터 오는 것이 아니라는 것을 보여 주기 위해서, 맑스주의를 이용하여, 그것을 정확하게 '자본주의에 대한 혁명'(The Revolution against Capital)이라고 불렀다. 프랑스 혁명은 루소(Jean-Jacques Rousseau)의 붓에서 나온 것이 아니며, 러시아 혁명도 맑스의 『자본론』이나 레닌의 『러시아 자본주의의 발전』이라는 책 속에서 나온 것이 아니다. 중국의 혁명 또한 마오쩌둥의 『인민 내부의 모순을 바르게 처리하는 방법에 관하여』로부터 나온 것이 아니다. 이와 같은 요란스러운 특징을 보인 혁명들을 옆에 제쳐놓고, 우리는 자본주의가 1930년대 이후 [지금과는 다르게] 조금은 덜 떠들썩하게 재편된 것이 케인스의 일반이론(General Theory)으로부터 나온 것도 아니며, 또한 신자유주의가

1970년대 이후 프리드리히 폰 하이에크(Friedrich von Hayek)의 『노예의 길』(*The Road to Serfdom*) 때문에 등장한 것은 더욱더 아니라는 것을 알고 있다.

이러한 책들 속에 포함된 아이디어가 매우 중요하다는 것은 의심의 여지가 없다. 하지만 이러한 책들이 '역사를 만들었다'라고 주장하는 것은 가능하지 않다. 역사는 인민들에 의해, 그것도 그들이 투쟁하는 과정에서 만들어졌다. 그리고 지배계급에 의해서도 만들어졌는데, 그것은 권력의 상관관계가 그들에게 유리할 때였다. 신자유주의가 하이에크의 이론으로 축소될 수 없는 것처럼, 소위 '케인스주의'는 케인스의 업적을 능가하여 나타난 현상이다. 따라서 우리는 같은 방식으로, 오늘날 신자유주의가 추구하는 가치철학[에 대한 가정들]과 특정 정책들 사이에는 일련의 모순이 존재한다고 말할 수 있다. 하지만 그것들 중 아무것도, 존 윌리엄슨(John Williamson)에 의해 대중화된, 그 유명한 워싱턴 컨센서스처럼, 어떤 종류의 '모델'이나 혹은 일련의 계명(commandments)을 제시하지 못하고 있다. 왜냐하면 '모델'이나 계명은 실제로 파티가 끝난 이후에서야 필연적으로 나타나는 이론적 구조로, 역사가 진행되는 과정 속에서 실제 적용된 관례들을 코드화시킨 것이기 때문이다.

따라서 [이 문제를 다루기 위한] 출발점은 대안들이 실제로 존재한다는 것을 인정하는 것에서부터 시작해야 한다. 지배적인 '유일한 사고'는 신자유주의의 기본무기 중 하나로, 마거릿 대처는 끊임없이 '대안은 없다'(There Is No Alternative, TINA)라고 호소했다. 그런데 그녀의 주장은 너무나도 성공적이어서, 수많은 좌파 지식인들과 정치가들 ——이미 멸종한 '좌파 경제학자'들은 언급할 필요조차 없이—— 은 신자유주의 정권들의 통치를 문자 그대로 수용하기에 이르렀다. 그것은 대안이 없다고 생각한 사람들이 광기나 혹은 어리석음으로 선택한 유일한 방법이었다. 실제로 광기나 어리석음이라는 이 두 단어는, 경제위기가 만연되고 사회 해체가 우울하게 진행되고 있는 라틴아메리카에서 모든 것이 있는 그대로 지속될 수 있으며, 또한 대안이 없다고 생각하는 사람들에게는 가장 적절한 표현이다. 하지만 [이 지역의] 대량실업, 과반수 이상의 인구가 처한 가난, 사회정책의 부재, 감당할 수 없을 정도로 불평등하게 혹은 불법으로 들여온 외채 앞에서, 그들은 어떻게 대안이 없다고 생각할 수 있었던 것일까? 지금까지 [라틴아메리카에서는] 그렇게까지 많은 상상력을 필요로 하지 않는, 이미 존재하고 있는 대안들을 시도하려는 힘의 상관성이 부족했다. 따라서 이 문제는 인식의 문제가 아니라, 정치적 문제이다. 그런데 좋은 소식은, 점차로 이 힘의 상관성이 대중계급과 사회계층에 더 유리하게 변하고 있다는 것이다.

신자유주의에 대한 대안들을 —그것들은 틀림없이 많을 것임 —20세기 마지막 25년 동안의 경험을 바탕으로 정리해 보면, 다양한 수준에서 다음과 같은 요소들을 포함해야 한다는 것이 명백해졌다. 첫번째, 강력한 국가의 재건이다. 그동안 국가는 전통적인 정책에 의해 손상되었거나 축소되었다. 국가는 (만일 시장의 원칙이 지배하는 사회가 아니라면, 그리고 시민사회가 여러 계급으로 나뉘지 않았다면) 민주사회 건설을 가능케 하는 근본이다. 그리고 더 나아가서, 강력한 국가의 재건 없이는 [혁신적인] 프로메테우스의 임무 —시장을 공공의 이익을 옹호하는 규제 프레임에 종속시키고, 공공재를 보존하고, 신자유주의에 의해 가장 기본적인 권리를 빼앗긴 다수를 보호하는 일 —를 수행할 수 있는 힘을 갖지 못하게 된다. 두번째, 경제발전과정이 국내시장의 활성화, 부와 소득의 재분배, 지속가능한 생태개발계획으로 급진적으로 재선회해야 한다. 이 주장은 [1930년대] 수입대체시대로 돌아가자고 하거나, 혹은 현시대적 상황에서 시대착오적으로 보일 수 있는, 사람들을 혹하게 하는 '국가 자본주의'로 돌아가자고 하는 것이 아니다. 대신 이 주장은 공동체가 자신의 정책으로 생산 및 부의 분배 과정을 조정하는 역할을 담당해야 한다는 것을 의미한다. 따라서 가장 기본적인 일은 신자유주의 시대에 행해진 모든 것을 바로잡는 것이다. 예를 들면, 그동안 민영화된 기업들은 반드시 민주적 공기업의 통제하에 되돌려 놓아야 한다. 그리고 같은 논리가 중앙은행(들)에게도 적용되어야 한다. 중앙은행(들)이 자율을 누려야 한다는 것은 언어도단이다. 일부 기업들은, 다른 기업들이 공공 부문의 일부로 환원되는 동안, 현재의 소유주들의 손에 남게 될 것이다. 그리고 특정 분야의 또 다른 회사들은 새로운 혼합된 자산형태──외국자본, 국내자본, 공공 부문, 노동자, 소비자, 대중, NGO 등이 서로 다른 지분으로 참여하는 다양한 형태──를 띠게 될 것이다.

따라서 내용과 형식, 양 측면 모두에서 그동안 행해진 모든 것을 세심하게 바로잡을 필요가 있다. 신자유주의 정책이 대규모의 정치적 부패의 원인이었다는 것과 또한 국영기업에 축적된 사회적 부(富)가 일부 개인의 소유로 이전된 과정이 투명하고 정직하게 이루어진 경우가 거의 없다는 것은 이미 잘 알려져 있다. 따라서 민영화된 기업 대부분을 반드시 재-국유화(re-nationalize)시켜야 하고, 정부가 부도덕하게 규제를 해제한 것들을 재-규제(re-regulate)해야 하고, 군림하고 있는 자유주의를 종식시켜야 하고, 또한 경제 및 사회의 여러 분야에서 활성화 정책을 구현할 필요가 있다. 요약하자면, 워싱턴 컨센서스에 의해 부적절하게 명명된 '경제개혁'을 중단시킬 필요가 있다는 것인데, 이것은 실제로 반-개혁을 의미한다. 그리고 기본적인 경제개혁을 위한 순수한 프로그램으로 집단 복지서비스와 사회 발전을 위한 경제정책을 시작할 필요가 있다. 그것은 시장을 최우선시한 신자유주의 영향으로 명백하게 그릇된 가치체계가 수립되었기 때문이다.

이 거대하고도 반드시 필요한 국가의 재건과정에서 가장 우선되어야 하는 것은, 의심의 여지없이 과세정책이다. 이것은 라틴아메리카 경제의 아킬레스건이다. 부와 소득의 분배가 세계에서 가장 최악의 지역이라는 불명예로 추론할 수 있는 것은, 이들 나라가 세계에서 가장 불공평한 과세 제도를 갖고 있을 것이라는 점이다. 필자가 이미 다른 곳에서 주장했던 것처럼, 지배계급의 '세금 [납부] 거부권'(tax veto)은 라틴아메리카 대륙에서는 널리 만연된 현상이다. 이 지역의 오랜 식민지 경험은 하나의 전통을 만들어 냈는데, 그것은 정복자들의 특권과 부를 유산으로 받은 사회 지도층들이 뻔뻔스럽게도 세금을 납부하지 않는 특권을 누린다는 것이다. 실제로 [라틴아메리카에서는] 국민의 가장 빈곤계층이 빈약한 수입에도 불구하고, 소득분포 상위 10%가 부담하는 것보다 실제로 훨씬 무거운 세금을 부담하고 있다는 것은 잘 알려져 있다. 만일 새로 들어선 정부들이 근본적으로 이 문제를 다루고자 하지 않는다면, 그리고 지금까지 그러한 의지를 보이지 않고 있다면, 그들이 선거기간 동안 약속했던 모든 공약들과 반-신자유주의적 레토릭은 마치 사상누각처럼 붕괴될 것이다. 즉 기본적인 세제개혁 없이는, 국가의 재건은 물론 우리 시대 위대한 도전을 위한 적극적인 정책들도 펼칠 수 없게 될 것이다. 그리고 이 두 문제를 해결하지 않는다면, 국가의 혼란상황은 변화되지 않은 채 그대로 남아 있게 될 것이다.

이 절을 마무리하기 위해서, 필자는 전후 케인스 모델이 유일한 해법이 아니었던 것처럼, 가까운 시일 내에 포스트-신-자유주의 해법 역시 유일한 정치적 모델이 되지 않을 것이라는 점을 주장하고자 한다. 만일 케인스주의가 스웨덴, 일본, 미국과 같은 나라에서 다양한 모습으로 나타났다고 하는 것이 사실이라면, 우리는 왜 포스트-신-자유주의가 모든 나라에 동일한 제안을 할 것이라고 기대하고 있는 것일까? 그러한 동일함 역시 가장 최근의 신자유주의적 경험 속에는 존재하지 않았지만, 우리는 그 속에서 좀 더 세분화된 하위 유형과 특정 기능을 가미한 유형들이 다양하게 나타났다는 것을 알 수 있다. 따라서 신자유주의에 대한 대안들은 그것들보다 앞서 다양하게 나타난 정치적·경제적 공식들처럼 다양하게 나타나게 될 것이다. [과거] 케인스주의나 신자유주의가, 자신의 시대, 자신을 차별화시키는 고유의 특성들을 뛰어넘어 자신만의 목소리를 내었던 것처럼, 포스트-신-자유주의의 등장에도 [향후] 똑같은 일이 일어나게 될 것이다.

4. 보수적 '가능론'의 저주

지금까지의 설명으로 신자유주의에 대한 대안들이 존재한다고 인정한다고 하면, "과연 신자유주의 정책을 사용할 여지가 아직도 남아 있는가?"라는 혼란스러운 질문을 던지지 않을 수 없다. 이 질문에 대한 답은 반드시 질적으로 우수해야 한다. 어떤 경우 단호하게 '네'라고 답할 수도 있겠지만, 또 다른 경우 그 답은 긍정적이기는 하지만 유보조항이 달릴 수도 있다. 따라서 가장 낙관적인 경우로 평가된 브라질의 경우를 살펴보고자 한다. 만일 누군가가 브라질 정부에서 일하는 관료들에게 브라질 정부는 왜 그동안 워싱턴 컨센서스의 규범들——그것들은 신자유주의 경제정책을 강화시키는 목적 외에 다른 것은 없음——을 조금이라도 벗어난, 다양한 경제정책들을 추구하지 않았냐고 질문한다면, 브라질리아의 그들은 정확히 미국 비즈니스 스쿨에서 배운 그대로 다음과 같은 교과서적인 답을 할 것이다.

"브라질은 국제 투자가들의 신뢰를 얻을 필요가 있다. 우리는 외국 자본을 필요로 하며, 엄격한 재정 규칙을 주시해야 한다. 왜냐하면 그렇지 않으면 우리의 [국가위험] 등급이 걷잡을 수 없이 치솟을 것이고, 그렇게 되면 어느 누구도 브라질에 단돈 1달러도 투자하지 않을 것이기 때문이다."

이는 룰라 정부 1기를 이끈 전제였으며, 그의 재선 이후로도 달라지는 점이 있을 것이라는 암시는 없다.

이러한 논쟁의 나약함을 입증하는 데는 그다지 많은 노력이 필요하지 않다. 만약 이 세상에 성공적인 포스트-신자유주의 정책을 추구하기 위한 필요조건을 모두 갖춘 나라가 있다면 그것은 브라질이다. 만일 브라질이 아니라면, 과연 어느 나라라고 할 수 있을까? 라파엘 코레아의 에콰도르일까? 타바레 바스케스의 우루과이일까? 에보 모랄레스의 볼리비아일까? 강한 정치적 의지를 갖고 있으면서도 국제적 상황이 극도로 유리한 차베스가 리더십을 발휘하는 베네수엘라일까? 아니면 아르헨티나일까? 그런데 브라질은 다른 측면에서 모든 것을 갖춘 나라이다. 브라질은 거대한 영토에 모든 종류의 천연자원을 갖춘 나라이다. 브라질은 거대한 농업자원과 목축자원, 풍요로운 광물자원, 지구상에서 가장 큰 강줄기들을 사용하여 만들어 내는 재생 가능한 에너지 자원, 대서양을 향해 뻗어 있는 8,000km 해안에 존재하는 풍부한 수산물 자원, 약 2억에 가까운 인구, 세계에서 가장 중요한 산업하부구조, 비록 가난이 무겁게 짓누르는 사회지만 사회·문화적으로 높은 수준의 통합을 이룩한 나라, 그리고 세계 최고 수준의 지식인들과 과학엘리트들을 가진 나라로서 풍요롭고 다원적인 문화를 창출해 내었다. 그리고 브라질은, 더 나아가 충분한 자본을 가진 나라이다. 비록 재력을 가진 계층의 사람들이 [어떠한 세제개혁 정책도] 반대하고 있지만, 세제개혁을 통해 충분한 국가재정을 가질 가능성이 있는 나라이다. 그런데 브라질이, 이러한 극도의 풍요로운 조건을 갖고 있으면서도, 만일 자신을 신자유주의로부터 구해 내지 못한다면, 우리는 패배하고 말 것이다. 그리고 우리가 할 수 있는 최선은, 궁극적으로 시장의 승리라는 역사의 판결 앞에 겸손히 무릎을 꿇는 것이다. 다행스럽게도 브라질은 이 경우에 해당되지 않는다.

[우파가 그렇게도] 경외하는 '유일한 사고'로부터 '보수적 가능론'(conservative possibilism)이 추론해 낸 것은, 브라질처럼 예외적인 조건을 가진 나라에서도, 아무것도 변화시킬 수 없다는 것이다. 브라질의 일부 뛰어난 관료들이 우리에게 확신시켜 준 것은, 만일 브라질이 가능한 한계를 넘어 지배적인 경제적 합의를 포기한다면, 끔찍한 처벌을 받게 될 것이며, 또한 그것은 룰라 정부를 종식시킬 수 있다는 것이다. 그럼에도 불구하고, 아르헨티나가 최근 겪은 경제적 변화는 우리에게 교훈이 될 수 있다. 라울 알폰신 정부 초기부터 페르난도 데 라 루아 정부의 재정파탄 순간까지, '가능론'은 아르헨티나에서 집중적으로 배양되었다. 전세계적으로 신자유주의적 두뇌집단들에 의해 부단히 고취되어 온 그릇된 현실주의는 시장의 변덕과 탐욕에 국가의 정치적 의지와 행정을 내맡김으로써 아르헨티나를 역사상 최악의 위기로 몰아넣었다. 게다가, 부에노스아이레스가 역사상 처음으로 맞이한 깊고 광범위하게 만연된 경제위기 속에서 모라토리엄(외채 채무 유예)을 선언한 것은 이미 잘 알려져 있다. 그리고 아르헨티나는 매우 소극적으로 몇 개의 이질적인 정

책들을 실시했는데, 그 중 가장 확실한 것은 외채의 70%를 지불정지 시킨 것이었다. 이후 아르헨티나는 높은 경제성장률——이 책의 초판이 출판된 2007년 초까지, 4년 동안 멈추지 않고 지속적으로 성장했는데, 이 경제성장률은 중국과 비교될 정도로 높음——을 보이며 경제적으로 발전하기 시작했다.

필자는, '개혁을 목표로 하는 정부는 언제나 유혹에 빠질 수 있는 가능성이 충분히 있다'는 것을, 룰라가 취임하기 전에 이미 예고한 바 있다(Boron, 2003b). 혁명이 일어날 가능성이 없다는 주관적이고도 객관적인 상황에 직면해서——이것은 오늘날 브라질뿐만 아니라 라틴아메리카 전 지역에 공통된 특징임——, 잘못된 일반상식은 자신의 적들을 수용하며, (총체적인 조건부 항복을 피할 수 있는) 현실의 간극 속에서 몇 개의 작은 탈출구를 찾으려 한다. 그런데 이 전략의 유일한 단점은, 역사가 우리에게 가르쳐준 것처럼, '가능성'(possibilism)이 '현상 유지'(immobilism)로 전환되지 않도록 피하는 것이 나중에는 불가능하게되어, 궁극적으로 파국을 맞게 된다는 것이다. 이러한 사실은 '중도좌파'와 연정을 성립한 아르헨티나와 일반적으로 사민주의에 좀 더 가까운 스페인, 이탈리아, 프랑스의 경험에서 명확히 드러나고 있다. 좀 더 일반적으로 표현하자면, 이것 역시 막스 베버의 이론에 기초한 것으로, 그는 자신의 유명한 강연집 『직업으로서의 정치』의 마지막 단락에서 다음과 같은 결론을 내리고 있다. 즉 모든 역사적 경험으로 미루어 볼 때, '인간은 자신의 불가능을 뛰어넘는 노력을 지속하지 않는다면, 가능한 일을 성취할 수 없게 될 것'이라는 것이다(Weber, 1982). 베버의 이와 같은 언급은 우리 라틴아메리카 대륙의 경우 더욱 중요하게 다가온다. 그 이유는 진정한 혁명이란 이 지구상에서 가장 불평등한 사회적 구조를 가진 지역에서 제도적으로 몇 가지 개혁을 시도할 필요가 있을 때 나타난다는 것을 역사적 교훈을 통해 뼈저리게 느끼고 있기 때문이다. 그리고 사람들을 동원할 수 있는 대담한 유토피아적 정치적 비전이 없다면, 개혁주의자들의 충동은 곧 수그러들 것이고, 정부의 지도자들은 굴복하게 될 것이며, 그들이 이끄는 정부들은 실망스러운 일상 행정업무에만 매달리게 될 것이다.

강력한 개혁에 대한 열망은, 의심의 여지없이 실현가능한 것으로, 반드시 로자 룩셈부르크의 경고——사회개혁은 개혁을 하고자 하는 사람들이 아무리 순수하고 활동적이라 하더라도, 그 이전에 존재했던 사회의 성격까지 바꾸어 놓지는 않는다——를 무시하는 것을 의미하지 않는다. 그런데 라틴아메리카의 거대 민중에게는 무엇보다도, 소련의 해체와 사회주의 진영이 사라진 이후부터 국제체제의 특징이 된 후퇴와 패배의 시대에 혁명이 아주 급박한 정치적 의제가 되지 못했기 때문에, 사회개혁이 가장 그럴듯한 대안이 되었다. 개혁에 대해서 로자 룩셈부르크가 에두아르트 베른슈타인(Edward Bernstein)의 유명한 은유법——"적도를 횡단하는 여행자들이 인지하지 못하는 것처럼"——을 언급하며 우리에게 상기시킨 것은, 그것이 사회주의에 도달할 때까지 천천히 혹은 단계적으로 진행되는 혁명이 아니라는 것이다.

서구 사회에서 지난 100년 동안 진행되었던 사회-민주적 개혁을 살펴보면, '개혁은 자본주의를 극복하는 것만으로도 충분치 않다'라는 명제를 반박할 수 없다는 것이 입증된다. 개혁은 의심의 여지없이, '시스템 내부에서' 아주 심오한 변화들을 생산해 냈지만, 자신이 공언한 '시스템 변경'이라는 목표를 달성하는 데에는 실패했다. 현재의 국내 및 국제적인 환경 속에서, 개혁주의는 좀 더 가능성 있는 대안들을 추구하기 위한 객관적이고도 주관적인 필요충분조건들이 생성될 때까지 단지 앞으로 전진할 수 있는 유일한 기회를 제공하는 것처럼 보인다. 그런데 그동안 많은 개혁주의자들이 실수를 한 것은, [개혁의] 필요성과 미덕을 혼동한 것이었다. 비록 [때마다 일어난] 개혁들이 성취될 수 있었다 하더라도, [그동안] 개혁주의자들이 저지른 실수는 그것들을 사회주의 건설을 위한 적당한 도구로 만들지 못했다는 것이다. 만일 그 개혁들이 어떠한 방식이라도 약속한 것들을 책임졌다면, 사회주의 건설에 아주 귀중한 공헌을 했을 것이다. 하지만 그것들이[개혁들이] 우리를 [사회주의 건설이라는] 목적지로 안내하지는 않는다. 현재의 상황에서, 그것들은[개혁들은] 가능하지만, 단순히 한계 조정만이 아니라 근본적인 변화가 필요한 야만적인 세계에서는 바람직하지 않다. 사파티스타들이 말한 것처럼, 만일 '새로운 세계를 창조하는 것'에 관한 문제라면, 그러한 일을 시작한다는 것은 개혁의 조심스러운 한계들을 아주 많이 초과하는 일이 될 것이다. 그러나 우리는 '결정적인 그 날'이 도래할 때까지 팔짱을 낀 채 기다릴 수만은 없다. 만일 개혁이 민중의 에너지로 시작되어 민중의 세력을 구축하게 된다면, 다시 말해서 만일 그들이 이 지구상에 존재하는 힘의 상관성을 저주받은 하층계급에게 유리하게 변화시킬 수 있게 된다면, 이러한 개혁들은 놀라울 정도의 영향력이 있는 변환 잠재력을 포함하게 될 것이다. 이것이, 지금 현재를 위해서 그리고 좀 더 나은 대안이 없는 상황에서, 우리가 할 수 있는 종류의 개혁이기 때문에, 라틴아메리카를 관찰해 볼 필요가 있다.

아르헨티나의 경우가 보여 준 것은, 실제로 브라질보다 훨씬 더 약하고 취약한 나라라고 할지라도, 국제통화기금이 수십 년 동안 아르헨티나의 경제에 대한 아주 나쁜 조언(조지프 스티글리츠Joseph Stiglitz의 표현에 의하면)과 '국제 금융 커뮤니티'가 떠들썩하게 언론을 통해 보인 지지 —과거 메넴 정부를 칭송한 것처럼 오늘날에는 룰라 정부를 극찬하고 있음—에도 불구하고, 경제가 성장할 수 있다는 것이었다. 그 충고를 따른 나라들이 전세계에서 주요 위기국가로 전락한 것은, '현실주의'를 추구한 그들의 특징 때문일까? 그런데 그 위기라고 하는 것은, 묘하게도 투기꾼들과 그들에게 기생하는 사람들을 부자로 만드는 동안, 나머지 사람들을 노예로 타락시켰다. 케인스는 냉정하게도 (투기꾼들과 그들에게 기생하는 사람들 편에서) 만일 누군가 몸이 조금 불편한 사람이 있다면, 그들을 안락사 시켜야 한다고 조언했다. 그렇다면 진지한 경제학자들 —여기서 우리가 말하는 경제학자들이란, 속임수를 쓰며 기업의 이익을 대변하는 경제학자들이 아님 —은 경기침체를 유발시키는 정책들 —한편으로는 부자들을 지원하며 거대 독점기업들에게 세금을 부과하지 않은 채 그들의 권리를 확고하게 해주며, 또 다른 한편으로는 외채에 대한 높은 이자 지불, 정부의 공공지출 감소, 국내시장 제한, 실업률 증가, 소비 제한, 단기 투기 자금 유입 허용, 대다수 가난한 사람들이 지불해야 하는 간접세 증대 —로 경제를 성장·발전시킬 수 있다고 믿고 있는 것일까? 그리고 이것이 진정 라틴아메리카 국가들을 신자유주의의 잔해로부터 구출할 수 있는 유일한 방법이 될 수 있는 것일까?

아르헨티나의 대통령들은, 지속적으로 이 보수적 '가능성'에 따라 시장을 진정시키고 불평하는 모든 사람들을 제때에 만족시키면서, 국가를 통치했다. 거대자본과 국제통화기금의 귀청이 터질 것 같은 큰 목소리들이 부에노스아이레스를 지배하자, 당시 아르헨티나 정부는 그들의 요구나 명령에 따르는 것을 한 순간도 주저하지 않았다. 그리고 동시에 하층계급의 신음소리에는 전혀 귀를 기울이지 않았다. 결과는 너무나도 명백하게 나타났다. 브라질의 룰라 제1기 정부의 경험은 안타깝게도 훌륭한 정치 지도자의 리더십이나 '노동자당'과 같은 대중정당을 기반으로 탄생한 정부도 자신이 가야 할 올바른 길을 가지 못했음을 보여 주었다. 즉 20여 년 전, 새로운 그리고 좀 더 정의로운 민주 사회 건설을 위해 탄생한 '노동자당'을 기반으로 한, 브라질의 룰라 정부는 집권 이후 올바르지 못한 길을 선택했다는 것 ──이전 (카르도주) 정부보다 덜 민주적이고 또한 더욱 정의롭지 못한 자본주의 사회를 구조적으로 확립시켰음── 을 명백하게 증명했다. 가짜 민주주의 체제하의 브라질은 자본이 일부 소수의 손에 집중되어 있는 국가로, 이 시기 더욱 이러한 현상이 강화되었다. 이것은 2002년 중반 브라질 대선을 앞두고 미국의 조지 소로스(Jorge Soros)가 한 말──"결국 어떠한 경우에도, 시장이 브라질을 지배하게 될 것이기 때문에, 브라질 국민이 룰라에게 투표하는 것에 개의치 않는다"──이 옳았다는 것을 증명하고 있다.

5. 포스트-신-자유주의로의 힘든 이행과정

최근의 라틴아메리카 역사를 잠시 들여다보면, 그 지역에서의 슬픈 신자유주의 역사를 종식시키고 새롭게 시작하려는 열정에 사로잡힌 국가들 ──이것은 라틴아메리카 국가들이 원칙적으로 자신들을 내세우기 위한 최소한의 수사학적 표현에 불과함── 에게 아주 심각한 영향을 미치는 것처럼 보이는 장애물들이 존재한다는 것을 알 수 있다. 확실한 것은 시민들이 선거를 통해서 신자유주의를 거부한다는 것을 명확히 했음에도 불구하고, 경제 분야에서 신자유주의가 변하지 않은 채 때때로 아주 거친 방법으로 혹은 비극적인 방법으로 최고의 자리를 지속적으로 유지하고 있다는 것이다.

2002년 브라질 대선에서 룰라는 신자유주의를 지속시키려는 카르도주의 후계자들을 패배시켰다. 그리고 비슷한 현상이 2006년에도 나타났다. 대중들의 신자유주의에 대한 거부는 여러 다양한 나라에서 나타났는데, 그것을 살펴보면 다음과 같다. 여러 번의 선거에서 가공할 만한 대중인기로 선거에 당선되었던 차베스가 2006년 12월 베네수엘라 대선에서 자신의 인기를 또 다시 확인한 것(압도적으로 승리한 것). 2006년 니카라과 대선에서 다니엘 오르테가가 승리한 것. 같은 해 에콰도르에서 라파엘 코레아가 당선된 것. 볼리비아에서 민중들의 시위가 산체스 데 로사다와 메자 정부를 전복시키자, 2005년 말 대선에서 에보 모랄레스가 압도적으로 승리한 것. 아르헨티나에서 네스토르 키르치네르가 제1기 정부 기간 동안 역사상 최고의 인기를 누린 것. 국영기업의 민영화를 고집스럽게 거부한 우루과이 국민들의 수십 년 동안의 투쟁이 2004년 대선에서 타바레 바스케스의 승리를 가져온 것. 이를 뒤이어 칠레에서 미첼 바첼레트가 승리한 것이다.

그럼에도 불구하고, 다음과 같은 심각한 질문을 던질 필요가 있다. 신자유주의를 종식시키겠다고 호언장담하여, 대중의 절대적인 지지로 정권을 잡은 이 지역의 모든 정부들이 왜 포스트-신-자유주의 정책에 항복했는가 하는 문제이다. 이러한 상황을 설명하기 위해서는 다음과 같은 여러 가지 요인들을 살펴볼 필요가 있다.

첫번째, 시장의 권력이 증대되었기 때문이다. 신자유주의 경제정책이 수십 년 동안 시행되면서 실제로 독과점 기업들과 거대 다국적 기업들이 시장을 장악한 반면, 정부 기구들은 해체되고 국영기업들은 민영화되어 국가의 기능이 축소되었다.

이러한 모든 현실은 지배적인 부문들이 정부들에 대한 협박이나 압력——자본 유출, 투자 파업, 투기 압력, 공무원들에 대한 뇌물수수 등——을 행사할 수 있는 능력을 부여한다. 이에 저항하기 어려운 정부들은, 불가능하지 않다면 자신이 했던 선거 공약을 더 나은 시기로 연기한다.

두번째, 제국주의의 지속과 그것의 속임수 때문이다. 제국주의는 신자유주의 정책들이 지속적인 힘을 발휘할 수 있도록 일련의 도구들을 사용하여 휘어잡을 수 없는 정부들을 '징계하는' 메커니즘을 사용했다. 미국은 무거운 외채를 지고 있는 이 지역 정부들이 자신들의 경제정책 프로그램을 가능케 하는 워싱턴이 주는 혜택들——한편으로는 라틴아메리카 국가의 상품이 미국시장에 진출하는 것을 보장해 주는 '선별적 조약'을 해주는가 하면, 외채에 대한 불명확한 재협상을 해주기도 하고, 아니면 그들의 국가 경제에 여러 유형의 자본과 투자의 유입이 용이하도록 필요한 절차를 승인해 줌——에 의지하게 했다. 이 모든 것은 제국주의의 경비견 역할——이 역할을 한 기관은 주로 국제통화기금과 세계은행인데, 이때 세계무역기구와 미주개발은행도 포함됨——을 하는 금융기관들이 융자 시 작성한 기나긴 '조건 목록들'로 라틴아메리카 국가들을 옥죄고 있기 때문이다. 또 다른 한편으로, 제국주의는 다른 방법으로 자신의 강제력을 행사하고 있는데, 그것들은 군사원조 프로그램이나, 코카인 재배 근절, 그리고 기술원조 및 국제협조와 같은 직접적으로 정치적 요구를 하는 것에서부터, 오늘날 '상식'을 창출해 내고 있는 대중매체를 거의 독자적으로 조정하는 거대자본이 이데올로기를 조정하는 것이다.

마지막으로 추가되어야 할 세번째 요소는, 라틴아메리카가 그동안 자신이 고통을 받아왔던 반(反)민주주의로 퇴보하는 것이다. 필자가 앞에서도 언급했듯이, 라틴아메리카 국가들이 겪고 있는 반민주주의로의 퇴보는 국가가 민주적 프로젝트의 내용을 점차적으로 포기하고, 현재의 제도 속에서 사회적 개입 능력이 회복될 수 없을 정도로 약화되었기 때문이다. 이 위기를 정의하는 특징 중 하나는, 집단적 행복에 영향을 미칠 논제들이 수적으로 증가함에 따라서 좀 더 '기술적'이라고 여겨지는 분야로 점진적으로 옮겨가고 있기 때문에, 선거 때 표현된 대중의 의지와는 거리가 생겼다는 것이다. 이것이 의미하는 바는, 이러한 논제들이 거의 모든 종류의 민주적 감시체제를 뛰어넘어 공개적으로 논의되지 않고 '전문가들'에 의해 암암리에 처리되어 완벽하게 밀봉되었다는 것이다.

그들의 엄청난 사회적 충격에도 불구하고, 이 문제들은 자본가들과 그들의 이익을 대변하는 국가의 대표자들 사이에 체결된 합의에 의해 해결된다. 이 모든 사기 행위는 '경제는 정치적 고려와 관계없이 독립적인 관점에서 다루어져야 할 기술적인 문제'라는, 터무니없는 정당화로 진행된다. [그들의 주장에 의하면] 경제학은 희소성의 과학이다. 바로 이러한 이유로, [그들은] 한층 더 우수한 정치학을, 단순히 특화된 기술에 불과한 것으로 치부한다. 안타깝게도 '중앙은행의 독립'이라고 칭송된 문구는 이러한 부조리를 잘 나타내는 예이다. 우리 지역의 중앙은행들은 무차별적으로 적용되는 재정자본과 제국주의에 대해 독립을 누릴 수 없다. 그러한 독립은 오로지 민중주권과의 관계에서만 성립될 수 있다.

6. 좌파와 민주주의

이 절에서 필자가 다루고 싶은 또 다른 주요 주제는 좌파와 민주주의의 관계에 대한 문제이다. 좌파는, 이데올로기와 정치체제 사이에 근본적인 불가양립성이 존재한다면 그것은 자본주의 및 자본주의의 이념적 표현(즉, 자유주의)과 민주주의 사이의 관계에 의해서 제시되는 것이라는 사실에도 불구하고, 항상 반민주적이라는 비난을 받아 왔다. 이것은 이미 수천 번이나 언급되어 왔지만 한 번 더 반복할 필요가 있다. 즉, 자유주의의 핵심은 국가로부터 사적 이익을 독립시킴을 상정하는 것이지 결코, 그리고 조금도 **폴리스**(*polis*)라는 민주주의적 기구와 국민주권의 원칙을 상정하는 것이 아니다.

그럼에도 불구하고, 그것과는 상관없이 대부분의 사람들은 사회주의적 전통과 뗄 수 없는 상징인 민주주의를 부르주아적이고 자유주의적이고 자본주의적인 성취로 보고 있는 것이 사실이다. 솔직히 그것은 전-자본주의적 사회구성체들로부터 비난받아 왔던 일련의 사슬들로부터 사회를 해방시킨 계급, (민주주의의) 이데올로기, (민주주의의) 생산방식이 서로 뒤섞여 혼합된 것으로 받아들여지고 있다. '언론의 자유 보장' 아래서 대중매체가 끊임없이 재생산해 온 역사적 경험의 거친 조작과 위조를 통해서, 자본주의와 민주주의가 실질적인 것만큼이나 그릇되게 하나의 이데올로기적 합성물로 결합되었다. 밀턴 프리드먼(Milton Friedman)이 그의 저명한 저술 『자본주의와 자유』(*Capitalism and Freedom*)에서 주장한 것처럼, 민주주의는 자본주의의 정치적 표상이며, 또한 같은 본질을 가진 자유시장은 민주주의의 경제적 표현일 뿐이다.

필자는 이데올로기적 구도에 대해서 다른 저술에서 보다 광범위하게 검토한 적이 있다(Boron, 2003a, 2003b, 2000). 따라서 이 절에서는 좌파가 불행히도 이러한 비난들에 수세적으로만 대응하였으며, 어느 정도는 그리고 때로는 우둔하게 저항하는 방식으로 우파가 민주주의 담론을 도용하는 것을 묵인했다고 말하는 것으로 충분할 것 같다. 우파와 자본주의적 생산양식 사이의 심각한 모순들은 '프롤레타리아 독재'라는 어설픈 방어 아래 감춰졌다. 이 프롤레타리아 독재는 맑스주의 전통에 부합하는 것으로 자본주의 사회라는 계급 기반적, 위계적 그리고 차별적 구조가 그 길에 설치해 놓은 장애물들을 뛰어넘는 민주주의의 무제한적이고 절대적인 확장으로서가 아닌 스탈린주의적 용어로 이해되었다.

1970년대 초반부터 시작된 자본주의의 퇴행적 구조조정 과정과, [1990년을 기점으로 하는] 소비에트연방과 (부적절하게 지칭된) 사회주의권의 해체는, 좌파와 민주주의 사이의 관계를 재고하게 만들었다. 동유럽 사회주의의 권위주의는 전세계에 걸쳐서 사회주의와 공산주의(세력)에 대한 상상에 암운을 드리웠다. 그러나 1970~1980년대에 라틴아메리카에 들어선 독재정권들이 전형적으로 보여 준 야만적인 정치적 퇴보와 로널드 레이건과 마거릿 대처 리더십 아래서 선진 자본주의 세계가 경험했던 민주주의적 쇠퇴는 결국 민주주의와 자본주의의 결혼이 결론적으로 거짓되고 피상적이었음을 입증하였으며, 이로 인해 이 문제가 재논의될 기회가 부여되었다.

이러한 논의의 재개는 어떤 경우 '혁신'——정치적인 것만큼이나 이론적이었던 것을 실질적으로 포기한 것을 의미함——을 불러일으켰다. 단적으로 예시적인 사례는, 2001년 에르네스토 라클라우와 샹탈 무페(Chantal Mouffe)의 이론이다. 이 학자들은 가장 독단적인 일부 맑스주의 대표자들의 손에서 만들어진 맑스 법전의 한계를 극복하기 위한 열의를 갖고 연구를 시작했다. 그리고 그들은 마침내 민주주의라는 개념을 받아들였는데, 그것은 자본주의의 또 다른 이름인 '급진적 민주주의'였다. 이로써 그들은 자본주의적 사회질서를 극복한다는 모든 구실을 명백하게 포기했다.

다른 경우에, 이러한 수정은——실제로는 용어상 상반되는—— 부르주아 민주주의라는 전통적 이해가 깨끗이 허물어진 결과로서 민주주의 문제를 근본적으로 재설정하는 보다 유망한 길을 걸었다. 이 책에 포함되어 있는 보아 벤투라 지 소우자 산투스의 광범위한 작업(이 책의 11장을 볼 것)은 이러한 이론적 재창출을 시도한 가장 뛰어난 예 가운데 하나이다. 그런데 필자는 그의 용어상의 모순을 지적하고자 한다. 그것은 (민주주의적 활동에 극복할 수 없는 한계를 부과하는) 노동력을 사고파는 것을 기초로 건설된 사회에서는 민주주의적 요소가 종속적이고 불필요함에도, 부르주아 민주주의 아래에서는 자본주의적 요소들이 실질적이고 근본적이기 때문이다.

그러나 이 수정이 낡은 자유주의적 민주주의의 원칙이 없어져 버리거나, (독단적인 좌파와 그에 반동적인 우파가 경쟁적으로 서로 폄하하는) 무의미한 '형식주의'(formalities)로 바뀐 것을 의미하지는 않았다. 오히려, (자본주의 체제하에서 단순 형식주의화한) 자유, 권리, 그리고 개인적 보장은 어떠한 사회민주주의적 자본주의 활동을 위해서도 필요조건으로 남아 있다. 이는 자신의 혁명적 입장에도 불구하고, 부르주아 민주주의가 전적으로 '형식적' 특성을 갖고 있기 때문에 배척해야 한다는——좌파의 파멸을 야기했던—— 유혹에 결코 굴복하지 않았던, 로자 룩셈부르크에 의해서 수년 전 명쾌하게 인정되었다.

[그럼에도 불구하고] 평등주의적이고 민주주의적인 신조[교리]와 실질적인 계급기반 및 권위주의적인 전제와 일치하지 않는 일관성 없는 제도라는 맑스주의적 비판의 불변적 타당성은 오늘날까지도 여전히 반

박할 수 없다. 부자와 강자는 보호하면서 수많은 남성과 여성, 그리고 아동들을 착취와 사회적 배척, 그리고 엄격한 시장원리에 내팽개치는 구조적으로 부당한 사회에서 위태롭게 남겨둔 우리 민주주의들의 황량한 모습을 직시해야만 한다. 민주주의란, 간단히 얘기해서 [그들을] 곤궁하게 하고 억압하는 것인가? 그렇다면 그것들은 과연 민주주의라는 이름을 받을 자격이 있는 것인가?(Boron, 2006)

분명히, 로자 룩셈부르크가 논의를 개시한 후로 사회주의적 민주주의에 대한 논거가 부자와 강자들이 스탈린주의자들과 그의 시종들의 손에 고통을 받았다는 재해석과는 관계가 없다는 것을 이해하는 것이 중요하다. 사이비 맑스주의 성서에서 그들은 더 이상 줄일 수 없는 부르주아적 특성을 구실로 내세우면서, 망설임 없이 인신보호율(habeas corpus), 표현과 결사의 자유, 또는 다수의 지배가 마치 이론과 정치적 실천 양면 모두에서 민중계급에게 혐오스러운 것인 듯 '공식적' 자유를 파기해 왔다. 그렇지 않으면, 1970년대 중반 노르베르토 보비오가 정확히 물었던 것처럼, 노동자 의회는 구성원들의 합법적 투표로 그 대표자들을 선택할 것인가, 아니면 신정주의적 원칙에 호소함으로써 그 대표자들을 선택할 것인가? 반면에, 로자 룩셈부르크는 사회주의적 민주주의가 공장, 학교, 가정 ──간단히 말하면 사회 전체 ──의 '실질적' 민주화를 통해서 이러한 자유를 가장 단호하게 승인하고 확대할 것을 요구한다고 제대로 주장하였다.

이로부터 수많은 문제가 야기되는데, 그것들을 여기에 언급해 보면 다음과 같다. 첫번째, 어느 자본주의 국가가 완벽한 민주화를 이룬다면, 이 국가는 정치체제의 '천상에서와 같은 완벽한' 평등과 생산에 관계하는 부르주아지에 의해 끊임없이 재생산되는 '물질적' 불평등 사이의 격차를 어느 정도까지 줄일 수 있게 될 것인가? 그런데 이러한 질문은 민주화 프로그램이 이 점에서 뛰어넘을 수 없는 난관에 부딪쳤다는 것을 명백하게 보여 주는 것이다. 그런데 이러한 질문은 제1차 세계대전 이후——특히 유럽에서—— 자본주의 국가들이 민주화됨에 따라 나온 진보적 결과들을 무시함으로써 나온 것이 아니다. 자본주의 국가들은 과감한 민중들의 투쟁과 러시아 혁명, 제1차 세계대전, 1930년대의 경제위기로부터 교훈을 얻음으로써, 새로운 국내 및 국제적인 힘의 상관관계를 반영하는 일련의 개혁을 실천하면서 민주주의를 받아들이기 시작했다. 이것은 다양한 제도적 형태와 체제하에서 시작되었다. 즉 스칸디나비아 반도 국가들이 경험한 급진적 케인스주의에서부터 라틴아메리카 일부 포퓰리즘 국가들에서 나타난 '진보적인 전제군주제'(progressive Caesarism, 그람시의 용어)에 이르기까지, 그리고 아직까지 제대로 정의되지 못한 미국의 프랭클린 루스벨트 대통령의 '뉴딜' 정책 등이 포함되었다. 그럼에도 불구하고 이런 모든 변신들은 자본을 생산 지대에서 탈 없이 유지시키는 데 성공한 횡포 속에서 한계에 직면했음을 기억하는 것이 중요하다. 따라서 정치적 민주주의와 시장의 횡포 사이에서 자본주의의 모순을 해결하는 것이 가능할까? 그렇지 않다. 현재까지 어떠한 다른 대답을 지지할 만한 역사적인 사례가 없다. 자본주의하에서, 민주주의는 지금까지 사회생활의 부수적인 구성요소가 되어 왔고, 되고 있으며, 앞으로도 될 것이지만, 진정한 토대는 되지 못한다.

두번째 문제는 이렇다. 동일한 축에 있는 두 극 사이를 서서히 파열없이 미끄러지는 것과 같은, 전통적 정치학 문헌에서 설파하는 것과 같은 자본주의적 민주주의로부터 사회주의적 ——또는 '후기자본주의적' —— 민주주의로의 이행을 상상하는 것이 가능할까? 한 쪽에서 다른 쪽으로의 이동이 단순히 누적적인 문제인가, 아니면 질적 재구성을 의미하는가?

이 두 질문에 대한 답은 모두 부정적이다. 왜냐하면 역사적 경험은 우리에게 자본주의적 민주주의로부터 사회주의적 민주주의로의 이행이 혁명 즉, 사회 구조의 급진적 변화의 문제를 동시에 재고하지 않고는 상상할 수 없는 것임을 가르쳐주고 있기 때문이다. 민주주의의 심화에 대해서, 그리고 궁극적으로 어떤 형태로든 '후기자본주의적' 민주주의로 정점에 이르는 것에 대해서 말하는 사람들은 누구든지 먼저 기꺼이 사회주의와 혁명에 대해 말할 때만 그렇게 할 수 있을 것이다. 그런데 이에 대해서는 명확하게 이야기하지 않고 있다. 오늘날 로자 룩셈부르크가 "사회주의 없는 민주주의도, 민주주의 없는 사회주의도 없다"고 한 것만큼 더 사실인 주장은 거의 없다.

7. 21세기 초 좌파의 역사적 도전

좌파 세력들은 정부와 야당 양쪽 모두에서 엄청난 도전에 직면해 있다. 다양한 부르주아 정부에 대한 반대세력으로서 야당은 그들의 미래 국가의 본질을 예고하고 자본주의 사회의 모순으로부터 발생한 다양한 경제 및 다른 유형의 요구를 종합하는 방식으로서 진정으로 민주적 정당과 운동 및 조직을 구축하자는 그람시의 제안을 존중해야 한다. 이것만이 큰 작업이 아니었던 것처럼, 야권 좌파는 부르주아 이데올로기 조직체의 행동을 중화시키고 사회주의에 관해서 들을 준비가 되어 있지 않은 모든 국민에게 자신의 메시지를 전하는 데 있어 그 기술을 보여 주어야 한다. 반대로 우익 선전가들에 의해 교묘하게 개발되고 고쳐진 편견은 사회주의나 공산주의에 대해 말하는 어떤 담론에 대해서도 극단적으로 저항을 하도록 만든다. 그들의 눈에, 이것은 폭력이나 죽음과 마찬가지이다. 라틴아메리카의 최근 역사에서 좌파가 이 둘의 희생물이 되어 왔다는 사실에도 불구하고, [좌파는] 이 불행을 대표하고 있고 또한 [언제든지 다른 곳으로] 운반하고 있다는 비난을 받고 있다. 이러한 태도에는 무시할 수 없는 체념과 비관론적 요소가 존재하며, 이는 자본주의를 극복하고자 하는 어떠한 시도도 무의미하다는 것을 암시한다. 대담성은 피바다로 이어질 수 있으며, 아무도 그것을 원치 않는다. 따라서 좌파의 신뢰성에 대한 도전이 상당하다. 그들은 이 분야에서 합당한 진전을 이루었지만 아직 해야 할 일이 많이 남아 있다.

'집권' 좌파에 관해서는 도전이 다르다. 앞에서 지적하였듯이, 룰라의 승리는 20세기 후반에 1959년 1월 쿠바 혁명의 승리와 1970년 9월 선거에서의 살바도르 아옌데의 승리, 불행히도 이후에 내던져졌지만 1979년 니카라과에서 산디니스타의 반란적 승리, 그리고 1994년 1월 멕시코에서 사파티스타의 봉기와만 비교될 수 있는 이정표였다. 브라질 선거 승리와 집권은 기본적인 것이었다. 하지만 '선정'을 위해 충분한 정치적 권리를 구축하는 것이 훨씬 더 중요했으며, 이는 신자유주의의 악몽 종식을 요구하는 국민의 지시에 경의를 표하는 것으로 이해되었다. 그러나 지금까지의 결과들은 기대에 미치지 못했다. 확실히, 가장 가난하고 가장 소외되고 착취당하는 사회 부문들이 어느 정도 구제를 받았지만, 브라질 사람들이 오랫동안 갈망해 왔던 사회적 정의에 대한 이상을 만족시키는 데는 결코 미치지 못하고 있다. 다른 한편, 룰라 정부 제1기에 금융과 재정 자본은 사상 최대의 이윤을 냄으로써, 그의 정책의 최대 수혜자들이 되었다. 항상 불운의 선두에 섰던 아르헨티나에서는 신자유주의 붕괴가 2001년 12월 19일과 20일 주요 사건으로 정점에 달했으나 그 정치적 대안은 여전히 명확하게 윤곽을 드러내지 않고 있다.

네스토르 키르치네르 정부는 (인권, 최고법원의 철폐 및 외교정책의 온건한 재조정과 같은) 특정 측면에서 선의와 행동을 선포하고 있지만, 경제 분야에서 점점 더 중요해지고 있는 미해결 문제를 안고 있다. 즉, 키르치네르 정부는 대외채무 채권에 대한 채무불이행을 제외하고는 여전히 전통적인 정책에서 벗어나지 못하고 있다. 신자유주의 정책의 파산은 페루, 볼리비아, 에콰도르, 우루과이, 파라과이, 그리고 — '유일한 사고' 이론들의 최후의 '성공적' 전형인 — 칠레에서조차도 자명하다. 중·단기적인 경제적 시야에 불길한 먹구름이 드리워져 있다.

룰라는 그의 두번째 임기에 국민의 지시를 충족시킬 수 있을까? 그 일이 쉽지는 않겠지만 또한 불가능한 것도 아니다. 그것은 더 이상 1989년처럼 콜로르 지 멜루 대통령의 유혹적 미소 아래 브라질을 위협했던 신자유주의 역병으로부터 브라질을 구하는, 혹은 1998년처럼 신자유주의의 유린으로부터 브라질을 구하는 문제가 아니다. 이제 그 임무는 — 슘페터가 그토록 칭송한 — 그 유명한 자본주의의 유명한 '창조적 파괴'가 이미 일어났기 때문에 훨씬 더 복잡하다. 그리고 초인적인 (Herculean) 경제적·사회적 재건 작업에 착수해야 할 필요가 있다. 그리고 이것은 원하는 변화를 가져다주며, 동시에 뗄 수 없는 변증법적 방식으로 어마어마한 종속계급 부문들의 사회적 기반과 정치적 동원을 강화하는 과감한 사회 및 경제적 개혁 없이는 상상할 수 없다. 그렇지 않고는 브라질 정부의 정책 구상들은 시장의 명령에 가차없이 무릎을 꿇게 될 것이다.

베네수엘라에서 우고 차베스도 — 좌파에 대한 전통적 분석에서 과소평가되어 온 문제인물—— 의식과 대중적 상상 속에서 심오한 혁명의 좁을 길을 따라가야 하는 유사한 도전에 직면해 있다. 이는 동시에 풍부한 석유 자원과 제국에 대한 전략적 공급원으로서의 지위에 의해 생성된 깊은 구렁에 부딪치는 일이기도 하다. 초기에 일련의 흔들림이 있은 후에 '볼리바르 혁명'은 그 진로를 찾을 징후를 보여 주었다. 차베스 정부가 취한 '21세기 사회주의' 구축이라는 슬로건과 정책은, 물론 거기에는 커다란 어려움이 따르겠지만, 명백히 그것이 새롭고 유망한 길을 추구하기 시작했다는 것을 보여 준다.

어쨌든, 결론적으로 쿠바 사례로부터 얻은 교훈을 상기할 필요가 있다. 쿠바는 거의 반세기 동안 직면해 왔던 장애물들에도 불구하고 민주사회 즉, 고도로 평등주의적인 형태로 재화와 용역을 분배하는, 그리고 그곳에서는 나머지 라틴아메리카에서처럼 지배자와 피지배자를 분리하는 수치스러운 부의 격차가 존재하지 않는 사회를 건설하는 데 중요한 진전을 이뤄낼 수 있었다. 쿠바 정치체제의 특이한 성격을 넘어, 더 많은 자원으로 축복받은, 그리고 이 카리브 섬에 집착하고 있는 병든 북아메리카로부터 멀리 떨어진 아르헨티나, 브라질, 베네수엘라와 같은 국가들에서 달성될 수 있는 것이 무엇인지 상상해 보라. 내가 쿠바가 민주사회를 건설하는 데 중요한 진전을 이뤘다고 말할 때 그것이 의미하는 바는, 이 나라가——미국의 반세기 가까운 봉쇄와 영속적인 호전성과 같은—— 불리한 조건들에도 불구하고 일부 선진 자본주의 국가들에서조차 이루지 못한 보건, 영양, 교육 및 (여성, 아동, 장애인 등에 대한) 일반적 권리 규범을 보장하는 데 성공했다는 것이다. 쿠바가 그러한 조건 속에서 그것들을 해냈다면, 훨씬 더 유망한 전망을 갖고 있는 국가들에서 유사한 성취를 가로막고 있는 극복하기 어려운 장애물들은 무엇일까?

그 대답은 대부분의 경우 편리한 변명에 불과한 경제결정주의 속에서보다는 정치적 의지의 나약함 속에서 찾아질 것이다. 세계를 변화시키기 위한 결연한 의지 없이는 세계가 변하지 않을 것이다. 하지만 이러한 과업을 떠맡는 사람들이라면 누구든지 두 가지를 알아야 한다.

첫번째는, 그럼으로써, 그들은 변화 노력을 좌절시키기 위해 유혹과 설득으로부터 가장 신랄한 폭력에 이르기까지 사용할 수 있는 모든 가능한 도구를 사용하려는 지배계급들과 사회 집단들의 집요하고 절대적인 반대에 직면하게 될 거라는 것이다. 이러한 사실이 그로부터는 어떤 선한 것도 기대할 수 없는 정치적 낭만주의를 반영하는 '모두를 위한 민주주의'와 같은 사파티스타 방식에 관한 우려의 이유이다.

두번째는, 이러한 갈등에는 휴전이 없다는 것이다. 만약 세상을 변화시키고자 하는 지배자들이 공격을 받지 않는다면, 그것은 그들이 적들과 힘을 합침으로써 그들의 행동이 부적절해지거나 왜곡된 가설이 되었기 때문이다. 이는 은퇴한 옛 지배자들이 특혜와 특권 상실을 받아들이게 된 것이 아니라, 다음의 사실 —결국 상대방이 무기를 내려놓았으므로 더 이상 예전의 낡은 질서를 해칠 수 없다는 것 —을 깨달았기 때문이다. 이러한 이유로, 그 어느 때보다 오늘날, 미국 정부와 그 벗들의 찬양과 갈채는 잘못된 방향이 추구되고 있다는 확실한 신호이다.

10장 _ 위험이 있는 곳에…
대의민주주의의 범람과 대안의 등장

후안 카를로스 모네데로

그러나 위험이 있는 곳에, 또한 구원도 자라난다.
— 프리드리히 횔덜린, 『파트모스를 위한 찬가』

1. 현실과 그 담론의 일시적 속성

라틴아메리카의 오늘은 강력한 민중 리더십을 회복하는 순간인가? 후
견인주의 정치에 기초한 카우디요 과두제의 재판(再版)인가 아니면 사
회계약의 새로운 유형인가? 라틴아메리카에서 대의제 문제에 대한 해
결책은 새로운 사회정치 형태의 재구성인가? 이렇게 직접민주주의와
대의민주주의가 양립할 수 있는 하나의 대안이 탄생할 수 있을까? 정당
과 사회운동세력 사이의 통합은 가능한가? 라틴아메리카 변화의 배후
에는 냉전 동안 벌어졌던 해방운동과는 근본적으로 구별되는 선거에 의
한 정치적 동력은 없었는가?

우리는 베네수엘라 볼리바르 공화국이 라틴아메리카 대륙에서 차
지하고 있는 독특한 위치, 특히 사회주의를 향한 과정과 새로운 유형의

정당을 통해 대의민주주의의 문제를 극복하기 위한 제안들을 분석함으로써 라틴아메리카에서 일어나고 있는 변화의 주요 측면을 관찰할 수 있을 것이다.

이 시대에 대한 정확한 진단을 위해서는 그 출발점으로 당대에 벌어진 혼란을 직면할 필요가 있다. 우리는 이 장에서 오늘의 라틴아메리카에서 일어나고 있는 변화들을 간략하게 검토하고자 한다. 이 지역의 좌파정치에 대한 정확한 이해를 위해서는 지식의 식민성(Quijano, 1993)이 내포하고 있는 함의로부터 벗어나서 접근하여야 한다. 변화의 시대, 즉 패러다임 전환을 꾀하는 시대는 모두 혼란스럽기 마련이다. 이런 시대는 자신들에 대한 조화로운 이미지를 남겨 주는 합성과정을 쫓고 있다. 좀 더 극단적으로 이 점은 사회에 대한 설명에서 더욱 그러하다. 혼란의 지속은, 양적으로 사회에 대한 설명이 비교할 수 없을 정도로 발전한 시기에 명확한 진단을 가능하게 하고 최소한 학술영역에서 그럴싸하게 공유될 수 있는 합성이 아직도 부족한 이유를 설명해줄 것이다. 그러나 이런 분석의 많은 부분은 전문가들에 의해 발전되었다. 이 전문가들이 세상에서 갖는 특권적 위치는 헤게모니적이기 때문에 필자와 같이 변혁에의 의지가 있는 사람에겐 큰 도움이 되지 않는다. 오늘날 세대변수는 충분치 않지만 지식인의 임무에 대한 정확한 해석을 내리기 위해서는 종종 필요한 조건이다.

마르가리타 로페스 마야(Margarita López-Maya)는 좌파 성향의 과거를 가진 지식인과 과격분자 사이에 존재하는 혼란을 다음과 같이 적나라하게 정리하였다.

오늘날에는 상당한 혼란이 있다. 왜냐하면 제2차 세계대전 후와 냉전

시대의 좌파 지도자, 이른바 게릴라, 투팍아마로 게릴라, 지식인들, 그 외 스스로 강성 체제비판자라고 동일시하는 자들이, 지금 자본주의를 지지하는 입장을 표방하고, 정부에 들어가서 구조조정프로그램을 찬양하거나 실행하고, 국민-민중주의 정부를 전복하고자 극우파와 연합하고 그리고 진보, 문명과 근대성의 준거를 찾고자 선진국에 끊임없이 시선을 고정시켜 주시하고 있기 때문이다.(López-Maya, 2005: 8)

이들 가운데 많은 사람들은 도덕적 우월감의 자리에서 존엄, 진보와 반동의 보증서를 날리면서 1960년대식의 반란을 고집하고 있다. 그러나 동시에 세대집단으로 1980년대와 1990년대 퇴락의 대표자들은 어렵사리 이해할 수 있는 만곡부(彎曲部)에 있다. 숫자놀음 같은 마술이 아니라 피로의 응축에 따른 새로운 세기로의 전환에서 발생한 당혹스러움을 더한다면, 우리는 이 어려움의 근원에 더 가까워질 수 있을 것이다.[1] 우리 시대는 베를린 장벽의 붕괴, 소비에트 연방의 해체, 이에 따른 신자유주의 헤게모니와 세계 경찰로서 미국의 역할 증대, 노동시장의 위기, 가족의 변형, 국경의 붕괴, 기술발전에 따른 시간과 공간의 압축, 국가자본주의의 세계자본주의로의 변화, 이라크의 침공과 (특정 집단 또는 국가의) 테러리즘의 심화, 기후변화, 대의제민주주의의 일반화, 영구적인 글로벌 전쟁의 절속(articulación), 신자유주의에 대한 민중반란 등으로

---

1) 근본적으로 실증주의 헤게모니로 볼 수 있는 학계에서의 관행은 이런 방향성에 협조적이다. '정치적으로 옳지 않은 것'(lo políticamente incorrecto)은 '현실의 과잉'(un exceso de realidad)을 암시하는 것과 밀접한 관련이 있다. 이미 비판적으로 제시된 바와 같이, 마키아벨리조차 미국의 저명한 정치학 학술지인 『미국정치학리뷰』(American Political Science Review)의 까다로운 심사과정을 무사히 통과할 수 없었을 것이다. 사르토리는 이런 관행에 대해 신랄한 비판을 개진한 바 있다 (Sartori, 2005).

특징지을 수 있다. 해방이라는 이상을 향한 다양한 사건들이 야기하고 있는 시대적 혼란은 시민을 고객으로 대체하려는 시도, 소비 또는 소비 욕망을 통한 사회적 개입, 반합리주의로의 회귀, 극단적인 우파 인종차별주의자와 외국인혐오주의자의 새로운 붐, 점성술이나 역술과 같은 영적 대체물에 대한 민중들의 의존, 이성보다 우선한 것으로서의 감성의 복원, 가치론적 상대주의, 자조적 책들의 쇄도, 뉴에이지와 불교의 확산, 극단의 탈출구처럼 규정된 정치적 공간으로서의 중도주의(centrismo)의 복원, 다른 형태의 민주주의를 생각하는 사회적 경향, 초강력 리더십의 복구, 수십 년과 수세기간 침묵을 지킨 정체성의 절속 등으로 특징지어지고 있다.

문제점들은 매우 빨리 탐지되었다. 1990년대 중반에 이미 신자유주의에 대한 비판이 가해졌다. 이는 1994년 신자유주의에 반대하여 봉기한 사파티스타들의 반란을 기억하는 것만으로도 충분하다(그들이 출현한 시기가 1994년 1월로, 미국, 멕시코 그리고 캐나다 간에 맺어진 북미자유무역협정이 발효되는 시점과 일치하였다). 게다가 그 해에 신자유주의적 헤게모니(주도적) 모델을 극복하기 위한 방안들을 모아보고자 하는 국제 세미나가 리우데자네이루에서 열렸다. '포스트신자유주의: 사회 정치와 민주적 국가'(Postneoliberalismo: las políticas sociales y el Estado democrático)라는 세미나의 제목은 시대상을 잘 표현하였다. 그 후에 출간된 저서에서 파블로 곤살레스 카사노바(Pablo González Casanova)는 다음과 같이 확언하였다.

신자유주의의 민주적 신혼여행의 달콤한 꿈이 깨진 마지막 시점은 '현실사회주의'의 붕괴를 찬양하는, 오늘날 이성과 근대성의 기수

(portaestandarte)로 제시될 만한 최소한의 요소도 갖추고 있지 못한 자본주의 유토피아의 종말과 맞아떨어진다. 이런 통치유형이 주장하는 탈이데올로기는 이데올로기와 사회·민주주의적 프로젝트가 최종적으로 폐기되었다고 억지를 부린다.(González Casanova, 1999: 11~12)

우리는 여기에서 오늘날 라틴아메리카에서 일어나고 있는 변화에 대한 분석이 얼마나 뒤처져 있는가를 발견할 수 있을까? 라틴아메리카 정치 —좀 더 구체적으로는 정당—에 대한 전문 연구자들에 의해 반복되고 있는 결론이, 최근 마지막 5년 동안 대륙에서 자유주의 정치대의제(representación política liberal)가 직면하고 있는 확실한 변화에도 불구하고, 연구목적의 건전하고 좋은 가설이나 이제야 다양해진 담론 정도에 머무르고 있고 있다는 점은 놀랍다. 아주 역설적으로 이런 변화들—다른 사회적 사용을 요구하는 배제된 영역의 포함, 조직된 정당의 지원 없이 승리한 선거후보자, 의회와 정당의 정당성 상실, 민주적 만족에 수반된 선거 기피주의, 강력한 리더십과 더불어 민중정체성의 증대, 정치가들의 사법적 기소, 주권의 급진적 요구—은 위기가 실제로 온 것이 아니라 단지 외형적인 것일 뿐이고, 게다가 체제의 건전성을 보여주는 표식이라는 점을 확언하기 위한 반대 의미로 이용되었다.

게다가 '민주주의 강화'를 위해서 넘어서야 할 '장애물'에 대한 책임을, 새롭게 태동하고 있는 대안운동에게 지우고 있다. 정치를 회복하려는 시도는 '반정치'(antipolítica)의 승리처럼 평가된다. 이면에는 반복되는 두 가지 오류가 작동하고 있다. 첫째는 기존의 범주를 가지고 현재 일어나고 있는 일들을 해석하는 경향이다. 이 범주는 냉전시기, 정확하게 말하면 냉전을 정당화하고 부추기기 위해 고안되었고, 항상 현재의

미국을 독립변수처럼 다루고 미국의 헤게모니를 의심하지 않는다. 둘째
는 선거 그 자체 내부에서의 대안을 포함하여 선거기능을 대신할 수 있
는 대안을 찾는 어려움이다. 이 대안들을 찾는 작업들은 주류정치학에
의해 반복적으로 계획되고 있다.[2]

대의제와 관련된 문제들——권능부여, 정체성 그리고 어카운터빌
리티(accountability), 즉 누가 잘못했는가에 대한 책임을 묻는 것——은
정치이데올로기의 차원에서 이해되는 것이 아니라 쉽게 해결할 수 있는
착오 같은 것으로 받아들여졌다(Santos y Avritzer, 2005 참조). 이는 다
음과 같은 사항들을 고려하지 않는 것이다. 권능부여는 오늘날 이미 선
거승리가 통치를 보장하는 것이 아니라는 지점에서 시민들에 의해 폐기

---

2) 최근 상징적인 사례는 지난 10년 동안 마누엘 알칸타라(Manuel Alcántara)에 의해 주도된 의
회 엘리트에 대한 연구가 있다. 이 연구는 정치가들과 행한 4,000회 인터뷰에 바탕을 두었
고, 2006년 '스페인 카롤리나 출판재단'(Fundación Pública Española Carolina)에 의해 출판
되었다. '정치가들은 중요하다'는 반복되는 이념에 바탕을 두고 있는 '정치가들'에 대한 연
구에서, 어떻게 라틴아메리카에서 일어나고 있는 변화를 설명하는 기본 장들이 없는가 하
는 점이 관심을 끈다. 여기에는 정치의 부정부패와 범죄(2006년 12월에 밝혀진 무단정치와 콜
럼비아 의회와의 관계를 생각하는 것으로도 충분하다)에 관한 장들도 없다. 또 사유화된 의회
와 그곳에서 방어되는 이익(메넴 또는 후지모리 통치 시기의 의회가 상징적이다), 의원들의 경
제적 연계(예컨대 멕시코에서 예금보호은행기금[Fobaproa]을 따르는 모든 것) 또는 계급의
국제적 분파의 관계(볼리비아의 산체스 데 로사다)에 대한 장도 없다. 계급 설명을 멀리하고
자 하는 의도를 가지고 이런 변수를 포기하는 것은 정치가들을 다시 '천장에 매다는 것'이
고, 이 연구는 하나의 설명을 넘어 하나의 정당화가 된다. 이런 맥락에서 (저자들의) 다음의
주장을 이해할 수 있다. "모든 국가에서 민주 정부를 위한 정치가들의 지원이 변함없고 일
반적인 것처럼, 라틴아메리카 정치가들은 민주 정부를 수립하기 위해 중요했고 지금도 중
요하다. 달리 말하면 최근 마지막 사반세기 이 지역에서의 민주주의 발전의 원인 가운데 하
나는 일부 정치계급이 민주주의 신조를 받아들인 것이다." 그들은 진정한 실질적 명제를 확
언하며 글을 마치고 있다. "라틴아메리카 의원들은 개인의 권리와 보증, […] 평등 또는 경
제적 요소를 강조하는 다른 체제에 반하여 확고하게 정치적 과정적 입장을 보호해 줄 수 있
는 정치체제로서 민주주의를 주요 비전으로 받아들인다"(p. 373). 결론적으로 정확하게 몰
락하고 있는 모델에 대한 집착이다. Manuel Alcántara (ed.), *Políticos y política en América
Latina*, Madrid, Siglo XXI/Fundación Carolina, 2006.

되었다. 정체성은 새로운 주체, 그들의 목소리를 들을 수 있는 새로운 방식, 전통적 정당체계와 선거공약을 흐려지게 하는 이데올로기적 중도주의에서 소멸하지 않을 새로운 정치적 절속을 요구한다. 계정수익은 순수하게 선거적으로 받아들여지는 것을 그만두고, 정당의 주류모델과 공존하였던 요소들 ──부정부패, 고립, 정부의 사취, 수출경제 ──은 신자유주의 탈정치화 과정에서 상실되었던 민중들의 참여방식을 만났을 때 종말을 경험하였다. 정치체계의 카르텔화(Katz y Mair, 1995)는 대의민주주의에 대한 실망감과 더불어 지난 몇 십 년 전부터 주목의 대상이었다. 이 관점에서 참여가 드물다는 것은 이 체제가 잘 돌아가고 있다는 표시였다. 동일한 맥락에서, 요즘은 무비판적 정치이데올로기 측면에서 봤을 때, 스캔들은 새로운 정치문화의 등장이라고 확신한다. 이런 입장의 본질적 오류는, 문제들은 구조적이고 정치적 반감은 우주적 변화와 함께 해결되는 것이 아니라 어떤 기본 환경에서 본래 체제의 극복을 포함한 변화(예컨대 모든 정치적 계급을 변화시키고, 엘리트들의 후견인적 네트워크를 해체하고, 또는 대의민주주의를 다시 생각하는 것)를 필요로 한다는 점을 무시하면서, 라틴아메리카 민주주의의 모든 문제들을 투명하게 구체화하려고 시도한다는 것이다.

1980년대 말 동독에서 일어난 것처럼, 동독사회를 연구했던 많은 연구소들 가운데 어떤 곳도, 베를린 장벽이 무너졌던 그 달, 그 순간까지도, 독일 분단의 마지막을 볼 수 있는 능력을 가지고 있지 않았을 때, 오늘날 사라마구 추종자들의 행운(Saramago, 1995)이 제도권 정치의 언저리에서 사색하기를 힘들어하는 학계를 다시 일상적인 방식으로 다시 방문하게 된다. 학계는 제도권 정치 안에서 발전되고 또 이에 준거를 두고 있다(Boron, 2003 참조). 동독과의 비교는 과장된 것이 아니다. 왜냐하면 동독과 라틴아메리카 양쪽에서 우리는 시민 부문에서 출현하고 제도적 정치권력에 도전하는 급진적인 대안들을 발견할 수 있기 때문이다. 그럼에도 불구하고 동구권 국가들에서 정부를 장악하고 있는 정치정당과 대면하고 있는 시민사회의 중요성은 라틴아메리카에서는 문제의 여지가 훨씬 많았다. 라틴아메리카에서 제도권 정치정당들은 헤게모니적 이데올로기의 편에서 기대되는 것에 대하여 응답해 왔기 때문이다. 그러나 시민에서 고객으로 변했을 때, 구매수준을 안전하게 하는 것이 필요한데, 왜냐하면 반대로 길은 시민에서 소외자로 향해 있기 때문이다 (Calcagno, 1999). 좀 더 명확하게 표현하면, 라틴아메리카의 정치체제들은 냉전구도의 현상유지를 보장하는 대의제 민주주의 모델을 재생산했다. 비록 이 모델은 사회적 부문의 확장과 때를 같이하고, 또 라틴아메리카의 경우, 사회적 부문의 해체(거기에서 스페인의 탈동원화 모델을 대륙으로 수출하는 것에 의한 중요성과 이익)를 초래했어도 말이다. 하나의 맥락에서 유효한 시민사회가 다른 맥락에서는 효력이 있지 않았다. 결론적으로 모스크바, 조지아 또는 키예프(그리고 또한 카라카스의 동부, 산타크루스 또는 과야킬의 부촌의 거리)에서 색깔의 혁명이었던 것이 카라카스 라파스, 키토, 멕시코 시의 빈민지역에서는 무정부의 표시였다. 동유럽의 독재정권 극복은 학계로부터 찬사를 받았다. 라틴아메리카에서의 이런 변화는 이른바 반정치와 아웃사이더가 선동하고 주도한 위험 같은 것으로 표현되었고, 언론매체 기업과 새롭게 합작하여 유행처럼, 어떤 경우에는 가상의 '급진 원주민주의'라는 혐의가 덧씌어진 포퓰리즘 이념을 소생시켰다.

그러나 이러한 정치학의 분석범주는 역시 정치적 논쟁을 필요로 한다. 만약 우리가 소외된 부문의 통합과 개발된 제도들의 변화를 고려한다면, 볼리비아 정부에 대한 원주민들의 접근을 위한 동기 때문에 민주주의로의 다른 이행을 이야기할 필요가 없지 않을까? 소작의 재분배, 신분증명서화, 시민의 참여, 문맹퇴치와 교육, 사회통제소 설치, 1999년 헌법의 승인으로부터 베네수엘라 볼리바르 공화국을 향한 대열에 합류한 시민 참여의 통합의 과정에서 어떤 것이 일어나지 않을까? 키르치네르와 피케테로스와 인간권리 조직들의 요구를 통합하는 아르헨티나에서, 사회적 저항과 새로운 사회적 계약의 요구가 증대하는 멕시코에서, 코레아와 국민적 확약과 원주민주의자들의 존경이 있는 에콰도르에서, (굳이) 이행의 어떤 유형과 '민주주의의 확산'의 어떤 방식을 이야기할 필요가 없지 않을까?

이것은 대안이 위험들로부터 벗어나 있다는 것을 의미하지는 않는다. 정치모델의 부족은 정치적 추진력이 사람들이 원하는 것보다는 훨씬 더 원하지 않는 것에 의해 이끌어진다는 것을 말한다. 시행착오는 기존의 전통적 범주들의 단순 모델화, 비교 또는 사용을 부숴 버린 시민사회에 의해 과감하게 시도된 변화의 한 특징이다. 지금 시몬 로드리게스(Simón Rodríguez)[3]의 "우리는 발명하거나 실수한다"는 입장은 그 어느 때보다도 강력하게 나타난다. ① 축적된 피로의 급진성과 어떠한 사회적 ——엄격하게 말해 단지 담론적 수준에서만 혁명적인—— 변화의 보수주의 경향과 더불어 작동하며, ② 끊임없이 지속되는 낡은 것과 끊임없이 윤곽을 드러내는 새로운 것들 사이에서 투쟁하며, ③ 확고하게 현재의 필요성과 이전의 과정에서 저지른 실수들을 바라보며,

---

3) 시몬 볼리바르의 스승이었던 베네수엘라의 자유주의자 시몬 로드리게스는 19세기 라틴아메리카의 정치적·사회적 진보주의자이자 공공교육의 주창자였다.

④ 미국은 21세기 초반에 이라크 침공의 민족학살과 자살의 모험 속으로 좌초하였다는 사실이 가져다주는 상대적인 평온함과 함께 움직이며, ⑤ (기술발전을 억제하는) 러다이트주의자(ludditas)와 부정주의자(negacionistas)도 채우지 못하는 하나의 현실로 세계화를 통합하며, 다시 말해 세계화 과정을 갱신하고자 반헤게모니적 지역적 재구성을 통합하며, ⑥ 생물다양성에 대한 새로운 존중을 발견한 것처럼, 에너지, 광물 그리고 수력 자원에 대한 통제를 회복하며, ⑦ 결론적으로 라틴아메리카의 특징적인 사회적 채무를 지불하고자 일반화된 통합을 찾아 사회계약을 재규정한다.

정치학과 복종의 기본적인 문제는 배후에 사회적 동질성의 우선적 필수요건을 가지고 있다는 점이다. 전체로서의 사회의 보편이익과 배려의 뒤에는, 어떤 공유된 가치에 바탕을 두지 않는 모든 인간의 조직화는 힘의 극단적 사용의 기초 위에서 이루어지든지, 집단적으로 위협하는 강력한 원심력적 압력에 복종하게 된다는 사실이 있다. 수세기를 거슬러 올라가는 역사적 시선에서 볼 때, 우리는 동질성의 가치는 반복된 다른 대답, 인종, 종교, 과정, 지도력, 생산수단의 공적 소유, 사회적 통합 등을 획득해 왔다는 것을 볼 수 있다. 엄청난 파편화, 과거에 은폐되었던 정체성의 출현, 심각한 사회적 불평등, 뛰어난 공공행위에 대한 제도화된 규칙의 부족과 더불어 신자유주의가 초래한 사회적 탈구조의 맥락에서, 해결의 방식은 다양해지고 복잡해지고 있다.

2. 정치적 주체의 재규정

정치에서, 질서는 항상 대안과 관련해서 형성된다. 따라서 정치의 해법 가운데 하나는 적에 대한 규정과 함께 분석되어야 한다는 점이다(빈곤이 사라지면 경제가 존재하지 않는 것처럼, 만약 갈등이 사라진다면 정치는 존재하지 않을 것이다). 이 점은 국가의 탄생, 정당체계와 다양한 유형의 시민사회의 창조 또는 체제의 이데올로기적 편향을 위해서도 유효하다. 따라서 해방의 길은 반드시 동일한 길을 따를 필요는 없다. 1960년대의 근대화 모델은 착오였다. 그 모델은 성장시대의 메커니즘 뒤에 있는 허위이고, 북(el Norte)의 역사적 경험에서 유래한 보편적 유효성으로 무장한 사회조정자를 창조하는 어리석은 실수이고, 1980년대와 1990년대에 국제통화기금과 세계은행에 의해 추동되고, 어느 곳이나 적용되었던 구조조정계획의 전지전능한 방식, 공격적이고 폭력적인 교리문답서이다. 또한 다른 주민의 다양한 역사, 사회구성 그리고 가치를 알지 못하고 그들에게 되풀이되는 모델을 적용하고자 했던 좌파의 잘못된 판단이었다. 역사사회학의 끝나지 않는 논쟁에서는, 다양한 시민사회, 토지소유, 교회 영향력의 지속, 농민과 프롤레타리아의 구성비율, 후견인 네트워크의 절속, 외부 영향, 노동 조직의 단결 등이 어떻게 국가권력의 전제적 사용에 대한 민중의 대응을 조건 지었는가를 이야기해 왔다. 북(el Norte)의 '긍정적인 것'은 남(el Sur)의 정치에서도 긍정적이라고 하는 유럽중심주의적 '좋은주의'(buenismo)[4]를 결정적 논거로 덧붙이면서, 북의 정치구조적 시각으로 라틴아메리카에서의 과정을 읽으려고 시도하는 것은 지나치게 단순한 유혹이다. 어떤 정치유형을 이해하기 위한

---

4) '좋은주의'로 번역한 'Buenismo'는 라틴아메리카에서 1990년대 말에 빈번하게 활용된 용어로, 낭만적인 정치적 해결의 관점을 냉소적으로 비판하는 표현이다. 이 지역 국가들의 민주화와 신자유주의화의 맥락에서 등장한 비정부비영리단체들의 태도를 비꼬는 것으로, 대화와 타협을 통해서 모든 정치적 문제들이 해결될 수 있다는 입장을 비판한 것이다.

결정요인은 본연의 자원에서뿐만 아니라 구성되어진 것에 대항하는 것의 특징들에서도 찾아야 한다. 단순한 베끼기는 단지 선험적으로 구성된 제안들을 정당화하는 논거로 기능할 뿐이다.

21세기 초반에 1970년대의 성공을 설명하기 위해 탄생했던 개념들을 베끼기를 원할 때 또한 다른 문제들이 발생한다. 카리스마적 지도자의 존재, 민중과 국가에 정체성을 부여하는 민족주의 성향 그리고 소득 재분배 계획의 기초 위에서 포퓰리즘을 설명하려고 하는 바로 그 지점에서, 오늘날 정당이나 운동이나 그룹이나 연합으로 환원할 수 없는 다양한 유형으로 이뤄지고 있는 민중참여가 결정적으로 새로운 세기의 정치적 재구성에서 통합되었다는 점을 이해해야만 한다. 신자유주의가 침투했던 불타버린 땅의 정치는 사회통합적 항체를 낳았고, 그리하여 대답들은 모든 사회적인 것(경제, 정치, 규범, 정체성, 문화)의 영역에 존재하였다. 라틴아메리카 정치변화의 주요 특징은 이런 새로운 참여와 관계가 있다.[5]

현재 변화의 정치주체 ──정확하게는 주체들──에 대한 논쟁은 좀 더 복잡하고 많은 다른 질문들을 쏟아낸다. 21세기 사회주의 또는 민주주의를 건설하는 길로 나아가기 위해서는 '유일한 혁명정당'은 필요한가? 정당에 대한 지지가 대통령 이미지의 제공과 연결되어 있지만, 그

---

5) 모든 단순한 새로움에는 지나간 일들의 회귀가 있다. 그럼에도 불구하고, 만약 1980년대에 '새로운 것'(nuevos) ──일부 낙관적인 분석가들은 민주주의의 새로운 유형의 도래로 이해하였다── 으로 묘사하였던 사회운동의 확산을 관찰할 수 있다는 점이 확실할지라도, '사회주의운동당', 베네수엘라의 '급진대의당', 브라질의 '노동자당', 멕시코의 '민주혁명당', 니카라과의 '산디니스모', 우루과이의 '확대전선' 그리고 페루의 '좌파연합'은 탄생부터 견고하고 열린 사회운동의 출현을 요구했던 정치조직이었다. 2001년부터 진행된 세계사회포럼은 이런 의도들을 소생시키고 다시 성장시키고자 하였다.

러나 마치 꼭 필요한 것처럼 행정권력의 할당을 지속적으로 요구하는 정당을 유지하는 것이 의미가 있을까? 당파주의는 다원주의 또는 파벌주의를 발생시키는가? 본래의 과정 속에 이데올로기적 명확함이 부족하고, 정치적 조직화가 없고, 개인주의적 대결이 있는 곳에서도 변화는 지속되고 심화될 수 있을까? 21세기 초반 노동계, 언론계, 정부 그리고 의회가 경험하고 있는 변화에 적합한 정치조직들은 어떤 것일까? 멕시코 '제도혁명당' 또는 맑스-레닌주의 정당의 경험 등과 관련하여 정부와 일원화되고 연결된 정치유형이 지닌 위험은 무엇인가? 마지막으로 참여의 평의원 형태의 창조를 의미하는 국가의 극단적인 변화 속에서 선거정치, 정당/운동 정치는 어떻게 연결될까?

이론을 중요시하는 것은 짚으로부터 알곡을 분리해 내는 것, 그 어떤 관점에서라도 지적 게으름과 이데올로기적 저속함, 단순한 특정이익, 또는 의식적인 해방전략 또는 이기적 전략을 식별해 내기 위해서 각 입장을 정당화하고 경험적 증거와 논리를 사용하여 결정을 내릴 수 있도록 도움을 주고 명확하게 하는 것이다. 현실에 존재하는 사회주의의 종말은 반혁명주의 비판자들과 민중의 적들을 고발하면서 문제들을 해결하고자 시도하면서부터 시작되었다. 아이디어를 많이 원할 때, 아이디어가 많은 것이 가장 좋다.

3. 무사안일주의와 절망을 넘어서: 라틴아메리카 민주주의의 약한 기초

유럽에서 대의민주주의는 반복적으로 과두제적 형태의 정치조직으로 발생한다. '대의정부'라고 하는 조직화의 원리는 그 발생지인 유럽에서는 이미 상당히 약화되어 있고, 라틴아메리카에서는 권력을 정당화하는 껍데기로 전락할 정도로 그 효력을 상실했다. 유권자에 의한 위정자의 선출, 구체제의 강제적 명령에 대항적인 대표자들의 독립성, 여론의 중요성, 즉 대화를 토대로 의사결정을 내리는 의회의 심의적 특성은 둘 다 연속적인 혁명의 토대에서 유럽에서 탄생했지만 현재 그곳에서는 유효하지 않다. 이것들은 한편, 라틴아메리카에서는 일종의 그림자에 불과하다. 라틴아메리카의 경우, 국가는 사회로부터 구성된 것과는 거리가 멀고, 오히려 크리오요 엘리트의 이해관계와 식민지의 물질적 이해관계가 합치되는 상부구조적 강압체제이다.

라틴아메리카에서의 정당체제에 대한 논의는 필수적으로 국가의 위상과 역할에 대한 논쟁이 될 수밖에 없다. 국가는 역사적으로 민주주의가 부족하였고, 더불어 신자유주의적 세계화의 부정적 영향을 초래하였다. 케네스 로버츠(Kenneth Roberts)가 주장하듯이,

> 하이퍼인플레이션, 긴축정책, 시장 위주의 구조적 조정 등의 결합은 사회적 관계들을 변형시켰다. 20세기 중반, 수입대체산업화 개발시기에 정치정당이 사회적 주체들과 구축하였던 동맹이 깨지는 경우도 있었다.(Roberts, 2002: 55)

21세기가 시작되는 시점에, 마르셀로 카바로치(Marcelo Cavarozzi)와 에스페란사 카수요(Esperanza Casullo)는 어찌하여 "라틴아메리카에서 민주주의 제도와 기관들이 양적으로 팽창하는 순간" 동시에 정치적 위기에 대한 논의도 증폭되었는가를 질문하였다(Cavarozzi y Casullo, 2002). 이 문제의식 이면에는 이 사안에 대한 혼란을 가중시키는 전제가 있는데, '정치의 위기'는 실제로 '북부로부터, 북부를 위하여, 북부에 의

해 규정된 자유주의적 정치의 위기'인 것이다. 애석하게도 어떤 저자들은 라틴아메리카 대륙이 잘 되기를 바라는 마음에서, 진단에 있어서나 처방에 있어서 전혀 도움이 되지 않는 유럽중심적인 분석을 내리고 만다. 알랭 투렌느(Alain Touraine)도 마찬가지인데, 그에게 '민주적'이라는 형용사는 전통적 의미에서의 정당과 의회의 범위 안에서만 이해가능하며, 대안적인 해결책은 경멸적인 어조로 '신카스트로 풍의 환상'으로 치부된다(Touraine, 2006).

라틴아메리카의 경우, 메트로폴리(metrópoli)[6]의 이해관계를 충족시키려는 목적을 위해 탄생한 몇몇의 국가에서는 점차적으로 후원-수혜(patron-client)[7]의 구조가 고착화되었다. 후원-수혜의 구도에서 정권은 일시적인 것으로, 권력을 잡았을 때 충분히 벗겨먹어야 할 한순간의 '황금향'으로 이해되었다. 유럽의 사회적 국가를 가능하게 했던 막강한 법의 위엄, 권력의 분화, 의회의 자율성은 라틴아메리카에서는 존재하지 않았다. 국가의 취약함은 만연한 공화주의의 취약함의 반사이미지였다. 시민사회의 무기력함은 공공성에 대한 의식의 부재, (과두제의, 즉 엘리트의 이해관계만을 대표하는) 정당체제의 타락, 사법권의 독립성 부재, 기업 간 경쟁의 부재, 언론매체의 전지전능한 권력, 경박하고 매수하기 쉬운 학계, 그리고 반대운동에 대한 항시적인 억압으로 드러났다. 이 모든 단면들은 공식적으로 민주적이었지만 실질적으로는 권위주의적이었으며 배제적이었다. 그 속성이 원래 게으른 것이었기 때문에, 호헌

---

6) [옮긴이] '메트로폴리'는 식민지 종주국을 가리킨다.
7) [옮긴이] '후원-수혜 관계'는 라틴아메리카 조합주의의 특징으로 정치가를 후원하고 지지하면 당선 후에 관직 등과 같은 특혜가 주어지는 관계를 의미한다.

을 가장한 모습과 권위주의적·군사적 해결책 사이를 왔다 갔다 했던 것이다. 군사적인 해결책은 배제적인 모델에서 민중의 욕구가 병목현상을 뚫고 나가려는 듯 보일 때 항시적으로 나타났다. 이 변절적인 상황은 엘리트가 이 상황을 지속시키고자 할 때 완성되는데, 베네수엘라의 푼토피호 협정(이 책의 3장을 볼 것)이 그 단적인 예이다. 푼토피호 협정이 보여 주듯, 국가는 홉스류의 리바이어던으로 변신하여 기득권층만을 위하고 섬기며, 그들만의 사회질서를 유지시키기 위한 임무를 수행하며 폭력을 정당화시켰다.

그러나 사실 라틴아메리카의 엘리트는 제국의 요구사항을 충족하는 데만 혈안이 되어 있었다. 과거에는 스페인 제국, 오늘날에는 미국을 위시한 소위 '부자국가'들의 신식민주의적 논리를 따르고, 이들 세력들은 잔치가 남긴 음식 부스러기들을 독식하였다. 우리가 꼭 이해해야 되는 것은, 라틴아메리카에서는 서커스의 주인들보다 광대들이 기업을 더적극적으로 수호했다는 것이다. 남아메리카 정부들의 경제팀에는 항상 가장 정통적이고 보수적인 '국제통화기금 숭배자들'과 '세계은행주의자들'이 있었고, 이들은 경제를 수출중심의 모델로 변환시키고(국민의 식품공급에 차질이 생겨도), 국경을 개방하는 것을 장려하고(이것이 내부 시장의 붕괴를 초래함에도 불구하고), 공공 부문을 사유화하는 데 앞장서고(그것도 헐값에, 국내 부르주아 계층을 생성시키지 못한 채), 초국적 기업에게 유리한 자유무역 조약에 서명하는 것을 추진하였다. 제도권 전반이 워싱턴 컨센서스를 수용했다는 면에서 이것은 그야말로 일종의 '컨센서스'(합의)였다.[8]

---

8) 신자유주의 모델은 새로운 사회계약으로서 봉건제가 아닌 확장된 사회적 국가에 자유주의

몇몇의 나라와 몇몇의 순간만 제외하고, 라틴아메리카 대륙은 스스로 결정을 내리는 주인 노릇을 할 수 없었다. 단적으로 말하자면, 라틴아메리카 국가들이 주권을 가지고 있다는 것은 사실이라기보다는 신화에

적 논리로 대항하기 위해 탄생한 것이다. 70년대부터 이 모델은 확장적으로 일반화되었으며, 자체적으로 조성하는 대안의 부재 덕분에 성장하였다. 신자유주의의 실천은 사회와 정치 부문의 구성원들이 그것을 적용하는 데 얼마만한 저항을 보여 주는가에 달려 있었다. 이 같은 저항은 유럽과 아시아에서는 상당히 성공적으로 이루어졌지만, 라틴아메리카와 아프리카에서는 처절하게 실패했다. 이 때문에 라틴아메리카와 아프리카에서의 신자유주의의 충격은 더욱더 파괴적이었다. 신자유주의 정책은 제2차 세계대전 말기에, 영국 노동당의 케인스주의에 대한 반대에서 나왔다. 오스트리아 태생의 신자유주의의 대표적인 이론가 프리드리히 하이에크는 1944년에 『노예의 길』(*The Road To Serfdom*)을 출판하여 노동당의 개입적 국가관을 히틀러의 파시즘과 대등한 것으로 치부하였다. 1973년에 이르러, 미국의 도움으로 아우구스토 피노체트가 쿠데타를 일으켜서 칠레의 살바도르 아옌데 정권을 붕괴시킨 다음에 하이에크의 이론을 적용시킬 수 있는 기회가 생겼다. 그 후 신자유주의는 1979년부터 영국 대처 정부의 소산으로 무수히 수출되었다(한편, 종교적인 차원에서는 교황 요한 바오로 2세의 반공산주의가 이에 한몫을 했다). 신자유주의 프로그램은 다음 다섯 가지의 주된 목적을 가지고 있었다. ① 거시경제학적 수치들의 균형을 잡는 것, 특히 가격의 조절을 통한(실질적으로 유효한 통화변수들을 선정하여 이들을 중심으로) ② 기업 부문의 이윤을 증가시키는 것(분배가 이루어지기 위한 전제조건으로 '파이' 자체가 커야 한다는 명분하에) ③ 초기에 실업을 증가시키는 것(노동조합을 약화시키는 '자연스러운 방법'을 찾고 임금을 강제적으로 삭감하기 위한 방편으로) ④ 노력을 보상하고 생산성 증가를 장려하는 불평등한 사회적 구조를 생성시키는 것 ⑤ 세계적 차원의 축적모델에 글로벌 노동시장을 접합하여 필요에 따라서는 전쟁이나 전쟁준비를 활용하는 것. 소위 '워싱턴 컨센서스'라고 하는 제안서는 사유화, 재정의 자유화, 국경의 개방, 사회적 비용의 축소, 노동규제의 완화와 사유재산의 보장 등의 내용으로 기업만큼이나 통제가 불가능해진 시장이 활개치는 자유의 공간을 국가가 보장해 주어야 하는, 국가의 완전한 돌연변이를 요구하였다. 이 국가적 변신은 때로는 '국민국가의 위기'로 논의된 적이 있다. 이러한 논의는 '세계화'의 기술적 발전의 자연스러운 단계로, 꼭 거쳐 가야 하는 과정으로서 제시된다. 그러나 사실 이것은 새로운 글로벌 축적체계에서 지배구조를 재조정하는 것으로서 이해되어야 한다. 글로벌 축적체계는 생산 부문에 대한 투자가 아닌 금융 부문에의 투기로 진행되었다. 국가는 사유재산의 보장과 국내 사회질서를 유지하는 임무를 수행하고 있으면서, 더 이상 과거의 후원자(주인)들 중심의 경제가 아닌 새로운 경제의 요구사항에 반응해야만 하는 복잡한 초국가적 국가가 되어야 했다. 축적과정의 후원자가 바뀌었다는 것은 초기에 주장되었던 것과 거리가 먼 결과들을 설명해 준다(하이퍼인플레이션의 경우만 제외하고). 빈곤은 증가하고 사회적 불평등은 심화되었으며, 결과적으로 사회는 파편화되고 폭력이 증가하였다.

불과하다. 강하다고 하는 국가에서마저 사소하고 부수적인 사안들만 투표에 붙여진다. 그 어떤 나라에서도 보안체계, 부유층, 언론기관, 교회, 그리고 국제기구의 급진적인 민주화를 촉구하는 대안을 내놓지 않았다. 그러나 중심부에서 주변부로의 길이 순탄할수록 문제는 더 심각해진다. 라틴아메리카에서의 민주주의는 시민의 권리도, 사회적 권리도 보장해 주지 않았다. 1980년대 라틴아메리카 국가들이 형식민주주의를 회복했을 때 이 변화의 시기는 신자유주의의 헤게모니와 일치했다. 투표를 할 수 있는 권리는 다시 한번 배고픔에 대한 권리, 실업의 권리, 질병에 대한 권리, 그리고 비참함에 대한 권리와 함께 주어졌다. 그리고 민중이 다시 한 번 취한 타협방식은 자유주의 부르주아 모델과 거리가 멀었다. 북의 정치학은 이러한 정치권에 대한 반감을 다시 개념화하기 시작하는데, '카우디요주의', '포퓰리즘'과 같은 개념들이 정교하게 등장하고, '원주민주의' 앞에는 '급진적인'(radical)이라는 수식어가 붙었다. 한편, 국제기구들로부터 거시정치학적인 개념으로 '거버넌스'에 대한 모색이 시작되는데, 사실 이 개념은 민중이 거리를 점령하고 있을 때에만 유효하지, 국민의 50% 이상이 빈곤층을 형성하고 있어도 그 어떠한 저항도 없을 때에는 실효성이 없다.

4. 자유민주주의 정당 모델의 고갈

제도권 정치정당들을 전략적으로 부정하는 유일한 방법은 지금의 국민국가에 대한 관리를 포기하고, 사회적으로 지속가능한 지역정치 운영체제를 도입함으로서만 가능하다. 정당은 현실 민주주의가 기능하려면 꼭 있어야 하는 요소이며 단기적·장기적으로 현실 차원에서 상상할 수 있는 민주주의에서도 꼭 있어야만 한다. 그렇다고 해서 이들 정당들이 의심받을 여지가 없는 선량한 조직이라는 뜻은 아니다. 복합적인 사회에서 민주주의가 기능하려면 정당들은 꼭 필요한데, 일반적으로 사회는 수세기에 걸친 공동의 삶과 촘촘한 관계망을 전수하면서 구성되었기 때문이다. 살아 있는 모든 생명체와 같이 정당들은 성장해야만 하는데, 더 고차원적인 지능이 개입하지 못한 채 '암처럼 전이되면서' 흘러간다. 정당들은 다른 공식적 조직과 마찬가지로 적응력에 있어서 비교우위를 가지며 더 약한 조직, 특히 '조직화되어 있지 않은 집단'에 권력을 가한다. 이러한 비교우위는 정당뿐만 아니라 군대, 교회, 기업, 그리고 국제기구들 모두가 가지고 있다. 즉흥적인 사회적 반응들은 최적의 경우에는 병든 질서를 붕괴시키는 데 고무적일 수 있고, 또는 신자유주의가 초래한 탈구조화에 반응할 수 있지만(예를 들어, 아르헨티나의 물물교환이나 베네수엘라 제5공화국 초기의 몇 개의 미션들), 위기의 순간이 극복되고 모면되면 더 정교하고 지속적인, 예측가능한 조직들이 요구된다.

20세기 전반에 걸쳐 정당들은 노동조합과 함께 조직화된 시민 부문의 주된 도구였다(특히 노동계층의 경우). 그러나 국가기능의 점차적인 증가와 더불어 정당들은 서서히 그 태생지점인 시민사회의 도구가 아닌 국가의 도구로 전락했다. 국가의 도구로 전락하자, 정당체제는 카르텔 형태를 띠게 되었다(Katz y Mair, 1995). 이로써 정권의 물적·상징적 자원을 조달하고 대중매체를 확보하면서 민초들로부터 급진적으로 분리되었다. 국가가 국민총생산의 50% 이상을 생산하는 사례는 우리의 지속적이고도 각별한 관심을 필요로 한다(라틴아메리카에서 국가가 국민총생산에서 차지하는 비율의 평균은 아시아와 아프리카와 유사하다). 사회와 국가를 중재하는 정당의 부재 속에서(정당이 곧 '국가'였으므로),

사회는 새로운 '항체'를 생성시켰다. 이는 곧 사회운동들이었다. 그러나 정당들은 국가주의와 자본주의의 논리로 이 사회운동들과 비정부단체(NGO)들을 파괴하기에 이르렀다. 이 과정의 다음 단계, 즉 정당들과 사회운동들과의 재회는 여전히 가능성이 있다.

사회의 일부로서, 그리고 국가의 대행자로서의 정당들은 사회적 갈등뿐만 아니라 그들이 특권을 갖게 되는 제도적 구조의 반영이기도 하다. 정당체제가 국가 재산의 절반 이상을 주무르는 나라와 약 20%만 운영하는 나라는 같을 수 없다. 사회적 재생산의 책임을 지는 정당체제와 국제금융 시장 앞에서 무력한 정당체제는 같을 수 없다. 보다 더 균형 잡힌 소득의 분배가 효과적으로 실행되는 나라들에서의 정치정당에 대한 해석은, 후원-수혜의 이해관계망이 정치적 언쟁의 원천인 경우와 다를 수밖에 없다. 그 나라 엘리트의 경제적 축적을 보장하는 데에만 혈안이 되어 있는 국가는 누적된 사회적 빚을 갚고자 하는 국가와 동격으로 비교되어서는 안 된다. 그러나 한편, 유럽에서도 라틴아메리카와 마찬가지로 의회와 정당, 그리고 시민사회 간의 간극이 점점 더 커지고 있다. 이러한 해체는 유럽에서나 라틴아메리카에서나 선거에서 기권과 정치적 무관심으로 드러나기도 하며, 또한 원심력으로 흩어지는 경향을 제어할 능력이 있는, 국민투표에 의한 민주주의를 수행할 만한 자신감이 있는 강한 리더십을 낳기도 한다. 전통적 민주주의의 지점들은 거의 모든 나라들에서 서로 멀어지고 있다. 예외는 효과적인 사회적 국가를 유지하거나 특별한 상황('시스템 밖에 있는' 후보의 등장이나 특정한 후보에 대한 지지보다는 특정한 후보를 반대하는 데서 오는 양극화) 때문에 급격하게 사회가 정치적으로 의식화되고 선거를 치른 경우이다.[9]

다음과 같은 예들이 이 새로운 추세를 반영한다. 베네수엘라에서

70%는 "우리 민주주의에 대해 만족한다"고 하지만, 국회의원 선거에는 전혀 참여하지 않는다. 프랑스 의회의 90%가 유럽공동체 헌법에 동의하는 데 표를 던져도 이것을 국민투표에 붙인다면 분명히 실패했을 것이다. '시스템으로부터 거리가 먼' 후보들은 전통적인 정당의 언저리, 또는 이미 존재하는 정당의 언저리에서 민중의 지지로 선거에서 승리를 하기도 한다. 지난 한 세기 동안 사회적 갈등들은 의회와 선거를 통해서 중재되었다면, 21세기에 와서는 다른 형태의 참여정치를 요구하고 있다. 20세기 유럽에서 의회와 정당모델이 공고해진 것과 달리, 라틴아메리카는 19세기에서 21세기로 넘어오는 데 이 과정을 전혀 거치지 않았을 가능성이 있다. 에르네스토 라클라우의 말을 빌리자면,

> 이 이중 위기(권위주의와 신자유주의의 확산)의 결과는 분명하다. 사회적 요구를 전달하는 매개체로서의 제도들은 위기를 맞이하고, 기존의 정치시스템에 수직적으로 통합되지 않는 수평적인 저항 운동에서 파생된 사회적 요구는 확산된다.(Laclau, 2006: 59)

---

9) 정당민주주의는 1930년대부터 '국민투표에 의한' 과정으로 분류되어 왔다. 선거 캠페인에 언론매체가 개입되면서, 언론은 이제 필수적인 역할을 수행하는 주체로, 국민투표의 과정을 완성시킨다. 오늘날의 민주주의를 '국민투표에 의한' 것으로 평가하는 것은 사실이기는 하지만, 이러한 접근은 사실 자유주의 모델에 새겨져 있는 언론의 역할을 은폐시킨다. 지금은 다양한 '제도권'에서 누구를 지지하는가에 달려 있다. 라클라우가 언급하듯(Laclau, 2006: 60), "좌파든 우파든 간에 모든 반동세력들은 마리우스의 독재를 비난하지만 술라의 독재는 지지한다". [옮긴이] 가이우스 마리우스와 술라는 로마제국의 첫번째 내전에서 서로 대적했던 인물들이다. 가이우스 마리우스는 먼저 술라의 지지자들에 대한 테러를 감행하였고, 훗날 술라는 이에 대한 복수로 로마가 세워진 이래 처음으로 군대를 이끌고 성문에 진입했다. 술라는 체제의 유지와 전통을 존중한다는 명분으로 독재를 감행했다.

하지만 이것은 이미 고장난 기능의 한 증상에 불과하지 대안적인 해결책은 아니다. 아르헨티나에서 드러난 것처럼, '모두들 물러가라'는 구호는 해결책을 제공해 줄 수 있는 세력들이 돌아왔으면 하는 것을 의미하지 않는다. 이 대본에서는, '항상 있었던 그들'——공고한 정치적·제도적 구조——은 쉽게 실질적인 정치적 권력을 동원할 수 있는 위치에 있었다. 다시 말해서, 국가를 동원할 수 있었다는 것이다. 국가가 계급에 대한 기억을 가지고 있는 한, 정부가 경제뿐만 아니라 인권에 대한 사회적 요구에 대해서 민감해질 수만 있다면, 사회적 투쟁은 보다 구체적으로 발전할 것이다. 현재 패러다임의 위기에 대한 오해, 즉 과거와 미래 사이에 존재하는 현재에 대한 개념화가 불가능하다는 것은 시행착오를 겪게 하는데, 이는 새로운 길도 열리게 하지만 고치기 어려운 실수(결승점을 더 멀리 세우는)를 범할 위험성도 동반한다.

라틴아메리카에 크게 영향을 끼치고 있는 이 깊은 정치적 변화들은 명백하게 헌법상의 변화를 동반한 새로운 국면에 돌입했다. 이 대륙에 신자유주의가 남긴 황폐함은 완전한 해체에 상응하는 변화를 요구한다. 이 변화들은 단지 경제적인 차원의 변화가 아니다. 경제적인 변수와 다른 문화적·정치적·규범적인 변수로부터 사회생활을 재탄생시키고자 하는 근본적이고도 총체적인 해답이 존재한다. 그저 신자유주의의 고장난 부분들에 땜질을 하자는 것이 아니다. 대안적인 내용을 들여다보면 알 수 있듯이, 새로운 경제, 새로운 정치적 절속을 다시 발명하고, 문화적 연결지점들을 회복하고 재구성하는 것이며, 규범적인 의무들을 다시 세우는 것이다. 이러한 이유로 전통적인 지표들은 개입할 수도 없을 것이고, 새로운 변화에 대한 논평도 할 수도 없을 것이다. 민주적인 재건설을 하기 위해서는 새로운 사회적 지표들의 재건설이 선행되어야 할 것이다(El Troudi y Monedero, 2006을 볼 것).

앞서 언급했던 것처럼, 제도는 그것을 구성해 가는 민중의 반영이다. 정부와 민중 간의 불협화음은 항상 양자가 각각 조금씩 양보를 하고 다시 만나는 것으로 귀결된다. 정권은 유지되고자 하는 속성이 있기 때문에 정당화가 필요하다. 정부는 한편으로 폭력을 휘두르고, 다른 한편으로는 일상적으로 작동할 수 있지만, 그럼에도 불구하고 정부는 권력 수긍에 대한 정당화의 논리를 구축하고, 사회질서를 보장하기 위해 시민을 배제하지 않고 수용하는 데 노력해야 한다. 민중들이 '책임을 묻는' 운동을 시작한 이래로 선거는 여전히 중요한 역할을 수행하고 있다. 이런 운동은 단기적으로 구체적인 결과를 요구한다. 우리는 현재 신자유주의 사회계약을 부정하는 데서 탄생한 새로운 사회계약의 재건을 목격하고 있다.

5. 새로운 통합정당에 대한 혼동과 위험성

좌파의 정당들은 해방전략을 꾀하는 전술을 추구할 수밖에 없다. 민주주의와 대의민주주의를 혼동하는 것은 선거가 여전히 목적이자 수단임을 의미한다. 이 같은 틀에서 시민들이 택해야 하는 전술은 특정한 정치적 정당과 그 대표들이 내세우는 전략에 표를 찍어 주는 것이다. 그러나 최종적으로 정당들은 국가와 선거의 형식적인 과정에 얽매여 있게 되며 시민의 통제로부터 멀어지게 되어 사회변혁의 준거들을 모두 상실했다. 우리가 민주주의를 더 심화시키고 싶다면, 사회변혁의 준거들에 대한 재고가 필요하다. 지금껏 주장해 왔듯이, 틀린 지도를 가지고, 또는 고장 난 배를 가지고 항구에 진입하는 것만큼 심각한 실수가 없다. 다시 말해서 정당은 여전히 필요하다는 것을 이해해야 하며 동시에 현재의 맥락에서 정당들은 불가피하게 많은 구조적 문제를 동반한다는 사실도 역시 인정해야 한다. 정당들이 관습과 의무를 중시하다 보니, 이들은 항상 자신들이 대표하는 사회보다 한 발자국 뒤에서 따라가게 되어 있다. 마찬가지로 마치 정당 그 자체가 '조국'이라고 주장하는 경우도 있기 마련이다. 그렇게 되면 그 외의 정당들은 '매국노'로 전락한다. 정치와 마찬가지로, 정당들이 대면하는 리스크는 감소하는 급진주의자들 또는 정치 엘리트의 비중에 기대면서 피할 수 있는 것이 아니다.

21세기 라틴아메리카에서의 선거에 의한 모든 변화들은 일종의 '도약'과도 같다. 단순화시켜서 보자면, 시간이 걸려도 좌파가 정부를 장악했고(브라질, 우루과이), 전통적인 권력과 반대되는 새로운 약속들이 등장했으며(에콰도르), 의미 있는 시민사회들의 도전이 있었고(칠레), 이전에 배제당했던 국민들이 다시 시민으로 통합되었고(볼리비아), 극단적인 경우를 포함한 리더십의 특징과 민중참여가 있었고(베네수엘라), 냉전이 종식되고 난 후의 제2의 기회가 갖는 함의(아르헨티나, 니카라과, 페루) 등으로 봐서 상황은 매우 긍정적이다. 이 모든 요소들은 라틴아메리카 대륙 밖에서도 주목을 끌었다. 더불어 예측가능하건대, 이러한 변화들은 모두 미국의 반대를 불러일으켰다. 전세계가 점점 탈정치화되고 무관심의 나락으로 떨어지고 있을 때, 라틴아메리카에서는 정치적 의식과 관심이 증가하고 있다. 이 같은 도약 배후에는 수십 년 동안의 사회적 저항, 특별한 리더십, 많은 사회적 용기와 약간의 행운이 있었다. 그간의 성과에 힘입어, 사회적 포럼의 슬로건으로 등장했던 "할 수 있다"(sí se puede)와 "다른 세상은 가능하다"(otro mundo es posible)와 같은 말들이 최초로 실제 현실이 되었다. 이것은 단지 속빈 강정과 같은 무모한 낙천주의가 아니라, 보다 나은 경제에 대한 인식, 국가에 대한 신뢰, 부자와 빈자 간의 대립 및 기업가와 노동자 간의 대립을 상정하는 사회적 의식화의 증가(라틴아메리카에서 약 72%에 달하는), 그리고 '순종하면서 명령하는' 하이퍼리더십 등이 등장하는 새로운 정치적 무대 덕분이다.

이 같은 기회와 어려움이 교차하는 현실은 극단적인 선택을 초래할 수도 있다. 위협적인 미국 침략의 체험, 냉전과 신식민주의의 도식이 부추기는 봉기와 쿠데타, 방해작업, '대항세력'에 대한 자금지원, 독점적인 미디어(또는 미디어 전문가들)에 의한 미디어의 포위, 공급단절과 독과점, 기업에 의한 작업중단 등이 난무했던 것으로 미루어보아 우리는 천진난만한 분석을 내릴 수 없다. 미국의 부시 대통령에게 이라크를 포기하고 관심을 베네수엘라의 차베스로 옮기라고 촉구했던 것은 민주당이었지 공화당이 아니었다. 이러한 위협과 기회의 맥락에서 민주적으로 선한 길을 어떠한 미덕으로 찾을 것인가?

1979년 이란 시아파 이슬람교의 최고지도자 아야톨라(ayatollah)들이 지휘한 혁명은 ── 물론 이는 서구에서 엄청난 비난을 받았지만 ── 내부적인 민주화의 시도를 배신한 영국과 미국에 대한 반응이었다. 라틴아메리카에서도 마찬가지로, 지난 20세기에 엘리트와 미국이 주인 역할을 해왔기에, 21세기 현재에도 그 영향을 무시할 수 없다(Palacios, 1999). 베네수엘라가 복합적으로 겪고 있는 고통과 볼리비아에서의 분리주의의 긴장, 에콰도르 금권정치의 용의주도함, 브라질에서의 금융위기의 위험, 끝이 안 보이는 쿠바에 대한 수출금지와 경제봉쇄 등은 라틴아메리카 대륙에서의 게임의 법칙을 잘 보여 준다.

바로 이러한 이유 때문에 혁명적인/변혁적인 힘들을 통합하는 정당에 대한 욕구가 매우 높다. 그러나 그것은 비생산적인 지름길일 뿐이다. 이는 그간 누적된 사회적 비용의 빚을 청산하기 위해 '충격요법'을 서둘러서 적용하는 것과 같다. 그럼에도 불구하고 이 사안에 관한 정보는 모순적이다. 경험적인 자료에 의하면, 파편화된 변혁세력이 선거로 (오늘날의 유일한 합법적인 방식) 권력을 잡는 것은 불가능하다. '스페인 사회주의노동당'은 펠리페 곤살레스(Felipe Gonzáles)를 수상으로 만들기 위해 스페인의 모든 사회주의 정당들을 통합시키지 않았던가? '노동자당'이 있었기에 룰라의 승리가 가능했지만, '노동자당'은 서로 출발점이 달랐던 정치조직과 사회조직들의 집합이 아니었던가? 많은 나라들에서의 우파의 승리는 좌파의 분열에서 비롯되는 것이 아닌가? 여기에는 일말의 의심도 없다. 문제는 방법에 있다. '무엇을 위해서' 통합을 할 것인가는 장애물이 아니다. 이 많은 사회주의 조직들이 '어떻게' 통합을 할 것인가는 장애물이 될 수 있다.

앞서 언급했듯이, 라틴아메리카 전체가 사회학적으로, 행정적으로 신자유주의에 끌려가고 있다. 베네수엘라의 경우는 '제4공화국의 사회학'이 있었다. 베네수엘라의 '발전된' 속성은, 2006년 12월 선거 후에, 2005년에 공포되었던 사회주의로 향할 수 있는 길을 열어 주었다. 이 과정은 찬동과 반대 모두를 불러일으켰다. 물론 '차베스주의'를 지지하는 대열에서도 그러했다. 결과적으로 헌법개정에 대한 국민투표는 미미한 차이로 승산이 없었다(개헌을 찬성하는 표가 49.29%, 반대하는 표가 50.7%였다). 이 패배의 원인은 다양했다. 개헌 내용의 복잡함, 필수품 공급 중단에 대한 민중의 불안과 걱정, 부패 근절에 대한 소극적인 태도, 반(反)차베스주의 미디어의 조작 캠페인 등이 그 원인이다(미디어는 정부의 목적이 '동결'이라고 주장했는데, 예를 들어 정부가 택시와 노점상, 임대주택을 수용할 것이라고 했다. 나아가서 정부가 미니스커트와 앞파임이 심한 상의를 금지시키는 결정을 내렸다는 소문도 있었다. 가장 빈번하게 반복된 것은 대통령이 모든 권력을 쥐고 '종신 대통령'을 꾀하고 있다는 뉴스였다). 소위 '사회주의 없는 차베스주의'는 개헌에 대한 대통령의 제안을 실패로 몰아갔고, 전세계의 언론매체들은 마치 로마군처럼 정연한 대열로 이 제안에 창을 던졌다. 그럼에도 이 결과는 새로운 길을 터 주었다. 이전에 1999년 헌법을 반대해 왔던 야당은, 개정반대 운동을 펴며 1999년 헌법의 우수성을 읊조리고 있었다. 이같은 입장의 변화는 야당이 어떤 제도적 축에 충성을 할 것인가에 대한 새로운 무대를 마련했다. 차베스 대통령은 국민투표 결과를 즉각적으로 수용하면서 그간 그를 독재자로 몰아세우고 그가 선거관리위원회를 비롯한 국가의 모든 기관을 지배한다고 했던 주장들이 근거가 없다는 것을 보여 주었다. 한편, 패배는 과정의 진행방식에 대한 깊은 성찰을 불가피하게 했는데, 이는 '독재'적인 특징의 반대급부를 달리는 것이었다. 이 순간부터 세심한 양심적 재고가 요구되는 사안을 회피하기보다는 보다 더 깊이 변혁시키는 노력이 시작되었다. '베네수엘라 통합사회주의당' 내부에서는 토론을 두 배로 늘렸다. 차베스 대통령은 공직 후보자들이 모두 아래로부터 결정되기를 요구하였다. 그리고 사회주의를 구축하기 이전에 비효율성과 부패 같은 문제들이 해결되어야 한다는 주장과 더불어 소위 '내부적 우파' 또는 '볼리바르 혁명의 부르주아지'를(소비에트의 엘리트 노멘클라투라[10]와 달리 불과 5년여 만에 구축된) 사회주의의 심화를 방해하는 내

---

10) [옮긴이] 구소련 공산당의 관료직 명부를 뜻하는 용어로, 공산당 내부에서 권력을 독점하는 소수의 특권 지배층을 일컫는다.

부의 적으로 규정하였다.

이와 같은 새로운 단계에 도달하게 하는 정치적 조직 방식에 대한 이론화는 거의 전무하다. 참고문헌들은 여전히 전통적인 저서들이다. 바로 이러한 이유로 국가의 언저리에서, 나아가서 정치정당들의 언저리로부터 정치에 대한 개념화를 다시 시도해야 한다는 존 홀러웨이의 제안은 많은 논쟁을 불러일으켰다(Holloway, 2002). 과두제를 지향하는 뚜렷한 경향성은 이데올로기적으로 더 많은 표를 거둬들일 수 있는 어장으로 이동하게 할 확률이 많다. 정당들이 위기에 직면한 이유 중 하나는 실제로 '존재하지 않는' 정치의 '중심'으로 모두 모여들었기 때문이다(정치의 '중심'이란 실제로 그 어떠한 것으로도 개념화가 되지 않았다. 그럼에도 불구하고 어떤 해석들은 이것을 아리스토텔레스가 언급하는 '중간 지점'인 것처럼 주장했다). 이 점과 관련해서, 베네수엘라와 같이 리더십이 강한 국가의 경우, 그 이데올로기적 성향이 분명하게 드러나지 않았다는 점을 주지해야 한다. 페론주의의 경우와 마찬가지로, 강한 대통령상은, 차베스의 첫번째 임기가 보여 주었듯이 모순되는 주장들(무정부주의, 기독교, 환경주의, 민족주의, 공산주의, 좌파사회주의, 심지어 자본주의적-권위주의적 성향의 우파 군사세력 등)을 그 인물 하나로 통합시키는 데 기여할 수 있다. 베네수엘라의 경우, 독재군주제(cesarismo)의 위험성은 지도자의 이데올로기적 성향을 밝히는 노력과 병행되는데, 사실 그 이데올로기적 성향을 명확하게 하려는 것은 인물에 대한 지지를 강화시키기보다는 약화시킨다(다시 말해서, 차베스는 자신의 정치적 노선에서 사회주의를 제거해야 더 많은 지지를 받을 수 있다).

새로운 사회정치적인 양태들을 구성해야 하는 급박함과 더불어 이 방식들이 실패하지 않도록 적절한 예방조치들을 찾아야 한다. 라틴아메리카 대륙에서 발생한 다원적이고도 다양한 정치적 과정들의 표현은, 정치적 표현의 도구이자 자유롭고도 수평적인 대화를 통한 자유의지, 그 총체의 도구가 되어야지, 통제를 하고자 하는 철사에 묶여 있을 수는 없다. 베네수엘라 또는 볼리비아, 브라질 또는 니카라과, 에콰도르 또는 아르헨티나에서 모두 '유일혁명당'(Partido Único de la Revolución)을 구성하는 것은, 거대한 정당들이 '위대한 연합'을 구성하는 것과 같은 위험성을 동반한다. 이러한 시도들은 '모든 성향을 망라하려고' 하다 보면 결국에는 대표성 그 자체를 잃게 된다. 결과적으로 자신의 목소리를 찾지 못한 정치 부문들은 남게 되어 배제된다. 이는 구성물이 구성요소를 기각하는 것과 같다. 신데렐라의 변덕스러운 왕자처럼, 모든 시민들이 그 변덕의 반영인 수정구두에 끼워맞춰지기를 원한다. 대통령이나 사무총장, 또는 중재기관의 리더십이 다양한 생각들을 대비시키고, 상이한 목소리에 귀 기울이지 못하게 되면, 연합정당은 변혁을 응고시킬 위험성이 있다. 국가가 정당의 복제판이 되는 것은 매우 위협적이다. 이 유기체에 속하지 못한 인물을 낙인찍는 효과를 발휘할 것이다. 기존 정당들에 배어 있는 후원자적 타성을 끊고, 변혁과정의 지리멸렬한 국면에서 힘들을 하나의 해방적인 방향으로 모으고, 오늘날까지 정치조직으로 구성될 만한 이유를 못 찾았던 부문들을 정치적으로 조직할 수도 있다. 그러나 그렇게 했을 경우 치러야 할 대가가 너무 크다. 장점이 분명히 있어도 이는 뻔히 눈 앞에 보이는 위험성을 상쇄시키지는 못한다. 이런 구도에서 시행착오는 큰 부담이 될 수밖에 없다.[11]

---

11) '베네수엘라 통합사회주의당'은 2006년 12월 15일 설립되었고, 2008년 1월이 되어서야 제헌의회가 발족되었다. 여기서 다시 한번 우리 대륙을 병들게 하는 고질적인 문제를 발견하

헌법에 명시된 민주적 원리를 공유하는 강력한 사회공동체는 없을까? 시민들이 이러한 미덕이 있는 공화제의 가치들을 내면화했다면, 사회생활을 규율적 틀로 가둬둘 필요가 있는가? 헌법이 명시하는 가치 안에서 사회화되는 것만으로 부족해서 당의 인사들을 규제하는 나사를 한번 더 조여야만 하는가? 이런 연유로 변혁/혁명에의 통합된 표현은 '민중전선'(실제 명칭은 상관없다)의 형태를 띨 수밖에 없다. 이 '민중전선'은 시대적으로 다른 공식이 요청되는 한──앞에서 언급했던 통합이 이루어지는 순간── 이데올로기, 지리, 정체성에 대한 상이한 감성으로 구성된다. 이 감성들은 더 유연한 방식으로 조직화되어 있고, 민초의 조직에 접속되어 있으면서(이는 민주주의의 핵심적인 요소이다), 국가와 당의 주요기능에 끊임없이 문제제기를 한다. 라틴아메리카에서 일고 있는 실제적 변화의 경이로운 점은, 이 변화들이 시간과 형식에 있어 매우 너그럽다는 사실이다. 이런 변화들은 베르톨트 브레히트(Bertolt Brecht)가 「후손들에게」라는 시에서 묘사했던, 레닌주의적 정당화가 갖는 너그러움의 결여와 거리가 멀다("이 땅이 너그러울 수 있도록 거름을 주려고 했건만 / 정작 우리는 너그럽지 못했다 / 허나 당신들이 / 사람이 사람을 도울 수 있도록 한다면 / 관용으로 우리를 기억하라"). 우리는 지금 비로소 이 사실을 깨달았다. '멀리 가고자 할 때일수록 성급함은 금물이다'.

게 된다. '베네수엘라 통합사회주의당'을 창당하겠다는 의지와 이것의 공식적 발표가 명확하게 목표, 이데올로기, 구조 등을 개념화하는 작업보다 먼저 이루어졌다는 것이다. 게다가 초기에 '혁명의 당'으로 비쳐졌던 정당은 (독일의 '사회주의통합당'과 마찬가지로) 2007년 12월 헌법개정을 위한 국민투표에서 패배한 결과 혁명의지를 낮춰야 했다. 2008년 '베네수엘라 통합사회주의당'이 구성되자, 차베스 대통령은 '확대전선'의 노선을 회복하고 '만인애국당'과 '베네수엘라 공산당'을 초대했다. 이 두 정당들은 초기에 '베네수엘라 통합사회주의당'과 합쳐지는 것을 반대했지만 차베스의 제안으로 '애국당'에 동참하는 데 동의했다.

엔리케 두셀(Enrique Dussel)의 말이 맞다(Dussel, 2006). 새로운 정당들은 사회운동들과 더불어 '상설의회'로 구성되어야 한다. 사회운동들은 자신들의 필요에 민중들의 반응을 맞춰 나간다. 현재진행형의 혁명은 (여기서 '혁명'이 잠정적으로 반란적 또는 해방적 내용의 강력한 개혁주의를 의미하는 것을 넘어서는) 사회주의로 발전시키고자 하는 긴장감과 변혁지향의 세력들이 흩어지지 않게 하는 성향이 매우 강하다.

이러한 논의에 분명한 이점이 있다는 데 의심의 여지가 없다. 누가 사회주의를 지지하고 누가 반대하는가를 명확하게 가늠하는 것은 의미가 있다. 그러나 더 중요한 것은 논의의 과정 중에 투쟁의 기한, 사안들의 우선순위에 대한 정의, 진정한 사회주의가 무엇인가에 대한 결정, 개발주의를 지향할 것인지 아니면 환경보호를 주장할 것인지, 기존의 소외된 집단에게 보상을 할 것인지, 여성들에게 일종의 역사적 빚을 지고 있는 남성들(특권적인 젠더를 가진)은 이 빚을 과연 갚아야 하는 것인지 등에 대한 논의가 열리고 활성화된다는 것이다. 통합을 해도 시각의 차이는 좁혀지지 않을 것이다. 왜냐하면 변혁이라는 새로운 주제에 대한 논의는 21세기 사회주의에 대한 논의이기 때문이다. 우리는 이미 사회주의가 개방적이고 한이 없는 영구적 민주주의 프로젝트임을 알고 있다(Santos, 2005를 볼 것).

앞서 언급했듯이, 이러한 논의는 라틴아메리카의 변화과정에서 정당들의 역할을 어쩔 수 없이 명확하게 하게 한다. 과거의 짐, 이전 상태와의 모든 연관성이 감지되는 지점에서 주로 대대적인 수리를 해야 한다. 정당들은 이러한 유산으로부터 도망을 갈 수가 없다. 이런 성향이 꼭 사회운동에 직접적으로 좋은 영향을 끼치는 것은 아니다(마치 바다의 파도가 바람 불 때만 일어나듯). 그리고 독일의 '녹색당'이 겪은 것처럼, 절속의 순간 '녹색당'은 '사회민주당'이나 '기민당'과 동일한 정치정당으로 변모되어 있었다. 다시 강조하건대, 해결책은 과거에 있지 않다. '우리는 새로운 것을 창조하거나 또는 실수를 하게 될 것이다'.

정부와 국가를 경제적 자원으로 이해하게 하는 논리, 우리에게 친숙한 권력투쟁이나 내부적 민주주의의 결여, 취약한 선거제도와 부패와의 결탁, 민중과의 동조의 결여, 시민의식을 구성할 만한 능력의 부재 또는 후견주의로 충성심을 사지 못하는 것은 모두 이러한 조직들을 재고하게 하는 요소들이다. 궁극적으로 권력의 논리를 따르는 절속을 해부할 수 있게 하는 유도제는 항상 유용하다. 한편, 똑같이 제도권에 의해 구성된 새로운 조직으로 과거의 응고된 조직들을 대신하려고 하는 것은 과거의 실험들이 실패한 것과 유사한 결과를 예측하게 한다. 동일한 재료와 과정으로 결과적으로 동일한 바구니를 만드는 격이다.

여기서 우리가 제안하는 것은 대안적인 형태로서 아래로부터 무장되고, 많은 토론과 고민으로 탄생한 정치조직이다. 이 정치조직은 정당의 아주 일부만을 가지고 있으며, 해방적인 사회운동의 많은 부분을 가지고 있다.[12] 볼리바르 혁명은, 2005년도에 사회주의 노선이 등장하기 전까지는 방어적인 방식으로 반응하였다. 탈당, 수권법에 대한 반대, 파업, 쿠데타, 대통령을 탄핵하기 위한 국민투표 등 모두에 대해서 방어적인 태도를 보였다. 그러나 지금은 보다 적극적이어야 하는 순간이다. 그리고 새로운 정치 조직들이 어떤 형태를 띠어야 하는가에 대한 토론은,

---

12) 이 정치조직의 필요성을 리더십에서 제안하고 주장하는 것은 최적의 방법이 아닐 것이다. 이미 밝혀진 바와 같이, 베네수엘라가 그 단적인 예인데, 이러한 시스템이 꼭 조직화를 강화하는 하는 것이 아니다. 개헌을 제안했던 정부안에 대한 지지도는 '베네수엘라 통합사회주의당'에의 소속을 청원하는 신청의 수보다 더 적었다.

또다시 정부의 소행으로 전환될 수 있는 새로운 요구사항들에 대한 성찰을 하게 한다. 가장 긴급한 사항은 지역단위에서의 민주주의의 정치적 형태의 절속(베네수엘라의 경우 지역주민위원회)인데, 이는 국가적 형태를 띠면서도 지역단위들의 단순한 합이 아닌, 우리가 물려받은 과다한 라틴아메리카의 정치조직처럼, 그 이상이어야 한다. 그리고 또다시 우리는 사회적으로 매우 중요한 문제의 과소이론화를 직면하고 있다.

새로운 정당들은, 과거 게바라주의의 '새로운 인간'의 경우와 마찬가지로, 새로운 상황에 직면한 과거의 정당에 불과하다. 소비에트식의 사회주의의 문제는 장치(aparato)의 문제가 아니라, 참여의 부재 때문에 발생했다. 통합된 정당에서의 한정된 참여가 정통한 이데올로기로 둔갑할 경우 구조적으로 작동할 수 있는 기능적인 이점을 갖고 있지만 장애물도 역시 가지고 있다(초기에는 강압적일 수밖에 없는데, 이것이 최고의 단점이다). 정당도 결국 사람이 만드는 것이니, 그 천재성과 비굴함 모두가 반영될 수 있다. 나아가서 이 조직들의 완강한 특징으로 세대간의 대화의 부족을 들 수 있다(돌려서 얘기하자면, 연장자들은 항상 젊은이들에게 빈틈을 내주기를 꺼려한다). 새롭게 변신한 라틴아메리카의 맥락에서 새로운 조직을 구성하는 이러한 상황은 가능한가? 다시 베네수엘라의 사례를 든다면, 오늘날의 제5공화국의 정치조직과 노동조합들만을 두고 본다면 상황은 그다지 낙천적이지만은 않다. 앞에서도 지적했듯이, 옛것은 없어지기를 거부하고 새로운 것은 여전히 아직 도착을 못하고 있다. 그럼에도 불구하고, 그리고 토론으로 새로운 헤게모니가 구성되고 있는 동안, "수천 개의 꽃이 피고 수천 개의 학교가 문을 연다"는 사실은 과거보다 더 포괄적이다. 말로만 그렇다는 것이 아니라 현실에서 그렇다는 것이다.

자기 당원들끼리만 좋아하는 정당들은 '자기만의 생각', '유일한 진리', 또는 신자유주의의 강령인 '그 외에 다른 방법이 없다'고 주장하는 일차원성이 짓는 죄와 같은 죄를 짓고 있다. 계속 흐름을 타지 않는, 계속 무장했다가 무장해제했다가 하지 않는, 조직적인 시민사회의 요구와 비판에 유연하게 대처하고 적응할 수 있는 그러한 '통합된 혁명당'은 민중참여의 구속을 받을 것이며, 민중이 이의제기를 할 때에는 그 대상이 되는 제도권 정치나 혁명의 공식적인 기구에 대항해야 할 것이다. 기구의 향방에 대한 문제제기는, 그 어떤 수준에서도 한 개인에게 해서는 안 되며, 정치 시스템 전체를 끌고 가는 기구 전체를 대상으로 이루어져야 한다. 결성 없이 수많은 관계로만 이루어진 집단성, 내부적 토론의 결여, 중앙집권적 민주주의, 과격분자의 활동성과 공공 직무를 혼동하는 습성 모두가 20세기 레닌주의 정당들을 실패로 몰고 간 주요 요인들이다. 정치적 효능의 유혹은 민주주의의 상실이라는 죄로 변모될 수 있다.[13]

지난 20세기가 남기고 간 교훈을 잊어서는 안 될 것이다. 새로운 상황에서 내딛는 발걸음 하나하나는 새로운 모델이 어떤 형상으로 만들어질 것인가를 예견한다. 이행기로서의 프롤레타리아 독재는 20세기 사회주의를 질식시켰던 공산당의 노멘클라투라가 감행한 독재의 족적을 따라갔다. 소소한 부패는 부패한 정권의 전조이다. 소규모의 후원자적 네트워크는 후원-수혜자 시스템의 전조이다. 몇 명이 집회를 한두 번 빠

---

13) 이사벨 라우베르(Isabel Rauber)가 설명하듯이, "다양한 사회적 행위자들의 실천들과 현실들을 염두에 두고, 사실을 (변화하는) 역사적-사회적 사실들의 (현재 존재하는) 일부분의 결과로 인정하고, 생각들이 파편적으로 서로 뒤섞여 표현되게 두어야 한다"(Rauber, 2006 : 136)는 전제에서 통합성(unidad)을 구성해야만 한다. 그람시가 이야기하는 헤테로독스와 같다. 지금 라틴아메리카 대륙이 직면하고 있는 순간에 더 적합한 해결책을 찾을 수 있는 새로운 공감대를 구성하는 데 주력해야 한다.

지고 참여를 안 하게 되면 권위주의적인 시스템이 만들어진다. 몇 번의 작은 독단적인 행동은 권위주의적 정권의 전조이다. 그 어떠한 선의도 이를 정당화시켜 주지 못한다. 로베스피에르, 로자 룩셈부르크와 트로츠키 모두가 똑같이 다음과 같이 경고했다. 당이 사회를 대신하고, 중앙위원회가 당을 대신하고, 사무총장이 중앙위원회를 대신한다. 이 세 사람은 민중을 신뢰하지 않았던 정치조직, 지도자들을 없으면 안될 존재로 만들었던 정치조직들에 대항했다. 물론 그들은 불행한 종말을 맞이했고, 그들의 나라 역시 비슷한 운명을 거쳤다. 존경받는 리더십을 조직할 능력이 없는 그런 나라들과 유사한 운명이었다. 복잡한 문제일수록 항상 단순하지만, 그러나 궁극적으로 틀린 해결책이 있다. 그러니 중요한 것은 문제의 해결만을 도모하는 것이 아니라 해결책들을 문제삼아야 한다는 것이다. 2007년 여름에 열린 라틴아메리카의 정치적 변화에 대한 세미나에서, 볼리비아에서 사회운동과의 조율을 담당하는 정부부처의 차관 사샤 요렌티(Sacha Llorenti)는 강력하게 다음과 같은 결론을 냈다. "거리의 사회운동들은 자주 정부가 하는 일을 어렵게 합니다. 그러나 제발, 거리를 결코 포기하지는 마십시오."

11장 _ 소극화된 다원성. 미래의 좌파를 위한 제언

보아벤투라 데 소우자 산투스

1. 이론과 실천의 신기루와 같은 관계

라틴아메리카 좌파의 실천과 고전적 좌파 이론 간의 간극은 그 어느 때
보다도 크다. 이 간극은 현재 라틴아메리카 좌파의 가장 두드러진 특징
일 수도 있다. 멕시코의 '사파티스타 민족해방군'에서부터 브라질의 '노
동자당'에 이르기까지, 아르헨티나의 피케테로스에서부터 브라질의 무
토지농민운동에 이르기까지, 볼리비아와 에콰도르의 원주민운동에서
부터 우루과이의 '확대전선'에 이르기까지, 세계사회포럼에서 우고 차
베스에 이르기까지, 우리는 일반적으로 좌파라고 인식되는 정치적 실천
들을 목격하고 있다. 하지만 이 실천들은 라틴아메리카 좌파의 이론적
전통에서 예측되었던 것도 아니요, 심지어 이 이론적 전통과 모순관계
에 있기도 하다.

실천을 이론의 맥락에서 접근했을 때 실천을 제대로 보지 못하
며, 이론을 실천의 맥락에서 접근했을 때 마찬가지로 이론을 제대로 보
지 못하게 된다. 이는 한편으로는 실천을 이론의 하부단위로 준이론화

(subteorización)시키며, 다른 한편으로는 이론을 불필요한 것으로 전락시킨다. 다시 말해서, 이론을 중심에 두었을 때 실천은 마치 투명해지듯 사라지고, 반대로 실천을 중심에 두게 되면 이론은 불필요한 것으로 전락한다. 둘이 이처럼 서로 평행을 달려서 못 만나게 되면, 실천적 차원에서는 혁명적 즉흥성과 지나친 자기검열로 인한 순화 사이에서 우왕좌왕하게 된다. 이론적 차원에서도 복원에 대한 사후적 집착과 이론으로 설명될 수 없는 것에 대한 오만한 무관심이라는 양극단의 양태가 교대로 나타난다. 이런 조건하에서, 이론과 실천 사이의 관계가 (이 관계는 여전히 존재한다) 전례없는 특징들을 갖게 된다.

이론은 미래의 가능한 실천들의 근거를 제공하는 역할을 더 이상 수행하지 못하게 되며, 대신에 이론의 영향을 받지 않았던 과거의 실천들을 인정하는 (또는 인정하지 않는) 일에 전념한다. 이론의 목적은 이제 방향성을 제공하는 것이라기보다는 정당성을 부여해 주는 것이 된다. 반면에 실천은 주어진 시기의 필요에 따라서 만들어지고, 이질적인 언어와 개념들로 구성된 **혼합적인**(*bricolage*) 이론에 호소하면서 그 실천 내용을 정당화한다. 그런데 물론, 이 이론적 혼합물은 이론적 관점에서 볼 때, 이질적인 개념과 언어로 구성된 정당화를 위한 수작 또는 기회주의적인 수사학적 습작에 불과하다. 이론의 관점에서는 이론적 이합집산은 결코 이론일 수 없다. 그리고 실천의 관점에서 사후적인 이론화는 기생적인 것이다.

이론과 실천의 이처럼 신기루와 같은 관계에서 세 개의 결정적인 정치적 사실이 도출되는데, 이 세 가지 사실은 라틴아메리카 좌파의 현재 상황을 이해하는 데 매우 중요하다. 첫번째는 단기적 확실성과 중기적, 그리고 장기적 불확실성 간의 간극이 오늘날처럼 컸던 적이 없었다는 것이다. 결과적으로 오늘의 전략적 행태는 혁명적일 수 있는 만큼 개혁적일 수도 있다는 특징을 갖는다. 이 전술상의 행태는 또한 좌파의 적이 갖는 확실성과 변모과정이 조성하는 조건의 영향을 받아왔다. 지난 30년 동안 신자유주의적 자본주의는 최근까지도 상상할 수 없을 정도로 사회적 관계들을 시장의 관계로 예속시키는 데 성공했다. 최근까지도 전복할 수 없는 것처럼 보였던 정치적·법적 조절 메커니즘들의 붕괴와 착취와 배제의 무자비한 심화, 이에 따른 사회적 불평등은 저항투쟁들이 활성화될 수 있게 하는 긴박한 동기를 부여해 왔다. 이 급박함은 단기적 목표들의 포괄적인 수렴을 허용하면서 (공격적 사유화에서부터 세계무역기구까지) 주어진 투쟁이 자본주의 전반에 대항하는 것인지, 아니면 반대로 본질적으로 다르고, 다른 이름으로 통용되고 있는 지금의 '이' 자본주의에 대항하는 것인지를 분명하게 밝히지 않아도 되게 한다.

　이 은폐적인 속성은 항상 존재해 왔다. 실제로 이는 20세기 좌파의 두드러진 특징이기도 했다. 하지만 오늘날 이 속성은 새로운 강도로 나타났다. 신자유주의의 파괴적인 힘은 너무나도 강해서 경미한 충돌도 저항으로 인정될 수 있다. 반면에 장기적인 불확실성 역시 새로운 차원을 가지게 되었다. 장기적인 기간(term)이라는 것이 과연 존재하는지 정확히 알 수 없다는 것이다. 달리 말하면, 장기적인 불확실성은 너무나도 불확실해서 좌파 내부의 갈등을 조직화하는 기준으로 더 이상 작동하지 않는다는 것이다. 이러한 맥락에서 단기적인 기간은 연장되고, 때로는 단기적 차원에서의 확실성과 긴박함을 근거로 실질적인 정치적 분열이 발생하기도 한다.

　장기간에 대한 신뢰의 상실이 한편으로는 전략을 세우는 데 도움이 된다면, 다른 한편으로는 장기간의 성격에 대한 의견의 양극화가 단기적 텀에서의 양극화를 방해하지 못하게 한다. 다시 말해서, 새로운 합의들이 구축될 수 있는 완전히 열린 체제의 미래가 가능해진다는 것이다. 지금까지는 장기간에 대한 의견의 차이들이 확고하고, 단기간의 차원에서 일련의 합의가 존재했다면, 오늘날은 장기간에 대한 신뢰가 상실되었다는 점과 더불어, 의견들 간의 강력한 불일치는 확실성이 존재하는 단기간에서만 나타난다. 각 집단이 저마다 확실하다고 규정하는 것은 서로 다를 수밖에 없는데, 이는 다양한 의견들의 강력한 불일치의 근거가 된다.

점점 증대되는 불확실성이란, 그리고 이에 따라 '장기간'이라는 것이 열린 체제가 되는 것은, 맑스의 생산관계 역학의 발전을 과학적으로 도출하여 규정한 기존의 사회주의적 미래의 확실성에서, 로자 룩셈부르크의 **사회주의와 야만주의**의 이분법적 구분까지, 그리고 훗날 세계사회포럼이 주장하는 '다른 세계는 가능하다'라는 생각의 부상까지의 이행의 과정으로 표현되기도 한다. 이들 사이에 또 다른 많은 이행들이 존재하기도 한다.

좌파는 그간 항상 '장기간'을 일종의 지평선으로 설정해 두었다. 과거에는, 이 미래의 지평선과 현재 시점에서 보이는 자본주의라는 풍경의 차이가 클수록 앞으로 나아갈 길에 대한 개념화도 더 급진적이었다. 바로 이 차이에서 혁명과 개혁 간의 분열이 일어난 것이었다. 오늘날 이 분열은 '장기간'과 같은 방식으로 퇴색되었다. 계속 존재하기는 하지만, 과거만큼의 일관성과 성과를 가지고 있지 못하다. 하나의 기표로서 이 구분은 비교적 유연하고 모순되는 방식으로 활용되기도 하다. 혁명적으로 보이는 개혁적 과정들이 있고(우고 차베스), 개혁적으로 보이는 혁명적 과정들도 있다(사파티스타 운동). 또한 개혁적이지 않은 것처럼 보이는 개혁적인 과정들도 있다(브라질의 '노동자당').

　이론과 실천 간의 신기루와 같은 관계로부터 발생하는 두번째 결정적인 정치적 사실은 좌파의 성과에 대한 합의와 평가가 불가능하다는 점이다. 혹자는 1970년대 이후 계급투쟁으로부터의 후퇴를 좌파의 약화로 보는가 하면, 혹자는 이때를 좌파가 풍부한 혁신과 창의성으로 재탄생한 시기로 보고 있다. 좌파가 이때 새로운 투쟁, 새로운 형태의 집합행동, 그리고 새로운 정치 목적들을 가지고 움직였다는 것이다. 분명히 후퇴는 있었다. 하지만 이 후퇴는 고전적인 형태의 정치 조직화와 행동으로부터의 후퇴였고, 이러한 쇠락 덕분에 새로운 정치 조직화와 행동이 나올 수 있었던 것이다. 후퇴설 지지자들은 상황에 대한 평가를 부정적으로 내리고, 소위 혁신이라 불리는 것은 본질적인 목적(생산영역에서의 계급투쟁)을 위한 투쟁의 장을 이차적인 투쟁(사회적 재생산의 영역에서의 정체성 투쟁)에 내주게 되면서 생긴 것에 불과하다고 한다. 단절을 주장하는 언어가 제아무리 급진적이어도, 후퇴는 적과의 타협과 다를 바가 없다. 혁신과 창의성 지지자들은 판단을 긍정적으로 하는데, 왜냐하면 장애물이 되는 도그마들이 해체되고, 집합행동의 형태와 이런 행동을 받쳐 주는 사회적 초석들이 확장되기 때문이다. 그런데 가장 중요한 이유는 무엇보다도 투쟁의 새로운 형태와 영역 덕분에 적의 새로운 약점들이 드러날 수 있었다는 것이다.

　지난 30년을 규정짓기 위한 이와 같은 공방에서, 두 진영 모두 다음 가정에 근거한 과거의 오류에 기대고 있다. 계급투쟁이라는 목표를 우선순위에 두었더라면 더 좋은 결과가 있었을 것이라는 입장과, 새로운 투쟁들이 없었더라면 성과는 더더욱 없었을 것이라는 입장인데, 이는 모두 잘못되었다.

이론과 실천 간의 신기루 같은 관계로부터 발생하는 세번째 사실은 새로운 이론적 극단주의(extremismo)[1]이다. 이 현상은 30년 전 좌파의 이론적 논쟁을 촉발했던 분열보다 훨씬 더 거대하고 또 훨씬 더 무의미하기도 한 극단화의 반영이다. 과거의 분열과는 대조적으로, 최근의 분열은 구체적인 조직이나 정치적 전략과 직접적으로 연결되지는 않는다. 최근의 분쟁들과 비교해 보면, 과거 분쟁들의 극단적인 입장 간의 거리는 훨씬 좁게 보인다. 물론 과거에는 그렇게 특정한 입장을 취한다는 것은 조직과 활동가들의 삶에, 그리고 사회에 훨씬 더 실질적인 결과들을 초래하기도 했었다. 오늘날의 이론적 극단주의는 세 가지 차원이 있다.

사회적 변화의 주체(*sujetos*)를 둘러싼 양극화는 다음과 같은 차이에서 발생한다. 노동자 계급과 그 지지집단처럼 개념화가 잘 되어 있는 역사적 주체성과, '계급'보다는 '대중, 즉 반항적인 사람들'과 같이 억압받은 자들 모두, 또는 다중(multitud)과 같은 불특정 다수 간의, 다시 말해서 경계가 있고(계급) 경계가 없는(대중) 주체들 간의 양극화이다. 30년 전까지는 양극화는 노동자 계급(산업전위대 대 후위대 섹터)과 그 연합세력들(농민 또는 프티부르주아지)에 대한 정의, 또는 '즉자적 계급'이 '대자적 계급'으로 전환되는 과정 등에만 국한되어 있었다.

사회적 투쟁이라는 목적을 둘러싼 양극화는 권력의 쟁취와 권력이라는 개념 자체의 전면적 거부 간의 양극화에서 발생한다. 즉, 보다 더 급진적인 형태의 국가주의와 반국가주의 간의 양극화이다. 30년 전까지, 양극화는 권력을 쟁취하는 수단(무장투쟁 대 제도적 투쟁)과 권력을

---

1) [옮긴이] 여기서의 '극단주의'는 특정한 이론 또는 실천의 극단적 표현을 의미하지 '급진주의' 또는 '과격주의'를 가리키는 것이 아니다.

쟁취한 후 그 권력집행의 성격과 목적에 대한 의견 차이에서 발생했다.

조직의 영역에서 발견되는 양극화는 중앙에서 통제하는 당 조직과 중앙집권주의의 조직화와, 조직화 그 자체의 완연한 부재, 즉 집합행동 행위자 당사자들의 주도로 즉흥적으로 부상하는 조직화의 양극화이다. 30년 전까지는 당과 민중의 관계에 있어서, 또는 '노동자당'의 조직적인 형태에 있어서 (민주적 중앙화 대 탈중앙화에 반대할 수 있는 권리) 공산 당과 사회당 간의 양극화가 있었고, 단일당[단일조직]과 다수당[다수조 직] 간의 양극화가 있었다.

그리하여 우리는 새롭고도 더 극단적인 입장을 가진 또 다른 종류 의 양극화에 직면하게 되었다. 이는 과거의 양극화가 모두 사라졌다는 것은 아니다. 이들은 단지 과거에 누렸던 특혜와 중심성을 상실했을 뿐 이다. 새로운 양극화는 좌파의 본질에 지대한 영향을 미치기는 했지만, 과거의 분열들보다는 한 지점에 집중되어 있지 않고 훨씬 더 넓게 분포 되어 있다. 이는 두 가지 이유 때문이다. 전에 언급했던 이론과 실천 간 의 신기루와 같은 관계가 그 첫번째 이유이다. 이 유령적 관계는 실천으 로 하여금 이론적 양극화 또는 이론의 선택적 혹은 도구적 활용의 영향 을 덜 받도록 한다. 두번째 이유는 투쟁의 양극단의 행위자들이 동일한 사회적 기반을 위해서 싸우는 것도 아니고, 동일한 목적을 위해서 동원 이 되거나, 같은 조직 또는 경쟁상대의 조직에서 적극적인 활동을 하지 않기 때문이다. 그러므로 좌파 내부의 대립 상황들이 평행을 달리는 것 처럼 보일 수밖에 없다.

따라서 양극화는 필연적으로 다음과 같은 중요한 결과를 초래한다. 다원주의와 다양성에 대한 수긍을 방해하고, 이런 원동력들이 새로운 형태의 투쟁이 되거나 새로운 연합이나 절속으로 발전될 수 있는 여지를 전혀 남기지 않는다. 이것은 새로운 양극화 내의 극단적 입장들이 기존 좌파문화의 경계를 넘어서고 있다는 점에서, 그 하나만을 두고 보더라도 매우 중요한 귀결이다. 우리는 다가설 수 없는 문화적·상징적·언어적 세계에 직면하고 있는데, 이 세계들이 서로 어떻게 소통할 것인지, 이들 간에 통역을 어찌할 것인지에 대한 합의 없이 상호적인 이해란 불가능하다.

한 진영에서 사용하는 언어가 계급투쟁, 역학관계, 사회, 국가, 개혁과 혁명이라면, 다른 진영은 사랑, 존엄성, 연대, 공동체, 반란, 감정, 정서, 주체성의 변화와 '다른 세계들을 모두 수용하는 세계' 등의 표현을 쓴다. 문제는 결국 문화적인 단절뿐만 아니라 인식론적인 단절이다. 단절은 나름의 사회적 기반이 있는데, 그들은 바로 전통적인 좌파에 의해 지난 20세기 동안 무시당하고 때로는 멸시당했던 하위주체들, 즉 원주민, 아프리카계 아메리카인과 페미니스트 집단이다.

2. 21세기의 좌파

현재 라틴아메리카 좌파의 다양한 극단적인 입장들 간의 통합(síntesis)은 가능한가? 나는 그렇지 않다고 생각한다. 그리고 설사 가능하다고 하더라도 통합은 꼭 바람직한 것 같지는 않다. 통합은 다양성(diversidad)을 통일성(unidad)으로 전향시키는 차원의 총체성(totalidad) 개념을 전제로 한다. 개인적으로 나는 그 어떠한 총체성도 오늘날의 라틴아메리카 좌파가 가지고 있는 무한한 실천과 이론의 다양성을 담아낼 수 없다고 본다. 그래서 통합보다는 **소극화된 다원성**(*pluralidades despolarizadas*)에 대한 모색이 필요하다고 본다. 이것은 '차이의 정치화가 곧 차이의 극단화'라는 좌파 내부에 깊이 뿌리박힌 전통을 전복하는 것이다. 나는 반대로 정치화는 곧 소극화의 과정에서 발생한다고 본다. 이는 구체적인 집합적 **실천들**을 중심으로 연대와 접합의 구성에 메타이론적인 우선권을 준다는 것을 의미하며, 그 구성과정에서 이론적인 차이를 별도로 토론한다는 것을 의미한다.

21세기 좌파의 목적은 차이를 응집과 포섭(agregación e inclusión)의 요소로 변형시켜서 인정받게 하고, 이는 기존에 '차이' 때문에 집합행동을 저해하던 요소를 제거하면서 비로소 가능해진다. 이로써 새로운 집합적 차원에서 정치적 토론을 할 수 있는 맥락이 생성되는데, 이는 유사성에 대한 인정과 같은 선상에서 이루어진다. 달리 말하자면, 토론의 맥락을 생성시키는 데 있어서 분리와 차이에 대한 집념만큼 통합과 유사성에 대한 집념이 동일한 강도로 창출되어야 한다는 것이다. 소극화된 다원성을 통해서 구성된 집합행동은 **행동의 통일성**(*unidad de acción*)이라는 새로운 개념을 등장시키는데, 여기서 통일성은 확고한 단일의지의 표현이 아니라, 다양한 의지들이 만나는 지속적이고도 폭넓은 지점에서 발생한다.

소극화된 다원성이라는 개념은 좌파의 핵심에 자리잡고 있는 정치적 토론의 기계적 관념과 관행들을 모두 뒤엎어 놓을 것이다. 따라서 이것을 적용하기란 쉽지 않을 것이다. 그럼에도 불구하고 다음 두 가지 사항들이 그 적용을 도울 수 있다. 첫번째는 (위에서 언급했던) '장기간'보다는 '단기간'이 최근에 우세하고, 결과적으로 '장기간'은 그 어느 때보다도 '단기간'에 대한 영향력이 없다. 과거에 '장기간'이 좌파 내부에서 입장 간의 양극화를 초래하는 주된 요인이었다는 점을 두고 보았을 때 '단기간'은 소극화를 유인하는 역할을 해왔다. '단기간'은 항상 '장기간'

에 대해서 약간의 자율성을 지닌 것으로 인식되어 왔다. 이런 점에서 비추어 봤을 때, '단기간'이 최근에 누리고 있는 주도권 덕분에 생성되는 전략적 행태는 합의를 이끌어 내는 데 기여할 수 있다. 합의는 구체적인 집합행동에 메타이론적인 우선권을 주고, 그러한 집합행동의 맥락에서 다원성과 다양성을 토론할 수 있게 한다. 단기에서는 모든 혁명적 행동은 개혁적일 수 있는 소지가 있고, 모든 개혁적인 행동은 개혁세력의 통제권에서 벗어날 수도 있다. 단기의 확실성과 다급함에 대한 집중은 결과적으로 장기에 대한 포기를 의미할 뿐만 아니라, '장기간'을 충분히 열린 개념으로 접근해서 모호한 합의와 음모론적인 침묵까지도 포함시킬 수 있게 한다. '장기간'을 개방하는 것이 소극화에 기여할 수 있다.

소극화된 다원성을 구축하는 데 도움이 되는 두번째 요소는 '사파티스타 민족해방군'과 세계사회포럼의 부상 덕분에 더욱더 명료해졌는데, 좌파도 역시 다문화로 구성되어 있다는 점을 보여 주었다. 이것은 좌파를 분열시키는 차이들이 일반적으로 규정되는 정치적 차원을 넘어서고 있음을 의미한다. 이들 차이들은 '진정한' 좌파라면 인식해야만 하는 문화적 차이를 포함시킨다. '그곳' 사회에 존재하는 문화적 차이를 인정하고 존중하기 위해 투쟁하면서, '이곳'에서는 그 차이들을 인정하지도 존중하지도 않는다는 것은 말이 안 되기 때문이다. 따라서 차이들은 정치적인 해결책들로 제거가 되지 않는다는 전제 때문에 행동을 취해야만 한다는 맥락이 이미 마련되어 있다는 것을 새삼 발견하게 된다. 따라서 우리는 이 차이들과 공존해야 하며, 이들을 세력화하고 집합행동의 동력으로 전환시켜야만 한다.

지금부터 소극화된 다원성을 구축하는 장(場)과 과정에 대한 내용을 보다 구체적으로 분석하고자 한다. 이것은 정치적인 재생 프로젝트이기도 해서 라틴아메리카 좌파에서 포착된 재생의 신호들을 짚어내는 것으로 시작해 보고자 한다. 사실 소극화된 다원성 프로젝트는 이들 신호들의 폭을 넓혀 줄 것을 제안하는 것일 뿐이다. 우리의 목적은 그렇게 함으로써 새롭고도 더 효과적인 집합행동과, 좌파 정치 문화들의 새롭고도 더 포괄적인 배치를 모두 성공적으로 구축하고자 하는 데 있다. 지난 3~40년간 새로운 좌파정치를 위한 결정적인 영역에서의 네 가지 중요한 재생의 신호들을 명시하고자 한다(이러한 신호들은 더 많을 수도 있다). 재생의 신호들은 변혁하고자 하는 의지, 윤리, 인식론, 그리고 조직에서 발견된다.

변혁하고자 하는 의지를 최초로 재생시키고자 했던 순간은 체 게바라에게서 발견된다. 그러나 이것의 가장 세련된 표상은 살바도르 아엔데 정권과 산디니스타 전선, 라틴아메리카 원주민운동과 무토지농민운동에서 발견된다. 윤리적 재생은 해방신학에서 발견되는데, 해방신학이 민중의 투쟁과 억압에 대한 저항의 상상 속에 자리매김되는 방식과 관련된다. 인식론적 재생은 원주민운동과 여성운동에서 시작되었으며, '사파티스타 민족해방군'과 세계사회포럼에서 가장 극명하게 표현된다. 조직적 재생의 초석은 '노동자당'의 창당이었으며, 이것의 가장 극명한 표현은 세계사회포럼이다.

이는 모두 정치적 혁신들이지만 각각 상이한 각도에서 시작되었으며 각각 다른 강도로 진행되고 있다. 이같은 혁신을 기반으로, 변화를 향한 진보적 행동의 새로운 패러다임에 대한 구상을 할 수 있게 되었다. 이 패러다임을 소극화된 다원성의 작동방식의 차원에서 생각해 볼 수 있다.

소극화된 다원성은 미리 규정된 집합적 주체 또는 그 구성과정이 진행 중인 주체에 의해, 그리고 집합행동을 취하고 있거나 집합행동에 동참할 여지가 있는 주체들에 의해 이미 구성되고 있다. 집합행동에 참여하는 것에 부여된 우선순위는, 그것이 조정의 형태이건 연대의 형태이건 간에, 행동의 주체에 대한 질문을 유보하게 한다. 왜냐하면 행동이 있다면 주체도 역시 만들어지고 있는 것이다. 구체적인 주체의 존재는 추상적인 주체에 대한 의문을 완전히 없애는 것은 아니지만, 집합행동의 인식 또는 발전을 결정적으로 방해하는 것을 예방할 수 있게 된다. 왜냐하면 집합행동은 결코 추상적 주체들의 성과물이 될 수 없다. 이같은 맥락에서 구체적인 집합행동에 참여하는 것에 우선순위를 둔다는 것은 곧 다음과 같은 것을 의미한다.

- 참여하는 각각의 주체는 본인이 수행하는 그 집합행동만이 유일하게 중요하고 옳다고 가정하면 안 된다. 착취, 배제와 억압의 메커니즘이 가중되는 맥락에서 착취당하는 자, 배제당한 자, 억압받은 자가 경험해 본 저항이라는 사회적 경험을 놓쳐서는 안 된다.
- 이론적인 분쟁은 행동의 맥락에서 발생해야 하며 항상 행동을 더 가시화하고 강화하고자 하는 목적으로 수행되어야만 한다.
- 특정한 집합의 주체가 그 목적에 대한 문제제기를 한다면, 집합행동을 포기하게 되더라도 그 노선에 대한 의지가 있는 주체들의 입장에 피해를 최소화하는 선에서만 진행시켜야 한다.

저항은 추상적 차원에서 발생하지 않기 때문에, 변화를 향한 집합행동은 항상 현장에서 시작되며 억압받은 자들이 규정하는 갈등의 내용으로 구성된다. 집합행동의 성공은 투쟁이 진행되는 과정에서 갈등의 장과 내용을 변화시킬 수 있는 역량에 달려 있다. 그러나 또한, 이러한

성공이 전제된 이론적 입장의 수정을 가늠하는 잣대이기도 하다. 이론
적 수정에 대한 합리적인 인식은 행동이 취해지면서 소극화된 다원성이
생성될 수 있는 조건을 조성한다.

지금부터는 변화를 향한 집합행동의 핵심에 있는 소극화된 다원성
의 구성에서 가장 중요한 지점들을 논의하고자 한다. 세 가지의 핵심적
인 지점들이 있는데, 이들은 다음과 같다. ① 생산적인 질문에 집중하여
소극화를 도모하는 것. ② 차별적이지 않은, 즉 포괄적인 조직형태에 대
한 모색을 통해 소극화를 도모하는 것. ③ 상호적 의사소통과 상호이해
의 강화를 통해 소극화를 도모하는 것. ②항과 ③항은 이미 다른 글에서
논의되었던 관계로(Santos, 2003a를 볼 것), 여기서는 생산적인 질문과
비생산적인 질문의 차이에 집중해 보도록 하겠다. 나아가서 생산적인
질문에 초점을 맞추는 것이 소극화된 다원성을 어떻게 증진시킬 수 있
는가를 논의하고자 한다.

다원성의 생성에 대한 일반적인 이해는 어렵지 않기 때문에 여기서
는 깊이 있게 다루지 않겠다. 다원성들은 이미 존재하고, 좌파 내부에서
확산되고 또 강화되고 있는데, 이것은 우리가 익히 알고 있는 부정적인
결과를 동반하는 극단주의와 양극화를 초래한다. 따라서 새로운 형태의
다원성에 집중하고자 한다. 그것은 바로 소극화된 다원성인데, 이를 생
산적인 질문과 비생산적인 질문을 구분하면서 논의해 보도록 하자.

3. 비생산적인 질문

생산적인 질문은 그 논의과정을 통해서 집합행동의 개념화와 발전에 직
접적인 영향을 미치는 것을 의미한다. 그리고 그 집합행동이 일어나는

조건을 구성하는 데 직접적인 영향을 미치기도 한다. 그 외의 질문들은 모두 비생산적인 질문들이다. 이들을 완전 무시할 필요도 없지만 다양한 반응을 불러일으킬 수 있는 열린 공간에서, 이들을 미결의 상태로 내버려두거나 미결정의 항목으로 남겨 놓아야만 한다. 과거에 좌파의 주관심사였던 많은 질문들은 가장 잘 알려진 양극화를 초래하기도 했었는데, 이런 질문들은 미결의 조건을 충족시키지 못하며, 따라서 **비생산적인 질문들로** 간주해야 한다.

사회주의 문제

사회주의 문제는 자본주의의 뒤를 잇는 사회모델에 관한 문제이다. 이 문제는 베를린 장벽의 붕괴로 엄청난 타격을 받았다. 이 문제는 사회주의적 미래가 정치적 의제로 여전히 작동할 때에는 (몇 개의 나라에서는) 생산적인 문제로 이해되었고, 또 과거에는 집합행동을 위한 합리적인 지침도 제시할 수 있었겠지만, 오늘날은 그러하지 못하다. 이것은 비생산적인 문제로서, 미완의 수준에 남겨두어야 한다. 이것을 가장 세련되게 구현하는 것은 **'다른 세상이 가능하다'**는 생각이다. 이같은 생각은 현재에 대한 급진적인 비판을 후기자본주의적 또는 반자본주의적 미래를 위한 투쟁과 분리시키는 것을 가능하게 한다. 특정한 미래에 대한 헌신에서, 한 가지 모델만이 가능한 것이 아니라 다양한 모델이 가능하다는 방향으로 생각이 전환되어야 한다.

개혁 vs 혁명

'개혁이냐, 혁명이냐'라는 문제는 생산적인 문제와도 연관이 되지만 (이 문제는 아래에서 논의될 것), 그 자체로는 비생산적이다. 그 이유는 개혁 또는 혁명 중 하나를 선택해야만 하는 조건이 정치적 투쟁에서 더 이상 결정적이지 않기 때문이다. 과거에 이 문제는 권력을 쟁취하는 데 합법적인 수단을 동원할 것인가 또는 비합법적인 수단을 동원할 것인가에 대한 원칙과 관련된 사안이었고, 나아가서 점진적으로 평화적인 방법으로 권력을 쟁취할지 과격하고 폭력적인 방법으로 권력을 쟁취할지에 관한 것이었다. 두 가지 경우가 모두 권력을 획득해서 사회주의 사회를 건설하는 것에 목표를 두고 있었고, 권력의 쟁취는 이를 위한 전제조건이었다. 결론적으로 보면, 이들 전략 모두가 목표를 달성하는 데 실패했는데, 결과적으로 이들 간의 대립은 결국 공모로 바뀌었다. 권력을 쟁취하고 나서 세워진 사회들은 자본주의를 운영하거나 거의 사회주의적인 색채가 없는 사회를 건설한 것이라고 볼 수밖에 없다.

이 두 원칙 간의 공모는 이들이 역사적으로 항상 상호보완적인 역할을 해왔다는 점에서도 드러난다. 혁명은 개혁이 새롭게 탄생하는 사이클의 시작에서 항상 초석이 되는 행위였는데, 볼셰비키가 보여 주듯, 혁명가들의 최초의 행위들은 여타 혁명들을 훼방놓고 유일한 대안으로 개혁주의를 입법화했다. 반면에 개혁주의는 혁명적 대안이 존재해야만 신빙성이 있었다. 바로 이러한 이유로 베를린 장벽의 붕괴는 혁명의 종말뿐만 아니라 개혁의 종말이기도 했던 것이다 (우리가 알고 있는 20세기의 개혁). 자본주의의 지난 30년간의 변형에 비추어 봤을 때, 이 양분화의 조건은 급격한 언어학적 진화를 거쳤기에 사회적 투쟁의 방향성을 제공하는 원칙으로서의 실효성을 상실했다. 개혁주의는 자본의 세력이 무자비하게 공격하는 대상이 되었는데, 그 공격은 비합법적인 수단으로 동원되기도 하였다(1973년 칠레의 살바도르 아옌데 정권의 붕괴가 그 단적인 예이다). 그 다음에 신자유주의의 도래와 함께 그 공격은 합법성을 띠게 되고 구조조정, 외채협상, 민영화와 자유무역 등의 수단이 동원된다. 이 맥락에서 본다면 오늘날의 개혁주의는 과거에 비해서 말이 안될 정도로 축소가 된 것인데, 이는 남아프리카공화국이나 브라질의 사례에서 잘 드러난다. 한편 혁명은 초기에 권력의 거창하고도 총체적인 쟁취를 상징하는 것에서 시작해서 권력쟁취에 대한 거부로 그 의미가 진화되어 왔다. 어떤 경우에는 권력이라는 것 자체에 대한 급진적인 거부로 표현되기도 했는데, 이는 논쟁거리가 상당히 많은 존 홀러웨이의 사파티스타에 대한 해석에 드러나 있다(Holloway, 2001). 권력쟁취와 이의 완전한 거부라는 양극단 사이에, 지난 21세기 동안 권력의 변형에 대한 다양한 개념들이 있었는데, 이는 오스트리아 맑스주의 혁명의 비레닌주의 개념들에서 발견할 수 있다.

결론적으로, 이 모든 이유들 때문에 '개혁이냐 혁명이냐'라는 논쟁이 그다지 생산적이지 않은 것 같다. 과거에 이 질문은 극단적인 반응을 자아내는 질문이었다. 그러나 현재와 미래를 위해서 이 질문은 실효성이 없게 되었다. 이 문제가 새로운 개념들로 재구성되지 않는 한, 차라리 미결의 형태로 내버려두는 것이 나을 듯하다. 이는 사회적 투쟁이 근본적으로 항상 개혁적이거나 항상 혁명적이지 않다는 점을 인정하는 데서부터 시작한다. 이 투쟁은 다른 좌파 투쟁들과의 관계 속에서 개혁 또는 혁명으로 변화하고 적대세력의 저항에 따라 변하는 함수가 되기도 한다. 미결의 상태는 미래의 행동지침을 세우는 원칙으로서의 개혁과 혁명을 과거의 행동을 평가하는 것으로 변모시키는 것을 의미한다.

국가: 핵심적인 또는 무의미한 목표

앞의 질문과 연관된 또 하나의 비생산적인 질문이 있다. 국가는 과연 좌파정치를 실현하기 위해 중요한가 여부를 묻는 질문인데, 이에 따라 국가는 과연 사회적 투쟁의 대상이 되어야 하느냐 마느냐를 묻는 것이다. 이 질문은 다양한 형태와 레벨에 따른 국가권력을 목적으로 하는 사회적 투쟁과, 시민사회 전반에 흐르는 권력들로 불평등과 배제, 그리고 억압을 결정하는 권력을 단일목표로 하는 사회적 투쟁 중 하나를 선택하게 한다. 이는 국가를 수호하거나 공격하는 것에 대한 결정이 아니라, 사회적 투쟁들이 국가를 수호하거나 공격하는 것 외의 목표들이 있어야 하는가를 결정하는 사안이다. 이 질문은 몇 개의 생산적인 질문으로 이어지기도 하지만 (아래에서 볼 수 있듯이), 그 자체로는 비생산적인 질문이다. 위에서 논의한 바와 같이 이 사안은 권력을 쟁취해야 하는 것인지 또는 약화시켜야 하는 것인지와 관련되는데, 그 폭이 더 넓다. 권력의 쟁취 또는 소멸이라는 사안은 두 가지 형식을 취할 수 있는데, 이는 국가에 영향을 미치는지 또는 시민사회에 영향을 미치는지에 따라 다르다. 사회적 투쟁에서 시민사회가 권력을 쟁취하면서 국가를 배제하는 것을 목적으로 할 때 국가를 수호할 수도 있고 공격할 수도 있다. 중요한 것은 이러한 입장이 논리적으로 옳더라도 실용적인 역사적 결과를 초래하는가의 문제이다.

국가의 유효성 또는 비유효성을 둘러싼 질문의 비생산적인 속성은 국가의 사회적 관계라는 사실로부터 기인하는데, 이 때문에 그 유효성 또는 비유효성은 과거에 국가를 목표로 두거나 두지 않았던 사회적 투쟁의 결과일 수밖에 없다는 것이다. 근대자본주의 국가는 시민사회와의 관계 밖에 존재하지 않는다. 근대자본주의 국가와 시민사회는 서로에게 외재적인 존재라기보다는 자본주의 사회에서 사회적 지배를 대표하는 두 가지 얼굴이다. 국가의 유효성 또는 비유효성이라는 사안은 비생산적인 사안인데, 국가가 가지고 있는 양극화의 잠재성이야말로 그 거짓됨의 또 다른 얼굴이기 때문이다. 다시 말해서 국가란 항상 유효한데, 비록 이것이 국가의 비유효성에 근거한 투쟁들이 갖는 명성의 결과일지라도, 이것을 확인함으로써 사회적 투쟁을 발전시킬 수 있는 여지들이 있기 때문이다. 국가가 양극화를 초래할 수 있는 가능성을 줄이기 위해 위해 나는 다음과 같은 결정의 유보(또는 미결의 상태)를 제안하고자 한다. 사회적 투쟁들은 국가 또는 시민사회를 특화된 목적으로 두고 있지만, 두 가지 경우 모두에서 특권이 없는 세력이 투쟁의 결과에 영향을 미칠 수 있고, 또 그 영향을 받을 수도 있다.

4. 생산적인 사안

이제 생산적인 사안에 대한 논의를 하고자 한다. 생산적인 사안에 대한 논의는 이 시대 좌파의 사고와 행동을 구성하는 소극화된 다원성을 실현할 수도 있다.

국가는 적인가, 동맹자인가?

국가는 유효한가 유효하지 않은가라는 비생산적인 질문과 달리, 국가를 동맹자로 볼 것인가 또는 적으로 볼 것인가라는 문제는 국가의 유효성을 추상적인 방식으로 가정하고 있지 않기 때문에 생산적이다. 20세기에 들어와서 중심부 국가이든 식민성에서 해방된 국가이든 간에, 이들 국가들이 체험한 변화들은, 이 과정에서 각 국가의 역할들이 서로 모순적이라 하더라도 이 사안에 대해 역사적인 그리고 실용적인 일관성을 부여하고 있다. 다양한 집단의 사회적 투쟁과 사회운동과 관련된 각 국가의 경험은 저마다 풍부하고 다양하고, 하나의 원칙 또는 공식으로 환원될 수 없을 것이다.

오늘날의 세계사회포럼은 이처럼 풍부한 사회적 투쟁들의 세련된 반영이다. 왜냐하면 이들 사회적 투쟁에서는 사회운동이 한 세력으로서 국가와 맺게 된 다양한 관계와 연합형태들이 함께하기 때문이다. 이 영역 안에서 소극화된 다원성을 구성할 가능성은 바로 대부분의 사회운동과 연대들이 국가와의 관계에서 경직된 또는 지나치게 원칙적인 입장을 취하는 것을 지양하고 있기 때문이다. 이것은 나아가서 투쟁의 경험에서 국가가 적일 때도 있지만 유용한 동맹군이 될 수도 있다는 깨달음 때문일 것이다. 이는 실제로 초국가적인 강요에 대항한 투쟁의 경우, 즉 주변국가 또는 반주변국가에서 특히 더욱 그러하다. 특정한 상황에서 국가와의 대적이 정당할 때가 있다면, 다른 경우에는 협력이 적합할 때가 있고, 또 다른 상황에서는 두 가지 경우의 조합도 가능하다(그 우수한 예로 브라질의 무토지농민운동이 취하고 있는 전략이 있다).

모순적인 사회적 관계로서의 국가 개념은 의제들을 맥락화하여 토론하는 것을 가능하게 한다. 즉, 특정한 정당 또는 운동이 특정한 사회적 영역, 나라, 그리고 구체적인 역사적 시기에 따라 국가에 대해서 취해야 할 입장에 대한 사유를 가능케 한다. 이처럼 맥락화된 논의는 상이한 정당 또는 상이한 영역에서 개입을 하고자 하는 운동들, 또는 상이한 나라 또는 역사적 순간에서 취해지는 다양한 입장들에 대한 비교평가를 가능케 한다. 이는 결과적으로 상이한 전략의 존재를 인정하게 하는데, 이 전략들은 모두 특정한 맥락 속에 있으며 모두 위험으로부터 자유롭지 못하다. 그리고 무엇보다도 이 전략들은 단 하나의 원칙으로 변용될 수 없다. 이것이 바로 소극화된 다원성이다.

지역적·국가적·세계적 투쟁

지역 차원, 국가 차원, 그리고 세계적 차원의 집합행동 중에 우선순위를 상대적으로 어디에 두어야 하는가에 대한 논의도 다양하고, 이 사항에 대한 좌파의 실천들도 매우 다양하다. 물론 좌파의 이론적 전통이 국가적 차원에서 구축되었다는 사실은 명백하다. 전통적으로, 지역 차원에서의 투쟁은 덜 중요한 것으로 여겨지거나, 세계적 차원의 투쟁을 위해 희생되어야 하거나, 국가적 차원에서의 투쟁의 초기단계로 인식되곤 했었다. 한편 국제주의(internacionalismo)는 실천적으로 항상 국가적 투쟁과 이해관계가 우선순위임을 표명하였다. 좌파 정당과 노조의 형성에서는 항상 국가적 차원이 우선했고 오늘날까지 이들 집단의 정치활동을 구조화하고 있다.

20세기 후반부터, 특히 1970년대부터 지역 차원에서의 사회운동들은 이전에 없었던 중요성을 갖추게 되는데 이는 두 가지 새로운 사회운동이 등장함으로써 비롯되었다. 좌파의 조직적 전통은 지역 차원의 투쟁과 국가적 차원의 투쟁이 절속되면서 그 해방의 잠재력이 충분히 모색되는 것을 저해해 왔다. 브라질 '노동자당'의 구성은 아마 이 절속이 가장 성공적으로 이루어진 사례일 것이다.

1990년대를 기점으로, 그리고 1994년에 사파티스타가, 2001년에 세계사회포럼이 등장하면서 세계적 차원의 집합행동은 전례없는 가시성을 띠게 되었다. 서로 상이한 수준의 집합행동들 간의 조율은 이에 따라 더욱 까다로워졌는데, 지역적, 국가적, 그리고 세계적 차원의 수준을 동시에 고려해야 하는 상황이 되었다. 반면에 상이한 수준에서의 구체적인 투쟁의 경험은 기하급수적으로 확산되었고, 결과적으로 집합행동의 다양한 수준에 대해 맥락에 따라 토론하는 것을 증진시켰다. 즉, 각각 수준의 집합행동이 갖는 상대적 우위, 조직적 요구, 그리고 절속의 가능성 등에 대한 논의를 발전시켰다. 이 논의들은 여전히 진행 중이며, 상이한 수준들 간의 조율을 둘러싼 방법론 모색의 차원에서는 가장 생산적이기도 하다.

　　세계사회포럼은 집합행동의 상이한 차원에 어떤 상대적 우선순위를 둘 것인가에 대해 서로 다른 생각을 가지고 있는 사회운동과 연대들을 모두 아우르는 작업을 해왔다. 세계사회포럼은 세계적 차원의 집합행동인 만큼 이에 참여하는 사회운동과 연대들은 지역적 차원과 국가적 차원의 투쟁 방면에서는 경험이 많지 않다. 그럼에도 불구하고 세계사회포럼에서 집합행동의 차원을 확산시킬 수 있는 가능성도 모색하고 또 다른 차원에 특별한 우선순위를 두기도 한다. 혹자에게 신자유주의가 심화되면서 글로벌 차원의 투쟁이 더 중요해졌다면, 다른 이들에게 세계사회포럼은 단지 모임의 장(場)일 뿐이거나, 또는 문화이벤트일 수도 있다. 이들에게 세계사회포럼은 유용하지만 지역적, 그리고 국가적 차원에서 일어나고 있는 자국민의 안녕을 위한 '진정한 투쟁'의 기본원칙을 변화시키지 않는다. 자신들의 실천을 지역적 차원과 국가적 차원에서 적용시킨 운동들도 있고(무토지소유 운동) 또는 지역적, 국가적, 그리고 세계적 차원에서 이를 관철하려는 운동들도 있다 (사파티스타 운동). 대부분의 사회운동에서 각 차원들 간의 거리는 구체적인 투쟁의 진정한 요구사항들을 모두 만족시켜 주지는 않는다. 현대사회에서 사회적 행동과 정치적 행동의 다양한 차원들은 그 어느 때보다도 상호연관되어 있다. 아마존의 가장 외딴 마을에서도 세계화 헤게모니의 효과와 이것이 국민국가에 끼치는 영향을 충분히 느낄 수 있다. 각각의 정치적 실천은 이미 결정된 차원에서 이루어지지만, 성공이라는 조건을 위해서 다른 차원들도 참작되어야 한다.

따라서 축적된 사회적 투쟁의 경험들은 결과적으로 매우 풍부하고 생산적이면서도 맥락이 있는 토론을 가능하게 한다. 이 영역에서 소극화된 다원성이 등장할 수 있는 가능성은, 최근의 경험으로 미루어보아 그 어떤 차원에서의 정치적 행동에 절대적 또는 추상적 우선순위를 두는 것 때문에 가능하다. 이로써 상이한 차원에서의 사회적 투쟁들이 공존한다는 것을 인정하게 되며 각각의 기하학적 조합 역시 받아들일 수 있게 된다. 그 중에서 어떤 차원을 우선순위에 둘 것인가는 구체적인 정치적 상황을 고려하여 내려야 하는 결정이다.

제도권 내 행동 또는 직접행동

'개혁을 선택할 것인가 또는 혁명을 선택할 것인가'라는 질문과 대조적으로, '제도권 범위 안에서의 행동이나 직접행동 중 어떤 것을 선택할 것인가'라는 질문은, 그것이 집합행동의 실용적인 맥락에서 논의되고 있을 때 생산적이다. 이는 주어진 투쟁 또는 집합행동이 실현되는 구체적인 조건 속에서 합법적인 수단 또는 제도권 내의 정치적 작업과 권력자들과의 대화를 택할 것인지, 아니면 반대로 비합법적인 수단과 제도적 차원에서의 대치상태를 택할 것인지를 판단하는 일이다. 제도권 안에서 행동을 취할 경우, (국가적 차원 또는 지역적 차원에서의) 국가권력의 영역 안에서의 행동과, 평행선상에서의 권력의 영역에서의 행동을 구분하는 것이 필요하다. 평행선상에서의 권력의 영역은 국가가 침투하지 못한 평행적 제도들의 생성을 통해서 구성된다. 평행적 제도권은 일종의 혼종적 집합행동으로서, 직접행동과 제도권 내 행동의 요소들이 혼합된 것을 가리킨다. 직접행동의 경우, 폭력적인 그리고 폭력적이지 않은 행동을 구분하는 것이 필요하고, 폭력을 선택하게 되는 경우 사람을 대상으로 하는 것과 사유재산과 같이 사람이 아닌 대상을 파괴하는 것 사이에 구분을 두어야 한다.

이러한 행동양식들은 구체적인 맥락에서만 평가될 수 있는 비용과 혜택이 있는데, 그렇기 때문에 당연히 상이한 조직화와 동원의 방식이 요구된다. 집합행동에 대한 일반적 이해만으로, 구체적인 맥락에서 취해야 하는 행동의 방향을 정하는 데 충분한 정보를 주지 못할 수도 있다. 맥락은 행동을 위한 직접적인 조건에 국한되어 있지 않고 그 주변의 조건들, 특히 대표제(그 수위가 낮다 할지라도 민주주의와 같은)와 여론형성의 체계가 존재하는지 여부 등도 중요하다. 제도권 내의 활동은 권력의 모순과 엘리트 간의 분열을 더 잘 이용하는 데 적합하다. 하지만 그러한 활동은 특히 요구들과 항의들의 집단화 리듬과 사법적, 혹은 입법적인 리듬 간의 비동시성 때문에 높은 수준의 동원을 유지하기가 어렵다는 문제를 간과하여, 제도권에 편입되고 쟁취한 성과를 부득이하게 잃게 되어 있다. 직접행동은 권력체제의 비효율성과 사회적 정당성의 취약함을 이용하는 데 더 적합하다. 하지만 직접행동은 신뢰성 있는 대안의 구성에서 어려움이 많으며 탄압에 무방비 상태로 노출되어 있다는 약점이 있다. 탄압이 과도하면 동원뿐만 아니라 조직 자체가 위험할 수 있다. 제도권 안에서의 행동이 정치적 정당과의 조율을 선호한다면, 직접행동은 이같은 조율 자체를 냉대하는 경향이 있다.

지난 30년간의 정치적 투쟁들의 양적 성장이 이 사안과 관련된 소극화의 가능성을 뒷받침해 준다. 이 양적 성장은 오늘날 매우 상이한 사회적 투쟁의 경험들을 지닌 운동과 조직을 아우르는 세계사회포럼이라는 장에서 가시화되었다. 그 중 제도권 안에서의 행동을 선호하는 운동이 있는가 하면 직접행동을 선호하는 운동도 있다. 그러나 소극화의 잠재력이 가장 크고, 따라서 가장 중요한 운동은 두 가지 행동령을 모두 취한 무토지소유운동과 같은 운동이다. 이 운동은 별개의 투쟁에서, 또는 같은 투쟁이어도 다양한 시점에서 제도권 안에서의 행동 또는 직접행동을 취해 왔다. 사파티스타의 경우 포럼에 직접 참석하지는 않았지만 이 분야에서 수렴가능성의 지평을 열어 주었고, 특히 라틴아메리카 사회운동에 (잘 알려져 있지는 않지만) 매우 강력한 영향력을 행사하고 있다. 사파티스타 투쟁에서 우리는 직접행동(봉기)을 보기도 했고, 제도권 내 행동(산 안드레스 협정, 멕시코 국회에서의 열린회의) 그리고 제도권과 평행을 달리는 행동(카라콜레스, 좋은 정부 위원회)도 발견할 수 있다. 체계적인 평가(아래를 볼 것)를 위한 조건이 조성되면, 이 폭넓은 경험은 소극화된 다원성을 구성하는 데 신뢰성을 부여해 줄 모든 조건을 갖추게 될 것이다.

평등을 위한 투쟁과 차이에 대한 인정을 위한 투쟁

평등을 위한 투쟁과 차이의 인정을 위한 투쟁 중에 어느 것에 우선순위를 둘 것인가라는 사안은 라틴아메리카 좌파의 이론과 실천에서 비교적 최근에 등장하였다. 1970년대와 80년대에 두각을 나타내기 시작한 이 사안은 여성운동과 원주민운동이 급작스럽게 분출되면서, 향후 LGBT 운동과 아프리카계 후손 운동으로 이어졌다. 관습적으로 차별을 받았던 정체성을 근거로 조직된 이 운동들은 이전 시대의 사회적 투쟁에서 우선시했던 평등의 개념에 도전장을 냈다. 이전의 평등 개념은 경제적 계층(노동자 또는 농민)에 초점을 맞추고 있어 대중 속에 존재하는 중요한 정치적 차이들을 무시했다는 것이다. 일반적으로 정체성에 근거한 이

운동들이 계급 불평등의 중요성에 의문을 제기했다면, 보다 구체적인 차원에서는 인종, 민족, 젠더, 성적 취향에 따른 불평등의 정치적 중요성을 강조하였다. 이 운동들에 따르면, 평등의 원칙은 차이들을 동질화하는 경향이 있고, 그 내부에 존재하는 위계들을 숨기는 역할을 한다는 것이다. 이 위계들은 차별기제로 해석이 되면서 차별받는 당사자의 개인적, 그리고 사회적 충족감을 실현시킬 수 있는 기회를 축소시키게 된다. 평등이라는 원칙하에서만 작동한다면 통합이 되어도 결국 예속될 수밖에 없는, 다시 말해 당사자 본인들의 정체성을 왜곡시키는 방식으로 통합될 수밖에 없다. 이를 방지하기 위해서 차이의 인정을 평등에 버금가는 사회적 해방의 원칙으로 고려할 필요가 있다.

평등의 원칙과 차이의 인정을 짝짓는 것은 분명히 쉬운 일이 아니다. 그러니 이 영역 안에서 일어난 지난 30년 동안의 다양한 사회적 투쟁들은 소극화된 다원성의 구성을 용이하게 했다. 물론 소극화된 다원성을 구축하기 위한 원칙들 중 하나 또는 둘 정도를 부정하는, 또는 이들 중 하나에만 우선순위를 두는 극단적인 입장들도 있다. 그럼에도 불구하고 대부분의 운동은 하나에만 우선순위를 두면서도 이 두 가지 원칙을 조율할 수 있는 구체적 방법을 모색하고 있다. 이 상황은 노조운동에서 잘 드러나는데, 노조운동은 평등의 원칙에 기반하고 있지만 점차적으로 종족에 따른 그리고 성별에 따른 차별의 중요성을 인식해 왔다. 이런 추세는 정체성 기반 운동에서도 발견되는데, 특히 여성운동 내부에 존재하는 계급 차이의 인정과 정치화의 확산을 그 예로 들 수 있겠다.

이처럼 이 분야에서도 소극화된 다원성을 키울 수 있는 조건들이 조성되어 있고, 다시 말하건대 세계사회포럼은 사회적 해방에 대한 상이한 견해를 견지해 왔던 운동들 간의 연결망과 연대가 구축될 수 있는 폭넓은 공간을 제공한다. 서로에 대한 지식은 상호인정을 위한 필수조건이다. 이 분야에서의 발전은 두 개의 원칙 간의 또는 극단적 입장들 간의 추상적 논의에서 파생되는 것이 아니라, 구체적인 투쟁의 구성을 겨냥한 구체적 옵션을 논의하는 것에서 비롯된다. 이처럼 구체적인 논의들은 운동에 대한 다짐을 확인시키되 자신들의 문화적-철학적 인식론 또는 근본이 되는 정치를 완전히 변화시킬 것을 강요하지 않는다.

5. 결론

집합행동을 개념화하고 집행하는 데 직접적인 영향을 끼치는 질문과 사안에 초점을 맞추는 것은, 즉 본 장에서 내가 '생산적인 질문'으로 정리하는 그 내용은 출발지점은 될 수 있지만 도착지점이 될 수는 없다. 작업과 논의가 생산적인 질문에 초점을 맞출 때 드러나는 소극화된 다원성은 새로운 종류의 행동으로 그 의미가 이전된다. 이들 행동은 생산적인 질문과 사안에 반응해야 하며 다양한 정치적 맥락에서 적시적소에 다양한 응답을 제공해 줄 수도 있다. 이 행동들은 복합적이며 의식적으로 이질적이고 상이한 리듬, 시간적 틀, 스타일과 행동의 수준 등을 모두 수용할 수 있을 만큼의 유연성을 가지고 있어야 한다. 복합성과 내부적 이질성, 그리고 유연성은 소극화된 다원성이 행동의 영역에서 해석되는 작동방식들이다.

　　이들 행동의 개념화와 집행은 그와 연관이 되는 조직들이 수행해야 한다. 물론 좌파의 전형적인 조직형태는 다원성과 소극화를 적대시하는 경향이 있다는 사실도 잘 알려져 있다. 바로 이런 이유 때문에 이들 조직들은 완전한 변신을 해야 되며, 필요하다면 다른 조직들로 대체되거나 보완되어야 할 것이다. 다시 말해서, 새로운 종류의 행동은 새로운 종류의 조직을 필요로 한다는 것이다. 새로운 종류의 조직은 포괄적이며 내부적으로 복합적이고, 이질적이며 유연해야 한다. 미래가 있는 좌파를 구성하기 위해서는 이처럼 새로운 종류의 조직들의 특성을 최우선 순위로 두고 논의를 진행해야 할 것이다. 이 논의는 본 장에서 주장하고자 했던 내용과 더불어 미래의 고찰을 위한 과제로 남을 것이다.

옮긴이 후기 _ 다시 기로에 선 라틴아메리카

21세기에 들어서면서 라틴아메리카 대륙의 대부분 국가는 전례를 찾기 어려운 정치적·사회적 변화로 소용돌이쳤다. 특히 대륙 전체를 강타한 정치지형의 변화는 전세계적인 주목의 대상이 되었는데 여기에는 몇 가지 이유가 있다. 첫째, 1950년대 과테말라의 하코보 아르벤스(Jacobo Arbenz), 1970년대 칠레의 살바도르 아옌데 그리고 1990년대 니카라과 산디니스타 정권 이후에 라틴아메리카의 어떤 정권도 스스로를 좌파로 규정하지 않았다. 예외가 있다면 쿠바가 될 것이다. 그러나 21세기에 들어서면서 정치권력을 장악한 세력들은 스스로를 좌파 혹은 중도좌파로 규정한다. 둘째, 소수의 예외를 제외하면 이러한 변화가 대륙 전체에서 동시다발적으로 일어났다는 점이다. 언론은 이런 동시다발적인 현상을 설명하기 위해 '좌파 도미노', '좌파 휘몰이', '분홍빛 조류'(pink tide) 같은 표현을 동원했다. 셋째, 세계사적 관점에서 보면 이러한 좌파로의 전환이 베를린 장벽이 무너지고 프랜시스 후쿠야마가 '역사의 종언'을 선언한 이후에 발생했다는 것이다. 냉전이 종식되고 신자유주의 세계화가 대세가 되어 가는 시점에서 우고 차베스의 '21세기 사회주의'(21st

Century Socialism) 선언은 예상치 못한 사태였다.

그러나 21세기 두번째 10년이 지나가면서 '분홍빛 조류'는 밀려올 때만큼이나 빠른 속도로 퇴조하고 있다. 대륙 전체의 정치적 변화의 전위에 섰던 베네수엘라는 차베스 사후 친차베스 진영과 반차베스 진영으로 분열되어 극심한 정치사회적 혼란을 겪고 있고 경제적 상황은 최악으로 치닫고 있다. 그런가 하면, '브라질 날아오르다'(Brazil takes off)라는 제목으로 2009년 11월호 『이코노미스트』(The Economist)의 표지를 장식했던 브라질 경제는 불과 4년 뒤인 2013년 '브라질은 추락했는가?'(Has Brazil blown it?)라는 제목으로 또 다시 『이코노미스트』 표지의 주인공이 되었다. 2008년 리먼 브라더스의 파산으로 인한 세계경제의 충격에도 불구하고 2010년 7.5%의 기록적인 성장을 보였던 브라질 경제가 불과 2년 뒤인 2012년 0.9%의 성장에 그치면서 급락했기 때문이다. 2014년 월드컵과 2016년 올림픽을 연달아 유치하면서 전세계에 경제대국의 면모를 자랑했던 브라질은 2015~2016년 대규모 소요 사태로 몸살을 앓았고, 룰라의 뒤를 이어 브라질을 이끌었던 지우마 호세프(Dilma Rousseff)는 2016년 9월 회계부정으로 불명예스러운 탄핵을 당했다. 정치권력의 구도에서도 좌파의 퇴조가 뚜렷해지고 있다. 2015년 이후 치러진 대선에서 보수우파 정권이 재집권하면서(아르헨티나, 칠레, 브라질, 페루, 파라과이), 라틴아메리카의 정치권력이 또 다시 급격하게 우경화되고 있다. 또한 1994년 멕시코 사파티스타 봉기를 기점으로 대륙 전체로 확산되면서 중요한 정치적 주체로 등장한 원주민운동이 라틴아메리카의 정치 지형을 크게 변화시켰음에도 불구하고 원주민들의 경제적 삶은 여전히 궁핍하고 사회적인 측면에서도 뚜렷한 성과를 거두지 못했다는 평가를 받고 있다.

'분홍빛 조류' — 라틴아메리카 신좌파

독자들에게 소개하는 『라틴아메리카 신좌파』(*La Nueva Izquierda en América Latina*, 2008)는 '분홍빛 조류'의 속도와 높이가 최고조에 달했던 시기(2004~2008년)의 연구 결과물이다. 정권의 차원에서 보면 베네수엘라의 차베스(1998년)를 선두로 아르헨티나의 키르치네르(2003년), 브라질의 룰라(2003년), 우루과이의 바스케스(2004년), 볼리비아의 에보 모랄레스(2005년), 칠레의 바첼레트(2006년), 에콰도르의 라파엘 코레아(2006년), 니카라과의 다니엘 오르테가(2006년)를 비롯해 파라과이의 페르난도 루고(2008년), 파나마의 토리호스(2004년), 도미니카의 페르난데스(2004년)가 좌파 혹은 중도좌파적 노선을 표방하며 정권을 잡았다. 또한 사회운동의 차원에서도 볼리비아, 에콰도르, 멕시코의 원주민-농민운동, 브라질의 무토지농민운동과 도시빈민운동, 아르헨티나의 피케테로스운동 등 다양한 스펙트럼의 사회운동이 대륙 전체에서 활성화되면서 핵심적인 정치적 세력으로 등장했다. 정치·사회 전문가들은 1980년대까지 좌-우 대립이 극심하고 사회혁명과 진보적 개혁을 위한 기운이 확산되었던 라틴아메리카의 풍경이 냉전 종식 이후 민주주의, 자유시장경제, 친미 성향의 정책으로 순식간에 탈바꿈되던 상황에서 좌파는 패배를 인정하고 기껏해야 시장경제와 대의민주주의의 변주를 탐색할 것이라고 예측했다. 그러나 이러한 예측이 잘못된 것임을 깨닫기까지에는 그리 많은 시간이 걸리지 않았다. 좌파운동들, 정당들, 자치정부와 중앙정부들이 대륙 전역으로 확산되고 세력을 강화했기 때문이다.

필자 겸 편집자들이 자평하는 것처럼, 『라틴아메리카 신좌파』는 '분홍빛 조류'에 대한 포괄적인 분석을 시도한 첫번째 책이다. 『라틴아메리카 신좌파』는 새로운 형태의 사회운동과 진보적 정부의 정책적 제안들과 실험들을 '신좌파'로 규정하고 신좌파 출현의 기원, 특징, 딜레마와 미래의 방향성에 대해 이론적 검토와 사례연구를 제시한다. 편집자들이 서문에서 밝히듯이, 신좌파는 '새로운' 좌파라는 의미로 구좌파와 구별되지만 평가적인 의미보다는 서술적인 의미가 강하다. 즉 '새로운' 좌파는 최근의 것이기 때문이지 앞선 좌파보다 더 좋거나 더 나쁘다는 의미가 아니다. 이런 관점에서 이 책은 신좌파에 대한 포괄적인 이론적 종합이나 최종적인 평가를 내리는 대신에 과거의 맑스-레닌주의에 기초한 일원론적 좌파 이론에 들어맞지 않는 다양한 사례를 세밀하게 비교 분석하는 데 중점을 둔다. 그러나 신좌파에 대한 이론적 종합이나 최종적인 평가를 유보한다고 하더라도 신좌파를 특징짓기 위해서는 구좌파와의 구별은 필수적인 작업이다. 이러한 작업의 일환으로 이 책에 포함된 일곱 개의 사례연구는 1990년대 중반 이후의 현상인 신좌파에 대해 20세기 라틴아메리카 좌파와 국제적 좌파와 연관 관계 속에서 연속성과 차이점을 분석하고, 그것들 사이의 연결점, 유사성, 차이에 대한 이해를 돕기 위해서 마지막 세 개의 장에서 총 논평을 제시한다.

라틴아메리카 국가들은 정복 이전의 원주민 문화에 뿌리를 두고 있고, 3세기에 걸친 식민화 과정을 겪었으며, 식민시기에 형성된 계급 구조, 독립 이후의 경제 발전과 제국주의 경험에 있어서 많은 공통점을 가지고 있다. 이 때문에 라틴아메리카는 개념적으로 단일한 구성단위(unit)로 취급되었고, 라틴아메리카에 대한 연구도 통상적으로 이러한 개념적 전제하에 이루어졌다. 이런 맥락에서 『라틴아메리카 신좌파』가 갖는 중요한 미덕은 일반적으로 신좌파로 통칭되는 범주를 그것의 구성 요소로 분해함으로써 사례연구에 해당하는 국가의 상황과 상이한 정치

논리에 따라 구성요소들 간에 차이를 보이는 각 국가의 신좌파의 특성과 전망을 통시적으로 제시하고 있다는 점이다. 즉 서로 다른 좌파운동, 정당, 정부들에 대해 단일한 이론적 틀이나 정치적 모델을 적용하지 않고 각 국가의 경험을 세밀하고 실증적이며 엄밀하게 분석하려고 노력했다는 점이다. 신좌파를 구성하는 세 가지 요소인 사회운동, 정당, 정부 중에서 가장 핵심적인 요소이면서 각 국가의 차이가 두드러지게 드러나는 요소로 사회운동을 언급하는 것도 이런 이유 때문이다. 사실상 라틴아메리카 신좌파의 가장 두드러진 특징이 바로 사회운동이라고 해도 틀린 말이 아니다. 좌파의 전통적 관심사를 종족성, 젠더, 인종 등 다양한 불평등의 근원으로 확장시키는 것이 다름 아닌 사회운동이다. 사회운동의 다채로운 스펙트럼을 구성하는 정치적 행위자들은 원주민, 농민, 여성, 학생, 환경운동가, 아프리카계 후손, 실직자, 무토지농민 등 급진적인 풀뿌리조직들이다. 구좌파와 구별되는 라틴아메리카 신좌파의 다섯 가지 특징인 '전략의 다원성과 분권화된 조직 행태의 절속', '사회적 기반과 정치적 의제의 다양성', '시민사회의 부상', '개혁주의', '민주주의의 심화'는 사회운동과 직접적으로 연관된다.

　라틴아메리카 신좌파가 출현한 역사적 변곡점은 '역사의 종언', '국가의 소멸', '이데올로기의 종언', '혁명의 소멸과 제3세계라는 개념의 폐기' 등으로 상징되는 1990년대 초였다. 이 역사적 변곡점은 라틴아메리카라는 특정 지역을 넘어 국제 좌파가 파산한 시점이며 '대안은 없다'는 우파의 '유일사상'(pensée unique)이 강화되는 시점이었다. 이러한 상황에서 라틴아메리카 대륙에서 새로운 좌파가 잇따라 등장한 이유는 무엇일까? 그 이유는 무엇보다도 1970년대 중반 이후 다른 어떤 지역보다 라틴아메리카에 신자유주의 개혁이 가장 먼저, 가장 강도 높게 적용되었고, 그 결과 가장 먼저 심각한 부정적 결과들이 드러났기 때문이다. 바르트라가 멕시코 사례연구에서 '동전의 앞면이 나오면 내가 이기고, 뒷면이 나오면 네가 진다'라는 표현을 통해 지적한 것처럼, 신자유주의 세계화라는 이름의 시장근본주의는 제3세계인 라틴아메리카가 이길 수 없는 게임이었다. 게임의 결과는 사회적 배제와 경제적 양극화의 심화로 드러났다. 실업 증가, 민영화, 노동규제의 유연화, 지역 파산으로 인한 대규모 도시 이주, 비공식 경제 부문의 증가는 무산노동자계급(proletariat) 대신에 빈민계급(pobretariado)/불안정계급(precariat)을 출현시켰다. 이런 맥락에서 '역사의 종언'은 미국과 자본주의의 승리가 아니라 20세기 좌파의 역사적 주기가 종말을 고하고 신좌파가 등장했음을 알리는 징표였다.

'분홍빛 조류'와 전 지구적 좌파(the global left)

한글판 『라틴아메리카 신좌파』는 전공과 연구 지역이 다른 6명의 라틴아메리카 연구자들의 공동 번역물이다. 해방신학과 종속이론 이후에 관심을 끄는 라틴아메리카에 대한 이슈가 부재한 상황에서 1990년대 후반 이후 '분홍빛 조류'는 세계적인 주목의 대상이 되었다. 이 책의 옮긴이들이 공부 모임에서 조금씩 읽어 가던 책을 번역 소개할 필요가 있다고 느낀 것은 2014년 무렵이었다. 여러 가지 사정으로 번역 작업이 지연되고 있는 상황에서 라틴아메리카에서는 크고 작은 변화들이 일어났고 '분홍빛 조류'는 급격히 퇴조했다. 베네수엘라에서는 신자유주의 세계화와 미국의 대외정책에 맞서 라틴아메리카 통합을 주도했던 차베스 대통령이 2013년 사망했고, 2015년 12월 총선에서 여당인 '통합사회주의당'이 16년 만에 야당인 '민주연합'에 패배했다. 아르헨티나에서는 키르치네르로부터 정치권력을 계승한 크리스티나 페르난데스 대통령 퇴임 이후 2015년 대선에서 기업가 출신의 우파 정치인 마우리시오 마크리에게 정치권력이 넘어갔다. 그런가 하면, 브라질의 지우마 호세프가 탄핵된 뒤 또 다시 정계 복귀를 선언한 룰라는 재임 기간에 저지른 부패 혐의로 수감되었다. 정치적·경제적인 면에서 '분홍빛 조류'를 이끌었던 베네수엘라, 아르헨티나, 브라질의 정치적 격변은 변화의 동력을 현저히 떨어트렸다. 이런 상황을 지켜보면서 옮긴이들은 『라틴아메리카 신좌파』의 출간을 실기(失期)했다는 낭패감을 느꼈다. 밀물처럼 밀려오던 변화의 물결이 썰물처럼 빠져 버린 쓸쓸한 바닷가 풍경이 독자들에게 무슨 감흥을 줄 수 있을까?

'분홍빛 조류'는 신기루였는가? 짧은 기간에 극적인 반전을 보이며 새로운 변화의 진원지로 등장했던 라틴아메리카는 또 다시 '영원한 위기의 정치경제의 대륙'이라는 불명예스러운 과거로 되돌아가고 있는 것인가? 호르헤 카스타녜다가 권고했던 것처럼, 신좌파는 저항을 포기하고 공식적으로 시장의 논리를 받아들이고 서구 시장경제가 오랜 시간에 걸쳐 통합시킨 변화들, 규제들, 예외들, 변형들에 동조해야 하는 것인가? 신자유주의와 자본주의에 대한 대안은 없는 것인가? 앞에서 언급한 것처럼, 라틴아메리카 신좌파가 출현하게 된 직접적인 원인은 1970년대 중반 이후 신자유주의 개혁이 다른 어떤 지역보다 라틴아메리카에 가장 먼저, 가장 강도 높게 적용되었고, 가장 먼저 심각한 부정적 결과들을 드러냈기 때문이다. 이 때문에 신좌파에게 주어진 사명은 신자유주의 세계화에 대한 투쟁과 대안의 선택이었다. 그리고 무엇보다도 시급한 것은 재정정책을 통해 단기적으로 경제적 평등을 촉진하는 것이었다. 빈곤 퇴치를 위한 브라질의 '기아 제로'(Fome Zero) 프로그램, '가족 기금'(Bolsa Familia) 프로그램, 빈민층 취학지원 프로그램, 베네수엘라 차베스 정부가 추진한 '미션' 프로그램, 우루과이의 '사회적 긴급구호 계획' 등이 대표적인 평등 촉진 정책이었다. 그러나 이러한 프로그램을 지원하기 위한 재원은 라틴아메리카 국가들의 근본적인 경제구조의 변화에서 얻어진 것이 아니라 국제 원자재 가격의 상승 덕분이었다. 특히 중국의 경제성장이 가져온 원자재 수입 증가는 21세기 처음 10년 동안 라틴아메리카 경제가 지속적으로 성장하는 데 중요한 요인으로 작용했다. 그러나 2008년 월스트리트에서 촉발된 금융 위기로 국제 원자재 가격이 하락하면서 원자재 수출에 의존하는 라틴아메리카 국가의 교역조건은 크게 악화되었다. 교역조건의 악화는 경상수지에 부정적 영향을 미쳤고, 불안감을 느낀 해외 자본이 유출되고 신규 자본의 유입이 제대로 이루어지지 않으면서 경제 상황은 더욱 나빠졌다. 차베스 정부가 전례를 찾기 어려운 규모의 사회적 지출을 미션 프로그램에 사용할 수 있었던 것은 석유 가격이 유례없이 상승했기 때문이었다. 요약하자면, 신좌파 정부의 경제정책은 여전히 세계시장과 국제금융기관에 종속되어 있고, 신좌파 정부들은 교역 조건 유지와 경상수지의 확보를 위해 전임자의 신자유주의 프로그램을 계승하거나, 심지어는 전임자가 현재 권력을 장악한 신좌파 정당의 반대 때문에 추진할 수 없었던 개혁까지 도입했다. 이런 맥락에서 신자유주의에 대한 대안은 없으며, 신좌파가 신자유주의에 대한 대안을 가지고 있는지 묻는다면 대답은 '아니다'이다. 덧붙이자면, 라틴아메리카 신좌파의 딜레마가 단지 자본주의 세계체제에서 라틴아메리카가 처해 있는 구조적인 종속에만 국한된 것이 아니라, 진보적인 사회적·경제적 변화에 대한 국내 엘리트 지배계층의 거센 저항도 중요한 요인이라는 점을 지적할 필요가 있다.

이런 국내외적 요인을 염두에 두고 라틴아메리카 신좌파의 급격한 부침에 대한 질문의 방향을 전향적으로 바꿀 필요가 있다. 다시 말해, 신좌파의 성공과 실패에 초점을 맞추는 대신에 신자유주의 세계화에 대해 질문을 던져야 한다. '대안은 없다'는 신탁(神託)이 자본주의의 승리를 의미하는 것인가? '대안은 없다'는 것은 자본주의의 승리를 의미하는 것이 아니라 서구의 정치적 상상력과 비판이론이 심각한 위기에 처해 있다는 반증(反證) 아닌가? 라틴아메리카의 재(再)우경화가 신좌파 정권의 무능력이 선거에 반영된 결과라면, 이러한 사태가 단지 라틴아메리카에만 국한된 것인가? 사회적 배제와 경제적 양극화로 인한 빈민계급이 제1세계와 제3세계를 가리지 않고 출현하는 것은 자본주의의 자기조정(self-regulation) 메커니즘이 작동하지 않는다는 증거가 아닌가? 이런 일련의 질문에 대한 대답의 단서는 1990년대 이후 재편되고 있는 세계질서에서 찾을 수 있다. 제2차 세계대전 이후 세계는 발전주의(developmentalism)를 토대로 제1세계, 제2세계, 제3세계라는 지정학적 블록으로 재편되었다. 이데올로기 종언 이후 제2세계가 소멸되면서 세계는 다시 전 지구적 북부(the global North)와 전 지구적 남부(the global South)로 재편되고 있다. 전 지구적 북부/남부에서 북부/남부는 지리적 위치가 아니라 정치적 위치이다. 즉 전 지구적 남부는 자본주의 근대성(capitalist modernity)이 초래한 억압과 배제로 인해 고통받는 지역/집단을 가리킨다. 북부/남부가 전 지구적이라는 것은 북부에도 남부(colonial North)가 존재하며 남부에도 북부(imperial South)가 존재한다는 것을 의미한다. 유럽연합에 속하지만 북부 유럽과의 관계에서 남부 유럽은 전 지구적 남부이다. 전 지구적 북부에도 빈민계급이 존재하며, 전 지구적 남부에도 부유한 자본가 계급이 존재한다. 또한 전 지구적 북부와 전 지구적 남부를 가리지 않고 이주노동자, 불법체류자, 난민, 여성은 전 지구적 남부의 주민이다. 따라서 세계가 전 지구적 북부와 전 지구적 남부로 재편되었다는 것은 자본주의 근대성의 문제가 어느 특정한 지역 혹은 국민국가에 국한되는 문제가 아니라 전 지구적 차원의 문제라는 것을 시사한다. 전 지구적 북부/남부의 관점에서 보면 1990년대 이후 라틴아메리카의 '분홍빛 조류'는 지역적 차원의 문제가 아니라, 자본주의 근대성 그 자체와 관련된 문제이다. 산투스가 『전 지구적 좌파의 부상: 세계사회포럼, 그리고 그 너머』(*The Rise of the Global Left: The World Social Forum and Beyond*)에서 언급했듯이, 이데올로기의 종언은 좌파의 전 지구적 위기(a global crisis of the left)를 의미하는 것이지 전 지구적 좌파의 위기(a crisis of the global left)를 의미하는 것은 아니다. 이런 맥락에서 라틴아메리카 신좌파는 자본주의 근대성에 대한 전 지구적 좌파의 등장을 의미한다.

'다른 세계는 가능하다'

'분홍빛 조류'의 쇠퇴는 신좌파의 소멸을 의미하는 것이 아니라, '대안은 없다'는 신탁을 전 지구적 차원으로 유포하는 국제금융자본 권력이 행사하는 전 지구적 식민성(the global coloniality)의 증거이다. 다시 말해, '분홍빛 조류'의 약화는 자기조정 메커니즘이라는 허구적 논리를 앞세운 자본주의 근대성이 저지르는 식민성의 증거이다. 자본주의 근대성/식민성은 특정한 지역이나 국민국가에만 국한되지 않고 전 지구적으로 작동한다. 2005년 미국의 남부 뉴올리언스를 강타한 허리케인 카트리나로 인한 재난을 '신자유주의의 역습'이라고 부른 것은 이 때문이다. 라틴아메리카 신좌파가 등장하는 시점에 전 지구적으로 작동하는 자본주의 근대성/식민성에 맞서 전 지구적 좌파운동도 활성화되었다. 전 지구적 좌파운동의 출현을 알리는 신호탄이었던 1999년 시애틀 시위 이후, 국제자본 권력의 회합 장소마다 시위가 벌어졌으며, 2001년 브라질의 '노동자당'의 정치적 성공을 상징하는 도시인 포르투 알레그리에서 열린 세계사회포럼은 전 지구적 좌파운동의 소통과 연대의 장(場)이 되었다. '운동들 중의 운동'으로 불리는 세계사회포럼을 통해서 전 지구적 좌파는 '대안에 대한 대안적 사유'(an alternative thinking of alternatives)의 필요성을 인식하기 시작했다. 1장에서 편집자들이 강조하는 것처럼, 실패한 현실사회주의의 경험에 대한 깊이 있는 토론 없이 자본주의 질서에 대한 민주적인 대안을 건설하거나 혁명적인 기획을 추진할 수 있는 가능성은 라틴아메리카뿐만 아니라 세계 어디에도 존재하지 않기 때문이다. 다시 말해, 전 지구적 좌파에게 필요한 대안은 우파의 유일사상을 대체하는 좌파의 유일사상이 아니라 전 지구적 자본주의 근대성/식민성에 대한 '일치된 반대와 그에 대한 많은 대안들'이다(One No, Many Yeses).

『라틴아메리카 신좌파』에 실린 사례연구들이 보여 주는 것은 다양한 독창성과 효과를 보여 주는 지역적이고 국가적인 많은 이니셔티브이다. 다시 말해, 라틴아메리카 신좌파가 모색하는 대안은 제도 정치와 거시경제정책의 혁명적 변화가 아니라 사회 개혁의 실천이다. 다채로운 스펙트럼의 신좌파가 제시하는 다양한 정치적 의제는 '대안은 없다'는 신탁 대신에 '다른 세계는 가능하다'는 것이다. '다른 세계는 가능하다'고 말할 때 가능한 다른 세계는 어떤 세계인가? 1장의 제목처럼 물음표가 붙은 유토피아인가? 가능한 다른 세계는, 우파든 좌파든, 직선적 역사관에 토대를 둔, 해피엔딩을 보장하는 세계가 아니다. 11장에서 산투스가 언급하는 것처럼, 가능한 다른 세계는 소극화된(depolarized) 다원적 세계이다. 소극화된 다원적 세계는 단지 하나의 세계만이 포함되는 일원적 세계(a World where only a world fits)가 아니라, '세계들'이 포함되는 다원적 세계(a World where many worlds fit)이다. 소극화된 다원적 세계가 유토피아를 의미한다면, 유토피아는 (공간적으로) 어디에도 없는 곳(nowhere)도 아니고, (시간적으로) 오지 않은 미래에 도달할 이상향도 아니다. 유토피아가 의미하는 것은 상상력을 통해 새로운 유형의 인간의 가능성을 탐색하는 것이고, 인간으로서 투쟁할 가치가 있고 추구할 권리가 있는 더 나은 세계를 위해 억압적 현실과 맞서는 것이다. 따라서 유토피아는 현실의 배제되고 은폐된 이면을 드러내는 깊고 넓은 지식과 실천을 요구한다. 이런 맥락에서 라틴아메리카 신좌파에서 주목해야 하는 것은 최종적 결과가 아니라 다양한 대안의 출현이다. 라틴아메리카 신좌파의 의제와 전략은 신좌파가 처해 있는 역사적·경제적·사회적 맥락에 따라 다르며, 사회적 지지기반도 다르다. 따라서 라틴아메리카 신좌파는 신좌파가 아니라 '신좌파들'이고, 신좌파들이 모색하는 대안은 하나가 아니라 여러 개다. 또한 현실의 배제되고 은폐된 이면을 드러낸다는 점에서 유토피아는 미래의 과제가 아니라 '지금-여기'의 과제이다. 요컨대, 가능한 다른 세계로서의 유토피아는 지금-여기에서 전 지구적 자본주의 근대성/식민성이 초래한 억압과 배제로 인해 고통받는 전 지구적 남부의 삶을 해방시키는 것이다.

우고 차베스가 대선에서 승리했던 1998년을 라틴아메리카 신좌파 출현의 상징적인 해로 본다면 신좌파의 역사는 올해로 꼭 20년이 된다. 신좌파가 공세를 취했던 2004~2008년이 신좌파의 승리를 의미하지도 않고, 2015년 이후 수세에 몰리고 있는 현재의 상황이 신좌파의 패배를 의미하지도 않는다. 신좌파는 지난 20년 동안 단기적 처방과 장기적 변화 사이의 딜레마를 경험하고 있다. 사회적 불평등, 자원 독점에 따른 기초적 생명권의 보장, 국경을 넘나드는 금융자본에 대한 법률적 규제 등에 대해서는 즉각적이고 단기적인 처방이 필요하고, 기후 변화와 생태 환경의 파괴 등에 대처하기 위해서는 장기적인 문명의 전환이 필요하다. 단기적인 처방을 위해서는 정치권력을 통해 국가가 개입해야 되고, 장기적인 변화를 위해서는 정치권력을 잡는 것만으로 충분하지 않으며 권력 자체를 변화시켜야 한다. 단기적 처방이 전술과 개혁(tactics and reform)을 우선시한다면, 장기적 변화는 전략과 혁명(strategy and revolution)으로 가능하다. 혁명적으로 보이지만 개혁적인 변화가 있고(베네수엘라의 차베스), 개혁적으로 보이지만 혁명적인 변화도 있으며(멕시코, 볼리비아의 원주민운동), 개혁주의에 심각한 의문을 제기하는 개혁적인 변화도 있다(브라질). 단기적 처방과 장기적 변화는 되먹임 (feedback) 관계를 형성한다. 되먹임 관계에 있는 단기적 처방과 장기적 변화는 근대적 사회구성체를 이루는 자본, 국민, 국가 사이의 되먹임 관계를 토대로 한다. 이 책에서 언급하는 신좌파와 민주주의, 좌파 행위자들의 문제는 이것과 밀접하게 관련되어 있다. 향후의 라틴아메리카 신좌파운동을 포함한 전 지구적 좌파운동의 행로를 추적하기 위해서는 이 점을 반드시 고려해야 한다.

옮긴이 후기가 다소 길어진 것은 『라틴아메리카 신좌파』를 적기(適期)에 출간하지 못한 것에 대해 독자들의 양해를 구하기 위한 것이기도 하지만 라틴아메리카 신좌파운동을 바라보는 옮긴이들의 생각을 밝히기 위한 것이기도 하다. 서문과 감사의 말, 프롤로그, 8장과 10장은 김세건, 1장과 6장은 김은중, 2장과 9장은 최금좌, 3장과 11장은 조경진, 4장과 5장은 김항섭, 7장은 김윤경이 번역했다. 각 장마다 언어의 질감이 다른 것은 번역이 문자의 옮김과 의미의 옮김의 묘합(妙合)이기 때문이지만 각 장을 집필한 필자들의 문체가 사뭇 다르기 때문이기도 하다. 독자들의 양해를 바란다. 끝으로 질감이 다른 글들을 꼼꼼하게 다듬고 편집해 준 그린비출판사의 편집부에도 진심으로 감사의 말을 전하고 싶다.

2018년 5월
옮긴이들을 대신하여
김은중 씀

약어표

*본문에서 정당, 운동단체 등 단체명이 등장하는 경우, 독자들의 편의를 위하여 대부분 한글로 번역하여 표기해 주었다. 다만, 단체명의 경우 일반적으로 약어로 표기되는 경우도 많아, 단체명이 맨 처음 등장하는 곳에 약어를 병기했으며, 해당 약어의 원어명과 해당하는 국가를 다음의 약어표로 정리했다.

약어	단체명	국가	한글명
AD	Acción Democrática	베네수엘라	민주행동당
AD	Alternativa Democrática	콜롬비아	민주대안당
AD-M-19	Alianza Democrática M-19	콜롬비아	M-19민주동맹
ADN	Acción Democrática Nacionalista	볼리비아	민족민주행동당
AICO	Autoridades Indígenas de Colombia	콜롬비아	콜롬비아 원주민대표자회의
ALBA	Alternativa Bolivariana para la América	볼리비아	아메리카를 위한 볼리바르 대안
ALCA	Area de Libre Comercio de las Américas	–	미주자유무역지대
ANAPO	Alianza Nacional Popular	콜롬비아	민중민족동맹
APC	Alianza Patriótica para el Cambio	파라과이	변화를 위한 애국동맹
ARENA	Aliança Renovadora Nacional	브라질	전국혁신동맹
ARI	Argentina por una República de Iguales	아르헨티나	평등한 공화국을 지향하는 아르헨티나당
ASI	Alianza Social Indígena	콜롬비아	원주민사회동맹
BID	Banco Interamericano de Desarrollo	–	미주개발은행
CARICOM	Caribbean Community	–	카리브공동체
CCC	Corriente Clasista y Combativa	아르헨티나	계급투쟁정파
CCZ	Centro Communal Zonal	우루과이	구자치센터
CD	Corriente Democrátic	멕시코	민주정파
CEPAL	Comisión Económica para América Latina y el Caribe	–	라틴아메리카-카리브 경제위원회

약어	단체명	국가	한글명
CGT	Confederación General de Trabajo	아르헨티나	노동총동맹
CGT	Confederaçao Geral de Trabalho	브라질	노동총동맹
CI	Corriente de Izquierda	우루과이	좌익분파
CIADI	Centro Internacional de Arreglos de Disputas de Inversiones	–	국제투자분쟁 해결기구
CND	Convención Nacional Democrática	멕시코	전국민주 대표자회의
CNDAV	Comisión Nacional en Defensa del Agua y la Vida	우루과이	물과 생명 수호 전국 위원회
CNI	Congreso Nacional Indígena	멕시코	전국원주민회의
CNPA	Coordinadora Nacional Plan de Ayala	멕시코	전국 아얄라강령 조정위원회
CNTE	Coordinadora Nacional de Trabajadores de la Educación	멕시코	전국 교육노동자 조정위원회
COB	Central Obrera Boliviana	볼리비아	볼리비아 노조총연맹
Cocopa	Comision de Concordia y Pacificación	멕시코	화해와 평화 위원회
CONAIE	Confederación de Nacionalidades Indígenas del Ecuador	에콰도르	에콰도르 원주민연맹
Conamup	Coordinadora Nacional del Movimiento Urbano Popular	멕시코	전국 도시민중운동 조정위원회
Co-ordinadora	Co-ordinadora de Defensa del Agua y de la Vida de Cochabamba	볼리비아	코차밤바 물과 생명 수호위원회
COPEI	Comité de Organización Política Electoral Independiente	베네수엘라	독립선거정치 조직당
COPRE	Comisión Presidencial para la Reforma del Estado	베네수엘라	국가개혁 대통령위원회
CR	Causa R(Radical Cause)	베네수엘라	급진대의당
CRIC	Consejo Regional Indígena del Cauca	콜롬비아	카우카지역 원주민협의회
CSUTCB	Confederación Sindical Única de Trabajadores Campesinos de Bolivia	볼리비아	볼리비아 단일농민조합연맹
CTA	Central de Trabajadores Argentinos	아르헨티나	아르헨티나 노조총연맹
CTM	Confederación de Trabajadores de México	멕시코	멕시코 노조총연맹

약어	단체명	국가	한글명
CTV	Confederación de Trabajadores de Venezuela	베네수엘라	베네수엘라 노조총연맹
CUT	Central Unica dos Trabalhadores	브라질	노조총연맹
CUT	Central Unitaria de Trabajadores	콜롬비아	단일노조총연맹
EBR200	Ejército Bolivariano Revolucionario 200	베네수엘라	볼리바르 혁명군 200
ELN	Ejército de Liberación Nacional	콜롬비아	민족해방군
EP	Encuentro Progresista	우루과이	진보모임
EP-FA	Encuentro Progresista-Frente Amplio	우루과이	진보모임- 확대전선
EP-FA/NM	Encuentro Progresista-Frente Amplio / Nueva Mayoría	우루과이	진보모임- 확대전선/신다수
EPL	Ejército Popular de Liberación	콜롬비아	민중해방군
ERP	Ejército Revolucionario del Pueblo	아르헨티나	민중혁명군
EZLN	Ejército Zapatista de Liberación Nacional	멕시코	사파티스타 민족해방군
FA	Frente Amplio	우루과이	확대전선
FAR	Fuerzas Armadas Revolucionarias	아르헨티나	무장혁명군
FARC	Fuerzas Armadas Revolucionarias de Colombia	콜롬비아	콜롬비아 무장혁명군
FCRN	Frente Cardenista de Reconstrucción Nacional	멕시코	카르데나스 국가재건 전선
FDN	Frente Democrático Nacional	멕시코	전국민주전선
FEDECÁMARAS	Federación de Cámaras de Comercio y Producción	베네수엘라	상공회의소 연합
FNAP	Frente Nacional de Acción Popular	멕시코	전국민중행동전선
FNDSAC	Frente Naiconal por la Defensa del Salario, contra la Austeridad y la Carestía	멕시코	전국임금수호와 긴축·결핍반대전선
FNT	Fórum Nacional do Trabalho	브라질	전국노동포럼
FOCEM	Fondo de Convergencia estructural del MERCOSUR	-	메르코수르 구조융합기금
FORA	Federación Obrera Regional Argentina	아르헨티나	아르헨티나 지역노동연맹
FREPASO	Frente para un País Solidario	아르헨티나	국가연대전선

약어	단체명	국가	한글명
FSLN	Frente Sandista de Liberación Nacional	니카라과	산디니스타 민족해방전선
FSM	Foro Social del Mundo(World Socail Forum)	–	세계사회포럼
FSP	Frente Social y Político	콜롬비아	사회·정치전선
FSTM	Federación Sindical de Trabajadores Mineros	볼리비아	광산노조연맹
FTV	Federación por la Tierra, la Vivienda y el Hábitat	아르헨티나	토지생활주거연합
FUCVAM	Federación Uruguaya de Cooperativas de Vivienda de Ayuda Mutua	우루과이	우루과이 상호부조 주택 협동조합연합
FV	Frente para la Victoria	아르헨티나	승리전선
FZLBN	Frente Zapatista de Liberación Nacional	멕시코	사파티스타 민족해방전선
IBGE	Instituto Brasileño de Geografía y Estadística	브라질	브라질 지리통계청
ICP	Instituto de Ciencia Política	–	정치학연구소
INE	Instituto Nacional de Estadística	우루과이	국립통계청
INFONAVIT	Instituto del Fondo Nacional de la Vivienda para los Trabajadores	멕시코	국립노동자 생활주택자금기구
IU	Izquierda Unida	볼리비아, 아르헨티나	좌파연합
M-19	Movimiento 19 de Abril	콜롬비아	4·19운동
MAP	Movement of Popular Action	멕시코	민중행동운동
MAQL	Movimiento Armado Quintin Lame	콜롬비아	킨틴 라메 무장운동
MAS	Movimiento al Socialismo	볼리비아, 베네수엘라, 아르헨티나	사회주의운동당
MDB	Movimiento Democrático Brasileiro	브라질	브라질 민주운동당
MEP	Movimiento Electoral del Pueblo	베네수엘라	국민선거인단운동
MERCOSUR	Mercado Común del Sur	–	남미공동시장
MIC	Partido Movimiento Indígena Colombiano	콜롬비아	콜롬비아 원주민운동당
MIDES	Ministerio de Desarrollo Social	우루과이	사회개발부

약어	단체명	국가	한글명
MINUSTAH	Misión de Estabilización de las Naciones Unidas en Haitií	아이티	유엔 아이티안정화미션
MIR	Movimiento de Izquierda Revolucionaria	볼리비아, 베네수엘라	혁명좌파운동
MITKA	Movimiento Indio Tupak Katari	볼리비아	투팍카타리 원주민운동
MLN-T	Movimiento de Liberación Nacional-Tupamaros	우루과이	투파마로 민족해방운동
MNR	Movimiento Nacionalista Revolucionario	볼리비아	민족혁명운동당
MNR-I	Movimiento Nacionalista Revolucionario de Izquierda	볼리비아	좌파민족혁명 운동당
MOIR	Movimiento Obrero Independiente y Revolucionario	콜롬비아	독립혁명노동운동
MPP	Movimiento de Participación Popular	우루과이	민중참여운동
MRB	Movimiento Revolucionario Bolivariano	베네수엘라	볼리바르혁명운동
MRTK	Movimiento Revolucionario Tupak Katari	볼리비아	투팍카타리 혁명운동
MST	Movimiento dos Trabalhadores Rurais Sem Terra	브라질	무토지농민운동
MT	Mexicano de los Trabajadores	멕시코	멕시코 노동당
MTD	Movimiento de Trabajadores Desocupados	아르헨티나	실업노동자운동
MVR	Movimiento Quinta República	베네수엘라	제5공화국운동
OEA	Organización de los Estados Americanos	–	미주기구
OMG	Organización Mundial del Comercio	–	세계무역기구
ONIC	Organización Indígena de Colombia	콜롬비아	콜롬비아 원주민운동
OPP	Oficina de Planeamiento y Presupuesto	우루과이	기획예산처
PAN	Partido Acción Nacional	멕시코	국민행동당

약어	단체명	국가	한글명
PANES	Plan de Atención Nacional de Emergencia Social	우루과이	극빈퇴치계획
PARM	Partido Auténtico de la Revolución Mexicana	멕시코	진정한 멕시코 혁명당
PC	Partido Colorado	우루과이	콜로라도당
PC	Partido Comunista	아르헨티나	공산당
PC	Partido Conservador	콜롬비아	보수당
PCB	Partido Comunista Brasileiro	브라질	브라질 공산당
PCB	Partido Comunista de Bolivia	볼리비아	볼리비아 공산당
PCdoB	Partido Comunista do Brasil	브라질	브라질 공산당
PCM	Partido Comunista Mexicano	멕시코	멕시코 공산당
PCR	Partido Comunista Revolucionario	아르헨티나	혁명공산당
PCU	Partido Comunista Uruguay	우루과이	우루과이 공산당
PCV	Partido Comunista de Venezuela	베네수엘라	베네수엘라 공산당
PD	Polo Democrático	콜롬비아	민주당
PDA	Polo Democrático Alternativo	콜롬비아	대안민주당
PDC	Partido Democrático Cristiano	우루과이	기독민주당
PDI	Polo Democrático Independiente	콜롬비아	독립민주당
PDT	Partido Democrático Trabalhista	브라질	민주노동당
PDVSA	Petroleos de Venezuela	베네수엘라	베네수엘라 석유공사
PI	Partido Intrasigente	아르헨티나	비타협당
PIT-CNT	Plenario Intersindical de Trabajadores-Convención Nacional de Trabjadores	아르헨티나	노조총회- 전국노동자대회
PJ	Partido Justicialista	아르헨티나	정의당
PL	Partido Liberal	브라질, 콜롬비아	자유당
PMS	Partido Mexicano Socialista	멕시코	멕시코 사회당
PN	Partido Nacional or Blanco	우루과이	국민당(백색당)
PNDA	Pesquisa Nacional por Amostra de Domicílios	브라질	전국가구표본조사
PODEMOS	Poder Democrático y Social	볼리비아	사회민주당
POR	Partido Obrero Revolucionario	볼리비아	혁명노동당

약어	단체명	국가	한글명
PP	Polo Patriótico	베네수엘라	애국당
PPS	Partido Popular Socialista	브라질	사회주의민중당
PPT	Patria Para Todos	베네수엘라	만인애국당/ 모두를위한조국
PRD	Partido de la Revolución Democrática	멕시코	민주혁명당
PRI	Partido Revolucionario Institucional	멕시코	제도혁명당
PRT	Partido Revolucionario de los Trabajadores	콜롬비아	노동자혁명당
PRV	Partido de la Revolución Venezolana	베네수엘라	베네수엘라 혁명당
PS	Partido Socialista	아르헨티나 볼리비아 우루과이	사회주의당
PS	Popular Socialista	멕시코	사회주의민중당
PSB	Partido Socialista Brasileiro	브라질	브라질 사회당
PSDB	Partido da Social Democracia Brasileira	브라질	브라질 사회민주당
PSOE	Partido Socialista Obrero Español	스페인	스페인 사회주의노동당
PSOL	Partido Socialismo e Liberdade	브라질	자유사회주의당
PST	Partido Socialista de los Trabajadores	멕시코	사회주의노동자당
PSTU	Partido Socialista dos Trabalhadores Unificado	브라질	통합노동자 사회주의당
PSUM	Partido Socialista Unificado de México	멕시코	멕시코 연합사회당
PSUV	Partido Socialista Unido de Venezuela	베네수엘라	베네수엘라 통합사회주의당
PT	Partido de los Trabajadores	브라질	노동자당
PV	Partido Verde	브라질	녹색당
PVP	Partido por la Victoria del Pueblo	우루과이	민중승리당
SUNTU	Sindicato Único Nacional de Trabajadores Universitarios	멕시코	전국대학강사노조

약어	단체명	국가	한글명
SUTERM	Sindicato Unico de Trabajadores Electricistas de la República Mexicana	멕시코	멕시코 단일전기노동조합 연합
SUTIN	Sindicato Unico de Trabajdores en la Industria Nucleas	멕시코	단일 핵심산업 노동조합 연합
TCP	Tratado de Comercio de los Pueblos	볼리비아	민중무역협약
teleSUR	Televisora del SUR	-	텔레수르
UCR	Unión Cívica Radical	아르헨티나	급진시민연합당
UDP	Unidad Democrática Popular	볼리비아	민중민주주의연합
UNIR	Unión Nacional de Izquierda Revolucionaria	콜롬비아	전국혁명좌파연합
UP	Unión Patriótica	콜롬비아	애국연합
USAID	US Agency for International Development-Agencia para el Desarrollo Internacional de Estados Unidos	미국	미국 국제개발처
YPF	Yacimiento Petrolíferos Fiscales	아르헨티나	국가석유공사

참고문헌

1장 _ 유토피아의 재탄생? : 라틴아메리카 신좌파 연구를 위한 서론

ÁLVAREZ. S. (1998) "Latin American Feminisms "Go Global". Trends of the 1990's and Challenges for the New Millennium", en S. Álvarez. E. Dagnino y A. Escobar. Arturo (eds.) *Cultures of Politics. Politics of Culture.* Boulder: Westview Press.

ÁLVAREZ, S., DAGNINO. E., y ESCOBAR, A. (eds.) (1998) *Cultures of Politics. Politics of Culture.* Boulder: Westview Press.

ARCHILA, M. (2004) "Encuestas y protestas", *El Espectador.* Bogotá. 19 de septiembre.

AVRITZER, L. (2002) *Democracy and the Public Space in Latin America.* Princeton: Princeton University Press.

BAIOCCHI. G. (ed.) (2003) *Radicals in Power: The Workers' Party and Experiments in Urban Democracy in Brazil.* London: Zed Books.

_____. (2004) "The Party and the Multitude. Brazil's Workers' Party (PT) and the Challenges of Building a Just Social Order in a Globalizing Context", *Journal of World-Systems Research* X(1).

BAIERLE. S. (1998) "The Explosion of Experience. The Emergence of a New Ethical-Political Principle in Popular Movements in Porto Alegre", en S. Álvarez. E. Dagnino y A. Escobar. Arturo(eds.) *Cultures of Politics. Politics of Culture.* Boulder: Westview Press.

BARRETT, P. (2000) "Regime Change. Democratic Stability. and the Transformation of the Chilean Party System". *Journal of Interamerican Studies and World Affairs* 34(3) .

_____. (2001) "Labour Policy. Labour-Business Relations. and the Transition to Democracy in Chile". *Journal of Latin American Studies* 33.

_____. (2002) "Regime Change and the Transformation of State -Capital Relations in Chile", *Political Power and Social Theory* 15.

BARTRA, A. (2003) "La llama y la piedra. De cómo cambiar el mundo sin tomar el poder. según John Holloway", *Chiapas* 15.

_____. (2004) "Las guerras del ogro", *Chiapas* 16.

BLYTH, M. (2002) *Great Transformations. Economic Ideas and Institutional Change in The Twentieth Century.* Cambridge: Cambridge University Press.

BOBBIO, N. (1995) *Derecha e izquierda. Razones y significados de una distinción política.* Madrid: Taurus.

_____. (1996) "La izquierda y sus dudas", en G. Bosetti. Giancarlo (ed.) *Izquierda Punto Cero.* Barcelona: Paidós.

BOIX. C. (1998) *Political Parties. Growth and Equality: Conservative and Social Democratic Economic Strategies in the World Economy.* Cambridge: Cambridge University Press.

BORON, A. (2001) "La selva y la polis. Interrogantes en torno a la teoría política del zapatismo", *Chiapas* 12.

BOSETTI, G. (1996) (ed.) *Izquierda Punto Cero.* Barcelona: Paidós.

BOURDIEU, P. (1999) *Acts of Resistance. Against the Tyranny of the Market.* New York: New Press.

BRYSK, A. (2000) *From Tribal Village to Global Village. Indian Rights and International Relations in Latin America.* Stanford: Stanford University Press.

CALLONI, S. (2006) "Festejos y críticas ante el pago adelantado de Argentina al FMI", *La jornada,* 4 de enero.

CARVALHO. C. E. (2003) "El Gobierno de Lula y el neoliberalismo relanzado" *Nueva Sociedad* 187.

CASTAÑEDA. J. G. (1993) *Utopía Unarmed: The Latin American Left After the Cold War.* New York: Alfred A. Knopf.

_____. (2006) "Latin America's Left Turn", *Foreign Affairs*, may-june.

CECEÑA, A. E. (1999) "La resistencia como espacio de construcción del nuevo mundo", *Chiapas* 7.

CHAVEZ, D. (2007) "Hacer o no hacer: los Gobiernos progresistas de Argentina. Brasil y Uruguay frente a las privatizaciones", *Nueva Sociedad* 2007.

CHAVEZ. D. y GOLDFRANK. B. (eds.) (2004) *La izquierda en la ciudad. Gobiernos progresistas en América Latina.* Barcelona: Icaria.

CORONIL. F. (2004) "Chávez y las instituciones", *Nueva Sociedad Separatas.* agosto.

CORPORACIÓN LATINOBARÓMETRO (2006) *Informe Latinobarómetro 2006.* Santiago: Corporación Latinobarómetro.

COSTA, A. (2003) "El Gobierno de Lula. ¿Una nueva política exterior?" *Nueva Sociedad,* 187.

DAGNINO, E. (1998) "Culture. Citizenship. and Democracy. Changing Discourses and Practices of the Latin American Left", en S. Álvarez. E. Dagnino y A. Escobar. Arturo (eds.) *Cultures of Politics. Politics of Culture.* Boulder: Westview Press.

DÁVALOS, P. (2005) "De paja de páramo sembraremos el mundo. Izquierda, utopía y movimiento indígena en Ecuador", en C. RODRÍGUEZ GARAVITO, P. BARRETT Y D. CHAVEZ (eds.) *La nueva izquierda en América Latina. Sus orígenes y trayectoria futura.* Bogotá: Grupo Editorial Norma.

DOWBOR, L. (2003) "Brasil. Tendencias de la gestión social" *Nueva Sociedad* 187.

ELÍAS, A. (ed.) (2006) *Los Gobiernos progresistas en debate: Aigentina. Brasil, Chile. Venezuela y Urnguay.* Buenos Aires: Consejo Latinoamericano de Ciencias Sociales(CLACSO).

ESCÁRZACA, F. y GUTIÉRREZ, R. (eds .) (2005) *Movimiento indígena en América Latina: resistencia y proyecto alternativo.* Puebla:

Benemérita Universidad Autónoma de Puebla.

FRASER, N. (1993) "Rethinking the Public Sphere. A Contribution to the Critique of Actually Existing Democracy", en B. Robbins (ed.) *The Phantom Public Sphere*. Minneapolis: University of Minnesota Press.

FUNG, A. y WRIGHT, E. O. (eds.) (2003) *Democracia en profundidad. Innovaciones institucionales para un Gobierno participativo con poder de decisión*. Bogotá: Universidad Nacional de Colombia.

GALEANO, E. (2004) "Aguas de octubre", *La Jornada*, 1 de noviembre.

GARCÍA LINERA, A. (2004) "The "Multitude"", en O. Olivera (ed.) *¡Cochabamba! Water War in Bolivia*. Cambridge: South End Press.

GOLDFRANK. B. (2006) "Los procesos de "presupuesto participativo" en América Latina: Éxito. Fracaso y Cambio, *Revista Chilena de Ciencia Política* 26 (2).

GONZAGA. L. (2003) "Brasil, una funesta apertura financiera" *Nueva Sociedad* 187.

GORZ, A. (1964.) *Strategy for Labor. A Radical Proposal*. Boston: Beacon Press.

HARDT. N. y NEGRI. A. (2002) *Imperio*. Barcelona: Paidós.

_____. (2004) *Multitude. War and Democracy in the Age of Empire*. New York: Penguin Books.

HOLLOWAY. J. (2000) "El zapatismo y las ciencias sociales en América Latina", *Chiapas* 10.

_____. (2001) *Cambiar el mundo sin tomar el poder. El significado de la revolución hoy*. Puebla: Universidad Autónoma de Puebla.

_____. (2004) "Gente común, es decir rebelde. Mucho más que una respuesta a Atilio Boron". *Chiapas* 16.

HUBERT. E. y SOLT, F. (2004) "Successes and Failures of Neoliberalism". *Latin American Research Review* 39 (3).

JESSOP, B. (1990) *State Theory: Putting Capitalist States in their Place*. Pittsburgh: State University Press.

KAGARLITSKY, B. (2000) *The Return of Radicalism. Reshaping the Left Institutions*. London: Pluto Press.

KNOOP. J. (2003) "El Brasil con Lula. ¿Más de lo mismo?", *Nueva*

Sociedad 187.

LACLAU. E. (2006) "La deriva populista y la centro-izquierda latinoamericana", *Nueva Sociedad* 205.

LECHNER. N. (1988) *Los patios interiores de la democracia. Subjetividad y política.* Santiago: Fondo de Cultura Económica.

LEHMBRUCH, G. (1979) "Liberal Corporatism and Party Government", *Comparative Political Studies* 10 (1) .

_____. (1984) "Concertation and the Structure of Corporatist Networks", in J. Goldthorpe (ed.) *Order and Conflict in Contemporary Capitalism.* Oxford: Oxford University Press.

LEYS, C. (1989) *Politics in Britain: From Labourism to Thatcherism.* London: Verso.

LÓPEZ MAYA, M. (2004) "Venezuela. Democracia participativa y políticas sociales en el Gobierno de Hugo Chávez Frías". Paper at the Latin American Studies Association (LASA). Las Vegas, 7~9 de octubre.

LUXEMBURG, R. (2004). "Social Reform or Revolution", en P. Hudis y K. B. Anderson (eds.) *The Rosa Luxemburg Reader.* New York: Monthly Review Press.

MELUCCI. A. (1996) *Challenging Codes. Collective Action in the Information Age.* Cambridge: Cambridge University Press.

MENDOZA, P. A., MONTANER, C. A y VARGAS LLOSA, A. (2007) *El regreso del idiota.* Barcelona: Grijalbo.

MERTES, T. (2002) "Grass-Roots Globalism. Reply to Michael Hardt", *New Left Review* 17.

MUNCK, R. (2003) "Neoliberalism. Necessitarianism and Alternatives in Latin America. There is no Alternative (TINA)?", *Third World Quarterly* 24 (3).

OLIVEIRA, F. d. (2004) "The Duck-billed Platypus", *New Left Review* 24.

_____. (2006) "Lula in the Labyrinth", *New Left Review* 42.

OLIVERA, O. (ed.) (2004) *¡Cochabamba! Water War in Bolivia.* Cambridge: South End Press.

PANIZZA, F. E. (2005) "The Social Democratisation of the Latín

American Left", *Revista Europea de Estudios Latinoamericanos y del Caribe* 79.

PEARCE, J. (1999) "Peace-building on the Periphery: Lessons from Central America", *Third World Quarterly* 20(1).

PEARCE. J. y HOWELL, J. (2001) *Civil Society and Development: a Critical Exploration*. Boulder: Lynne Rienner.

PETKOFF. T. (2005) "Las dos izquierdas", *Nueva Sociedad* 197.

PETRAS, J. (1999) *The Left Strikes Back: Class Conflict in Latin America in the Age of Neoliberalism*. Boulder: Westview Press.

PETRAS, J. y VELTMEYER, H. (2006) *Social Movements and State Power: Argentina. Brazil. Bolivia. Ecuador*. London: Pluto Press.

POLANYI, K. (1995) *La gran transformación. Los orígenes políticos y económicos de nuestro tiempo*. México: Fondo de Cultura Económica.

PORTES, A. (2003) *El desarrollo futuro de América Latina*. Bogota: Instituto Latinoamericano de Servicios Legales Alternativos (ILSA) .

PRZEWORSKI, A. (1985) *Capitalism and Social Democracy*. Cambridge: Cambridge University Press.

RAMÍREZ GALLEGOS, F. (2006) "Mucho más que dos izquierdas", *Nueva Sociedad* 205 .

ROCHA, J. L. (2004) *25 años después de aquel 19 de julio. ¿Hacia dónde ha transitado el FSLN?*, ponencia presentada en la International Conference on the Origins and Prospects of the New Latin American Left, University of Wisconsi-Madison, 29 de abril-3 de mayo.

RODRIGUEZ GARAVITO, C. y ARENAS, L. C. (2005) "Indigenous Rights, Transnational Activism, and Legal Mobilization. The Struggle of the U'wa People in Colombia", en B. DE S. Santos y C. Rodríguez Garavito (eds.) *Law and Globalization from Below. Toward a Cosmopolitan Legality*. Cambridge. Cambridge University Press.

ROTHER, L. (2004) "Tiptoeing Leftward. Uruguayan Victor's Moment of Truth", *The New York Times*, 2 de noviembre.

RUESCHEMEYER, D., HUBER STEPHENS, E. y STEPHENS, J. (1992) *Capitalist Development and Democracy*. Chicago: University of

Chicago Press.

SADER, E. (2001) "La izquierda latinoamericana en el siglo XXI", *Chiapas* 12.

_____. (2002) "Beyond Civil Society. The Left after Porto Alegre", *New Left Review* 17.

_____. (2004) "O PT e o Governo Lula", *A Cofraria*, 18 de mayo.

_____. (2005) "El movimiento social brasileño se aparta de Lula", *Le Monde Diplomatique*. Buenos Aires. enero.

SADER, E. y GENTILI , P. (eds.) (1999) *La trama del neoliberalismo. Mercado. crisis y exclusión social*. Buenos Aires: Consejo Lationamericano de Ciencias Sociales (CLACSO) .

SANTOS. B. DE S. (1999) *Reinventar la democracia*. Madrid: Sequitur.

_____. (2003) *La caída del Angelus Novus. Para una teoría social y una nueva práctica política*. Bogotá: Instituto Latinoamericano de Servicios Legales Alternativos (ILSA).

_____. (2005) *El Foro Social Mundial: Manual de Uso*. Barcelona: Icaria.

SEN, J., ANAND, A., ESCOBAR, A. y WATERMAN . P. (2004) *The World Social Forum: Challenging Empires*, New Delhi: Viveka Foundation.

SEOANE, J. y TADDEI, E. (eds.) (2001) *Resistencias mundiales. De Seattle a Porto Alegre*. Buenos Aires: Consejo Lationamericano de Ciencias Sociales (CLACSO).

STIGLITZ, J. (2002) *Globalization an.d Its Discontents*. London: Penguin Books.

_____. (2006) *Making Globalization Work*. New York: W.W. Norton.

STOLOWICZ, B. (ed.) (1999) *Gobiernos de izquierda en América Latina. El desafío de cambio*. México: Plaza y Valdés.

TARROW. S. (1998) *Power in Movement. Social Movements and Contentious Politics*. Cambridge: Cambridge University Press.

TAVARES, M. H. (zoo3) "Los desafíos de la reforma social en Brasil. Continuando con el cambio", *Nueva Sociedad* 187.

TAYLOR, M. (zoo6) *Neoliberalism and Social Transformation in Chile*. London: Pluto Press.

TISCHLER. S. (zoo1) "La crisis del sujeto leninista y la circunstancia zapatista", Chiapas 1z.

TOURAJNE, A. (zoo6) "Entre Bachelet y Morales. ¿existe una izquierda en América Latina?". *Nueva Sociedad* 205.

VARGAS, G. (zoo3) "Feminism. Globalization and the Global Justice and Solidarity Movement", *Cultural Studies* 17(6).

VILAS, C. (zoo5) "La izquierda latinoamericana y el surgimiento de regímenes nacional-populares", *Nueva Sociedad* 197.

VILLALOBOS, J. (2004) "Entre la religiosidad y el realismo politico", *Semana*, Bogotá, 20 de diciembre.

WAINWRICHT, H. (2005) *Cómo ocupar el Estado. Experiencias de democracia participativa*. Barcelona: Icaria y TNI.

WALLERSTEIN, I. (2003) *The Decline of American Power.* New York: The New Press.

WEFFORT, F. (1984) *Por que democracia?* San Pablo: Brasiliense.

WRICHT, E. O. (2004) *Taking the "Social" in Socialism Seriously*. ponencia presentada en el Congreso Anual de la Sociedad para el Avance de la Socioeconomía (SASE).

ZIBECHI, R. (2003) *Genealogía de la revuelta*. La Plata: Letra Libre-Nordan-Comunidad.

2장 _ 브라질 : 룰라 정부 — 비판적 평가(2007)

BAIOCCHl. G. (ed.) (2003) *Radicals in Power: The Workers' Party and Experiments in Urban Democracy in Brazil*. London: Zed Books.

CARMO CARVALHO, M. (1998) "Participação Social no Brasil Hoje". Sao Paulo: Polis (Polis Paper 2).

DE OLIVEIRA, F. (2006) "Lula en el Laberinto", *New Left Review* 42.

GASPAR, R., AKERMAN, M. AND GARIBE, R. (2006) *Espaço Urbano e Inclusão Social. A gestão pública na cidade de São Paulo 2001~2004*. Sao Paulo: Instituto São Paulo de Políticas Públicas and Editora Fundacão Perseu Abramo.

MARCONI NICOLAU, J. (2001) *Dados Eleitorais do Brasil(1982-2000)*. Rio de Janeiro: Instituto Universitário de Pesquisas do Rio de Janeiro (IUPERJ).

MARQUES, R. M. ANO MENDES, A. (2005) "O social no governo Lula: a construção de um novo populismo em termos de aplicação de uma agenda neoliberal", *Revista de Economía Política* 26 (1).

MERCADANTE, A. (2006) *Brasil Primeiro Tempo: Análise Comparativa do Governo Lula*. Sao Paulo : Planeta.

MOREIRA, C. (1998) "La izquierda en Uruguay y Brasil: cultura política y desarrollo político-partidario". Paper delivered at the LASA (Latin American Studies Association) 1998 Congress, Chicago.

PNUD (2006) *Relatório do Desenvolvimento Humano 2006*. New York: Programa das Nações Unidas para o Desenvolvimento (PNUD).

SCHWARTMAN. S. (1988) *Bases do Autoritarismo Brasileiro*. Rio de Janeiro: Campus.

STEDILE, J. (2007) "The Neoliberal Agrarian Model in Brazil", *Monthly Review* 58 (8).

WAINWRIGHT, H. AND BRANFORD, S. (2006) *In the Eye of the Storm: Left-wing activists discuss the political crisis in Brazil*. Amsterdam: Transnational Institute (TNI).

3장 _ 베네수엘라 : 포퓰리즘과 좌파―신자유주의에 대한 대안

BLANCO MUÑOZ. A. (1998) *Habla el comandante Hugo Chávez Frías*. Caracas: Cátedra Pío Tamayo. Universidad Central de Venezuela.

BONFIL BATALLA, G. (1990) *México profundo. Una civilización negada*. México: Grijalbo-Centro Nacional para la Cultura y las Artes.

CALDERA. R. (1993) "Mi Carta de Intención con el pueblo", mimeo.

CAMEJO, Y. (2002) "Estado y mercado en el proyecto nacional-popular bolivariano", en *Revista Venezolana de Economía y Ciencias Sociales*, 8(3). septiembre-diciembre.

CASTILLO LARA. R. J. (2004) "Obispos invitan a acepar resultados", en

El Universal, Caracas, 17 de agosto .

CHÁVEZ FRÍAS, H. (1996) "Agenda alternativa bolivariana", mimeo.

CONEXIÓN SOCIAL (2004) "Declaración de organizaciones populares en 'Conexión Social' sobre candidaturas y poder popular", en *Aporrea*. 19 de septiembre.

COPRE (1998) *Proyecto de reforma integral del Estado*. vol. I. Caracas: Comisión Presidencial para la Reforma del Estado (COPRE) .

DENIS. R. (2001) *Los fabricantes de La rebelión. Movimiento popular. chavismo y sociedad en los años noventa*. Caracas: Primera Línea-Nuevo Sur.

ELLNER. S. (2004) "Hugo Chávez y Alberto Fujimori. Análisis comparativo de dos variantes de populismo", en *Revista Venezolana de Economía y Ciencias Sociales* 10 (1). enero-abril.

EQUIPO PROCESO POLÍTICO (1978) *CAP 5 años. Un juicio crítico*. Caracas: Ateneo de Caracas.

GERMANI, G. (1965) *Política y sociedad en una época de transición. De la sociedad tradicional a la sociedad de masas*. Buenos Aires: Paidós.

HIDROVEN (2003) "Primer Encuentro Nacional de Experiencias Comunitarias en Agua Potable y Saneamiento", mimeo.

HILL, J. T. (2004) "Testimony of General James T. Hill United States Army Commander United States Southern Command Before the House Armed Services Committee United States House of Representatives", Washington D. C.: House Armed Services Committee. 24 de marzo .

IZARRA. W. E. (2004) *Reforma o revolución*. Caracas: Plataforma Unita ria. Centro de Estudios e Investigación de la Democracia Directa.

LACLAU, E. (1978) *Política e ideología en la teoría marxista*. Madrid, Siglo XXI .

LANDER. E. (1996a) "Urban Social Movements. Civil Society and New Forms of Citizenship in Venezuela", en *International Review of Sociology* 6 (1).

_____. (1996b) "The Impact of Neoliberal Adjustment in Venezuela

1989-1993", en *Latin American Perspectives* 23 (3).

_____. (2002) "El papel del Gobierno de los EE UU en el golpe de Estado contra el presidente Chávez. Una exploración preliminar", en *Observatorio Social de América Latina* 7. abril.

_____. (2003) *Poder y petróleo en Venezuela.* Caracas: Ediciones Faces-UCV, PDVSA.

LÓPEZ MAYA, M. (1995) "El ascenso en Venezuela de la Causa R". en *Revista Venezolana de Economía y Ciencias Sociales* 2-3. abril-septiembre.

LÓPEZ MAYA. M. y GÓMEZ CALCAÑO. L. (1989) *De punto fijo al pacto social. Desarrollo y hegemonía en Venezuela (1958-1985).* Caracas: Fondo Editorial Acta Científica de Venezuela.

LÓPEZ MAYA, M. y LANDER. EDGARDO (1996) "La transformación de una sociedad "petrolera-rentista", desarrollo económico y viabilidad democrática en Venezuela", en P. GAITÁN. R. PEÑARANDA y E. PIZARRO (eds.) *Democracia y reestmcturación económica en América Latina.* Bogotá: Universidad Nacional y CEREC.

MANEIRO. A. y el al. (1971) *Notas negativas.* Caracas: Ediciones Venezuela 83.

MARTEL, A. (1993) "Metodologías de estimación de la pobreza en Venezuela", trabajo presentado en el taller de COPRE-ILDIS sobre Metodologías sobre la Pobreza en Venezuela. Caracas. febrero .

MOMMER, B. (2003) "Petróleo subversivo". en S. ELLNER y D. HELLINGER, DANIEL (eds.) *La política venezolana en La época de Chávez.* Caracas: Nueva Sociedad.

PARKER. D. (2001) "El chavismo. Populismo radical y potencial revolucionario". en *Revista Venezolana de Economía y Ciencias Sociales* 7 (1), enero-abril.

_____. (2003) "¿Representa Chávez una alternativa al neoliberalismo". en *Revista Venezolana de Economia y Ciencias Sociales* 9(3). septiembre-diciembre.

PARRA, M. y LACRUZ. T. (2003) *Seguimiento activo a los programas sociales en Venezuela. Caso de los Multihogares de Cuidado Diario.*

Informe final. Caracas: CISOR-Centro de Investigaciones en Ciencias Sociales. Proyecto Observatorio Social.

PEDRAZZINI. I. y SÁNCHEZ, M. (1992) *Malandros. bandas y niños de la calle. Cultura de urgencia en la metrópolis latinoamericana.* Valencia: Hermanos Vadell.

PÉREZ ALFONZO, J. P. (1977) *Hundiéndonos en el excremento del diablo.* Caracas: Lisbona.

PETKOFF. T. (1969) *Checoeslovaquia. El socialismo como problema.* Caracas: Domingo Fuentes.

_____. (1970) *¿Socialismo para Venezuela?* Caracas: Domingo Fuentes.

RABY, D. (2003) "Revolución en el caos", en *EL Colombiano.* Bogotá. lunes 6 de enero.

RODRÍGUEZ C. F. (연도 미상) "Factor Shares and Resource Booms. Accounting for the Evaluation of Venezuelan Inequality". mimeo.

SANTANA. E. (1989) "Mesa redonda consecuencias sociales del cambio urbano de Caracas". Caracas: Fundación Instituto Internacional de Estudios Avanzados.

VILA PLANES, E. (2003) "La economía social del proyecto bolivariano", en *Revista Venezolana de Economía y Ciencias Sociales* 9 (3). septiembre-diciembre.

4장 _ 우루과이 : 좌파 정권—지속과 변화 사이에서

BERGAMINO, A., CARUSO, A., de LEÓN, E. y PORTILLO, A. (2001) *Diez arios de descentralización en Montevideo.* Montevideo: Intendencia Municipal de Montevideo.

CAETANO. G., BUQUET, D., CHASQUETTI, D., y PIÑEIRO, R. (2002) *Estudio panorámico sobre el fenómeno de la corrupción en el Uruguay.* Montevideo: ICP.

CALVETTI. J., GORRITTI, P., OTONELLI, G., PIZZOLANTI, A., VARELA, P. y ZAPATA, S. (1998) "Análisis sobre los concejos vecinales". Montevideo: Intendencia Municipal de Montevideo.

CANZANI. A. (2000) "Mensajes en una botella. Analizando las elecciones de 1999-2000" en *Elecciones 1999-2000*. Montevideo: Ediciones de la Banda Oriental.

CHAVEZ, D. (2004) "Montevideo. De la participación popular al buen gobierno", en D. CHAVEZ y B. GOLDFRANK (eds.) *La Izquierda en la Ciudad. Participación en los Gobiernos locales de América Latina*. Barcelona: Icaria.

CHAVEZ, D. y CARBALlAL. S. (1997). *La ciudad solidaria: el cooperativismo de vivienda por ayuda mutua*. Montevideo: Facultad de Arquitectura de la Universidad de la República y Nordan -Comunidad.

COMISIÓN ECONÓMICA para AMÉRICA LATINA y el CARIBE (CEPAL) (2005) *Objetivos de Desarrollo del Milenio. Una Mirada desde América Latina y el Caribe*. Santiago de Chile: CEPAL.

DE LOS CAMPOS, E. (2001) La recesión económica es una prueba de fuego para la descentralización [www.chasque.net/guifont/ idsemi5. html].

DOYENART. J. C. (1998) "El 73 por ciento de los montevideanos considera que la ciudad está mejor que hace 10 años", *Posdata*, 23 de enero.

FILGUEIRA, F. y LIJTENSTEIN. S. (2006) "La izquierda y las políticas sociales: desafíos y encrucijadas", en ICP (ed.) *El primer ciclo de Gobierno de la izquierda en Uruguay. Informe de Coyuntura*. Montevideo: ICP.

GOLDFRANK. B. (2002) "The Fragile Flower of Local Democracy: Participation in Montevideo". *Politics & Society* 30(1).

_____. (2006) "Los procesos de presupuesto participativo en América Latina". *Revista Chilena de Ciencia Política* 26.

GÓMEZ, A. (1999) "Uruguay Report: Menos pobres, más marginados", *Social Watch Annual Report 1998*. Montevideo: Instituto del Tercer Mundo-Social Watch.

GONZÁLEZ. L. E. (2000) "Las elecciones nacionales de 2004. Posibles escenarios", en *Elecciones 1999-2000*. Montevideo: Ediciones de la

Banda Oriental.

GONZÁLEZ, M. (1995) "¿Sencillamente vecinos? Las comisiones vecinales de Montevideo: Impactos del Gobierno municipal sobre formas tradicionales de asociación". Tesis de Maestría. Rio de Janeiro: Instituto Universitario de Pesquisas de Rio de Janeiro.

HARNECKER, M. (1995) *Forjando la esperanza*. Santiago de Chile and Havana: LOM Ediciones y MEPLA.

INSTITUTO DE CIENCIA POLÍTICA (ICP) (ed.) *El primer ciclo de Gobierno de la izquierda en Uruguay. Informe de Coyuntura.* Montevideo: ICP.

INSTITUTO NACIONAL DE ESTADÍSTICA (INE) (2004) *Estimaciones de pobreza por el método del ingreso-año 2003.* Montevideo: INE.

MAINWARING, S., y T. SCULLY (1995) *Building Democratic Institutions: Party Systems in Latin America.* Stanford: Stanford University Press.

MINISTERIO DE DESARROLLO SOCIAL (MIDES) (2006) "Perfil social de la población incluida en el PANES". Montevideo: MIDES.

MOREIRA, C. (2000) "La izquierda en Uruguay y Brasil: Cultura política y desarrollo políticopartidario". en S. MALLO and C. MOREIRA (eds.) *La larga espera: Itinerarios de las izquierdas en Argentina. Brasil y Uruguay.* Montevideo: Ediciones de la Banda Oriental.

PAPA. G. (2003) "Uruguay. Certezas, posibilidades, programa", *Brecha.* 9 de noviembre.

PERALTA, M. H. (2004) "Un futuro Gobierno progresista bajo la lupa 'radical'. Entre la duda y la esperanza", *Brecha.* 12 de marzo.

PEREIRA, M. (2004) "Con el senador José Mujica. Esta izquierda es la que hay", *Brecha.* 27 de febrero.

PORTILLO, A. (1991) "Montevideo: la primera experiencia del Frente Amplio". en A. ZICCARDI (ed.) *Ciudades y Gobiernos locales en la América Latina de los noventa.* México, D. F.: FLACSO, Instituto Mora y Grupo Editorial M. A. Porrua.

RANKIN, A. (1995) "Reflections on the Non Revolution in Uruguay". *New Left Review* 211.

RODRIGUEZ, H. (2001) "A 10 años de Gobierno progresista en

Montevideo", *la República.*

RUBINO, S. (1991a) "Una realidad tétrica: la Intendencia Municipal de Montevideo", en C. PERELU, F. FILGUEIRA y S. RUBINO (eds.) *Gobierno y política en Montevideo.* Montevideo: PEITHO.

_____. (1991b) "Los habitantes de Montevideo: Visión de la Intendencia en una coyuntura de cambio", en C. PERELLI, F. FILGUEIRA y S. RUBINO (eds.) *Gobierno y política en Montevideo.* Montevideo: PEITHO.

SANTOS, C., IGLESIAS, V., RENFREW, D. Y VALDOMIR, S. (2006) *Aguas en movimiento. la resistencia a la privatización del agua en Uruguay.* Montevideo: De La Canilla, Montevideo.

STOLOWICZ, B. (2004) "La izquierda latinoamericana. Entre la gobernabilidad y el cambio", en D. CHAVEZ y B. GOLDFRANK (eds.) *La izquierda en la ciudad. Participación en los Gobiernos locales de América latina.* Barcelona: Icaria.

SUPERVILLE. M., y M. QUIÑÓNEZ (2003) *Las nuevas funciones del sindicalismo en el cambio del milenio.* Montevideo: Departamento de Sociología de la Universidad de la República.

VEIGA, D. (1989) "Segregación socioeconómica y crisis urbana en Montevideo", en M. LOMBARDI y D. VEIGA (eds) *Las ciudades en conflicto: Una perspectiva latinoamericana.* Montevideo: CIESU y Ediciones de la Banda Oriental.

VENEZIANO ESPERÓN, A. (2003) "La participación en la descentralización del Gobierno municipal de Montevideo (1990~2000). Evaluación de 10 años de Gobierno de izquierda y algunas reflexiones para América Latina", *Documentos IIG* 110.

VIGORITO, A. y AMARANTE, V. (2006) *Pobreza y desigualdad 2006.* Montevideo: INE.

WAKSMAN, G. (2003) "El Congreso del Frente Amplio. La confrontación entre utopía y realidad", 26 de diciembre.

WINN. P., y L. FERRO CLERICO (1997) "Can a Leftist Government Make a Difference? The Frente Amplio Administration of Montevideo. 1990- 1994", en D. A. CHALMERS y C. M. VILAS (eds.) *The New*

Politics of Inequality in Latin America, Rethinking Participation and Representation. New York: Oxford University Press.

WRM (2006) "The Botnia pulp mili project intends to profit from climate change". Montevideo: World Rainforest Movement (WRM) .

5장 _ 콜롬비아 : 신좌파―기원, 특성, 전망

ARCHILA, M. (2001) "Vida, pasión y... de los movimientos sociales en Colombia", en M. ARCHIlA y M. PARDO (eds.) *Movimientos Sociales. Estado y Democracia en Colombia*. Bogotá: Universidad Nacional de Colombia.

_____. (2003) *Idas y venidas, vueltas y revueltas. Protestas sociales en Colombia(1958-1990)*, Bogotá: Icahn/Cinep.

_____. (2004) "Encuestas y protestas". Espectador, 19 y 25 de noviembre.

BECCASSINO, A. (2003) *El Triunfo de Lucho y Pablo. o la derrota de las maquinarias*. Bogotá: Grijalbo.

CABALLERO, A. (2004) "Centro izquierda", *Semana*. 20 de septiembre.

CHERNICK, M., y JIMÉNEZ, M. (1990) "Popular Liberalism and Radical Democracy: The Development of the Colombian Left, 1974-1990". New York: Columbia University y NYU Centre for Latin American Studies.

CONTRALORÍA GENERAL DE LA REPÚBLICA (2004) "El debate sobre el tamaño de la pobreza en Colombia", *Economía Colombiana* 303.

DUZAN. M. J. (2004a) *Así gobierna Uribe*. Bogotá: Planeta.

_____. (2004b) "Los 'swingers' de la política". *EL Tiempo*. 8 de marzo.

EL Tiempo (2003) "Editorial: Adiós a los minipartidos." *Bogotá*. 26 de junio.

FALS BORDA, O. (2004) "Cómo elaborar un cemento ideológico para Alternativa Democrática". *Bogotá*, mimeo.

FERRO, J. G. y URIBE, G. (2002) *El orden de la guerra. Las FARC-EP: entre la organización y la política*. Bogotá: CEJA.

FRENTE SOCIAL Y POLÍTICO (FSP) (2002) Plataforma del Frente Social y Político. Bogotá, mimeo.

_____. (2003a) "Realidad y visión: Presente y futuro del FSP," en "Ponencia presentada al Segundo Consejo Nacional de Dirección FSP",. Bogotá. 21-22 de marzo, mimeo.

_____. (2003b) "El Frente Social y Político saluda el nacimiento del Partido Polo Democrático Independiente". Bogotá, 15 de julio. mimeo.

GARAY, L. G. (2002) Colombia: Entre la exclusión y el desarrollo. Propuestas para la transición al Estado social de derecho. Bogotá: Contraloría General de la República.

GARCIA-PEÑA. D. (2003) "La candidatura de Lucho se decidió en una piscina", El Espectador, 28 de diciembre.

GARZÓN. L. E. (2003a) "Entrevista: Lucho Garzón-alcalde de Bogotá y líder de la izquierda colombiana", El País, 15 de noviembre.

_____. (2003b), "Uno no hace cambios arrasando" (entrevista con Lucho Garzón), Semana, 3 de noviembre.

_____. (2004) lucho: soy un polo a tierra. Conversaciones con Salud Hernández-Mora y Bernardo García. Bogotá: Oveja Negra.

GAVIRIA, C. (2003a) "Uribe es un retórico de la acción" (entrevista con Carlos Gaviria), Revista Credencial, 5 de agosto.

_____. (2003b) "Descartarnos la vía armada" (entrevista con Carlos Gaviria), El Tiempo. 19 de septiembre.

_____. (2004) "Entrevista a Carlos Gaviria", Contravía 10 .

GUTIÉRREZ, F. (ed.) (2001) Degradación o cambio: Evolución del sistema político colombiano. Bogotá: Editorial Norma.

_____. (2003) "La radicalización del voto en Colombia", en G. HOSKIN, R. MASÍAS y M. GARCIA (eds.) Colombia 2002. Elecciones, comportamiento electoral y democracia. Bogotá: Ediciones Uniandes.

_____. (2007) ¿Lo que el viento se llevó? Los partidos políticos y la democracia en Colombia, 1958-2002. Bogotá: Norma.

HOSKIN, G., R. MASÍAS Y M. GARcfA (2003) "La decisión de voto en las elecciones presidenciales de 2002 ", en G. HOSKJN, R. MAS!AS y M. GARCÍA (eds.) *Colombia 2002. Elecciones, comportamiento electoral y democracia.* Bogotá: Ediciones Uniandes.

HUBER, E. y SOLT, F. (2004) "Successes and Failures of Neoliberalisrn in Latin Arnerica", *Latin American Research Review* 39 (4).

MAINWARING, S. (2001) "Prefacio", en F. Gutiérrez (ed.) *Degradación o cambio: Evolución del sistema político colombiano.* Bogotá: Editorial Norma.

MASÍAS, R. y CEVALLOS, M. (2001) *Confianza en las instituciones: Principales rasgos y algunos determinantes. Una aproximación a la década de los noventa en Colombia.* Bogotá: CESO.

NAIM, M. (2000) "Washington Consensus or Washington Confusion?", *Foreign Policy,* Spring.

NAVARRO, A. (2003a) "Estoy en el lugar correcto en el momento correcto" (entrevista con Antonio Navarro), *El Tiempo.* 9 de noviembre.

_____. (2003b) "Entrevista de Hernando Salazar a Antonio Navarro", *El Tiempo.* 28 de diciembre.

_____. (2004) "Entrevista a Antonio Navarro", *Contravía* 10.

PALACIOS. M. y SAFFORD. F. (2002) *Colombia. País fragmentado. sociedad dividida,* Bogotá: Norma.

PETRO. G. (2004). "Hacia adelante está el poder" (entrevista con Gustavo Petro), *El Espectador,* 19-25 de septiembre.

PIZARRO, E. (2001) "La atomización partidista en Colombia: El fenómeno de las rnicroernpresas electorales", en F. GUTIÉRREZ (ed.) *Degradación o cambio: Evolución del sistema político colombiano.* Bogotá: Editorial Norma.

PIZARRO, E. (2004) *Una democracia asediada: Balance y perspectivas del conflicto armado en Colombia.* Bogotá: Norma.

POLO DEMOCRÁTICO INDEPENDIENTE (PDI) (2003) "Plataforma Política", Bogotá, mimeo.

CONTRALORÍA GENERAL DE LA REPÚBLICA (2004) "El debate sobre el tamaño de la pobreza en Colombia", *Economía Colombiana* 3o3.

RESTREPO, L. (2004) "Algo grave pasa en el colombiano" (entrevista con Laura Restrepo). *El Tiempo*. 5 de marzo.

ROBERTS, K. (2002) "Social Inequalities without Class Cleavages in Latin America's Neoliberal Era", *Studies in Comparative International Development*. 36 (4).

ROBLEDO. J. E. (2004) *Por qué decirles no al ALCA y al TLC*. Bogotá: T. R. Ediciones.

SANTANA, P. (2003) "El nuevo mapa político: El referendo y las elecciones regionales y municipales", *Revista Foro* 49.

SARMIENTO ANZOLA. L. (2001) "Gobernabilidad. gestión pública y social", en FESCOL (ed.) *La otra política*. Bogotá: Fescol.

SADER, E. (2004) "O PT e o governo de Lula", *A Confraria*.

SEMANA (2003) "Luis Eduardo Garzón: El hombre del año", 28 de diciembre.

TARROW. S. (1998) *Power in Movements. Social Movements and Contentious Politics*. Cambridge: Cambridge University Press.

UNGAR. E. (2003) "¿Qué pasó en el Senado de la República?", en G. HOSKIN, R. MASÍAS y M. GARCÍA (eds.) *Colombia 2002. Elecciones. comportamiento electoral y democracia*. Bogotá: Ediciones Uniandes.

URRUTIA, M. (1991) "On the Absence of Economic Populism in Colombia", en R. DORNBUSCH y S. EDWARDS (eds.) *The Macroeconomics of Populism in Latin America*. Chicago: The University of Chicago Press.

VALENCIA, L. (2002) *Adiós a la política. bienvenida a la guerra. Secretos de un malogrado proceso de paz*. Bogotá: Intermedio.

VAN COTT. D. (2003) "Cambio institucional y partidos étnicos en Suramérica", *Análisis Político* 48.

WACQUANT, L. (2001) *Parias urbanos: Marginalidad en la ciudad a comienzos de milenio*. Buenos Aires: Manantial.

_____. (2004) *Deadly Symbiosis: Race and the Rise of Neoliberal Penality*. London: Polity Press.

ARENDT, H. (1993) *The Human Condition*. Barcelona: Paidós.

BORON, A. A. (ed.) (2004) *Nueva hegemonía mundial. Alternativas de cambio y movimientos sociales*. Buenos Aires: Consejo Latino-americano de Ciencias Sociales (CLACSO).

FAVARO, O, ARIAS BUCCIARELLI, M. e IUORNO, G. (1997) "La conflictividad social en Neuquén. El movimiento cutralquense y los nuevos sujetos sociales", *Realidad Económica* 148.

FOUCAULT, M. (2001) "El sujeto y el poder". en H. L. DREYFUS y P. RABINOW (eds.) *Michel Foucault: Beyond structuralism and hermeneutics*. Buenos Aires: Nueva Visión.

KLACHKO, P. (1999) *Cutral-Có y Plaza Huincul. El primer corte de ruta*. Buenos Aires: PIMSA.

KOHAN, A. (2002) *¡A las calles! Una historia de los movimientos piqueteros y caceroleros de los 90 a 2002*. Buenos Aires: Colihue.

LACLAU. E. (2004) *The Populist Reason*. London: Verso.

OVIEDO, L. (2001) *Una historia del movimiento piquetero*. Buenos Aires: Rumbos.

PÉREZ, G. (2004) "Pálido fuego: Hannah Arendt y la declinación de la figura del trabajador en las sociedades contemporáneas", en F. NAISHTAT, F. SCHUSTER, G. NARDACCHIONE y S. PEREYRA (eds.) *Tomar la palabra. Estudios sobre protesta social y acción colectiva en la Argentina contemporánea*. Buenos Aires: Prometeo.

SCHUSTER. F. L. (1997) "Protestas sociales y represión a la oposición política", *Informe anual de la situación de los derechos humanos en la Argentina*. Buenos Aires: CELS.

_____. (1999) "Social protest in Argentina today: is there anything new?", en J. MUÑOZ y JORDI RIBA (eds.) *Treball i vida en una economía global*. Barcelona: Ediciones Llibrería Universitaria.

_____. (2004) "Las protestas sociales y el estudio de la acción colectiva", en F. NAISHTAT, F. SCHUSTER, G. NARDACCHIONE y S. PEREYRA (eds.) *Tomar la palabra. Estudios sobre protesta social y acción colectiva en la Argentina contemporánea*. Buenos Aires: Prometeo.

SCHUSTER, F. L. y PEREYRA, S. (2001) "La protesta social en la Argentina democrática. Balance y perspectivas de una forma de acción política". en N. GIARRACCA y K. BIDASECA (eds.) *La protesta social en la Argentina. Transformaciones económicas y crisis social en el interior del país*. Buenos Aires: Alianza.

SCHUSTER, F. L., PÉREZ. G., PEREYRA. S., ARMELINO, M., BRUNO, M., LARRONDO, M., PATRICI, N., VARELA, P. y VÁZQUEZ, M. (2002) "La trama de la crisis. Modos y formas de protesta social a partir de los acontecimientos de diciembre de 2001". *Informes de Coyuntura 3*. Buenos Aires: Instituto de Investigaciones Gino Germani (IIGG) .

SCRIBANO. A. (1999) "Argentina 'cortada': cortes de ruta y visibilidad social en el contexto de ajuste", en M. LÓPEZ MAYA (ed.) *Lucha popular. democracia, neoliberalismo: protesta popular en América Latina en los años de ajuste*. Caracas: Nueva Sociedad.

SCRIBANO, A. y F. L. SCHUSTER (2001) "Protesta social en la Argentina de 2001: entre la normalidad y la ruptura". *OSAL 5*.

SEOANE, J. A. y TADDEI, E. (eds.) (2001) *Resistencias mundiales (de Seattle a Porto Alegre)*. Buenos Aires: Consejo Latinoamericano de Ciencias Sociales (CLACSO).

SVAMPA. M. y S. PEREYRA (2003) *Entre la ruta y el barrio. La experiencia de las organizaciones piqueteras*. Buenos Aires: Biblos.

TARROW, S. (1997) *Power in movement: social movements and contentious politics*. Madrid: Alianza.

TILLY, C. (1990) "Models and Realities of Popular Collective Action", *Social Research 52 (4)* .

7장 _ 멕시코 : 그리움과 유토피아―새 천 년의 좌파

BARBERÁN, J., CÁRDENAS, C., LÓPEZ MONJARDIN, A. y ZAVALA., J. (1988) *Radiografía del fraude. Análisis de los datos oficiales del 6 de julio*. México: Nuestro Tiempo.

BARTRA, A. (1985), *Los herederos de Zapata: movimientos campesinos posrevolucionarios en México(1920-1980)*. México: era.

_____. (2001), "Sur: megaplanes y utopías en la América equinoccial," in A. Bartra(ed.), *Mesoamérica. Los ríos profundos*.(1995), México: era.

_____. (2003a), "La llama y la piedra: de cómo cambiar el mundo sin tomar el poder, según John Holloway," *Chiapas*, 15.

_____. (2003b), "Descifrando la treceava estela," *Observatorio Social de América Latina*, 12.

_____. (2004), "Las guerras del ogro," *Chiapas*, 16.

_____. (2006), "El estado de la elección," *Memoria*, México: Centro de Estudios del Movimiento Obrero y Socialista, No. 208.

BELLINGERI, A. (2003), *Del agrarismo armado a la guerra de los pobres, 1940-1974*. México: Casa Juan Pablos.

CAMPBEL, H. (1976), *La derecha radical en México, 1929-1974*. México: Secretaría de Educación Pública.

CAZÉS, D. (1990), "Democracia y desmasificación de la Universidad," in S. Zermeño(ed.), *Universidad Nacional y Democracia*. México: Porrúa.

CÁRDENAS, C. (2004) "6 de julio de 1988, el fraude ordenado por Miguel de la Madrid", *La Jornada* , 2 de abril.

CERVANTES, J. and GIL OLMOS, J.(2003), "El jugoso negocio electoral," *Proceso*, 1391.

CND (1995), "Los desafíos de la CND: propuestas de la Presidencia colectiva a la Segunda sesión de la CND(Convención Nacional Democrática)," *Chiapas* 1.

CONCHELLO, J. A., MARTÍNEZ VERDUGO, A., ORTIZ MENDOZA, F. y PINTO MAZAL, J. (1975), *Los partidos políticos en México*. México: Fondo de Cultura Económica.

CORTÁZAR, J. (1975) *Fantomas contra los vampiros multinacionales*. México: Excelsior.

DÍAZ-POLANCO, H. (1988) *La cuestión étnico-nacional*. México:

Fontamara.

_____. (1990) *Etnia. nación y política*. México: Juan Pab los.

DÍAZ-POLANCO, H. y LÓPEZ y RIVAS G. (1994), "Fundamentos de las autonomías regionales," *Cuadernos Agrarios*.

EJÉRCITO ZAPATISTA DE LIBERACIÓN NACIONAL (EZLN) (1994) "Segunda Declaración de la Selva Lacandona". en EZLN. *Documentos y Comunicados*. México: Era.

EZLN y GOBIERNO FEDERAL (2003) *Los Acuerdos de San Andrés*. México: Biblioteca Popular de Chiapas.

ELORRIAGA BERDEGUÉ, J. (2003), "De negociar con el gobierno o dialogar con la sociedad," *Rebeldía*, 3.

GARCÍA TOLEDO, E. y RHI SAUSI, J. L. (1985), "Perspectivas del sindicalismo en México," in J. Alcocer(ed.), *México, presente y futuro*. México: Fondo de Cultural Popular.

GONZÁLEZ CASANOVA, P. (1981), *El estado y los partidos políticos en México*. México: era

_____. (1965), *La democracia en México*. México: era

HERNÁNDEZ, I. (2000), *El clan Salinas*. México: Seri Editores y Distribuidores.

HOLLOWAY, J. (2002), *Cambiar el mundo sin tomar el poder*. México: Universidad Autónoma de Puebla.

JARQUÍN GÁLVEZ, U. and ROMERO VADILLO, J. J. (1984), *Un pan que no se come*. México: Ediciones de Cultura Popular.

LÓPEZ MONJARDÍN, A. y SANDOVAL ÁLVAREZ, R. (2003), "Las amables telarañas del poder," *Rebeldía*, 3.

MARTÍNEZ VERDUGO, A. (1971), *Partido Comunista Mexicano: trayectoria y perspectivas*. México: Fondo de Cultura Popular.

MEYER, J. (1973), *La Cristiada 2: el conflicto entre la iglesia y el estado. (1926/1929)*. México: Siglo XXI.

MOGUEL, J. (1987), *Los caminos de la izquierda*. México: Juan Pablos.

MORQUECHO, G. (1994), "Tambores de guerra, tambores de paz/ entrevista al Subcomandante Marcos," *Cuadernos Agrarios*. Nueva época, 10.

ORTEGA, M. and SOLÍS DE ALBA, A. A. (1999), *Estado, crisis y reorganización sindical*. México: Itaca.

PAZ, OCTAVIO. (1979), *El ogro filantrópico: historia y política 1971-1978*. México: Joaquín Mortiz

PEREZ ARCE, F. (1982), "Itinerario de las luchas magisteriales," *Información Obrera*, 1.

RAMÍREZ SÁIZ, J. M. (1986) *El movimiento Urbano Popular*. México: Siglo XXI.

REVUELTAS, J. (1962), *Ensayo sobre un proletariado sin cabeza*. México: Logos.

RODRÍGUEZ LASCANO, S. (2003), "¿Puede ser verde la teoría? Sí, siempre y cuando la vida no sea gris," *Rebeldía*, 8.

RUIZ HERNÁNDEZ, M. (1999), "La Asamblea Nacional Indígena Plural por la Autonomía(ANIPA)," in A. Burguete Cal y Mayor(ed.), *México. Experiencias de autonomía indígena*. Ciudad de Guatemala: Grupo Internacional de Trabajo sobre Asuntos Indígenas(IWGIA).

SÁNCHEZ, C. (1999), *Los pueblos indígenas: del indigenismo a la autonomía*. México: Siglo XXI.

SÁNCHEZ REBOLLEDO, A. (2004), "Democracia en apuros," *La Jornada*, abril 21.

SANTOS, B. d. S. (2003a), *La caída del Angelus Novus: para una teoría social y una nueva práctica política*. Bogota: Instituto Latinoamericano de Servicios Legales Alternativos(ILSA).

_____. (2003b), "Globalización y democracia," *Memoria*, 174.

SEMO, E. (2003), *La búsqueda 1: la izquierda mexicana en los albores del siglo XXI*. México: Océano.

SUTERM-Tendecia Democrática. (1975), "Declaración de Guadalaja, Programa popular para llevar adelante la Revolución Mexicana." México: SUTERM-Tendencia Democrática.

TELLO DÍAZ, C. (2003), "La abstención," *Proceso*, 1394.

VELASCO, M. L. (2000), *Propuestas desde la izquierda al candidato de la transición, Vicente Fox*. México: Raúl Juárez Carro.

VERA HERRERA, R.(ed.) (2001), *El otro jugador*. México: La Jornada.

8장 _ 볼리비아 : 좌파와 사회운동들

ALBÓ. X. (2002) *Pueblos indios en la política*. La Paz: Plural-CIPCA.

HURTADO, J. (1986) *El katarismo*, La Paz: HISBOL.

MAROF, T. (1926) *La justicia del Inca*. Bruselas: Librería Falkfils.

_____. (1934) *La tragedia del Altiplano*. Buenos Aires: Claridad.

OPORTO ORDOÑEZ. V. (2002) *Triunfo de los vilipendiados*. La Paz: Ediciones Centro de Investigaciones de Trabajo Social.

ZAVALETA. R. (1983) "Las masas en noviembre". en R. ZAVALETA (ed.) *Bolivia Hoy*. México: Siglo XXI.

_____. (1986) *Lo nacional-popular en Bolivia*. México: Siglo XXI.

9장 _ 21세기 초 라틴아메리카 좌파의 약속과 과제

BORON, A. A. (2000) *Tras el búho de Minerva. Mercado contra democracia en el capitalismo de fin de siglo*. Buenos Aires: Fondo de Cultura Económica.

_____. (2001) "La selva y la polis. Interrogantes en torno a la teoría política del zapatismo", en *Chiapas*. Ciudad de México.

_____. (2002) *Imperio e Imperialismo. Una lectura crítica de Michael Hardt y Antonio Negri*. Buenos Aires: Consejo Latinoamericano de Ciencias Sociales (CLACSO).

_____. (2003a) *Estado, capitalismo y democracia en América Latina*. Buenos Aires: Consejo Latinoamericano de Ciencias Sociales (CLACSO).

_____. (2003b) "Brasil 2003: ¿los inicios de un nuevo ciclo histórico?", *Observatorio Social de América Latina* (OSAL). Buenos Aires: Consejo Latinoamericano de Ciencias Sociales (CI.ACSO) .

_____. (2006) "The truth about capitalist democracy", en L. PANITCH y C. LEYS (eds.) *Socialist Register 2006: Telling the Truth*. London: The Merlin Press.

CARDOSO, F. H. (1982) "La democracia en las sociedades contemporáneas". *Crítica & Utopía* 6.

_____. (1985) "La democracia en América Latina", *Punto de Vista* 23.

CARR, E. H. (1946) *The Soviet Impact on the Western World*. New York: MacMillan.

CUEVA, A. (1976) *El desarrollo del capitalismo en América Latina*. México: Siglo XXI.

GENTILI, P. y SADER, E. (eds.) (2003) *La trama del neoliberalismo. Mercado, crisis y exclusión social*. Buenos Aires: Consejo Latinoamericano de Ciencias Sociales (CLACSO).

HARDT. M. y NEGRI, A. (2000) *Empire*. Cambridge. MA: Harvard University Press.

LACLAU, E. y MOUFFE, C. (2001) *Hegemony and Socialist Strategy: Towards a Radical Democratic Politics*. London: Verso.

WEBER. M. (1982) *Escritos políticos*. México: Folios.

10장 _ 위험이 있는 곳에 … : 대의민주주의의 범람과 대안의 등장

BORON, A. (2003) *Estado, capitalismo y democracia en América Latina*. Buenos Aires: CLACSO.

CALCAGNO, A. E. (1999) *Para entender la política. Contra la ilusión de lo óptimo y la realidad de Lo pésimo*. Buenos Aires: Norma.

CAVAROZZI, M. y CASULLO. E. (2002) "Los partidos políticos en América Latina hoy: ¿consolidación o crisis?", en M. CAVAROZZI y J. A. MEDINA (eds.) *El asedio a la política. Los partidos latinoamericanos en la era neoliberal*. Rosario: Editorial Horno Sapiens.

DUSSEL, E. (2006) "¿Qué hacer? Sobre los movimientos sociales y el partido político", *La Jornada*, 16 de septiembre.

EL TROUDI. H. y MONEDERO. J. C. (2006) *Empresas de producción social. Instrumento para el socialismo del siglo XXI*. Caracas: Centro Internacional Miranda.

GONZÁLEZ CASANOVA, P. (1999) "La trama del neoliberalismo: una introducción", en EMIR SADER Y PABLO GENTILI (eds.), *La trama del neoliberalismo. Mercado, crisis y exclusión social*. Buenos Aires:

FLACSO- EUDEBA.

HOLLOWAY, J. (2002) *Cambiar el mundo sin tomar el poder. El significado de La revolución hoy.* Buenos Aires: Ediciones Herramienta.

KATZ. R. y MAIR. P. (1995) "Changing models of Party Organization and Party Democracy. The emergence of the Cartel Party". *Party Politics* (1) 1.

LACLAU, E. (2006) "La deriva populista y la centro-izquierda latinoamericana", *Nueva Sociedad* 205.

LÓPEZ-MAYA, M. (2005) "Introducción", en S. ELLNER. *Neoliberalismo y antineoliberalismo en América Latina: el debate sobre estrategias.* Caracas: Editorial Tropykos.

PALACIOS. F. (1999). *La civilización de choque. Hegemonía occidental. modernización y Estado periférico*, Madrid: Centro de Estudios Constitucionales.

QUIJANO, A. (1993) "Colonialidad del poder, eurocentrismo y América Latina", en E. LANDER (ed.) La colonialidad del saber: eurocentrismo y ciencias sociales. Perspectivas latinoamericanas. Buenos Aires: CIACSO.

RAUBER, I. (2006) *Sujetos políticos. Rumbos estratégicos y tareas actuales de los movimientos sociales y políticos en América Latina.* Bogotá: Desde Abajo.

ROBERTS, K. (2002) "El sistema de partidos y la transformación de la representación política en la era neoliberal latinoamericana". en M. CAVAROZZI y J. A. MEDINA (eds.) *El asedio a La política. Los partidos latinoamericanos en la era neoliberal.* Rosario: Editorial Homo Sapiens.

SANTOS, B. de S. (2005) *El milenio huérfano. Ensayos para una nueva cultura política.* Madrid: Trotta.

SANTOS, B. de S. y AVRITZER, L. (2005) "Introducción: para ampliar el canon democrático", en B. de S. SANTOS (ed.) *Reinventar la Democracia.* Mexico: FCE.

SARAMAGO, J. (1995) *Ensaio Sobre a Cegueira.* Lisboa: Caminho.

SARTORI, G. (2005) "¿Hacia dónde va la ciencia política?". *Revista Española de Ciencia Política*, 12. abril.

TOURAINE. A. (2006) "Entre Bachelet y Morales. ¿existe una izquierda en América Latina?", *Nueva Sociedad* 205.

11장 _ 소극화된 다원성. 미래의 좌파를 위한 제언

HOLLOWAY, J. (2001) *Cambiar el mundo sin tomar el poder. El significado de la revolucion hoy.* Puebla: Universidad Automoma de Puebla.

SANTOS, B. DE S.(2003) *La caida del Angelus Novus. Para una nueva teoria social y una nueva practica politica.* Bogoa: ILSA and Universidad Nacional de Colombia.

찾아보기

지은이·옮긴이 소개

지은이(가나다순)

다니엘 차베스(Daniel Chavez)
네덜란드 암스테르담 트랜스내셔널 연구소 새로운 정치 프로그램 소장. 많은 논문과 책을 저술했는데, 대표작으로 『도시의 좌파』(La Izquiera en la ciudad)가 있다.

루이스 타피아(Luis Tapia)
산 안드레스 대학교 개발과학 대학원 코디네이터. 「정치화: 정치적 분석을 위한 이론-방법론에 관한 에세이」(Politización. Ensayos téoretico-metodológicos para el anályis político)와 「다중사회의 실재와 다문화정부」, 「국가의 직접민주주의」(Democracia directa nacional) 등 여러 저서와 논문을 출판했다.

보아벤투라 데 소우자 산투스(Boaventura de Sousa Santos)
포르투갈 코임브라 대학 사회과학연구소 소장, 미국 위스콘신 주립대학(매디슨) 교수. 논문으로 「법과 아래로부터의 세계화」(El derecho y la globalización desde abajo)와 「우리시대의 문법」(A gramática do tempo) 등이 있다.

세사르 로드리게스 가라비토(César Rodríguez Garavito)
콜롬비아 안데스 대학 교수, 미국 위스콘신 대학(매디슨) 법 연구소 연구원, 우니안데스의 법사회연구소 소장. 최근 저서로는 『법과 아래로부터의 세계화』(El derecho y la globalización desde abajo)와 『모두를 위한 정의』(¿Justicia para todos?) 등이 있다.

아르만도 바르트라(Armando Bartra)
푸에블로 마야(Púeblo Maya) 연구소 소장. 대표적인 저작으로 『미궁 속의 자본』(El capital en su laberinto)이 있다.

아틸리오 보론(Atilio Boron)
아르헨티나 부에노스아이레스 대학교 사회과학대학 교수이자, 플로레알 고리니(Floreal Gorini) 협력 문화센터 사이버 사회과학교육 교수(라틴아메리카 프로그램 담당). 그의 저작 중 『제국과 제국주의』(*Imperio e imperialismo*)가 가장 유명하다.

에드가르도 란데르(Edgardo Lander)

베네수엘라 중앙대학 부교수. 논문으로 「지식의 식민성. 유럽중심주의, 사회과학」(*La colonialidad del saber. Eurocentrismo y ciencias sociales*)과 「현대 라틴아메리카 사회과학의 민주주의」(*La democracia en las ciencias sociales latinoamericanas contempoáneas*) 등이 있다.

주앙 마샤두 보르지스 네투(João Machado Borges Neto)

브라질 상파울루 가톨릭 대학교 교수. 여러 권의 저서가 있으며, 그 중에서도 공동 작업에 참여한 『사회주의적 경제』(*Economía socialista*)가 잘 알려져 있다.

패트릭 배럿(Patrick Barrett)

미국 위스콘신 대학교(매디슨)의 헤븐스 사회구조와 사회변동 연구센터 센터장. 라틴아메리카 정치, 특히 칠레에 대한 미국의 영향력에 관한 여러 학술 논문을 발표했다.

페데리코 슈스테르(Federico Schuster)

아르헨티나 부에노스아이레스 대학 사회과학대학 학장. 『철학과 사회과학방법론』(*Filosofía y métodos de las ciencias sociales*)과 『발언을 하다』(*Tomar la palabra*) 등 여러 편의 저서와 논문을 출판했다.

펠리스 산셰스(Félix Sánchez)

브라질 상파울루 가톨릭 대학교 교수, 프랑스 국립과학원 초빙연구원. 저서로는 『참여예산제』(*Orçamento participativo*) 등이 있다.

호자 마리아 마르케스(Rosa María Marques)

브라질 상파울루 가톨릭 대학교 부교수. 저서로는 『브라질이 직면한 도전』(*Desafíos para o Brasil*) 등이 있다.

후안 카를로스 모네데로(Juan Carlos Monedero)

스페인 마드리드 대학 정치학과 부교수. 최근 저서로 『말뿐인 정부』(*El gobierno de las palabras*), 『유럽의 빈곤상태』(*La constitución destituyente de Europa*), 『리바이어던의 피로』(*El cansancio del Leviatán*) 등이 있다.

옮긴이(가나다순)

김세건
강원대학교 문화인류학과 교수

김윤경
서울대학교 서양사학과 외래교수

김은중
서울대학교 라틴아메리카연구소 HK교수

김항섭
한신대학교 종교문화학과 교수

조경진
고려사이버대학교 휴먼서비스학부 교수

최금좌
한국외국어대학교 BRICs학과 외래교수